LA THEORIE
ET
LA PRATIQUE
DU
JARDINAGE,

OÙ L'ON TRAITE A FOND DES BEAUX JARDINS appellés communément

LES JARDINS DE PLAISANCE
ET DE PROPRETÉ.

AVEC

Les Pratiques de Géométrie néceſſaires pour tracer ſur le Terrein toutes ſortes de figures.

ET

UN TRAITÉ D'HYDRAULIQUE
CONVENABLE AUX JARDINS.

Par M. *** de l'Académie Royale des Sciences de Montpellier.

Quatriéme Edition revûe, corrigée, augmentée conſidérablement, & enrichie de nouvelles Planches.

A PARIS,
Chez PIERRE-JEAN MARIETTE, rue S. Jacques, aux Colonnes d'Hercule.

M. DCC. XLVII.

AVEC PRIVILEGE DU ROY.

AVIS
Sur cette Quatriéme Edition.

IL eſt très-ſingulier qu'un Ouvrage échappé des naufrages aſſez fréquens dans la République des Lettres, & qui eſt enfin parvenu à voir aujourd'hui le jour pour la quatriéme fois, ait pû éprouver des malheurs Littéraires tels que ceux dont on va parler.

La premiére Edition de cet Ouvrage fut publiée en 1709, & la ſeconde augmentée conſidérablement parut quatre ans après en 1713. Des occupations ſérieuſes & indiſpenſables firent perdre à l'Auteur ſon ouvrage de vûe : enfin en 1722 on vit paroître une troiſiéme Edition avec le nom d'Alexandre le Blond, à la place des premiéres lettres de celui de l'Auteur, qui ſe trouvent avec des points dans la ſeconde Edition. Cet habile Architecte François, mort en Moſcovie en 1719. n'a cependant d'autre part à ce Livre que d'avoir fourni les Deſſeins de la plus grande partie des (a) Planches dont il eſt orné.

On a ſuivi cette erreur dans les trois Editions qui ont été contrefaites à la Haye chez le Sieur Huſſon, & dans la traduction Angloiſe qu'en a faite M. James de Greenwich, dont il a paru trois Editions à Londres, la derniére en 1743.

Une mépriſe auſſi conſidérable a ſubſiſté pendant pluſieurs années : ſi-tôt que l'Auteur s'en apperçut, il fit faire un carton pour diſtribuer à ceux qui acheteroient cette troiſiéme Edition, plus de la moitié

(a) L'Auteur qui a puiſé le goût de l'Architecture dans les leçons du Sieur le Blond, a inventé & deſſiné environ le quart des Planches, & pluſieurs de cette Edition ſont de ſa main.

enlevée. Foible ressource contre la publication de cette Edition, & de celles qui avoient paru dans les Pays étrangers! Il écrivit ensuite en Hollande, en Angleterre & aux Journalistes de France, qui publiérent sa Lettre en Avril 1739, dans laquelle il fut obligé de se déclarer l'Auteur de cet Ouvrage.

La République des Plagiaires si nombreuse en ce siécle, & si pernicieuse au progrès des Lettres, se seroit oubliée si elle eût épargné l'Auteur. Un Conseiller en l'Election d'Orléans qui a donné des Observations sur l'Agriculture & le Jardinage, a trouvé la diction de cet Ouvrage assez bonne pour en copier plusieurs (*a*) pages de suite, sans y rien changer. Le Compilateur de la *Maison Rustique* accoutumé depuis long-tems aux larcins littéraires, non content de rapporter sans aucune citation les proportions & les principes contenus dans ce Traité, a fait copier dans les deux derniéres Editions de 1732 & de 1740 trois Planches entiéres de ses Desseins. C'est à l'illustre Chef de la Justice, aussi distingué par son profond sçavoir que par son attention à maintenir les Lettres, qu'est dûe la suppression de ces trois Planches avec leurs descriptions. A l'égard des maximes générales touchant les beaux Jardins, elles sont répandues dans le quatriéme Livre du second Volume de la *Maison Rustique*, & l'on n'a pû en arrêter le cours.

(*a*) Tome 1, Paris 1740, p. 286, 287, 288, &c.

Le troisiéme événement peu favorable à l'Auteur est arrivé pendant le tems écoulé depuis la seconde Edition de son Ouvrage en 1713, jusqu'à celle-ci. Ce long intervalle de trente-trois années l'a laissé prévenir par le Traité (a) d'*Architecture Hydraulique* dans lequel on trouve plusieurs plans & coupes de machines, & la maniére dont les eaux de la Pompe Notre-Dame sont distribuées dans la Ville de Paris. Même projet avoit été conçu par l'Auteur, mêmes machines avoient été dessinées sur le lieu il y a plus de vingt ans : il ne pourroit, sans passer lui-même pour Plagiaire, les présenter aujourd'hui au Public, il se contentera donc de lui offrir les Pratiques & les Observations qu'ont fait naître les Expériences & les recherches Physiques qu'il a faites sur les eaux.

(a) de M. Belidor Commissaire général d'Artillerie.

Enfin l'Auteur pour ne plus éprouver de pareils événemens, donne actuellement son Ouvrage dans toute l'étendue dont il le croit susceptible. Qu'on ne lui reproche point de s'être écarté de la maniére ordinaire d'écrire en Géométrie, & d'avoir évité l'usage des tables, des Sinus, Tangentes, Secantes, Logarithmes & des Démonstrations, jusqu'aux termes mêmes les plus usités, tels que ceux de Corollaires, de Scholies, en se servant en leurs places des mots de Remarque I & II. Comme il n'y a aucune démonstration dans ce qui concerne la Géométrie, il a cru, pour l'uniformité de méthode, n'en devoir point employer dans le Traité d'Hydraulique, mais seulement des pratiques fondées sur des preuves Géométriques, sur des principes sûrs, ou des expériences réïtérées : persuadé qu'il est que cette science s'acquiert plus tôt par des expériences que par des démonstrations. D'ailleurs l'Auteur n'écrit point pour les Sçavans du premier ordre ; ses vûes se bornent aux personnes qui aiment la campagne, aux

Jardiniers & aux Fontainiers, plus ſouvent guidés par la pratique que par l'étude. L'Arithmétique vulgaire lui a ſemblé plus familiére à tous les Lecteurs, auſſi l'a-t'il préférée à l'Algébre, en ſimplifiant les Formules de l'Hydraulique qui en ſont tirées. On ſacrifie même dans cette occaſion la gloire de paroître ſçavant au deſir de ſe rendre intelligible à tout le monde : ne voit-on pas tous les jours que des Livres remplis d'Analyſes ſont les moins utiles, & ne répondent point par leur débit, aux ſçavantes inſtructions qu'ils renferment ?

Epargner les épines du calcul à ſon Lecteur, tirer de regles ſèches & abſtraites, des principes faciles & à la portée du plus grand nombre des Lecteurs, c'eſt ſemer des fleurs ſur le travail, & c'eſt le cacher agréablement aux perſonnes qui n'ont ni le tems, ni le talent de l'entreprendre.

Des Auteurs (*a*) modernes bien capables de juger ſainement des Ouvrages littéraires, ſont de ce ſentiment. » Il eſt toujours bon, diſent-ils, que les Sçavans commencent par conſtater les choſes par des » calculs exacts, & il eſt bon enſuite de les tirer de » ces eſpéces de dépots & d'archives pour en faire » jouir tout le Public ; il eſt encore utile de dépouiller une ſcience de ces calculs qui arrêtent ceux qui » veulent apprendre, il ne faut que de bons principes & des réſultats de cette Théorie. »

(*a*) Les Auteurs du Journal de Trévoux, Août 1746.

Cet Ouvrage eſt diviſé en trente-trois Chapitres ornés de trente huit Planches.

Dans la premiére partie on trouve toute la Théorie des beaux Jardins : cette Théorie compoſée de regles générales, de meſures & de proportions des parties d'un Jardin, eſt augmentée de nouvelles remarques ſur ſes différentes ſituations, & ſur la maniére d'améliorer les terres. Des exemples & des deſſeins qui renferment la délicateſſe & le vrai goût de l'Art du Jardinage ſervent à l'appuyer : trois Planches nouvelles contribuent à la décorer.

La premiére offre deux diſpoſitions générales de Jardins pratiqués ſur une pente douce où l'on voit peu de terraſſes. On trouve dans la ſeconde Planche ſix parterres à la mode uniquement compoſés de piéces de gazon. Enfin la troiſiéme eſt remplie de paliſſades, qui quoiqu'extraordinaires ſont toutes exécutées ; c'eſt ce qu'on trouvera dans les huit premiers Chapitres.

La ſeconde Partie enſeigne les différentes Pratiques de tracer ſur le terrein, leſquelles n'avoient point encore été données au Public. Ces Pratiques ſont la maniére de dreſſer un terrein, ſoit de niveau, ſoit en pente douce, ſoit en terraſſes, & d'y tracer & d'exécuter les deſſeins les plus difficiles ſuivant les principes de la Géométrie-Pratique. On y a joint la méthode de lever le plan d'une place irréguliére, & celle de toiſer l'eſcavation des terres, & de les tranſporter ; c'eſt le contenu des quatre Chapitres de cette Partie.

Les neuf Chapitres de la troiſiéme renferment la maniére de planter & d'élever en peu de tems les plants & les fleurs qui conviennent aux Jardins de propreté : l'orangerie n'y eſt pas oubliée. On y trouvera, outre pluſieurs remarques nouvelles, un Chapitre sur la division des Plantes, leur anatomie, leur multiplication, & la circulation de la sève.

Enfin la quatriéme & derniére Partie refondue entiérement, est composée de douze Chapitres sur l'Hydraulique, l'origine des sources, la recherche des eaux, la maniére de les amasser, d'en niveller les pentes, de les jauger, de calculer leur dépense, leur vîtesse, leur poids, celle de conduire les eaux, de les distribuer, de la proportion des conduites, le toisé des bassins & réservoirs, leur construction & leur entretien, avec trois Planches nouvelles de cascades simples & à la portée d'un Particulier, & une Planche qui fait voir dans un grand Jardin la distribution des fontaines & des cascades qui le décorent.

Il ne manquoit plus que ce Traité pour la perfection de l'Agriculture & du Jardinage; les fruits, les potagers, la culture & le ménage des champs ont été traités plusieurs fois & assez bien, pour qu'il ne soit pas nécessaire d'en écrire de nouveau. Les beaux Jardins de propreté étoient les seuls dont on n'avoit pas encore parlé assez amplement.

On espere que les attentions que l'on a eues de satisfaire à toutes les objections raisonnables faites sur ce Livre, & à remplir les engagemens pris dans la seconde Edition avec le Public, pourront lui être aussi agréables qu'utiles. Pouvoit-on trop s'efforcer à mériter de nouveau le favorable accueil qu'il a bien voulu faire plusieurs fois à cet Ouvrage?

TABLE

Des Chap. contenus dans cet Ouvrage.

PREMIERE PARTIE.

SECONDE PARTIE.

TROISIE'ME PARTIE.

QUATRIEME PARTIE.

FIN DE LA TABLE.

AVIS AU RELIEUR pour placer les Figures.

PREMIERE PARTIE.

Les six grandes Planches cotées *A*, seront mises tout de suite suivant leurs chifres, vis-à-vis la page 42. Les deux premiéres seront pliées pour être tirées hors du Livre.

Les huit Planches de Parterres cotées *B*, seront placées de suite suivant leurs chifres, vis-à-vis la page 56. Les cinq premiéres seront pliées pour être tirées hors du Livre.

Les deux Planches de Palissades cotées ** seront placées entre les pages 70 & 71.

Les dix Planches de Bosquets cotées *C*, seront mises tout de suite suivant leurs chifres, entre les pages 82 & 83. La septiéme sera mise en hauteur.

Les deux Planches de Boulingrins cotées *D*, seront placées entre les pages 86 & 87.

Les deux Planches de Portiques de treillage & de verdure, cotées *E*, seront placées entre les pages 98 & 99.

SECONDE PARTIE.

Les quatre Planches de Pratiques de Géométrie cotées *F*, seront pliées pour être tirées hors du Livre, & seront mises tout de suite suivant leurs chifres, vis-à-vis la page 124.

La Planche de Terrasses cotée *G*, sera pliée pour être tirée hors du Livre, & sera placée vis-à-vis la page 150.

Les trois Planches d'Escaliers de pierre & de gazon, cotées *H*, seront mises de suite suivant leurs chifres, entre les pages 156 & 157.

La Planche cotée *I*, sera pliée pour être tirée hors du Livre, & regardera la page 160.

La Planche cotée *K*, sera pliée pour être tirée hors du Livre, & regardera la page 168.

QUATRIE'ME PARTIE.

Il n'y a point de Planches dans la troisiéme Partie.

Les quatre Planches de Cascades cotées *L*, seront mises entre les pages 426 & 427.

La Planche de distribution des eaux sera posée vis-à-vis la page 446.

LA THEORIE

PREMIERE PARTIE,

QUI CONTIENT

LA THEORIE

DU

JARDINAGE

CHAPITRE PREMIER

SERVANT D'AVERTISSEMENT.

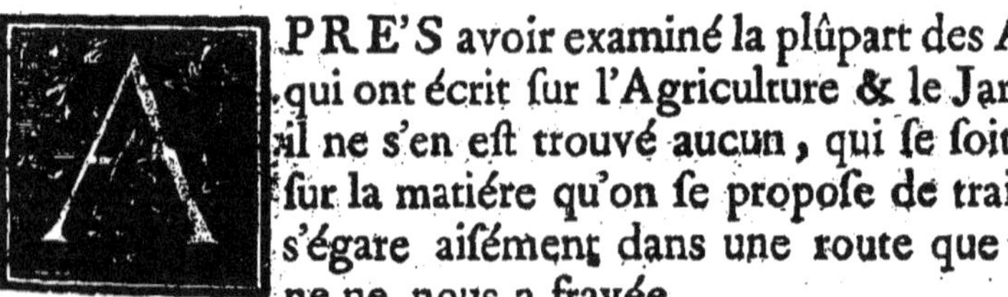

APRE'S avoir examiné la plûpart des Auteurs, qui ont écrit sur l'Agriculture & le Jardinage, il ne s'en est trouvé aucun, qui se soit étendu sur la matiére qu'on se propose de traiter. On s'égare aisément dans une route que personne ne nous a frayée.

Les Ecrivains (*a*) Latins & Italiens qui ont traité cette matiére, sont remplis d'excellentes maximes qui regardent

(*a*) M. Cato M. T. Varro Virgile.

Pline. Columella. Palladius.

(a) Boiceau. Molet.

La Quintinie. Le Jardinier François. L. Liger. Le Jardinier Solitaire. Le Jardinier Botaniste. J. B. de Tournefort. Le Jardinier Fleuriste. Liebaut. De Serres.

plus l'Agriculture que le Jardinage, & nous n'avons parmi nos (*a*) François que deux ou trois Auteurs qui ayent parlé des beaux Jardins. Ces Auteurs n'ont fait qu'entamer, & pour ainsi dire, qu'effleurer cette matiére; les Desseins même qui accompagnent leurs Livres, sont d'un goût fort commun, & ne sont plus d'usage présentement. Les autres qui ont écrit de l'Agriculture, ont apparemment trouvé cette matiére peu digne de leur plume; les uns parlent de la Taille des Arbres fruitiers, de la Culture des Jardins potagers, du Jardin Botaniste, & de la propriété des Simples; les autres du ménage des Champs, du devoir d'un bon pere de famille, d'un Laboureur & d'un Fermier, de la Vigne & des Vendanges, de la Pêche, de la Chasse & de la maniére de faire la Cuisine, & toutes sortes de Confitures, en quoi l'on voit la différence de cet Ouvrage d'avec les leurs.

Le dessein de l'Auteur dans cet Ouvrage est d'écrire des Jardins qu'on peut appeller *Jardins de Plaisance ou de Propreté*, c'est-à-dire de ceux qu'on a soin d'entretenir proprement, & dans lesquels on recherche principalement la régularité, l'arrangement, & ce qui peut flatter davantage la vûe, tels que les Parterres, les Bosquets, les Boulingrins ornés de Portiques, de Cabinets de treillage, de Figures, d'Escaliers, de Fontaines & de Cascades. Le plan de cet Ouvrage est assurément nouveau, & doit engager le Lecteur à excuser les fautes qu'il pourroit y trouver.

La passion que l'Auteur a toujours eue pour l'Agriculture & pour le Jardinage; le séjour de Versailles & de Paris, dont les environs sont autant de merveilles en ce genre; le plaisir qu'il s'est fait de parcourir toutes leurs beautés, & les soins qu'il a donnés à faire planter plusieurs beaux Jardins, l'ont porté à faire diverses remarques; la Nature qu'il a consultée tant de fois, la pratique du terrein, une longue expérience, & le commerce qu'il a eu avec les plus habiles gens de la Profession, ont pû lui acquérir quelque lumiére; les fautes considérables, & les dépenses inutiles qu'il a remarquées en plusieurs Jardins, jointes à l'ignorance de la plûpart des Jardiniers, l'ont enfin déterminé à faire part au Public de ses observations.

Il y a même lieu de s'étonner, que de tous ceux qui ont

écrit des Jardins fruitiers & potagers, aucun n'ait parlé à fond des *Jardins de propreté*, qui sans contredit, sont les plus beaux & les plus nobles de tous; quoiqu'en dise un * Auteur moderne, qui tâche de donner la préférence aux Fruitiers & aux Potagers: en effet, y a-t'il rien de plus agréable & de plus délicieux, qu'un beau Jardin, bien disposé & bien entretenu, rien dont l'aspect contente plus les yeux, & donne plus de satisfaction aux gens de bon goût?

* La Quintinie.

Ce n'est pas qu'on blâme les Jardins fruitiers & les potagers, ils ont leur mérite; l'on convient même qu'il en faut avoir, & que pour composer un Jardin parfait, ils sont aussi nécessaires que les Parterres & les Bosquets; nous en avons des exemples dans les plus magnifiques Jardins, où les Fruitiers & les Potagers sont aussi curieux que le reste. Cependant tous ces Potagers, tous ces Fruitiers, quelque beaux qu'ils puissent être, sont toujours placés dans des lieux écartés, & séparés des autres Jardins; preuve évidente qu'on les croit plus nécessaires pour l'utilité d'une maison, que pour en augmenter la beauté & la magnificence: ce sont de ces choses qu'il faut aller chercher dans un beau Jardin, & qui ne se doivent point d'abord présenter à la vûe.

Versailles, S. Cloud, Meudon, Sceaux, Chantilly, &c.

On prévoit que tout le monde ne sera pas de cet avis, surtout les personnes qui ont écrit des Fruits, & ceux qui les aiment; ils font consister toute la perfection de l'Art du Jardinage, & toute la beauté d'un Jardin, dans un Potager, dans un Fruitier planté en Quinconce, & en de longs Espaliers; c'est en quoi ils renferment & bornent tous leurs desirs en fait de Jardinage; ils comptent les Parterres, les Bosquets & le reste pour rien: ils croient même sous prétexte qu'ils sçavent tailler un arbre fruitier, & dresser une planche de potager, avoir une parfaite connoissance des Jardins de propreté, dont la disposition & la culture sont très-différentes.

Cet Ouvrage pourroit n'être pas fort utile à ces sortes de gens; insensibles à toutes les beautés dont il traite, l'intérêt chez eux l'emporte par-dessus toutes choses: ils préférent un Jardin semblable à une pleine campagne couverte de Pommiers & de Cerisiers, ou bien un Marais rempli de légumes, à un beau & magnifique Jardin. Cet esprit de ménage heureuſement n'eſt pas général, & ne regarde point les perſonnes dont les penſées ſont plus nobles & plus élevées; & pour leſquelles en partie l'on a eu deſſein d'écrire. On ſe flatte que ce Traité leur ſervira de guide, quand ils voudront planter un beau Jardin. Il eſt sûr qu'un Jardin tel qu'on le propoſe dans les Chapitres ſuivans, fera plus d'honneur à un Particulier, que tous les plus beaux Fruitiers & Potagers, qui font connoître que leur Maître ſonge plus au profit, qu'à toute autre choſe.

On ſuppoſe un Particulier riche, & curieux de Jardinage, qui veut faire la dépenſe néceſſaire pour planter un beau Jardin. On le conduit pas à pas depuis le choix qu'il doit faire d'un bon terrein, juſqu'à l'exécution & derniére perfection de ſon Jardin; on l'inſtruit auſſi de tout ce qu'il doit ſçavoir pour n'être point trompé par les gens de la campagne, & par les Ouvriers qu'il emploiera dans ſes travaux. Les moyens de connoître les bons Plans, de les bien planter & élever en peu de tems, viennent enſuite avec la maniére de faire des Baſſins, des Fontaines jailliſſantes, & d'en conduire les Eaux dans un Jardin; celle de conſtruire des Terraſſes, des Eſcaliers, des Talus, n'eſt pas oubliée, non plus que les moyens de ſe former un bon goût à l'égard des diſpoſitions générales de Jardins, & des deſſeins de Parterres, de Boulingrins, de Boſquets, Treillages, Caſcades & autres ornemens, ce qu'on connoîtra par les trente-huit Planches inſérées dans ce Volume.

On prétend auſſi inſtruire à fond ce riche Curieux de ce qui regarde le Jardinage, enſorte qu'il puiſſe lui-même dreſſer un terrein, aligner & tracer ſon Jardin avec ſes domeſtiques, ſans être obligé d'avoir recours aux gens du métier. Il ſuffit qu'il aime la Campagne & l'Agriculture, ſcience ſi agréable & ſi eſtimée de tout tems par les perſonnes les plus qualifiées, que pluſieurs Rois & Princes n'ont pas dédaigné après leurs travaux guerriers, d'y donner quelques ſoins. Les anciens ſurtout s'en faiſoient un fort grand honneur.

Louis XIII. Louis XIV. Monſieur, Frere de Louis XIV.

Suppoſé même que des affaires, ou quelque Charge ne permiſſent pas à notre Curieux de s'appliquer lui-même à planter & à élever ſon Jardin, la lecture de cet Ouvrage ne lui ſeroit pas inutile; en ſuivant les préceptes qu'on y donne,

Imperatorum olim manibus colebantur agri, &c. Plin. Hiſt. nat. l. 18. c. 3.

il ſçauroit à quoi s'en tenir, lorſqu'il entreprendroit quelque ouvrage, & il retiendroit dans le devoir ſon Jardinier, qui ſçauroit que ſon Maître a de la connoiſſance dans cet Art; quand ces ſortes de gens voient au contraire, qu'au lieu d'entendre le Jardinage, le maître n'en ſçait pas ſeulement les principaux termes, ils ne font point de difficulté de lui en faire accroire, ils ſe mettent ſur le pied de le reprendre, & de rire quelquefois de ſes demandes. Un Jardin en eſt toujours mieux, quand il a l'œil d'un Maître un peu connoiſſeur.

Infelix ager cujus dominus villicum audit, non docet. Columella lib. 1.

Quoique l'on ſe propoſe ici d'inſtruire un Particulier, l'on compte cependant que cet Ouvrage ſera propre aux Jardiniers & aux gens de la campagne, qui la plûpart n'ont qu'une mauvaiſe routine, & un méchant goût en fait de deſſeins de Jardinage; ils trouveront la vraie méthode d'inventer & de diſpoſer facilement tous les deſſeins de Jardins, ſelon les différentes ſituations du terrein. Ce Traité ſervira auſſi à inſtruire à fond les jeunes Jardiniers, il affermira ceux qui ne ſont pas tout-à-fait ſi novices; il les fortifiera & éclairera ſur bien des choſes. C'eſt ce qui a engagé à écrire pour tout le monde, & à employer un ſtile ſimple, convenable à la matiére, & à la portée des Jardiniers, ſuivant ce précepte de (*a*) Manilius,

Ornari res ipſa negat, contenta doceri.

(*a*) Manilii Aſtronomic. lib. 3.

CHAPITRE II.

DE LA SITUATION DU TERREIN, & du choix qu'on en doit faire.

LA premiére choſe, & la plus eſſentielle qu'on doive obſerver, en choiſiſſant un endroit pour planter un Jardin, eſt la ſituation du terrein. C'eſt de-là que dépend la réuſſite d'une entrepriſe : en effet ſi l'on ſçait faire un bon choix, les arbres deviendront beaux & grands en peu de tems ; au lieu que ſi l'on s'y trompe, tous les ſoins & toutes les dépenſes qu'on pourra faire deviendront inutiles.

Il eſt preſque impoſſible dans un mauvais terrein d'élever un beau Jardin ; quoiqu'il y ait des moyens pour améliorer les terres, ils ſont de grande dépenſe, & ſouvent il arrive que tout un Jardin périt, quand les racines des arbres ont atteint le fond naturel du lieu, quelque dépenſe que l'on ait faite pour y faire rapporter de bonne terre, qui ne ſert de nourriture que pendant un certain tems.

Cette ſituation eſt de ſi grande conſéquence, que tous les Auteurs qui ont traité juſqu'à préſent de l'Agriculture, ſe ſont toujours fort étendus ſur ſa néceſſité, & ſur le bon choix qu'on en devoit faire. Sans s'arrêter içi à les citer, on ſe contentera de rapporter ce qu'en dit * Vitruve, en parlant de la ſituation des Maiſons de Campagne. Il dit, » ** qu'il faut avoir égard à la région de l'air, au climat, & » à la commodité du lieu ; qu'il faut choiſir un endroit ac- » ceſſible, fertile, abondant de ſoi-même, & voiſin de Ri- » viéres & de Ports capables de lui fournir toutes les com- » modités des lieux circonvoiſins ; qu'il faut ſurtout qu'un » lieu ſoit ſain, qu'il ne doit pas être ſitué dans un endroit » bas & marécageux, à cauſe de la corruption cauſée par » l'haleine infectée des animaux vénimeux qui s'y engendrent, » d'où naiſſent quantité d'humeurs & de maladies ; qu'il ne » doit pas auſſi être ſitué dans un lieu trop élevé, afin d'être » moins ſujet aux brouillards & aux grands vents qui rava-

* Fameux Architecte du tems d'Auguſte.

** Liv. VII. ch. I.

Trois conditions requiſes pour rendre un lieu ſain.

» gent & renverſent tout ; & enfin que la Maiſon ne doit » point être tournée au Midi, ni au Couchant, parce que » le chaud affoiblit les corps, & le froid les affermit trop. » Dans un autre endroit * il dit, que pour bien ſituer une » Maiſon de Campagne, il faut conſidérer en premier lieu, » quelle expoſition eſt la plus ſaine, & tourner la Maiſon de » ce côté là. »

* Liv. VII. ch. IX.

En effet, c'eſt à quoi l'on doit le plus prendre garde. Quel déſagrément ſeroit-ce de bâtir une Maiſon de Campagne, & de planter un Jardin, dans un (*a*) lieu qu'on ne pourroit habiter, ſans altérer ſa ſanté, que quatre mois de l'année ? Tâchons donc d'éviter ce défaut autant qu'il ſera poſſible, & voyons quelles conditions ſont néceſſaires à une bonne ſituation.

Vitandum eſt autem quod plerique fecerunt aquæ cauſa, villas in infimis vallibus mergere, & paucorum dierum voluptatem præferre habitatorum ſaluti. Palladius de re ruſtica, l. I. tit. XVI.

Il y en a cinq principales : la premiére, une expoſition ſaine ; la ſeconde, un bon terroir ; la troiſiéme, l'eau ; la quatriéme, la vûe d'un beau Pays ; la commodité du lieu forme la cinquiéme.

La premiére eſt une expoſition ſaine, c'eſt-à-dire, un lieu qui ne ſoit point ſitué ni trop haut, ni trop bas ; trop haut, parce qu'un Jardin ſeroit fort expoſé aux vents, qui ſont très-nuiſibles aux arbres, & qui emportent non-ſeulement les murs, les eſcaliers des terraſſes, mais juſqu'aux couvertures des Maiſons ; trop bas, parce que l'humidité des lieux bas & marécageux, cauſe des humeurs, des fluxions, & pluſieurs autres maladies ; outre un mauvais air qu'on y reſpire provenant des Crapauds, des Couleuvres, des Serpens & autres animaux venimeux, qui s'engendrent dans les eaux des Etangs & des Marais.

Palus omnimodò vitanda eſt, quia ſiccari conſuevit æſtate, & propter peſtilentiam vel animalia hortis inimica quæ generat. Palladius de re ruſtica, l. I. tit. VII.

C'eſt ce qui doit nous déterminer à fuir les ſituations des Montagnes (*b*) & celles (*c*) des Fonds & des Vallées. Il y en a de deux autres ſortes qui ſont infiniment meilleures, & c'eſt celles-là qu'on peut appeller des ſituations heureuſes, comme la demi-côte & la plaine.

La ſituation de la * demi-côte eſt très-recherchée : elle eſt des plus avantageuſes, pourvû qu'elle ne ſoit point trop roide,

* On dit vulgairement la mi-côte.

(*a*) Rambouillet, Dampierre, Courances, Liancourt, Gentilly.
(*b*) Les Allemans choiſiſſent les Montagnes.
(*c*) Les Anglois prennent les fonds pour avoir des Canaux.

que la pente en soit douce & imperceptible, où l'on puisse avoir beaucoup de plein-pied & quantité d'eau : si cette pente étoit trop roide, comme pourroit être un Jardin situé sur la croupe d'une Montagne, l'on auroit le désagrément de voir souvent les arbres arrachés & entraînés par les torrens & les ravines, les terres d'enhaut s'ébouler, les allées gâtées, les murs abatus : en un mot on ne pourroit jamais jouir de la propreté d'un Jardin qui seroit sujet à tant d'accidens. Si cette pente se trouve au contraire douce, imperceptible, & surtout abondante en sources, elle vous donnera une exposition des plus saines & des plus agréables ; le haut de la Montagne qui vous mettra à l'abri des grands vents & des grandes ardeurs du Soleil, vous fera jouir d'un air tempéré ; les eaux qui viendront du haut de cette Montagne formeront dans vos Jardins des Fontaines, des Canaux, & même des Cascades. Ces mêmes eaux après avoir fait leur effet, trouveront un écoulement naturel dans les Vallées. Personne n'ignore qu'un lieu en est beaucoup plus sain, quand les eaux n'y font que passer sans y croupir ; ce qui s'entend des eaux de pluie, comme des eaux de fontaine.

Felix horti positio est cui leniter inclinata planities, cursus aquæ fluentis per spatia discreta derivat. Palladius de re rustica, l. 1. tit. XXXIII.

Boiceau, traité du Jardinage, l. 1. p. 29.

La Quintinie, tome 1. part. 2. page 165.

La situation de la Plaine a de l'agrément, son terrein plat est moins lassant pour la promenade, & de moindre entretien que le Côteau : les murs de terrasse, les glacis, & les escaliers n'y sont point nécessaires. Les ravines & les pluies n'y font aucun dégat. On jouit dans la Plaine d'un beau plein-pied naturel, & d'un air moins vif que celui de la Côte : des Campagnes vastes, entrecoupées de Riviéres, d'Etangs & de Ruisseaux, de belles Prairies, des Montagnes couvertes de Bâtimens & de Bois, se présentent sans cesse à la vûe, & forment un fond agréable, & une perspective naturelle qu'on ne sçauroit trop estimer, sans compter l'agrément de la Pêche & la commodité des Riviéres.

On est fort partagé sur ce choix ; les uns aiment mieux les Côteaux, les autres donnent la préférence aux Plaines. On laisse ce choix au Lecteur, après lui avoir rapporté tous les avantages de ces deux situations. On ajoutera ici ce que les Anciens faisoient au rapport de plusieurs Auteurs. Pour juger de la qualité de l'air, de l'eau & des fruits d'un Pays, ils examinoient la constitution du corps des animaux, qui y étoient

étoient nourris; ils en considéroient les entrailles; & quand ils les trouvoient gâtées & corrompues, ils conjecturoient de là que celles des hommes deviendroient de même, s'ils venoient habiter les mêmes lieux.

Il est bon de dire ici, qu'en fait de Jardinage, l'on compte quatre expositions différentes du Soleil; celle du Levant, du Couchant, du Nord & du Midi. Quatre Expositions différentes du Soleil.

L'exposition du Levant, est celle où le Soleil luit depuis le matin jusqu'à Midi.

L'exposition du Couchant, est celle où le Soleil darde ses rayons depuis le Midi jusqu'au soir.

L'exposition du Nord ou Septentrion, est celle où le Soleil se montre le moins, car il n'y paroît qu'environ deux heures le matin, & autant le soir: aussi est-ce la plus mauvaise exposition de toutes. Elle est opposée entiérement à celle du Midi, où le Soleil se montre le plus ardent dans toute l'étendue de la journée, on la juge pour cette raison la meilleure des quatre, & la plus nécessaire de toutes pour les Jardins. En construisant des murs obliquement, on jouit à la fois des deux expositions du Midi & du Levant, parce que le Soleil s'y glisse & y demeure suffisamment.

Revenons à la seconde condition, qui est un bon terroir, c'est-à-dire, une terre fertile & abondante d'elle-même. Ce ne seroit pas assez d'avoir trouvé un pays sain, une exposition tournée au Midi, & qui auroit tous les avantages dont on a parlé ci-devant, si elle n'étoit accompagnée d'un bon fond de terre; sans cette sage précaution l'on pourroit craindre, que tout ce qu'on y plantera ne languît pendant un tems, & enfin ne mourût; c'est à quoi l'on doit le plus prendre garde, suivant l'instruction qui suit.

Pour connoître si le fond d'une terre est bon, il faut distinguer premiérement si c'est un vieux Jardin qu'on veuille replanter, ou si c'est une place neuve qu'on ait dessein de choisir: si ce n'est qu'un vieux Jardin qu'on desire replanter & regarnir, on fera fouiller la terre aux endroits où l'on exécutera quelque dessein nouveau, soit Parterre, Bosquet, ou Boulingrin. S'il se trouve que la terre n'y soit pas bonne, ou bien qu'elle soit usée, on l'amandera suivant ce qui va être dit. On est quelquefois obligé de faire cette dépense, lorſque par (*a*) ſucceſſion, ou par achat on poſſede une Maiſon de campagne dont le Jardin eſt planté; c'eſt ainſi qu'on peut réparer les défauts naturels d'un ancien Jardin.

(*a*) *In fundulo ſed avito.*

Si c'eſt une place neuve qu'on ait deſſein de choiſir en pleine campagne, où l'on puiſſe, pour ainſi dire, *tailler en plein drap*, il y a beaucoup plus de choſes à conſidérer. On doit examiner d'abord ce qui couvre la terre aux environs: ſi l'on y voit des Bruyeres, Serpolets, Chardons, & autres mauvaiſes herbes, on peut juger que le terrein eſt aſſez mauvais: s'il y a de grands arbres près de là, remarquez s'ils ſont tortus, mal faits, rabougris, d'un verd altéré, & pleins de mouſſe; s'ils ſont tels, on fera bien de quitter cet endroit. Si ces arbres au contraire ſe trouvent droits, élevés, vigoureux, d'un beau verd, s'ils ne ſont point couverts de mouſſe, ni de vermine, & que la terre produiſe de bonnes herbes, de ſi heureux préſages doivent engager ceux qui voudront ſe ſervir de ce terrein, à en examiner de plus près la qualité.

Dans l'eſpace à peu près qu'on aura deſſein de faire enclorre pour un Jardin, on fera faire cinq ou ſix fouilles en différens endroits, comme aux extrêmités & dans le milieu, pour ſonder la terre, & par-là en connoître la qualité. Ces fouilles doivent avoir environ ſix pieds de large ſur quatre de profondeur. On fera vuider cette terre, enſuite avec la toiſe l'on examinera combien il y a de hauteur de bonne terre, il s'en doit trouver trois pieds de hauteur, ou pour le moins deux.

Qualités requiſes à une bonne Terre.

La terre pour être bonne ne doit point être pierreuſe, caillouteuſe, ni difficile à labourer; il ne faut pas qu'elle ſoit ni trop ſéche, ni trop humide, trop ſablonneuſe & trop légére, & ſurtout elle ne doit point être trop forte, comme ſont les terres franches, argilleuſes & glaiſeuſes, qui ſont les plus mauvaiſes de toutes pour les Jardins.

A l'égard de la couleur de la bonne terre, elle doit être d'un gris tirant ſur le noir; les terres rouges, jaunes & blanchâtres ne valent jamais rien. Il faut encore une qualité à la terre, c'eſt qu'elle ſe manie aiſément, & qu'elle ſoit d'une moiteur tempérée.

Les Jardiniers-Fruitiers (*b*) ajoutent, que pour connoître

(*b*) La Quintinie.

une bonne terre, l'on doit en consulter le goût & l'odeur; le goût, en mettant une poignée de terre dans un verre plein d'eau, passant ensuite cette eau dans un linge: si vous trouvez en la bûvant qu'elle ait un goût âpre & amer, les fruits & les légumes auront le même défaut. Pour l'odeur, il faut prendre un peu de terre dans la main, & la flairer.

L. Liger. Le Jardinier François.

Ces deux derniéres qualités regardent plutôt les Fruitiers & les Potagers, que les Jardins de propreté, où le goût & l'odeur de la terre ne font rien. Cependant comme dans une belle Maison les Jardins fruitiers & potagers sont nécessaires, on fera bien d'y avoir égard. Rien n'est plus désagréable que de manger des fruits qui ont un goût âpre, amer, insipide, & qui sentent le choux ou le navet.

Tels sont les fruits qui croissent aux environs de Marly.

Il s'agit présentement d'améliorer un terrein, & de distinguer si la terre n'est pas bonne, si elle est entiérement usée, ou bien si elle est trop légére & trop dénuée de sels. Dans le premier cas on fera fouiller à deux pieds de profondeur dans toute l'étendue du terrein, on enlevera la mauvaise terre, & on y en fera apporter de la meilleure qui se pourra trouver aux environs. On peut encore faire retourner les terres à deux ou trois pieds de bas, en commençant par un bout à faire une rigole de six pieds de large, & à étendre dans le fond un lit d'un demi-pied de fumier convenable à la qualité du terroir, & ensuite on fera couvrir de terre le fumier, en observant de jetter dans le fond celle de dessus qui est toujours la meilleure. On continue de faire de semblables rigoles dans tout le terrein, de maniére qu'on rejoigne la derniére faite. Cette opération de remuer tout un terrein & de le fumer, sans enlever aucune terre, coûte moins que d'en rapporter de nouvelle. Quand la terre est trop légére ou trop dénuée de sels (qui est le second cas) on se contente de la fumer à la maniére ordinaire en la labourant à la charue, de la marner dans les endroits où la marne est commune, ou d'y faire parquer les Moutons.

On observera que les terres légéres conviennent assez dans les Pays froids, parce que le peu de chaleur qui s'y fait sentir, est suffisant pour les échauffer dans leur production. Les terres fortes & grasses conviennent mieux dans les Pays chauds;

elles empêchent par leur liaiſon, la chaleur de pénétrer ſi aiſément, & d'altérer les plantes.

Les différens amandemens & engrais qui améliorent les terres ſont remplis de ſels & d'eſprits végétaux que les pluies & les arroſemens diſſoudent & font fondre ſur les grains à germer & ſur les racines des arbres ; c'eſt le ſeul reméde pour reſtituer aux terres la fertilité que leur enlevent de trop abondantes moiſſons.

On ſe ſervira dans les terres fortes, humides, froides & péſantes de fiente de Pigeon, de Mouton, de fumier de Cheval, d'Aſne & de Mulet; & pendant l'hyver on buttera ces terres, c'eſt-à-dire, on les mettra en petites buttes pour faire plus facilement écouler les eaux. Dans les terres uſées, ſéches & brûlantes on emploiera du fumier de Bœuf, de Vache & de Pourceau. Dans les terreins arides & qui n'ont point de corps, la marne eſt excellente. Les terres glaiſeuſes qui ſont peu propres à la végétation, s'amanderont avec des fumiers de Pigeon, de Mouton, Cheval & Mulet en y mêlant de la terre ſablonneuſe, & la labourant à propos. Les terres pierreuſes & caillouteuſes par leur peu de fond, doivent être effondrées ſouvent; pour en détacher les rochers, on ſe ſert de poudre à canon. Les terres pleines de tuf ne doivent point ſe labourer avant, crainte de piquer dans le tuf, & de mêler la bonne terre avec la mauvaiſe qu'on aura ramenée deſſus en labourant, ce qui la rendroit infertile. On l'amandera avec de la marne, ou des curures d'Etangs. Il faut à la terre ſabloneuſe & légére des boues des rues & des grands chemins, des curures de cours, de Marres, de Foſſés & d'Etangs, & la labourer moins fréquemment que les autres. Dans les terres arides & ſtériles on peut ſe ſervir de ſalpêtre pris au pied des vieux murs, ſoupoudré & répandu ſur ces terres. On a l'expérience que dans des cantons fumés & repoſés pendant pluſieurs années, cependant toujours ſtériles, le ſalpêtre avoit réuſſi. Les cendres qui reſtent ſur le cuvier après que la leſcive eſt coulée, & que l'on appelle de la *Charée*, ſont un bon amandement; les feuilles des arbres, lorſqu'elles ſont pourries, ſont encore eſtimées ; on les laiſſe ordinairement dans les bois pour les fumer : il n'y a pas juſqu'aux excrémens de l'homme (que l'on nomme Poudrette) qui ne servent d'engrais; mais comme ils sont plus remplis de sels & de substance que les autres, on les doit employer avec beaucoup de ménagement, ainsi que le tan qui ne sert que pour les *Ananas*. On brûle en Italie les chaumes pour engraisser les terres, & pour faire mourir les animaux venimeux trop fréquens dans les climats chauds; ils brûlent aussi en Angleterre toutes les herbes des montagnes & des vallées, les font sécher au Soleil, & mêlent leur cendre avec du sable de Mer qu'ils répandent sur les terres avant que de les labourer.

Tous ces engrais se doivent proportionner au tempérament & à la nature des terres; il les faut ainsi préparer avant que de s'en servir. La fiente de Pigeon & de Mouton comme trop chaude, doit être long-tems exposée au Soleil, & ensuite mêlée & tempérée par d'autres fumiers. La marne qui est une pierre grasse & très-chaude, doit être modérée par d'autres engrais, c'est celui qui dure le plus. Les curures de marres, les boues des chemins seront mises en monceau pour être hyvernées, desséchées & mêlées avec du terreau. Les fumiers ordinairement demandent à être mis dans des endroits bas & humides, tels que les basses-cours, pour avoir le tems de se consumer & de se pourrir, afin que le trop de chaud ne dissipe point leur graisse.

La troisiéme condition qui est l'eau, est une des plus considérables de toutes: on juge de sa bonté, quand on voit les habitans d'un pays avoir le tein d'une bonne couleur, la voix nette, être robustes, n'avoir point de goëtres; on examine encore si les légumes y cuisent promptement. L'eau de pluie est la plus légére; imprégnée du nitre de l'air, elle est plus féconde & plus pure. L'eau n'est pas moins utile aux plantes que nécessaire à la vie, c'est elle qui tempere les grandes sécheresses de l'Eté qui les brûleroient sans son secours.

Aqua nutrix omnium virgultorum & diversos singulis usus ministrat.

On doit donc bien prendre garde dans le choix qu'on fera d'un terrein, qu'il s'y trouve aisément de l'eau; l'on en voit la nécessité, joint à la beauté qu'elle y ajoutera, en formant des Jets d'eau, des Canaux & des Cascades, qui font les plus beaux ornemens des Jardins.

Il ne faut pas aussi qu'il y ait une si grande quantité d'eau dans un pays, que les terres en soient noyées: cette abondance rendroit ces lieux aquatiques & mal sains, * comme l'on a déja remarqué ci-devant.

* Ainsi qu'à Liancourt, Gentilly, &c.

La quatriéme condition que demande une heureuse situation, c'est la vûe & l'aspect d'un beau Pays; sans être aussi nécessaire que les précédentes, elle est une des plus agréables. Quel avantage y auroit-il de planter un Jardin dans un endroit enterré, triste & bouché? Il n'y a rien de plus divertissant, ni de plus agréable dans un Jardin, qu'une belle vûe, & l'aspect d'un beau Pays. Le plaisir de découvrir sur une terrasse un grand nombre de Villages, de Bois, de Rivieres, de Côteaux boisés, de Prairies richement meublées d'animaux, & rafraîchies par un ruisseau, & mille autres diversités qui font les beaux Paysages, surpasse tout ce qu'on en pourroit dire ici, ce sont de ces choses qu'il faut voir pour juger de leur beauté.

La cinquiéme & derniére condition est la commodité du lieu, qui doit être de quelque considération pour un particulier, par rapport à l'utilité qu'il en peut retirer. On entend par la commodité du lieu, qu'une Maison soit voisine de quelque Riviere, & qu'elle tienne à quelque Village: on sçait que dans les Maisons isolées en pleine campagne, on ne jouit pas si facilement des commodités de la vie, & des secours nécessaires en cas d'accident. Il faut encore qu'une Maison ne soit pas éloignée d'une Forêt, pour avoir du bois aisément, que le chemin pour y aller soit beau en Hyver, comme en Eté, que ce soit du pavé, ou bien des sables, & en un mot, qu'on y puisse voiturer en tout tems ce dont on aura besoin. L'avantage qu'une Maison aura d'être située proche d'une riviere, regarde en premier lieu la facilité de transporter ses bois, & en second lieu d'avoir au moins de bons puits, & peu profonds: si elle ne peut avoir des eaux de source, elle pourra par le moyen d'une pompe élever les eaux, pour les conduire ensuite dans des bassins; c'est ce qu'on expliquera plus au long dans la derniére Partie de cet Ouvrage.

Vitruve, Liv. VII. ch. I.

Il est évident que le Jardinage demande quatre choses essentielles, le Soleil, l'eau, la bonne terre & le soin du Jardinier; on en pourroit encore ajouter une cinquiéme, qui est l'œil du Maître.

CHAPITRE III.

DES DISPOSITIONS, & distributions générales des Jardins.

LA disposition & la distribution d'un Plan général pour être parfaites, doivent suivre la situation du terrein : le plus grand Art de bien disposer un Jardin, est de connoître & d'examiner les avantages & les défauts naturels du lieu, pour profiter des uns, & corriger les autres.

La variété de la composition, une distribution bien entendue & bien raisonnée, une belle proportion de toutes les parties, un accord entr'elles, contribuent beaucoup à rendre un Jardin parfait, puisqu'au sentiment de tout le monde, les Jardins les plus variés sont les plus estimés & les plus magnifiques.

C'est à quoi un Architecte, ou un Dessinateur de Jardins doit principalement prendre garde, quand il veut inventer un beau Plan, en se servant avec art & œconomie, des avantages d'une place, & en corrigeant par son industrie les défauts, les biais & les inégalités du terrein. Il doit avec de telles précautions conduire & régler l'impétuosité de son génie, en ne s'écartant jamais de la raison & de ce qui peut s'exécuter de mieux, suivant la situation naturelle du lieu, à laquelle il doit toujours s'assujettir.

Un Architecte est quelquefois bien à plaindre, d'être obligé de gêner son génie jusqu'à le soumettre aux idées capricieuses d'un Particulier souvent entêté de son opinion. Ces idées font tous les jours retrancher ce qu'il y a de meilleur dans un Plan, & y substituer du médiocre. Les Critiques qui n'en connoissent pas la vraie cause, l'attribuent toujours à l'Architecte : c'est la maxime générale quoiqu'injuste, mais le prix de leur aveugle complaisance.

Un Plan général peut devenir difficile à inventer, par l'irrégularité d'une place neuve, dans laquelle des chemins tortus, & des enclaves de maisons voisines, assujettissent à des formes bizarres & à des biais considérables : souvent la chûte & l'inégalité du terrein contraignent à de certaines terrasses, qui partagent quelquefois fort mal tout un enclos.

On se trouve encore gêné quand on veut rajuster un vieux Jardin sans le ruiner entiérement : il faut alors en lever le plan exactement, & examiner chaque piéce l'une après l'autre devant que de la condamner. Ces ajustemens sont plus difficiles que d'inventer un dessein pour une place neuve, ils gênent extrêmement le genie, & l'oblige à bien des changemens avant que d'inventer un dessein qui s'ajuste à toutes les autres piéces plantées. Entrez tant que vous pourrez dans l'esprit de celui qui a donné le plan général du Jardin ; accommodez-vous à ce qui est déja fait ; corrigez le mauvais sans trop abattre ; & si vous y faites des piéces neuves, qu'elles ne soient pas si grandes, ni si magnifiques qu'elles effacent tout le reste. Les piéces simples s'accordent souvent mieux avec un vieux Jardin, que les morceaux riches & extraordinaires, Cherchez plutôt à former un tout agréable, qu'à vous singulariser. On s'accommodera sur-tout aux bâtimens, aux murs, aux bassins & canaux déja faits, à moins qu'ils ne soient très-mal placés, & sans vouloir trop couper, pour réformer tous les défauts d'un Jardin, on ne corrigera que les plus essentiels : on conservera principalement les bois, les palissades & les allées de haute futaye, qui sont très-longues à s'élever, & qui doivent être regardées dans un rétablissement, comme une chose sacrée : cela demande une main ménagere, un homme entendu dans cet Art, & non de ces gens qui abattent & renversent tout, pour pouvoir exécuter leurs desseins, qui quoique beaux, ne s'accordent nullement à ce qui est déja fait. Plus ces desseins sont riches, plus ils font paroître ridicule le reste du Jardin que l'on est obligé de changer dans la suite. Ces exemples ne sont que trop fréquens.

Comme un beau Jardin est du moins aussi difficile à inventer & à distribuer qu'un beau Bâtiment, la plûpart des Architectes, & de ceux qui se mêlent de donner des desseins de Jardinage, n'y réussissent pas toujours ; ils forment souvent des desseins capricieux, qui ne conviennent point à la situation du lieu, & dont le meilleur est pillé de côté & d'autre.

Une

Une des principales raiſons pour laquelle ces gens-là n'ont pas l'intelligence néceſſaire pour compoſer un beau deſſein, c'eſt que cette connoiſſance dépend de pluſieurs autres. Il faut être un peu Géométre, ſçavoir l'Architecture, & la bien deſſiner, entendre l'ornement, connoître la propriété & l'effet de tous les plans dont on ſe ſert dans les beaux Jardins, inventer facilement, & y joindre une intelligence & un bon goût, qu'il faut s'être formé par la vûe des belles choſes, par la critique des mauvaiſes, & par une pratique conſommée dans l'Art du Jardinage.

Il n'y a pas juſqu'à de pauvres Jardiniers, qui quittant la bêche & le rateau, ſe mêlent de donner des deſſeins de Jardins, où ils n'entendent rien. Ceux qui malheureuſement s'adreſſent à eux, ſont expoſés à faire beaucoup de dépenſes pour planter un Jardin de mauvais goût; il ne coûte pas plus certainement d'exécuter un beau deſſein, qu'un mauvais: ce ſont toujours les mêmes arbres, les mêmes plans, qui ne font un méchant effet que par leur mauvaiſe diſpoſition.

Un homme riche qui veut planter un beau Jardin, doit obſerver trois choſes; choiſir en premier lieu une perſonne, dont la capacité dans l'art du Jardinage, ſoit déja prouvée par quantité de bons morceaux. En ſecond lieu il ne doit pas ſuivre l'uſage de la plûpart des gens du monde, qui pour imiter les travaux du Roi, font exécuter des deſſeins avec une précipitation infinie; une exécution ſi prompte réuſſit rarement, & l'on n'a pas le tems de digérer un deſſein, avant que de l'exécuter: ſouvent même on eſt obligé de le changer l'année ſuivante, pour n'y avoir pas fait d'abord les réflexions néceſſaires. Les Bâtimens ſont quelquefois du nombre de ces folies: on doit donc laiſſer un plan général expoſé à la vûe des connoiſſeurs, & prendre leurs avis, ſans en négliger aucun: on connoîtra par-là le vrai mérite d'un deſſein, l'on y découvrira même ſix mois après des défauts qui n'avoient pas été apperçus dans les premiers jours. Enfin il faut ſe conſulter ſur la dépenſe qu'on veut faire, pour y proportionner la grandeur de ſon bâtiment & l'étendue de ſon Jardin, & conſidérer que plus le Jardin ſera grand, plus il en coûtera pour en dreſſer le terrein, pour planter, pour exécuter tous les desseins, & l'entretenir dans la suite. S'il y a des fontaines, les bassins & les piéces d'eau deviendront plus grandes, les conduites plus longues, & par conséquent coûteront infiniment davantage. Combien de Jardins sont restés imparfaits par l'impuissance imprévue de leur maître.

Il vaut donc mieux se contenter d'une étendue (*a*) raisonnable, bien cultivée, que d'avoir de ces vastes Parcs, dont les trois quarts sont ordinairement négligés. La vraie grandeur d'un beau Jardin, ne doit guére passer 30 ou 40 arpens. A l'égard du bâtiment, qui absorbe le plus souvent la moitié de la dépense, il n'est pas nécessaire qu'il soit si grand, ni si magnifique, quoique bien des gens se piquent d'avoir des palais, & d'être mieux logés à la campagne qu'à la ville. L'on peut dire avec raison, qu'un bâtiment de campagne doit être proportionné à l'étendue du Jardin: il seroit aussi peu convenable de voir un magnifique bâtiment dans un petit Jardin, qu'une petite maison dans un Jardin d'une vaste étendue; ce sont deux extrêmités qu'il faut éviter, & faire ensorte que le bâtiment réponde au Jardin, & le Jardin au bâtiment. Il vaudroit encore mieux se contenter d'une petite maison, accompagnée d'un grand Jardin; une maison de campagne en effet doit différer de celle d'une ville, où la grandeur des bâtimens est plus nécessaire que celle des Jardins, par rapport à une habitation ordinaire, & à la valeur du terrein: on ne recherche même la campagne, que pour y avoir des Jardins plus vastes & plus magnifiques.

(*a*) *Melior enim est culta exiguitas, quàm magnitudo neglecta.* Palladius de re rustica, l. I. tit. XXXIV.

On peut distinguer quatre maximes fondamentales pour bien disposer un Jardin: la premiére, de faire céder l'Art à la Nature; la seconde, de ne point trop offusquer un Jardin; la troisiéme, de ne le point trop découvrir; & la quatriéme, de le faire toujours paroître plus grand qu'il ne l'est effectivement: cela demande les quatre remarques suivantes.

Il faut, en plantant un Jardin, considérer qu'il doit plus tenir de la Nature que de l'Art, dont il ne doit emprunter que ce qui peut servir à la faire valoir. Il y a des Jardins où vous ne voyez que des choses (*b*) extraordinaires, gênées, hors du naturel, & qui ne sont faites qu'à grands frais, com-

(*b*) Les Jardins de Meudon très-exme font des murs de terrasse très-élevés, de grands escaliers de pierre, qui sont de vraies carrieres, des fontaines trop décorées, & quantité de berceaux, cabinets, portiques de treillage ornés de figures & de vases, lesquels sentent plus la main de l'homme, que celle de la Nature. Cette affectation le doit céder à la noble simplicité des escaliers, des talus & rampes de gazon, des berceaux naturels & des pallissades simples sans treillage, soutenues & rehaussées en certains endroits par quelques figures & autres ornemens de Sculpture. A l'égard des parties d'un Jardin, elles doivent être si bien placées, qu'on les croye faites & plantées où elles sont, par l'Auteur, pour ainsi dire, de la Nature: un bois, par exemple, pour couvrir des hauteurs, ou remplir des fonds, situé sur les aîles d'une maison: un canal, dans un endroit bas, & qui paroisse être l'égoût de quelque hauteur voisine, ensorte que l'embellissement & l'art qu'on y a donné dans la suite, cédent entiérement à ce naturel. C'est une foible raison de dire, qu'on doit plus estimer ce qui est fait de mains d'hommes, par rapport aux grandes sommes que ces travaux ont coûté, que ce qui vient des mains de la Nature, par la modicité de la dépense: l'un est moins bien placé & plus extraordinaire, l'autre moins surprenant & dans sa vraie place.

traordinaires, ceux de S. Cloud, de Chantilly & de Sceaux, très-naturels.

On ne doit pas rendre les Jardins tristes & sombres, en les offusquant par trop de broussailles & de couvert, de belles esplanades doivent régner autour du bâtiment, & dans de certains endroits qu'il est à propos de tenir découverts, à cause du bel aspect de la campagne: c'est pour cela qu'on ne met dans les parterres, dans les boulingrins, sur les terrasses & sur les rampes, que de petits ifs & arbrisseaux, afin que n'occupant point tout l'espace de l'air, on jouisse d'un grand ciel.

Présentement on tombe dans un défaut tout opposé: c'est de trop découvrir un Jardin, sous prétexte de faire de grandes piéces: vingt Jardins considérables autour de Paris, ont ce défaut: on les voit du perron du bâtiment, sans être obligé de descendre pour les aller visiter: l'agrément d'arrêter la vûe dans de certains endroits d'un Jardin, excite l'envie d'aller voir des piéces agréables, comme de beaux bosquets, des ſalles vertes ornées de Fontaines & de Figures. Ces grandes piéces plates, & leurs grands ratiſſés dérobent, pour ainſi dire, la place des Boſquets, & du relief qui fait l'oppoſition & la variété des Jardins; il peut ſeul faire valoir tous ces morceaux unis: cet ombrage ſi néceſſaire étant ôté, ne permet pas de ſe promener en Eté ſans être expoſé aux ardeurs du Soleil.

Ces Jardins ſi découverts jouiſſent ordinairement d'une vûe fort étendue, & c'eſt juſtement ce qui les fait paroître encore plus petits qu'ils ne ſont. On les compare avec la campagne voiſine avec laquelle ils ſe confondent, ils ne paroiſſent pas plus grands, pour ainſi dire, que la main, contre la maxime fondamentale de faire toujours croire un Jardin beaucoup plus grand qu'il n'eſt, ſoit en arrêtant le coup d'œil avec adreſſe par des rideaux que forment des paliſſades, des allées, des bois placés à propos, & contraints à une hauteur convenable à la vûe, ou en pratiquant des lizieres de bois contre les murs, pour tromper agréablement par l'étendue conſidérable dont cela fait paroître un enclos. Il faut encore principalement s'appliquer dans un Jardin à couvrir de verdure tous les murs dont l'aſpect eſt des plus triſte.

La proportion générale des Jardins de médiocre étendue, eſt d'être un tiers plus longs que larges, & même de la moitié, afin que les piéces en deviennent barlongues & plus gracieuſes à l'œil; une place une fois ou deux plus longue que large, eſt déſagréable, & n'eſt qu'un boyau. Cette proportion ne s'obſerve pas dans les grands terreins.

Voici à peu près les autres regles générales qu'on doit ſuivre dans les diſpoſitions & diſtributions des Jardins.

Il faut toujours deſcendre du bâtiment dans le Jardin par un perron de trois marches au moins, cela rend le bâtiment plus ſec & plus ſain, & l'on découvre de deſſus ce perron, la plus grande partie du Jardin.

Un Parterre eſt la premiére choſe qui doit ſe préſenter à la vûe, il doit occuper les places les plus proches (a) du bâtiment, ſoit en face ou ſur les côtés, tant par rapport à la découverte qu'il cauſe au bâtiment, que par rapport à ſa beauté & à ſa richeſſe, qui ſe trouvent ſans ceſſe ſous les yeux, & ſe voient de toutes les fenêtres d'une maiſon. On doit

(a) Les Italiens au lieu de parterre, orment des eſplanades ornées de fontaines en

accompagner les côtés d'un Parterre, de morceaux qui le fassent valoir. Une piéce aussi plate demande du relief, tels que sont les bosquets & les palissades. L'on examinera avant que de les planter, si l'on jouit d'une belle vûe de ce côté-là, on tiendra pour lors les côtés d'un Parterre tout découverts, en y pratiquant des boulingrins, des esplanades & autres piéces plates, qui feront jouir de cette belle vûe. Donnez-vous de garde de la boucher par des bosquets, à moins que ce ne soit des quinconces, des bosquets découverts avec des palissades basses, qui n'empêchent point l'œil de se promener entre les tiges des arbres, & de découvrir la belle vûe de tous côtés.

face de leurs Palais, pour y arriver en carosse, & rejettent les parterres sur les aîles d'un bâtiment.

Mais s'il n'y a point de vûe, & qu'il se rencontre au contraire une montagne, un côteau, une forêt, un bois, ou quelque village trop voisin, on pourra alors border le parterre de palissades & de bosquets garnis, pour cacher ces aspects désagréables.

Ne seroit-ce pas un grand désagrément d'être obligé après quelques années, d'arracher un bois, ou de le receper à une certaine hauteur, parce qu'il a d'abord été mal placé, & qu'il prive du plus grand agrément des maisons de campagne, qui est la vûe.

Ainsi que l'on a fait dans les Jardins de Conflans.

Les bosquets font le capital des Jardins : ils font valoir toutes les autres parties, & l'on n'en peut jamais trop planter, pourvû que les places qu'on leur destine, n'occupent point celle des Potagers & des Fruitiers, qui sont des choses utiles & nécessaires à une grande maison. Ces Potagers & ces Fruitiers seront toujours placés près des basse-cours, & séparés par un mur des autres Jardins. Cette précaution nécessaire pour la conservation des fruits, ne l'est pas moins pour cacher à la vûe les fumiers, les terreaux & le nétoyement des planches & des couches.

On choisit pour accompagner les Parterres, les desseins de bois les plus mignons, tels que des bosquets découverts à compartimens, des quinconces, des salles vertes avec des boulingrins, des treillages & des Fontaines dans le milieu: ces bosquets sont d'autant plus agréables, étant près d'un bâtiment, que vous trouvez tout d'un coup de l'ombre sans en aller chercher si loin; la fraîcheur qu'ils communiquent aux appartemens, eſt ce qu'on recherche le plus dans la grande chaleur.

On voit à Liancour, à Ruel, & au Jardin du Roi, des bois verds, aſſez beaux, & très-élevés.

Il ſeroit bon de planter contre la maiſon quelques boſquets d'arbres verds, afin que dans les plus grands froids de l'Hyver, on eût le plaiſir de jouir de leur verdure. L'on peut même en planter quelques quarrés dans un beau Jardin, pour varier avec les autres bois, qui par la chûte de leurs feuilles, paroiſſent tout nuds pendant l'Hyver.

On décore la tête d'un Parterre, de baſſins ou piéces d'eau, & au-deſſus d'une forme circulaire de paliſſades, ou de bois, percée en patte d'oie qui mene dans de grandes allées, & l'on remplit l'eſpace depuis le baſſin juſqu'à la paliſſade, de petites piéces de broderie ou de gazon, ornées d'ifs, de caiſſes & de pots de fleurs.

Dans les Jardins en terraſſe, ſoit de profil ou en face d'un bâtiment où l'on a une belle vûe, il ne convient pas de boucher la tête d'un Parterre par une demi-lune de paliſſades; il faut alors pour continuer cette belle vûe, pratiquer pluſieurs piéces de Parterre tout de ſuite, ſoit de broderie, de compartiment, à l'Angloiſe, ou de piéces coupées, qu'on ſéparera d'eſpace en eſpace, par des allées de traverſe, en obſervant que les Parterres de broderie, comme les plus riches, ſoient toujours voiſins du bâtiment.

On fera la principale allée en face du bâtiment, & une autre grande de traverſe, d'équerre à ſon alignement; bien entendu qu'elles ſeront doubles & d'une largeur proportionnée à leur longeur & convenable aux autres parties du Jardin. Au bout de ces allées on percera les murs par des grilles ou des ouvertures, avec un foſſé large & profond au pied revêtu des deux côtés pour ſoutenir les terres & empêcher qu'on n'y puiſſe monter, leſquelles continueront les enfilades & le coup d'œil. Ces percés s'appellent des ſauts de Loup ou des *ah ah*, parce qu'ils ſurprennent la vûe en approchant, & font crier ah, ah, dont ils ont pris le nom. On tâchera de faire ſervir les grilles & les percés à pluſieurs allées, en les diſpoſant en patte d'oie, en étoiles & en diagonales.

S'il y avoit quelque endroit de terre naturellement bas & marécageux, & qu'on ne voulût pas faire la dépenſe de le remplir, on y pourra pratiquer des boulingrins, des piéces d'eau, & même des bosquets, en relevant seulement les allées, pour les mettre de niveau avec celles qui en sont proches, & qui y conduisent.

Comme les Bosquets de S. Cloud.

Après avoir disposé les maîtresses allées, & les principaux alignemens, & avoir placé les Parterres & les piéces qui accompagnent ses côtés & sa tête, suivant ce qui paroît convenir au terrein, on exécutera dans le haut & le reste du Jardin, plusieurs différens desseins, comme des bois de haute-futaie, des quinconces, cloîtres, galeries, salles vertes, cabinets, labyrintes, boulingrins, amphitéatres ornés de fontaines, canaux, figures, &c. Toutes ces piéces distinguent fort un Jardin du commun, & ne contribuent pas peu à sa magnificence.

On doit observer en plaçant & en distribuant les différentes parties d'un Jardin, de les opposer toujours l'une contre l'autre: par exemple, un bois contre un Parterre ou un boulingrin, & ne pas mettre tous les Parterres d'un côté, & tous les bois d'un autre, comme aussi un boulingrin, contre un bassin, qui seroit vuide contre vuide, ce qu'il faut éviter; mettez toujours pour faire opposition, le plein contre le vuide, le plat contre le relief.

Il faut de la variété, non-seulement dans le dessein général d'un Jardin, mais il en faut encore dans chaque piéce séparée. Si deux bosquets, par exemple, sont à côté d'un Parterre, quoique leur forme extérieure & leur grandeur soient égales, il ne faut pas pour cela répéter le même dessein dans tous les deux, mais en varier le dedans. Il seroit désagréable de trouver le même dessein des deux côtés, & l'on peut dire qu'un Jardin ainsi répété ne peut passer que pour un demi dessein: cette faute où l'on tomboit autrefois, s'évite présentement, persuadé que l'on est, que la variété est la plus grande beauté des Jardins. Il faut encore dans une piéce en varier les parties séparées, si un bassin est circulaire, l'allée du tour doit être octogone: il en est de même d'un boulingrin, & des piéces de gazon qui sont au milieu des bosquets.

Le Jardin des Thuilleries pareil des deux côtés, à quelque chose près.

On ne doit répéter les mêmes piéces des deux côtés que dans les lieux découverts, où l'œil en les comparant ensemble, peut juger de leur conformité, comme dans les Parterres, les boulingrins, les bosquets découverts à compartimens & les quinconces: dans les bosquets formés de palissades & d'arbres de haute-futaie, il faut au contraire en varier les desseins & les parties détachées, qui néanmoins quoique différentes, doivent toutes avoir un rapport & une convenance entre elles, de sorte qu'elles s'alignent & s'enfilent l'une l'autre, pour faire des percés & des enfilades très-agréables.

En fait de desseins, donnez toujours dans le grand, dans le beau, ne faites point de petits cabinets & retours, des bassinets & des allées si étroites, qu'à peine deux personnes s'y peuvent promener de front: il vaut mieux n'avoir que deux ou trois piéces un peu grandes qu'une douzaine de petites, qui sont de vrais colifichets. Evitez le défaut opposé qui est d'employer tout un terrein dans une seule piéce.

Dans les petits Jardins de ville la meilleure regle est de faire du grand dans du petit, & de broussailler par des lizieres de bois ou des palissades un peu garnies, le pourtour des murs pour faire paroître ces Jardins plus grands. On arrête encore le coup d'œil par des culs-de-sac, des rideaux de charmille, des théatres, des berceaux de treillage formant de belles décorations qui empêchent qu'on ne découvre tout d'un coup le bout d'un Jardin. Quand on dit de faire du grand dans du petit, ce n'est pas d'occuper le terrein tout entier dans un Parterre, un grand rond ou une seule piéce de gazon sans ornemens, mais il faut que dans un dessein peu confus, il se présente toujours une piéce d'une grandeur raisonnable & dominante par rapport à l'étendue du lieu. Si le terrein est d'une forme large, toutes les piéces seront barlongues pour allonger le coup d'œil & réformer le défaut du lieu: si au contraire la place est barlongue, les piéces seront tenues un peu larges, ou bien l'on coupera le terrein en deux par un rideau de charmille & un bosquet au-dessus.

Avant que d'exécuter un dessein de Jardin, on doit considérer ce qu'il deviendra vingt ou trente ans après, quand les arbres seront grossis & les palissades élevées; un dessein quelquefois paroît beau & d'une belle proportion dans le commencement qu'il est planté, qui dans la suite devient trop petit & si ridicule qu'on est obligé de le changer, ou de l'arracher entiérement pour en planter un autre.

On

On doit prendre garde dans la distribution générale d'un Jardin, à si bien placer les arbres des extrêmités de chaque allée, qu'ils ne choquent point la vûe, ni l'enfilade des allées; en échancrant les encoignures & les angles de toutes les piéces, on évite ce défaut, & l'on forme des carrefours plus agréables à la vûe, & plus commodes pour la promenade, que de trouver des pointes & des angles saillans qui sont très-difformes sur le terrein.

Il y a encore plusieurs autres regles touchant la proportion, la convenance & la place des différentes parties & ornemens des Jardins que l'on trouvera dans les Chapitres suivans.

Après toutes ces regles générales, il faut distinguer les différentes sortes de Jardins qui se peuvent pratiquer, lesquelles se réduisent à trois. Les Jardins de niveau parfait, les Jardins en pente douce, & les Jardins dont le niveau & le terrein sont entre-coupés par des chûtes de terrasses, de glacis, de talus & de rampes.

Les Jardins de niveau parfait sont les plus commodes pour la promenade: ces longues allées où vous n'êtes point obligé de descendre & de monter continuellement, présentent un agrément peu commun; leur entretien même est moins considérable que celui des autres Jardins. Pour peu qu'un terrein ait de l'étendue, il est rarement sans quelque pente: il seroit même à souhaiter qu'il y en eût toujours une imperceptible pour l'écoulement des eaux qui séjournant trop longtems dans les allées, y forment des marques noires en croupissant. Comme ces Jardins sont ordinairement dans les plaines, il leur manque quelquefois un peu de vûe; l'on y peut remédier en élevant le long des murs des esplanades ou des terrasses, ainsi qu'on en voit des exemples aux Thuilleries.

Les plus rares Jardins sont ceux en pente douce sans être coupés d'aucunes terrasses; il s'en trouve cependant qui ont été dressés suivant leur pente naturelle, pour éviter la grande dépense des terrasses, des murs, des talus de gazon & des transports de terre. Il n'y a rien de si incommode pour la promenade que ces sortes de Jardins où l'on est dans l'obligation de monter & de descendre toujours sans trouver presque aucun repos. Leur disposition demande beaucoup de génie & de goût pour profiter des avantages du terrein, & le corriger de maniére que la promenade en soit supportable. Les amphitéatres, les vertugadins, les estrades, gradins, théatres sont nécessaires dans les bosquets pour en soutenir le plein-pied qui doit être dressé de niveau, & se raccorder avec la pente des maîtresses allées, laquelle étant souvent trop roide se coupe de chevrons de gazon pour rejetter l'eau des deux côtés.

Les Jardins en terrasses sont les plus ordinaires, & pour peu qu'ils ne soient point trop coupés, & qu'on y trouve de longs plein-pieds, leur aspect devient des plus rians & très-favorable pour l'écoulement des eaux tant des pluies que des fontaines. C'est par ce moyen que les eaux jaillissantes se répetent & se servent de réservoir l'une à l'autre. La belle vûe que ces Jardins vous offrent de tous côtés, vous indemnise de la dépense qu'ils vous coûtent & de leur grand entretien. Quel agrément lorsque du haut d'une terrasse vous découvrez une partie d'un Jardin, & les piéces des autres terrasses qui forment autant de différens Jardins! L'agréable aspect de ces répétitions par étage, cause ces Scenes variées que les Italiens appellent des amphitéatres.

Il n'y auroit que le grand entretien & la dépense considérable des Jardins en terrasses qui pourroient tenir en suspens sur le choix de ces trois sortes de Jardins. C'est selon ces différentes situations, que l'on doit inventer la disposition générale d'un Jardin & la distribution de ses parties. Ce qui conviendroit à un Jardin uni & de niveau parfait, seroit peu propre à executer dans un qui seroit dressé sur sa pente naturelle, ou dans un terrein coupé de plusieurs terrasses qui en rompent le niveau & la continuité.

Il convient d'expliquer ici la maniére dont les biais inévitables dans les Jardins se rachetent & se sauvent pour rendre les desseins plus gracieux. Dans les places remplies & couvertes, comme sont les bosquets, on redresse les biais par une ligne droite que forme une palissade, un rideau de charmille, des lizieres de bois, & par les quarrés même des bosquets, dans lesquels le biais est perdu. Si les piéces sont découvertes, telles qu'un parterre, un boulingrin, un potager, une rampe de gazon, le biais se sauve de lui-même dans son étendue ; & l'on ne s'en apperçoit souvent que dans le plan d'un Jardin dessiné sur le papier.

Ces défauts sont plus sensibles dans les petits Jardins de Ville, où il faut toujours rejetter le biais sur les plate-bandes des murs en régularisant le tableau du milieu ; les plate-bandes se redressent par un trait de buis, le biais des murs par des lizieres de bois, les coudes des allées qui ne peuvent s'aligner ensemble, se corrigent par le moyen d'un berceau ou d'un banc mis à propos dans l'angle. S'il y a des salles ou des cabinets pratiqués dans les quarrés de bois, il faut les retourner de maniére sur l'allée biaise, qu'ils la suivent, afin de ne point se présenter désagréablement. Les figures rondes & ovales y conviennent mieux que les quarrées & les lignes droites ; cependant si l'on vouloit pratiquer des salles de forme longue en coupant les angles à pans, vous empêcheriez qu'elles n'approchassent trop près des palissades, & en alignant leur perpendiculaire sur la ligne biaise sur laquelle il faut se retourner d'équerre, les piéces en seroient plus réguliéres dans leurs retours, dans leurs angles & portions circulaires, & ne se présenteroient point gauches à l'œil. Il résulte de cette Observation que les desseins doivent être inventés pour les places biaises, & les Planches répandues dans cet Ouvrage, indiqueront de quelle maniére on doit corriger toutes sortes de biais, de sujettions & d'irrégularités de terrein.

Les six Planches suivantes fournissent des exemples de toutes ces différentes situations, & donnent l'idée de ce que l'on y peut pratiquer de meilleur goût. Les desseins en paroîtront peut-être trop magnifiques, & d'une trop grande dépense pour l'exécution, aussi-bien que tous les autres desseins de cet Ouvrage, mais on peut en détacher ce que l'on jugera à propos ; il est même plus aisé de puiser dans un dessein composé & bien travaillé, que dans un dessein tout simple. A l'égard de la magnificence, comme sont les figures, les fontaines, les berceaux & autres ornemens, on peut les retrancher, ou bien substituer aux bassins, & aux piéces d'eau, des ronds & des tapis de gazon, qui ne laisseront pas de faire un bel effet.

Quoiqu'on ait déterminé la grandeur de ces plans généraux de 60, 30, 20, ou 10, arpens, on pourra néanmoins s'en servir dans des terreins plus ou moins grands, en diminuant ou en agrandissant les parties qui les composent.

On dira ici, pour aider les personnes qui ne sçavent pas le toisé, & qui voudront connoître combien ces dispositions, & chaque piéce en particulier occupent de terrein, qu'ils n'ont qu'à mesurer avec le compas 30 toises sur l'échelle, & les porter en quarré sur le plan : ce sera l'étendue d'un arpent, parce que trente toises de tout sens, c'est-à-dire, multipliées par elles-mêmes, composent 900 toises quarrées, qui sont le contenu d'un arpent. En ligne droite, il faut 100 perches ou 300 toises de long.

La premiére Planche offre un des plus beaux desseins, & & des plus magnifiques qui se puissent exécuter. Il est fait pour un terrein plat, & d'environ 50 à 60 arpens d'étendue. L'on suppose une grande avenue, qui conduit à la grille de l'avant-cour, séparée par les murs de deux basse-cours sur les aîles, qui sont entourées de bâtimens fort réguliers; ils servent d'un côté d'écuries, de ménagerie, de colombier, d'étables, de granges, & d'autres piéces convenables à une basse-cour; & de l'autre, de commun & de logemens pour les Domestiques, d'une chapelle, & d'une longue serre, en face de l'orangerie : cette avant-cour vous mene dans la cour du château, qui n'en est séparée que par un fossé rempli d'eau. Le bâtiment est composé d'un gros pavillon double dans le milieu, avec des corps de logis qui viennent se joindre aux deux pavillons des bouts, en face desquels sont deux petites terrasses, d'où vous découvrez sur la gauche, un parterre de compartiment, & au-dessus une piéce de gazon entourée de caisses & d'ifs, avec des goulettes & bouillons d'eau pratiqués dans le milieu. Au-delà est un grand potager fermé de murs, & composé de deux piéces partagées en quatre avec des bassins. Il est terminé par un long berceau, avec trois cabinets surmontés de leurs lanternes, en face des allées & des pavillons. Sur la droite, l'on voit un pareil parterre de compartiment, avec un boulingrin au bout, au-dessus ce sont des tapis de gazon, coupés aux enfilades, avec des goulettes & bouillons d'eau, ainsi que de l'autre côté. Ces piéces sont terminées par une double allée de caisses & d'ifs, & derriére par des niches de verdure, pour placer des bancs & des figures. A côté eſt un parterre d'orangerie fermé de murs ouverts par des portes de fer aux enfilades des allées ; il y a un baſſin au bout, avec des cabinets & des niches de verdure pour des bancs.

Pour entrer dans le grand Jardin, vous deſcendez par le perron du bâtiment, dans une grande allée de traverſe, terminée par des grilles de fer, & en face eſt une autre grande allée double, qui perce d'un bout à l'autre du Jardin, auſſi-bien que les deux qui ſont autour des murs de l'enclos. On voit d'abord quatre piéces de parterre ; deux de broderie, & deux de compartiment, avec des baſſins au milieu. Elles ſont accompagnées de deux boſquets découverts, ornés de boulingrins. Au-deſſus de ces ſix piéces, on trouve une autre grande allée de traverſe, formée par des ifs, au milieu de laquelle eſt le principal baſſin. La tête de ce parterre eſt compoſée de quatre petites piéces de gazon, avec des traits de buis & des ifs, & au-deſſus, d'une demi-lune de paliſſades dont l'allée circulaire vient enfiler celle qui ſépare les quatre grandes piéces de parterre devant le château. Cette demi-lune ornée de niches pour des figures, eſt percée en patte d'oie, & ſes enfilades ſont très-belles ; elles vous conduiſent à d'autres baſſins, & dans des cabinets tout différens. Ces boſquets ſont accompagnés de deux quinconces, ornés de cabinets & d'une ſalle dans le milieu, avec des figures. Il ſe trouve encore une allée de traverſe, formée par les paliſſades & les arbres des boſquets, où il y a deux baſſins, dont les jets s'enfilent avec le grand de l'allée du milieu. Au-deſſus ſont quatre boſquets percés en croix de ſaint André, & tout différens. Les deux à droite de la grande allée, préſentent une Salle ornée de bancs & de figures avec un boulingrin, & une autre ſalle avec des gradins ſervant d'amphitéatre & de théatre pour jouer la Comédie. Dans les deux à gauche, l'on voit une ſalle ovale avec un boulingrin différent de l'autre, & une petite ſalle de fontaines, qui ſont pratiquées dans les quatre milieux, pour ne pas interrompre l'enfilade. Toutes ces piéces deviennent magnifiques dans l'exécution ; elles ſont ſéparées, ſoit par des allées qui s'enfilent avec celles d'en-haut & d'en-bas du Jardin, ſoit par des lignes droites ou diagonales, ce qui fait des percés, & des enfilades très-longues.

Au-dessus de ces bosquets, est un grand canal tenant toute la largeur du Jardin; on voit dans son milieu un Neptune, avec des Tritons, d'où il sort un gros jet d'eau accompagné de plusieurs jets dardans. A l'enfilade de ce canal, les murs sont ouverts avec des fossés pleins d'eau, pour conserver la belle vûe. Par de-là ce sont deux grands bois de haute-futaie percés en étoiles, dont les allées sont doubles & plantées d'arbres isolés, avec un tapis verd regnant par tout, d'où elles prennent le nom d'allées vertes. Au milieu de ces bois sont deux isles différentes, avec des figures & des ifs. Au bout de la grande allée & au-dessus de ces bois, on trouve un petit mur de terrasse, d'où l'on découvre tout le pays d'alentour; il y a un fossé plein d'eau, qui regne le long de ce mur, & en face de la demi-lune; au bout de la grande allée, l'on a pratiqué une cascade formée par trois masques, & par des nappes qui retombent dans une piéce d'eau, ornée de deux jets, dont l'eau vient du canal, & fournit tout le fossé qui est dans la campagne. Cette terminaison est des plus magnifiques, & sans rappeller les belles enfilades d'un bout du Jardin à l'autre, & la convenance des parties, joint à ce qu'on découvre dans toutes les allées des figures, des fontaines, des percés, des grilles, &c. on peut convenir que ce dessein a de quoi satisfaire par sa disposition, sa variété, & par la distribution de ses ornemens, & de ses eaux qui viennent d'un réservoir hors du parc.

Quoique ce Jardin soit situé dans une plaine, on pourroit élever le pourtour des murs des deux côtés du Jardin au-dessus du niveau de la campagne, pour jouir d'une belle vûe, & ne point voir les murs qui seroient un peu enterrés.

La deuxiéme Planche donne l'idée d'un Jardin, qui n'est guére moins beau dans son espéce que l'autre. Il n'est pas à beaucoup près si grand, ne contenant que 25 arpens. Il est situé dans un terrein coupé de terrasses en face du bâtiment, qu'on suppose planté au milieu du parc ou d'une campagne, où l'on a continué les enfilades d'allées à travers les bois & les prés. On entre dans une belle avant-cour, accompagnée de tapis de gazon & de barriéres, laquelle vous mene du côté gauche dans un grand potager, coupé en six piéces avec un baſſin, & du côté droit dans une baſſe-cour entourée de bâtimens, d'où vous paſſez dans une autre cour plus élevée, où ſe trouve un abreuvoir & un colombier à pied : on entre auſſi par la campagne dans cette cour, qui eſt une décharge de la baſſe-cour. Au-deſſus eſt un parterre d'orangerie, avec un baſſin, terminé par un berceau de treillage, de forme circulaire, orné de trois cabinets ou ſallons en lanternes, derriére lequel on a pratiqué un petit boſquet très-mignon. Au bout de l'avant-cour, vous trouvez une grande cour bordée de galeries, d'offices, d'un pavillon pour la chapelle, d'un autre pour les bains, & d'un long corps de logis dans le fond qui rendent ce bâtiment fort régulier.

Vous deſcendez par un perron dans les Jardins, qui vous préſentent d'abord une grande terraſſe toute découverte à cauſe de la vûe, & remplie de deux piéces de parterre de broderie, avec des plate-bandes iſolées & accompagnées de boulingrins, dont le fond eſt enrichi de piéces de gazon découpées. A côté ſont deux miroirs d'eau, ſervant de réſervoir aux fontaines pratiquées dans le bas du Jardin. On deſcend de cette terraſſe par les deux bouts, & en face de l'allée du milieu, par un grand eſcalier en fer à cheval, orné de trois bouillons d'eau, qui ſont à niveau de la premiére terraſſe, & qui font nappe dans le baſſin d'en-bas. Sur la ſeconde terraſſe, l'on trouve quatre boſquets, dont deux ſont découverts à compartiment, & les deux autres plantés en quinconce, ce qui n'interrompt point la vûe. Les deſſeins qui ſont ornés de baſſins & de figures en ſont fort gracieux. La grande allée du milieu, & les autres ſont continuées, & plantées d'ifs & d'arbres iſolés. Vous y trouvez un grand baſſin, avec un champignon & des bouillons d'eau en face de l'allée du milieu, & d'une allée de traverſe plantée de maronniers au-deſſous des boſquets. L'allée du tour de ce baſſin fait avancer la terraſſe en forme circulaire, où ſont deux eſcaliers à doubles rampes, des palliers & des perrons vis-à-vis des pattes d'oie, qui ſont percées dans le grand bois de haute-futaie qui eſt en bas, ce qui forme une demi-lune de charmille, décorée de figures dans des niches. On deſcend encore par des eſcaliers pratiqués à chaque bout de cette terraſſe.

Les deux rampes du grand eſcalier du milieu renferment

un petit baſſin, avec trois bouillons, qui tombent dans un autre où il y a quatre jets qui font nappe dans un baſſin plus bas, ce qui compoſe la tête d'une caſcade, qui regne juſqu'au grand canal d'en-bas. Toute cette eau coule par des rigoles, & tombe *en moutonnant* dans des baſſins où il y a des bouillons d'eau : à côté de ces rigoles ſont de petits chandeliers qui ſe répetent juſqu'au bas, auſſi-bien que les baſſins & les bouillons de cette caſcade, qui vient toute ſe rendre dans le canal, où dans le milieu il s'éleve un grand jet d'eau; on peut s'y promener dans des gondoles. Ce canal ſert auſſi de clôture, & ſépare le Jardin d'avec le parc. Le grand bois de haute-futaie, qui accompagne cette caſcade, eſt percé d'allées diagonales, & d'une grande allée circulaire, où l'on trouve des carrefours, avec des piéces de gazon. Ces diagonales vous conduiſent par des allées retournées d'équerre, dans quatre ſalles ou boſquets différens. Dans les deux à droite vous trouvez un grand cercle, entouré d'une paliſſade percée en arcade, avec un boulingrin octogone dans le milieu, & une ſalle longue coupée de niches pour des figures, avec deux renfoncemens ornés de coquilles & buffets d'eau; dans le milieu l'on voit une piéce à l'Angloiſe, entourée d'une plate-bande de fleurs. Les deux boſquets à gauche ſont compoſés d'une ſalle verte, avec un rang d'arbres iſolés, & d'un cloître à pans formé par des arbres pliés en berceaux naturels, le milieu eſt rempli d'un boulingrin, avec des ifs. On obſervera que le niveau des allées de ces boſquets, doit être raccordé avec celui des grandes allées du milieu, celles des diagonales & des côtés, qu'on ſuppoſe être en pente douce, à cauſe de la caſcade.

La diſpoſition générale de la troiſiéme Planche repréſente un Jardin ſitué ſur une côte, dont les terraſſes ſont ſur le côté à la différence du deſſein précédent, où elles ſont en face. Les bâtimens en ſont fort ſimples, & il n'y a point d'avant-cour; ce deſſein par-là eſt de moindre dépenſe pour l'exécution que les autres. La cour eſt accompagnée de deux pavillons, avec une grande grille, & d'une baſſe-cour entourée de bâtimens, avec un colombier & un abreuvoir; derriére cette baſſe-cour, il y a quatre piéces de potager, avec un baſſin au milieu. De l'autre côté de la baſſe-

cour,

cour, eſt une petite terraſſe d'alignement au pavillon d'entrée, & à l'encoignure du bâtiment, qui vous conduit le long de la cour dans le Jardin. En face du bâtiment, vous trouvez ſur une longue terraſſe ſix piéces de parterre avec une grande allée dans le milieu, & deux ſur les côtés, avec des allées de traverſe pour ſéparer ces piéces, dont deux ſont de broderie, deux de compartiment avec un grand baſſin dans le milieu, & les deux autres ſont à l'Angloiſe, entourées d'une plate-bande coupée, garnie de fleurs, d'ifs & d'arbriſſeaux. Le bout de cette terraſſe eſt terminé par une claire-voie, qu'on appelle autrement un *ah*, *ah*, avec un foſſé ſec au pied. De cette terraſſe, vous montez par des eſcaliers à chaque bout, & en face du baſſin, ſur une autre plus élevée, où vous trouvez un grand bois percé en étoile, avec une allée circulaire, & huit carrefours; dans le milieu il y a une piéce d'eau avec un jet, laquelle ſert de réſervoir aux autres baſſins d'en bas; à côté eſt une galerie verte, entourée d'arbres iſolés, & de piéces de gazon avec des figures: cette galerie eſt accompagnée d'une grande allée double, remplie d'un tapis de gazon dans ſon milieu: elle conduit vers le bâtiment.

A l'égard des Jardins d'en-bas, vous deſcendez de la terraſſe en face du bâtiment, par deux eſcaliers qui vous menent ſur une autre terraſſe remplie de deux boulingrins, avec des baſſins ovales, d'un boſquet découvert à compartiment & d'un quinconce, ornés de figures & de tapis de gazon. Toutes ces piéces ſont coupées d'allées qui répondent à celles des terraſſes d'en-haut. Cette terraſſe eſt ſoutenue par un talus de gazon, où vous trouvez trois eſcaliers tout différens, qui vous deſcendent ſur une autre terraſſe, dont la moitié eſt occupée par une grande piéce d'eau ou canal, avec un gros jet dans le milieu. Le reſte du terrein eſt planté en bois d'un aſſez beau compartiment; cette terraſſe eſt ſoutenue de même que l'autre par un grand talus de gazon, avec un foſſé au pied, dans la campagne. Ces quatre terraſſes ſont bordées d'ifs, de caiſſes, de vaſes, d'arbriſſeaux, & remplies de pluſieurs autres choſes que la Planche fera connoître.

La quatriéme Planche contient deux diſpoſitions différentes de Jardins très-propres à des maiſons particuliéres.

La diſpoſition de la premiére Figure peut s'exécuter dans

l'espace de cinq à six arpens, & cependant renferme tout ce qu'on peut souhaiter dans un aussi petit terrein. On entre en face du bâtiment, dans une cour ornée de tapis de gazon & d'allées, accompagnée sur la gauche d'une basse-cour, derriere laquelle il y a une pépiniere. Sur la droite est un potager fermé de murs. Le bâtiment est isolé, & par les deux grilles qui sont à ses côtés, il sépare le Jardin d'avec la cour. C'est un simple corps de logis, dont les façades sont différentes: celle du côté de la cour fait avant-corps dans le milieu par un pavillon, avec un perron au bas; la façade du Jardin forme deux pavillons à chaque bout avec d'autres perrons. Sur les côtés il y a des allées de traverse, terminées par des grilles de toute la largeur. En face du bâtiment se présente un parterre coupé en diagonales ou croix de saint André, où l'on entre par les bouts, ce qui a rapport aux deux perrons des pavillons. Sur les aîles de ce parterre il y a deux allées, qui viennent en face des grilles de la cour, & qui sont terminées par des figures & des niches pratiquées dans la palissade du bois; à côté de ces allées sont deux bosquets, l'un est une salle verte avec un boulingrin, & l'autre un cloître formé par des berceaux naturels, tous deux ornés de figures qui se regardent. Au-dessus de ces bosquets, on trouve une grande allée de traverse, double & plantée de marronniers, avec des ifs entre deux; elle vient rendre au grand bassin qui est au bout du parterre, & qui est vu de toutes les allées, principalement de la grande allée double, en face du bâtiment, laquelle va d'un bout à l'autre du Jardin. Cette allée est très-large, & est percée dans un bois de haute-futaie, où l'on trouve dans le milieu un grand cercle, où aboutissent les allées d'une étoile pratiquée dans ce bois, & entrecoupée d'autres allées droites, avec quatre carrefours circulaires & des diagonales qui rendent aux deux bassins des bouts: celui qui termine cette grande allée est à pans, & est vu de l'allée de traverse du bout. Toute cette enfilade est terminée par une grande grille au-dessus de ce bassin; & le long du mur, est un boyau de bois, tant pour le cacher, que pour faire paroître le Jardin plus grand. A chaque angle il y a des niches & des figures qui sont vues des allées du pourtour des murs, & des allées diagonales du bois.

Dans la ſeconde Figure, l'on voit un Jardin un peu plus magnifique, & plus grand de la moitié. Le bâtiment eſt pareillement iſolé, mais c'eſt un gros pavillon double, qui a quatre perrons, dont l'un eſt en face d'une cour qui le précede, bordée de deux aîles de bâtiment, renfermant d'un côté un potager, & de l'autre une baſſe-cour, d'où l'on monte dans un endroit plus élevé, où il y a un réſervoir buté, pour donner plus de hauteur aux fontaines du Jardin. Ce réſervoir eſt fourni par une pompe à cheval, pratiquée dans la baſſe-cour. Les deux faces des côtés ont vûe, l'une ſur un parterre à l'Angloiſe, & l'autre ſur un boulingrin, ornés chacun d'un baſſin. Ces deux piéces ſont accompagnées d'allées doubles, terminées par des foſſés ſecs pour jouir de la belle vûe. Vers la principale façade du bâtiment, on voit un grand tableau ou parterre de broderie, avec deux allées garnies de caiſſes & d'ifs, qui viennent rendre aux pavillons des aîles de la cour. Sur les côtés du parterre, l'on trouve deux boſquets, l'un découvert à compartiment, l'autre planté en quinconce, tous deux percés en étoile & ornés de figures. Au-deſſus de ces boſquets, on a pratiqué à l'ordinaire une grande allée de traverſe, terminée par des grilles, & découvrant le grand baſſin au bout du parterre.

On ſuppoſe au-deſſus de ce baſſin & de cette allée qu'il y a une pente douce qui a obligé de ſoutenir le terrein par un petit mur, avec deux eſcaliers en face des contre-allées du parterre. Ce mur ne regne que de la largeur de la découverte du milieu, & l'on deſcend dans les bois par des rampes douces, qui ſe racordent au niveau des autres allées. Entre les eſcaliers, on voit une petite caſcade formée par trois maſques, dont l'eau venant du baſſin, fait des nappes dans le canal, qui tient toute la longueur de la grande allée. Ce canal eſt cintré par le bout d'en-haut, & eſt accompagné de deux allées doubles, plantées d'ifs à l'enfilade de celles du parterre, & de deux bois de haute-futaie qui le renferment fort agréablement, par la variété & la richeſſe de leur deſſein.

Cette diſpoſition, quoiqu'inférieure en grandeur & en magnificence, à celles qui ſont contenues dans les trois premiéres Planches, peut cependant les égaler par ſon heureuſe diſtribution, & par les enfilades d'allées qui ſe trouvent dans le milieu des bosquets, & qui viennent aboutir aux jets du boulingrin & du parterre à l'Angloise, placés sur les aîles du bâtiment. Toutes ces piéces sont bordées de grandes allées doubles, & de palissades contre les murs, qui sont coupés aux enfilades des allées par des grilles & par de petits murs à niveau des allées avec des fossés, tant au bout du canal, que vis-à-vis les faces latérales du bâtiment, ce qui donne une belle découverte.

Quoiqu'on se fût flatté que ces quatre Planches de dispositions générales pourroient satisfaire tout le monde, l'on a cependant été obligé d'en ajouter deux autres, pour répondre aux objections que quelques personnes ont faites, que les desseins qu'on a donnés dans cet Ouvrage étoient tous faits pour des places régulieres: & que ce seroit une nouvelle difficulté de les ajuster ou d'en inventer d'autres pour des terreins irréguliers coupés de différens biais. Cela demande en effet de l'intelligence & de l'industrie; on espere que ces deux Planches pourront faire cesser de si justes reproches. Il est impossible de voir des places si biaisées, & si irrégulieres sur le terrein: elles ne se rencontrent jamais en si grand nombre, surtout avec des biais si singuliers, & de toutes sortes de formes imaginables, ce qu'on a affecté ici pour ne rien laisser à desirer. On trouvera encore dans la suite, des planches de parterres & de bosquets, où l'on a pratiqué quelques biais pour satisfaire de plus en plus les gens difficiles.

La cinquiéme Planche est composée de deux petits plans généraux, convenables à des Particuliers. Celui de la premiere Figure, est d'environ quatre arpens, & renferme des piéces grandes & régulieres, autant que le peut permettre un terrein aussi bizarre. L'issue en est biaisée par un bâtiment & par un mur voisin, qui sont des sujettions sans remede, ausquelles il faut s'assujettir comme l'on peut. On a ouvert au-devant de la cour, une demi-lune, rachevée par des arbres de l'autre côté, avec un bout d'avenue en face, ce qui tient lieu d'avant-cour.

Il se présente d'abord une cour proportionnée au bâtiment qui est un pavillon double, avec un toit en Mansarde. Les deux portes de communication pratiquées dans les murs de la cour, menent d'un côté dans une petite basse-cour, où l'on a ménagé des bâtimens aux deux bouts, ſelon que le biais l'a pû permettre, & de l'autre dans un potager raiſonnablement grand, & aſſez bien placé, par rapport à la proximité des bâtimens : il eſt fermé de murs, & coupé de quatre piéces irrégulieres, avec un petit baſſin au milieu. On y entre encore par une grille en face de l'allée du grand bois, pour continuer l'enfilade. En ſortant du bâtiment vous voiez un parterre à l'Angloiſe tout d'une piéce, dont les bouts ſont ornés, l'un d'une coquille de gazon, de ſtatiſſées ou de marguerites, l'autre d'un baſſin enclavé dans le parterre dont la plate-bande eſt coupée, & garnie d'ifs & de fleurs.

Pour prolonger un peu le coup d'œil, on a ménagé deux petits quinconces de ſimétrie ſur les aîles du parterre, l'un cache par un peu de garni dans le fond, le mur de clôture trop proche du bâtiment, l'autre n'ôte rien de la régularité de la ſalle du grand bois : l'allée de traverſe paralelle à celle qui regne le long du corps de logis, & à l'enfilade du baſſin du parterre, avec l'allée d'un bout à l'autre du bois qui aboutit à la grille du potager, coupent ce bois en quatre parties, dont le centre eſt occupé par un tapis de gazon octogone, avec une figure vue de toutes les allées, & des ſalles pratiquées dans ce bois : elles ſont aſſez bien variées, celle à côté de la grande allée de face, eſt la plus grande, on a placé dans le haut une figure qui ſe voit de la grille du bout, & de deſſus le gradin qui eſt vis-à-vis l'allée du bois : de l'autre côté de cette grande allée, l'on voit une autre ſalle différente, dont une ſortie vient auſſi aboutir à cette grille, ce qui ouvre en cet endroit une patte d'oie auſſi réguliére que la place l'a pû permettre. Les bancs placés heureuſement dans ces deux ſalles enfilent, les uns les grilles des bouts & le baſſin du parterre, les autres les deux figures qui ornent le bois, enſorte que le coup d'œil y eſt agréablement terminé par tout.

Il eſt bon de faire remarquer ici l'adreſſe que l'on a eue en diſpoſant ce Jardin, & en corrigeant ſes biais. On a placé le bâtiment à un coin, & l'on a biaiſé la grande allée en face, afin de profiter de toute la longueur du terrein pour cette allée qui dans tout autre endroit, ſe ſeroit trouvée plus courte ; le baſſin enclavé dans le parterre, eſt encore pour gagner de la place à cette grande allée, qui ſeroit racourcie ſi l'on avoit pris une allée autour d'un baſſin iſolé. Les biais d'en-bas ſont redreſſés par les murs du potager & de la baſſe-cour d'alignement au corps de logis, & ceux d'en-haut par une paliſſade, avec du garni derriére. Dans l'endroit le plus large, l'on a renfoncé un gradin de trois marches de gazon, orné de caiſſes & de pots de fleurs ſur lequel on a aſſujetti l'allée du grand bois, aboutiſſant au baſſin du potager, uniquement pour décorer cette belle enfilade. L'on a placé dans l'angle de cette paliſſade un banc qui corrige un peu le défaut du coude. Comme dans les petits Jardins il ne faut pas percer toutes les allées d'un bout à l'autre, parce qu'on en verroit tout-d'un-coup l'étendue, l'on a tâché, autant qu'on a pû, d'arrêter l'œil dans les ſalles, afin de faire paroître ce Jardin beaucoup plus grand qu'il n'eſt. Il n'y a que deux allées qui aillent d'un bout à l'autre, & deux autres de traverſe, toutes terminées par des grilles, avec les allées du pourtour des murs à gauche; car de l'autre côté à droite, l'on a pouſſé les bois juſqu'au mur pour le mieux cacher, & faire croire ces languettes de bois beaucoup plus ſpacieuſes. Le petit berceau dans le coin au-deſſus du potager, eſt encore placé là pour ſauver le peu de longeur de cette allée. Ces liziéres de bois ou brouſſailles augmentent certainement l'idée que l'on a d'un Jardin, & ne contribuent pas peu à tromper les yeux.

La diſpoſition de la deuxiéme Figure eſt encore dans un terrein plus petit & plus irrégulier que le premier: on conviendra néanmoins que le coup d'œil n'y eſt bleſſé dans aucun endroit, & qu'il ſe trouve du grand dans l'ordonnance de chaque piéce. L'entrée en eſt réguliére en face du bâtiment: d'un côté, c'eſt une baſſe-cour, d'où l'on paſſe dans un potager diſtribué aſſez ingénieuſement, les allées en patte d'oie venant toutes aboutir à un baſſin contre le mur; l'enclos du potager redreſſe tout ce terrein en échaudé. De l'autre côté de la cour, eſt un petit parterre à l'Angloiſe avec une coquille garnie de fleurs ou de marguerites, dont l'aſpect eſt agréable des fenêtres du bâtiment, à l'alignement duquel & pour fermer la baſſe-cour & le petit parterre, l'on a planté de chaque côté quatre berceaux naturels en portiques qui font des merveilles ſur le terrein: il y a un mur qui les ferme du côté de la basse-cour, mais du côté du parterre à l'Angloise, les portiques sont ouverts pour y entrer, & viennent se rendre dans une salle couverte naturellement, avec un banc à l'enfilade. L'on a pratiqué deux sorties du bâtiment sous chaque galerie de berceaux, pour y venir prendre le frais. On trouve encore en face de l'entrée du petit parterre un grand banc dans une niche de verdure, renfoncée dans ce boyau de bois, qui sauve tous les biais de cet emplacement.

L'esplanade en face du bâtiment est très-large, à cause de la décoration des portiques : elle est remplie par deux grandes piéces de broderie répétées, avec deux plate-bandes isolées dans le milieu, le tout coupé de cinq allées : les contre-allées sur les aîles sont bordées par un rang de marroniers plantés dans une plate-bande, avec des arbrisseaux de fleurs entre chaque arbre : elles sont terminées par des figures dans des niches renfoncées dans le bois. La grille, l'allée & le bassin du potager, enfilent une de ces niches. Au-dessus de toutes ces piéces est un bassin long cintré par les deux bouts, avec deux jets qui s'ajustent aux contre-allées du parterre, & de l'allée double en face, au milieu de laquelle l'on a semé un tapis de gazon pour varier. L'allée de traverse & celle de face sont percées par un fossé en *ah*, *ah*, pour jouir d'une plus belle vûe, & pour continuer mieux le plein-pied de ces allées, que la place n'a pû permettre d'alonger davantage; c'est une adresse qu'il ne faut pas oublier dans ces sortes d'occasions, non plus que de les prolonger, quand on le peut, par des avenues dans la campagne. L'allée de traverse, qui passe à travers le bois, est terminée à l'autre bout par un portique de treillage avec un banc. Le biais à gauche de la grande allée, est sauvé par une languette de bois, où l'on a ménagé un cabinet à l'enfilade d'un des jets du bassin, & qui fait simétrie avec la diagonale du grand bois : il y a encore une petite route qui sort dans la grande allée, de laquelle l'extrêmité est retournée d'équerre, avec un banc en face de celle qui traverse le bois, pour prolonger, autant qu'on peut, ces sortes d'allées. Le grand bois est coupé d'une croix de saint André : une des diagonales découvre un des jets du parterre, & est terminée par une figure placée dans l'angle du mur, l'autre l'eſt par les deux percés des murs : toutes ces allées viennent rendre dans une grande ſalle ronde, où ſe voit un boulingrin d'une belle grandeur. Dans les quatre quarrés du bois ce ſont de petits cabinets tout différens, dont deux ſont remplis de tapis de gazon, & les autres d'arbres iſolés, avec des bancs placés à propos. Au-deſſus de ce bois, comme il y a une pointe qui auroit été déſagréable, ſi elle eût été toute boiſée, on l'a dégagée par une allée circulaire & par deux petites piéces de gazon bordées d'ormes, taillés en boules, avec des ifs entre deux. Il ſe forme une patte d'oie au bout & en face de la figure, qui eſt vue des allées du pourtour, auſquelles on a aſſujetti les percés des murs. Le biais de ce côté, qui eſt un mur tournant, eſt racheté par une paliſſade brouſſaillée derriére : l'endroit le plus épais a donné lieu d'y placer un berceau de treillage, avec un banc en face des ſalles & de l'allée du bois.

La ſixiéme Planche qui paroît pour la premiére fois, eſt pareillement composée de deux diſpoſitions générales convenables à des Particuliers. Celle de la premiére Figure offre un Jardin d'environ vingt arpens, dreſſé ſur une pente douce ſoutenue d'une ſeule terraſſe avec très-peu d'eſcaliers. Les murs de ce Jardin ſont coupés de différens biais, de ſorte qu'il n'y a pas une ligne d'équerre. Un grand chemin à mi-côte, par ſes ſinuoſités n'étoit pas aiſé à redreſſer ; il falloit s'y aſſujettir, ce qui fait que la cour de la maiſon n'a pû être pratiquable pour y faire des remiſes & des écuries, qu'on a reportées, faute de place, dans une baſſe-cour de l'autre côté du chemin avec une pente douce pour la deſcente des caroſſes ; les logemens de maîtres qu'on y a pratiqués, peuvent ſuppléer à la petiteſſe de la maiſon. On a creuſé la cour à niveau du chemin, pour y faire entrer les caroſſes, & la demi-lune vis-à-vis eſt pour les faire tourner. Par ce moyen le premier étage eſt de plein pied aux deux parterres, & l'on y monte par un eſcalier en dedans au rez-de-chauſſée de la cour où l'on a pratiqué des offices & cuiſines dont l'écoulement des eaux ſe perd dans le chemin. L'irrégularité des murs de terraſſes des deux parterres eſt corrigée par des plate-bandes d'arbres & de fleurs ; ils ſont terminés l'un par des vaſes, l'autre par un groupe de Sculpture, & un petit quinconce d'arbres.

On

On auroit pû mieux régularifer le bâtiment, ainfi que la terraffe de biais qui eft au-deffus; mais le tout étoit fait quand on a planté les Jardins.

Le potager coupé de murs pour avoir des efpaliers eft des plus à la mode; il a fa melonniére & quatre baffins qui lui fourniffent l'eau néceffaire. Entouré d'un côté de murs, & de l'autre de talus de gazon avec des efcaliers de pierre aux enfilades des grandes allées du Jardin, on peut par le moyen de petits treillages à hauteur d'appui & de deux portes fur les efcaliers, le fermer entiérement. Les deux parterres qui accompagnent le bâtiment, font d'un goût extrêmement nouveau; l'un eft une petite piéce d'eau d'où fortent des culots de broderie, & qui eft liée avec les plate-bandes & la coquille de gazon; l'autre eft un parterre d'eau avec quatre jets qui fourniffent l'eau des ferpentemens dont eft environnée la piéce de gazon du milieu. Au-deffus eft la feule terraffe de ce Jardin, plantée en boules d'ormes, & terminée par un berceau de treillage: deux petits cabinets, dont un fert de tabagie avec un buffet d'eau, des bancs, & des tables quarrées pour charger les pipes, rempliffent ce boyau de bois qui eft bordé par une allée de niveau, dont un des bouts eft orné d'une fontaine en buffet d'eau, & l'autre offre un berceau quarré placé à deffein de rompre le coude de cette allée avec celle qui eft au-deffus du potager. L'amphitéatre ou le vertugadin qui borde cette allée, eft fait pour foutenir la chûte du terrein, avec une falle à côté ornée de gradins & d'une figure avec des arbres ifolés. Vous paffez de cette falle dans celle où eft une piéce d'eau, d'où vous pouvez encore communiquer avec les falles au-deffus, ce qui forme une efpéce de cloître. Toutes ces allées en pente conduifent au haut du parc, & toutes celles de traverfe font de niveau ainfi que le terrein des falles. Cette piéce d'eau fournit le jet du parterre au-deffus du potager & les deux buffets, l'un de l'allée du vertugadin, & l'autre de la falle de tabagie, qui peuvent nourrir les quatre jets du parterre d'eau à côté du bâtiment, lefquels tombent dans l'abreuvoir de la baffe-cour. En face de la piéce d'eau du bois eft une grande allée de niveau qui traverfe tout le Jardin, & vient aboutir à un *ah, ah.* Au-deffus fe trouvent une falle en fer à cheval, pour ne pas interrompre le promenoir, une autre pour le bal avec un buffet, & une troisiéme pour la Comédie, dont le terrein est butté dans les quarrés de bois. Le reste est occupé par un grand bois de haute-futaie, dont les allées diagonales percées en étoile & en patte d'oie, sont en pente douce soutenues d'espace en espace par des chevrons de gazon. On trouve au milieu un grand bassin octogone dont le gros jet & les quatre jets dardans fournissent une petite cascade qui se voit de la terrasse au-dessus du potager qui tire ses eaux de cette décharge. Au-dessus de ce grand bois est une allée de traverse terminée ainsi que l'autre par un *ah, ah*: vous passez de cette allée dans les parties les plus élevées du parc: Vous y voyez un bosquet comparti avec des carrefours ornés de figures, un petit labirinthe d'un arpent d'étendue environ, enfin un réservoir dont la source vient d'un étang hors du parc, & qui fournit seulement le bassin long du bois & les jets de l'octogone au-dessus de la cascade. Les terres du boulingrin où est pratiqué le réservoir, ont servi à dresser de niveau l'allée double d'en-haut qui vient se terminer à une salle. La maniére de corriger les différentes sortes de biais, est sensible dans ce dessein, ainsi que celle de profiter des avantages du lieu: on y trouve de belles piéces très-variées, & les eaux, les figures, les berceaux & les autres ornemens n'y manquent point.

La seconde Figure offre un Jardin de cinq arpens & demi dressé sur une pente très-roide, bordé d'un côté par une petite riviére, & de l'autre par les rues du village. Ce Jardin est encore resserré par des maisons contigues & qui tiennent au village. Cet emplacement n'est qu'un boyau de terre, & est si singulier, qu'il ne paroît pas aisé d'y pratiquer des piéces réguliéres; la cour entourée de tilleuls, & la basse-cour avec son colombier conviennent assez à une petite maison. La premiére terrasse est soutenue d'un mur le long de la petite riviére. L'esplanade à l'Italienne que l'on y voit, & qui n'est pas ordinaire, sert à découvrir le pays: c'est un pâté de terre entouré de pots de fleurs, & revêtu de talus de gazon avec deux escaliers de même. L'engrêlure que l'on voit autour du bassin au-dessus, est faite uniquement pour l'agrandir. Huit portiques interrompent la longueur de ce boyau, & ouvrent neuf bouts d'allées, dont les trois plus longues vont se terminer à deux

Disposition generale d'un grand Jardin dont la pente est en face du Bâtiment.

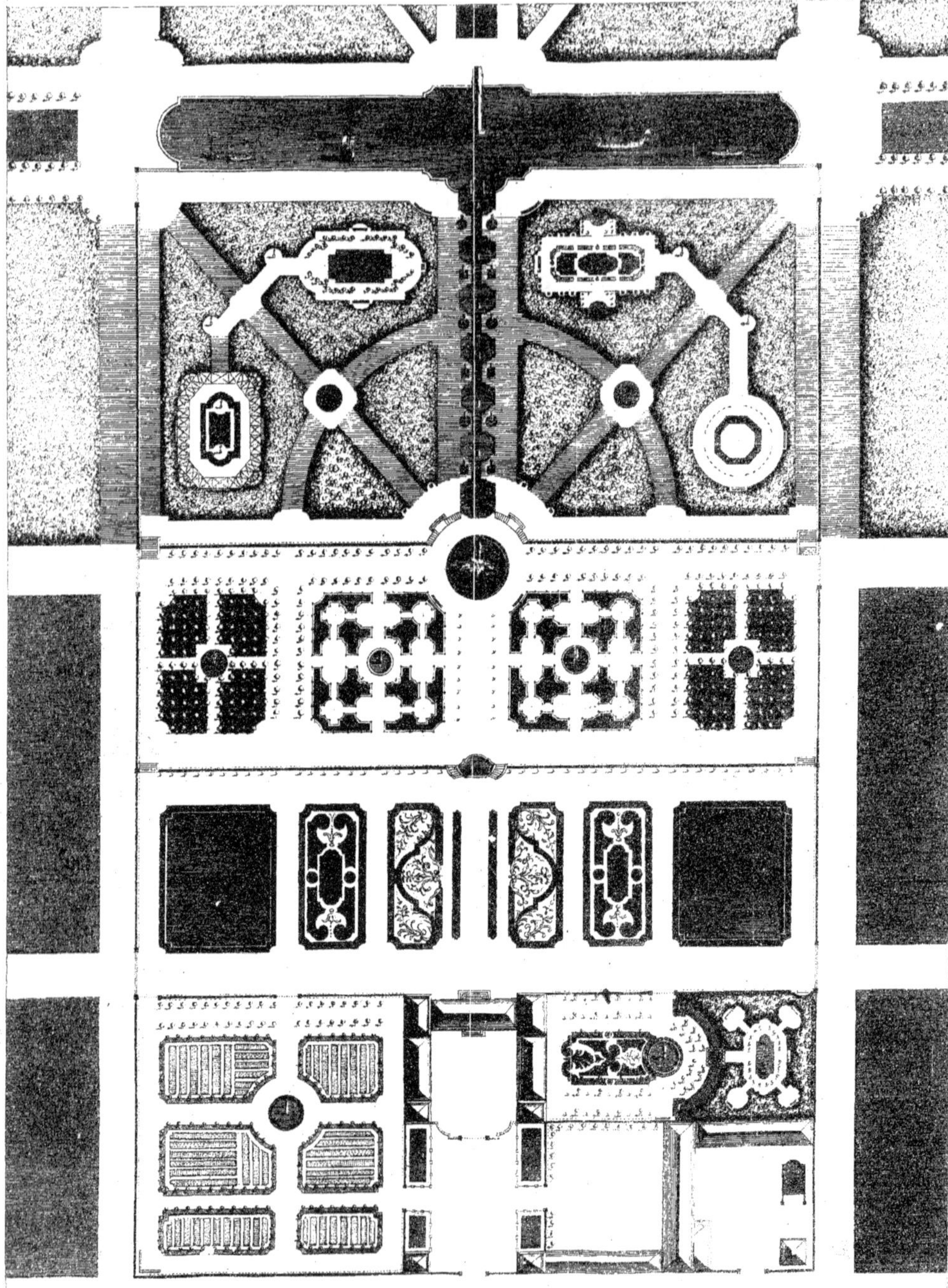

Planche N°. 5.

Planche I.re A. Page 42

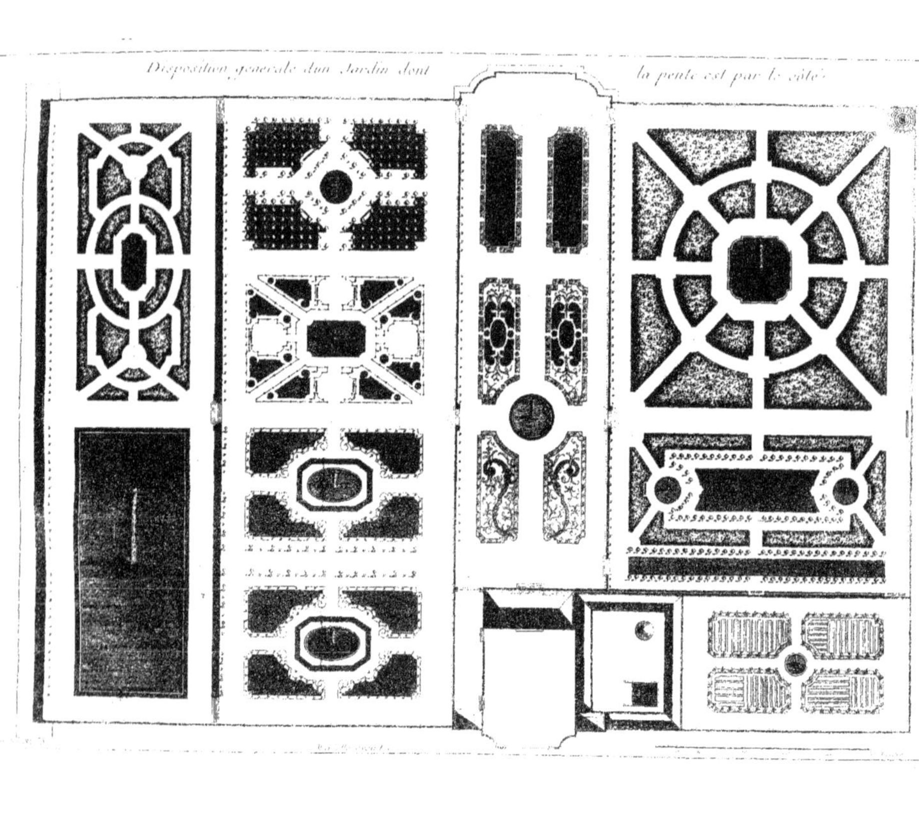
Disposition generale d'un Jardin dont
la pente est par le côté

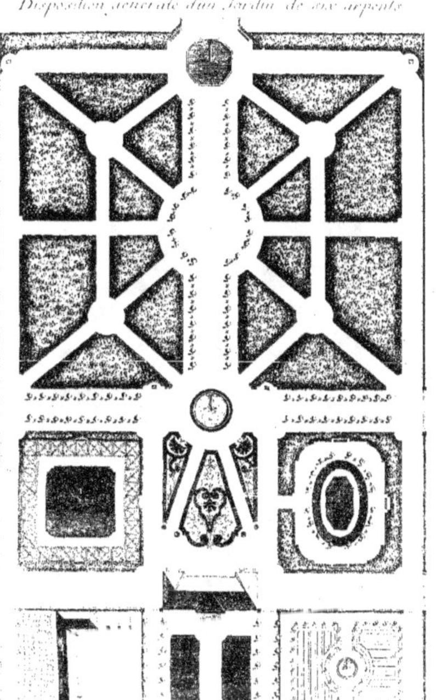

Disposition generale d'un Jardin de douze arpents

Planche 4

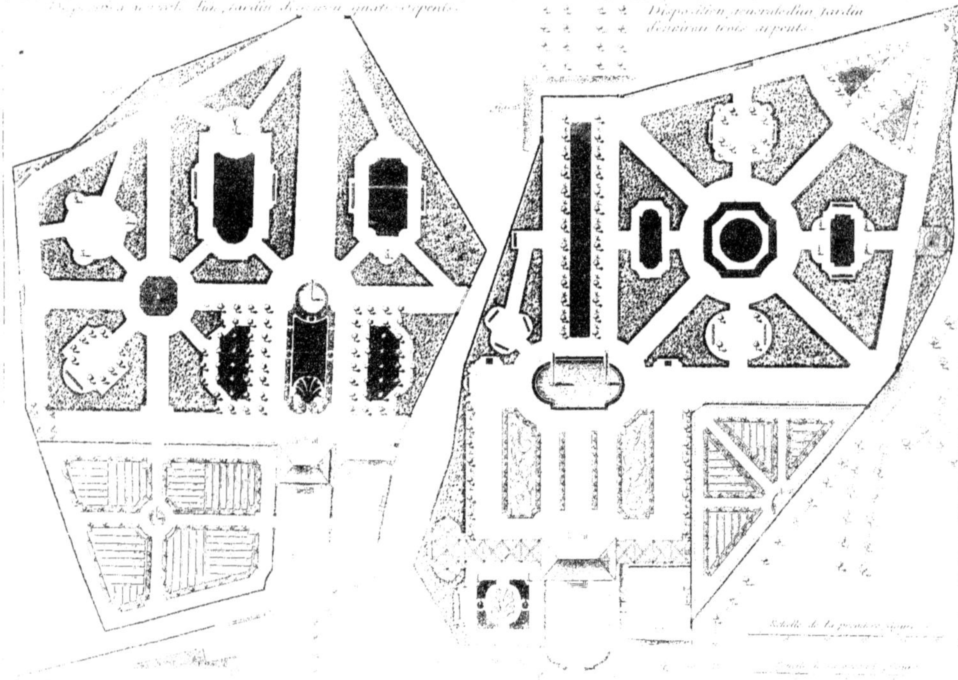
Disposition generale d'un jardin
d'environ trois arpents.
Echelle de la premiere figure

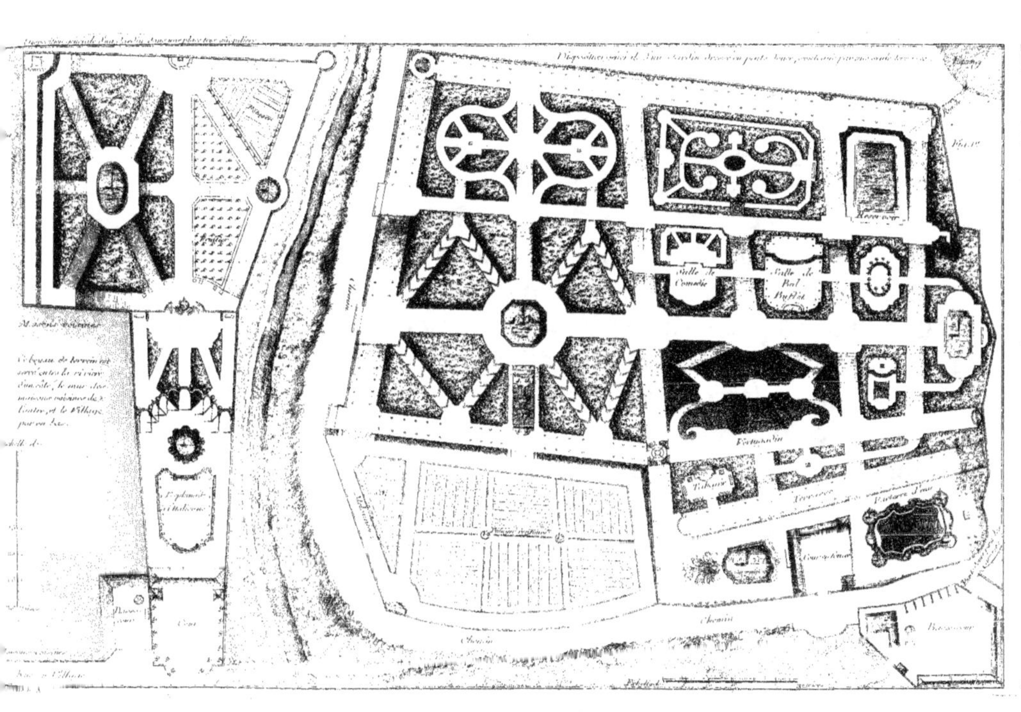

bancs & dans une ſalle renfermée dans un boſquet où ſe voit une petite caſcade pratiquée dans le milieu d'un eſcalier à deux rampes. Cet eſcalier monte ſur une ſeconde terraſſe où le terrein commence à s'élargir, & à s'ouvrir en demi-lune & en patte d'oie. A droite eſt un bois coupé d'une croix de ſaint André, & d'une allée de traverſe dont le terrein eſt en pente douce & les terres coupées en talus dans les quarrés de bois. Le baſſin ovale qui eſt au milieu de la ſalle, vient d'un petit regard quarré ſitué ſur la troiſiéme terraſſe au-deſſus du bois, & ſoutenue d'un talus de gazon qui regne le long du mur de l'enclos dans la partie la plus élevée. Ce baſſin fournit celui du potager & la petite caſcade, dont l'eau va ſe perdre à la riviére. Le potager fournit le baſſin du parterre qui ſe décharge dans l'auge de la baſſe-cour. Vous deſcendez des allées de ce bois par une pente douce dans celle du milieu en face du champignon de la caſcade, laquelle eſt terminée par une figure placée ſur un gradin de gazon. Au-deſſous & à côté de cette allée ſont le fruitier & le potager dont les allées auſſi en pente douce vous conduiſent à un baſſin où ſe forme une patte d'oie de quatre allées. Ce baſſin eſt diſpoſé de maniére qu'il ſe voit de tous côtés. Le mur de terraſſe qui ſoutient l'allée d'en-bas ſuit le cours de la riviére, & avance en demi-lune en face du baſſin. Une petite Tour ſervant de retraite dans le mauvais tems, ſauve l'angle ſaillant des deux murs de cet enclos. Enfin dans un auſſi petit eſpace & auſſi irrégulier, on y trouve un parterre nouveau, deux boſquets avec des ſalles, trois terraſſes, un potager, un fruitier, trois baſſins, une caſcade, cinq figures & huit portiques. Que pourroit-on ſouhaiter de plus dans un grand Jardin ?

Parmi tous ces deſſeins dont la plûpart ſont magnifiques, il s'en trouve de très-ſimples, ſoit pour la diſpoſition & la grandeur de chaque piéce, ſoit pour la décoration des figures, des fontaines, des portiques & des bâtimens.

Il y a en tout 10 plans généraux, dont on en trouve ici neuf de ſuite : le dixiéme eſt dans le Chap. 4. Part. 2.

CHAPITRE IV.

DES PARTERRES ET Plate-bandes de différentes espéces.

(a) Diction. de l'Académ. Françoise.

(b) Ménage, Richelet.

LE mot de Parterre vient (a) du verbe Latin *Partiri*, & selon quelques-uns, (b) un Parterre signifie une Aire plate & unie.

Les compartimens & les broderies des Parterres sont tirés des figures de Géométrie, tant de lignes droites, que circulaires, mixtes, &c. Il entre dans leur composition différens desseins, comme des rinçeaux, des fleurons, palmettes, feuilles refendues, becs de corbin, traits, nilles, volutes, nœuds, naissances, agraffes, chapelets, graines, culots, cartouches, attaches, feuilles tronquées, dents de Loups ou tréfles, panaches, compartimens, guillochis ou entrelas, enroulemens, massifs & coquilles de gazon, sentiers & plate-bandes. Quelquefois on y joint des desseins de fleurs, comme des rosettes, des œillets, des tulipes & autres.

On y mettoit autrefois des têtes de Levrettes, de Griffons & autres animaux avec leurs pattes & griffes; qui faisoient un fort mauvais effet, & rendoient ces Parterres très-lourds. On y a vû quelquefois les armoiries du Maître.

On veut présentement des desseins tout différens: la broderie pour être belle, doit être légere & sans confusion, ce qui fait tomber souvent dans un défaut opposé, c'est qu'à force de vouloir faire les Parterres légers, on les fait tout dégarnis, & d'une broderie si maigre & si mince, qu'elle ne figure pas assez sur la terre; ce défaut oblige de faire arracher quelque tems après un Parterre parce que les traits de buis se touchent & se confondent l'un dans l'autre. Il faut dans ces sortes de choses un goût décidé, un juste tempéramment, en évitant également la trop grande légéreté, comme la trop grande pésanteur d'ornemens.

Il est bon de prévenir le Lecteur sur l'idée que certains Dessinateurs veulent introduire, que les Parterres sont des piéces très-difficiles à inventer, & qui demandent plus de sçavoir que les dispositions générales. Quoique l'on convienne que les Parterres sont les plus riches & les plus délicates parties d'un Jardin, ils ne sont cependant que les parties d'un beau tout, c'est-à-dire, d'un plan général. Il en seroit de même de dire, qu'une chambre est plus difficile à inventer & à décorer, que tout un grand bâtiment, dont elle ne fait que partie. Ainsi l'on doit regarder les Parterres comme peu de chose pour l'invention, en comparaison des dispositions & des distributions générales des Jardins.

Tous les Parterres sont à peu près semblables, les ornemens qui les composent se trouvent épuisés dans cinq ou six desseins, on retombe toujours dans les mêmes traits, & la forme est presque toujours la même; les dispositions générales au contraire sont toujours différentes, c'est la situation du lieu qui les regle: elles demandent chacune un génie nouveau, qui sçache s'assujettir à leurs diverses espéces, en corrigeant avec industrie les défauts du terrein, & profitant d'un heureux emplacement: la preuve en est qu'il n'y a pas deux Jardins qui se ressemblent aussi parfaitement que le sont deux Parterres, sans affecter de les faire ressembler.

Peut-être que la raison pour laquelle ces personnes veulent faire croire difficile l'invention d'un Parterre, c'est qu'elles ne sont capables que de ces sortes de desseins, & qu'un plan général, qu'un bosquet décoré les feroit échouer: semblables à un Peintre, qui n'est capable que de dessiner une tête, sans pouvoir achever la figure entiére. Au reste, quand tout un Jardin est bien inventé, bien disposé, & qu'il n'y a que le Parterre qui fasse un mauvais effet, il est aisé de le faire arracher, les mêmes buis resserviront à planter le nouveau dessein, & cette dépense est peu considérable. Il n'en est pas de même d'un plan général ou d'un grand bosquet: quand ils sont une fois exécutés, ils ne se peuvent changer, sans de très-grosses dépenses. On voit combien il importe qu'une disposition générale soit bien ordonnée. Il se trouve un grand nombre de Parterres passables, & même de bons, mais il y a peu de dispositions générales parfaites & convenables à la nature du lieu; il semble que l'on ait toujours quelque chose à y desirer.

Toutes les différentes sortes de Parterres se réduisent aux quatre espéces suivantes; les Parterres de broderie, les Parterres de compartiment, les Parterres à l'Angloise, & ceux de piéces coupées: il y a encore les Parterres d'eau, mais ils sont peu d'usage.

Les Parterres de broderie sont ainsi appellés, à cause que le buis dont ils sont plantés, imite la broderie. Ce sont les plus beaux & les plus riches de tous; on les accompagne quelquefois de massifs & d'enroulemens de gazon. Leur fond doit être sablé, afin de mieux détacher les feuilles & les rinceaux de la broderie, que l'on remplit de machefer ou de terre noire.

Les Parterres de compartiment différent de ceux de broderie, en ce que le dessein se répéte par simétrie, tant dans le haut que dans le bas & sur les côtés. Ces Parterres sont mêlés de massifs & de piéces de gazon, d'enroulemens & de plate-bandes de fleurs, avec de la broderie en petite quantité, mais bien placée: ce mélange forme un effet très-agréable à la vûe. L'on en doit labourer le fond, sabler le dedans des feuilles, & l'on met du ciment ou de la brique pilée dans le petit sentier qui sépare les compartimens.

Les Parterres à l'Angloise sont les plus simples & les moindres de tous. Ils ne doivent être composés que de grands tapis de gazon tout d'une piéce, ou peu coupés, & entourés d'une plate-bande de fleurs, avec un sentier ratissé de deux ou trois pieds de large, qui sépare le gazon d'avec la plate-bande, & que l'on sable, afin de les détacher. On leur donne ce nom de Parterres à l'Angloise, parce que la mode en vient d'Angleterre. Ces piéces sont aujourd'hui très-pratiquées en France, elles sont souvent préférées aux Parterres de broderie, parce qu'on les croit de moindre entretien; cependant elles coûteroient davantage à maintenir belles, si elles étoient entretenues comme en Angleterre, ou comme est le Parterre du Palais Royal.

Les Parterres de piéces coupées ou de découpé ne sont plus guére à la mode, cependant ils ne laissent pas d'avoir leur mérite. Ils différent des autres, en ce que toutes les piéces qui les composent y doivent être coupées par simétrie, & qu'il n'y entre ni gazon, ni broderie, mais simplement des plate-bandes bordées d'un trait de buis, qui servent à élever des fleurs : un sentier un peu large & sablé que l'on fait regner autour de chaque piéce, sert à se promener dans tout le Parterre.

Ceux de broderie comme les plus beaux, doivent aussi occuper les principales places, & les plus proches du bâtiment, les Parterres de compartiment les doivent accompagner, & ceux à l'Angloise occupent les grands lieux & les orangeries : on les appelle alors Parterres d'orangerie. Les découpés sont bons pour de petits endroits où l'on veut élever des fleurs, ce qui se nomme encore Parterre-Fleuriste.

On peut disposer les Parterres de plusieurs façons, selon le lieu, soit en les coupant en deux longues piéces répétées avec une allée dans le milieu, soit en ne faisant qu'un seul tableau de broderie, avec des allées sur les côtés : ou bien en les coupant par des allées diagonales, en quatre piéces, qui forment une croix de saint André; quelquefois aussi en demi-croisée cintrée par un bout : on en verra des exemples dans les Planches suivantes.

La meilleure maniére d'inventer un Parterre, c'est de lui donner une figure & une forme convenable au lieu & au bâtiment; on ne le coupe point par exemple en deux piéces, quand le terrein par son peu de largeur, ne permet que d'en faire une seule; & on le dispose en croix de saint André, quand on sort du bâtiment par les pavillons, afin que chaque allée diagonale vienne enfiler les portes.

La vraie place des Parterres étant près du bâtiment, leur largeur doit être de toute la façade du corps de logis, & même plus large : à l'égard de leur longueur, elle ne doit jamais passer une juste proportion pour le coup d'œil, de maniére qu'on en puisse découvrir du bâtiment toute la broderie & les compartimens : cette longueur aura deux ou trois fois la largeur des Parterres qui se racourcissent toujours assez à la vûe, joint à ce que les formes un peu longues font mieux sur le terrein, que celles qui paroissent quarrées. Les rinceaux ne seront pas trop longs, afin que la vûe ne perde pas tout d'un coup l'intention générale de la broderie; ainsi dans une grande piéce l'on coupera le dessein par des cartouches, des massifs & coquilles de gazon pour interrompre cette grande longueur : il faut que la principale naiſſance des rinceaux & des palmettes ſorte avec quelque eſpéce de raiſonnement & ſans confuſion, des agraffes, des enroulemens, des volutes des côtés, ou des fleurons & cartouches du milieu.

Quand ces principaux traits ſont placés, le reſte du terrein ſera compoſé de nilles, de graines, d'agraffes, de culots adoſſés contre les plate-bandes & cartouches ; en ſorte que ne laiſſant pas de grands vuides, le Parterre ſe trouve rempli également par tout. Si l'on veut éviter un entretien continuel, on y mettra peu de gazon. Dans de petites piéces, on peut faire, au lieu de maſſifs gazonés, deux doubles traits de buis, dont le ſentier ſoit de ſable rouge, & le milieu de terre noire ou de machefer pour détacher ; c'eſt encore la mode de faire des Parterres tout de gazon, & ils ont leur mérite quand ils ſont bien ſoignés ; cependant il y a de beaux Parterres où il n'en faut point ; d'autres où l'on eſt obligé de mettre du gazon pour rompre la trop grande portée des rinceaux.

Il faut remarquer que préſentement on ne laiſſe plus monter le buis ſi haut, & qu'on ne met plus de grands ifs & d'arbriſſeaux dans les Parterres ; bien différens des bois & des allées de haute-futaie, qui font le relief des Jardins, ils doivent être plats, unis & dégagés comme des lieux découverts ; quand on y mettoit de ces grands ifs, un Parterre reſſembloit à un bois, offuſquoit la vûe, & cachoit la beauté des bâtimens, qui en ſont ordinairement voiſins. Ainſi il ne faut laiſſer monter ces ifs & ces arbriſſeaux qu'à deux ou trois pieds de hauteur.

Les Parterres ſont encore très-différens des autres parties d'un Jardin, en ce qu'ils ſont plus beaux dès le premier jour qu'ils ſont plantés que dans la ſuite : il n'y a que le grand entretien & les ſoins continuels que l'on y apporte, qui puiſſent faire éviter ce décroiſſement de beauté : les buis en groſſiſſant font perdre la délicateſſe du deſſein, les terres gâtées par les ravines ne ſont plus de niveau, les ſables de couleur s'effacent & ſe mêlent avec la terre dans le ratiſſage, & les gazons deviennent mouſſeux. Il faut donc entretenir le buis très-bas, le tondre proprement deux fois l'année, ſans qu'une main mal adroite en altére le contour, que les ſables ſoient ſouvent

ſouvent renouvellés, pour marquer & détacher mieux la broderie; & ſur tout que les gazons ſoient fauchés & bordés chaque mois, & outre cela, changés tous les trois ou quatre ans. Voilà en quoi conſiſte la principale beauté des Parterres. Ce ne ſont pas ordinairement les morceaux les plus négligés dans un Jardin, ils ſont trop près des yeux du Maître pour craindre un pareil oubli.

Les plate-bandes qui entourent & qui enclavent les Parterres, empêchent qu'on ne les puiſſe gâter en marchant dedans. Elles leur ſervent encore d'ornement par les ifs, les arbriſſeaux & les fleurs qu'on y éleve. Leur proportion ordinaire eſt de quatre pieds de large pour les petites, & de cinq à ſix pour les grandes: on les dreſſe toujours en dos d'âne, pour les rendre plus agréables à la vûe: elles ſont bordées ordinairement d'un trait de buis, mais dans les piéces coupées on les entoure de marguerites, de ſtatiſſées, de penſées, de mignardiſes, & autres plantes.

Il y a quatre ſortes de plate-bandes. Les plus ordinaires ſont celles qui continuées tout autour des Parterres, ſans aucune interruption, ſont labourées en dos d'âne, & garnies de fleurs, d'arbriſſeaux & d'ifs.

La ſeconde eſpéce eſt une plate-bande, coupée en compartiment d'eſpace en eſpace par de petits paſſages; on l'orne auſſi de fleurs, d'arbriſſeaux, & elle eſt en dos d'âne.

On range dans la troiſiéme eſpéce, les plate-bandes tout unies & plates, ſans aucune fleur, avec ſimplement un maſſif de gazon au milieu, bordé de deux petits ſentiers ratiſſés & ſablés. On les orne quelquefois d'ifs & d'arbriſſeaux, ou bien de vaſes, de pots de fleurs poſés ſur des dez de pierre, & placés par ſimétrie au milieu du maſſif de gazon.

Les plate-bandes de la quatriéme eſpéce ſont toutes nues & ſimplement ſablées, telles ſont celles des Parterres d'orangerie: ce ſont les caiſſes rangées par ſimétrie, qui rempliſſent ces plate-bandes, qui du côté des allées ſont bordées d'un trait de buis, & de l'autre par les tapis & piéces de gazon du Parterre. Quelquefois on plante des ifs entre chaque caiſſe, pour rendre ces plate-bandes plus riches, & les Parterres un peu moins nuds pendant le tems que les caiſſes ſont ſerrées.

On voit aussi des plate-bandes adossées contre des murs ; bordées d'un trait de buis, & remplies de grands arbres, comme de tilleuls, de marroniers, entre lesquels on met des ifs, des arbrisseaux & des fleurs de la grande espéce.

On fait des plate-bandes droites, circulaires, & à pans, dont on forme des volutes, des enroulemens, des massifs & autres compartimens.

Les Fleuristes font encore des plate-bandes isolées, ou le long des murs, qu'ils entourent de bandes de menuiserie peintes en verd, ce qui est d'une grande propreté. Ils y élevent des fleurs très-rares & très-belles, ce qu'il ne faut pas rechercher dans les grands Parterres, où l'on doit se contenter de les bien garnir de fleurs de différentes saisons, qui se succédent les unes aux autres, sans aucun vuide ; c'est ce que l'on verra dans la troisiéme Partie.

On ne fait plus regner présentement les plate-bandes sur le devant & en face d'une maison, afin que les arbrisseaux & les fleurs ne cachent point la broderie & la naissance d'un Parterre, & qu'on puisse mieux juger du dessein. On en fait quelquefois sortir des feuilles, des palmettes & des coquilles, qui jouent sur le sable.

Les sentiers des Parterres ne sont point faits pour marcher, c'est seulement pour détacher les piéces de compartiment, il n'y a que les sentiers des Parterres de piéces coupées qui étant tenus plus larges, puissent servir à la promenade.

Les deux premiéres Planches représentent en grand les mêmes desseins de Parterres, que ceux qui sont marqués en petit, dans la premiére Planche des Dispositions générales, Chapitre précédent. On jugera mieux des parties qui les composent, & ils gagnent à être dessinés en grand.

La premiére Planche qui suit, est un grand Parterre de broderie mêlée de massifs de gazon, entourée d'une plate-bande de fleurs, garnie d'ifs & d'arbrisseaux. Ce dessein, quoiqu'il ne soit point coupé dans le milieu, est ici répété de l'autre côté, avec une contre-allée d'arbrisseaux & d'ifs, & un grand bassin au bout : ce que l'on pratique quand la place est un peu large. La volute que l'on voit à l'un de ses angles, paroîtra sans doute extraordinaire : mais quand on onsultera le Plan général, Figure premiére, Chap. III. d'où n l'a tirée, l'on verra le bon effet qu'elle fait avec la répétion de celle du Parterre de compartiment à côté. L'on ourra retrancher cette volute angulaire, si l'on se sert de ce essein pour une seule piéce, en y ajoutant quelques feuilles, x en cintrant la tête pour former une allée circulaire autour u bassin. Les massifs & les enroulemens de gazon rejettent ort à propos toutes les feuilles & les palmettes de cette broerie, qui se découvre aisément par l'interruption de la platende en face du bâtiment.

La seconde Planche fait voir un long Parterre de comrtiment, avec un bassin dans le milieu, entouré d'une platende coupée, ainsi que celles des côtés, où viennent se indre les enroulemens des autres plate-bandes, qui forment compartiment. Le reste est rempli de coquilles, de petites iéces de gazon, & aux deux extrêmités, de cartouches e broderie, qui font un mélange fort agréable. Il sort ncore de petites palmettes & des culots, de tous les enoulemens des plate-bandes : le fond de ce Parterre est saé, & les sentiers sont en rouge. Il est accompagné de deux llées d'arbrisseaux isolés, & de quatre grand svases aux encoinures.

Le Parterre de la troisiéme Planche, qui est aussi de comrtiment, est des plus magnifiques; mais il ne peut s'exécur que dans une grande place quarrée. Quatre cartouches e broderie le composent dans ses faces, & l'on voit des oquilles de gazon dans ses quatre angles, le tout sablé de fférentes couleurs, & bordé d'un trait de buis. Au milieu t un bassin entouré d'une plate-bande coupée, garnie d'ifs d'arbrisseaux, avec des pots de fleurs posés sur des dez de erre. Les plate-bandes du tour sont interrompues en face e chaque cartouche, & forment des volutes dans les anes. On a supposé au bas de ce Parterre, un talus de gazon ordé haut & bas d'un rang de caisses & d'ifs, avec un eslier de pierre dans le milieu, orné de figures & de vases. 'échelle en fera connoître toutes les proportions.

L'on voit dans la quatriéme Planche un Parterre de broerie coupé en deux piéces répétées & variées de deux faons. Il y a une allée dans le milieu, qui mene à un bassin au-dessus duquel est une patte d'oie percée dans un bois. On pourra choisir de ces deux piéces celle qui conviendra le mieux. L'explication des Parterres précédens doit instruire suffisamment de ce qui les compose.

La cinquiéme Planche représente un Parterre de broderie d'un goût très-nouveau. C'est un grand tableau cintré par un des bouts avec un bassin au-dessus. Le milieu est rempli de broderie & de massifs de gazon avec une plate-bande coupée dans toute la face d'en-bas. Il n'est extraordinaire que dans ses extrêmités. L'on y voit à l'une deux têtes de Dauphin, qui forment des enroulemens, d'où les sentiers & les massifs prennent naissance. La face d'en-haut est ornée d'un masque de Griffon, avec des aîles de Chauve-souris, formées par des côtes de gazon; les feuilles de la broderie forment le nez, les yeux, les sourcils, la moustache & l'aigrette dessus la tête de ce masque. Sa cravate ou bavette est exprimée par une coquille de gazon. Les sables de différentes couleurs contribuent beaucoup à détacher toutes ces petites piéces, qui font des merveilles sur le terrein. Il y a déja deux ou trois Parterres exécutés dans ce genre.

La sixiéme Planche est plus remplie, elle contient trois desseins de Parterres de différentes espéces; celui de la premiére Figure est un Parterre à l'Angloise, c'est-à-dire, tout de gazon, comparti en plusieurs desseins, & entouré d'une plate-bande de fleurs, coupée en différens endroits, & garnie d'ifs & d'arbrisseaux. Ce dessein, quoique formé de gazon, ne laisse pas d'être assez riche.

Le Parterre de la seconde Figure est de piéces coupées, ou de découpé. Il est presque quarré, & cintré par le haut avec un bassin; ses angles sont échancrés avec des ifs. Il est composé d'un ovale ralongé dans le milieu, & de cartouches aux quatre coins, avec des volutes & des coquilles qui sont toutes coupées en différentes piéces, formant des plate-bandes, ornées de fleurs & d'arbrisseaux, placés par simétrie. Toutes ces piéces sont entourées d'un trait de buis, & d'un large sentier ratissé, qui vous conduit tout autour. Il y a encore les petits sentiers de l'ovale, & des quatre cartouches qui doivent être sablés de rouge.

La troisiéme Figure fait voir ce qu'on peut faire de plus

Mariette excud.

Parterre de Compartiment

1 2 3 4 5 10 Toises.

Pl. n°. V

Mariette excud.

Grand Parterre de Compartiment.

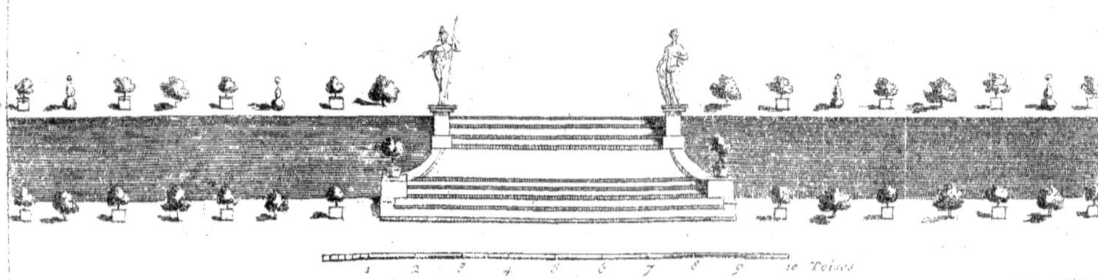

Pl. 3.me B.

Mariette exc.

Parterre de Broderie varié de deux façons

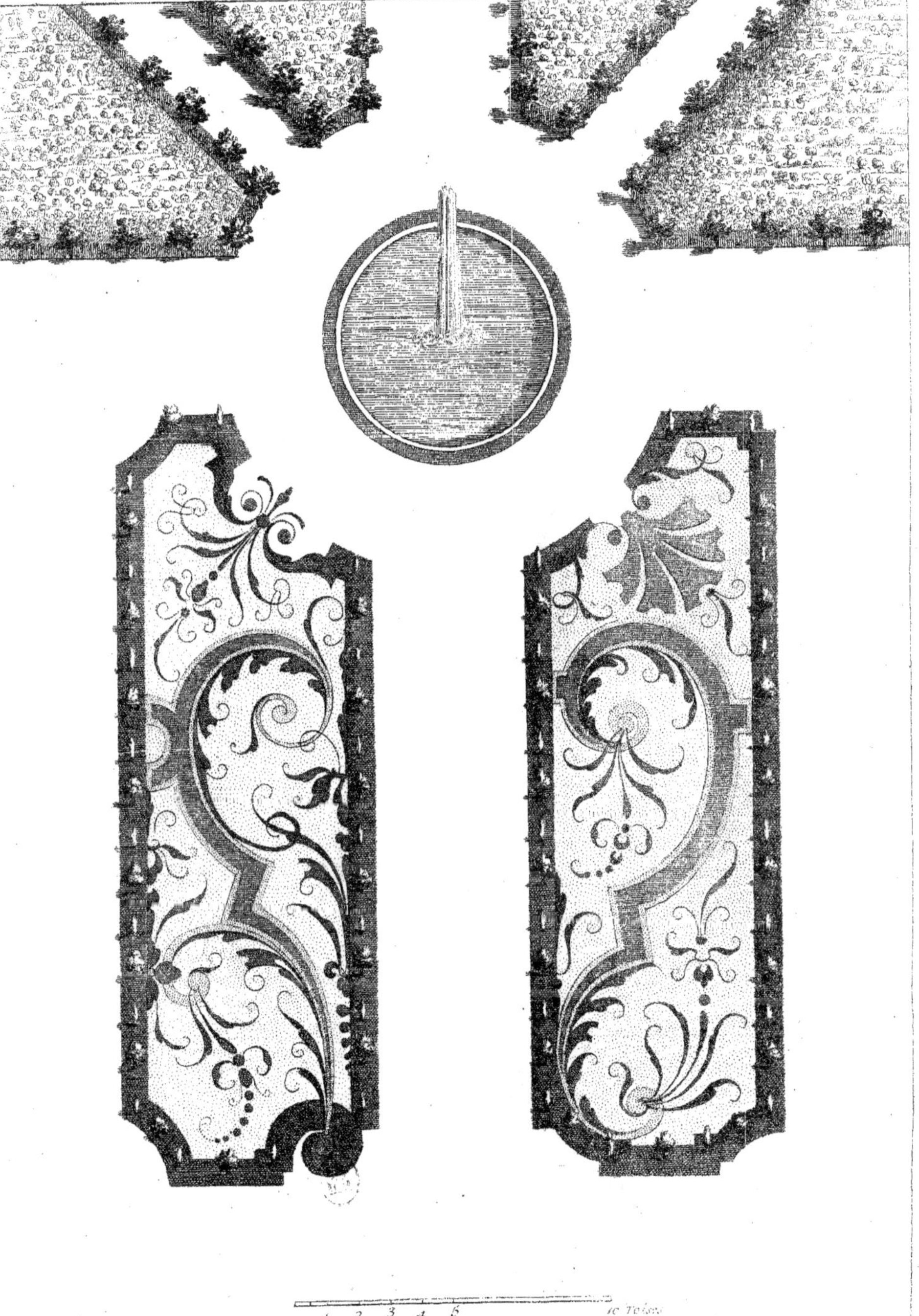

Pl. 4e B.

Parterre de Broderie d'un goût tres Nouveau

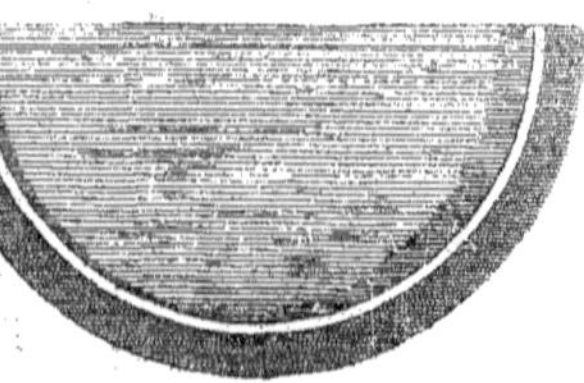

1 2 3 4 5 Toises

Pl. 5e. B

Mariette excud.

Parterre a l'Angloise
Parterre de pieces coupées
pour des fleurs
Parterre d'Orangerie

Petits Jardins et Parterres de Ville
Serre
pour des
fleurs.

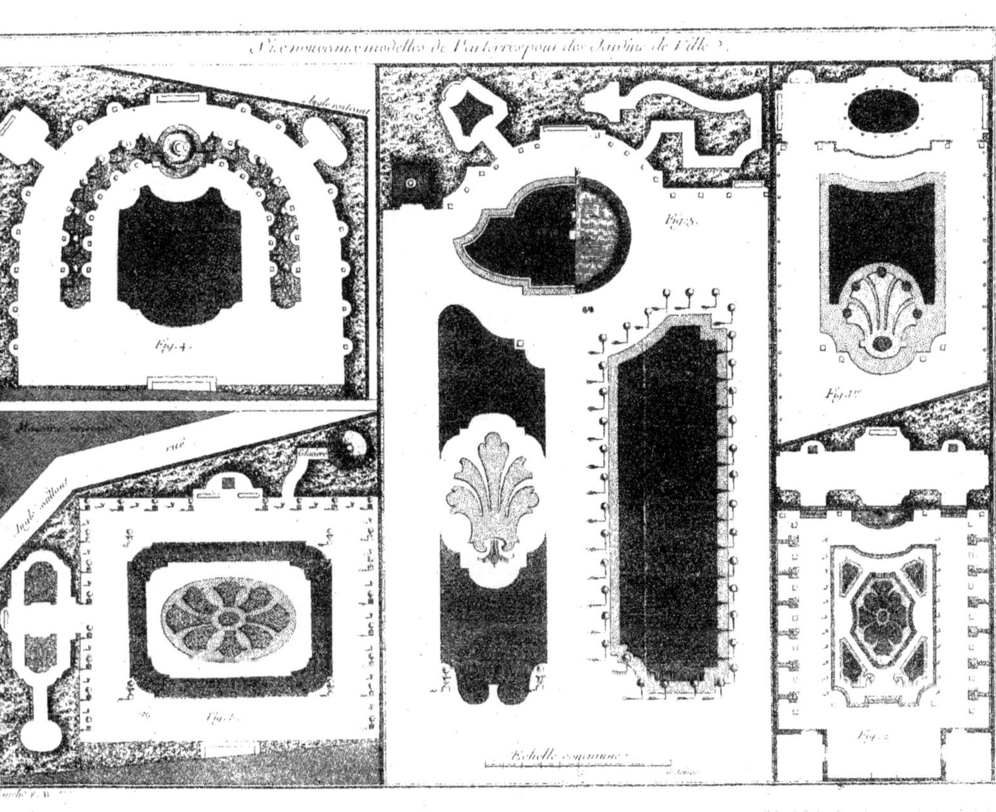

Six nouveaux modelles de Parterres pour des Jardins de Ville.
Angle rentrant
Fig. 4.
Maison voisine
ruë
Angle saillant
Glacière
Fig. 5.
Fig. 3.
Echelle commune
Fig. 1re.
Fig. 2.

beau dans un petit Parterre d'orangerie. C'est un quarré long cintré dans les deux bouts, où l'on voit deux ronds de gazon avec des figures : le milieu est rempli d'un petit quarré d'eau. Ces trois piéces sont entourées d'un sentier & d'un trait de buis, qui forme avec celui du bord extérieur, des plate-bandes regnantes aussi autour des ronds de gazon. Ces plate-bandes sont sablées & tout unies : elles sont garnies d'ifs, entre lesquels on place les caisses d'orangers, de jasmins, de mirthes & de lauriers, qui doivent s'aligner sur les deux rangs des côtés.

La septiéme Planche renferme trois petits Parterres convenables à des Jardins de ville, dont on trouve des dispositions entiéres & toutes différentes. Les murs & les emplacemens en sont biaisés extraordinairement, afin de faire voir comment on peut corriger ces défauts dans de petits Jardins où ils deviennent plus sensibles que dans de grands Jardins de campagne. L'on suppose que ces biais sont causés par l'alignement des rues, & que les Parterres sont placés à la descente du bâtiment. L'échelle leur est commune.

La premiére Figure offre un Parterre d'un compartiment très-délicat, avec une figure dans le milieu, & quatre vases aux encoignures. Le biais des murs des côtés, est racheté par des plate-bandes de fleurs, qui viennent mourir à rien de part & d'autre. A l'égard de celui du fond, on y a ajusté un portique de treillage des plus riches, avec des bancs & des figures en face de chaque allée. Il s'est trouvé un petit terrein en retour qui saille assez pour y avoir pratiqué une serre pour des fleurs, ou si l'on veut, une salle de bain ou une voliére.

On trouve dans la seconde Figure une place fort irréguliére, & sur des sens tout différens : le coude que l'on voit au bout est sauvé par une charmille broussaillée par derriére, qui suivant l'inégalité du mur, est néanmoins coupée réguliérement de plusieurs pans & retours qui forment une salle, & dans la pointe un cabinet de verdure ; l'on y voit deux bancs avec une figure isolée : le ressaut de la façade du bâtiment, & la largeur sur le côté, ont donné occasion d'y planter une allée, pour gagner le biais de ce terrein : il n'y a de l'autre côté qu'un rang d'arbres, derriére lesquels la place eſt dreſſée par le trait de buis de la plate-bande. La broderie de ce Parterre eſt fort mignone & fort légére, on l'a accompagnée de deux bandes de gazon, où ſont poſés par ſimétrie ſur des dez de pierre, des vaſes de fayence remplis d'arbriſſeaux & de fleurs de ſaiſon, dont l'aſpect eſt fort agréable & moins commun que des ifs.

Le Parterre de la troiſiéme Figure eſt tout d'une piéce, de même que les deux autres, le peu de largeur de ces emplacemens ne permettant pas de faire deux piéces: le deſſein en devient gracieux; le dedans des enroulemens & des ſentiers qu'on a fait auſſi régner autour du baſſin, doit être ſablé en rouge, pour ſe détacher du fond. Ce baſſin eſt enclavé exprès dans le Parterre, afin de gagner du terrein. On a ménagé au-deſſus deux petites piéces de gazon entourées de marroniers, qui donnent un couvert fort agréable dans toute cette demi-lune occaſionnée par la diſpoſition des murs du fond. Les autres biais ſur les aîles ſont redreſſés par une paliſſade de la hauteur des murs, dans laquelle on a pratiqué des renfoncemens pour des bancs, ainſi qu'on le voit en face du baſſin & à la deſcente du bâtiment: un de ces bancs ſe trouve deſſous un petit berceau de verdure.

La huitiéme Planche qui eſt nouvelle, eſt la plus remplie de toutes; elle répond au goût dominant du Public pour les Parterres de gazon, & renferme tout ce qu'on peut faire de meilleur goût en ce genre. Ces ſix deſſeins de Parterres ſont propres à des Jardins de ville, cependant celui de la troiſiéme Figure eſt exécuté à la campagne.

Le premier parterre eſt composé d'un ſeul tableau mêlé d'un tapis de gazon entouré d'un ſentier ſablé de rouge, & ſur le devant d'une coquille formée par des traits de buis, & remplie de marguerites avec de petits ronds ſablés de ſable jaunâtre. Quatre vaſes de fayence ornent la tête de ce Parterre. Un grand rideau de charmille mêlée de tilleuls, fait un avant-corps, & ſuit la portion circulaire du Parterre en formant au-deſſus une ſalle qui s'ouvre en face des deux allées latérales: on trouve dans cette ſalle des niches pour des bancs qui s'enfilent l'un l'autre, & dans le milieu un ovale de gazon entouré de boules d'ormes.

On voit dans la ſeconde Figure tout ce qu'on peut ſouhaiter dans une auſſi petite place, dont le grand biais eſt redreſſé par un petit boſquet. La décoration du fond préſente un théatre où l'on monte de trois pieds de haut par deux eſcaliers de gazon, & des talus qui en ſoutiennent la terraſſe, avec une fontaine dans le milieu. On a ménagé ſur le haut de la terraſſe une niche pour un grand vaſe en face de chaque eſcalier : le boſquet renferme deux cabinets & une ſalle avec un banc à doſſier. Le Parterre d'un ſeul tableau eſt très-varié, & occupe le fond d'un petit boulingrin, dont les terres ont ſervi à élevèr la terraſſe. Tous ſes traits ſont plantés de thim; la coquille eſt toute remplie de marourtes, fleur très-baſſe, & les quatre tapis de ſtariſſées au lieu de gazon. On a ſablé en rouge les ſentiers, le fond de la coquille, & celui du Parterre eſt en ſable jaune; ce qui varie d'avec le ſable de riviére répandu dans tout le reſte du Jardin. Les murs ſont ornés de boules d'ormes avec des caiſſes de charmilles qui s'attachent à la paliſſade du fond avec des vaſes remplis de fleurs qui ſe logent entre deux.

La Figure troiſiéme préſente deux différens deſſeins d'un grand Parterre de gazon dans le goût de celui du Palais Royal, l'un avec des boules d'ormes, & entouré d'un ſentier ſablé de rouge, avec un trait de buis ou un treillage qui le borde; l'autre avec des tapis de gazon & une coquille plantée de buis & ſablée de rouge d'un goût fort nouveau, avec des palmettes de broderie qui en ſortent. Le baſſin ou la piéce de gazon ornée d'un vaſe, ſert à la décoration du fond qui eſt aſſez variée, & préſente d'un côté un guilochis, & de l'autre un cabinet, dont le banc s'enfile ſur le jet ou le vaſe du milieu : on y trouve auſſi un cabinet de treillage en face de l'allée latérale.

La Figure quatriéme eſt un deſſein des plus ſinguliers, & convient à une place preſque quarrée plus difficile à remplir qu'une longue; les biais de l'angle rentrant en dedans, ſont ſauvés imperceptiblement, & la plate-bande de gazon tournante tout autour avec des boules d'ormes, & échancrée de places pour des pots de fleurs, paroît ici pour la premiére fois, avec de pareilles niches ménagées dans la paliſſade de la liziére du pourtour, pour y loger par ſimétrie des pots de fleurs qui correſpondent à ceux de la plate-bande. Une fontaine en chandelier, dont la nappe tombe par devant en face du perron de la maiſon, y eſt pratiquée avec art, pour ne pas interrompre le promenoir, & ne pas occuper la place du milieu, réſervée pour un grand tapis de gazon. Ce deſſein enſeigne comment on peut faire du grand dans du petit. On a pratiqué deux cabinets dans les plus grandes parties de la brouſſaille, avec une niche pour un banc en face du perron.

Enfin la cinquiéme Figure offre un deſſein très-régulier, malgré la bizarrerie des biais qui ſont redreſſés dans la pointe de l'angle ſaillant formé par l'enfilade des rues & des maiſons voiſines. On a imaginé une niche pour poſer une figure & deux bancs en face du perron, & une glaciére dans la partie la plus enfoncée de la brouſſaille. La ſalle & le cabinet du petit bois à droite font connoître qu'on n'a rien perdu dans cet emplacement. Le boulingrin du milieu eſt rempli d'une coquille ſinguliére, & plantée en ſtatiſſées; le fond de l'ovale eſt ſablé de rouge pour varier avec le jaune du fond du boulingrin. Des caiſſes avec des ifs bordent les paliſſades des trois côtés, & le biais du bâtiment eſt ſauvé par une plate-bande de fleurs pour rendre la place preſque quarrée.

On évitera de remplir de marguerites ou de ſtatiſſées, le dedans des palmettes & des rinceaux de broderie, comme la mode s'en eſt introduite: cet uſage eſt oppoſé au bon goût, & ne convient qu'à des maſſifs, des ſentiers, des coquilles & des cartouches, pour varier & faire oppoſition avec ceux qui ſont gazonnés.

Il ne faut pas manquer de ſabler ces parterres de différentes couleurs. L'on ſe ſervira de ciment ou de brique pilée pour le rouge, de terre noire, de limaille ou machefer, de charbon battu & pilé pour le noir, de ſable jaune pareil à celui qu'emploient les Vitriers, pour les ſentiers que l'on veut diſtinguer des allées, & de ſable ordinaire ou de ſablon pour le fond.

Pour connoître ſur les Planches les endroits qui doivent être ſablés en rouge, en noir ou en jaune; l'on obſervera que tout ce qui eſt pointillé marque le ſable ordinaire; & que ce qui eſt exprimé par de petits points plus ſerrés, comme dans les ſentiers autour des maſſifs, eſt de la terre rouge, du

ciment

ciment ou de la brique pilée. Le dedans des feuilles de la broderie, eſt rempli de limaille ou de machefer, ce qu'on connoîtra par des lignes croiſées l'une ſur l'autre. Le gazon des maſſifs & des coquilles, eſt diſtingué par des lignes droites entremêlées de petits points.

Chaque Parterre a ſon échelle particuliére, qui fera juger de l'étendue & de la meſure de toutes les parties qui le compoſent. On peut cependant en changer les proportions, en élargiſſant, allongeant ou diminuant ces Parterres ſuivant la place qu'on aura : mais cette augmentation ou diminution ſe doit faire avec beaucoup de diſcernement, & ne doit pas être fort conſidérable, comme des deux tiers ou de la moitié, parce que cela changeroit tout le deſſein, & en altéreroit la grace. Souvent d'une bonne choſe l'on en fait une fort mauvaiſe.

On croit que ces huit Planches, qui renferment dix-huit Parterres, pourront ſuffire pour donner l'idée de toutes leurs différences. On n'a pas voulu en mettre davantage à cauſe du grand nombre de (*a*) Parterres gravés qu'on a déja donnés au Public.

(*a*) Ils ſe trouvent chez le Sr Mariette.

CHAPITRE V.

DES ALLE'ES, CONTRE-ALLE'ES & Paliſſades.

LES Allées des Jardins ſont comme les rues d'une ville, elles ſervent de communication d'un lieu à un autre, & ſont comme autant de guides & de routes pour conduire par tout un Jardin. Ces allées, quand elles ſont bien pratiquées & bien dreſſées, font une des principales beautés des Jardins.

On diſtingue de pluſieurs ſortes d'allées, les couvertes & les découvertes, les allées ſimples & les doubles, les allées blanches & les vertes, les ſous-allées, les contre-allées.

Les allées couvertes ſont celles qui ſont formées par des arbres ou des paliſſades, qui ſe joignant par en haut, forment un azile impénétrable aux ardeurs du Soleil.

On doit moins donner de largeur aux allées qu'on veut couvrir qu'aux autres; ils faut alors moins de tems aux arbres pour s'approcher & ſe joindre par en haut. Ces allées ont leur agrément dans les grandes chaleurs, puiſqu'on s'y peut promener à l'ombre, même en plein midi.

Les allées découvertes ſe peuvent diviſer en deux eſpéces, celles des parterres, des boulingrins & des potagers, qui ne ſont formées que par les ifs & les buiſſons des plate-bandes; & les * allées, qui, quoique plantées de grandes paliſſades & d'arbres de haute-futaie, ne laiſſent pas d'être découvertes par en haut; ces derniéres ſont formées en arrêtant les paliſſades à une certaine hauteur, ou en élaguant les arbres des deux côtés, en ſorte qu'on y puiſſe reſpirer la douceur de l'air.

* On les appelle auſſi allées à Ciel-ouvert.

C'eſt une regle générale de découvrir les principales allées, comme celles en face d'un bâtiment, d'un pavillon & d'une caſcade, & même il les faut tenir plus larges que les autres, afin que du bout d'une allée on puiſſe voir une partie de la façade du bâtiment ou autre bel aſpect: il n'y a rien de si désagréable, quand vous êtes au bout d'une allée, que de ne voir qu'à peine la porte du vestibule d'un bâtiment. Il ne faut laisser couvrir que les contre-allées, pour former comme deux berceaux de verdure, & les allées qui sont dans des endroits de peu de conséquence, & où il n'y a aucun point de vûe considérable.

La grande Allée des Thuilleries est si couverte, qu'à peine découvre-t'on du bout, le gros pavillon du milieu; ce qui est très-défectueux.

Les allées simples sont celles qui ne sont composées que de deux rangs d'arbres ou de palissades, à la différence des allées doubles qui en ont quatre, & forment trois allées jointes ensemble, une grande dans le milieu & deux de chaque côté. Les deux rangs du milieu doivent être plantés d'arbres isolés, c'est-à-dire, qui ne soient point engagés dans quelque palissade, & autour desquels on puisse tourner, & les deux autres rangs doivent être garnis & bordés de palissades. Comme les allées doubles sont estimées les plus considérables, elles occupent aussi les plus beaux endroits des Jardins.

On ne met plus entre les arbres isolés des allées doubles, d'ifs & de picéas qui empêchoient en quelque façon le passage; l'on se contente d'en mettre entre les arbres plantés sur des terrasses, à cause du bel effet qu'ils font d'en-bas.

Les allées blanches ne sont autre chose que des allées toutes sablées que l'on ratisse entiérement, au lieu que les allées vertes sont presque toutes semées en gazon, à l'exception de deux sentiers ratissés le long des palissades. On en voit en Angleterre de toutes vertes sans sentiers.

Il se voit beaucoup de ces Allées vertes dans les Jardins hauts de Marly & de Meudon.

Les sous-allées sont celles qui se pratiquent dans le fond d'un boulingrin, le long d'un canal renfoncé, au pied d'un talus de gazon, d'une terrasse, ou d'un potager renfoncé. Elles se nomment sous-allées par rapport aux allées supérieures qui leur sont paralelles.

On appelle contre-allées celles qui en accompagnent d'autres sur le même plein-pied, & qui leur sont paralelles, telles que celles qui forment une allée double. Il ne faut pas confondre les sentiers avec les allées. Les premiers n'ont ordinairement que trois ou quatre pieds de large, & rarement six, au lieu que les allées quelque étroites qu'elles soient, ont toujours plus de six pieds.

A l'égard des noms & des figures différentes des allées, on les peut tous renfermer dans ceux-ci: allée paralelle, allée droite, allée de traverse, allée tournante ou circulaire, allée retournée d'équerre, allée diagonale ou de biais par rapport au trait quarré, allée en zigzag.

On peut encore distinguer de deux sortes d'allées par la situation où elles se trouvent; les allées de niveau, & les allées en pente ou rampe douce. Rarement une allée est d'un parfait niveau, l'on y pratique toujours une petite pente imperceptible pour écouler les eaux: cependant il s'en trouve qui sont parfaitement de niveau, comme les allées d'un Mail, & celles qui sont autour d'un parterre ou d'une piéce d'eau.

Les allées en pente ou rampe douce sont les plus ordinaires: elles doivent être dressées de maniére qu'on ne soit point incommodé en se promenant, par leur pente qui doit être imperceptible: quand elle est trop roide, elle blesse le coup d'œil, & devient fort fatiguante en marchant. Cette pente ordinairement ne doit jamais passer trois pouces par toise, de peur d'être gâtée par les ravines. C'est la meilleure regle qu'on puisse observer pour les bien dresser: néanmoins quand le terrein ne permet pas de la suivre, comme dans une allée qui descendroit le long d'une cascade, alors on remédie à cette grande roideur par des arrêts & des marches de gazon posé en zigzag, appellés (a) chevrons, qui traversent l'allée d'espace en espace, ou bien par de petits arrêts faits de planches de bateau, qui n'excedent pas l'allée de plus de deux pouces, lesquels retiennent les eaux & les rejettent des deux côtés. C'est par ce moyen qu'on peut entretenir propres ces sortes d'allées.

(a) Ainsi qu'on le voit à la grande Cascade de Sceaux.

On observera pour l'écoulement des eaux, de tenir le milieu des allées un peu élevé, afin que l'eau s'écoulant des deux côtés, n'ait point le tems de gâter le niveau de l'allée: cette eau par ce moyen ne deviendra pas inutile, elle servira à arroser les palissades, les plate-bandes & les arbres des côtés. A l'égard des allées de niveau, comme celles d'un Mail, ou des allées qui sont très-larges, & dont on ne peut rejetter les eaux des deux côtés, on est obligé, pour les égoutter, d'y construire dans le milieu des puisarts bâtis de cailloux & de pierres séches.

On doit proportionner la largeur des allées à leur longueur,

Nous avons eu d'habiles (*a*) gens dans le Jardinage, qui ont manqué à cette juste proportion, en donnant trop de largeur aux allées par rapport à leur longueur. On peut tomber dans un défaut contraire, en faisant les allées trop étroites. Une allée, par exemple, de 100 toises de long, qui n'auroit que deux ou trois toises de large, seroit très-défectueuse, & ne paroîtroit qu'un boyau ; cette allée au contraire ayant cinq ou six toises de large, deviendra très-belle & bien proportionnée, supposé cependant qu'elle soit simple ; ainsi les allées de 200 toises de long, auront sept à huit toises de largeur : celles de 300 toises, neuf à dix, & celles de 400, dix à douze. Voilà à peu près leur juste proportion, à moins qu'elles ne soient doubles, ce qui obligeroit presque de doubler leur largeur.

(*a*) Le Nostre. Bouticour.

Voici des observations qu'il est bon de faire au sujet de la largeur des allées, bordées de jeunes palissades, qui par leur hauteur, resserreront un jour la vûe : ces allées alors seront trop étroites, & les palissades & les arbres des côtés, en grossissant & épaississant, occuperont deux pieds de chaque côté, ce qui rétrécit encore considérablement une allée. Ces remarques doivent engager les gens du métier à considérer ce que deviendront dans la suite les allées, & à ne les pas regarder telles qu'elles sont d'abord. Un peu plus de largeur remédiera à tous ces petits inconvéniens.

On n'est pas obligé à observer toutes ces choses pour la longueur des allées, qu'il faut prolonger tant qu'il sera possible, elles ne peuvent jamais être trop longues.

La proportion la plus ordinaire des allées doubles, est de donner la moitié de la largeur générale à l'allée du milieu, & de diviser l'autre moitié en deux pour les contre-allées, qui doivent se rapporter à la grande : par exemple, à une allée de huit toises de large, l'on donnera quatre toises à l'allée du milieu, & deux à chaque contre-allée ; à une de douze toises, six pour l'allée du milieu, trois pour chaque contre-allée. Suivant ce calcul on peut tout au plus diminuer une demie toise de largeur aux contre-allées, quand on n'a pas assez de place, ou bien dans les allées doubles en face d'un bâtiment ou d'une cascade, en tenant l'allée du milieu plus large, de ce qu'on diminue sur les contre-allées, afin qu'on découvre plus aisément la beauté de cette vûe.

On ne doit nullement approuver les allées doubles, dont les contre allées sortant de cette regle, sont si (a) étroites qu'à peine deux personnes peuvent s'y promener de front. Sur quoi l'on dira qu'il faut environ trois pieds de large pour un homme: ainsi dans la largeur d'une toise, deux personnes se promenent de front fort à l'aise, & par conséquent dans une allée de deux toises de large, quatre personnes marchent sans se toucher.

(a) Ainsi que la grande allée de marroniers du Luxembourg.

On ne sort de cette proportion que dans les allées doubles qui n'ont que deux rangs d'arbres, & dont la charmille borde les contre-allées. Ce ne sont, à proprement parler, que des arbres isolés, alors on fait cette contre-allée très-étroite, parce que l'œil n'y est point resserré comme dans les rangs d'arbres ordinaires. On voit à Trianon & à S. Cloud de ces arbres isolés qui tiennent lieu d'allées doubles, lesquels ne sont pas éloignés d'une toise tout au plus de la palissade.

A l'égard des allées des bosquets éloignés, & du pourtour d'un parc, qui n'ont aucune enfilade, ni d'alignement principal, il n'est pas nécessaire de les faire si larges; ce sont des endroits peu fréquentés, & qui paroissent peu à la vûe.

Quelques personnes prétendent, que dans une allée très-longue, comme de trois à quatre cens toises, on peut l'élargir de quelques toises dans une des extrêmités, pour éviter l'effet de la perspective qui en rétrécit la largeur considérablement, cela ne devient pas sensible sur le terrein.

Le plus grand entretien d'un Jardin sont les allées dans lesquelles l'herbe croît sans cesse: le Jardinier pour les tenir toujours bien nettes & bien propres, se servira de ratissoire pour les petites allées, & d'une charrue pour les grandes: ensuite il les repassera avec le rateau, & les balayera, quand il s'y trouvera des feuilles & des ordures. Tout ce qu'il doit observer dans cet ouvrage, c'est de choisir un tems qui y soit propre, c'est-à-dire, un tems qui ne soit point trop sec, parce qu'alors la terre étant trop ferme, il ne feroit que couper la superficie des herbes, & en laisseroit les racines en terre, qui repousseroient encore plus vivement. Il ne faut pas aussi que le tems soit trop mou, parce qu'en coupant les racines,

Les herbes les plus difficiles à detruire, sont le chien-dent &

la terre ou le sable qui en est proche, s'enleveroit aussi, ce qui gâteroit l'allée.

le lizeron, à cause des longues racines qu'ils poussent en terre.

Pour éviter le grand entretien des allées, qui ont beaucoup de largeur, & qu'on seroit trop long-tems à ratisser, on y pratique des tapis de gazon dans le milieu, qu'il faut souvent faucher pour la propreté.

Quand à ce qui regarde la maniére de bien dresser les allées, & les mettre de niveau, l'on renvoie le Lecteur au Chapitre second de la seconde Partie, où il en est parlé fort amplement. On en fera autant pour la maniére de planter & d'élever les arbres & les palissades des allées, dont il est traité dans les Chapitres III. & IV. de la troisiéme Partie.

Venons à la maniére de sabler & de battre les allées, qui est le plus sûr moyen de remédier aux herbes qui y croissent, & d'empêcher les traînasses des Taupes, ennemies jurées des Jardins; on trouvera dans la troisiéme Partie le secret d'y remédier, aussi-bien qu'aux autres insectes & vermines.

La meilleure maniére de sabler les allées, est de faire une aire de recoupe de pierre de taille, qui se pratique ainsi: on met dans le fond à la place des terres qu'on a ôtées, cinq à six pouces de hauteur de grosse recoupe, que l'on arrange & que l'on bat grossiérement; on étend par dessus environ deux pouces de menue recoupe, passée à la claie, on bat le tout à trois volées, c'est-à-dire, trois fois, & l'on arrose à chaque volée; ensuite l'on répand le sable que l'on bat encore. Quand on met un lit de salpêtre sur ces recoupes, comme dans un Mail & dans les Jeux de boule, on les bat huit à neuf volées: si l'on ne pouvoit point trouver de la recoupe dans le Pays, on prendroit des gravois, des pierrailles ou des démolitions de maisons que l'on arrangera dans le fond de neuf ou dix pouces de haut, avec un lit de terre par-dessus pour faire corps, après cela on jettera le sable que l'on aura soin de bien battre aussi. Ces allées ne se ratissent point, elles se nétoyent avec un racloir de bois, & se balayent. Vitruve (a) dit, qu'avant de sabler les allées, il faut vuider la terre bien profondément, bâtir des égouts à droite & à gauche, des deux côtés de l'allée, y faire descendre des canaux qu'on remplira de charbon, ce qui séchera l'allée, & ensuite mettre du sable par-dessus.

(a) Liv. v. ch. x.

Cette maniére de sabler & de battre les allées, cause de grandes dépenses, & fait que dans les maisons particuliéres on se contente de bien battre la terre, & de répandre le sable par-dessus; ensuite les pluies achevent d'affermir ces allées, où l'on ne doit pas mettre trop de hauteur de sable, pour qu'elles ne soient pas si lassantes, ni si long-tems à se battre, deux pouces de hauteur sont suffisans.

Comme il n'y a point de recoupe dans ces allées, & que la terre est fort proche du sable, les herbes y croissent plutôt que dans les autres, & à force de ratisser, les terres se mêlent avec le sable, & redeviennent, pour ainsi dire, par ce mélange, de la pure terre. Il faudra les sabler plus souvent.

Il y a de deux sortes de sable, le sable de riviére & le sable de terre.

Le sable de riviére est le plus beau & le meilleur. Pour le bien choisir, il le faut prendre un peu graveleux, qui ne soit ni trop fin, ni trop pierreux, & sur tout un peu pésant, afin que le vent ne l'enleve pas si aisément. On passe ce sable à la claie ou au gros sas, pour en ôter tous les cailloux & le rendre plus beau.

La maniére dont les Anglois sablent leurs petites allées, mérite d'être rapportée : ils choisissent au bord de la Mer de petits cailloux tout ronds qu'ils arrangent avec du gravier, & les mastiquent ensemble. Un homme roule dessus pour les applatir, un cilindre de pierre dure. Ces allées ne se pratiquent que dans des parterres ou proche des orangeries : malgré le soin qu'ils ont de les applatir, elles sont toujours très-rudes au marcher.

Le sable de terre, appellé ainsi, parce qu'on le tire des terres sablonneuses, ne laisse pas d'être bon, & de bien sabler les allées, on s'en sert dans les Pays éloignés des riviéres.

Ce que l'on veut dire ici au sujet des palissades, ne regarde point la maniére de les planter; on se réserve à en parler dans la suite. Il s'agit seulement ici de dire un mot de leur beauté, & des différentes formes qu'on peut leur donner.

Les palissades, par l'agrément de leur verdure, sont d'un très-grand secours dans les Jardins, pour couvrir les murs de clôtures, pour boucher & arrêter la vûe dans de certains endroits; c'est par leur moyen qu'on ne découvre point tout d'un

qu'on les coupe rez terre tous les neuf ans, d'où ils prennent le nom de taillis. On fait la divifion de cent arpens de ces bois en neuf parties, qui font de onze arpens, que l'on coupe chaque année : de cette maniére le bois ne fe dégrade point, un côté recroît pendant qu'on coupe l'autre. L'on eft obligé d'y laiffer, felon les ordonnances, feize baliveaux par arpent, outre les anciens des autres coupes : ainfi par fucceffion de tems, un bois taillis devient une haute-futaie.

Les bois de moyenne futaie à hautes paliffades, appellés Bois *Marmanteaux* ou *de Touche*, autrement *Gaulis*, & les trois autres efpéces fuivantes, font ceux que l'on pratique dans les beaux Jardins; ce font véritablement les bofquets de propreté: on les appelle moyenne futaie, parce que les arbres qui les compofent ne parviennent jamais à cette grande élévation de la haute-futaie; ils ne paffent guére trente ou quarante pieds de haut. Ces bois font ornés de falles, de cabinets, de galeries, de fontaines, &c. Leurs quarrés font bordés de paliffades & de treillages qui en font les ceintures, & les allées en font bien dreffées & bien fablées.

Les bofquets découverts & à compartiment, que quelques gens appellent *Bofquets parés*, différent des autres bois, en ce que l'on ne met point de *Fourré* dans le milieu de leurs quarrés, pour former de la futaie ou du garni. L'on plante leurs allées de tilleuls ou de marroniers, & l'on y met une petite paliffade récépée à hauteur d'appui, d'environ trois pieds de haut, qui dégage & découvre par le deffous tout un bofquet, & fait qu'en fe promenant, on jouit de la vûe, à la différence des bois ordinaires, où les paliffades & le garni viennent très-haut. Dans les quarrés de ces bois, on pratique des compartimens & des tapis de gazon, avec un fentier ratiffé de deux pieds de large, regnant par tout entre les paliffades & les piéces de gazon. On les orne encore d'ifs & d'arbriffeaux placés par fimétrie. Ces fortes de deffeins font les plus beaux & les plus riches; ce font prefque des parterres à l'Angloife & à compartiment. Les cabinets, les falles & les enfilades qui fe communiquent l'une dans l'autre, y conviennent parfaitement.

Les bofquets plantés en quinconce ne font autre chofe que plufieurs allées ou rangs d'arbres de haute-futaie, difpofés en échiquier, ou à angles droits, ou bien en lignes paralelles : il n'y faut point de brouſſailles ni de paliſſades. On les appelle quinconces, à cauſe de la conformité qu'ils ont avec la figure du cinq des cartes à jouer ; on ratiſſe le deſſous de ces arbres, ou on le gazonne, en ménageant ſeulement quelques allées blanches dans le milieu, & quelques petits cabinets & enfilades, le tout ſans paliſſades ; on doit voir de tout ſens des allées droites & bien alignées.

Les quinconces qu'on fait préſentement, ſont très-différens de ceux des Anciens, dont parle Vitruve, qui étoient très-ſemblables au cinq des cartes à jouer, en ce que les Anciens plantoient un arbre dans le milieu des quatre, ce que l'on ne fait plus, parce qu'il ſe rencontroit des allées plus étroites les unes que les autres : ces quinconces s'appellent à échiquier ou diagonaux. On ſe contente de planter les quinconces en lignes retournées d'équerre, qui forment un trait quarré, & ſe nomment quinconces à équerre. Cela rend les allées plus réguliéres & d'égale largeur par tout.

La ſixiéme eſpéce, qui ſont les Bois verds, ſont les plus beaux de tous, par une verdure continuelle l'Hiver, ainſi que l'Eté : ils ſont plus rares dans les Jardins ; le long tems qu'ils ſont à croître pour former de la haute-futaie, dégoûte ſouvent de l'envie qu'on auroit d'en planter.

On trouvera dans les deſſeins ſuivans tout ce que l'on peut ſouhaiter en fait de deſſeins de Bois. On peut dire que cette matiére eſt épuiſée, & qu'on ne peut aller au-delà de l'invention de ces dix Planches.

On a donné beaucoup plus de Deſſeins de boſquets que de parterres, par la raiſon qu'il y a un grand nombre de parterres gravés, & fort peu de boſquets.

La premiére Planche contient deux deſſeins de grands bois de haute-futaie, des mieux percés & des plus magnifiques.

La premiére Figure repréſente un bois percé en étoile double, avec une grande ſalle dans le milieu, ornée d'une piéce d'eau fournie par trois jets, & quatre autres baſſins eſpacés dans le bois, dont les jets s'enfilent avec ceux de la piéce d'eau : ces fontaines font un ſi bel effet, qu'en vous promenant, vous découvrez dans les allées deux ou trois jets, dans d'autres cinq, & vous voyez tous les ſept dans l'allée du milieu. Outre ces ornemens, ce bois est percé si avantageusement, que de quelque côté que vous regardiez, vous avez toujours en face au moins trois allées, qui forment une patte d'oie dans les huit entrées; un peu plus avant, vous trouvez de petits carrefours à quatre allées, & dans les grands qui sont ornés de bassins & d'ifs, il y a six allées aboutissantes au centre, qui composent des étoiles. On a fait les huit allées principales plus larges que les autres. Cette composition ingénieuse rend ce bois des plus agréables, quoiqu'on n'y ait point pratiqué de cabinets, ni de galeries.

La seconde Figure offre aux yeux un autre bois percé en étoile simple, où se voit pareillement une grande salle dans le milieu, avec une piéce d'eau dont le jet est vû des huit allées: à peu près dans leur milieu, l'on trouve un grand ovale qui vient se joindre aux allées de l'étoile, dont on a coupé les pointes pour former huit carrefours. On trouve encore en se promenant dans cet ovale, d'autres allées qui conduisent dans huit cabinets ou bosquets tout différens les uns des autres. Le premier cabinet, à commencer par en bas à droite, est un grand cercle de charmille coupée de niches pour des bancs & des arbrisseaux: au milieu est un octogone renfoncé, qu'on appelle autrement un boulingrin. Le second en remontant est composé de trois petites piéces qui s'enfilent, dont celle du milieu est un quarré long orné d'ifs, & les deux des bouts sont de forme circulaire avec des bancs. Le troisiéme cabinet est une galerie d'eau composée de sept bouillons, qui retombent dans une rigole ou petit canal, pratiqué dans le milieu. La palissade est bordée de scabellons, portant des bustes, avec des ifs entre deux, & il y a deux cabinets avec des bancs aux extrêmités de cette galerie. Le quatriéme bosquet est de figure quarrée, cintré dans les quatre faces, avec une piéce de gazon dans le milieu, & quatre ifs dans les angles. Le cinquiéme cabinet est une figure à pans, qui forme un octogone irrégulier; il y a dans le milieu un boulingrin circulaire. Le sixiéme est une galerie très-différente de l'autre, en ce qu'elle est formée par des arbres en boules, & terminée par deux bassins ovales avec des bancs. Le septiéme n'est qu'un quarré long cintré dans les deux bouts, avec un tapis de gazon & deux grands ifs plantés au centre des portions circulaires. Enfin le huitiéme cabinet eſt de figure quarrée, dont les angles ſont coupés à pans, & le milieu rempli d'une piéce de gazon échancrée aux quatre coins.

Ces deux bois contiennent environ ſept arpens chacun, & ils ne conviennent que dans de grands lieux. On peut cependant les exécuter en plus petit & en plus grand, ſelon la place; plus ils ſeront grands, mieux ils ſeront. L'échelle qui eſt commune à ces deux deſſeins, en fera connoître toutes les proportions.

La ſeconde Planche contient quatre deſſeins de bois de haute-futaie, dont la forme eſt barlongue, & dont l'étendue eſt d'environ ſix arpens. Dans les trois premiéres Figures ce ſont des bois propres pour une grande enfilade, où il faut conſerver une allée large dans le milieu, qui partage le deſſein en deux. On ne laiſſe pas cependant d'y trouver un tout fort agréable & fort régulier.

Dans la premiére Figure ce ſont de petites allées comparties en guillochis, qui aboutiſſent à ſix cabinets, ornés de berceaux, de piéces de gazon, de bancs & d'ifs. Au milieu de la grande allée, l'on a pratiqué une ſalle à pans, & une piéce d'eau avec un jet. La plus grande partie de cette allée eſt remplie par un tapis de gazon qui regne tout autour de la piéce d'eau avec un ſentier. Ces ſortes d'allées vertes (a) ſont fort à la mode préſentement.

(a) Cela convient dans de certains endroits, tant pour la variété, que pour ſauver le grand entretien.

Les allées de la ſeconde Figure ſont diſpoſées de maniére, que les cabinets des coins viennent ſe rendre l'un dans l'autre; mais la ſalle eſt très-différente des autres, étant cintrée dans ſon milieu, & préſentant une patte d'oie de chaque côté, avec quatre piédeſtaux pour des figures ou vaſes. Les allées de ces pattes d'oie viennent aboutir chacune aux trois jets de la piéce d'eau qui eſt d'un deſſein fort particulier, & ſituée au milieu de la grande allée plantée d'arbres iſolés.

La compoſition de la troiſiéme Figure eſt un grand cercle, dans l'intervale duquel, & de la ſalle du milieu, l'on a pratiqué deux cabinets à pans, ornés de piéces ovales de gazon; de cette grande allée circulaire l'on entre par des coudes d'allées, dans des cabinets qui ſont aux quatre coins du bois, où il ſe trouve d'autres allées qui enfilent le jet de la piéce d'eau, avec des bancs vis-à-vis, ce qui eſt aſſez heureux. On ſort de ces cabinets & de ces allées dans la grande du milieu plantée d'ormes taillés en boules.

La quatriéme Figure eſt un deſſein entier ſans enfilade dans le milieu ; il ſe trouve percé par des allées diagonales qui forment quatre croix de ſaint André, au centre deſquelles on a pratiqué des carrefours & des piéces de gazon. Toutes les allées viennent ſe rendre dans une grande ſalle, qui mene dans quatre cabinets différens, placés vis-à-vis l'un de l'autre. Deux de ces cabinets ſervent de ſalles de bal ; les autres ſont ornés de gradins de gazon, avec des figures & des fleurs dans le haut. On voit dans cette ſalle une piéce de gazon terminée par deux baſſins qui y ſont enclavés, & où viennent aboutir les allées diagonales du bois.

Comme l'on en voit à Marly.

On voit dans la troiſiéme Planche ſix deſſeins très-variés, qui conviennent à des places quarrées de quatre arpens d'étendue.

Dans le bois qui eſt repréſenté dans la premiére Figure, l'on entre par les angles, où l'on trouve deux allées aboutiſſantes à des carrefours circulaires, qui vous menent dans une figure à huit pans. Cette figure eſt diſpoſée de maniére, que préſentant quatre angles dans les carrefours, & les quatre autres venant à des renfoncemens pour des bancs, elle allonge les allées des entrées, en ſorte qu'une perſonne aſſiſe ſur l'un de ces bancs, peut découvrir les deux allées des bouts, ſans celle vis-à-vis, qui avec trois autres pareilles allées en face des bancs, vous conduit dans la piéce du milieu enrichie d'une iſle & de quatre bouillons d'eau, qui fourniſſent le foſſé du tour. Il y a une figure au milieu de cette iſle & un pont pour y aller.

La ſeconde Figure eſt un bois où l'on entre par douze allées, les droites enfilent la place du milieu, & les diagonales viennent rendre à une piéce de gazon circulaire, entourée d'une double paliſſade iſolée, qui eſt percée vis-à-vis de chaque enfilade. Ces carrefours préſentent des pattes d'oie, d'où l'on paſſe à une grande figure quarrée qui forme un cloître ; les angles en ſont occupés par des niches avec des bancs. Les quatre allées du milieu vous conduiſent à une piéce d'eau quarrée, dont les oreillons ſaillent en forme de baſtions. Il s'éleve du milieu un grand jet perpendiculaire, & des quatre coins ou oreillons, quatre autres jets dardans qui forment des berceaux d'eau.

Le bois de la troiſiéme Figure eſt le plus ſimple de tous, auſſi peut-on l'exécuter dans l'eſpace de deux arpens, & même d'un. C'eſt une ſimple croix de ſaint André, coupée d'un grand octogone, d'où par quatre allées on vient rendre dans une grande ſalle circulaire, ornée d'un baſſin à pans, & d'un rang d'arbres & d'ifs iſolés, avec quatre niches pour des bancs.

La quatriéme Figure offre un deſſein bien plus composé, & d'une invention aſſez ſinguliére. C'eſt pareillement une croix de ſaint André, qui vous mene dans un cloître quarré, l'on trouve au milieu de chaque allée des renfoncemens en demi-lune, avec des baſſins, en face deſquels il y a des allées qui viennent rendre à la piéce du milieu, auſſi-bien que celles de la croiſée. Cette piéce du milieu eſt de forme circulaire, coupée de huit niches pour des bancs, entre chaque allée. Elle eſt remplie d'un grand baſſin octogone, où il y a une iſle au milieu, avec une figure entourée de caiſſes & de pots de fleurs. L'eau de cette piéce tombant par des *dégueulleurs* vient de la décharge des quatre autres baſſins.

La cinquiéme Figure n'eſt pas tout-à-fait quarrée comme les autres, ce deſſein n'ayant pas de grace, à moins qu'il ne ſoit oblong; ce qui a obligé d'y pratiquer aux deux côtés des allées & des piéces de gazon découpées. Ce bois ſe trouve percé de pluſieurs deſſeins, comme d'un grand ovale, d'une lozange, & d'une croix de ſaint André, qui compoſent tous enſemble un aſſez beau compartiment. On y trouve deux pattes d'oie, huit carrefours, & deux culs-de-ſacs avec des renfoncemens pour des bancs. Les quatre entrées des encoignures, & les deux du milieu, viennent aboutir à une ſalle circulaire, ornée d'un baſſin & de niches pour des bancs & des arbriſſeaux.

Dans la ſixiéme Figure l'on voit un bois dont les entrées ſont dans le milieu pour la variété; elles ſont interrompues par les quatre angles d'une grande lozange qui vous mene à différens cabinets pratiqués dans les quatre coins du bois. Il y a de petits carrefours triangulaires vis-à-vis de ces cabinets, leſquels ouvrent l'entrée d'un cloître, d'où par quatre iſſues, vous passez à la salle du milieu qui est à pans, avec un bassin ovale. En face de ces quatre petites allées, on trouve des niches pour y placer des bancs.

La quatriéme Planche contient dix bosquets différens : les quatre premiéres Figures sont propres à des places oblongues, d'environ un arpent & demi, ou deux arpens d'étendue ; les six autres suivantes font voir ce qu'on peut exécuter dans des languettes de terre & des boyaux de Jardin. Ces bois sont très-variés, & quoique simples, ils ne laissent pas d'être bien percés & bien ouvragés. L'aspect seul & les échelles suffisent pour en donner l'intelligence nécessaire.

On suppose les places biaises des Figures premiére & cinquiéme de cette quatriéme Planche, afin de faire voir comment on peut les régulariser & y pratiquer des desseins agréables. On prend d'abord dans ces biais, la moitié de chaque ligne qui borne la place, pour placer les allées du milieu, soit en long ou en large : les diagonales se tracent ensuite d'un angle à l'autre, & déterminent le centre de la salle, qu'il faut ajuster au terrein, ensorte qu'elle soit bien broussaillée par tout : le reste du dessein s'accommodera au lieu, soit pour les carrefours, pattes d'oie, entrées & autres allées. On ne doit pas s'embarrasser si les quarrés de bois viennent de différentes formes & grandeurs ; on ne juge de cela que sur le papier, & ces différences ne paroissent jamais sur le terrein. Tous les desseins ne conviennent pas au même biais ; c'est au bon goût & à l'expérience qu'est réservé ce choix. Les Figures deux, trois & quatre, par exemple, y feroient moins bien que la premiére, à cause des allées retournées quarrément en forme de cloître, qui paroîtroient gauches dans un biais aussi sensible que celui-ci. Le boyau de terre de la cinquiéme Figure n'oblige à aucune sujettion par son biais : on prendra seulement la moitié de la largeur des deux extrêmités pour l'allée du milieu ; & ce dessein que l'on nomme chapelet, y réussira de même que dans une place réguliére.

Les deux Planches suivantes, qui sont la cinquiéme & la sixiéme représentent douze cabinets & des sallons propres à placer dans les bois, si ceux qui y sont dessinés ne conviennent pas au lieu. On a fait graver ces sallons un peu grands, pour les pouvoir planter d'après ces desseins, sans être obligé de les dessiner une seconde fois.

La ſeptiéme Planche préſente un boſquet d'une autre nature que les précédens; c'eſt ce qu'on appelle boſquet découvert à compartiment. On n'en a mis qu'un ſeul deſſein ſur la Planche, afin que devenant plus grand, on pût mieux juger de ſa diſpoſition. Ce boſquet eſt croiſé de deux allées, qui aboutiſſent à un baſſin formant un octogone irrégulier, & entouré d'une ſalle ovale, coupée dans ſes quatre milieux, d'allées qui vous conduiſent à de petits cabinets & enfilades pratiqués dans les quarrés de ce bois; des bancs qui y ſont placés avantageuſement, vous découvrent le jet du milieu. Les entre-deux de ces cabinets ſont occupés par des piéces de gazon comparties en volutes & en ronds, ornés d'ifs placés avec ſimétrie. On tiendra les paliſſades de ce boſquet à hauteur d'appui, pour mieux découvrir toutes les piéces du compartiment.

Ce boſquet contient tout au plus un arpent.

Il y a un quart du deſſein où l'on n'a marqué qu'un ſimple trait pour la paliſſade, & des O pour la place des arbres, afin qu'on puiſſe l'exécuter ſans embarras, ce qui ſeroit arrivé, ſi l'on avoit élevé en perſpective les arbres & les paliſſades, comme dans le reſte du deſſein.

On voit dans la huitiéme Planche des piéces ſéparées, dont on peut ſe ſervir dans le milieu d'un bois, en cas que les deſſeins précédens ne plaiſent pas tant. Ce ſont des ſalles plantées d'arbres iſolés, avec des ifs entre deux.

Comme l'on en voit dans les Jardins de Trianon.

La ſalle de la premiére Figure eſt la plus magnifique. On la ſuppoſe au milieu d'un grand bois, & n'ayant que deux entrées: cependant on en pourroit faire quatre ſelon le lieu, par le retranchement des cabinets des deux bouts. Son étendue eſt d'environ un arpent & demi; mais on peut l'exécuter dans un terrein plus petit de moitié. On l'a ornée de quatre baſſins, avec des bancs pratiqués de maniére qu'ils ſont en face de chaque allée, & enfilent les jets des baſſins. La piéce du milieu eſt un grand tapis de gazon, qui étant coupé à pans dans les quatre angles, forme aux quatre coins de cette ſalle des octogones que la paliſſade racheve. Le reſte s'explique aſſez de lui-même.

La ſeconde Figure eſt encore une grande ſalle différente de l'autre, en ce qu'elle eſt placée au milieu d'une grande piéce de gazon. Elle conviendroit également au milieu d'un bois. Cette ſalle eſt un quarré long cintré dans les deux bouts, où l'on a pratiqué deux baſſins octogones, au centre deſquels viennent aboutir les entrées diagonales de cette ſalle. L'on a placé des figures dans les deux bouts, & deux bancs à chaque angle de la ſalle, bordée ſimplement par le gazon & par des arbres, avec des ifs ou arbriſſeaux de fleurs entre deux, ſans aucune paliſſade, ni ſentier derriére.

La troiſiéme Figure eſt une petite ſalle fort ſimple entourée d'une paliſſade à hauteur d'appui, avec des arbres eſpacés dedans: elle eſt placée, ainſi que l'autre, dans des tapis de gazon, qui ſont diſtingués d'avec la paliſſade par un ſentier ratiſſé. Il y a dans le milieu une figure à l'enfilade des allées & des bancs.

Dans la quatriéme Figure l'on voit un bois planté en quinconce, avec une ſalle & des cabinets, qui forment un compartiment; ce qui paroîtra d'un goût fort nouveau: ces ſortes de deſſeins (*a*) ne ſont ordinairement compoſés que de grandes allées paralleles, plantées en échiquier, ſans aucun autre ornement. Quoiqu'on ait pratiqué une ſalle dans le milieu, avec un baſſin & des cabinets qui forment un cloître, & s'enfilent l'un l'autre, cela ne dérange cependant rien du quinconce, & n'interrompt point l'enfilade des arbres, dont on n'a ôté que quelques-uns dans le milieu & dans les coins, pour former cette ſalle & ces cabinets. Le deſſous de ce quinconce qui eſt à équerre, eſt gazonné dans quelques endroits, ce qui détache & fait valoir le ratiſſage des allées & de la ſalle.

(*a*) Ainſi que les quinconces des Thuilleries & du Palais Royal.

La neuviéme Planche donne l'idée de quatre morceaux de Jardin fort extraordinaires, & cependant magnifiques dans leur eſpéce; on les appelle des (*b*) cloîtres.

(*b*) Le cloître de Meudon en eſt un bel exemple.

La premiére Figure eſt la plus ſimple de toutes; c'eſt un grand quarré de gazon, avec une figure dans le milieu, entouré d'une double allée de charmille, percée dans les enfilades des autres allées & des bancs. Ce cloître eſt dans le milieu d'un bois; l'on y arrive par quatre allées diagonales, qui rendent à des carrefours ornés de piéces de gazon.

La ſeconde repréſente un cloître de forme circulaire, placé dans un bois, avec un baſſin octogone, entouré de berceaux naturels, c'eſt-à-dire, formés par des arbres, que l'on plie l'un ſur l'autre. Les quatre allées qui y conduiſent ſont

Grand Bois de haute fûtaie percé en etoille double

fig. 1.re

Grand bois de haute fûtaie percé en etoille simple avec des cabinets

fig. 2.e

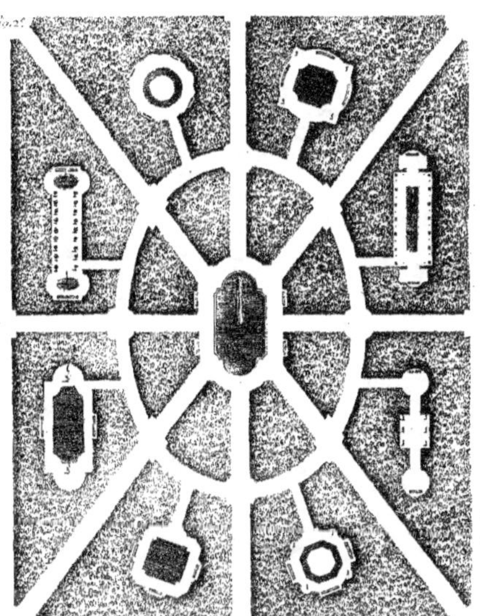

5 10 20 30 60 Toises

Page 83 et 83

Desseins de grands Bois de haute futaie.

Desseins de Bois de haute futaie
fig. 1
fig. 2
fig. 3
fig. 4
fig. 5
fig. 6

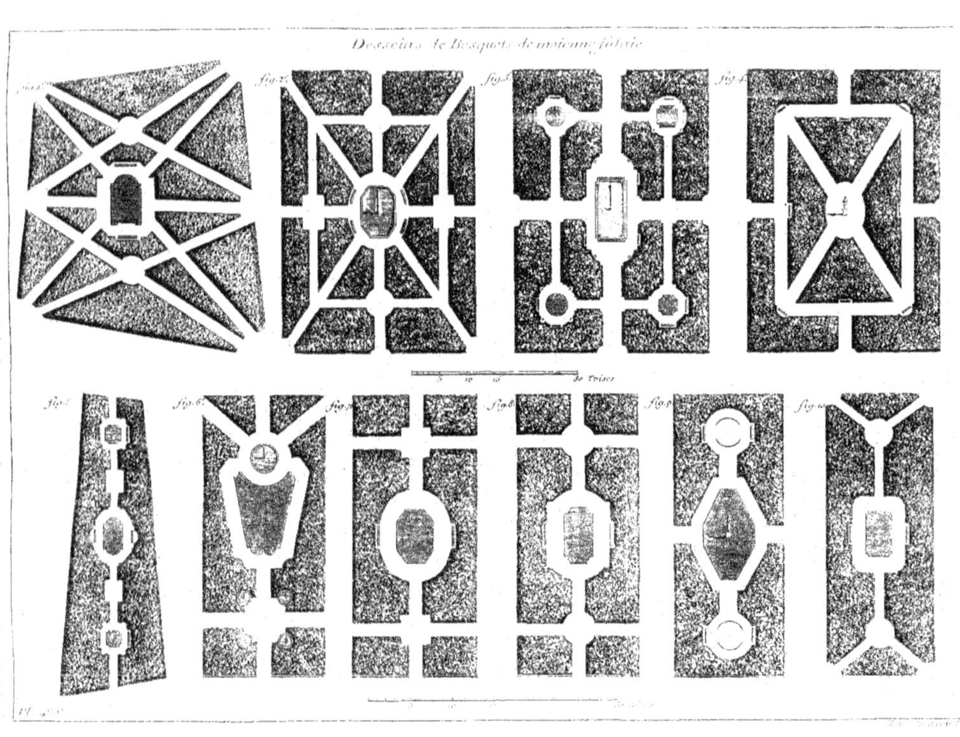
Desseins de Bosquets de moienne fabrie
fig. 2.
fig. 3.
fig. 4.
5 10 15 30 Toises
fig. 5.
fig. 6.
fig. 7.
fig. 8.
fig. 9.
fig. 10.

Desseins de Cabinets et Salons pour des bosquets.

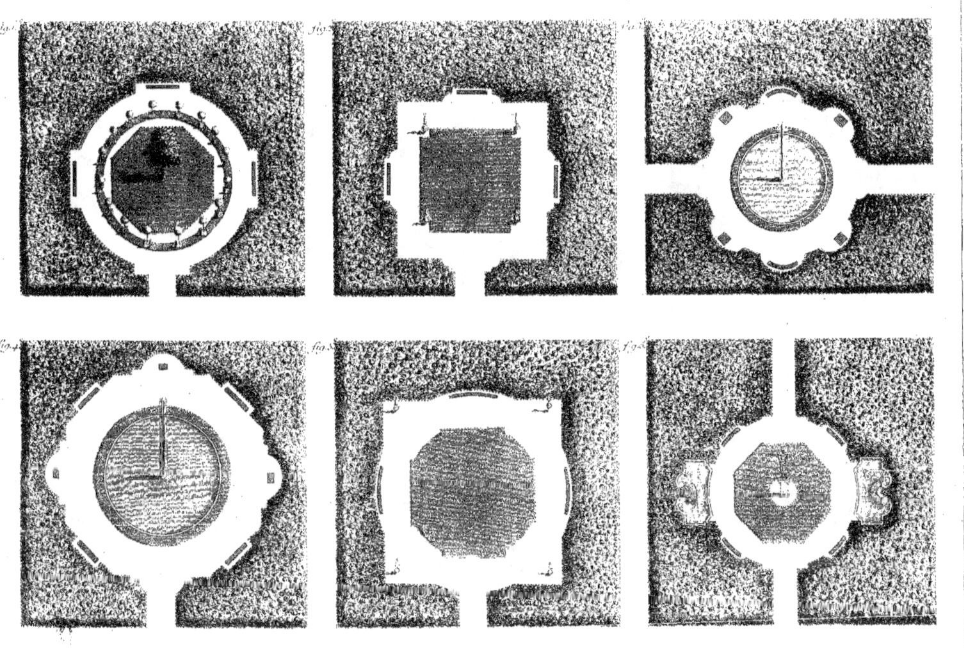

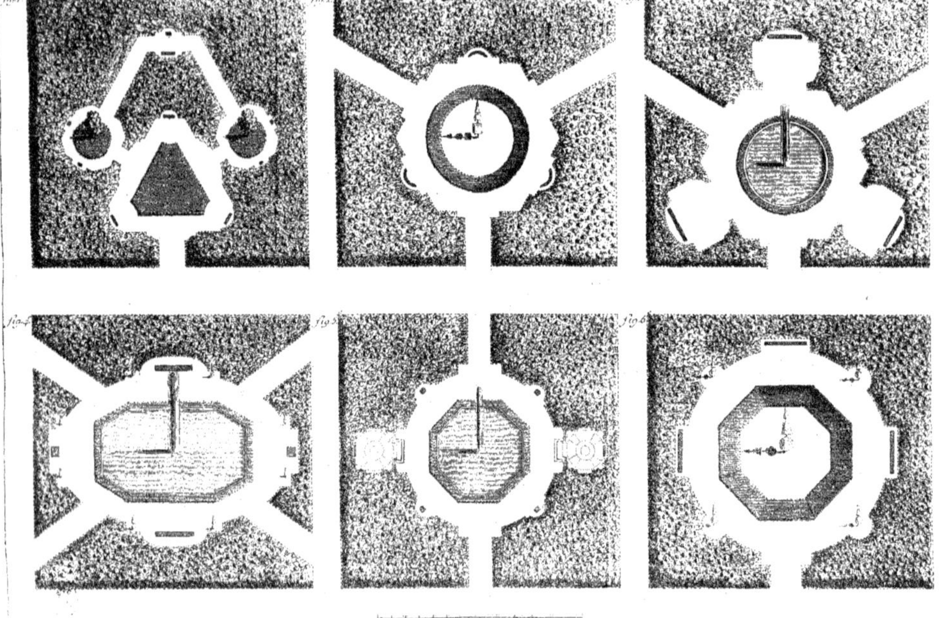

Bosquet découvert à Compartiment.

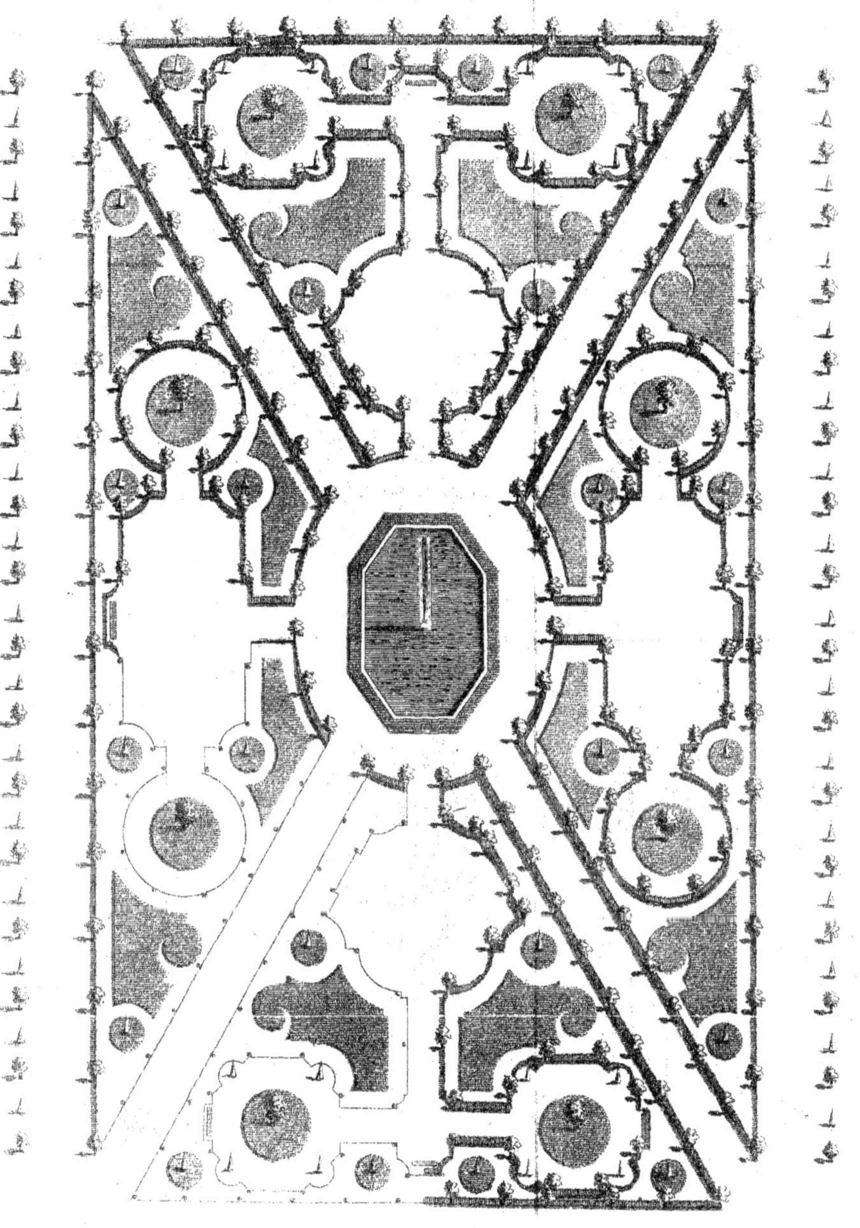

1 2 3 4 5 6 7 8 9 10 Toises

Pl. [illegible]

Grande Sale de maroniers dans un bois

Bois planté en quinconce avec des cabinets

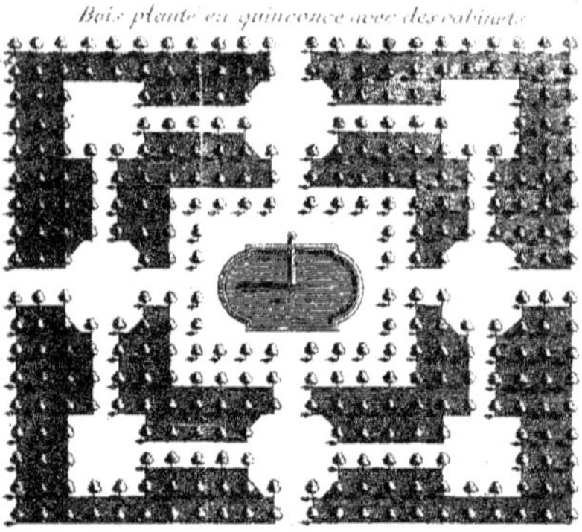

fig. 1re

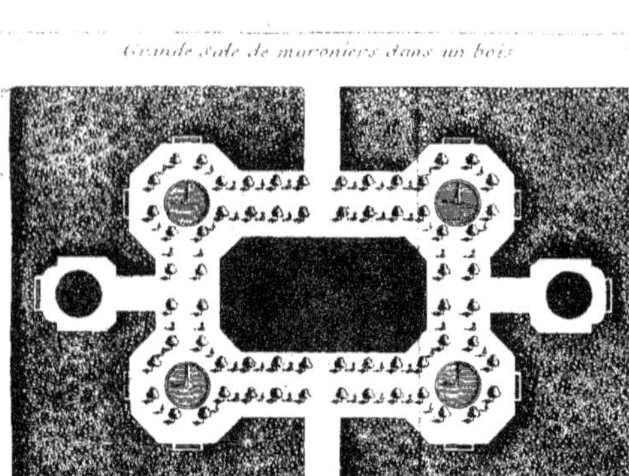

fig. 2

Grande Sale de maroniers bordée de pieces de gazon

Petite Sale entourée de palissades et de tapis de gazon

fig. 3

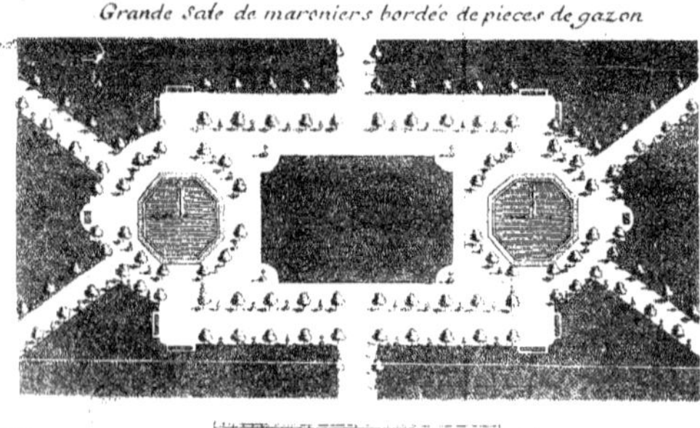

fig. 4

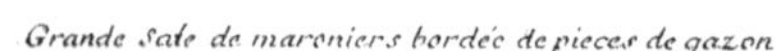

Pl. 8e C.

30 Toises

Grand Cloître dans le milieu d'un bois

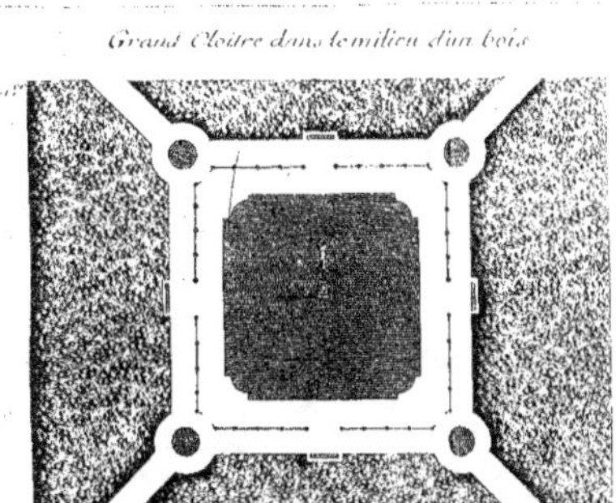

Cloître couvert de berceaux de treillage entouré de tapis de gazon

Petit cloître avec des berceaux formés par des arbres

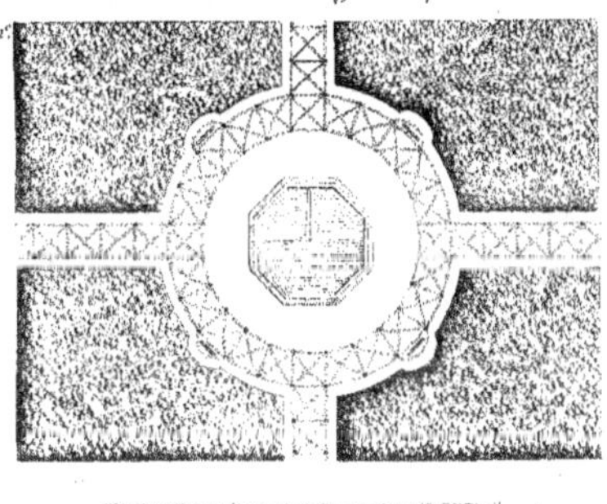

Cloître en galerie avec des palissades percées en arcades

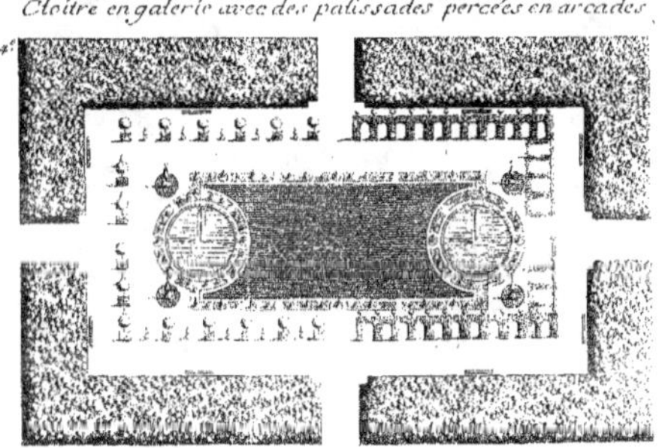

Dessein d'un Labirinte avec des cabinets et Fontaines

CHAPITRE VII.

DES BOULINGRINS OU Renfoncemens de gazon, des grandes Rampes, Glacis, Talus & Tapis de gazon, avec la maniére de les plaquer, semer & entretenir.

LE terme de Boulingrin est un des plus usités dans les Jardins de propreté, & cependant celui qu'on entend le moins; la plûpart des gens n'en connoissent pas la véritable signification, ni l'étimologie.

L'invention & l'origine du mot de Boulingrin viennent d'Angleterre. Plusieurs Auteurs le dérivent de deux mots Anglois; sçavoir de *Boule*, qui signifie rond, & de *Grin*, qui veut dire prez ou gazon, peut-être à cause de sa figure renfoncée, qui est le plus souvent ronde & couverte de gazon; d'autres ont dit que le mot de Boulingrin a été donné à de grandes piéces de gazon, où l'on a accoutumé en Angleterre de jouer à la boule; & pour cet effet, les Anglois ont grand soin d'entretenir ces tapis de gazon bien courts & bien unis.

Dict. de l'Académ. Françoise. Diction. de Daviler. Furetiere.

Un Boulingrin en France est fort différent de tout cela. L'on ne peut appeller ainsi, que certains renfoncemens & glacis de gazon qui se pratiquent au milieu de grandes piéces & tapis de gazon, dans un bosquet, & quelquefois au milieu d'un parterre à l'Angloise; ce qui fait que l'on confond le parterre à l'Angloise & le Boulingrin. On ne doit donc pas donner indifféremment ce nom à tout ce qui est gazon, comme à de grands tapis qui sont dans des bosquets, à moins qu'ils ne soient renfoncés, parce que ce n'est que le renfoncement qui fait le Boulingrin joint au gazon qui le couvre.

On en voit de toutes ces espéces dans le Jardin des Thuilleries.

Le Boulingrin est une des plus agréables piéces d'un Jardin, quand il se trouve bien placé. Sa figure renfoncée, couverte d'un beau gazon bien uni & bien verd, entouré le plus souvent d'un rang de grands arbres, avec des arbrisseaux pleins

On a exécuté de beaux boulingrins à Choisi.

de fleurs, le rendent d'une jolie compoſition, ſans parler du plaiſir de pouvoir ſe repoſer ſur les glacis de ſon renfoncement, pendant la grande chaleur, & d'y être à l'ombre.

Il y a deux eſpéces de Boulingrins, de ſimples & de compoſés : les ſimples ſont tout de gazon, ſans aucun autre ornement ; & les compoſés, ſont coupés en compartimens de gazon, mêlés quelquefois de broderie, avec des ſentiers & des plate-bandes, ornées d'ifs & d'arbriſſeaux de fleurs. On les ſable de différentes couleurs, & on les accompagne de figures & de vaſes de pierre, pour réveiller leur grande verdure. On peut encore, pour les enrichir davantage, pratiquer dans le fond de leur glacis, un baſſin ou une piéce d'eau.

Leur vraie place eſt dans un endroit découvert, parce que les boulingrins ne cachent point la belle vûe ; on peut encore en placer dans le milieu des boſquets, ainſi qu'on le verra dans les exemples ſuivans.

Planche I. Le Boulingrin que préſente la premiére Figure, eſt d'une étendue bien plus conſidérable que les autres : il peut ſe placer au bout d'un grand parterre, ou remplir un grand eſpace qu'on auroit deſſein de tenir entiérement découvert. C'eſt un quarré long, dont les quatre iſſues en diagonales viennent aboutir à quatre piéces de gazon rondes, où l'on a placé pour figures les quatre Saiſons. On a bombé les angles du talus, afin de continuer l'allée circulaire autour des gazons, & dans le fond du Boulingrin, on a pratiqué une grande piéce de gazon, qui varie aſſez bien avec le reſte. Toutes les allées ne ſont formées que par des tapis de gazon, n'y ayant ni arbres, ni paliſſades, ni bois, comme dans les autres piéces ſuivantes.

Le Boulingrin de la ſeconde Figure, eſt un quarré preſque parfait percé en étoile, au milieu duquel ſe voit un octogone régulier qui a dans ſon renfoncement une piéce circulaire de gazon. Il n'eſt orné que d'un trait ou bordure de buis, autour de chaque piéce, & d'un petit ſentier ratiſſé entre deux. On a échancré différemment toutes les encoignures de ces piéces, & l'on a placé dans celles du milieu, ſeize ifs ou boules de buis. Ce Boulingrin eſt accompagné de deux grandes allées doubles, plantées de marroniers.

La troiſiéme Figure offre un grand ovale renfoncé, dont le

milieu eſt rempli d'une piéce de gazon coupée à pans pour la variété. Ce Boulingrin eſt entouré de grands arbres, comme de marroniers ou de tilleuls eſpacés réguliérement, ſans interrompre les enfilades des allées & des bancs, à quoi il faut toujours bien prendre garde. L'allée du tour eſt octogone, & formée par une paliſſade à hauteur d'appui, où il y a des cabinets & des niches pour mettre des bancs. Derriére la paliſſade ſont des tapis de gazon, avec un ſentier ratiſſé de trois pieds de large entre deux, tant pour conſerver la paliſſade & borner le gazon, que pour la grace & le coup d'œil.

On voit dans la quatriéme Figure un Boulingrin pratiqué dans le milieu d'un bois. C'eſt un octogone irrégulier, dont le renfoncement eſt orné d'une piéce de gazon ovale. Il eſt entouré d'une allée double, ſéparée d'une paliſſade percée en arcades, avec des boules ménagées ſur chaque trumeau.

Les Boulingrins de la deuxiéme Planche ſont beaucoup plus riches, plus composés & d'une plus grande étendue que les autres. Planche II.

La premiére Figure donne l'idée d'un grand Boulingrin, dont la tête échancrée de pluſieurs formes variées, eſt ornée d'un buffet d'eau, adoſſé contre le talus, & composé d'une coquille de pierre ou de plomb doré, d'où il ſort un bouillon d'eau, qui retombe en nappe dans le baſſin d'en-bas, où il y a deux jets pour accompagnement. Ce baſſin eſt revêtu d'une tablette de pierre de taille, pour faire oppoſition au gazon. Le fond du Boulingrin eſt rempli de deux grandes piéces à l'Angloiſe, entourées d'une plate-bande ornée d'ifs & d'arbriſſeaux, bordée en dedans par le gazon, & en dehors par un trait de buis: ces piéces ſont terminées par un bout en volutes, & par l'autre en petits enroulemens & échancrures qui forment une tête à chaque piéce. Il faut beaucoup de place pour exécuter ce deſſein & le ſuivant.

On voit dans la ſeconde Figure un grand Boulingrin tout des plus riches; le fond en eſt comparti en piéces de gazon, coupées & liées enſemble par de petits cartouches d'une broderie très-légére. Le milieu forme un tapis verd, cintré dans les bouts, & entouré de même que le reſte d'un ſentier bordé de buis. On fera valoir toutes ces piéces par des ſables de différentes couleurs, pour les détacher: on remplira la broderie de machefer; le sentier autour de toutes les piéces sera sablé de rouge, & tout le fond, de sable ordinaire. Les deux bouts de ce boulingrin sont cintrés en dedans, avec des pans coupés aux encoignures: ces cintres sur le haut peuvent convenir au bout d'un bassin pour conserver l'allée du tour. On auroit pû encore, pour rendre ce morceau parfait & des plus magnifiques, faire un bassin à la place de la piéce de gazon du milieu, ou y mettre une belle figure.

Le Boulingrin de la troisiéme Figure est d'une forme plus quarrée que les autres, & cintrée différemment dans les angles: le fond est découpé en quatre piéces semblables, avec un ovale, & deux ronds de gazon dans le milieu: il y a encore des passages pour conduire dans les sous-allées qui entourent toutes ces piéces; le compartiment quoique simple & sablé de la même couleur, est rehaussé infiniment par une belle figure dans le milieu, & par quatre vases de sculpture, posés aux quatre coins du fond.

A l'égard de celui de la quatriéme Figure, il est d'une forme très-particuliére, & qu'on ne peut exécuter qu'en de certains endroits: ses bouts sont cintrés en dehors & coupés de plusieurs pans & retours, son milieu est orné d'un jet dans une petite piéce d'eau, bordée d'une tablette de pierre de taille, & d'un sentier sablé en rouge, pour détacher tout le gazon. Des six piéces qui l'entourent, les deux des extrêmités sont octogones, à cause des allées circulaires du tour. On a mis quatre figures dans les angles d'en-haut, pour varier avec les quatre vases placés dans le fond du précédent. Les échelles feront juger de l'étendue & de la proportion de ces différens morceaux.

On observera en faisant des Boulingrins, de ne les point trop renfoncer. Il suffit de donner un pied & demi de profondeur dans les petits Boulingrins, & deux pieds tout au plus dans les grands.

A l'égard des talus & des glacis qui composent le revêtissement des Boulingrins, c'est-à-dire, qui en forment les renfoncemens; on leur donne six à sept pieds de long pour les petits, & huit à neuf pour les grands; on ratisse le fond tout entier dans les petits Boulingrins, parce qu'il n'y a point assez de place pour y mettre des piéces de gazon; mais dans

Boulingrin simplement de gazon.

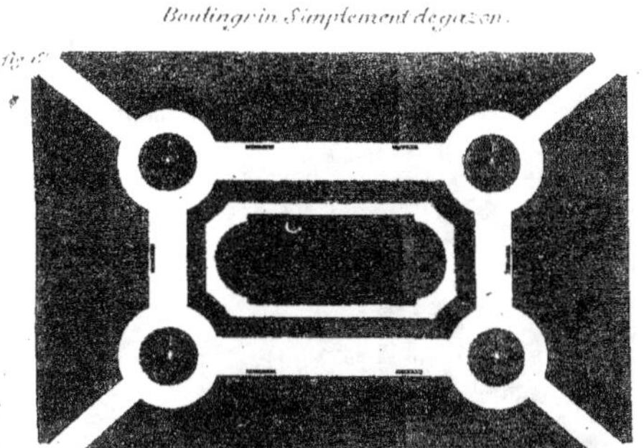

Boulingrin entouré d'arbres et orné de cabinets et palissades

Boulingrin avec des traits de buis

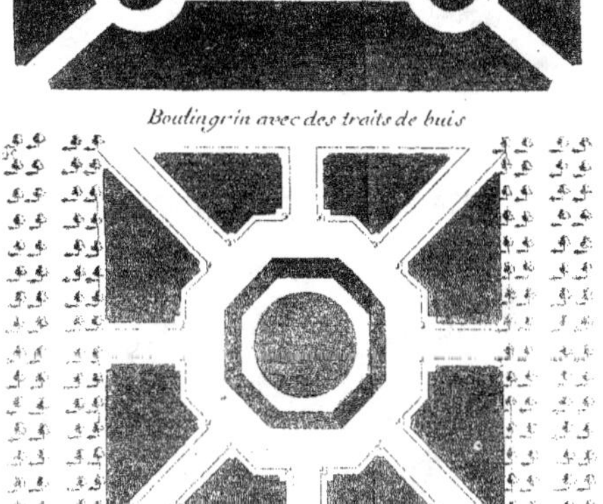

Boulingrin dans un bois, entouré d'une palissade percée en arcades

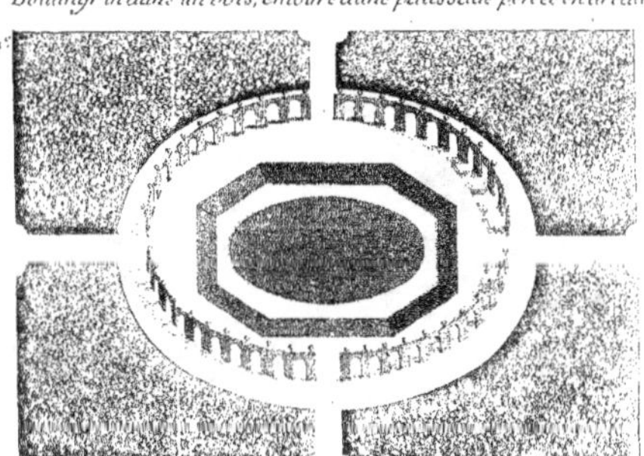

Planche Ire D. page 86 et 87.

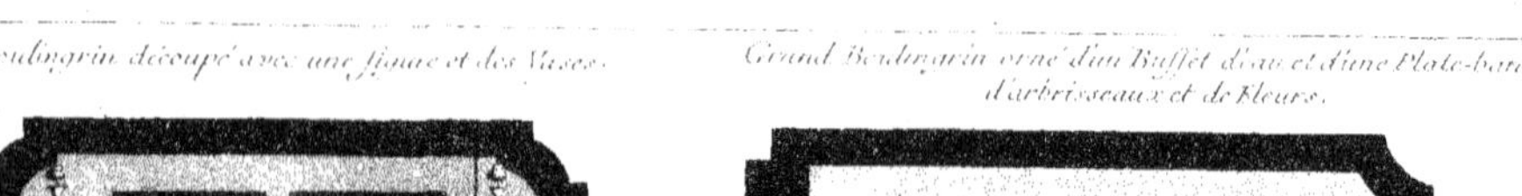

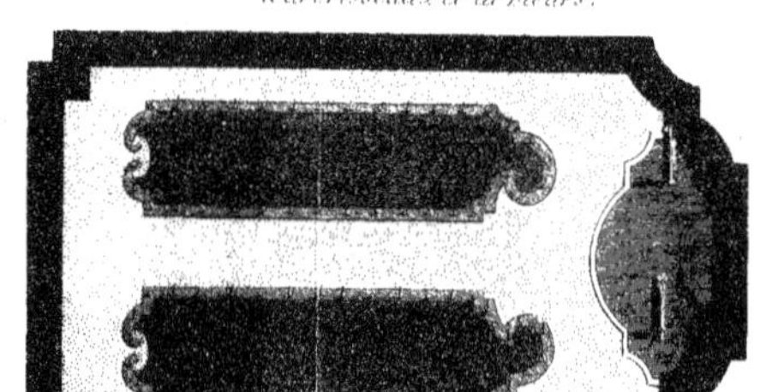

Boulingrin découpé avec une Piece d'eau.

Grand Boulingrin comparti avec de la Broderie.

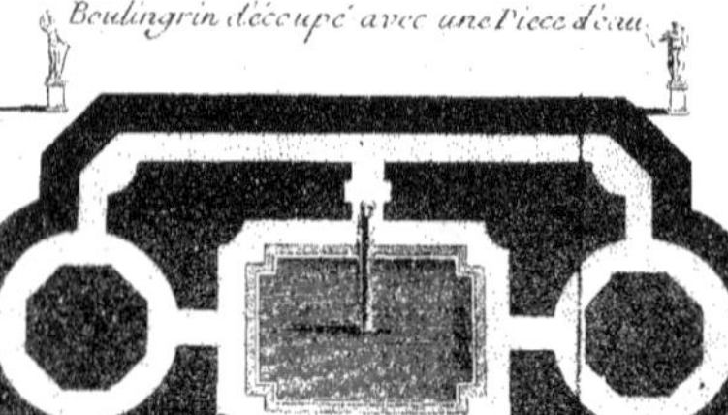

les grands on y en pratique de belles, & quelquefois de découpées. Alors on laisse un ratissage de trois ou quatre pieds entre le talus & le gazon, ce qui sert à détacher ces piéces l'une d'avec l'autre.

Les rampes, les tapis & les pelouses de gazon, ne différent guére entr'elles, à moins que ce ne soit les rampes, qui sont supposées être de grands tapis de gazon en pente douce; comme pourroient être celles qui accompagnent les côtés d'une cascade, ou qui servent à raccorder deux inégalités de terrein. Pour les tapis & les pelouses, c'est la même chose: on les place dans les cours & avant-cours des maisons de campagne, dans les bosquets, dans les boulingrins, dans les parterres à l'Angloise, & dans le milieu des grandes allées & avenues, dont le ratissage demanderoit trop de tems.

Ces rampes sont en grand nombre à Meudon.

Les talus & les glacis sont souvent confondus & pris l'un pour l'autre: l'on y trouve cependant une différence, c'est que le talus est plus roide que le glacis, qui doit être très-doux & imperceptible à la vûe. Venons à la maniére de gazonner toutes ces piéces.

La maniére de gazonner est différente, selon les lieux où l'on s'en sert: on gazonne un tapis & une pelouse d'une autre maniére qu'un talus & glacis, ce qui se réduit ou à semer le gazon, ou à le * plaquer.

* Mauvais terme usité, de dire poser du gazon. Il faut dire plaquer.

Pour semer du gazon dans une piéce, faites-la labourer d'un bon fer de bêche, ensuite dresser & passer au rateau fin, en ôtant toutes les mottes & les pierres qui s'y pourroient rencontrer, & répandez un pouce ou deux de bonne terre par-dessus, pour faciliter la graine de lever. Votre place étant bien unie, semez-y la graine très-drue, afin qu'elle devienne épaisse & courte: passez ensuite le rateau par-dessus, pour enfouir & couvrir un peu la graine, qu'il ne faudra pas semer par un tems venteux, de crainte qu'elle ne s'envole; l'on choisira au contraire un tems calme, qui promette bientôt de la pluie, afin que cette eau plombant la terre, & enfonçant la graine, lui donne plus de facilité à paroître.

Le meilleur tems pour semer est la fin de l'Automne, parce que les graines de leur nature, ne demandent que de l'humidité pour croître, & que l'on n'en manque point dans cette saison. Quand on attend à semer ces graines à la fin de Février ou au commencement de Mars, on court risque de ne point voir si-tôt verdir un tapis, si l'Eté est un peu sec, comme il arrive souvent, à moins qu'on n'ait le soin (a) d'arroser continuellement, ou plutôt d'innonder un tapis.

(a) Les tapis de gazon du Palais Royal doivent à un entretien continuel leur grande beauté.

La difficulté de faire de beaux tapis en les semant, est d'avoir de bonne graine, que l'on doit examiner soigneusement avant que de la semer. On se sert de graine de petit tréfle de Hollande, de Bas prez, de Pinvain, d'Herbe à chat, de Terrenue, de petites herbes fines qui ressemblent à la Civette & autres.

Il ne faut pas faire comme ceux qui vont ramasser des graines dans un grenier à foin, & qui les sement indifféremment, espérant faire venir de beaux tapis de gazon; ce qui réussit rarement. Ces graines en effet montent trop haut, font de gros tuyaux, & ne se garnissent point du pied; & quoiqu'on les fauche souvent, elles ne forment jamais de beau gazon.

Venons à la maniére de plaquer le gazon: il faut en premier lieu l'aller choisir dans la campagne, tant dans les chemins, que sur les bords des pâturages & prairies, où les Moutons & les Vaches vont paître: l'herbe y est plus fine & broutée fort court. On prendra garde dans le choix qu'on en fera, qu'il ne s'y rencontre point de chien-dent ni de mauvaises herbes, & que la terre ait un peu de corps. On levera ce gazon à la bêche, en le coupant par quarrés d'un pied environ sur tous sens, & de deux ou trois pouces d'épaisseur, ç'en est assez pour le transporter sans le rompre.

Pour plaquer ce gazon sur le terrein, tendez le cordeau dans les lignes droites, & suivez la trace dans les circulaires, & petits desseins mignons, comme sont les coquilles, les enroulemens & massifs des parterres. On creusera & enlevera de la terre le long de ce cordeau, de l'épaisseur des quarrés de gazon, afin qu'il se trouve à l'uni de la terre. L'on ne suivra point la méthode de ceux qui le posent sur la terre sans en ôter dessous, ce qui releve trop le gazon & le déchausse. On taillera avec un coûteau ces quarrés de gazon, suivant le cordeau & la trace, en les arrangeant & serrant l'un dans l'autre, & avec une petite batte ou maillet de bois, on les battra jusqu'à ce qu'ils soient bien pressés & réduits au niveau de la terre. L'on ne peut, pour ainsi dire, trop battre & trop

enterrer

enterrer le gazon; parce que l'herbe de ſon naturel s'éleve toujours aſſez en pouſſant. Quand les quarrés de gazon ne ſe joignent pas bien, on les garnit de terre, & l'on y met de petites piéces pour boucher les trous & les fentes : on rend par-là un tapis auſſi beau & auſſi uni, que s'il étoit crû dans le lieu même.

Si-tôt que le gazon eſt plaqué, il le faut arroſer, afin qu'il s'uniſſe plutôt à la terre, ſur laquelle il eſt poſé, & qu'il prenne racine. Il ſeroit à craindre qu'il ne jaunît, ſi l'on manquoit à le mouiller.

Le plus sûr moyen d'avoir de beaux tapis de gazon bien unis & bien veloutés, eſt de les plaquer; cela vaut toujours mieux que de les ſemer; mais quand on a de grandes piéces à gazonner, comme elles coûteroient infiniment à plaquer, on ſe contente de les ſemer de graine choiſie; & comme l'on auroit de la peine à borner juſte ces tapis avec de la graine, l'on en plaque les bords, de morceaux quarrés de gazon, ſuivant le cordeau tendu ſur la trace, & l'on en ſeme le dedans à l'ordinaire.

Si l'on ne vouloit pas faire la dépenſe de plaquer les bords d'une piéce de gazon, il faudroit ſemer beaucoup de graine dans la trace, afin que cela marquât davantage & plus vîte. Pour les petites piéces de gazon, qui ſont dans les parterres, telles que ſont les maſſifs, les coquilles, les volutes, piéces découpées, bordures de baſſins, il faut toujours les plaquer, elles en ſont plus belles, s'éxécutent plus proprement, & s'en conſervent mieux.

Quand on veut regazonner quelque coquille ou quelque enroulement, dont le gazon eſt ruiné, il faut enfoncer des piquets à toutes les extrêmités, pour marquer l'ancienne trace, & enſuite enlever de terre le mauvais gazon & le chiendent. Quand la place ſera bien nétoyée & rétablie, l'on retracera ſuivant les piquets, la coquille que l'on gazonnera proprement.

Les talus & les glacis ſont bien plus difficiles à gazonner que les rampes, tapis & falouſes, en ce qu'il faut plaquer le gazon, de maniére qu'il ne s'éboule point, & conſerver la ligne de pente, ſans faire de coudes & de jarets.

Ceux qui ne ſont pas conſidérables par leur hauteur, comme de cinq à ſix pieds, tels que ſont ceux qu'on pratique dans les petites terrasses & dans les renfoncemens des boulingrins, sont les plus aisés à gazonner, on n'a qu'à plaquer les quarrés de gazon, suivant ce que l'on vient de dire.

Il ne faut presque jamais semer les talus & glacis, parce que l'herbe n'y vient pas si aisément que dans les tapis plats: cependant si l'on vouloit les semer, on plaquera la bordure d'en-haut & d'en-bas, avec des quarrés de gazon, pour entretenir les terres & les empêcher de s'ébouler; on en semera le milieu très-dru, afin que la graine ne se mette point par pelotons.

Pour les grands talus & glacis, qui ont quinze à vingt pieds de haut, ils demandent plus de circonspection dans la maniére de les revêtir de gazon, de crainte qu'ils ne s'éboulent. Ils sont construits par lits de terre & de clayonnage, ainsi qu'il sera expliqué dans la suite.

Le gazon dont on se sert, doit être levé en forme d'un coin de bois, & non pas d'égale épaisseur, comme celui que l'on plaque dans les tapis ordinaires. On appelle ce gazon, à pointe ou à queue. Cette pointe de terre que l'on laisse par dessous, sert à l'asseoir & à l'entretenir, de crainte qu'il ne s'éboule. On plaque ce gazon le long du cordeau qui suit le principal trait, en sorte qu'il touche par l'un des bouts à ce cordeau, & de l'autre, aux fascines ou clayonnages, sur lesquels on asseoit le gazon, l'herbe (*a*) dessus, en le plaquant suivant la ligne de pente, avec la précaution, de peur que ces gazons ne s'éboulent, de les cheviller tous avec de bonnes chevilles de bois de chêne ou d'aulne, pour les entretenir jusqu'a ce qu'ils ayent pris racine.

(*a*) Marolois, Rohault, Ozanam, veulent qu'en plaquant le gazon, l'herbe soit tournée en dessous. *Trait. de Fortifications.*

Les tapis & les talus de gazon font une des principales beautés des Jardins, quand ils sont bien entretenus: c'en est toute la difficulté; quand même la graine seroit bien levée, & l'herbe très-drue, ou que les gazons plaqués seroient repris & d'un beau verd, cette perfection changeroit en peu de tems, si l'entretien ne suivoit pas.

Cet entretien consiste à faucher souvent le gazon, non pas quatre fois l'année, comme le disent quelques (*b*) Auteurs, mais au moins une fois le mois. Il y a même des endroits où l'on fauche le gazon tous les quinze jours. Plus l'herbe est coupée, plus elle s'épaissit & devient belle. Elle doit être d'un ras, qu'un brin, pour ainsi dire, ne passe pas l'autre. Il faut en-

(*b*) Furetiere, Daviler, Dict. de l'Acad. Franç.

core rogner de tems en tems, & borner le pourtour des piéces de gazon suivant le cordeau, ce qui en fait la propreté.

La maniére dont on entretient le gazon en Angleterre, consiste à le faucher très-souvent, & à affaisser l'herbe quand elle est trop haute. Chaque Jardin a un homme exprès pour faucher le gazon deux fois la semaine : on prévient, pour ainsi dire, l'herbe avant qu'elle paroisse. On passe dessus des cylindres de pierre dure, de bois, ou de fer de differentes épaisseurs ; ceux de pierre ont un pied & demi de diamétre, creux en dedans, & traversés par quatre barres de fer, au centre desquelles est attaché le brancart où l'on met un cheval dont les quatre pieds sont garnis de bottines fort larges par en-bas, & attachées par des boucles au milieu de ses jambes. Le dessous de ces bottines est ferré de gros clouds rivés pour empêcher que le cheval ne glisse sur l'herbe, & leur largeur par en-bas empêche que les pieds du cheval n'enfoncent dans le gazon. Un petit garçon qui conduit le cheval, observe de ne pas passer deux fois par la même route, & de parcourir toute l'étendue du tapis. De tems en tems il arrête le cheval, pour ôter avec une bêche la terre & l'herbe qui se sont attachés au cylindre. On ne peut mieux faire que de suivre l'usage d'un pays où les tapis de gazon secondés d'un climat frais, sont d'une beauté si parfaite, qu'à peine peut-on ici en approcher.

Sorbiere, voyage d'Angleterre, page. 17.

On peut dire, que si les beaux gazons sont d'un grand ornement dans un Jardin, c'est aussi ce qui demande le plus grand soin d'un Jardinier. S'il les néglige, ou que pour diminuer l'entretien, il y mene paître les Vaches, leurs excrémens feront venir les herbes par touffes, qui ne formeront plus ces tapis unis & ras, & se changeront en chien-dent & en mauvaises herbes, qu'il faudra entiérement ruiner, pour en plaquer ou semer de meilleures. On ne peut donc éviter de changer le gazon tous les trois ou quatre ans, que par l'attention qu'on donnera à le bien entretenir.

Quelques personnes prétendent, que pour avoir toujours de beaux tapis de gazon, il faut tous les ans dans l'Automne, y semer légérement quelques graines, pour les renouveller, & remplir les places qui ne sont pas assez garnies, ou qui sont mortes. Cette pratique peut être fort bonne, pourvû que l'on choisisse bien les graines qu'on y semera.

CHAPITRE VIII.

DES PORTIQUES, BERCEAUX, Cabinets de Treillage & de Verdure, Figures, Vases & autres ornemens servant à la décoration & à l'embellissement des Jardins.

QUOIQUE nous venions de parler généralement de toutes les parties qui composent un beau Jardin, nous ne devons pas oublier ce qui contribue à sa décoration & à son embellissement. Les exemples qu'on proposera ici doivent être à la portée des Particuliers, qui pourroient sans cela trouver des difficultés capables d'en empêcher l'exécution. Ce sont de ces dépenses Royales dont on veut parler, qu'il n'est permis qu'aux Princes, qu'aux Ministres & qu'aux personnes de cette volée d'entreprendre.

Les Portiques, les Berceaux & Cabinets de treillage ne sont plus présentement si fort à la mode, cependant on ne laisse pas encore d'en faire dans quelques endroits. Ces morceaux d'Architecture, quand ils sont bien placés, ont assûrément quelque chose de beau & de magnifique; ils relevent & rehaussent infiniment la beauté naturelle des Jardins; il est assez triste qu'après avoir tant coûté à exécuter & à entretenir, ils se ruinent si facilement.

L'Hôtel de Condé. L'Hôtel de Louvois. L'Hôtel de Noailles.

Il s'est fait de ces ouvrages dans quelques Jardins, qui coûtoient jusqu'à vingt mille écus, & qui sont présentement presque tout ruinés, il n'y a que la quantité de fer qui les puisse soutenir long-tems.

On distingue deux sortes de Berceaux ou Portiques, les artificiels & les naturels.

Les Berceaux & les Cabinets artificiels sont faits tout de treillage, soutenus par des montans, traverses, cercles, arcboutans & barres de fer. On se sert pour ces treillages, d'échalas de bois de chêne bien planés & bien dressés, dont on fait des mailles de six à sept pouces en quarré, liées avec du fil de fer. On se sert aussi de bois de boisseau pour contourner les moulures & les ornemens des corniches, & de chevrons pour les larges plate-bandes & les socles.

On compose avec tout ce fer & ce bois, des berceaux, des portiques, des galeries, des cabinets, sallons, niches & coquilles, ornés de colonnes, de pilastres, de corniches, frontons, montans, panneaux, vases, consoles, couronnemens, dômes, lanternes & autres ornemens d'Architecture. L'on doit suivre dans ces desseins une juste proportion, en réglant un module, & y rapportant toutes les parties de l'ordonnance, comme si c'étoit un bâtiment.

Il faut remarquer, que les ornemens les plus riches ne conviennent pas aux treillages, ils sont trop difficiles à exécuter avec du bois; il y en a de certains qui leur sont affectés, & qui sont parfaitement bien en ouvrage. L'on évitera de faire des colonnes, & l'on se servira toujours de pilastres, ou de montans avec des panneaux. L'Ordre Ionique est celui qui convient le mieux aux treillages, & qui s'exécute plus facilement.

Il y a à Clagny des colonnes Ioniques assez belles dans un cabinet de treillage.

On distingue un berceau d'avec un cabinet, en ce qu'un berceau est une grande longueur cintrée par le haut, en forme de galerie; & qu'un cabinet est composé d'une figure quarrée, circulaire ou coupée à pans, formant un sallon qui peut se mettre aux deux extrêmités, & au milieu d'un long berceau.

Les portiques sont encore différens de tout cela: c'est l'entrée extérieure des cabinets, des sallons & berceaux de treillage, qui est ordinairement décorée d'un fronton, d'une belle corniche, avec des pilastres ou montans; c'est aussi une longue décoration d'Architecture, placée contre un mur, ou à l'entrée d'un bois, dont les saillies & les retours sont peu considérables.

On se sert ordinairement des berceaux, cabinets & portiques de treillage, pour terminer un Jardin de ville, & en boucher les murs & les vûes désagréables, en formant un bel aspect par cette décoration, qui peut servir aussi de fond & de perspective à une grande allée. L'on en pratique encore dans les bosquets, dans les renfoncemens & niches des palissades, pour des bancs & des figures. On les couvre souvent de rosiers, de jasmins, chevre-feuilles, lilas, vignes vierges; pour y pouvoir jouir d'un peu d'ombrage.

Il faut surtout choisir un bel amortissement ou couronnement pour un portique & pour un berceau de treillage; il doit être léger & évuidé, afin que l'architecture qui est dessous quoique percée à jour, ne semble pas le soutenir avec peine. On en verra des exemples dans la Planche suivante, qui renferme toutes les différentes sortes de treillage, & les plus belles décorations qu'on leur puisse donner.

La premiére Figure est la plus magnifique & la plus composée de toutes: c'est un grand portique de treillage d'Ordre Ionique, composé de plusieurs pilastres accouplés, qui soutiennent une belle corniche, avec un petit socle au-dessus en forme d'Attique, orné de vases posés à l'aplomb de chaque pilastre. On voit dans le milieu un grand renfoncement couronné d'un cintre formé de la même corniche, & de quelques bandes d'ornemens. Le bas de ce renfoncement est occupé par un bassin de toute la largeur, d'où il sort un bouillon de six à sept pieds de haut, d'entre deux enfans qui sont portés sur des enroulemens au-dessus d'un gradin, dont l'eau en retombant, forme une nappe circulaire, accompagnée sur les côtés de deux autres bouillons. Aux deux extrêmités de ce portique, sont deux niches circulaires, remplies chacune d'un chandelier d'eau fait en gaine ornée de trois masques qui rejettent l'eau dans le bassin d'en-bas. Tout ce treillage est rempli de ronds, de lozanges, de moulures, de bandes & autres ornemens des plus riches, dont on connoîtra la proportion par l'échelle. L'on en auroit donné le plan, si la grandeur de la Planche l'avoit pû permettre. Ce portique peut servir de fond à un Jardin de ville, ou au bout d'une grande allée, où il formeroit une belle perspective; la nappe du milieu seroit vûe de la grande allée, & les deux niches des bouts se trouveroient en face de chaque contre-allée.

Le portique qui est représenté dans la seconde Figure, est moins considérable par son étendue & sa richesse; il n'y a point d'Ordre d'Architecture, cependant il fera un fort bel effet en exécution. Il conviendroit pareillement pour le fond d'un Jardin, ou au bout d'une grande allée, en mettant un banc dans son renfoncement; il servira aussi d'entrée dans un bois, en perçant l'arcade du milieu, comme l'on en voit une moitié dans le deſſein. Ce portique eſt composé de montans & de panneaux de treillage, avec la même corniche que celle du grand portique. Son couronnement eſt un grand cintre, ſurmonté d'un fronton triangulaire, qui eſt porté dans les bouts par des panneaux & des conſoles ; le bas eſt orné de deux ſcabelons ou gaines, qui portent des buſtes. L'échelle du grand portique lui eſt commune, & donnera l'intelligence du reſte.

On voit dans la troiſiéme Figure un cabinet de treillage, propre à placer dans un boſquet, ou au bout d'une allée découverte. Sa figure à pans eſt d'un deſſein aſſez ſingulier. Il eſt décoré de panneaux ſimples, & d'un fronton circulaire, ſurmonté d'une calotte à pans, qui porte une lanterne percée à jour, auſſi-bien que le timpan du fronton.

La quatriéme Figure eſt une grande niche circulaire, toute des plus riches ; ſes montans ſont remplis d'ornemens, & couronnés d'une belle corniche cintrée, dont le fond eſt occupé par une coquille à côtes. On a placé dans cette niche un buffet d'eau, composé d'un double chandelier ou champignon, dont la coupe eſt portée par des Dauphins & des conſoles ; l'eau en retombe par deux nappes dans le baſſin d'en-bas. Cette niche conviendroit fort dans un bois, ou au bout de quelque allée, qu'on ne pourroit percer plus avant.

Le ſallon de la cinquiéme Figure ſert de portique & d'entrée à un long berceau, dans lequel il eſt pratiqué. Il eſt fort ſimple dans ſes ornemens : ce ne ſont que deux montans, avec une arcade ornée d'impoſtes & d'archivoltes ; le tout couronné d'un fronton triangulaire, ſurmonté d'un dôme cintré, & ouvert par le haut en forme de lanterne.

On ne donne ici aucun deſſein de cabinets de ſimple treillage ſans ornemens : ſi l'on en vouloit exécuter quelques-uns, & qu'on les voulût orner d'une corniche ou d'un beau couronnement, on en pourra choiſir dans les deſſeins précédens, d'où on les peut détacher, pour les placer fort aiſément par tout.

Les berceaux naturels ou de verdure, appellés champêtres, ſont ſimplement formés de branches d'arbres, entrelaſſées avec art & induſtrie, tirées l'une ſur l'autre par des fils de fer, & soutenues par de gros treillages, cerceaux & perches qui composent des galeries, portiques, berceaux, cabinets, salles, colonnades, niches & enfilades de piéces couvertes naturellement, appellés appartemens verds, sans y employer aucun treillage apparent, leur place est la même que celle des berceaux artificiels ou de treillage. L'on en va voir des exemples exécutés à Marly & dans quelques autres Jardins : on n'a pas voulu donner ici des morceaux de génie, de même que l'on a fait ci-dessus dans les palissades extraordinaires; c'est pour en prouver mieux la possibilité ; il est sûr que ces berceaux, ces portiques & ces colonnades paroîtront encore plus impraticables que les palissades percées en arcades; une colonne de charmille est un chef-d'œuvre & un miracle en fait de Jardinage, aussi est-elle très-rare.

La premiére Figure représente la colonnade de verdure des Jardins de Marly, au bas de la premiére terrasse, en descendant du Château vers la grande piéce d'eau : elle borde une salle verte entiérement couverte & tondue par-dessus, à cause de la vûe ; c'est où étoit autrefois le bassin des carpes : cette colonnade est d'abord sur une ligne droite, ensuite elle retourne en portion circulaire des deux côtés de la terrasse : la simétrie & l'aspect en sont surprenans & dignes d'admiration. Les colonnes ont environ dix pieds de haut sur trois de tour, y compris un pied à chaque bout pour les bases, chapiteaux & filets qu'on y voit. Le socle ou piédestal a un pied & demi, & la corniche un pied de haut. On a fait excéder de trois pouces, le piédestal & la bande d'en-haut à chaque colonne, & directement au-dessus on a pratiqué des vâses d'une figure particuliére. Pour lier chaque colonne au bosquet, ce sont des traverses ou poutrelles de verdure bien tondues en équarissement ; cela est si merveilleux, qu'il faut le voir pour mieux le concevoir.

La seconde Figure fait encore voir quelque morceau de ces Jardins enchantés; ce sont les portiques, berceaux & galeries de verdure qui regnent tout le long des aîles de la grande piéce, suivant les douze pavillons, entre lesquels & l'allée des boules, ces portiques sont situés, rien n'est plus ingénieux, ni plus artistement exécuté. Il y en a deux rangs qui forment un berceau ou une galerie, & ces arbres sont dans des

des plate-bandes, ornées entre-deux, d'ifs & de fleurs de saison, les tiges des arbres sont découvertes d'environ 6 pieds de haut, & garnies de feuilles au-dessus, pour former un montant rond ou colonne jusqu'à l'arcade qui vient se cintrer dessus. On a laissé échapper une tige & un petit vase entre chaque arcade: ce qu'il y a de plus beau, c'est que ces (*a*) berceaux se croisent l'un sur l'autre par des arcs de verdure, & même se retournent quarrément sans aucune confusion; le tout forme une voûte fort longue & toute verte: ces cintres, ces bandes & ces montans sont peu épais, & ont beaucoup de délicatesse, chose encore très-remarquable, qu'on puisse entretenir des ormes dans cet état un si long tems; les jours qui regnent dans le plafond, contribuent à donner de l'air dessous ces berceaux, & à faire durer ces arbres dans la gêne & dans la contrainte où on les tient.

(*a*) On trouvera sur le lieu quelques changemens à ces portiques qui jouissoient dans leur premiére jeunesse de toute leur beauté, mais le tems a obligé de substituer des cintres de treillage aux naturels, & de changer les boules qui les couronnent.

On voit dans la troisiéme Figure un portique ou décoration champêtre, dont l'exécution paroît d'abord assez extraordinaire, n'y ayant aucun treillage visible: il est placé au bout d'une grande allée double pour en terminer la vûe plus agréablement; le milieu est une grande niche cintrée avec un banc en face de la grande allée du milieu, & il y a deux renfoncemens quarrés, avec des figures sur des piédestaux en face de chaque contre-allée. Entre cette niche & les deux renfoncemens, on a pratiqué quatre avant-corps de huit colonnes de verdure, isolées de la palissade du fond; ces colonnes portent sur des socles, & ont leurs bases & filets taillés en chamfrain; les chapiteaux & filets d'en haut sont de même, & portent une corniche qui regne par tout; elle fait ressaut sur chaque avant-corps, & retourne en fronton triangulaire au-dessus de la grande niche du milieu: ce dessein est couronné par un attique qui suit la corniche sur les avant-corps des colonnes, audessus desquelles il se trouve des boules toutes rondes. Les figures, les piédestaux & le banc sont de pierre de taille, pour faire opposition.

Le portique de la quatriéme Figure est circulaire & rempli dans son milieu par un grand bassin; il ressemble assez aux portiques de Marly, excepté que n'ayant qu'un rang isolé, les cercles ne retournent & ne croisent point les uns sur les autres, & que les montans ne sont point arrondis: ce qu'il a de ſingulier, ce ſont de petites caiſſes avec une tige, ménagées à chaque pied des arcades entre leſquelles il y a des ifs moulés. Ces portiques ont un fond de paliſſade, ainſi que l'on en a vû à la colonnade de Marly. Le cabinet de verdure eſt fort nouveau dans ſon eſpéce : il ſe trouve à l'enfilade de la grande allée aboutiſſante au jet, & l'on pourroit en planter trois autres, qui avec celui-là ſe croiſeroient ſur le baſſin. La forme de ce cabinet eſt quarrée, joignant d'une face le tour des portiques, & de l'autre la paliſſade du fond, enſorte que de l'allée du pourtour on paſſe deſſous : les quatre montans des encoignures ſe croiſent l'un ſur l'autre par des bandes de verdure, qui laiſſent quelque jour entre-deux, comme aux portiques de Marly. La décoration de ſa façade en dedans, eſt composée de deux grands montans qui portent ſur des ſocles, & ſont couronnés d'une corniche en chamfrain, qui retourne en cintre dans le milieu. Au-deſſus de chaque montant, ce ſont de groſſes boules allongées en forme de poires. On a orné ces montans de deux grands vaſes de ſculpture, poſés ſur des ſcabellons de pierre, pour relever un peu l'Architecture champêtre.

Paſſons maintenant aux autres ornemens, qui ſervent à la décoration & à l'embelliſſement des Jardins, & ſans parler de ceux de verdure, comme des paliſſades percées en arcades, des ſalles de comédie & de bal, des galeries vertes, dont on a trouvé des deſſeins ci-deſſus; comme auſſi des amphitéatres, vertugadins, eſtrades, gradins & eſcaliers de gazon, que l'on verra dans la ſuite; leſquels ornemens ſont les plus eſſentiels, puiſqu'ils ſont valoir tous les autres : nous ne parlerons ici que de ceux qui leur ſont acceſſoires, tels que les ſuivans.

Les fontaines ſont, après les plans, le principal ornement des Jardins, ce ſont elles qui les animent par leur murmure, & qui cauſent de ces beautés merveilleuſes, dont les yeux peuvent à peine ſe raſſaſier. On les place dans les plus beaux endroits & les plus en vûe. Ces fontaines ſont ordinairement décorées d'un Ordre ruſtique enrichi d'ornemens maritimes, avec des figures convenables aux eaux.

Il n'y a point de Jardins, où

Les terraſſes, lorſqu'elles ſont bien ſituées, bien bâties & ornées de beaux eſcaliers, ſont encore d'un grand ornement

de Treillage
percé à jour
Niche avec
Buffet d'eau
Salon servant

Berceaux et Galeries de Verdure à Marly.
Portique et Cabinet de Verdure, executé.

Colônnade de Verdure à Marly.
fig. 1re
Portique ou Decoration de Verdure, executé.
Mariette excud.

dans les Jardins, par leur régularité & leur découverte. On y pratique quelquefois des voûtes, des grottes, des cascades, & buffets d'eau, avec un Ordre d'Architecture & des figures dans les niches : sur la tablette d'en haut l'on met des vases & des pots de fleurs rangés par simétrie.

les terrasses soient si belles qu'à Meudon.

Les serres ou les orangeries sont de grands morceaux de bâtiment, comme des galeries, qui par leurs façades augmentent la beauté des Jardins; la nécessité que l'on a d'en bâtir, pour serrer les orangers & les autres caisses pendant l'Hiver, demande ordinairement l'exposition du Midi, ce qui n'empêche point que l'on n'observe de les placer le plus avantageusement que l'on pourra, pour flatter le coup d'œil; elles serviront alors de galerie l'Eté, pour se promener pendant la pluie. L'on en pratique quelquefois sous les voûtes d'une terrasse, dont les arcades & les trumeaux forment une assez belle décoration de loin.

L'Orangerie de Meudon.

Les figures & les vases contribuent beaucoup à l'embellissement & à la magnificence des Jardins, & en relevent infiniment les beautés naturelles. Il s'en fait de différentes formes & de plusieurs matiéres; les plus riches sont de bronze, de fonte, de plomb doré & de marbre; les moindres sont de fer, de pierre, de stuc & de terre cuite que l'on peint en blanc à l'huile. On distingue parmi les figures, les groupes qui sont composés au moins de deux figures ensemble dans le même bloc, les figures isolées, c'est-à-dire, autour desquelles on peut tourner, & les figures qu'on place dans les niches, qui ne sont finies que par devant : il y a encore les bustes, termes, figures à demi-corps, demi-nature & plus grandes que nature, appellées Colossales, posées sur des piédestaux, scabellons, gaines, piédouches, socles, sans compter les figures d'animaux qui ornent les cascades, aussi-bien que les bas-reliefs & les masques.

Ces figures représentent toutes sortes de Divinités & de personnages de l'antiquité, qu'il faut placer à propos dans les Jardins, en mettant les Divinités des eaux, comme Nayades, Fleuves, Tritons, au milieu des fontaines & des bassins; & les Divinités des bois, telles que les Sylvains, Faunes, Dryades dans les bosquets. On représente encore en bas-reliefs, des Sacrifices, Bacchanales, Jeux d'enfans sur les vases & piédestaux, qu'on peut orner de feſtons, de feuilles, de moulures & autres ornemens.

Les places ordinaires des figures & des vaſes, ſont le long des paliſſades, en face & ſur les côtés d'un parterre, dans des niches & renfoncemens de charmille ou de treillage. Dans les boſquets on les place au centre d'une étoile, ou d'une croix de ſaint André, dans l'entre-deux des allées d'une patte d'oie, au milieu des ſalles & des cabinets, entre les arbres ou les arcades d'une galerie de verdure, & à la tête d'un rang d'arbres ou de paliſſades iſolées. On les place encore au fond des allées & des enfilades, pour les bien décorer; dans les portiques & les berceaux de treillage, dans les baſſins, les caſcades, &c. généralement elles font bien par tout, & l'on ne ſçauroit en avoir trop dans un Jardin; mais comme en fait de Sculpture, il faut de l'excellent, auſſi-bien qu'en Peinture, il convient mieux à un particulier de ſe paſſer de figures, que d'en avoir de médiocrement belles, qui font toujours déſirer cette perfection; on doit laiſſer cette dépenſe aux Princes & aux Miniſtres.

Il y a auſſi des Belveders tout de gazon dans les Jardins hauts de Marly, & dans le bois d'Ecouan.

On orne les bouts & les extrêmités d'un Parc, de pavillons de maçonnerie, appellés *Belveders*, ou Pavillons de l'Aurore; c'eſt un agrément pour ſe repoſer après une longue promenade, que de trouver ces ſortes de pavillons qui forment un bel aſpect de loin; ils ſervent auſſi de retraite pendant la pluie. Le mot de *Belvedere* eſt Italien, & ſignifie Belle-vûe; il eſt donné fort à propos à ces pavillons, qui pour l'ordinaire étant élevés ſur quelque hauteur, découvrent & commandent tout le Pays d'alentour.

Les perſpectives & les grottes ne ſont maintenant preſque plus à la mode, ſurtout les (*a*) grottes qui ſont fort ſujettes à ſe gâter. On les plaçoit ordinairement au bout des allées, & deſſous des terraſſes. A l'égard des (*b*) perſpectives, elles ſervent à cacher les murs de pignon, & les murs du bout d'une allée, qu'on ne peut percer plus loin. Elles font une belle décoration, & très-ſurprenante par leurs percés trompeurs,

(*a*) On a laiſſé ruiner les Grottes de Verſailles, de Meudon, de ſaint Germain, de ſaint Cloud, de Ruel, de Conflans, & autres.

(*b*) La Perſpective de Ruel étoit ſi bien peinte par Jean le Maire, que les Oiſeaux venoient ſe caſſer la tête contre le mur, croyant paſſer par une arcade, où l'on avoit peint le Ciel.

On les peint à huile, ou à fresque, & on les couvre par en haut, d'un petit toit qui rejette l'eau de la pluie qui couleroit sans cela le long du mur, & gâteroit entiérement la peinture.

Les grilles sont des ornemens très-néceſſaires dans les enfilades d'allées, pour en prolonger la vûe, & découvrir bien du Pays. On fait préſentement des claires-voies, appellées des *ah, ah*, qui ſont des ouvertures de mur ſans grilles, & à niveau des allées, avec un foſſé au pied; ces ſortes d'ouvertures bouchent moins la vûe que les barreaux des grilles.

Les caiſſes & les pots de fleurs ſervent encore d'ornement aux Jardins. On éleve dans ces caiſſes, des orangers, des jaſmins, des grenadiers, des myrtes & des lauriers, qui ſe placent avec ſimétrie dans les parterres d'orangerie, le long des terraſſes, ou à côté des parterres, & qui forment des allées : on y met entre-deux des pots & vaſes de fayence remplis de fleurs de toutes les ſaiſons, que l'on place auſſi ſur des gradins, ſur les tablettes des murs de terraſſe, & à la deſcente des eſcaliers, ou ſur des dez de pierre dans des plate-bandes & bordures de gazon.

Les bancs, outre la commodité qu'ils offrent ſans ceſſe dans les grands Jardins, où l'on n'en peut jamais trop mettre par le grand beſoin que l'on en a en ſe promenant, font encore un aſſez bel effet, quand ils ſont mis dans de certaines places qui leur ſont deſtinées, comme dans des niches ou renfoncemens en face des grandes allées & enfilades, dans les ſalles & galeries des boſquets, dans des angles pour découvrir deux allées. On en fait de marbre, de pierre de taille & de bois qui ſont les plus communs, & dont il y a deux eſpéces, les bancs à doſſier qui ſont les plus beaux, & dont quelques-uns ſe retournent des deux côtés, & ſe peuvent tranſporter l'Hiver; les ſimples ſont ſcellés en plâtre dans la terre. Les meilleurs ſont faits avec du madrier.

On remarquera qu'il faut paſſer une couleur à huile, ſoit verte ou autre, ſur tout ce qui eſt expoſé à la pluie dans un Jardin, & qui ſe peut aiſément pourrir, comme ſont les treillages, les bancs, les caiſſes, les gradins, &c. c'eſt non ſeulement pour leur conſervation, mais encore pour une plus grande propreté.

On ne donnera point de Planches de tous les ornemens dont on vient de parler, comme de choſes appartenantes plus à l'Architecture & à la Sculpture, qu'au Jardinage ; on n'en a même parlé ici que pour indiquer les endroits des Jardins où il convient le mieux de les placer.

FIN DE LA PREMIERE PARTIE.

SECONDE PARTIE,

QUI CONTIENT

LA PRATIQUE

DU

JARDINAGE,

en ce qui regarde la maniére de tracer.

CHAPITRE PREMIER

PRELIMINAIRE DE QUELQUES Pratiques de Géometrie, décrites ſur le papier, avec la maniére de les rapporter fidélement ſur le terrein.

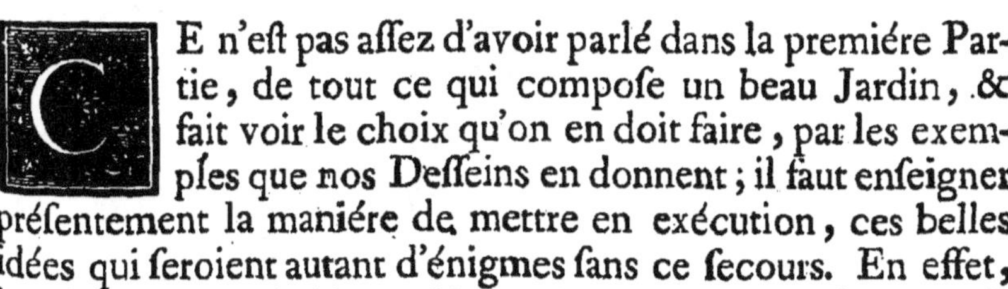

CE n'eſt pas aſſez d'avoir parlé dans la premiére Partie, de tout ce qui compoſe un beau Jardin, & fait voir le choix qu'on en doit faire, par les exemples que nos Deſſeins en donnent; il faut enſeigner préſentement la maniére de mettre en exécution, ces belles idées qui ſeroient autant d'énigmes ſans ce ſecours. En effet, les Chapitres précédens n'étant, à proprement parler, que la Théorie de cet Ouvrage, ne ſeroient d'aucune utilité, ſans les trois Parties ſuivantes qui en renferment la Pratique: *La*

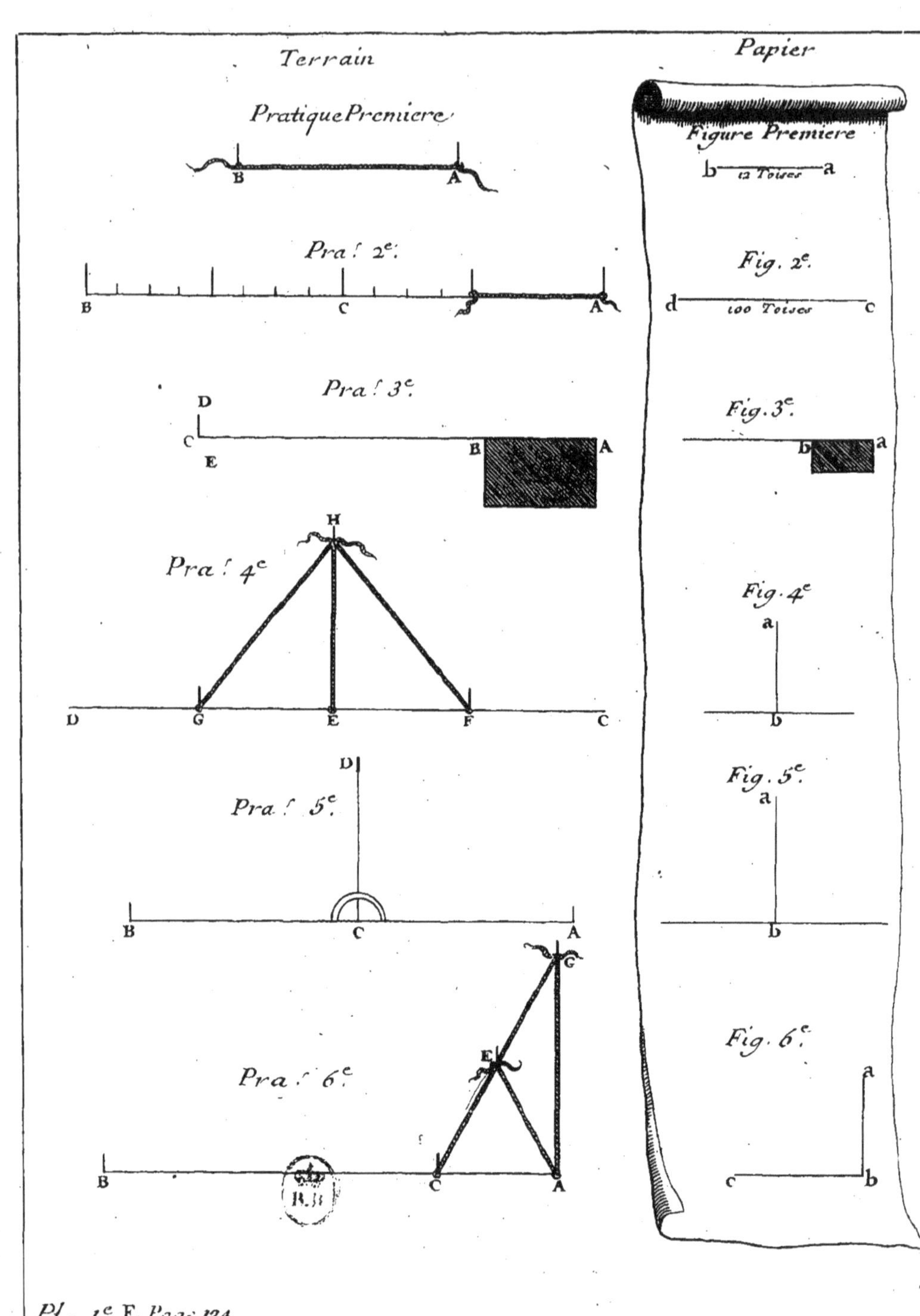
Terrain
Papier
Pratique Premiere
B
A
Figure Premiere
b
12 Toises
a
Pra.ᵗ 2ᵉ.
B
C
A
Fig. 2ᵉ.
d
100 Toises
c
Pra.ᵗ 3ᵉ.
D
C
E
B
A
Fig. 3ᵉ.
b
a
H
Pra.ᵗ 4ᵉ
D
G
E
F
C
Fig. 4ᵉ
a
b
D
Pra.ᵗ 5ᵉ.
B
C
A
Fig. 5ᵉ.
a
b
G
E
Pra.ᵗ 6ᵉ
B
C
A
Fig. 6ᵉ.
a
c
b
Pl. 1ᵉ. F. Page 124

Terrain
Pratique 7e.
F
E
D
C
Pra.t 8e.
F
D
E
B
C
A
Pra.t 9e.
C
B
A
Pra.t 10e.
D
C
B
A
C
Pra.t 11e.
B
A
Papier
Figure 7e.
d
c
12 T.
b
a
Fig. 8e.
d
c
50 T.
b
a
Fig. 9e.
c
a
8 T.
b
Fig. 10e.
d
a c
b
Fig. 11e.
c
9 T.
b
10 T.
a

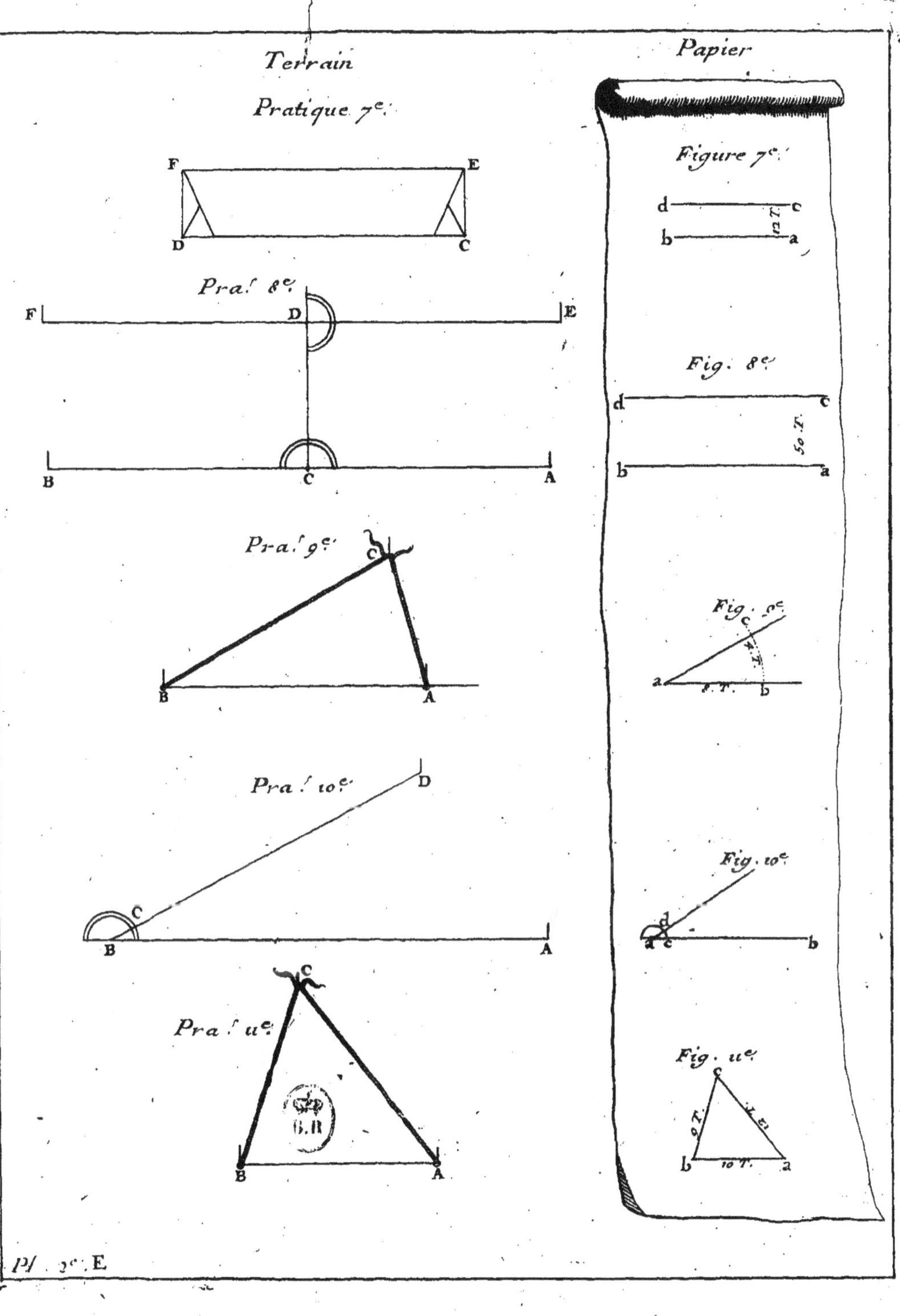

Pl. 2e. E

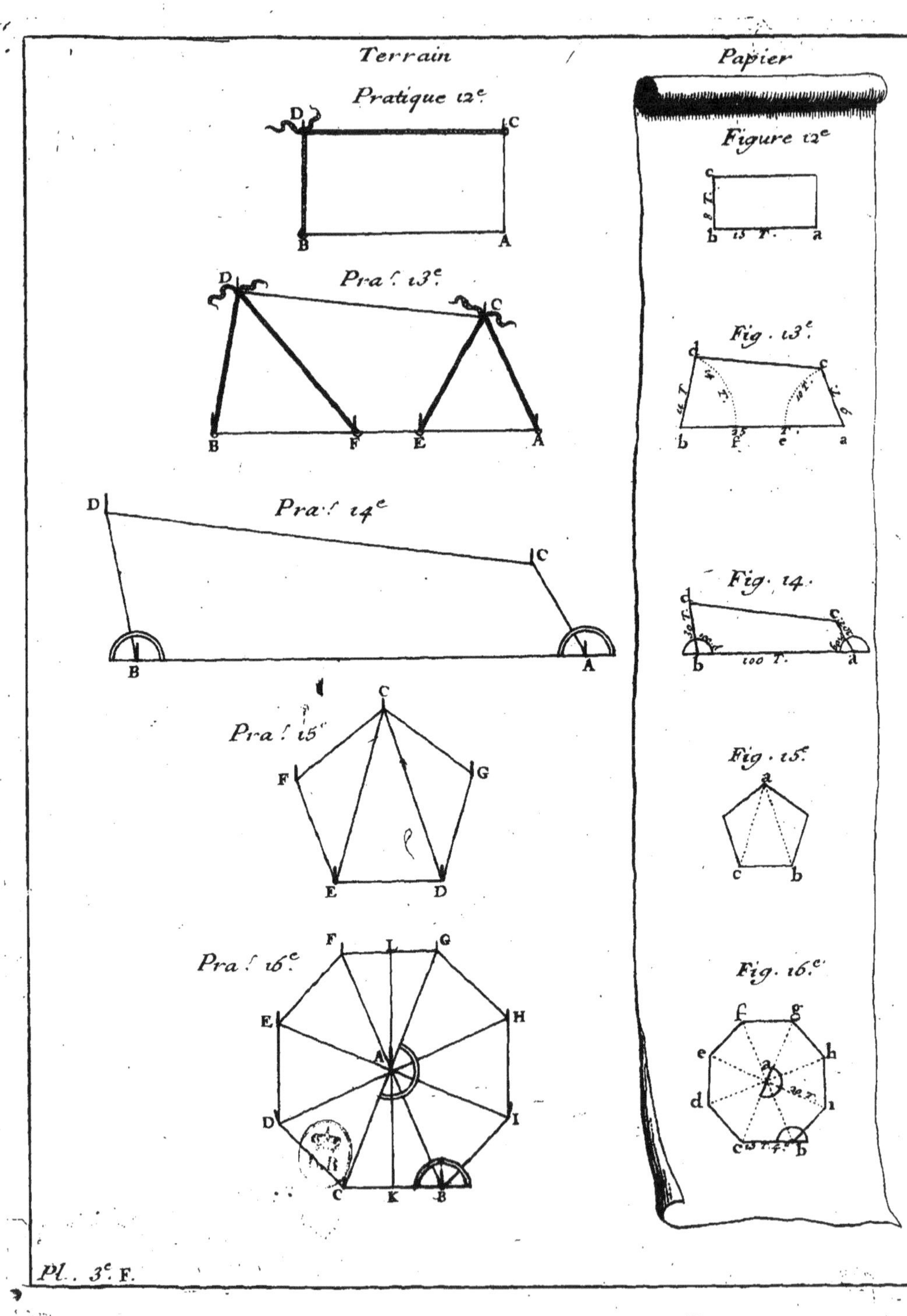

Terrain
Papier
Pratique 12^e.
Figure 12^e
Pra. 13^e.
Fig. 13^e.
Pra. 14^e
Fig. 14.
Pra. 15^e
Fig. 15^e.
Pra. 16^e.
Fig. 16^e.
100 T.

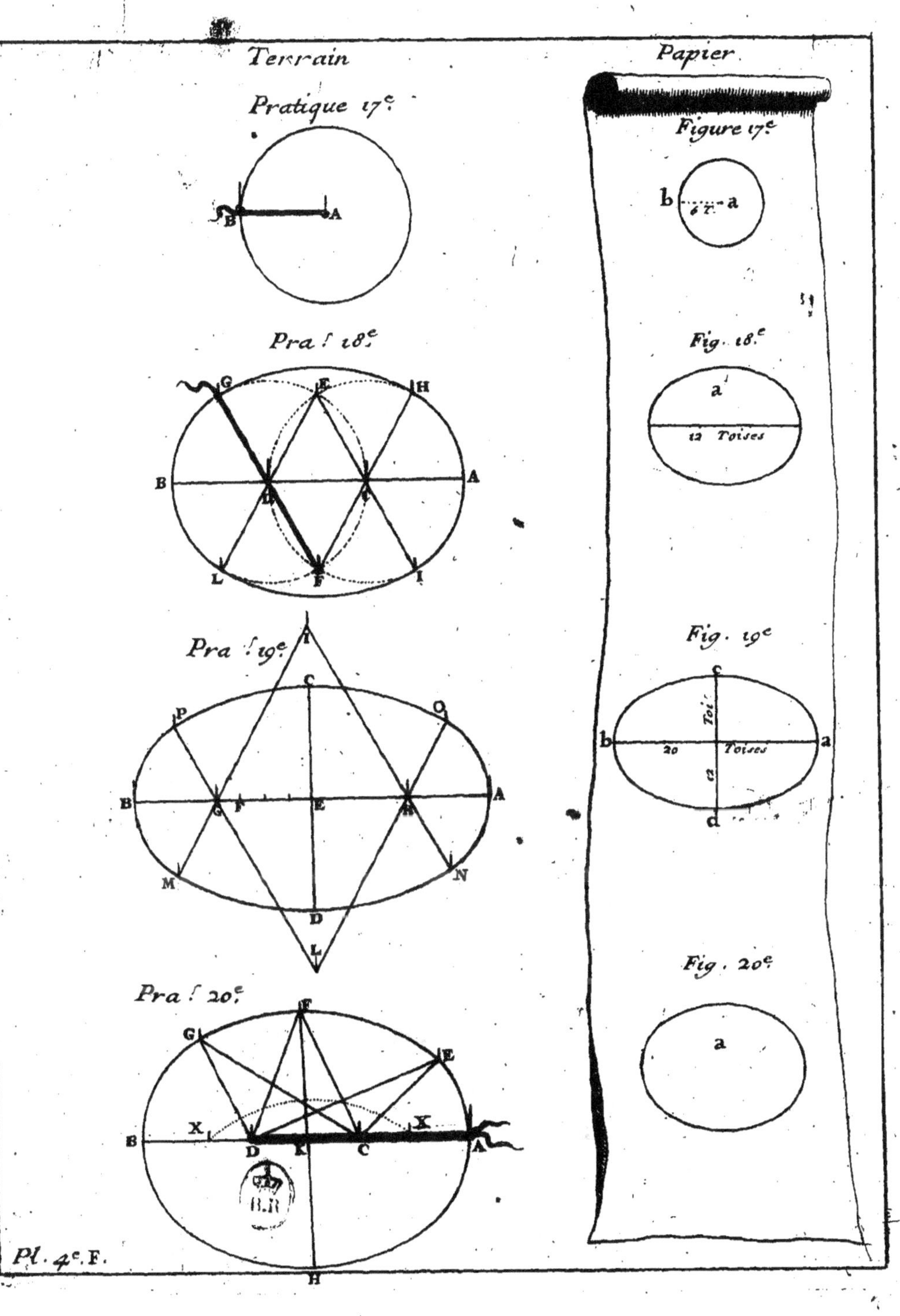
Terrain
Papier
Pratique 17.e
Figure 17.e
Pra.t 18.e
Fig. 18.e
12 Toises
Pra.t 19.e
Fig. 19.e
20 Toises
Pra.t 20.e
Fig. 20.e
Pl. 4.e F.

tre, & ſert à prendre les ouvertures d'angles. Ces deux regles ſont terminées par des pinules ou viſiéres élevées à angles droits, qui dirigenr & conduiſent le rayon viſuel. On remplit ordinairement le milieu de cet inſtrument, d'une bouſſole pour orienter les plans. Le demi-cercle eſt monté ſur un genou, par le moyen duquel on le tourne ſur tout ſens, y ayant une vis qui ſerre & deſſerre ce genou tant que l'on veut. On le poſe ſur le terrein, en fourrant dans les trois ouvertures au-deſſous du genou, appellées *douilles*, trois piquets ferrés par le bout d'en-bas, que l'on enfonce en terre.

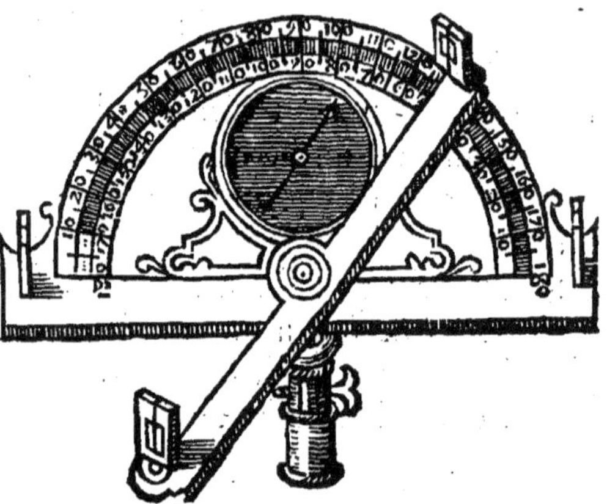

Les petits demi-cercles dont voici la figure, ſont montés ſur un genou, qui n'a qu'une douille, & par conſéquent où il ne faut qu'un ſeul piquet, que l'on poſe juſte ſur un point pris ſur le terrein. Pour les grands demi-cercles qui ont un pied triangulaire, comme il ſeroit difficile de les poſer juſte ſur un point déterminé, il y a un plomb qui pend par-deſſous, cela fait connoître quand l'inſtrument eſt préciſément ſur le point en queſtion.

L'équerre d'Arpenteur eſt un inſtrument dont on ſe ſert beaucoup dans le Jardinage & dans l'Arpentage; il différe extrêmement des équerres des Maçons & autres Ouvriers. C'eſt un cercle entier coupé en quatre parties égales, par deux traverſes ou regles immobiles tenant au cercle, qui forment la figure d'une croix, ainſi qu'on le voit dans la figure ci-jointe. Aux quatre extrêmités de ces traverſes il y a des pinules ou viſiéres, qui ſervent à ſe retourner d'équerre & à angles droits. Cet inſtrument eſt ordinairement de cuivre. Il eſt monté ſur une ſimple douille ſans genou, où l'on fourre un piquet, quand on veut s'en servir sur le terrein. Cette équerre est appellée simple, parce qu'il n'y a point de degrés divisés sur son cercle, & qu'elle n'a point d'alidade ou regle mobile. Cette raison fait qu'on ne peut prendre d'ouverture d'angle avec cette équerre, & qu'elle n'est propre sur le terrein, qu'à aligner de grandes lignes droites, & à former des angles droits. Ce défaut lui fait préférer le demi-cercle, qui est un instrument bien plus parfait; il est propre non seulement à lever & à tracer des plans, mais encore à plusieurs autres opérations de Géométrie.

On se sert encore sur le terrein, de la toise, du cordeau, de jalons & de piquets; ce qui est si nécessaire dans le Jardinage, qu'on peut dire que leur usage est journalier.

La toise est un bâton bien droit, & long de six pieds de roi, dont la division est marquée par de petits clous: un pied de roi est divisé en 12 pouces, le pouce en 12 lignes, & la ligne en 12 points. La toise regle la longueur & la largeur des allées, & sert à prendre les grandes mesures; comme le pied sert à prendre les petites.

On emploie encore une chaînette de trois ou quatre toises de long avec des piquets; elle est beaucoup plus sûre dans les grandes mesures, que la toise.

On regle ordinairement la longueur du cordeau, de 15. à 20. toises.

Le cordeau n'est autre chose qu'une petite corde ou ficelle, que l'on tortille autour d'un bâton, & que l'on défile selon la longueur nécessaire; l'on remarquera, que pour empêcher qu'il ne s'alonge, il faut le mettre en double & y faire des nœuds de quatre pieds en quatre pieds; on y fait aussi des boucles aux extrêmités, pour les passer dans les jalons, lorsqu'il est nécessaire de tracer un cercle, un ovale, une demi-lune, & autres figures.

Comme le cordeau est sujet à quelques inconvéniens, qui sont de s'alonger ou de se racourcir, selon qu'il est plus ou moins tiré, de diminuer de beaucoup quand il est mouillé, & de s'étendre quand il vient à sécher, on pourra se servir de fil de fer bien mince, de cordes faites d'écorces de tilleul, ou de branches de viorne liées ensemble, lesquelles ne sont point sujettes à s'alonger, ni à racourcir.

On dit, tendre ou bander le cordeau, quand après l'avoir attaché à deux jalons, vous le tirez tant que vous pouvez, en observant que le cordeau ne soit ni lâche, ni forcé; c'est-à-dire, qu'en pinçant la corde, elle touche également par tout, sans trouver de terre ou de butte, qui l'éleve, la force & la contraigne tant soit peu.

Les jalons & les piquets sont de simples bâtons, qu'on choisit toujours les plus droits qu'il se peut, pour faciliter l'alignement. On les éguise par un bout pour les ficher en terre, & l'on unit & plane l'autre par-dessus, ce qu'on appelle la tête du jalon.

Les jalons ne différent des piquets, qu'en ce qu'ils sont plus grands, & qu'ils doivent avoir cinq à six pieds de haut, au lieu que les piquets n'ont que deux pieds tout au plus.

Les termes de jaloner, aligner, mirer, bornoyer, sont sinonimes; c'est quand celui qui aligne, met l'œil sur la tête d'un jalon, pour dresser dessus tous les autres de la même ligne: cette opération s'appelle ligne de *mire*, ou rayon visuel.

Il arrive que quand on met l'œil si près du jalon, on ne peut pas si bien remarquer le défaut des autres, parce que le rayon visuel s'écarte toujours; il faut donc se placer à trois ou quatre pieds au-dessus du jalon, & en se baissant à sa hauteur & fermant un œil, mirer avec celui qui est ouvert, suivant la tête du premier jalon & de ceux qui seront posés dans le milieu & à l'autre extrêmité, tous les autres jalons, de sorte qu'ils se couvrent tous, & ne paroissent qu'un seul, y en eût-il trente sur le même alignement.

Il n'est pas nécessaire que les jalons soient enfoncés d'égale hauteur dans l'alignement qu'on fera, cela n'est essentiel que dans le nivellement: ainsi il importe peu qu'un jalon en excéde un autre d'un demi-pied, pourvû qu'ils se couvrent bien l'un l'autre.

On a encore besoin sur le terrein d'un instrument appellé traçoir, qui est un grand bâton droit & ferré par le bout d'enbas, dont la pointe est triangulaire ou applatie en langue de chat; c'est avec le traçoir qu'on forme & qu'on dessine toutes les figures des Jardins; en un mot, c'est le porte-crayon du Traceur sur le terrein.

Il faut, pour tracer, tendre un cordeau d'un jalon à un autre, & suivre ce cordeau avec le traçoir, sans cependant le forcer & le contraindre en aucune maniére. Dans les grands alignemens il eſt à propos de ficher ſur la trace de petits piquets, d'eſpace en eſpace, de crainte qu'elle ne s'efface, & auſſi pour la diſtinguer de loin.

Quand on trace, l'on doit enfoncer le traçoir un peu avant, pour rendre la trace plus large & plus creuſe ; l'on repaſſe pluſieurs fois le traçoir dans la même trace, quelquefois auſſi la main en travers; de peur que les vents & les pluies ne l'effacent.

On ne doit jamais relever les jalons, que la trace ne ſoit bien marquée ſur la terre, & l'on en doit toujours laiſſer deux au moins ſur chaque alignement, tant pour ſervir à planter les arbres, que pour reprendre de nouvelles meſures, s'il étoit néceſſaire dans la ſuite.

On appelle ſe retourner d'équerre (terme fort uſité dans la maniére de tracer) quand ſur une ligne droite tracée avec le demi-cercle, ou avec le cordeau, l'on y fait tomber une autre ligne d'aplomb, appellée perpendiculaire, qui forme un angle droit ou ligne d'équerre, que les Ouvriers nomment le trait quarré.

Il faut avoir la précaution en traçant, d'avoir un petit cordeau de trois ou quatre toiſes de long, pour prendre les petites meſures & faire les petites opérations ; comme auſſi d'avoir une grande * équerre de bois pour former les petits retours qui ſe rencontrent dans les deſſeins, où il eſt inutile de ſe ſervir du demi-cercle ou du cordeau pour ſe retourner d'équerre.

* Cette Equerre eſt la même dont ſe ſervent tous les Ouvriers.

Quand dans les pratiques ſuivantes vous lirez, *tracez cette ligne par la troiſiéme, par la cinquiéme Pratique, &c.* cela ſignifie, que c'eſt la même opération que l'on a déja faite dans la troiſiéme ou cinquiéme pratique ci-deſſus, où l'on aura recours pour éviter les rédites. On les a chiffrées exactement dans cette intention.

Il eſt à propos, avant que d'entrer dans les pratiques ſuivantes, de prévenir un Jardinier ſur les difficultés qu'il pourroit ſe former, ſoit au ſujet du deſſein qu'il croiroit indiſpenſablement néceſſaire pour ſçavoir tracer, ſoit par la grande peine qu'il ſe feroit, pour concevoir & mettre en uſage toutes les Figures ſuivantes.

On dira donc au ſujet de la premiére difficulté, pour tous

les Jardiniers & gens de la campagne en général, qu'il n'eſt pas néceſſaire qu'ils ſçachent deſſiner, mais ſeulement qu'ils doivent avoir l'intelligence d'un plan, de maniére qu'en le leur donnant tout deſſiné, ils ſçachent le rapporter fidélement ſur le terrein; ce qui ſe fait par le moyen d'une petite ligne double diviſée par toiſe, qu'on appelle l'Echelle du plan, & qui eſt toujours au bas du papier. Comme toutes les parties d'un deſſein ſont faites ſur cette échelle, & que pour les rapporter juſte ſur le terrein, c'eſt une regle infaillible de ſuivre exactement cette échelle; le Jardinier n'a qu'à l'examiner, & regarder en combien de toiſes elle eſt diviſée. Pour cet effet, il faut qu'il ait un compas, avec lequel il meſurera toutes les parties de ſon plan, une regle pour prolonger les lignes, & les centres qu'il faut trouver ſur le papier, & meſurant ces parties ſur la diviſion de ſon échelle, il ſçaura combien de toiſes elles ont en longueur & en largeur. Il aura beſoin encore d'un petit inſtrument, qu'on appelle un Rapporteur, tel que le repréſente cette Figure: c'eſt pour prendre les ouvertures d'angles. On applique le centre du rapporteur à l'extrêmité d'un des côtés de l'angle, & comptant la quantité de degrés, depuis ſa baſe juſqu'à l'endroit où l'autre côté de l'angle vient couper ſa circonférence, on les chiffrera ſur le papier, & on les rapportera fidélement ſur le terrein de pareille grandeur, en ouvrant le demi-cercle & poſant l'alidade ſur un pareil nombre de degrés, parce que le rapporteur eſt diviſé en autant de degrés, que le grand demi-cercle dont on ſe ſert pour tracer ſur le terrein.

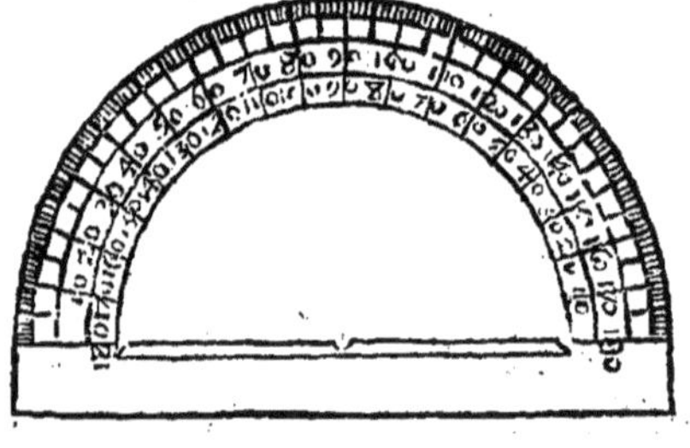

A l'égard de la ſeconde difficulté, qui eſt la grande peine qu'un Jardinier ſe formeroit par avance, pour concevoir les pratiques ſuivantes, on peut l'aſſurer, que s'il veut les lire ſans prévention, pour peu qu'il ait du jugement & qu'il s'y applique, il ne trouvera rien de difficile & hors de la portée d'un bon eſprit. On a tâché de réduire toutes ces pratiques de Géométrie à un petit nombre, & de les mettre dans un ordre naturel & aiſé. En un mot, on n'a eu d'autre application que de se faire entendre des gens de la campagne, & de leur rendre facile & palpable une chose qui d'elle-même paroît assez difficile.

Après ce petit avertissement, on peut passer aux Pratiques suivantes, qu'on suppose être dessinées sur des rouleaux de papier, appellés Plans, & l'espace à côté être le terrein sur lequel elles sont rapportées exactement & de pareille proportion, c'est-à-dire, réduites du petit au grand. Elles sont contenues dans les quatre Planches à la fin de ce Chapitre.

On jugera par ce Paralelle du papier avec le terrein, du rapport qu'il y a entr'eux. Ces Pratiques semblent renfermer tout ce qu'un Jardinier doit sçavoir de Géométrie, pour pouvoir tracer toutes sortes de figures sur le terrein, quelque difficiles qu'elles puissent être.

PARALELLE DU PAPIER avec le Terrein, en ce qui regarde la maniere de tracer, réduit à vingt Pratiques.

PREMIERE PRATIQUE.

Tracer une ligne droite sur le Terrein, avec le cordeau.

FIG. I. PLANCHE. I. Soit la ligne droite *a b*, que l'on suppose ici de douze toises, on mesurera exactement cette longueur sur le terrein de *A* en *B*, où l'on plantera deux jalons, puis tendant un cordeau de l'un à l'autre, l'on marquera avec le traçoir cette ligne sur le terrein, en suivant le cordeau sans le forcer.

REMARQUE.

Cette Pratique ne peut servir qu'à une distance d'environ 12 ou 15 toises, à cause de la difficulté de tracer une plus grande ligne le long d'un cordeau.

SECONDE PRATIQUE.

Tracer une ligne droite sur le Terrein, avec les piquets.

Supposant que la ligne qu'il faut tracer soit trouvée sur le plan, de 100 toises de long, comme la ligne *c d*, il faut planter ſur le terrein un jalon vers une des extrêmités de cette ligne, comme en *A*, & un autre à l'extrêmité *B*, diſtans de 100 toiſes l'un de l'autre, & en aligner un troiſiéme vers le milieu comme en *C*; enſuite diviſez la grande longueur de *A* en *B* en aſſez de parties, pour que chacune n'ait pas plus de 12 à 15 toiſes de long; & tendant un cordeau d'un jalon à l'autre, vous tracerez cette ligne en pluſieurs fois, *ſuivant la Pratique précédente*. Enſuite vous pourrez ôter les jalons qui ont ſervi à l'alignement, & mettre des piquets de diſtance en diſtance, pour retrouver la trace plus aiſément. FIG. II.

TROISIE'ME PRATIQUE.

Prolonger ſur le Terrein une ligne droite.

On ſuppoſe en cette Pratique que la ligne que l'on doit prolonger, eſt l'alignement d'un mur, ou d'un bâtiment comme *a b*. Il faut ſe mettre vers l'extrêmité oppoſée à celle que l'on doit prolonger, comme vers *A*, & faire planter au-delà de l'encoignure *B* un jalon comme en *C*, en telle ſorte que ce jalon ne s'écarte point de la ligne *A B*, vers *D*, ni vers *E*, & l'on tracera la ligne *B C par l'une des Pratiques précédentes*, ſelon la longueur de cette ligne. FIG. III.

QUATRIE'ME PRATIQUE.

Tracer avec le cordeau, une ligne droite qui ſoit d'équerre ou perpendiculaire à une autre ligne droite tracée.

Soit la ligne droite *C D* tracée ſur le terrein, & le piquet *E* planté au point, d'où la perpendiculaire doit être élevée: portez de part & d'autre du point *E*, environ ſix ou huit toiſes, plantez-y deux piquets comme *F* & *G*, puis paſſant les boucles des extrêmités du cordeau, dans les deux piquets *F* & *G*, on tirera la boucle du milieu du cordeau vers *H*, en ſorte que les deux côtés du cordeau *F H* & *G H* ſoient tendus également. On plantera un jalon en *H*, au-devant de la boucle, c'eſt-à-dire, dans l'angle que formeront ces deux lignes & tendant un autre cordeau de *E* en *H*, on tracera la ligne *H E* qui ſera perpendiculaire à la ligne *C D*, & ſemblable à celle du plan *a b*. FIG. IV.

PREMIERE REMARQUE.

Pour l'exécution de cette Pratique & des ſuivantes, il faut prendre un cordeau de 15 à 20 toiſes de long, faire une boucle à chacune de ſes extrêmités, puis le plier en deux, & tendant également les deux bouts, faire une troiſiéme boucle au milieu.

SECONDE REMARQUE.

Cette Pratique ſe peut faire en traçant des portions de cercle des deux piquets *F* & *G* diſtans également du point *E*, par le moyen d'un petit piquet attaché au bout du cordeau, ce qui formera des ſections en *H*, & dans l'endroit où elles ſe couperont, appellé interſection, on y plantera le jalon H, d'où l'on tracera juſqu'à celui *E*, la ligne perpendiculaire *H E*. Cette Pratique peut auſſi ſervir à toutes les ſuivantes.

Fig. IV.

CINQUIE'ME PRATIQUE.

Tracer avec l'inſtrument une ligne perpendiculaire à une ligne droite tracée.

Soit la ligne droite *A B* tracée ſur le terrein, & le piquet *C* planté au point, d'où la perpendiculaire doit être élevée, ainſi qu'elle eſt marquée ſur le plan, par *a b* : poſez le demi-cercle ſur ſon pied, bien aplomb au-deſſus du piquet *C*, alignez enſuite ſa baſe vers le piquet *A*, ou vers celui *B*, par le moyen des pinules qui ſont ſur cette baſe, & vous retournant d'équerre, mettez l'alidade ſur 90 degrés, & faites planter un piquet comme vers *D*, que vous alignerez par les pinules de cette alidade, à une diſtance proportionnée à la longueur que doit avoir cette perpendiculaire : vous tracerez enſuite cette ligne du piquet *D*, à celui *C* *par la premiére ou ſeconde Pratique*, cette ligne ſera perpendiculaire ou d'équerre à la ligne tracée *A B*.

Fig. V.

SIXIE'ME PRATIQUE.

Tracer avec le cordeau une ligne perpendiculaire à l'extrêmité d'une ligne droite tracée.

Ayant ſur le papier la ligne *a b* perpendiculaire à la ligne

b c,

b c, qu'il faut tracer sur le terrein : pour y parvenir, de l'extrêmité *A* de la ligne tracée *A B*, mesurez supposé dix toises, & plantez-y un piquet comme *C*, prenez un cordeau double d'environ dix à douze toises, passez les deux boucles des extrêmités dans les piquets *A* & *C*, tirez la boucle du milieu vers *E*, & plantez-y un piquet, retirez ensuite la boucle du piquet *A*, passez dedans un autre piquet, & tendant le bout de ce cordeau jusqu'à ce que vous soyez d'alignement avec les piquets *E* & *C*, comme au point *G*, plantez-y ce piquet, & tendez un autre cordeau du piquet *A* à celui *G*, la ligne *G A* sera perpendiculaire à la ligne *A B*. FIG. VI.

REMARQUE.

On peut élever cette perpendiculaire à l'extrêmité d'une ligne par le moyen du demi-cercle, en le posant aplomb au-dessus du piquet d'une des extrêmités, & alignant la base vers l'autre extrêmité, & l'alidade étant posée sur 90 degrés, l'on opérera comme *en la Pratique cinquième*.

SEPTIE'ME PRATIQUE.

Tracer avec le cordeau, une ligne paralelle à une ligne droite tracée.

Soient les deux lignes paralelles sur le plan, *a b*, & *c d* distantes l'une de l'autre de 12 toises, & la ligne droite *C D* tracée sur le terrein. Elevez à chacune de ses extrêmités *C* & *D* une perpendiculaire, *suivant la Pratique précédente*, portez sur chacune la longueur de 12 toises, comme ici de *C* en *E*, & de *D* en *F*, posez-y des piquets, & tracez du point *E* à celui *F* la ligne *E F*, elle sera paralelle à la ligne *C D*. FIG. VII. Planche II.

HUITIE'ME PRATIQUE.

Tracer avec le demi-cercle, une ligne paralelle à une ligne droite tracée.

Soient (comme en la précédente Pratique) les deux lignes paralelles sur le plan, *a b* & *c d*, supposées distantes l'une de l'autre de 50 toises, & que la ligne *A B* soit tracée sur le terrein, à laquelle doit être tirée une paralelle à la même distan- FIG. VIII.

ce de 50 toises. Du point *C* pris à volonté sur la ligne *A B*, élevez avec l'instrument une grande perpendiculaire, (*Pratique cinquiéme*) transportez ensuite l'instrument au point *D* éloigné du point *C*, de la distance de 50 toises, dirigez la base vers le piquet *C*, & l'alidade étant sur 90 degrés, alignez par ses pinules, un piquet vers *E* & un vers *F*, & tracez la ligne *E F*, *par la première ou seconde Pratique*, selon la longueur que cette ligne contiendra sur le plan.

REMARQUE.

Quand on aura plusieurs lignes à tracer, paralelles à une même, il ne faudra que porter les distances des unes aux autres, soit selon *la Pratique septiéme*, en élevant des perpendiculaires aux extrêmités, ou suivant celle-ci, en se retournant d'équerre avec le demi-cercle, à chacun des points mesurés sur la grande perpendiculaire du milieu.

NEUVIE'ME PRATIQUE.

Tracer avec le cordeau, un angle égal à un angle marqué sur le papier.

Mesurez sur le plan une longueur à volonté, comme ici de huit toises. Faites avec le compas, du point de l'angle *a*, un arc tel que *b c* qui joigne les deux côtés de cet angle, & me-
FIG. IX. surez la distance des deux points *b* & *c*, supposée de 4 toises, qui est ce qu'on appelle la corde de l'arc *b c*. Mesurez ensuite sur une ligne tracée sur le terrein, 8 toises., comme de *A* en *B*, & prenant un cordeau de 4 toises, dont la boucle sera passée dans le piquet *A*, & un de 8 toises, dont la boucle sera pareillement passée dans le piquet *B*, on les joindra ensemble au point *C*, où l'on plantera un piquet; après quoi l'on tracera la ligne *C B* qui formera avec la ligne tracée *A B*, l'angle *A B C* égal à celui du plan.

DIXIE'ME PRATIQUE.

Tracer avec l'instrument, un angle égal à un angle marqué sur le plan.

Mesurez avec le rapporteur l'angle marqué sur le plan, en

plaçant ſon centre ſur le point *a* & ſa baſe le long de la ligne *a b*, comptez combien il ſe trouve de degrés depuis *c* juſqu'à *d* comme 30 degrés, retenez ce nombre pour le rapporter fidélement ſur le terrein, en ſuppoſant la ligne *A B* tracée, & le point *B* celui d'où doit être tracé l'angle égal à celui du plan. Poſez le centre du demi-cercle bien aplomb au-deſſus du point *B*, alignez ſa baſe ſur le piquet *A*, & poſez l'alidade au point *C*, ſur le même degré que vous avez trouvé ſur le papier avec le rapporteur; par les pinules de l'alidade vous ferez planter un piquet vers *D*, & tracerez la ligne *B D par celle des deux premiéres Pratiques*, la plus convenable à la diſtance qui ſe trouvera de *B* en *D*. FIG. X.

ONZIE'ME PRATIQUE.

Tracer avec le cordeau, un triangle égal à un triangle marqué ſur le plan.

Soit ſuppoſé le triangle *a b c*; meſurez chacun de ſes côtés, & les chiffres ſur le plan, tracez enſuite la baſe *A B* trouvée, par exemple, de 10 toiſes; prenez, ſuivant la meſure des deux autres côtés, un cordeau de 12 toiſes de long, paſſez-en la boucle dans le piquet *A*, & un de 9 toiſes, dont vous paſſerez la boucle dans le piquet *B*, & joignant leurs extrêmités comme en *C*, plantez-y un piquet, tracez enſuite les deux lignes *A C* & *B C*, & le triangle *A B C* ſera ſemblable à celui du plan. FIG. XI.

PREMIERE REMARQUE.

Si le triangle avoit les trois côtés égaux, que l'on nomme Equilatéral, il faudroit ſeulement prendre deux cordeaux, dont la longueur fût égale à celle de la baſe, aux extrêmités de laquelle il y auroit deux piquets dans leſquels on en paſſeroit les boucles, & joignant par le haut les deux bouts de ces cordeaux enſemble, l'on planteroit un piquet où ils ſe croiſeroient, & l'on traceroit enſuite ces deux lignes.

SECONDE REMARQUE.

Si le triangle ſe trouvoit tellement grand, qu'on ne pût le tracer avec le cordeau, il faudroit meſurer un des angles, comme celui *a* avec le rapporteur, ſuppoſé de 50 degrés & le côté *a b* de 100 toiſes, & *a c* de 120 toiſes. Après avoir tracé ſur le terrein la ligne *A B* de 100 toiſes, *par la ſeconde Pratique*, placez le demi-cercle au point *A*, en alignant ſa baſe ſur le point *B*, & mettant l'alidade ſur 50 degrés, vous alignerez par les pinules, des jalons, & vous meſurerez 120 toiſes du piquet *A*: vous planterez à cette diſtance le jalon *C*, duquel vers celui *B*, vous tracerez la ligne *C B*, qui formera avec les lignes *A C* & *A B* le triangle propoſé.

Fig. XI.

DOUZIE'ME PRATIQUE.

Tracer un quarré long appellé Parallélogramme Rectangle.

Après avoir meſuré la longueur *a b*, & la largeur *b c* du quarré long décrit ſur le papier, & les avoir cotté comme de 15 & de 8 toiſes, il faut tracer la ligne *A B* de 15 toiſes, & élever à une de ſes extrêmités comme *A*, une ligne perpendiculaire de 8 toiſes de long, comme de *A* en *C*, *par la ſixiéme Pratique*. Attachez enſuite un cordeau de 15 toiſes de long au piquet *C*, & un de 8 toiſes au piquet *B*, croiſez-les par les extrêmités en *D*, où vous mettrez un piquet, & tracez les lignes *B D* & *C D*, elles formeront avec *A B* & *A C* le quarré long *A B C D*.

Fig. XII. Planc. III.

Premiere Remarque.

Si le quarré long ſe trouve de beaucoup plus grand que celui-ci, l'on élevera avec l'inſtrument, deux perpendiculaires aux extrêmités de la ligne *A B*, *ſuivant la remarque de la ſixiéme Pratique*, & l'on fera chacune de ces deux perpendiculaires, égale à la largeur du quarré long.

Seconde Remarque.

Pour tracer un quarré parfait, la Pratique eſt la même que la précédente, à l'exception qu'il faut que les deux perpendiculaires ſoient tracées auſſi longues que la baſe du quarré.

TREIZIE'ME PRATIQUE.

Tracer avec le cordeau, une figure irréguliére de quatre côtés.

Suppoſé la figure irréguliére *a b c d*, du point *a* & de l'intervalle, *a c*, décrivez avec le compas un arc comme *c e*, & du point *b* & de l'intervalle *b d*, faites un autre arç comme *d f*; mesurez les longueurs de *a b*, supposé de 25 toises, *a c* de 9, *b d* de 11 toises, & les cordes des arcs ou distances de *c e* de 10 toises, & *f d* de 14 toises. Tracez sur le terrein la ligne ou base *A B* de 25 toises de long, portez de *A* en *E* 9 toises, & de *B* en *F* 11 toises: plantez deux piquets aux points *E* & *F*, puis prenant un cordeau de 9 toises attaché au piquet *A*, & un de 10 toises attaché au piquet *E*, on les croisera par leurs extrêmitez au point *C*, où l'on plantera un autre piquet: on fera une semblable opération de l'autre côté, comme au piquet *B*, où l'on attachera un cordeau de 11 toises, & un de 14 au piquet *F*, qu'on fera croiser pareillement par leurs extrêmités au point *D*, & traçant les lignes *A C*, *C D* & *D B*, elles formeront avec la base *A B* le quadrilatere proposé. FIG. XIII.

QUATORZIE'ME PRATIQUE.

Tracer avec l'instrument, une figure irréguliére de quatre côtés.

Nous supposons que la figure quadrilatere *a b c d* est considérablement plus grande que la précédente, comme sa base *a b* longue de 100 toises, le côté *a c* de 20 toises, & celui *b d* de 30. Mesurez avec le rapporteur, les deux ouvertures d'angle qui sont sur la base *a b*; supposez ici l'angle *a* de 60 degrés, & celui *b* de 100, chiffrez exactement toutes ces mesures sur le plan, & tracez sur le terrein la ligne ou base *A B* de 100 toises de long, *par la seconde Pratique*, placez ensuite le demi-cercle au piquet *A*, faites-y un angle de 60 degrés, c'est-à-dire, égal à l'angle *b a c* du papier, *par la dixiéme Pratique*, donnez à son côté *A C* 20 toises selon le plan, plantez-y le piquet *C*: faites de même au piquet *B* un angle de 100 degrés; donnez à son côté *B D* 30 toises, plantez un piquet en *D*, d'où vous tracerez jusqu'au piquet *C*, la ligne *D C*, & elle formera avec les lignes *C A*, *D B*, & la base *A B*, une figure quadrilatere irréguliére, & semblable à celle du plan. FIG. XIV.

REMARQUE.

Toutes figures de plusieurs côtés, telles qu'elles soient réguliéres ou irréguliéres, ſont appellées Polygones. Elles prennent leur nom du nombre de leurs côtés, depuis le quarré juſqu'à la figure de douze côtés, après laquelle les polygones n'ont plus de nom particulier.

Le Polygone de	5	côtés s'appelle	Pentagone.
celui de	6	. . . . . .	Exagone.
de	7	. . . . . .	Eptagone.
de	8	. . . . . .	Octogone.
de	9	. . . . . .	Ennéagone.
de	10	. . . . . .	Décagone.
de	11	. . . . . .	Endécagone.
& de	12	. . . . . .	Dodécagone.

QUINZIE'ME PRATIQUE.

Tracer avec le cordeau, un Polygone tel qu'il ſoit.

Soit le polygone régulier *a* de cinq côtés appellé Pentagone; tirez de ſon extrêmité ou angle ſupérieur *a*, deux lignes aux extrêmités *b* & *c* de ſa baſe, qui formeront le triangle *a b c*. Meſurez une de ces deux lignes ſeulement, la chiffrez ſur le plan, l'autre lui étant égale, tracez enſuite ſur le terrein le triangle *C D E* ſemblable à celui *a b c* du papier, *par la onzième Pratique*. Prenez deux cordeaux égaux à la
Fig. XV. baſe *D E*, paſſez-en les boucles dans les piquets *C* & *D*, & les faites croiſer, ils vous donneront le point *G*. Tranſportez ces deux cordeaux aux piquets *C* & *E*, & les faites pareillement croiſer, ils vous donneront le point *F*, où vous planterez un piquet auſſi-bien qu'en *G*. Tracez les lignes *D G*, *G C*, *C F* & *F E*, elles vous formeront avec la baſe *D E*, un pentagone régulier ſemblable à celui *a* du plan.

REMARQUE.

Pour tracer tel autre polygone que ce ſoit, il faudra le réduire en triangle comme en la figure précédente, & rapporter enſuite ſur le terrein chacun de ces triangles l'un après l'autre, dans le même ordre qu'ils ſont ſur le papier; ce qui ſe doit entendre auſſi-bien pour les polygones irréguliers, que pour les réguliers, la différence étant que dans les polygones réguliers, les triangles ſont égaux, & que dans les irréguliers ils ſont inégaux.

SEIZIE'ME PRATIQUE.

Tracer avec l'inſtrument tel Polygone que ce ſoit.

OBSERVATION.

Cette Pratique peut ſe faire de deux différentes maniéres : il peut arriver que la baſe du polygone ſoit tracée ſur le terrein, ou que l'on ait un point fixé où ſon centre doit être placé.

PREMIERE OPERATION.

Soit la ligne *B C* tracée, égale à un des côtés de l'octogone *a*, ſuppoſé de 15 toiſes quatre pieds ; meſurez ſur le papier avec le rapporteur, un des angles formé par la rencontre de deux des côtés de l'octogone, comme *c b* & *b i*, c'eſt ce qu'on appelle l'angle du polygone ; placez ſur le terrein le demi cercle au point *B*, où vous ferez un angle égal à celui de l'octogone, qui eſt de 135 degrés, ſuivant la table ci-deſſous ; donnez à ſon côté *B I*, 15 toiſes quatre pieds, qui eſt la longueur de la baſe *b c* du plan ; faites la même opération aux points *I H G F E D C*, où vous mettrez des piquets, & tracez les côtés de ce polygone d'un piquet à l'autre, ce qui le rendra régulier & ſemblable à celui *a* du papier. FIG. XVI.

SECONDE OPERATION.

Si l'on a ſeulement le centre de l'octogone déterminé ſur le terrein, comme le piquet *A*, il faudra tirer ſur le plan des lignes du centre *a* à tous les angles du polygone ; prenez la longueur d'une de ces lignes appellées rayons comme *a i*, les autres lui étant égales, & toutes ſuppoſées de 20 toiſes ; enſuite meſurez ſur le plan avec le rapporteur, l'angle formé par la rencontre de deux de ces lignes ou rayons, au centre *a*, comme *a b* & *a c*, qui eſt de 45 degrés ſuivant la table, & eſt appellé l'angle du centre. Poſez ſur le terrein le demi-cercle au centre ou piquet *A*, & marquez de ſuite huit angles de 45 degrés, *par la dixième Pratique* ; ſur chaque ligne de ces angles meſurez depuis le piquet *A* 20 toiſes, & plantez-y des piquets. Tracez enſuite des lignes d'un piquet à l'autre, elles formeront un octogone régulier ſemblable à celui du plan. FIG. XVI.

PREMIÈRE REMARQUE.

Comme il arrive quelquefois qu'on ſe trouve embarraſſé

en traçant un octogone, parce qu'une de ses pointes se présente devant une allée, au lieu d'une de ses faces, voici ce qu'on doit faire pour le redresser.

Fig. XVI. On suppose d'abord la ligne milieu *K L* tracée sur le terrein, & le centre *A* déterminé, d'où au lieu d'ouvrir l'instrument de 45 degrés, qui est l'angle du centre de l'octogone, on ne l'ouvrira que de la moitié 22 degrés & demi, & l'on arrêtera par un piquet, le rayon *A B* d'une longueur convenable à la grandeur qu'on voudra donner au polygone; l'on reportera ensuite de l'autre côté, la distance du piquet *B* à la ligne milieu *K L*, en se retournant d'équerre, ce qui déterminera le piquet *C* & toute la face du polygone que l'on achevera par l'une des deux opérations précédentes.

On peut redresser de cette maniére tous les polygones réguliers, dont le nombre des côtés est pair, en prenant le demi-angle de leur centre.

SECONDE REMARQUE.

Pour rendre cette seiziéme Pratique commune à tous les polygones réguliers, même pour le triangle & le quarré, jusqu'à la figure de douze côtés ou dodécagone, l'on aura recours à la table suivante, où sont compris les angles du polygone & ceux du centre, & il suffira de mesurer ou l'un des côtés du polygone, ou la ligne tirée de son centre à l'un de ses angles, c'est-à-dire, le rayon.

Noms des Polygones.	*Nombre des degrés de l'angle du Polygone.*	*Nombre des degrés de l'angle du centre.*
Triangle	60	120.
Quarré	90	90.
Pentagone	108	72.
Exagone	120	60.
Eptagone	128 $\frac{4}{7}$	51. $\frac{3}{7}$
Octogone	135	45.
Ennéagone	140	40.
Décagone	144	36.
Endécagone	147 $\frac{3}{11}$	32. $\frac{8}{11}$
Dodécagone	150	30.

TROISIE'ME

TROISIE'ME REMARQUE.

A l'égard des polygones irréguliers, on pourra se servir des moyens enseignés dans cette Pratique, soit en les divisant en triangles, d'un point ou centre pris à volonté au-dedans d'iceux, dont on mesurera avec le rapporteur tous les angles & tous les rayons tirés aux angles du polygone, ausquels on donnera sur le terrein les mêmes ouvertures & longueurs trouvées sur le plan, ou bien en mesurant chaque angle du polygone avec le rapporteur, & ensuite ses côtés, comme on vient de le dire ci-dessus.

DIX-SEPTIE'ME PRATIQUE.

Tracer un cercle sur le terrein.

Supposant que le piquet *A* soit le centre du cercle que l'on veut tracer; mesurez sur le plan la distance du centre *a* à la circonférence, comme depuis *a* jusqu'à *b*, supposée de 6 toises, qui est le demi diamétre ou rayon; passez la boucle d'un cordeau de 6 toises de long au piquet *A*, & mettez la pointe du traçoir dans une boucle qui doit être faite à l'autre extrêmité *B*. Promenez le cordeau & le traçoir tout autour du centre *A*, jusqu'à ce que vous rejoigniez l'endroit d'où vous êtes parti comme *B*: par ce moyen vous tracerez entiérement votre cercle, en observant que le cordeau soit toujours également tendu, sans que rien ne l'arrête, & tenant toujours le traçoir dans une même disposition sans écarter sa pointe; outre cela faites tenir le piquet *A* du centre, par un homme qui l'entretienne dans son aplomb, de crainte qu'en bandant trop le cordeau, on ne le fasse obéir, ce qui rendroit le cercle plus grand que celui du plan.

FIG. XVII. PLANCH. IV.

PREMIERE REMARQUE.

Il est aisé de comprendre que l'application de cette Pratique peut se faire, pour tracer des demi ou quarts de cercle, & généralement telle portion circulaire que ce soit.

SECONDE REMARQUE.

Si l'on vouloit former un cercle sur le terrein sans avoir de centre déterminé, dans le cercle *A* ſuppoſé, vous tirerez à volonté avec le cordeau une ligne qui le traverſe, & que vous partagerez également en deux, & de ce point *A* vous éleverez une perpendiculaire *par la quatriéme Pratique*. Meſurez enſuite la moitié de cette perpendiculaire qui devient diamétre du cercle. Le point qui marquera cette moitié comme *A*, ſera le centre requis.

DIX-HUITIE'ME PRATIQUE.

Tracer un ovale ſur le terrein.

Soit l'ovale *a* ſur le papier, dont le grand axe ou diamétre ſeulement eſt déterminé de 12 toiſes; tracez ſur le terrein la ligne *A B* de 12 toiſes de long, & la partagez en trois parties égales, où vous planterez des piquets comme aux points *C* & *D*. Prenez un cordeau de la longueur de *D B* ou de *C A*, avec lequel vous tracerez légérement deux cercles, dont les centres ſeront aux piquets *C* & *D*, leſquels cercles ſe croiſeront aux points *E* & *F*, où vous planterez deux piquets, & les points *C D E F* ſeront les quatre centres de l'ovale. Attachez un cordeau au piquet *F*, qui raſe & effleure celui *D*, alignez-le ſur les piquets *F* & *D*, & l'étendez juſqu'à ce qu'il coupe la circonférence d'un des deux cercles, en un point où vous planterez un piquet comme en *G*; faites la même opération de l'autre côté, pour planter le piquet *H* ſur la circonférence, & du centre *F* ſans changer le cordeau, tracez l'arc *G H*, juſqu'à ce que vous rencontriez les piquets *G* & *H*. Changez le cordeau & le rapportez au piquet *E*, où vous pratiquerez la même choſe, pour planter les piquets *L* & *I*, & tracer l'arc *I L*: & joignant ces deux traces aux deux portions circulaires des extrêmités *A* & *B*, vous effacerez le reſte de ces cercles marqués par des points, qui ſe trouvent au dedans de l'ovale, qui demeurera ſeul apparent.

Fig. XVIII.

DIX-NEUVIE'ME PRATIQUE.

Tracer un ovale, dont les deux diamétres ſoient déterminés ſur le papier.

Soit l'ovale *a b c d*, dont le grand axe ou diamétre eſt de 20 toises, & le petit de 12, chiffrés sur le papier. Tracez sur le terrein la ligne *A B* de 20 toises de long, que vous terminerez par des piquets; divisez-la en deux parties égales comme au point *E*, sur lequel vous éleverez la perpendiculaire *CD* de 12 toises de long, *par la quatriéme Pratique*, en portant 6 toises de chaque côté du point *E*; prenez ensuite une des moitiés *E C* de cette perpendiculaire avec un cordeau que vous tendrez sur le grand diamétre *A B*, en commençant à l'une de ses extrêmités, comme depuis le point *B* vers *F*; divisez l'espace qui reste depuis *F* jusqu'au point milieu *E*, en trois parties égales; reportez sur la même ligne une de ces parties, au-delà du point *F*, comme en *G*. Prenez la distance qu'il y a depuis le point *G*, jusqu'au point milieu *E*, & portez-la de l'autre côté comme depuis le point *E* jusqu'à celui *H*, plantez-y des piquets que vous alignerez sur ceux des extrêmités *A* & *B*, & de ces deux piquets *G* & *H*, tracez les deux triangles équilatéraux *H I G* & *H L G*, *suivant la premiére remarque de la onziéme Pratique*. Prolongez ensuite les côtés de ces triangles, par des lignes indéterminées, que vous tracerez légérement comme *I H N* & *I G M*, &c. les quatre points *G H I L* seront les centres, d'où vous tracerez l'ovale de cette maniére. Passez la boucle du cordeau dans le piquet *G*, étendez-le jusqu'au piquet de l'extrêmité *B*, & tracez une portion circulaire jusqu'aux lignes indéterminées *M* & *P*, qui arrêteront la trace. Reportez ensuite ce cordeau de la même longueur à l'autre côté opposé, & passez-en la boucle dans le piquet *H*, d'où vous tracerez une autre portion circulaire, avec la même observation d'arrêter la trace à la rencontre des lignes indéterminées *N* & *O*. Fichez de petits piquets dans la section de ces lignes, comme aux quatre points *M P N O*. Prenez ensuite un cordeau plus long, passez-en la boucle dans le piquet *I*, ajustez-le de longueur au point *D*, & tracez l'arc *N D M*, jusqu'à ce que vous trouviez les piquets & la trace des portions circulaires, où le traçoir doit rentrer juste. Achevez de tracer la circonférence de l'ovale, en reportant de l'autre côté la boucle du cordeau, & la passant dans le piquet *L*, d'où vous décrirez pareillement l'arc *O C P*: ces deux arcs qui se joindront aux deux portions circulaires, fermeront entiérement l'ovale, ensuite l'on

FIG. XIX.

effacera les lignes qui n'ont fervi qu'à la conftruction, afin qu'il ne refte que la feule trace de l'ovale, qui fe trouvera proportionné & femblable à celui du plan, qu'on fuppofe avoir été tracé par la même Pratique, dont on fe fert ordinairement fur le papier.

PREMIERE REMARQUE.

Quand on a deux ovales à tracer l'un dans l'autre, comme pourroit être une allée ovale autour d'un baffin de même figure, après avoir tracé le premier ovale du baffin, *fuivant la Pratique précédente*, l'on n'aura qu'à alonger les lignes des fections, de la largeur qu'on veut donner à l'allée, & des mêmes centres tracer le fecond ovale, qui doit être paralelle au premier.

SECONDE REMARQUE.

Dans les places biaifes, obfervez que la ligne du petit diamétre foit bien perpendiculaire à la ligne du grand, autrement l'opération feroit fauffe. Pour peu que la piéce foit grande, le biais fe perd, & devient imperceptible.

VINGTIEME ET DERNIERE PRATIQUE.

*Tracer fur le terrein un ovale appellé communément l'*Ovale du Jardinier.

Si l'on veut tracer un ovale à volonté, fans avoir aucun plan, ou que l'on en ait un fur le papier, tel que l'ovale *a* dont les diamétres ne foient point déterminés par des chiffres; tracez fur le terrein la ligne *A B*, que vous terminerez par des piquets, & prenez-y une longueur à volonté environ du tiers, comme depuis *A* jufqu'à *C*. Reportez cette même longueur depuis l'extrêmité *B* jufqu'en *D*, & plantez deux piquets fixes & ftables à ces deux points *C* & *D*, qui feront les deux centres de l'ovale. Prenez un cordeau fans boucles, tournez-le autour du piquet *D*, & l'étendez en double jufqu'à
FIG. XX. l'extrêmité *A*, où vous joindrez les deux bouts par une boucle, dans laquelle vous pafferez le traçoir. Promenez & faites aller ce traçoir d'*A* en *E*, d'*E* en *F*, d'*F* en *G*, &c. en prenant garde que le cordeau foit toujours bien tendu égale-

ment, & qu'il glisse & tourne librement à l'entour des deux piquets *C* & *D* que vous ferez tenir par deux hommes, pour qu'ils soient toujours bien droits. Continuez à faire marcher le cordeau & le traçoir, jusqu'à ce que vous rejoigniez le piquet *A* d'où vous étiez parti; & par les différens triangles que le cordeau formera successivement, en s'alongeant ou en se racourcissant, il tracera l'ovale sans être changé, suivant la plus ordinaire méthode des Jardiniers, ce qui lui a fait donner ce nom.

REMARQUE.

Si l'on vouloit faire passer l'ovale du Jardinier par quatre points donnés sur le terrein, il ne s'agit que de trouver les deux centres: on suppose que ces quatre points sont les extrêmités des deux diamétres *A B*, *F H*, il faut avec le cordeau prendre la longueur *B K*, ou *A K* moitié du grand diamétre, & la porter à l'extrêmité *F* ou *H* du petit diamétre, & de-là comme centres décrire avec le traçoir des arcs de cercle coupans des deux côtés la ligne *A B* aux points *X* & *X*, où vous mettrez deux piquets qui seront les deux centres ou foyers d'où l'on tracera l'ovale, *suivant la Pratique précédente.* FIG. XX.

On ne donne point ici de démonstration de toutes ces Pratiques; elles sont assez connues des personnes un peu versées dans la Géométrie: à l'égard des Curieux & des Jardiniers qui s'en serviront, ils doivent être persuadés qu'elles sont certaines & fondées sur de bons principes.

CHAPITRE II.

DE LA MANIERE DE LEVER le Plan d'une petite Place irréguliére, de dreſſer un Terrein, de fouiller & tranſporter les terres, & d'en toiſer l'eſcavation.

QUAND on aura fait choix d'un terrein, qu'on en aura déterminé l'étendue pour l'enclorre de murs, on en levera le plan. Sans entrer ici dans la maniére ordinaire de lever des plans, on donnera ſimplement la pratique de prendre l'étendue d'un petit terrein irrégulier entouré de murs, ou d'un emplacement d'environ un arpent en pleine campagne.

Dans cette petite place irréguliére on peut avoir deux objets : 1°. De lever le plan de cette place pour en avoir ſur le papier une figure toute ſemblable avec les biais qui pourront s'y rencontrer. 2°. D'avoir le toiſé ou contenu de ladite place.

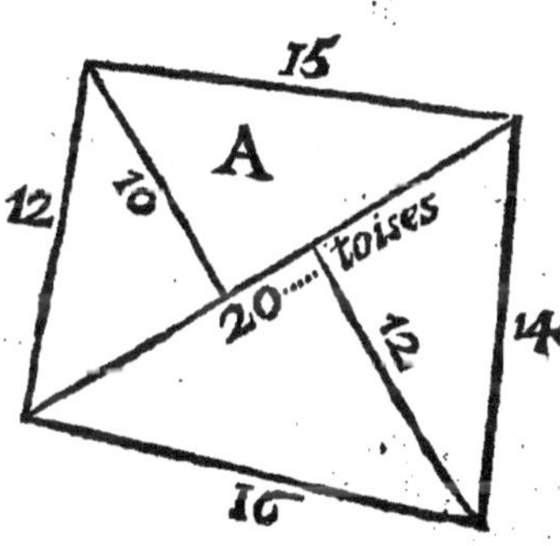

10	12	100
10	10	120
100	120	220

Dans le premier cas, ſans prendre les ouvertures d'angles avec le demi-cercle, partagez la figure *A* qui eſt un trapézoide en deux par une diagonale d'un bout de la place à l'autre, c'eſt-à-dire, d'un angle à l'autre, en vous alignant par des jalons pour aller plus droit. Meſurez cette diagonale exactement, on la ſuppoſe ici de 20 toiſes : meſurez de même les quatre côtés en ſuivant les murs que l'on ſuppoſe droits, l'un de 12 toiſes, les autres de 14, 15 & 16 toiſes. En rapportant toutes ces meſures ſur le papier ſuivant une échelle, il eſt très-sûr que vous aurez une figure ſemblable, & qui aura autant de biais qu'il s'en trouve ſur le terrein.

Dans le ſecond cas, ſi vous voulez ſçavoir le contenu ou

la ſuperficie de ce trapézoide, comme la diagonale le partage en deux triangles, élevez des perpendiculaires de chaque ſommet tombant ſur la baſe, & multipliez la premiére perpendiculaire qui eſt chiffrée 10 par la (*a*) moitié de la diagonale qui eſt 10, ce qui donne 100. Multipliez enſuite l'autre perpendiculaire qui eſt marquée 12 par la même moitié de la diagonale qui eſt 10, ce qui donne 120, additionnez ces deux ſommes, & elles vous donneront 220 toiſes quarrées pour la ſuperficie totale de cette place.

Si cette place avoit cinq côtés irréguliers, ce qui forme un polygone irrégulier, tel que la figure *B*, au lieu de la partager par une ſeule diagonale, vous en pratiquerez deux que vous meſurerez ainſi que tous les côtés des murs; vous en ferez autant ſur le papier ſuivant l'échelle, & vous aurez un polygone irrégulier ſemblable & avec tous les biais qui ſe trouvent ſur le terrein.

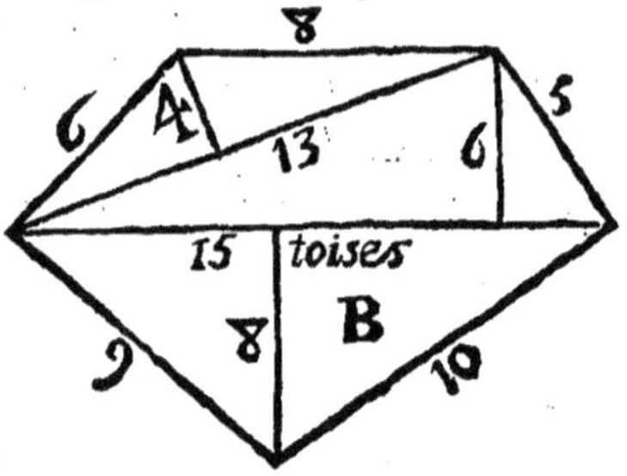

13	15	15	26
2	3	4	45
26	45	60	60
			131

Pour en avoir la ſuperficie, faites tomber des perpendiculaires des ſommets des angles ſur chaque diagonale ou baſe & meſurez les trois triangles ſéparément, en n'en prenant toujours que la moitié, & vous joindrez leurs ſommes en une qui vous donnera pour la ſuperficie totale 131 toiſes quarrées.

Lorſque les piéces ont beaucoup de côtés, on les ſépare en trapezes & en triangles, ce qui regarde l'Arpentage & ſort entiérement de notre ſujet. Le plan étant levé, on dreſſera la place, & on la mettra le plus de niveau qu'il ſera poſſible. Comme les terreins ſur leſquels on ſe propoſe de travailler, ſe trouvent preſque toujours inégaux & irréguliers dans leur ſuperficie, on eſt indiſpenſablement obligé, ou de les dreſſer ſuivant leur pente naturelle, ou de les mettre parfaitement de niveau.

On appelle dreſſer un terrein ſur ſa pente naturelle, lorſqu'en ſuivant la ſituation du lieu, ſans enlever de terre, ni en

(*a*) Si l'on meſuroit la diagonale entiére, il ne faudroit prendre que la moitié du calcul, c'eſt ainſi que l'on toiſe les triangles qui ſans cette diminution ſeroient égaux à des figures quadrilateres.

rapporter considérablement, on ne fait qu'en remplir les cavités, & en arraser les buttes, en sorte que le terrein se trouve égalé & dressé par tout suivant sa pente.

Les Jardins secs & pierreux demandent très-peu de pente, afin de profiter de toute l'eau du ciel & des neiges fondues; mais dans les terreins humides, un peu plus de pente sert à les égoutter, & même dans les terres noyées, on fait des saignées & des canaux tout autour, pour les dessécher, & par-là les rendre fécondes.

On appelle mettre un terrein parfaitement de niveau, lorsque par le moyen d'un instrument appellé Niveau, on le dresse avec tant de précision, qu'il ne reste aucune pente dans toute son étendue.

Il se trouve rarement des terreins qu'on puisse mettre parfaitement de niveau: outre leur situation ordinaire qui est toujours inégale & un peu en pente, la dépense qu'on seroit obligé de faire pour enlever les parties trop élevées d'un lieu pour les transporter dans les basses, empêche qu'on ne recherche cette perfection de niveau. L'on aime mieux les dresser suivant leur pente naturelle, qu'on rend douce & imperceptible; ce qui est d'autant plus utile qu'elle sert d'écoulement aux ravines & aux eaux de pluie. Cependant comme l'on est obligé quelquefois de mettre certaines parties d'un Jardin bien de niveau, comme les allées autour d'une piéce d'eau ou d'un mail, on en donnera ici la Pratique.

On se sert de plusieurs instrumens pour niveler sur le terrein, on n'en proposera ici que deux, le Niveau d'eau & le Niveau ordinaire.

Le niveau d'eau est le meilleur des deux, aussi s'en sert-on pour prendre les hauteurs & les pentes considérables, surtout par rapport aux eaux que l'on veut conduire dans un Jardin. Nous n'en parlerons point ici; l'on réserve à en démontrer l'usage dans la Quatriéme Partie de cet Ouvrage, qui traite des fontaines & de la conduite des eaux.

Le niveau ordinaire ou commun, quoiqu'inférieur & moins juste que l'autre, ne laisse pas cependant de l'être assez pour mettre de niveau tout un Jardin entier. C'est de ce niveau qu'on se sert ordinairement dans le Jardinage, l'usage en est fort aisé, & la facilité d'en trouver par tout, le fait préférer à tout autre.

Cet

d'un coup l'étendue d'un Jardin, qu'on en corrige, qu'on en rachete les biais & les coudes des murs. Elles ſervent encore à renfermer, à border les quarrés de bois, & à les ſéparer des autres piéces du Jardin.

La forme la plus commune des paliſſades, eſt une grande longueur & hauteur tout unie, formant une muraille ou tapiſſerie verte, dont toute la beauté conſiſte à être fort garnie, ſurtout par le pied, peu épaiſſe & bien tondue des deux côtés à pied droit : on les tond ordinairement en éventails, en rideaux & en banquettes, ſelon la nature du lieu.

Les éventails & les rideaux ne ſont autre choſe que de grandes paliſſades très-élevées, qui ſervent à fermer & à boucher des vûes & des endroits déſagréables, ou des ſéparations de Jardin : c'eſt pour cet effet qu'on les appelle ainſi. Leur hauteur ſera des deux tiers de la largeur de l'allée, les paliſſades ſi hautes, & qui ſortent de cette proportion, rendent les allées trop petites, & y reſſerrent trop la vûe.

Si cependant on avoit deſſein d'élever des paliſſades très-hautes, comme de 50 à 60 pieds, on joindra les arbres de haute-futaie enclavés dans la paliſſade, avec la paliſſade même, en les tondant à pied droit devant & derriére, de ſorte que la paliſſade garnit juſqu'à 20 pieds, & l'arbre forme le reſte. Comme il ſeroit difficile de récéper ces hautes murailles, on laiſſera en haut le bouquet des arbres qui ne fait pas un mauvais effet. Il arrive quelquefois que ces paliſſades ſe dégarniſſent par le pied, on y remédie, en le garniſſant avec du buis ou des ifs, ſoutenus d'un petit treillage de cinq ou ſix pieds de haut, ainſi qu'il ſe voit dans beaucoup de Jardins. *

* Verſailles, Marly, S. Cloud, &c.

Les banquettes ſont des paliſſades baſſes à hauteur d'appui, qui ne doivent pas paſſer ordinairement trois ou quatre pieds de haut, elles ſervent dans les côtés des allées doubles, ou étant ainſi ravalées, elles n'empêchent point de jouir d'une belle vûe entre la tige des arbres : elles deviennent déſagréables quand elles n'ont que deux pieds & demi, & à quatre elles ſont trop hautes ; leur vraie meſure eſt de trois pieds & demi. L'on voit des banquettes ornées d'eſpace en eſpace de petites boules échappées de la banquette même, qui tiennent la place des arbres : ces ſortes de banquettes avec des boules ſe mettent dans des endroits où l'on ne peut pas planter de grands arbres, & où il ne faut presque rien pour accompagnement, de crainte de boucher la vûe.

On peut encore pratiquer d'espace en espace des niches & des renfoncemens dans les palissades, pour y placer des bancs, des figures, des vases & des fontaines, comme dans les bosquets & au bout des allées, ce qui fait le plus grand mérite des palissades. Leur verdure alors sert de fond à ces figures, à ces fontaines, en releve infiniment la beauté, en les détachant, & les fait beaucoup valoir par l'opposition qu'elle y produit. Dans les bosquets & dans les endroits particuliers, tels que les cloîtres, les galeries, les salles qu'on pratique dans les quarrés de bois, on perce les palissades en arcades & en portiques. Voici les formes les plus belles & les plus variées qu'on puisse imaginer, sans sortir du bon goût & de la possibilité de l'exécution, on n'a pas voulu risquer de donner des morceaux d'invention, ils auroient paru trop extraordinaires, & même impossibles; on a mieux aimé en chercher des exemples exécutés dans les Maisons Royales, & dans les Jardins les plus en réputation, que l'on a indiqués, afin qu'on les puisse aller visiter sur le lieu.

Cette Planche renferme six exemples dont le premier est à l'Italienne: la palissade est tondue dessus & dessous, & laisse paroître les tiges des arbres à une hauteur convenable; l'on peut s'en servir à border une allée, ou quand on veut jouir de la vûe par-dessus un bois: le dessous peut être planté en quinconce, ainsi qu'il est marqué ici: ces sortes de palissades sont fort communes dans les Jardins d'Italie.

La seconde Figure montre les arcades de Liancourt; elles entourent dans cet exemple un canal, & y font un effet admirable par la réflexion des arcades & des trumeaux: elles sont plantées de tilleuls, dont la tige est découverte à huit pieds de haut, l'arcade a environ quinze pieds, sans la bande de dessus qui a encore deux ou trois pieds de haut: ces arcades doivent être peu épaisses, au plus de deux pieds & tondues réguliérement devant & derriére.

Les palissades de la troisiéme Figure sont plantées dans le Jardin de Chantilli: elles enclavent un grand cloître de verdure: les trumeaux en sont garnis jusqu'au bas, & les arcades ne portent pas de fond, mais sur une banquette à hauteur d'appui, où l'on a fait des ouvertures aux enfilades d'allées. Au-dessus de chaque trumeau s'éleve un gros arbre, soit tilleul ou orme, dont on laisse voir un peu de la tige, le reste s'entretient en grosse boule irréguliére, c'est-à-dire, qu'on ne coupe que les branches qui s'emportent trop.

La quatriéme Figure est de Trianon, le dessein de ces arcades est fort ingénieux, y ayant un cintre de verdure autour de chaque arcade qui excéde les trumeaux: ce cintre est ce qu'on appelle Archivolte en terme d'Architecture: entre deux cintres, s'échappe une boule d'arbre assez grosse, comme de tilleuls ou de marroniers, dont les têtes sont entretenues grossiérement, les trumeaux en sont plus larges que ceux des autres palissades, à cause des têtes d'arbres qui se logent entre chaque arcade: il y a aussi une banquette, sur laquelle viennent tomber toutes les arcades, hors dans les enfilades d'allées, où elles sont ouvertes en forme de portes.

On voit dans la cinquiéme Figure un autre genre d'arcades de dix-huit pieds de haut, qui portent toutes de fond, c'est-à-dire, tout ouvertes en portiques, les trumeaux n'ont que deux pieds de large, & forment des montans ou pilastres, par un petit socle en bas, & par une imposte à la naissance du cintre: l'on a aussi taillé des claveaux au haut de chaque arcade, & de petites boules réguliérement tondues sur chaque trumeau. Les socles, impostes & claveaux saillent d'environ deux pouces. Cette palissade, quoiqu'isolée, est accompagnée d'un grand rideau de verdure qui lui sert de fond, à la différence des autres ci-dessus qui tranchent sur le ciel.

La sixiéme Figure représente la palissade d'un des bosquets de Versailles, nommé le Théatre d'Eau; elle a quelque rapport à celle de Liancourt, les trumeaux en étant découverts à une certaine hauteur, & les arcades formées de même, à l'exception des vases ménagés sur chaque trumeau, qui l'enrichissent beaucoup: elle est élevée sur une estrade de gazon, cintrée dans le milieu, & elle a pour fond, ainsi que la précédente, un grand rideau de verdure, le tout est planté en charmille; la magnificence Royale y éclate par les bassins & jets d'eau pratiqués entre chaque arcade, lesquels réveillent infiniment cette belle verdure.

La seconde Planche offre les plus belles palissades du Château d'Arminvilliers situé à neuf lieues de Paris près la petite ville de Tournan. La quantité d'eau qui environne ce Château, contribue à la beauté de la charmille, & il y a peu de pays où elle se plaise davantage. On en a profité pour former avec ce plan les figures les plus singuliéres.

Le portique marqué A précéde le potager, & est le long du canal qui borde les parterres à gauche en sortant du château. Il est formé d'avant-corps avec des boules au-dessus, & d'une grande arcade pour entrer dans le potager. Pour se racorder avec les banquettes des côtés, lesquelles sont beaucoup plus basses, voiez l'angle de la palissade du portique A.

Les figures B C D E représentent des palissades coupées de différens desseins dans toute leur longueur avec des frontons circulaires & triangulaires, des vases, des piramides, des socles. Rien n'est plus régulier pour la proportion & pour la taille: ces palissades sont placées dans des piéces au-dessus du parterre, & entourées de tapis de gazon, afin de les mieux conserver.

La figure F est ce qu'il y a de plus remarquable, c'est une charmille qui borde un côté du grand étang de 300 arpens d'étendue. Cette charmille est percée en arcades; & en face de chaque trumeau, est une haute gaine formée de charmille, imitant la figure d'un (a) terme de pierre, avec une tête & un socle.

(a) On les appelle dans le Pays des Têtes de mort.

Le bosquet G se voit ici en plan & en élévation H. Il s'éleve vingt-quatre gaines de charmille, avec des socles & des boules en haut différentes des autres gaines rapportées dans la figure précédente. Un arbre entouré d'un gradin de gazon, occupe le milieu de la place, & toutes les allées sont accompagnées d'une banquette d'ifs taillés, comme les figures I K L les font voir.

Il n'y a pas jusqu'aux extrêmités des allées dont les palissades ne se terminent agréablement, suivant les exemples ici rapportés dans les figures M & N.

On se souviendra que ces morceaux ne peuvent se conserver long-tems sans bréche, s'ils ne sont plantés dans des terres extrêmement humides, & dans lesquelles la charmille a le pied dans l'eau.

On donne à toutes ces arcades pour juste proportion de

leur hauteur, deux fois leur largeur, & pour plus de grace encore, deux fois & demi: ces arcades sont belles à quinze pieds de haut sur six ou sept de large: l'on éleve par-dessus une corniche ou bande plate de deux à trois pieds de haut, & les trumeaux auront trois ou quatre pieds de large, plus ou moins, selon le dessein qui réglera aussi la forme & la proportion des boules tondues en forme de vases: s'il y a quelque corps saillant, comme un socle, un claveau, &c. ce ne doit être au plus que de deux ou trois pouces.

Ces décorations de verdure composent une espéce d'Ordre d'Architecture champêtre, de même que l'on nomme l'Ordre rustique d'une grotte, d'une cascade: il n'y a aucune difficulté pour les exécuter, ce que l'on connoîtra encore mieux, quand on parlera dans la suite de la maniére de les planter: mais il y a de la sujettion & de l'industrie à les conduire & à les bien élever pour leur faire prendre une forme convenable; & c'est en cela qu'on peut dire que l'Art surpasse la Nature, qui est gênée & assujettie au génie du Jardinier. On suit toujours l'intention de celui qui en a donné le dessein, lequel les destine à de certaines figures, qu'elles n'acquierent qu'avec le tems. Il est constant que ces morceaux ont quelque chose de surprenant, & un air de magnificence qui distingue fort un Jardin: ils conviennent principalement dans les grands terreins, où la conformité des palissades fatigue la vûe, si elle n'est réveillée par ces verdures extraordinaires, qui sont en moindre nombre par l'entretien continuel qu'elles demandent. Ces palissades seront tondues quatre fois l'année, à la différence des autres qui le sont une ou deux fois au plus.

Voilà ce qu'on peut faire de meilleur goût en fait de palissades, & en même tems de plus riche & de plus distingué dans le Jardinage. Autrefois on leur donnoit mille formes extravagantes, qui sont encore fort en usage dans les Jardins (a) d'Italie & (b) d'Espagne; l'on y formoit des hommes à cheval, des sangliers, des cerfs, des chiens, en un mot une chasse entiére. D'autres y tailloient des piramides, des obélisques & des boules, avec des enroulemens qui continuoient jusqu'au bout des palissades. On en voit encore des exemples dans quelques anciens Jardins aux environs de Paris. Cette

(a) Frescati, Tivoli.

(b) Aranjuez, Buen-Retiro.

mode persiste toujours en (a) Hollande & en (b) Flandre, où ces desseins bizarres sont plus recherchés qu'en tout autre Pays : ce goût singulier ne regarde pas seulement les palissades ; les bosquets, les parterres, les fontaines, mais les autres parties de leurs Jardins s'en ressentent beaucoup : (c) les Anglois & (d) les Suedois suivent plus nos maniéres dans leurs Jardins ; on leur a envoyé de nos desseins, qu'ils ont assez bien exécutés ; & de plus, ils ont fait venir des Architectes & des Jardiniers François qui y ont laissé de leurs productions. Il se trouve dans (e) l'Allemagne des arbres taillés & contraints d'une maniére fort ingénieuse : l'on y pratique des salles élevées de terre de sept à huit pieds, dont l'arbre même couvre le dessus & les côtés, avec des arcades percées autour. Le bas de la salle est plancheié & soutenu par des piliers de charpente, ou par des colonnes de pierre, avec des escaliers pour y monter. Le tronc de l'arbre traverse la salle, & se termine au-dessus en piramides & en boules de différentes formes. Le reste de leurs Jardins est fort commun. On ne donne plus aujourd'hui en France dans tous ces colifichets ; quelque bien entretenus qu'ils puissent être, il y a toujours quelque chose à redire. L'on y préfere une simplicité qui tient plus du noble & du grand.

(a) Loo, Honslardick, Soesdick,

(b) Enguien, Bruxelles,

(c) S. James, Hampton-court.

(d) Yacob-dal, Droinholm.

(e) Strasbourg, Saverne.

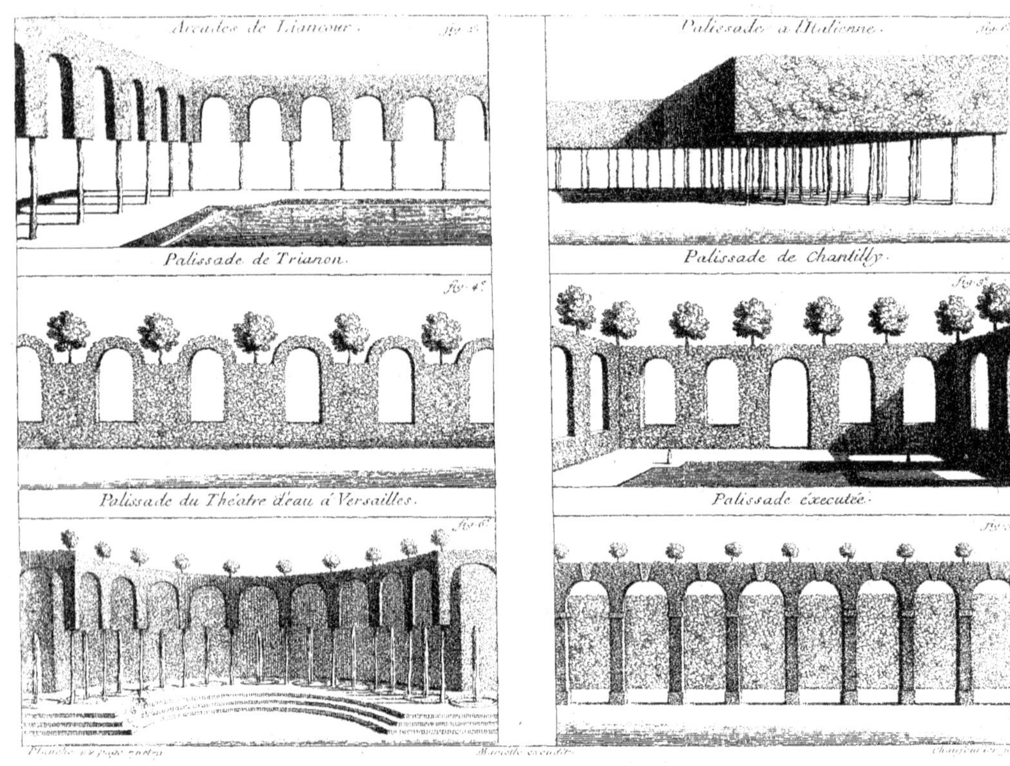
Arcades de Liancour.
Palissade à l'Italienne.
Palissade de Trianon.
Fig. 4.
Palissade de Chantilly.
Fig. 3.
Palissade du Théatre d'eau à Versailles.
Fig. 6.
Palissade executée.
Marcelle excudit.

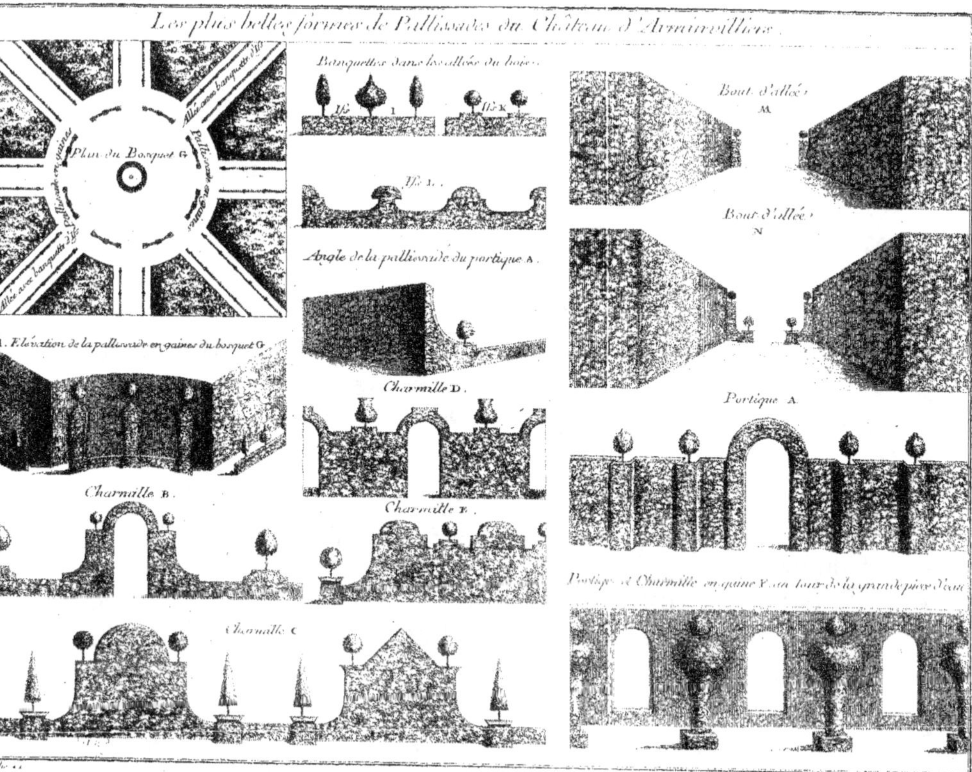
Les plus belles formes de Pallissades du Château d'Arminvilliers.
Plan du Bosquet G.
Banquettes dans les allées du bois.
Ifs
I
Ifs K
Ifs L.
Angle de la pallissade du portique A.
Bout d'allée
M
Bout d'allée
N
H. Elévation de la pallissade en gaines du bosquet G.
Charmille D.
Portique A.
Charmille B.
Charmille E.
Portique et Charmille en gaine F au tour de la grande pièce d'eau
Charmille C

CHAPITRE VI.

DES BOIS ET BOSQUETS en général.

CE Chapitre renferme tout ce qu'il y a de plus beau & de plus agréable dans un Jardin : ce sont les Bois & les Bosquets qui en font le plus grand ornement ; c'est dans ces lieux couverts qu'on peut se promener à l'ombre, même en plein midi.

On peut donc convenir que l'essentiel d'un Jardin ce sont les Bois, & qu'une Maison de campagne qui en est dénuée, manque dans une de ses principales parties.

On appelle Bosquet du mot Italien *Bosquetto*, un petit Bois de peu d'étendue, comme qui diroit un Bouquet de verdure.

Les Bois & les Bosquets font le relief des Jardins, & servent infiniment à faire valoir les piéces plates, telles que sont les parterres & les boulingrins. On leur doit destiner des places, où ils ne cachent point la beauté de la vûe ; il n'arrive que trop souvent que la privation de cette belle vûe oblige d'arracher ou d'étêter un Bois. C'est ce qu'on a déja remarqué en parlant des dispositions générales des Jardins.

Pour ce qui regarde leurs formes & leurs desseins, ils se peuvent varier de différentes maniéres; la regle générale est de les percer d'allées le plus qu'on pourra, de n'y point faire trop d'ouvrage & de retours, en ôtant tout le garni du bois, comme aussi d'en faire trop peu, en laissant de grands quarrés de bois tout pleins, sans aucun dessein. Leur forme la plus ordinaire est l'étoile, la croisée ou croix de saint André, & la patte d'oie : cependant on y pratique des cloîtres, des labirintes, quinconces, boulingrins, salles, cabinets, chapelets, guilochis, carrefours, culs-de-poële, culs-de-sac, salles de comédie & de bal, salles couvertes, berceaux naturels & artificiels, fontaines, isles, cascades, galeries d'eau & de verdure.

Il faut remarquer qu'on doit toujours faire une belle piéce

dans le milieu d'un bois, comme une salle de marroniers, une piéce d'eau, un boulingrin, & que dans ces sortes d'endroits on doit donner plus de largeur aux allées: si celles du bois ont quatre toises de large, celles du milieu en doivent avoir cinq ou six. Quand il y a une piéce d'eau, l'on ne doit point faire d'allées doubles autour, afin de découvrir l'eau plus agréablement; ces lieux en deviennent plus aërés & moins marécageux.

Si le terrein par sa petitesse ne permettoit pas de faire une étoile dont les allées diagonales s'enfilassent, ce qui feroit paroître tout d'un coup leur peu de longueur, faites aboutir chaque diagonale dans la palissade du cercle du milieu, & par ce moyen on ne verra point le bout de chaque allée, excepté celles de la croix qui doivent s'aligner.

Il y a des Bois de plusieurs natures qui se peuvent réduire aux six espéces suivantes: les Forêts & grands Bois de haute-futaie, les Bois taillis, les Bosquets de moyenne futaie à hautes palissades, les Bosquets découverts à compartiment, les Bosquets plantés en quinconces, & les Bois verds.

Les deux premiéres espéces, qui sont les forêts ou grands bois de haute-futaie, & les bois taillis, ne conviennent que dans la campagne, ou bien dans un parc d'une grande étendue. Cependant pour ne rien oublier, nous en parlerons comme des autres bosquets suivans, qui regardent le plus nos Jardins de propreté.

Les forêts & grands bois de haute-futaie sont ainsi appellés, à cause de leur hauteur & de leur étendue considérable. On y compte au moins une lieue ou plusieurs arpens de circuit: ils sont composés de grands arbres très-élevés & très-proches l'un de l'autre, qui forment une hauteur touffue & fort épaisse. Ces bois n'ont point de palissades, ni d'allées ratissées, ce ne sont que des routes pour la chasse. Ils sont ordinairement plantés en étoile, avec un grand cercle dans le milieu, où viennent aboutir toutes les routes. Ces bois sont bruts & champêtres, comme la Forêt de S. Germain-en-Laye, celles de Fontainebleau, de Senlis, de Bondi, de Senar, les Bois de Boulogne, de Vincennes, &c.

Les bois taillis ne différent des bois de haute-futaie, que parce qu'on ne les laisse pas monter comme les futaies, &

Cet instrument n'est autre chose qu'une équerre ou niveau semblable à celui dont se servent les Maçons & autres Ouvriers, comme cette Figure le démontre. Plus cette équerre est grande & mieux on opére: cependant à trois pieds de longueur pour chaque branche, elle devient suffisamment grande. Quoique l'usage en soit fort commun, on a jugé à propos de la mettre ici pour l'instruction des Curieux & des jeunes gens, qui veulent se perfectionner dans le Jardinage, en y corrigeant de méchantes pratiques introduites parmi les Jardiniers, & en y ajoutant des particularités peu connues, & qui tendent à une plus prompte & plus parfaite exécution.

Pour connoître si cette équerre est bonne, après l'avoir posée d'un côté, le plomb juste dans l'entaille, on la retourne de l'autre, pour voir si le plomb se retrouve de même.

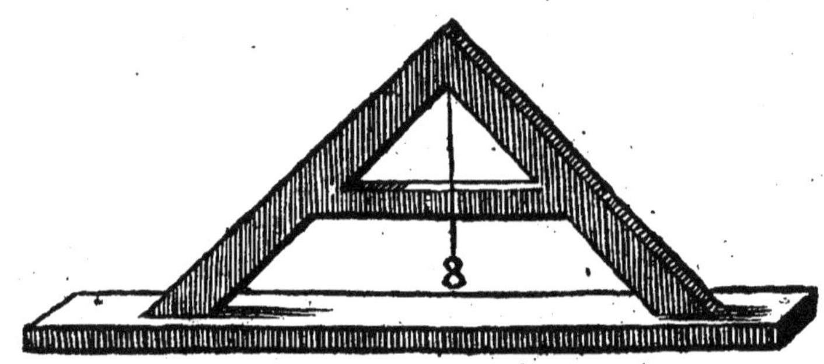

Mais avant que d'en venir à l'usage de ce niveau sur le terrein, il est à propos de faire les observations suivantes.

Les mots de dresser, unir, égaler & planer, s'emploient également pour signifier l'action de passer la herse ou le rateau sur la terre, afin de l'égaler & de l'unir par tout.

On appelle plomber la terre, quand en la battant avec de gros rouleaux de bois, ou en marchant & piétinant dessus, on l'affermit de maniére, qu'elle ne puisse s'affaisser & baisser davantage.

Pour aligner, niveler ou tracer, il faut être au moins trois ou quatre personnes, les unes pour porter les jalons, les changer & remuer selon la volonté du Traceur ou Niveleur, les autres pour tendre & changer le cordeau. L'on observera qu'il ne faut point parler en travaillant, surtout dans les grandes distances, où la voix se perd facilement; comme il est difficile de s'entendre de si loin, on aura des signes dont on conviendra, & l'on fera connoître avec la main tout ce qu'on voudra dire. Si en alignant un jalon ſur une ligne, il verſe du côté gauche, il faut montrer avec la main en la menant du côté droit, que ce jalon doit être redreſſé du côté droit; comme auſſi en hauſſant ou baiſſant la main, ſignifier qu'il faut baiſſer ou hauſſer un jalon: ceci eſt un exemple qui peut ſervir à tout ce qui peut ſe faire entendre par ſignes.

Il faut faire choix d'un jour propre à niveler, tel qu'un tems calme, ſans trop de chaud, ni trop de froid, ſans vent, ſans pluie & ſans grand ſoleil: toutes ces choſes nuiſent fort à la vûe, par les réfractions qui cauſent bien des différences, en abaiſſant ou élevant le rayon viſuel. Un tems un peu ſombre & couvert eſt le plus favorable pour bien niveler, les jalons en paroiſſent mieux, & les yeux diſtinguent plus facilement les objets (*a*) éloignés.

(*a*) Il y a des niveaux à Lunettes.

On met ordinairement du linge, du papier ou de la carte ſur la tête des jalons, en les fendant un peu & y faiſant entrer ce papier ou cette carte, qui ſoulage la vûe dans un long alignement. Quand le papier & le linge ne paroiſſent pas aſſez, on fait tenir un chapeau derriére le jalon; alors le blanc du papier par l'oppoſition du noir du chapeau, paroîtra bien plus, & par ce moyen le Bornoyeur pourra diſtinguer facilement toutes les têtes des jalons.

Il eſt de très-grande conſéquence dans le nivellement, que les têtes des jalons ſoient bien applaties & d'égale hauteur: afin que la ligne de mire paſſe par-deſſus toutes les têtes, & les raſe uniment, ce qui regle le niveau de la ſuperficie des terres.

On appelle butter un jalon, quand étant fiché en terre, il ſe trouve être trop haut à la meſure requiſe appellée le jalon d'emprunt, comme ſi un jalon avoit ſix pieds hors de terre, & qu'il ne dût en avoir que quatre ou cinq ſelon le nivellement; alors on y fait apporter de la terre dont on fait une butte au pied, juſqu'à ce qu'il ſoit à la hauteur néceſſaire; de même, quand un jalon eſt trop bas, on le fait décharger du pied, en ôtant de la terre juſqu'à ce qu'il ſoit de hauteur.

Il eſt à remarquer que quand on parlera de faire une rigole, un rayon ou repaire (*b*), ce n'eſt pas d'ouvrir la terre, comme pour planter des paliſſades, ce qui ſe doit plutôt appeller une tranchée, mais c'eſt de faire apporter des terres le long d'un

(*b*) Les Ouvriers communément diſent faire une heſme,

cordeau tendu d'un jalon à un autre, pour former une rigole qui sert à dresser un terrein inégal. Ces rigoles doivent avoir un ou deux pieds de large; l'on marche sur la terre pour la plomber, ensuite on la passe au rateau fin, jusqu'à ce que le cordeau touche & effleure également la superficie de la terre sans être forcé. Ces rigoles quelquefois se coupent en terre ferme, quand le terrein est trop haut, non seulement dans un pays plat, mais encore sur les talus & glacis; alors on tend un cordeau, & l'on coupe les terres, jusqu'à ce qu'il touche également par tout.

On se sert de petits piquets nommés *taquets*, que l'on enfonce rez-terre, & à tête perdue au pied des jalons, en posant dessus le jalon d'emprunt, & les mettant juste à cette hauteur, quand on ne veut point butter ou décharger les jalons, cela est arbitraire. Ces petits piquets servent à retrouver les mesures, en cas que les grands jalons soient démarés, ou ôtés à dessein. On pose le cordeau dessus, en le tendant d'un piquet à l'autre, pour faire des rigoles ou repaires.

Quand le terrein est trop inégal & trop raboteux, on commencera avant toutes choses à le labourer à la charrue, pour couper les mauvaises herbes; ensuite l'on y passera la herse, pour arraser les butres & remplir les cavités. Elle servira encore à rendre la terre plus meuble, tant pour la remuer & transporter, que pour y enfoncer les jalons & piquets nécessaires.

Il ne reste plus, avant que de passer aux Pratiques du nivellement, qu'à parler de la maniére de fouiller & de transporter le terres.

Quand on veut fouiller & couper des terres pour faire une terrasse, un talus, creuser un boulingrin ou un canal, on se sert de besoches, de pioches, de houes, de pelles, avec des Ouvriers qui vont derriére ceux qui fouillent & qui chargent les paniers, les hottes & les brouettes. Pour avancer dans ce travail, supposé que l'on ait de grandes hauteurs (*a*) à couper, on sappe avec la pioche au pied de cette hauteur, & l'on creuse un peu avant en dessous, avec cette précaution de ne point marcher sur le haut de la terre, de crainte qu'elle ne s'éboule & ne blesse ceux qui travaillent au pied. Quand on a un peu avancé de creuser tout autour, on fait retirer les hommes de dessous, & l'on monte sur le haut des terres, où l'on enfonce

(*a*) Les Terrassiers disent plonger dans une terre.

quelques (a) morceaux de bois, & se mettant quatre ou cinq à peser dessus, vous faites tomber de grands quartiers de terre tout d'un coup. L'expérience a fait connoître que cette maniére avance fort l'ouvrage. Quand on rencontre des roches & des carriéres, on se sert de poudre à canon pour les faire sauter en l'air, en glissant cette poudre dans des fentes pratiquées dans le rocher, ou bien mettant au pied quelques petits barils de poudre, où l'on met le feu par des amorces & traînasses; c'est ce qu'on appelle miner.

(a) appellés Leviers.

On doit laisser des buttes appellées *témoins*, en fouillant les terres, jusqu'à ce que l'ouvrage soit entiérement fini : elles servent à toiser la vuidange des terres, & à payer les Terrassiers, qui ne laissent pas souvent de tromper, en relevant ces témoins par les terres dont ils les chargent par-dessus. On paye ces Terrassiers à la toise cube, qui doit avoir six pieds de tous sens, & contenir en tout 216 pieds cubes, parce que 6 pieds multipliés par 6, donnent 36 pieds en superficie, qui multipliés par 6 pieds de haut, donnent 216 pieds, au lieu que la toise quarrée n'a que 36 pieds en superficie.

Il n'est pas inutile de parler ici de la maniére de toiser les terres massives qui sortent d'un bassin rond, d'une piéce d'eau, d'un canal, ou d'une terrasse que l'on projette d'exécuter.

Soit le bassin *A* de 6 toises de diamétre que l'on veuille construire & creuser de trois pieds tant pour le corroi de glaise, le pavé qu'on met au-dessus, que pour la profondeur qu'on veut donner au bassin, on prendra d'abord la superficie du bassin en cette maniére. Multipliez 6 toises par elles-mêmes pour en avoir le quarré 36 qu'il faut multiplier par 11 suivant le rapport du cercle au quarré qui est de 14, à 11, on aura pour produit 396 qu'il faut diviser par 14, le quotient sera 28 toises quarrées & $\frac{4}{14}$ qui se réduisent à $\frac{2}{7}$ & peuvent s'évaluer à peu près à un tiers de toise pour la superficie du bassin. Ensuite il faudra multiplier les 28 toises un tiers par la profondeur qu'on veut donner au bassin qui est ici de 3 pieds, & dire par supposition, si le bassin avoit une toise de profondeur, il contiendroit 28 toises cubes & un tiers, car l'unité ne change rien, & comme 3 pieds sont la moitié de la toise, on prendra la moitié de 28 toises un tiers qui est 14 toises cubes de terre, & un sixiéme de toise qui vaut 36 pieds cubes.

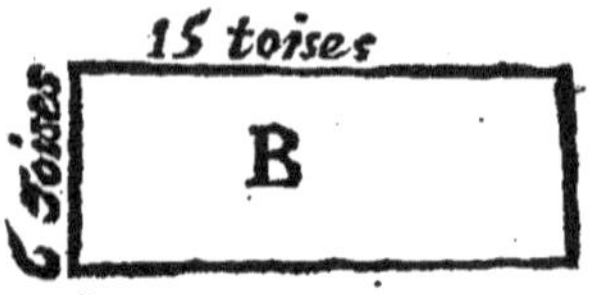

Soit le canal ou réservoir *B* de 6 toises de large sur 15 toises de long qu'on a dessein de fouiller de 5 pieds de profondeur, multipliez 15 par 6, vous aurez pour la superficie 90 toises quarrées : pour en avoir le cube, multipliez ces 90 toises par 5 pieds qui est la profondeur que vous voulez donner à cette piéce. Il faut deux opérations que l'on prépare ainsi. Une toise de profondeur auroit donné 90 toises cubes ; 3 pieds sont moitié de la toise, & 2 pieds en sont le tiers. Il faut donc prendre la moitié de 90 qui est 45 toises, & le tiers de 90 qui est 30 toises : ajoutez ces 30 toises aux 45, ce qui vous donnera 75 toises cubes à fouiller dans le canal *B*.

15 toises
6 Toises
B

Soit l'attelier *C* dont les terres sont enlevées pour former une terrasse, & dont on veut sçavoir le toisé cube pour payer les Terrassiers, prix fait à 3 liv. la toise cube. Ils ont laissé six témoins dans l'escavation des terres : ceux marqués *D* & *G* ont 4 pieds de haut, ceux marqués *E* & *F* en ont cinq, celui *H* en a trois, & le dernier chiffré *I* a deux pieds de hauteur. On toisera la superficie de la piéce *suivant la Pratique précédente*, c'est-à-dire, 25 toises 3 pieds par 32 toises 1 pied 6 pouces, ce qui donnera 822 toises quarrées & 3 pieds courans sur toise : ajoutez ensuite toutes les hauteurs des témoins & celles qui sont recoupées sur les bords des talus, & divisez leur somme par la quantité ou nombre de ces hauteurs, c'est-à-dire, ici par 13, parce qu'il y a treize tant témoins que coupures sur les talus ; leur somme est 44 qu'il faut diviser par leur nombre 13, ainsi on aura pour hauteur commune trois toises cinq treiziémes en fractions qui s'évaluent ainsi, on multipliera la fraction 5 par 12 au lieu de 13, en disant cinq fois 12 font 60 qu'on divisera par 13, il viendra au quotient 4, & il restera $\frac{8}{13}$ qui sont à peu près les $\frac{2}{3}$; il faut écrire la somme entiére de la superficie qui est 822 toises quarrées & 3 pieds, mettez dessous & à sa place 3 pieds trouvés dans la premiére division & les 4 pouces $\frac{2}{3}$ trouvés dans la seconde : pour multiplier 822 toises par 3 pieds, vous direz 3 pieds valent la moitié de la toise, ainsi il faut prendre la moitié de 822

Voyez la Fig. *C* à la page suiv.

toises 3 pieds qui sont 411 toises 1 pied 6 pouces : les 4 pouces deux tiers restans ne se peuvent calculer qu'après une opération particuliére qui est de prendre comme s'il y avoit un pied qui est le sixiéme d'une toise. On trouvera par un calcul à part que le sixiéme de 822 toises 3 pieds est 137 toises point de pieds & 6 pouces, dans laquelle somme il faut prendre le tiers qui est 45 toises 4 pieds 2 pouces, parce que les 4 pouces dont il s'agit, sont le tiers d'un pied. Pour les deux tiers de pouce restant qu'il ne faut pas négliger, parce qu'il en viendra des toises cubes à l'avantage des Ouvriers, il faut par un second calcul particulier prendre le quart du produit

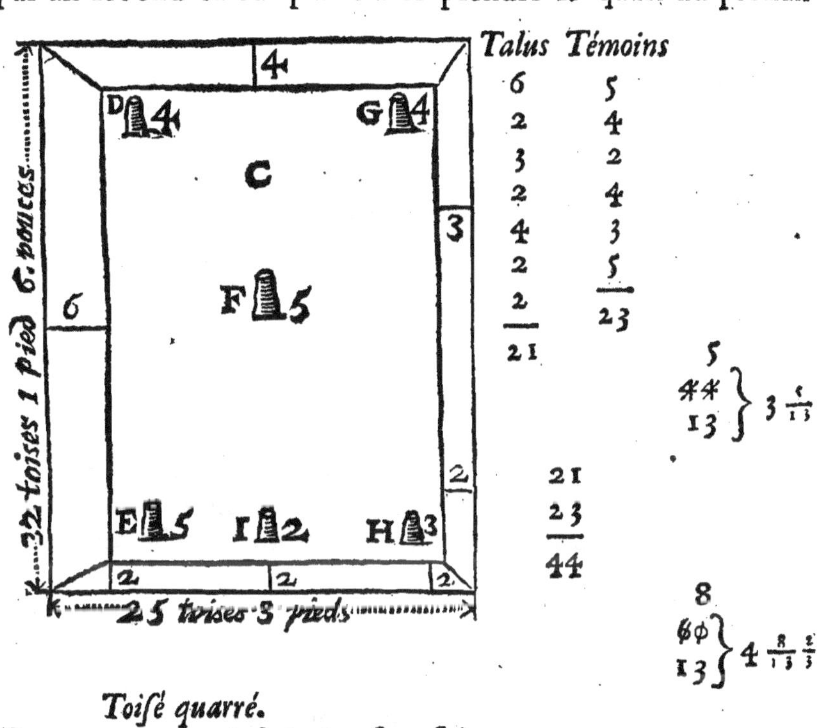

Toisé quarré.

822	3 *pieds*		. . . . *superficie*
0	3	$4\frac{2}{3}$	*hauteur commune*
411	1	6	
45	4	2	
6	9	8	
464 *toises*	3 *pieds*	4 *pouces.*	*Toisé cube de l'attelier C.*

des 4 pouces qui est 45, 4, 2, & dire s'il y avoit un pouce, on auroit pour ce quart 11 toises 2 pieds 6 pouces dont il faudra prendre par deux fois le tiers qui donnera 6 toises 9 pieds 8 pouces qu'il faut écrire dans leur place, & additionnant les trois sommes ensemble, vous aurez pour le contenu de l'attelier *C* en toises, pieds & pouces cubes, 464 toises cubes & 3 pieds 4 pouces, qui au prix de 3 liv. la toise cube, font la somme de 1393 liv. 10 s. 1 d.

Cette Pratique qui est exacte vous servira dans toutes les occasions. On observera que les jalons & les témoins soient en égale distance, & pour rendre le toisé plus juste, d'y en pratiquer le plus que l'on pourra.

Quant à la maniére de transporter les terres, on remarquera qu'il faut toujours les porter le plus près qu'il sera possible, ces travaux étant très-longs, & d'une dépense inconcevable, pour peu que le trajet soit long.

On peut transporter les terres de quatre façons différentes, dans des tombereaux tirés par des chevaux, dans des *camions* traînés par deux (*a*) hommes, qui sont relevés par plusieurs de suite, dans des paniers mis sur des ânes, & dans des brouettes ou des hottes servies par des hommes. La meilleure des quatre est sans doute celle qui va le plus vîte & qui coûte le moins.

(*a*) Les Ouvriers appellent ce travail aller l'un sur l'autre ou aller en relais.

Les deux premiéres maniéres sont à préférer, quand le lieu où l'on transporte les terres, est fort éloigné; quand il est proche, les hottes & les brouettes conviennent mieux: elles embarrassent moins l'attelier que les tombereaux & les ânes.

Les tombereaux à un cheval, contiennent environ 6 pieds cubes de terre, & valent chacun 3 ou 4 voyages d'un âne qui porte deux pieds cubes dans ses deux paniers, mais quelque supputation qu'on fasse, les tombereaux coûteront toujours un peu plus. Quarante tombereaux médiocrement chargés, contiennent environ une toise cube, c'est à raison de 6 pieds cubes par tombereau. Les camions souvent ont quatre roues, quelquefois trois; ils contiennent ordinairement 8 pieds cubes.

Lorsque la distance n'est ni fort éloignée, ni fort proche, l'on peut se servir également des ânes, comme des brouettes & des hottes, & même la maniére d'employer des ânes paroît la meilleure, en voici la raison.

Toutes les hottes & brouettes contiennent environ un pied cube de terre, les paniers que portent les chevaux & les ânes contiennent environ la même quantité de terre; mais comme un âne a deux paniers, il porte le double de terre à la fois; ainſi un voyage d'âne en vaut deux d'un hotteur ou brouetteur & ne coûte pas plus, quoiqu'il faille une femme ou un petit garçon pour le conduire. Il y a encore une bonne raiſon pour les préférer, c'eſt que les ânes & les bourriques ne s'amuſent guére; accoutumés à un certain pas, quoique lent, ils ne laiſſent pas d'avancer l'ouvrage, parce qu'ils continuent du matin au ſoir, ſans autre interruption que celle qu'on leur donne pour manger. On peut donc compter que 300 hottes médiocrement chargées, contiennent une toiſe cube, & que 300 paniers portés par des ânes, en contiennent autant.

Si l'on veut ſe ſervir de brouetteurs ou de hotteurs, il faudra abſolument avoir des gens prépoſés pour les faire hâter, c'eſt ce qu'on appelle des piqueurs, qui ont ſoin de les empêcher de s'amuſer enſemble, & ſurtout, qu'ils ne s'embarraſſent point l'un l'autre, en leur faiſant prendre différens chemins pour aller & venir. Les brouetteurs ſe relaient cinq ou ſix, & même plus, ſelon la longueur du chemin, en ſe donnant les brouettes pleines & reprenant les vuides: c'eſt un manége aſſez amuſant.

La ſituation des lieux aſſujettit à l'une de ces quatre maniéres, telle que ſeroit une deſcente un peu roide ſur un côteau, où il faut abſolument des hotteurs, les tombereaux & les ânes y devenant fort inutiles.

PREMIERE PRATIQUE.

Dreſſer une ligne de niveau ſur le terrein.

Suppoſé que le terrein ſe trouve dans une ſituation plate, comme ſeroit une plaine, & qu'on voulût le mettre parfaitement de niveau, voici ce qu'il faut faire: choiſiſſez à l'une des extrêmités du terrein, l'endroit qui ſera le plus uni comme

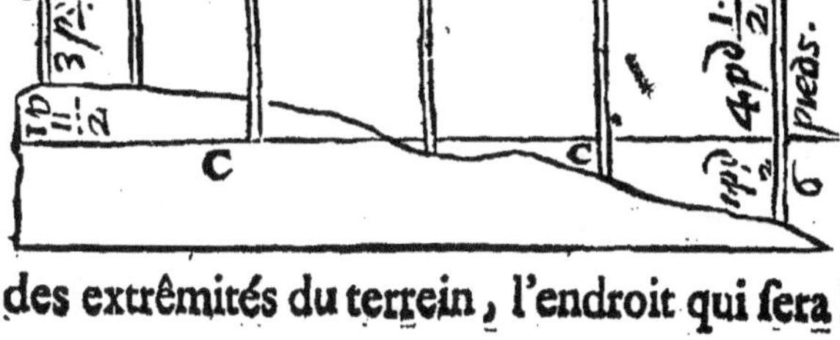

Fig. 1.

A,

A, où vous ficherez deux jalons de 5 à 6 pieds de haut, dont les têtes soient bien applaties, pour mettre dessus une regle de Maçon de 8 à 10 pieds de long, bien droite & sans cambrure. Posez sur le milieu de cette regle votre niveau comme on le voit à l'extrêmité *A*, ensorte que le plomb qui est au bout de la petite corde, attachée au haut de ce niveau, se trouve juste, & se repose dans les deux entailles faites exprès dans l'angle, & dans la traverse de cet instrument. Si votre niveau hausse plus d'un côté que d'un autre, du côté qu'il haussera, enfoncez le jalon jusqu'à ce qu'il soit à la même hauteur que l'autre; réglez ainsi ces deux jalons, en les haussant & baissant, jusqu'à ce que le niveau soit juste. Ensuite ôtez le niveau de dessus la regle, mettez-vous à l'extrêmité *A*, & mirant tout du long de la regle, faites poser des jalons de distance en distance sur toute la longueur de l'enclos, comme depuis *A* jusqu'à *B*, & les faites enfoncer ou relever de maniére, que leurs têtes paroissent juste à la hauteur de la regle, & n'excédent point la ligne de mire *D D*. Mesurez ensuite FIG. I. le jalon de l'extrêmité *B*, dont la hauteur sera, par exemple, de 6 pieds: mesurez pareillement l'un des deux jalons, qui soutiennent la regle à l'extrêmité *A*, dont la hauteur ne sera que de la moitié de l'autre, c'est-à-dire, de 3 pieds. Remarquez la différence de ces deux hauteurs, qui est de 3 pieds: divisez cette différence en deux, qui sera un pied & demi: faites enlever un pied & demi de terre à l'extrêmité *A*, & la faites porter à l'extrêmité *B*: mais prenez garde que dans ces remuemens de terre, l'on ne démare vos jalons & votre regle, qui doivent encore vous servir. Vous serez sûr par cette opération, d'avoir la ligne *CC* bien de niveau, étant paralelle à la ligne de mire *D D*. La preuve en est, que les jalons ayant 6 pieds de haut à l'extrêmité *B*, & n'en ayant que 3 à l'extrêmité *A*, en baissant le terrein d'un pied & demi en *A*, & le haussant d'autant en *B*, ils se trouveront avoir 4 pieds & demi également par tout.

SECONDE PRATIQUE.

Dresser & unir le terrein, suivant une ligne de niveau.

Pou dresser entiérement la ligne de niveau *CC*, après

avoir fait porter en gros, les terres de l'extrêmité *A* à celle *B*, prenez un bâton bien droit, mesurez à l'extrêmité *A*, l'un des deux jalons qui soutiennent la regle, dont la hauteur est supposée de 4 pieds & demi, y compris l'épaisseur de la regle. Coupez ce bâton de cette longueur juste, ce sera une mesure portative appellée un jalon d'emprunt pour tous les au-

Fig. II.

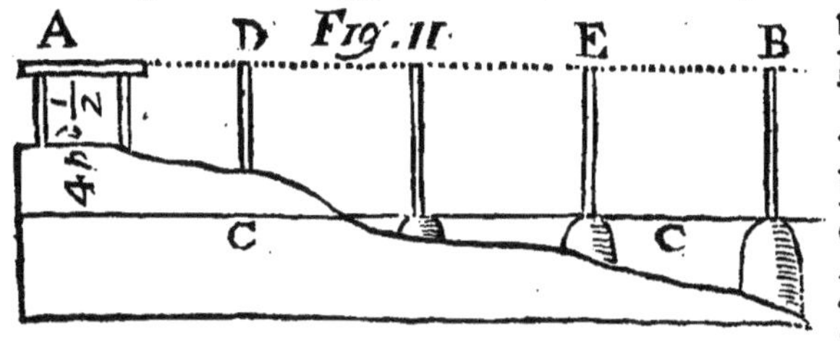

tres. Présentez-le le long du jalon *D* qui n'aura, supposé que 3 pieds de haut: mettez ce jalon à 4 pieds & demi, en le faisant décharger du pied, jusqu'à ce qu'il soit à cette hauteur. Reportez votre mesure au jalon *E*, qui étant plus haut qu'il ne faut, c'est-à-dire, ayant plus de 4 pieds & demi, vous le ferez butter, en y faisant apporter de la terre au pied, que vous battrez & plomberez, de peur qu'elle ne s'affaisse. Ayant mis pareillement ce jalon *E* de hauteur convenable, vous passerez aux autres, & par les exemples différens de ces deux jalons, vous les réglerez tous de même, en faisant butter ceux qui auront trop de hauteur, & faisant décharger du pied ceux qui n'en auront pas assez. Cela fait, vous prendrez un cordeau de 12 à 15 pieds de long, que vous attacherez au pied des jalons *B* & *E*, & que vous tendrez le plus que vous pourrez; & en cas que les jalons *B* & *E* soient trop éloignés pour votre cordeau de 15 pieds, vous alignerez un autre jalon entre deux, qui sera de la même hauteur, ensuite vous ferez apporter de la terre, ou en ferez couper le long de ce cordeau, pour y faire une rigole ou repaire. Faites-en autant de jalon en jalon, en reportant le cordeau, & y pratiquant des rigoles de l'un à l'autre; c'est par ce moyen que vous aurez la ligne *CC* bien dressée & parfaitement de niveau.

TROISIÉME PRATIQUE.

Dresser un terrein entier quelque grand qu'il soit, & le mettre de niveau.

La rigole *A B* étant bien dressée, *suivant les deux Pratiques précédentes*, le jalon *A* doit être considéré comme immobile, & doit servir plusieurs fois à faire la même opération, pour achever de dresser entiérement le terrein ; ce qui se pratique ainsi. On fiche sur la ligne *A E* le jalon, *C*, à peu près à la même distance du jalon immobile *A*, qu'est posé celui *D*, dont il ne doit être éloigné que de 3 ou 4 pieds tout au plus. On pose ensuite la regle & le niveau sur les jalons *A* & *C*, & pour vérifier si cette opération est juste, l'on reporte en travers la regle & le niveau sur les jalons *C* & *D*, ce qui forme un triangle avec les deux lignes *A B*, & *A E*, & vous doit persuader de la justesse des deux nivellemens, s'ils se rapportent à ce troisiéme. Ensuite *par la premiére Pratique*, vous jalonerez la ligne *A E*, & *par la seconde* vous la dresserez bien de niveau, en y faisant une rigole. Mettez un autre jalon comme en *F*, environ à la même distance du jalon immobile *A*, que sont posés les jalons *C* & *D*, & pareillement à 3 pieds du jalon *D*. Posez-ici le niveau pour dresser la ligne *A G*, en vérifiant la justesse de l'opération, comme nous venons de dire, c'est-à-dire, en reportant le niveau sur les jalons *D* & *F*. Dressez

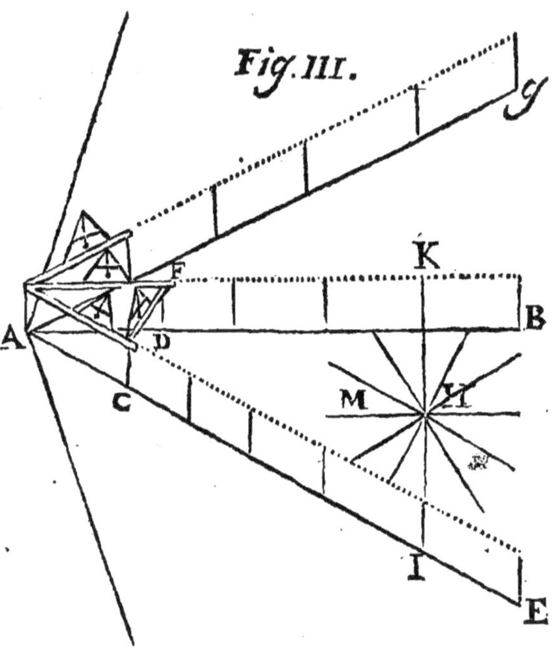

Fig. III.

cette ligne *A G*, de la même maniére que vous avez fait la ligne *A E*. Continuez de dresser des lignes, & de faire des rigoles dans toute l'étendue du terrein, en observant que ces lignes soient à peu près à même distance les unes des autres, que celles qui sont exécutées : vous achevrez de dresser entiérement le terrein, en faisant tenir un cordeau par deux hommes, qui le traîneront bien bandé, en travers d'une rigole à une autre, ou plutôt d'un jalon à un autre, au moyen de quoi vous ferez arraser les buttes & remplir les cavités entre ces rigoles, en passant le rateau par tout. Mais comme vers les extrêmités des lignes *B E G*, les rigoles se trouveront quelquefois trop écartées, pour que le cordeau puisse se tendre commodément d'un bout à l'autre, vous remédierez à cet inconvénient, en plantant le jalon *H* entre les deux rigoles *A E* & *A B*, ensorte qu'il s'aligne par la tête sur deux jalons posés sur ces lignes, comme sur ceux *I* & *K*. Mettez le jalon *H* à la hauteur des autres, & y attachant un cordeau au pied, vous le traînerez de tous les côtés, en rapportant ou enlevant des terres selon le besoin, & vous ferez suivre le rateau, ce qui dressera l'espace compris entre les jalons *I K E B M*. Faites-en de même pour dresser les places entre les autres rigoles, & par-là votre terrein, quelque grand qu'il soit, sera uni & dressé également par tout.

Fig. III.

Remarque.

Dans un grand Jardin, comme la dépense seroit fort grande de le dresser par tout suivant cette Pratique, l'on se contentera de dresser & d'unir les places découvertes, qui doivent servir aux parterres, salles, galeries, cabinets, &c. A l'égard de celles qui sont destinées pour les bois, on dresse seulement les allées & les routes, en laissant les quarrés & milieux des bois, inégaux & naturellement comme ils se trouvent.

QUATRIE'ME PRATIQUE.

Dresser un terrein sur une ligne de pente.

Quand il se rencontre un terrein situé sur une pente douce naturellement, & qu'on ne veut pas faire la dépense de remuer toutes les terres, pour les mettre parfaitement de niveau, l'on peut dresser ce terrein sur sa pente naturelle, ensorte néanmoins que cette pente soit si douce & si imperceptible, qu'on ne s'en apperçoive pas en se promenant, comme pourroit être la pente d'un demi pouce ou d'un pouce par toise, suivant la longueur de la côte. Voici comme il faut s'y prendre. Fichez un jalon sortant de terre de 4 pieds de haut, à l'endroit le plus élevé du terrein, comme en *A* qui est un point de sujettion, où vous unirez exprès une petite place. Fichez-en un autre de pareille hauteur à l'extrêmité *B*, qui est supposée l'endroit le plus bas du terrein, autre point de sujettion qui détermine le niveau de pente; alignez plusieurs jalons sur les deux posés en *A* & en *B*, & faites-les planter de maniére, qu'en les bornoyant d'*A* en *B*, leurs têtes n'excédent point la ligne de mire ou rayon visuel *D D*. Prenez ensuite le jalon d'emprunt ou mesure portative de 4 pieds de long, présentez-le sur tous les jalons, & mettez-les tous à la hauteur requise de 4 pieds, en les faisant butter ou décharger selon le besoin. Faites ensuite une rigole en pente d'*A* en *B*, comme il est dit *dans la seconde Pratique*; vous ôterez par-là les serpentemens, & corrigerez l'inégalité du terrein, qui sera bien dressé sur la ligne de pente *C C*.

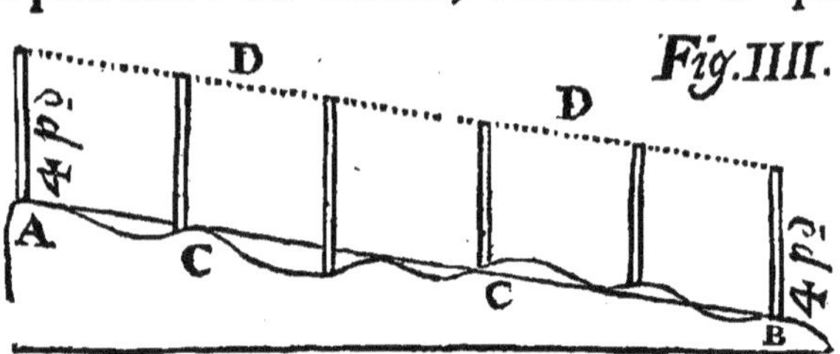

PREMIERE REMARQUE.

Si l'on veut dresser tout le terrein entier sur une pente douce, l'on fera la même opération plusieurs fois dans toute son étendue, & l'on pratiquera par des rigoles & avec le cordeau, ce que nous venons de dire *dans la Pratique précédente*, avec cette différence, que les rigoles doivent être en pente.

SECONDE REMARQUE.

La place destinée pour un parterre, après avoir été dressée suivant ce qui vient d'être dit, demande encore une façon, c'est de la défoncer d'un pied & demi de bas, d'épierrer & de passer à la claie les terres de dessus, & de les unir ensuite au rateau fin, pour qu'elle puisse être maillée, & recevoir la trace des rinceaux de broderie.

Cette maniére de niveler & de dresser les terres, est la plus facile & la moins embarassante dans l'exécution. On n'y voit point les mauvaises pratiques observées par ceux qui nivelent ordinairement, entr'autres * celle de se coucher le ventre par terre, & de faire ouvrir un trou pour s'asseoir ou s'agenouiller à la hauteur de la regle.

* La Quintinie, p. 194. tom. 1.

Nous venons de donner la pratique de dresser les terreins situés dans une plaine, & sur une pente douce : il ne nous reste plus qu'à parler de la maniére de dresser un terrein situé sur une montagne ou demi-côte, ce qu'on ne peut faire que par le moyen des terrasses, comme l'on va voir dans le Chapitre suivant.

CHAPITRE III.

DES DIFFERENTES TERRASSES & Escaliers, avec leurs plus justes proportions.

C'EST ici où consiste la plus grande dépense des Jardins, & c'est à quoi l'on doit le plus prendre garde, quand on se trouve indispensablement obligé, par la trop grande pente d'un terrein, d'en soutenir les terres par des terrasses. On ne peut disconvenir que les transports & les remuemens de terre ne coûtent infiniment : ces dépenses excessives & sourdes, quoique très-considérables, sont cependant celles qui font le moins d'honneur à leur maître. L'on s'imagine quand on voit un terrein bien dressé, des terrasses bien de niveau & bien soutenues, que cela devoit être ainsi disposé naturellement, à peine s'apperçoit-on de ces travaux quand ils sont faits ; & pour en parler avec certitude, il faut les avoir vû faire. On ne peut donc avoir trop de circonspection & de ménagement dans ces sortes d'ouvrages, pour éviter les erreurs & les tromperies qui s'y font tous les jours.

Quand il se rencontre un terrein dont la pente est fort roide, comme pourroit être celle du côteau *A*, que l'on veut rendre pratiquable pour un Jardin, on peut le disposer de trois maniéres différentes. FIG. I.

La premiére, en faisant des terrasses & sous-terrasses, c'est-à-dire, les unes sur les autres, à différentes hauteurs, dont on soutient les terres par de bons murs de maçonnerie. FIG. II.

La seconde, en pratiquant de même des terrasses, qui se soutiendront d'elles-mêmes sans aucun mur, par le moyen des talus & glacis que l'on coupera à chaque extrêmité des terrasses. FIG. III.

La troisiéme maniére, c'est de ne point faire de terrasses en ligne droite, ni de longs plein-pieds entre deux ; mais seulement de trouver des palliers ou repos à différentes hauteurs, & des rampes douces & escaliers, pour la communication, avec des estrades, des gradins, des volutes, vertuga- FIG. IV.

dins, talus & glacis de gazon placés & disposés avec simétrie, ce qu'on appelle des amphitéatres. On les orne d'arbrisseaux, d'ifs & de charmilles à hauteur d'appui, avec des vases, des caisses & des pots de fleurs, posés sur des dez de pierre. Les figures & les fontaines n'y doivent point être oubliées, comme faisant la perfection de ces piéces, dont la diversité, tant dans l'arrangement, que dans ce qui les compose, forme un effet très-agréable aux yeux; le dessein de la Figure IV. en est un exemple.

Celle de ces trois maniéres qui coûte le moins, ce sont les talus; la plus magnifique est celle des amphithéatres, ensorte que les murs de terrasse peuvent tenir le milieu en tout: on choisira celle qui conviendra le mieux à la situation du lieu, & à la dépense qu'on voudra y faire.

On suivra ici le même ordre que dans les Chapitres précédens, en expliquant quelques termes, & faisant des observations nécessaires, avant que d'entrer dans les Pratiques de la construction des terrasses. Les observations qui sont dans ces trois Chapitres, quoique séparées, ont tant de rapport entr'elles, qu'elles peuvent également servir par tout; comme elles auroient été trop longues, si on les eût placées tout de suite, l'on a tâché de les mettre dans leur vraie place, & de choisir celles qui convenoient le mieux à la matiére de chaque Chapitre.

L'Architecte, ou celui qui donnera le dessein du Jardin, doit examiner avec exactitude la pente & le serpentement d'un côteau, & en lever & dessiner correctement le profil, afin que profitant des avantages de la situation, & distribuant ses terrasses avec œconomie & discernement, il ne faille pas beaucoup remuer de terre. Tout ce qui sortira des endroits trop élevées, doit servir naturellement à rehausser les endroits trop bas; ce qui se doit faire avec un tel ménagement, que les terrasses étant achevées, on ne soit point obligé de rapporter, ni d'enlever des terres.

Les terrasses ne doivent point être trop fréquentes, ni si proches l'une de l'autre, c'est-à-dire, qu'il en faut faire le moins qu'on pourra; & par le moyen des plein-pieds qu'on pratiquera les plus longs que le terrein le pourra permettre, on évitera le défaut d'entasser terrasse sur terrasse; il n'y a rien

rien de plus désagréable dans un Jardin que de descendre ou de monter continuellement sans trouver presque aucun repos.

Meudon qui est un beau lieu est un des plus lassans Jardins qu'il y ait.

On appelle plein-pied, l'espace de terre compris entre deux terrasses, c'est-à-dire, la plate-forme soutenue par les murs, ou talus des terrasses, ce qu'on nomme terre-plein en terme de Fortification.

Quand on dit prendre le profil d'une montagne, c'est en niveler exactement la pente, & en chiffrer toutes les stations sur le plan, pour en avoir le serpentement & les courbures, ausquelles on doit s'ajuster dans la disposition générale d'un Jardin.

On appelle marquer en contre-bas, qui est un terme fort usité parmi les Ouvriers, quand on commence à compter du haut d'une perche en tirant vers le bas, pour marquer quelque mesure; comme l'on dit au contraire marquer en contre-haut, quand on commence du bas vers le haut.

On se servira dans les opérations suivantes du même niveau, & on le posera de la maniére qu'il vient d'être enseigné dans le Chapitre précédent : il en est de même du cordeau & du rateau, pour unir & égaler les terres, en faisant des rigoles ou repaires.

Il faut ajouter à l'usage des jalons & des piquets, celui des grandes perches de quinze à vingt pieds de haut, parce que les jalons seroient trop courts, pour niveler par stations la pente d'une montagne. L'on dressera ces perches de bout avec un plomb, & l'on attachera au haut un carton blanc coupé à l'équerre.

L'endroit où l'on pose le niveau pour faire l'opération du nivellement, s'appelle station, de sorte qu'un coup de niveau est compris entre deux stations.

Une ligne d'arrêt, en fait de terrasse, est l'endroit où se vient terminer la carne du mur, ou le talus d'une terrasse.

Les Terrassiers appellent Fondis, un endroit très-creux qui est à remplir. Crête ou pâté est une butte qu'il faut araser. Pour les termes de Déblai & de Remblai, l'on se sert du premier, dans l'évaluation des terres, pour signifier qu'il faut en ôter de quelque endroit, & du second, pour marquer qu'on doit remplir quelque cavité : l'on dit alors, ce Déblai sera pour ce Remblai.

Il faut observer de laisser toujours une petite pente imperceptible sur les terrasses pour l'écoulement des eaux, comme d'un pouce ou demi pouce par toise, selon la longueur de la terrasse. Cette pente se prend toujours sur la longueur, & jamais sur la largeur.

Il vaut beaucoup mieux couper les talus en pleine terre, c'est-à-dire, en terre ferme, que de les construire de terre rapportée avec du clayonnage, ils s'en conservent beaucoup mieux, & coûtent moins: cependant quand on ne peut faire autrement, on se sert de clayonnages & de fascines, que l'on construira suivant la maniére enseignée dans ce Chapitre.

PREMIERE PRATIQUE.

Couper un Côteau sur sa longueur, en terrasses soutenues par des murs de maçonnerie.

Soit le perron du bâtiment *A*, situé sur le haut du côteau, d'où l'on veut faire commencer la premiére terrasse: mesurez sur le profil, *Figure II*, la longueur de cette terrasse, chiffrée de 30 toises: faites tenir par un homme au bout de 30 toises, comme en *B*, *Figure V*, une perche un peu longue, où vous mettrez du carton ou du linge à l'extrêmité d'en-haut. Unissez une petite place au pied du bâtiment comme en *A*, & posez-y le niveau pour dresser une rigole, comme il a été enseigné ci-dessus *dans la premiére Pratique du Chapitre précédent*: en observant de faire descendre ou hausser la perche qui est en *B*, jusqu'à ce que la tête ou bout d'en-haut se trouve à l'alignement des autres têtes des jalons, c'est-à-dire, n'excéde point la ligne de mire *E*. Vous dresserez cette perche bien d'aplomb, & la ferez sceller en plâtre avec des moëllons au pied, de crainte que sa pesanteur ou les vents ne la fassent tomber, ne suffisant pas de l'enfoncer en terre, comme un jalon. Prenez la hauteur d'un des jalons qui soutiennent la regle sur laquelle on a posé le niveau, en y comprenant aussi l'épaisseur de ladite regle, laquelle hauteur est supposée de 4 pieds: mesurez en contre-bas 4 pieds sur la perche *B*, & y ajoutez ce qui sera nécessaire pour la pente qui est suffisante ici de 15 pouces; cela fait en tout 5 pieds 3 pouces. Ce point marqué avec du charbon sur la perche, déterminera la ligne de niveau & de pente de la terrasse. Mesurez ensuite la hauteur que doit avoir la terrasse suivant le profil, *Fig. II*, qui est chiffrée à 15 pieds de haut. Marquez encore en contre-bas sur la perche *B*, depuis le point noir, 15 pieds, & faites décharger ou buter le pied de la perche, juste à cette hauteur. Unissez pareillement une petite place au pied de la perche *B*, comme vous avez fait en *A*, pour y poser le niveau; faites dresser une autre perche en *C* à la distance qui sera marquée sur le profil, & par cette pratique réitérée à chaque station, jusqu'au bas *D*, vous dresserez toutes les lignes de vos différens niveaux.

REMARQUE.

Cette opération ne vous donnera qu'une seule ligne sur la longueur de la côte, & à l'une de ses extrêmités; ainsi pour achever de la dresser entiérement, il faut y joindre la Pratique suivante.

SECONDE PRATIQUE.

Dresser entiérement un Côteau sur sa largeur, en le coupant en terrasses soutenues par des murs de maçonnerie.

Supposé l'opération précédente faite depuis le haut de la colline *A*, où est le bâtiment, jusqu'au bas *D*, en autant de stations qu'il y aura de terrasses: il faut en faire autant à l'autre extrêmité *F*, en dressant une ligne de niveau d'*A* en *F*, qui sera à peu près paralelle au bâtiment. On posera le niveau sur la ligne *A F*, en fichant un nouveau jalon pour supporter la regle, & se servant de celui de l'encoignure *A*, *suivant la troisiéme Pratique du Chapitre précédent*: on dressera ensuite une rigole d'*A* en *F*, & l'on plantera en *F* un jalon, qui sera bien bornoyé sur la hauteur de celui qui est à l'extrêmité *A*, pour poser la regle & le niveau, comme on le voit en *F*, & ensuite l'on fera en descendant la côte depuis *F* jusqu'à *I*, autant de stations qu'on en a déja faites depuis l'autre extrêmité *A* jusqu'à *D*, en observant toujours de faire les terrasses des mêmes longueurs & largeurs, autant que faire se pourra, & de dresser à chaque station une ligne de niveau de travers en travers d'une perche à l'autre, comme de *B* en *G*, de *C* en *H*, FIG. VI.

de *D* en *I*; ce qui réglera le niveau de chaque plein-pied. Cela fait, on unira ces terrasses dans toute leur étendue, par le moyen des rigoles & repaires qu'on fera dans le milieu, & de travers en travers, lesquels se doivent toujours rapporter au niveau des deux lignes des extrêmités *A* & *F*, *suivant la troisiéme Pratique du Chapitre précédent.*

REMARQUE.

On ne pourra terminer la ligne d'arrêt des terrasses, qu'après que les murs seront bâtis: alors on comblera la tranchée jusqu'à l'uni de la terre. L'on gardera ces vuides pour le dernier ouvrage, afin d'y employer les terres qui seront de reste.

TROISIE'ME PRATIQUE.

Couper un Côteau sur sa longueur, en terrasses soutenues par des talus & glacis de gazon.

Si l'on ne veut pas soutenir les terrasses par des murs, à cause de la dépense, & que l'on se contente de couper les
FIG. VIII. terres en talus qui est la seconde maniére de rendre pratiquable le côteau *A*, *Fig. I*, posez votre niveau au pied du bâtiment *A*, *suivant la premiere Pratique de ce Chapitre*, *Fig. V*: mesurez sur le profil, *Fig. III*, la longueur de la premiére terrasse, chiffrée de 30 toises; portez cette mesure, du pied du bâtiment *A*, & plantez un jalon à l'extrêmité comme en *B*, c'est où se terminera l'arrêt du premier talus. Faites tenir une perche à six pieds de là, qui est la pente du talus suivant le profil, comme en *C*; bornoyez-la juste sur les autres jalons, mettez-la bien d'aplomb, & la faites sceller, ainsi que nous l'avons déja dit. Marquez en contre-bas sur cette perche, la hauteur des jalons, l'épaisseur de la regle, & la petite pente pour l'écoulement des eaux; & diminuant le tout sur la hauteur de la perche, faites-y une marque noire: ce point déterminera la ligne de niveau de la terrasse; après quoi vous dresserez une rigole d'*A* en *B*. Reportez en contre-bas sur la perche depuis cette marque, la hauteur que doit avoir la terrasse, que l'on suppose être de 10 pieds; butez ou déchargez le pied de la perche, jusqu'à ce qu'elle se trouve juste à cette hauteur, & tendant un cordeau du pied de la perche *C*, qui détermine

le bas du talus, au pied du jalon d'en-haut *B*, qui en détermine l'arrêt, vous ferez couper à la bêche ce talus, en faisant une rigole ou repaire suivant le cordeau; après quoi vous reporterez le niveau en *C*, en *D*, &c. où vous ferez toujours la même opération, jusqu'au bas de la montagne *E*.

QUATRIEME PRATIQUE.

Dresser entièrement un Côteau sur sa largeur, en le coupant en terrasses soutenues par des talus & glacis de gazon.

Pour couper tout le côteau *A* en talus, & le dresser entiérement, l'opération ci-dessus étant faite par profil depuis le bâtiment *A* jusqu'au bas du côteau *E*, il la faut recommencer pareillement à l'autre extrémité *F*, en dressant une rigole de niveau d'*A* en *F*, comme l'on a fait dans *la seconde Pratique de ce Chapitre*. L'on posera le niveau en *F*, & l'on fera les mêmes stations de *F* en *G*, de *G* en *H*, de *H* en *I* jusqu'au bas, comme l'on a déja fait de l'autre côté depuis *A* jusqu'en *E*, en observant toujours les mêmes longueurs & largeurs de plein-pieds, & en dressant à chaque station une rigole bien de niveau, de travers en travers. Cela fait, avant que de couper les talus, dressez entiérement toute l'étendue de vos plein-pieds, *suivant la troisiéme pratique du Chapitre précédent*. FIG. VIII.

A l'égard des talus, pour les bien couper & dresser sur leur ligne de pente, il faut sur la ligne *K L* qui détermine la ligne d'arrêt du premier talus, aligner des piquets de deux toises en deux toises, & en mettre en pareil nombre & à même distance sur la ligne *M N*, qui termine le pied du talus: tendez un cordeau de haut en bas, d'un jalon à son opposé, & faites une rigole ou repaire d'un pied de large suivant le cordeau. Coupez la terre ainsi par rigoles, en tendant le cordeau de piquet en piquet. Pour dresser ce talus qui est entrecoupé par des rigoles, faites ce qui est marqué à la seconde terrasse comme en *O*; passez la boucle du cordeau dans un piquet, il n'importe lequel, traînez & promenez ce cordeau de tous sens, & d'une rigole à une autre, en faisant suivre un homme qui coupera & arrasera à la bêche, les endroits où il y aura trop de terre, en suivant exactement le cordeau sans le forcer: ainsi donnant communication d'une rigole à une autre, l'on unira & aplanira tout le talus avec le rateau. Fig. VIII.

PREMIERE REMARQUE.

Si la situation du terrein ne permettoit pas de couper le talus en terre ferme, on fera apporter des terres pour dresser des rigoles environ de 12 pieds en 12 pieds. On plombera ces terres, & on les dressera suivant le cordeau, jusqu'à ce qu'il soit bien garni de tous côtés sans être forcé; ensuite l'on fera remplir de terre les vuides d'entre les rigoles, & l'on dressera ce talus sur toute sa longueur, de la même maniére que nous venons de dire.

SECONDE REMARQUE.

Quand le talus n'excéde point sept à huit pieds de long, on pourra, au lieu de cordeau, se servir d'une grande regle de Maçon bien épaisse, qui ne puisse point se cambrer. On couchera & l'on promenera cette regle sur le talus qui sera dressé dans toute son étendue suivant cette regle, pourvû que les bords de la terre d'en-haut & d'en-bas, soient bien dressés de niveau. Cette Pratique est fort bonne pour les petits talus des terrasses & des boulingrins.

On ne donnera point ici de Pratique particuliére pour dresser un côteau en amphitéatre, elle seroit assez inutile; comme ces morceaux sont composés de terrasses, de talus & de glacis de gazon, on n'aura qu'à suivre ce qu'enseignent les Pratiques précédentes.

Si les talus ne sont point coupés en terre ferme, & que les terres rapportées dont on les veut former, ne puissent se soutenir d'elles-mêmes, ils demanderont beaucoup plus de travail dans leur construction, & l'on sera obligé alors de se servir de clayonnages & de fascines en la maniére suivante.

Après avoir mis de la terre un pied de haut, en commençant par le bas, il faut mettre dessus un lit de fascines, ou de clayonnages de six pieds de large, rangés l'un contre l'autre, & faire ensorte que le gros bout ou la racine regarde la face du talus, & vienne aboutir à un pied près du revêtissement; on mettra ensuite un lit de terre par-dessus, & l'on continuera de même jusqu'en haut.

Les meilleures fascines & claies sont faites de bois verd, comme de branches & perches de saule, à cause que prenant

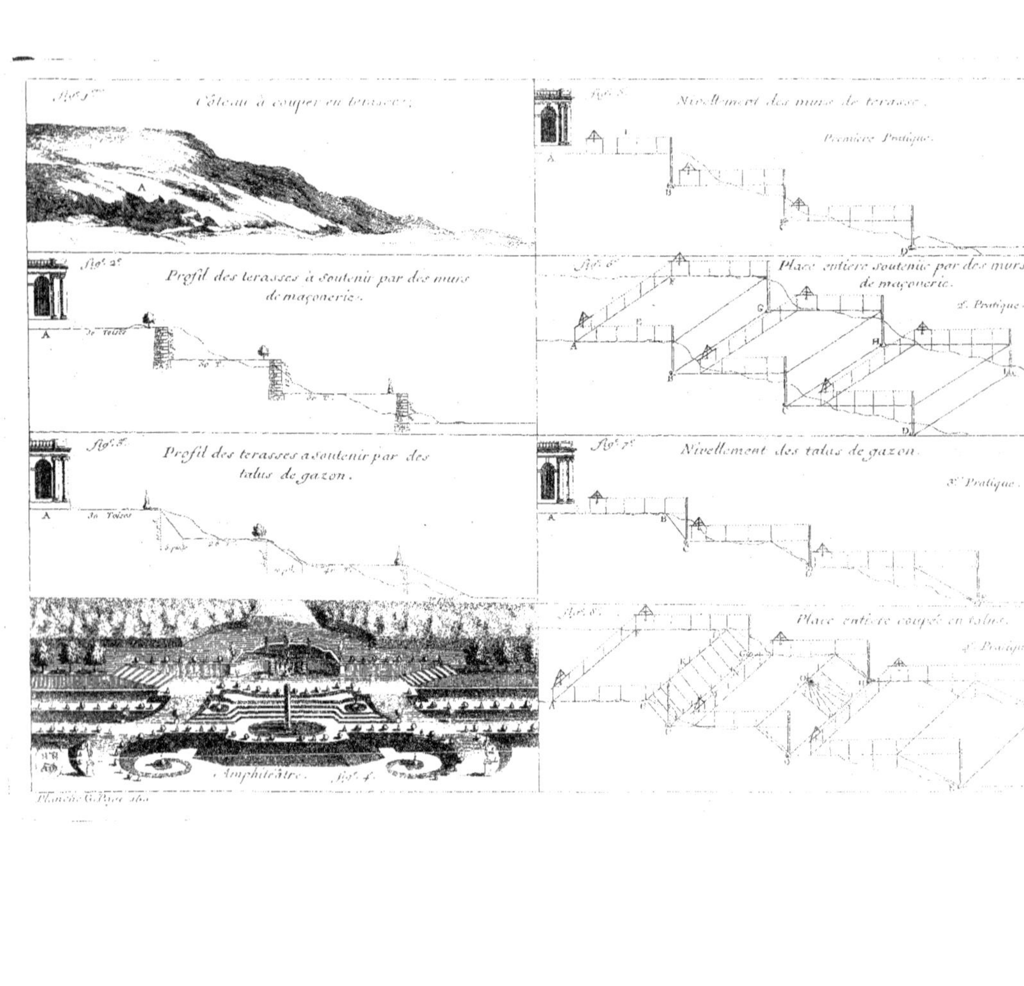

Planche G. Page

racine facilement, elles se lient mieux à la terre. Il est bon de leur laisser les racines; quand elles ne sont point incommodes, parce qu'elles peuvent servir à entretenir cette liaison. On asseoit le gazon dessus ce clayonnage, en le couvrant auparavant d'un demi pied de terre.

Pour la proportion des talus, on leur donne ordinairement les deux tiers de leur hauteur, pour n'être point trop roides; quelquefois on ne leur en donne que la moitié, ou le tiers, surtout aux petits talus. Il y a des gens qui les font d'une pente égale à leur hauteur, d'autres qui leur donnent celle d'une ligne au-dessous de la diagonale de leur quarré, parce que l'humidité tombe toujours en bas, & que le haut devient aride pendant l'Eté, ce qui fait sécher & mourir le gazon.

On doit examiner la qualité de la terre, sur laquelle on éleve des talus de gazon; si les terres sont fortes, si elles ont du corps & de la liaison, elles se soutiendront presque d'elles-mêmes, & 6 pouces de pente par pied de haut, suffiront pour bien entretenir le talus; au lieu que si ces terres sont mouvantes & sablonneuses, on en donnera au talus 9 pouces par pied.

A l'égard des murs de terrasse, l'on doit aussi avant que de les bâtir, consulter le fond naturel de la terre: la maçonnerie s'asseoit sur la terre ferme & sur le bon fond. Dans les terres sablonneuses, mouvantes & marécageuses, on fait des grils de charpente, des plate-formes, des racinaux & pilotis, sur lesquels on assure la fondation des murs.

La proportion du fruit & empâtement des murs doit être suivant leur hauteur, à cause de la poussée des terres. Pour les grands murs, on leur donne de talus, le cinquiéme ou sixiéme de leur hauteur; c'est-à-dire, deux pouces par pied; pour les murs de 12 à 15 pieds de haut, un neuviéme; & depuis 15 jusqu'à 20, un huitiéme; pour les petits murs de 6 à 7 pieds, un douziéme, & ainsi des autres: on proportionne aussi leur épaisseur à leur hauteur & à la qualité des terres.

Les escaliers doivent être placés avantageusement, comme au bas d'une allée de parterre, ou en face des principaux alignemens, & jamais dans des endroits perdus. Il est bon d'en trouver de distance en distance, pour n'avoir pas la peine d'aller chercher si loin à descendre. On les construit ordinairement de marches de pierre de taille; cependant on en fait de gazon, qui étant bien entretenus sont fort agréables à la vûe, & durent long-tems.

On doit observer que les escaliers & les perrons soient très-doux & peu nombreux en marches: leur nombre doit être impair, & ne pas passer dans une rampe 11 à 13 marches sans un palier ou repos de deux pas de largeur, & aussi long que le perron. Chaque marche peut avoir 15 à 16 pouces de giron, sur 5 à 6 de haut, compris trois lignes de pente, que doit avoir chaque marche, pour l'écoulement des eaux, qui sans cela pourriroient les joints de recouvrement.

Les rampes douces sans marches, seront prises de loin, afin d'éviter une trop grande roideur; elles seront soutenues par des murs de terrasse ou glacis de gazon; & pour empêcher que les ravines ne les gâtent, on y met d'espace en espace des arrêts de gazon ou de bois, pour rejetter les eaux des deux côtés.

Les deux premiéres Planches donnent des exemples de toutes sortes d'escaliers de pierre, convenables aux beaux Jardins. La premiére de ces Planches contient quatre escaliers exécutés dans les Maisons Royales, dont la décoration & la beauté se peuvent consulter sur le lieu; on en a donné l'élévation & le plan avec l'échelle, pour pouvoir juger de leurs proportions.

La premiére Figure est un grand escalier des Jardins de M. le Duc d'Orléans à S. Cloud, lequel descend du Château aux Cascades.

La seconde Figure est un petit escalier du Jardin du Luxembourg à Paris, dont le plan est fort ingénieux; il est situé dans le milieu des terrasses, vis-à-vis le bassin.

La troisiéme & quatriéme Figures représentent deux escaliers du Jardin des Thuilleries à Paris. Le grand est situé au bout du Jardin, en descendant de la terrasse du côté de la riviére, vers la piéce d'eau octogone, & le petit est sur la terrasse du côté du Manége.

La seconde Planche contient sept différens escaliers, qui ne sont pas encore exécutés. Le grand différe des autres, en ce que l'on y monte par les deux bouts, comme on le voit par son plan & son élévation, *Fig. I.* Au-dessus des perrons, vous trouvez des paliers & une rampe qui vous conduit sur la terrasse d'en-haut. La composition en est assez particuliére, &

quoique

quoiqu'ornée de ſimples panneaux, elle ne laiſſe pas d'être enrichie dans le milieu, d'un beau bas-relief & de corps de refend : cet eſcalier ne convient qu'à une place, dont le milieu ſera occupé par un parterre ou autre piéce, avec des allées aux deux côtés, qui viendront aboutir aux deux perrons.

Dans la ſeconde & la troiſiéme Figure, ſont deux eſcaliers à l'angle d'une terraſſe ; l'un eſt de figure octogone, & l'autre forme un quarré parfait : on les ſuppoſe à la pointe d'un bois, avec un banc dans l'échancrure, & deux allées en terraſſe qui viennent former cet angle. Ces eſcaliers ont une deſcente en face de chaque allée, & vous y trouvez un grand palier & des perrons, qui vous menent dans le bas.

On voit dans la quatriéme Figure un eſcalier d'un goût fort nouveau qu'on peut placer au bout d'une patte d'oie percée dans un bois, ſa forme eſt ovale, & en face de chaque allée il y a des deſcentes, avec de petits talus de gazon, bordés d'une tablette de pierre, qui en interrompent la rampe. L'on a placé par ſimétrie des ifs dans le haut, & des figures dans la demi-lune de charmille qui s'ouvre en face de l'eſcalier. Les trois deſcentes qu'on y voit, vous menent ſur un grand palier ovale, d'où par d'autres marches circulaires, vous deſcendez dans les Jardins d'en-bas.

Dans les trois Figures ſuivantes, ce ſont de petits eſcaliers fort ſimples, dont l'un eſt pratiqué au milieu d'un talus de gazon, *Fig. V*; l'autre eſt un eſcalier en fer à cheval, *Fig. VI*, avec une fontaine dans l'entre-deux des rampes, toutes deux à la deſcente d'un bois qui les accompagne, auſſi-bien que le petit eſcalier qui eſt repréſenté dans la Figure VII, & qu'ornent deux ſtatues.

Il s'agit préſentement des eſcaliers de gazon, qui forment des amphitéatres, des eſtrades, des gradins, &c. comme on le va voir dans la troiſiéme Planche.

Les amphitéatres conviennent à réguláriſer un côteau ou une montagne, qu'on ne veut pas couper par de hautes terraſſes & trop fréquentes pour la commodité de la promenade ; les eſtrades & les gradins ſeront bien placés au bout d'une allée & dans les niches renfoncées d'une paliſſade, comme il s'en pratique dans les boſquets décorés. Les eſcaliers & marches de gazon ſervent de deſcente dans les talus & glacis qui ſoutiennent les terraſſes; mais on ne peut jamais en conſtruire dans des murs de maçonnerie, où il faut abſolument des eſcaliers de pierre, au lieu que dans un talus de gazon, on peut, par un contraſte agréable, y mettre des marches de pierre de taille, pour détacher un peu la grande verdure.

La premiére Figure fait voir un amphitéatre de gazon à la deſcente d'un bois, & à la tête d'un grand canal : la place d'en-haut eſt bordée en partie d'une paliſſade, avec des niches, où ſont des figures en Terme, elle eſt remplie par un grand baſſin avec un jet, qu'on découvre de l'allée du milieu, ainſi que de celle de marroniers plantés le long de la terraſſe. Cette eſplanade eſt ſoutenue d'abord par un petit mur de maçonnerie, couvert de treillage & d'ifs; ce mur fait avant-corps dans le milieu de l'amphitéatre; il eſt interrompu par les deux rampes douces tournantes qui deſcendent dans les allées d'en-bas, où elles viennent ſe terminer en volutes rachevées par le contour de la piéce d'eau, avec un if pour en marquer le centre. L'on a placé au haut de la terraſſe, un banc dans le milieu, avec des ifs & des pots placés par ſimétrie : il y a un palier au pied du mur juſqu'aux trois marches de gazon qui forment une eſtrade, aprés leſquelles on trouve encore un autre plein-pied joignant le talus qui ſauve toute la pente juſqu'au bord de l'eau. Les deux murs, les marches, les talus de gazon, avec les trois paliers, ſe découpent & ſe varient aſſez bien ; c'eſt ce tout enſemble qui compoſe un amphitéatre; on l'auroit enrichi de vaſes & de pots de fleurs ſur chaque palier, ſans l'ornement d'en-bas qui l'embellit aſſez; c'eſt une petite caſcade ou buffet d'eau, compoſé dans l'avant-corps du milieu, de deux jeunes Tritons avec leurs conques d'où ſortent trois bouillons, tombans dans un petit baſſin qui ſe décharge en nappes dans la piéce d'eau; ſur les côtés & aux deux bouts, ce ſont quatre chandeliers ou champignons d'eau qui retombent encore en nappes dans cette piéce. L'on a pratiqué entre deux chandeliers, des rochers ſuans, c'eſt-à-dire, où il y a un bouillon au haut qui ſe briſe ſur des rocailles à fleur-d'eau. Ce buffet eſt fourni par le grand baſſin au-deſſus, dont la pente eſt ſuffiſante. Le terrein au-delà des rampes, eſt coupé en terraſſes & ſous-terraſſes, ſoutenues par des talus de gazon, excepté le mur d'en-haut qui regne tout du long.

L'amphitéatre que présente la seconde Figure, convient dans un endroit où la chûte n'est pas si roide, comme seroit la rampe d'un petit côteau, afin que la pente d'en-bas soit rachetée par un grand boulingrin en rampe : si l'on vouloit y exécuter un canal pareil à celui du dessein précédent, le niveau de l'eau obligeroit à faire la chûte d'en-haut bien plus roide; la tête de cet amphitéatre forme une salle quarrée, entourée de portiques & de berceaux naturels, dont l'effet est admirable d'en-bas; elle est remplie d'un bassin quarré échancré dans les angles avec un jet d'eau. La décoration du fond est rehaussée par des figures entre chaque arcade. On a soutenu les terres en face du bassin par un mur coupé de plusieurs panneaux & de corps de refend; dans celui du milieu, un gros bouillon d'eau fournit deux coupes qui retombent en nappes dans un bassin assez grand, qui occupe toute la place entre les murs de terrasses & la naissance des rampes tournantes : ces coupes sont enrichies de rocailles, & font un bel effet de loin, elles sont accompagnées sur les côtés de deux jets, que fait jouer le réservoir au-dessus; ces rampes descendent d'abord quarrément, & ensuite forment une portion circulaire; elles sont soutenues d'un côté par des murs de terrasse, à la différence de celles du premier amphitéatre qui le font par des talus de gazon : de l'autre côté c'est le terrein en pente d'un bois de haute-futaie, caché par une banquette de charmille avec des boules, qui fait un petit retour pour entrer sous les berceaux bordés d'un côté par le même bois : on a mis des chevrons de gazon en zigzag, pour rompre le courant des ravines, & les rejetter dans les bois des côtés. Ces deux rampes viennent rendre sur un grand plein-pied revêtu d'un talus de gazon, qui fait avant-corps au-devant du bassin & des deux allées des rampes, où l'on a pratiqué des marches & des escaliers de gazon. On voit sur le haut du glacis, des ifs avec des vases de fayence, posés sur des dez de pierre, & il y a quatre belles figures à l'extrêmité des rampes. Le bas est rempli par deux grands tapis de gazon en rampes, bordés d'allées & d'ifs. On les peut supposer dans un boulingrin en continuant les talus tout autour, ou bien en faisant venir à rien dans les bouts, les côtés de ces talus. On remarquera que les plein-pieds sont plus grands & plus larges que dans l'autre dessein, parce qu'il y en a moins,

& que les chûtes sont plus précipitées.

Les deux Figures suivantes sont des morceaux bien différens des premiéres en grandeur & en magnificence; ce ne sont que de petits gradins & estrades de gazon sans aucun mur, dont l'un, *Fig. III*, convient à décorer le bout d'une allée, & à lui servir de perspective : il est renfoncé dans un bois avec un treillage qui vient se terminer sur le haut. On y monte par trois marches de gazon pratiquées dans le premier talus; de ce plein-pied on passe sur un glacis qui mene sur un autre, où l'on trouve un siége ou banquette de gazon, au-dessus regne un plein-pied ovale bordé de la palissade du bois. Le gradin de la quatriéme Figure peut convenir à la même place, & ces sortes de gradins renfoncés, se mettent au lieu de bancs. C'est un glacis à pans, qui mene sur le premier palier, au-dessus duquel on voit un vertugadin ou estrade de trois marches, qui servent aussi de siéges pour s'asseoir, le giron en est sablé pour varier avec l'autre, & sa palissade monte de la même hauteur sur chaque gradin. L'on enrichit ces gradins, de caisses, d'ifs, de pots & de vases de fayence, remplis d'arbrisseaux & de fleurs de saison, dont le mêlange des couleurs réveille infiniment la grande verdure de ces piéces.

Les deux derniéres Figures sont de simples escaliers de gazon, convenables à des endroits où l'on veut flatter le coup d'œil, comme à la descente d'une terrasse soutenue par un talus de gazon. Celui de la cinquiéme Figure est double, y ayant un petit talus au-dessous du grand pour appuyer la sous-terrasse. L'on descend du haut par deux rampes sablées qui menent sur un palier ovale, d'où par trois marches circulaires vous allez sur la sous-terrasse, où trois autres marches de gazon vous menent dans le bas. L'autre escalier, *Fig. VI*, est singulier en ce que ses rampes sont coupées de marches de grosse charpente peintes en verd ou en blanc, & sablées sur leur giron, cela fait assez bien & ne laisse pas de durer. Ces marches sont assemblées sur des limons de bois, tournans en forme de banquette, avec des dez de pierre dans le bas pour y mettre des vases. Le milieu avance en glacis de gazon, & on a pratiqué dans le bas un grand tapis verd bordé d'ifs & d'arbrisseaux, ainsi que le talus d'en-haut. On voit au fond de cette terrasse une grande palissade qui se renfonce en face de l'escalier, cela a donné lieu

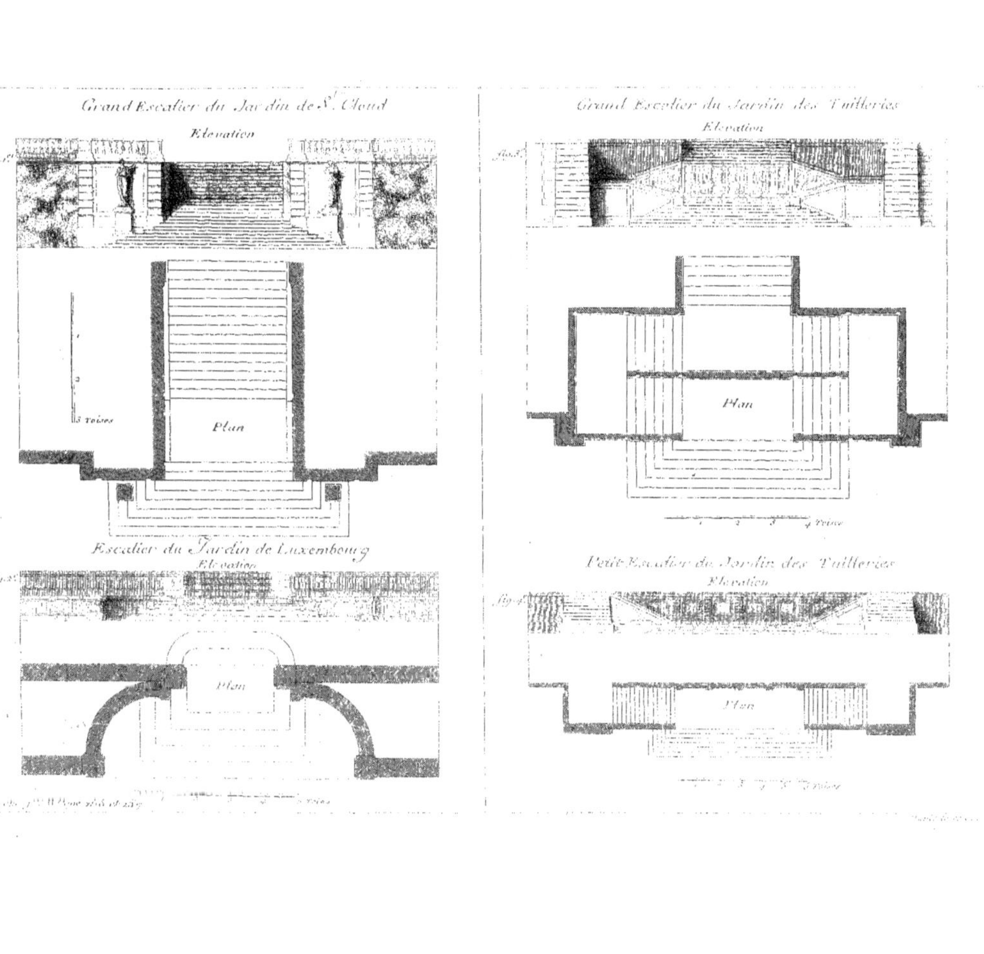
Grand Escalier du Jardin de St. Cloud
Elevation
Plan
3 Toises
Escalier du Jardin de Luxembourg
Elevation
Plan
Grand Escalier du Jardin des Tuilleries
Elevation
Plan
4 Toises
Petit Escalier du Jardin des Tuilleries
Elevation
Plan

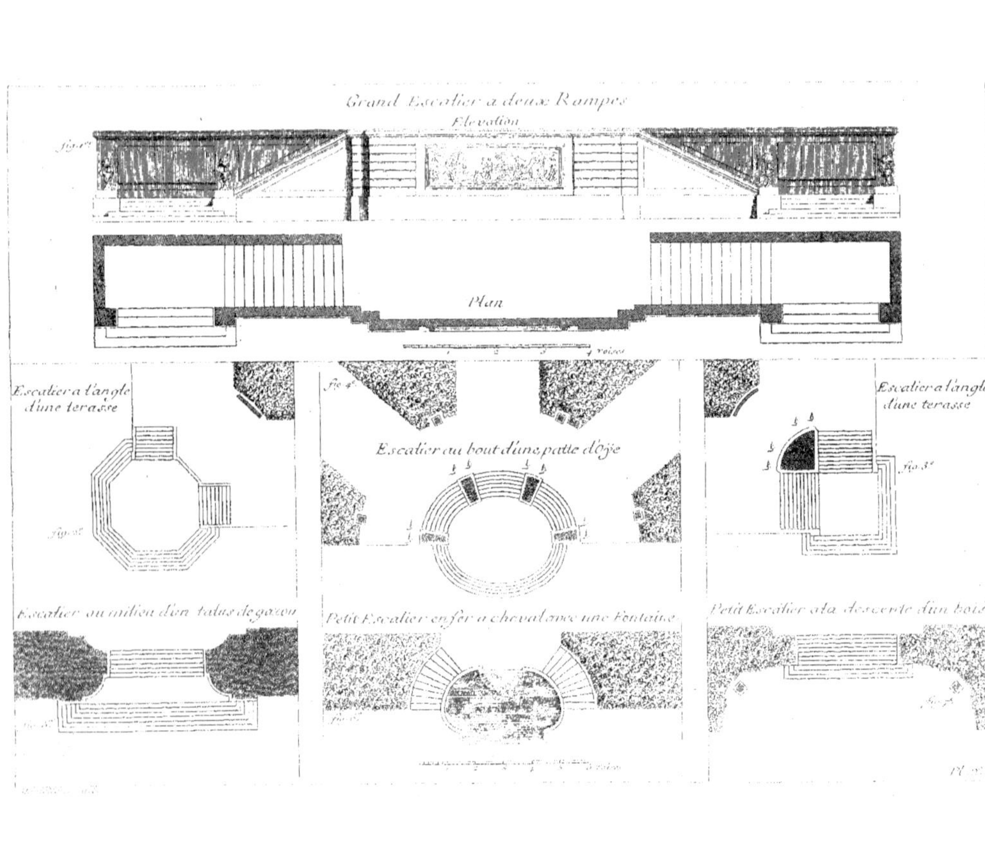

Grand Escalier a deux Rampes
Elevation
Plan
Escalier a l'angle d'une terasse
Escalier au bout d'une patte d'Oye
Escalier a l'angle d'une terasse
Escalier au milieu d'un talus de gazon
Petit Escalier en fer a cheval avec une Fontaine
Petit Escalier a la descente d'un bois

Amphitéâtre a la teste d'une Piece d'eau.
Gradin élevé au bout d'une Allée.
Escalier meslé de Rampes et de Pailliers.

Gradin dans le renfonçement d'un Bosquet.
Escalier de charpente pratiqué dans un talus.

d'y mettre un banc, avec un rond de gazon orné d'un vaſe de ſculpture.

Dans la conſtruction des eſcaliers & des gradins de gazon, on emploie pour leur donner plus de durée, de fortes planches de bateau, avec des pieux ou pilots enfoncés aux encoignures, & des piquets des deux côtés des planches pour les entretenir de champ. On brûle à demi tout ce bois, c'eſt-à-dire, on le noircit dans le feu, pour le rendre plus dur, & qu'il réſiſte davantage en terre; il ſe pourroit peindre ou goudronner, cela le conſerve auſſi. L'on ne met ces planches que pour ſoutenir la ſuperficie des paliers, & pour former les dez des encoignures; on ſçait que les marches de gazon ſe plaquent ſur la terre même, ſi l'on n'aime mieux les former toutes avec des planches que l'on revêt de buis de bois; ordinairement la premiére pouſſée des terres ſe ſoutient par des murs dans les amphitéatres, mais les petits gradins & les marches n'ont beſoin pour ſe ſoutenir, que de la terre même, & de l'herbe qui y prend racine, à moins que ce ne ſoit dans des terres ſabloneuſes ou glaiſeuſes, qui n'ayant point de corps ni de ſoutien, obligent de conſtruire ces piéces avec du clayonnage.

On donne une petite pente imperceptible à toutes ces marches pour l'écoulement des eaux, toujours vers le gazon pour l'arroſer. Dans les rampes qui ſont trop roides, & qui peuvent être gâtées par les ravines, on les croiſe de bandes de gazon, qui rejettent les eaux des deux côtés. A l'égard des eſcaliers de charpente, ou faits de bandes de menuiſerie, ils ſe peignent en verd, & on en remplit le giron, de gazon ou de recoupes bien battues qu'on aura ſoin de garantir de la ravine qui dégrave le ſable d'avec le bois. On ſe ſervira toujours de gazon plaqué dans ce qui eſt un peu roide, & pour la durée des marches dont le giron n'eſt pas gazonné, il faut un petit retour deſſus pour conſerver l'arrêt de la marche.

On doit battre ces piéces vertes toutes les années au Printems, cela les raſſure & les fait durer bien davantage: on les bornera, & on les tondera chaque mois aux cizeaux; la faulx ne peut ſervir qu'à faucher les grandes piéces; ſans cet entretien l'herbe devient trop haute, & altére toute la grace du deſſein.

CHAPITRE IV.

DE LA MANIERE DE TRACER sur le terrein toutes sortes de desseins.

IL ne suffit pas d'avoir donné toutes les Pratiques précédentes pour l'instruction des Jardiniers; quoiqu'elles soient bonnes en elles-mêmes & très-faciles dans l'exécution, néanmoins comme elles ne roulent que sur des choses détachées, on pourroit objecter, que c'est encore une nouvelle difficulté de les sçavoir coudre ensemble pour composer un tout: c'est-à-dire, que ce seroit un nouvel embarras, quand on auroit à tracer une disposition générale de Jardin. C'est ce qui a déterminé à donner ici la maniére de tracer un plan général, où il se rencontre toutes les différentes parties qui composent un beau Jardin. On espére par-là donner la perfection à cet Ouvrage, en rendant un homme capable de tracer & d'exécuter sur le terrein les desseins les plus difficiles.

On suppose que cet homme aura bien examiné & conçû toutes les Pratiques qui sont dans le Chapitre I. de cette seconde Partie, & les aura éprouvées & tracées sur le terrein l'une après l'autre, ce qu'on a déja nommé les Elémens de la maniére de tracer. Donnons-lui maintenant les moyens d'appliquer en général toutes ces parties détachées, & de les mettre en usage, dans une disposition générale de Jardin, comme il se voit dans la Planche suivante.

Le terrein étant dressé & tout préparé à tracer, suivant ce qui vient d'être enseigné dans les premiers Chapitres de cette seconde Partie, & le dessein de la disposition générale du Jardin étant aussi arrêté, nous supposerons le bâtiment fini & achevé, aussi-bien que les murs de l'enclos, n'étant point de notre sujet de traiter de l'Architecture.

On propose ici pour exemple une disposition générale de Jardin, où il se rencontre des parterres, des bosquets, des boulingrins, des fontaines, &c. en un mot tout ce qui peut former un beau Jardin, comme il se voit dans cette Planche, où ce plan est ſuppoſé deſſiné ſur un rouleau de papier, *Fig. I.*

La ſeconde Figure à côté, où ſont marqués de ſimples traits, repréſente le terrein, & ce qu'on doit faire pour y tracer & rapporter fidélement toutes les parties du petit plan, c'eſt-à-dire, les placer & les mettre en maſſe.

On obſervera que pour rapporter fidélement ſur le terrein toutes les parties & les meſures de ce plan, il faut ſuivre exactement celles qu'on trouvera avec le compas, ſur l'échelle qui eſt au bas de ce rouleau de papier : ce que nous avons déja remarqué dans le Chapitre I. de cette ſeconde Partie.

Quand on lira dans les Pratiques ci-après, *ſuivant la quatriéme, cinquiéme ou ſixiéme Pratique*; cela s'entend des Pratiques qui ſont dans le Chapitre I. de cette Partie, & non pas de celles qui ſont dans les ſecond & troiſiéme Chapitres précédens.

Pour en venir à la Pratique de tracer ſur le terrein ce plan général, on commencera à prolonger la façade du bâtiment *A*, *Fig. II*, par des jalons qu'on poſera de diſtance en diſtance des deux côtés, d'alignement au bâtiment, comme eſt la ligne *B B*, *ſuivant la troiſiéme Pratique* : meſurez avec le compas ſur l'échelle du plan, combien il y a de toiſes depuis le bâtiment *A* juſqu'au parterre *C*, vous trouverez que cette allée de traverſe a cinq toiſes de large; portez cette meſure à la toiſe ſur le terrein, du pied du bâtiment, & mettez un piquet au bout comme en *D*. Prenez le milieu de la façade du bâtiment *A*, plantez-y au-devant la perche *E*, & meſurant pareillement le milieu de l'autre façade dans la cour, plantez-y une autre perche comme *E*, en les alignant l'une ſur l'autre à travers le veſtibule : poſez enſuite le demi-cercle, ſuivant ce que l'on a dit ci-deſſus, à la place du piquet *D*, de maniére que les pinules de ſa baſe s'alignent ſur les deux perches *E E*. Prolongez par des jalons la ligne-milieu *G G*, & vous retournant d'équerre en mettant l'alidade ſur 90 degrés, *ſuivant la cinquiéme Pratique*, alignez pluſieurs jalons d'un bout à l'autre, qui vous donneront la ligne *F F*. Meſurez ſur le plan la longueur que doit avoir le parterre *C*, qui eſt de 18 toiſes, prenez encore la moitié de la largeur de la grande allée de traverſe *H H*, qui a cinq toiſes de large, ce ſera deux toiſes & demie, qui jointes à 18 que le parterre *C* a de long, font en tout 20 toiſes & demie. Portez cette longueur à la toiſe ſur la ligne-milieu *G G*, en commençant à l'endroit *D*, où vous avez poſé l'inſtrument, & ayant fixé un point à 20 toiſes & demie en-delà comme en *I*, plantez-y un piquet; ce ſera de ce point appellé centre, que vous tracerez tous vos principaux alignemens, vos maîtreſſes allées & les cercles du baſſin & de ſon pourtour. Reportez l'inſtrument qui eſt en *D* à ce centre *I*, ſur lequel vous le poſerez bien d'aplomb; mettez ſa baſe d'alignement aux deux perches *E E* près du bâtiment, & aux piquets de la ligne-milieu *G G*; alignez deſſus pluſieurs jalons d'un bout du Jardin à l'autre, environ juſqu'au point *K*, & mettant l'alidade du demi-cercle ſur 90 degrés, retournez-vous d'équerre pour l'allée de traverſe *H H*, où vous alignerez pareillement des jalons d'un bout à l'autre. Ces alignemens vous donneront les lignes-milieu de vos grandes allées, & portant par les deux bouts deux toiſes & demie de chaque côté de ces lignes-milieu, fichez-y des jalons, & ſur ceux-là alignez-en d'autres, de cette maniére vos allées auront cinq toiſes de large ſuivant le plan.

Otez enſuite l'inſtrument, & au centre *I* plantez un bout de perche, que vous enfoncerez un peu avant à la place du piquet: meſurez au compas ſur le plan, le diamétre du baſſin de ſix toiſes; prenez un cordeau de trois toiſes de long, qui eſt le demi-diamétre, paſſez-en la boucle dans cette perche *I*, & tracez ce cercle, *ſuivant la dix-ſeptiéme Pratique*. Tracez enſuite du même centre *I* l'allée d'en-bas *L* du tour du baſſin, qui eſt la portion circulaire du parterre *C*, & ralongeant le cordeau à la meſure requiſe, tracez l'allée du pourtour d'en-haut pour former la demi-lune *M M*. Terminez cette demi-lune *M M* aux rencontres des allées, par des jalons que vous mettrez d'alignement aux autres & dans la trace de la demi-lune, ce qui marquera les quatre encoignures *O O O O*. Prenez enſuite ſur le plan, la largeur du parterre *C* de 10 toiſes; portez de chaque côté de la ligne-milieu *G G*, cinq toiſes, & tracez ces deux lignes, *par la premiére Pratique*, qui avec celle d'en-bas *F D F*, & la portion circulaire *L*, vous enclaveront & borderont la place deſtinée pour le parterre *C*. Il faudra enſuite porter depuis cette trace, la largeur des allées *P P*, de

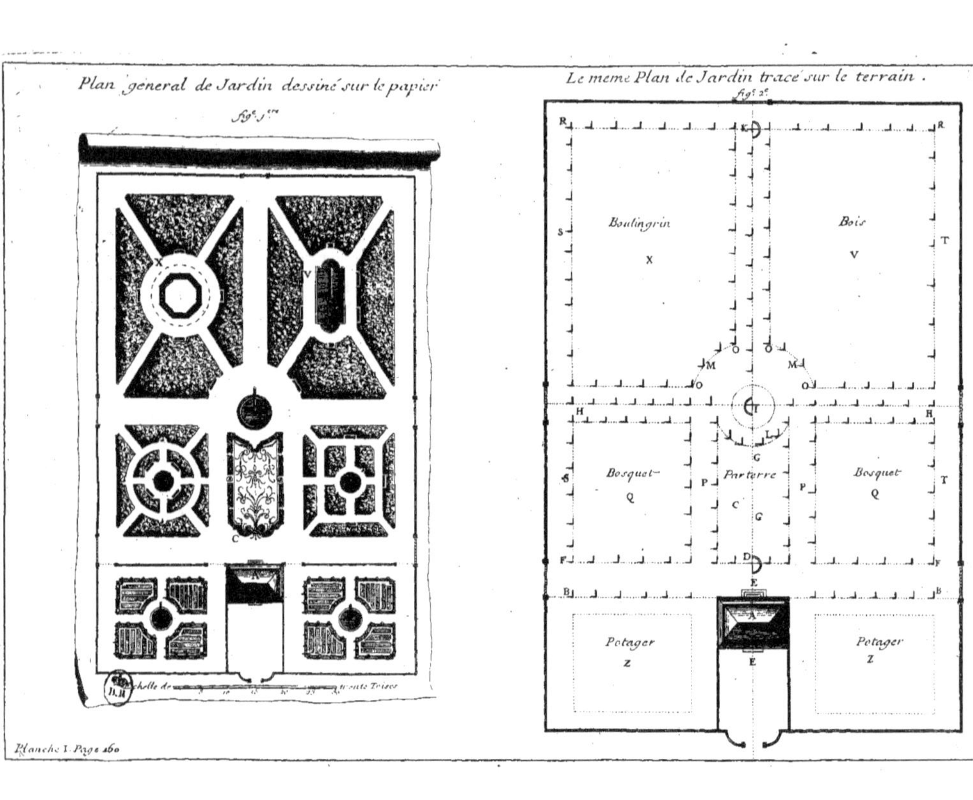
Plan general de Jardin dessiné sur le papier
fig. 1re
Le meme Plan de Jardin tracé sur le terrain.
fig. 2e
Boulingrin
X
Bois
V
Bosquet
Q
Parterre
Bosquet
Q
Potager
Z
Potager
Z
Planche I. Page 160

de trois toises & demie, & aligner les jalons de ces allées, sur ceux des encoignures *O O* de la demi-lune, & à la rencontre des deux allées de traverse *H H* & *F F*, plantez des jalons aux encoignures, qui borderont de ce côté les bosquets *Q Q*.

Pour terminer vos grandes allées, mesurez sur le plan quelle longueur doit avoir l'allée en face du bâtiment depuis la demi-lune *M M* supposée de 30 toises de long : portez à la toise cette longueur, depuis les encoignures *O O* de la demi-lune, & terminez-la par le piquet *K* où vous poserez le demi-cercle, en alignant sa base sur la ligne-milieu, & sur les jalons & perches *I G G E E*, & vous retournant d'équerre, vous alignerez des jalons des deux côtés sur toute la largeur, qui vous donneront la ligne d'équerre *R R* ; mesurez ensuite proche du bâtiment *A*, la longueur de l'allée de traverse *F F*, depuis la ligne-milieu tirée sur le plan ; cette longueur sera trouvée de 26 toises pour chaque côté ; portez sur le terrein, depuis la ligne-milieu ou perche *E* 26 toises de chaque côté. Allez-vous-en à l'autre bout, & du piquet *K* portez pareillement sur la ligne *R R* 26 toises de chaque côté : terminez ces longueurs par des jalons, & alignez-en plusieurs autres dessus, sur toute la longueur de ces deux côtés ; ce qui donnera les lignes *S S* & *T T*, terminera & enclavera les places destinées aux bosquets *Q Q*, au bois *V* & au boulingrin *X*, dont vous arrêterez les encoignures par des jalons. Les allées du pourtour des murs se traceront après cela fort aisément, en portant à la toise dans les deux bouts depuis les alignemens *R R*, *S S* & *T T*, la largeur dont elles seront trouvées sur le plan, étant paralelles aux lignes tracées. A l'égard des deux quarrés des potagers *Z Z* qui sont aux côtés de la cour, il est inutile de dire que pour les tracer, on n'a qu'à prolonger les alignemens *S S* & *T T*, &c. pour la longueur & pour la largeur, porter depuis la trace de la ligne de traverse *B B*, la quantité de toises dont ces potagers seront trouvés sur le plan : on en aura par ce moyen les quarrés.

PREMIERE REMARQUE.

Quoique l'on donne ici pour exemple un plan d'une forme bien quarrée, néanmoins si l'on avoit un Jardin à tracer où il ſe trouvât des biais, comme ceux de la V & VI Planches des Diſpoſitions générales, Partie I, il n'y auroit aucune nouvelle difficulté, ſinon d'ouvrir le demi-cercle, & le mettre ſur le même degré, que le rapporteur auroit fait connoître, en prenant ſur le papier les ouvertures d'angles. A l'égard des petites parties d'angle ou de portions de cercle faites en anſes de panier, il faut les faire à vûe, & rendre ces piéces les plus gracieuſes que l'on pourra, ſans s'amuſer à chercher un centre; quelquefois dans les ſalles vertes on ſuivra l'allée biaiſe qui y conduit, une autre fois on redreſſera la place en ſe retournant d'équerre. Ce ménagement eſt réſervé à l'habile Traceur; le goût eſt la ſeule regle que l'on doive ſuivre.

SECONDE REMARQUE.

Après avoir tracé entiérement un Jardin, il faut ôter tous les jalons & piquets inutiles, qui ont ſervi à la conſtruction, & ne laiſſer que ceux qui ſont néceſſaires; par exemple, dans les boſquets *Q Q*, *Fig. II*, il n'en faut laiſſer que quatre aux encoignures.

Cette maniére eſt la meilleure & la plus expéditive pour tracer un grand Jardin, elle conſiſte à trouver d'abord les principaux alignemens, toutes les lignes-milieu, & à mettre en maſſe toutes les parties différentes marquées ſur le plan. Il ne reſte plus qu'à donner la maniére de tracer le dedans de ces piéces, ce que l'on va voir dans les trois Pratiques ſuivantes; la premiére, pour tracer un parterre, la ſeconde un boſquet, & la troiſiéme un boulingrin, qui ſont les trois principales parties d'un Jardin & les plus difficiles à tracer. On a pris pour deſſeins ceux qui ſont marqués dans le plan général deſſiné ſur le papier, *Fig. I*, comme le parterre *C*, le grand boſquet *V* & le boulingrin *X*, & on les a rapportés en grand dans cette Planche, qui les repréſente toujours deſſinés ſur des rouleaux de papier, avec la pratique de les tracer ſur le terrein qui y eſt jointe. Planche *K*.

PREMIERE PRATIQUE.

Tracer un Parterre ſur le terrein.

La place étant bien unie & paſſée à la claie, comme nous

avons dit ci-dessus dans le Chapitre II. de cette Partie, il faut mailler sur le papier, le dessein du parterre *C*, *Fig. I*, en le séparant par des lignes tirées au crayon, qui formeront en se croisant, de petits carreaux d'environ trois pieds sur tous sens, selon l'échelle du plan. Ne vous embarrassez pas s'il reste au bout de la division une demi-maille ou quart de maille, parce qu'il en restera autant sur le terrein. Pour bien faire, il faudroit que le parterre fût dessiné, ainsi que dans la *Fig. I*, c'est-à-dire, que les feuilles & rinceaux fussent marqués d'un simple trait d'un côté comme en *A*, & de l'autre côté fussent doublés comme en *B*, ce qui facilite à mieux connoître le contour & la naissance d'une feuille, parce que n'étant pas doublée, son principal trait est plus distinct, on la trace même plus juste sur le terrein. Transportez-vous ensuite sur le lieu, *Fig. II*, prenez une mesure de trois pieds de long, divisez les lignes du pourtour de la place destinée au parterre *C*, en parties égales de trois pieds chacune, tant sur la longueur que sur la largeur, en observant de faire autant de divisions qu'il en est marqué sur le plan, *Fig. I.* Mettez des piquets à chaque maille, comme on le voit dans la *Figure II*, & tendant un cordeau de piquet en piquet sur toute la longueur & largeur, tracez des lignes par tout, qui sépareront votre place en carreaux, & vous donneront sur le terrein des mailles en même quantité que sur le papier. Prenez ensuite le dessein du parterre *C*, *Fig. I*, qu'il faut toujours avoir près de vous pour compter les mailles, & regarder le contour & la grace des feuilles. Commencez par un des bouts, il n'importe, supposons par le bout *A*, comptez en quel quarré ou maille est un tel trait, une telle feuille, par exemple, la feuille D est dans la troisiéme maille sur la longueur, & la premiére de la rangée : comptez sur le terrein en commençant en *A*, *Fig. II*, la troisiéme maille sur la longueur, & la premiére sur la largeur, ainsi qu'il se voit en D. Tracez d'abord cette feuille avec le traçoir au simple trait, & placez-la ainsi à vûe en prenant garde où elle prend naissance & où elle se termine, si c'est dans le milieu ou aux deux tiers de la maille, vous ferez la même chose pour les autres feuilles & rinceaux de tout le parterre. On peut effacer avec le rateau les faures que l'on a faites d'abord, en plaçant mal une feuille, c'est-à-dire, hors de ſa maille, ou en ne lui donnant pas la grace & le contour qu'elle demande ſuivant le deſſein. Après avoir ainſi tracé les deux côtés du parterre au ſimple trait, & avoir mis toutes les feuilles & ornemens dans leur place, il faut les doubler & refendre, comme on le voit dans l'autre moitié *B* du parterre, qui eſt deſſiné entiérement, *Fig. I.* L'on comptera de même en quelle maille ſont ces doubles traits, & l'on prendra ces petites meſures à la toiſe & au pied, afin qu'elles ſe trouvent plus juſtes que ſi on les faiſoit à vûe. L'on enfoncera un peu la trace de crainte qu'elle ne s'efface, & l'on arrêtera par des trous faits avec la pointe du traçoir, le bout & la naiſſance des feuilles & des rinceaux pour la facilité des Planteurs.

PREMIERE REMARQUE.

Plus les mailles ſont petites, plus le deſſein ſe conſerve dans ſa beauté, & ſe rapporte juſte ſur le terrein. On regle ordinairement ces mailles à trois pieds en quarré dans les petits parterres, dans les grands on leur en donne quatre. L'on ne doit renfermer dans ces mailles, que les volutes & les platebandes tournantes des bouts, celles des côtés s'alignent, ſe meſurent à la toiſe, & ſe tracent au cordeau.

SECONDE REMARQUE.

Comme il y a de la difficulté dans un parterre d'un ſeul tableau, à répéter juſte le deſſein de l'autre côté, & que cet ouvrage demande beaucoup de tems pour égaler les fleurons, tant dans la forme que dans la grandeur, on ſe ſervira de cette nouvelle pratique qui fera tracer cette moitié fort vîte, ſans mailler la place, par le moyen des triangles ſemblables & égaux, bien entendu que l'autre moitié aura été carrelée & tracée entiérement. Si l'on veut, par exemple, doubler le fleuron *O O*, *Fig. II*, l'on enfoncera bien avant deux piquets ſur la ligne-milieu aux deux extrêmités, & un entre-deux, ſi le fleuron eſt bien grand, *Fig. VII.* L'on prendra deux cordeaux faits d'écorce de tilleul, ou deux fils de fer bien mince, auſquels on fera des boucles par un des bouts pour les paſſer dans deux de ces piquets, & en les tirant tous deux vers l'extrêmité ou le contour de quelque feuille, comme en *A*, & les croiſant juſte à cet endroit, on les portera de l'autre côté, ſans en remuer les bouts qu'on tiendra fermes avec la main : alors les cordeaux obéiront, les boucles tourneront, & les tirant également, comme l'on avoit fait la premiére fois, sans rien démaret, ils formeront dans l'endroit où vous serez arrêté, comme en *B*, un triangle en tout égal à celui de l'autre côté, & donneront un point où se terminera le bout de la palmette *B* pareille à celle *A*. L'on en fera autant de *C* en *D*, d'*E* en *F*, de *G* en *H*, d'*I* en *K*, en y mettant des petits piquets : de cette maniére on prendra telle mesure, & en aussi grande quantité qu'il sera nécessaire, pour trouver exactement le contour de chaque feuille. Il y a moins d'embarras que de repasser cent fois d'un côté à l'autre, pour prendre avec la toise ou le pied malgré les carreaux, quantité de mesures nécessaires, & même l'on ne rapporte jamais si exactement cette moitié de dessein. Il est sûr que ces cordeaux ne peuvent point vous tromper dans la position d'une figure, pourvû que les piquets du milieu soient bien enfoncés, & qu'on ne démare point les bouts croisés qu'on tient avec la main, cela est très-essentiel pour l'égalité des triangles. Il faut encore qu'il n'y ait point de biais.

SECONDE PRATIQUE.

Tracer un Bosquet sur le terrein.

Les lignes du pourtour du bosquet *V*, *Fig. III*, étant tracées sur le terrein, & les encoignures *A B C D* terminées par des piquets : pour tracer les deux allées appellées diagonales *A D* & *C B*, des jalons des angles *A B C D*, *Fig. IV*, alignez-en d'autres sur toute la longueur, ce qui vous donnera les lignes-milieu de vos allées ; & à l'endroit où elles se croiseront comme en *G*, plantez-y une perche qui sera le point-milieu ; mesurez ensuite la largeur de ces allées sur le plan, supposée de deux toises, portez aux deux bouts une toise de chaque côté de la ligne-milieu, & mettez-y des jalons sur lesquels vous alignerez le bord de vos allées. Après cela mesurez à la toise les deux largeurs du bois *A B* & *C D*, & les deux longueurs *A C* & *B D*, en commençant des piquets des angles, & marquez-en juste les milieux haut & bas, par les jalons *E E* & *F F*, prolongez ces alignemens par d'autres jalons sur toute la longueur & la largeur. A l'égard de la salle du milieu qui est un quarré long ou parallélogramme, mesurez sur le plan, *Fig. III*, combien il y a de toises depuis le point-milieu de la piéce d'eau, jusqu'au centre des portions circulaires, cette longueur sera trouvée de 5 toises suivant l'échelle; portez sur le terrein, *Fig. IV*, sur l'alignement *E E* & depuis le point-milieu *G*, 5 toises de chaque côté, & fichez-y des piquets comme *H* & *I*, ce seront les deux centres d'où vous tracerez toutes vos portions circulaires; posez le demi-cercle sur un de ces piquets, comme en *H*, en mettant sa base sur l'alignement du milieu *E G E*, & son alidade sur 90 degrés, pour vous retourner (*a*) d'équerre, & pour tracer la ligne *K K*; au dessus de cette ligne vous porterez de chaque côté, la largeur des allées du pourtour de la piéce d'eau, trouvée de deux toises & demie sur le plan, pour tracer la ligne *N N*. Otez l'instrument, prenez un cordeau, passez-en la boucle dans le piquet *H*, & tracez la portion circulaire *O* suivant le diamétre trouvé sur le plan, en arrêtant votre trace à la rencontre de la ligne *K K*, par des piquets qui formeront les oreillons de la piéce d'eau; portez ensuite sur la ligne-milieu *E G E*, depuis la trace de la portion circulaire *O* la largeur des allées du pourtour de deux toises & demie, mettez-y un piquet, & ralongeant le cordeau à cette longueur, tracez du même centre *H* la portion circulaire *P* de la salle, jusqu'à ce que vous rencontriez la trace de la ligne *N N*, où vous mettrez des piquets qui détermineront les oreillons de la salle. Vous poserez ensuite le demi-cercle à l'autre bout, comme au centre *I*, en faisant la même opération pour tracer les lignes d'équerre *L L* & *M M*, & reportant le cordeau dans le piquet *I*, vous tracerez les portions circulaires *Q* & *R* des mêmes longueurs qu'à l'autre extrêmité. Cela fait vous porterez sur les lignes *K K* & *L L* depuis les piquets *H* & *I* de chaque côté, la moitié de la largeur de la piéce d'eau, qui est de deux toises & demie, où vous mettrez des piquets, d'où vous porterez encore la largeur des allées du pourtour. Jalonnez toutes ces lignes d'un bout à l'autre, tracez-les en tendant le cordeau de piquet en piquet, & les terminant par des jalons d'alignement aux bords des deux allées diagonales *A D* & *C B*, elles acheveront de former la piéce d'eau & la salle du tour. A l'égard des renfoncemens & des niches pour les bancs &

(*a*) Dans les petites figures il est inutile pour se retourner d'équerre, de se servir du demi-cercle, il suffit d'avoir un petit cordeau portatif avec lequel vous faites une section haut & bas sur la ligne-milieu.

les figures, on ſe ſervira de l'équerre de bois pour en tracer les retours, & l'on ſuivra les meſures marquées ſur le plan, *Fig. III.*

REMARQUE.

On doit, en traçant une piéce d'eau ou de gazon cintrée par les bouts, remonter un peu le centre de quelques pouces, & faire les oreillons de ces piéces fort petits, étant très-déſagréables à la vûe, quand ils ſont trop grands.

TROISIE'ME PRATIQUE.

Tracer un Boulingrin ſur le terrein.

On ſuppoſe le boulingrin marqué *X* ſur le plan, *Fig. V*, tracé en octogone ſur la ſuperficie de la terre, *ſuivant la ſeizième Pratique*, ainſi l'on n'a plus beſoin que de la maniére de le renfoncer. Plantez des piquets aux huit angles de l'octogone, *Fig. VI*, enſorte qu'ils excédent tous également la ſuperficie de la terre, comme d'un pied de haut, en ſuppoſant que cette ſuperficie ſera bien dreſſée de niveau. Remarquez ſur l'échelle combien les talus doivent avoir de largeur d'angle en angle, par exemple, de ſix pieds, mettez pluſieurs piquets à l'aventure à huit à neuf pieds en dedans de ceux des angles, ils ſerviront à faire creuſer la terre tout autour, ſans en enlever vers les bords, que l'on doit conſerver pour couper les talus en terre ferme, c'eſt ce qui eſt exprimé par le ſerpentement *a a a a*. La plus grande partie de votre terre étant enlevée, *ſelon ce qu'on a dit dans le Chap. II*, & ayant dégroſſi le talus tout autour, c'eſt-à-dire, l'ayant coupé à peu près depuis les piquets d'en-haut, juſqu'au ſerpentement *a a a a*; pour unir & égaler parfaitement le fond du boulingrin, enfoncez des jalons vis-à-vis de chaque angle, & à huit à dix pieds de diſtance, qui s'alignent ſur les piquets de ces angles, & qui ſe trouvent d'égale hauteur. Vous meſurerez ſur ces jalons en contre-bas, un pied qu'ont de hauteur les piquets des angles, & vous y ferez une marque avec du charbon. Joignez-y ce que vous voulez donner de renfoncement au boulingrin, ſuppoſé de deux pieds. Vous ferez buter ou décharger du pied ces jalons ſuivant le beſoin, de maniére qu'ils ayent en tout trois pieds de haut. Enſuite vous attacherez un cordeau au pied d'un des piquets des angles, comme en *H*, & ſur la marque noire faite ſur le jalon *K* vis-à-vis, vous y attacherez l'autre bout du cordeau. Vous meſurerez deſſus ce cordeau bien tendu, ſix pieds qu'a la largeur du talus d'angle en angle, au bout deſquels ſix pieds vous ferez tomber un aplomb juſque dans le fond, en faiſant arraſer & dreſſer les terres pour y planter un piquet à tête perdue. Faites la même opération aux ſept autres angles du boulingrin; ayant ainſi trouvé & arrêté par des piquets, les huit angles d'en-bas, tendez le cordeau d'angle en angle, & tracez le ſecond octogone du fond. Cela fait, vous alignerez des jalons par tout, dont les têtes s'ajuſtent à la hauteur des jalons & des piquets des angles d'en-haut, comme on le voit par les jalons *BCDEFG*, que vous mettrez tous à la hauteur de trois pieds. Vous tendrez un cordeau de l'un à l'autre juſqu'aux jalons d'en-bas, & par des rigoles vous unirez tout le fond de ce boulingrin, *ſuivant la ſeconde Pratique du Chapitre II.* A l'égard de la maniére de couper & de dreſſer le talus, on aura recours *à la quatriéme Pratique, & aux remarques du Chapitre précédent.*

Quand on entendra bien ces trois Pratiques, & qu'on aura tracé ſur le terrein le parterre, le boſquet & le boulingrin dont il s'agit, on en tracera après fort aiſément une grande quantité; la différence des deſſeins, les biais inévitables ſur le terrein, n'empêchent pas l'uniformité des méthodes.

On ne parle point ici de tracer un potager, un boſquet en quinconce, un parterre à l'Angloiſe, &c. ces ſortes de deſſeins ſeront fort aiſés à tracer, quand on aura bien pratiqué ce que l'on vient de dire au ſujet des deſſeins plus compoſés, & par conſéquent beaucoup plus difficiles à rapporter ſur le terrein.

Il faut remarquer que dans les grandes meſures & alignemens, il eſt plus exact de meſurer par les deux bouts, que dans le milieu.

Quand vous rencontrerez ſur le terrein, de l'erreur avec le plan du papier, ce qui arrive aſſez ſouvent, il faut vérifier & examiner toutes les meſures l'une après l'autre, pour ſçavoir où l'on aura manqué, & ſi l'on ne peut le trouver, & que l'erreur ſoit peu conſidérable, on la partagera en deux; quelque

circonſpect

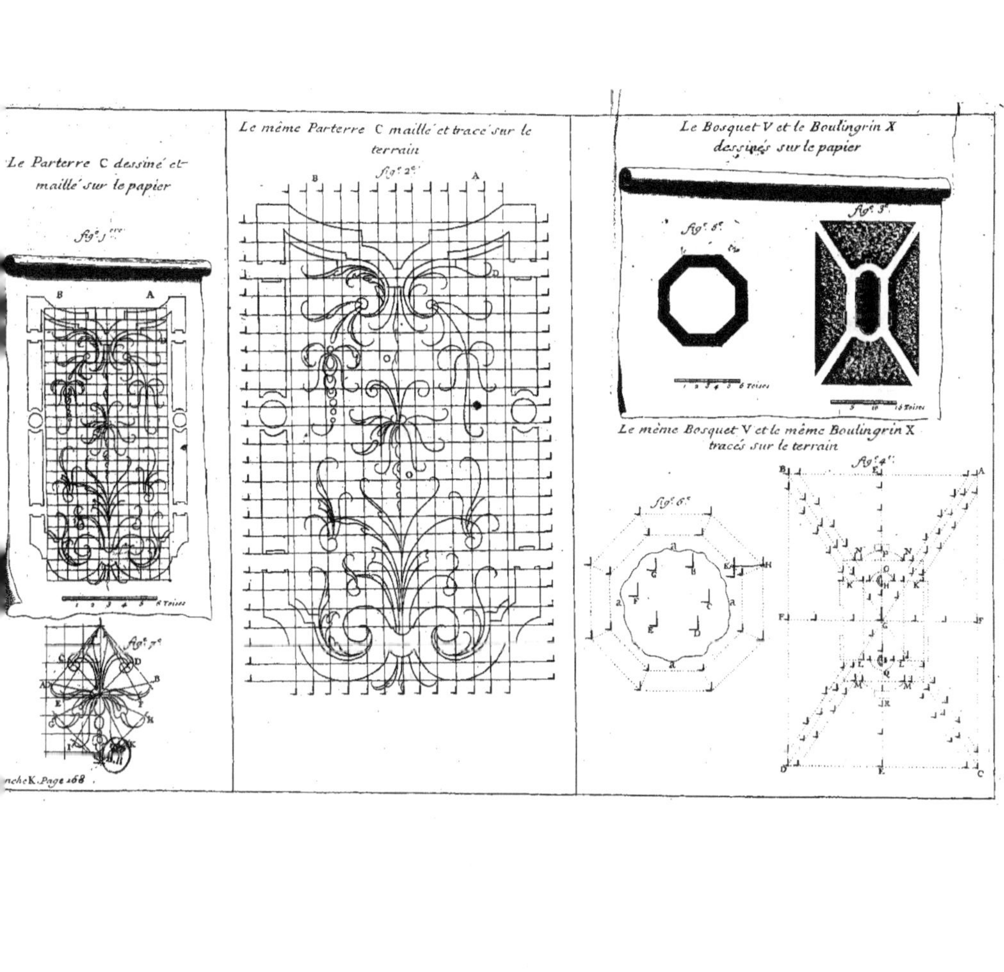

Le Parterre C dessiné et maillé sur le papier
fig. 1.ere
B
A
1 2 3 4 5 6 Toises
fig. 7.e
Le même Parterre C maillé et tracé sur le terrain
fig. 2.e
B
A
D
O
Le Bosquet V et le Boulingrin X dessinés sur le papier
fig. 5.e
fig. 3.e
1 2 3 4 5 6 Toises
5 10 15 Toises
Le même Bosquet V et le même Boulingrin X tracés sur le terrain
fig. 6.e
fig. 4.e

circonſpect qu'on puiſſe être, il eſt preſque impoſſible d'éviter ces petites fautes dont on ne s'apperçoit jamais ſur le terrein.

S'il naît quelque difficulté en travaillant touchant la pratique du demi-cercle, de la toiſe, du cordeau, ou ſur quelque terme qu'on n'entende point, on aura recours aux trois Chapitres précédens.

Il ne ſera pas hors de propos, avant que de finir cette Partie, de dire de quelle maniére on peut retrouver le centre d'un cercle, d'un octogone, ceux d'un ovale, &c. dont les meſures ont été ôtées en plantant. On a ſouvent beſoin de ces Pratiques pour changer de tems en tems des piéces rondes de gazon, des bordures de baſſins, des boulingrins ou des grands tapis cintrés par les bouts.

On ſe ſert d'une même pratique pour un boulingrin rond, & pour une piéce circulaire & plate : elle conſiſte à prendre le milieu des allées qui y aboutiſſent, y mettre des jalons, & dans l'endroit où les deux alignemens ſe croiſeront, planter un piquet qui ſera le centre cherché. S'il n'y avoit que deux allées ſur le même alignement, on prendra exactement le milieu du diamétre de la piéce, ç'en ſera le centre.

Pour regazonner le pourtour d'un baſſin rond, on paſſe le cordeau ſur l'ajoutoir du jet, & on le plie en deux, cela ſert à tracer cette circonférence qui eſt parallele à celle du baſſin : il ſe rencontre quelquefois des figures au milieu d'un baſſin, ce qui cauſe un peu d'embarras quand l'ajoutoir eſt enclavé dans la figure, mais on n'a qu'à ficher un bâton dans cet ajoutoir & y paſſer le cordeau.

L'octogone, l'ovale, ſe retracent facilement par les méthodes ci-deſſus enſeignées, en obſervant de les faire paſſer par les mêmes points où ils paſſoient auparavant, afin qu'ils ſe rapportent aux piéces voiſines. A l'égard des grands tapis de gazon cintrés par les bouts, des piéces à l'Angloiſe coupées en compartiment, on les retracera en ſuivant les piquets qu'on aura eu la précaution d'enfoncer tout autour, avant que d'ôter le gazon, *comme il a été dit ci-devant, page* 89; & ſi ces piéces ſont trop ouvragées, on peut les *redeſſiner* ſur le papier, & les mailler ſur la terre, comme on fait les parterres.

Il n'y a de difficulté dans toutes ces piéces, que lorſqu'il ſe rencontre un piédeſtal qui en occupe le centre, cela ne fait rien dans l'octogone, parce qu'au lieu de le tracer de l'angle du centre, on le tracera de l'angle du polygone. L'ovale ne donnera aucun embarras, les deux centres étant dehors un piédeſtal placé au milieu, on le tracera preſque tout autour, & l'on achevera le reſte à l'œil; mais dans les piéces où il ſe trouve des cercles, au centre deſquels ſont des figures, on ne laiſſeroit pas d'être fort embarraſſé, ſans les deux moyens ſuivans. Le premier, en ſe ſervant d'un cerceau de bois aſſez fort pour plier difficilement, que l'on liera autour du piédeſtal, de maniére qu'il effleure ſes quatre carnes: vous y attacherez un cordeau convenable à la grandeur du cercle, & vous ferez ſoutenir le cerceau par un homme, en telle ſorte qu'il tourne facilement autour du piédeſtal, & qu'il ſoit à peu près parallele à la ligne de terre, de même que le cordeau. Vous paſſerez le traçoir à l'extrêmité du cordeau, & vous tracerez ainſi votre cercle dans une juſteſſe, qui quoiqu'éloignée de la rigueur Géométrique, eſt ſuffiſante dans la Pratique. Dans un boulingrin on tracera les deux cercles paralleles l'un après l'autre. On ſuppoſe que le piédeſtal ſoit circulaire ou un quarré parfait, qui ſont les figures les plus ordinaires; ſi c'étoit un rectangle, cette pratique ſeroit inutile. Le ſecond moyen ne peut ſervir qu'en cas qu'il y ait des arbres ou une paliſſade autour d'un rond de gazon, alors on portera de chaque arbre ou du pourtour de la paliſſade, la même diſtance de pied en pied, en s'alignant toujours à peu près au milieu du piédeſtal, comme le centre, & l'on fichera de petits piquets par où doit paſſer le cercle, que l'on tracera à l'œil le plus préciſément qu'il ſe pourra; cette méthode n'eſt jamais ſi bonne que l'autre, étant ſujette à des jarets qui deviennent imperceptibles ſur le terrein.

FIN DE LA SECONDE PARTIE.

TROISIÉME PARTIE, QUI CONTIENT LA PRATIQUE DU JARDINAGE,

en ce qui regarde la maniére de planter.

CHAPITRE PREMIER

DE LA DIVISION DES PLANTES, de leur anatomie, de leur multiplication & de la circulation de la ſeve.

A diviſion des végétaux, leur multiplication, leur anatomie, & la maniére dont la ſève ſe porte dans toutes leurs différentes parties, ſemblent devoir précéder le choix que l'on doit faire des arbres, la maniére de les planter, de les cultiver, de les élever, & de les garantir des maladies qui les attaquent. Un Médecin entreprendroit en vain de guérir un malade, s'il ne connoiſſoit parfaitement les parties intérieures du corps humain : un Jardinier de même qui veut cultiver ses plantes, & les préserver des maladies ausquelles elles sont sujettes, ne le peut faire avec une vraie certitude, qu'il n'ait quelque connoissance de leur division, de leur construction interne, & de la circulation de la sève.

Les plantes ou les *végétaux* sont les mêmes : il y a tout lieu de croire que le terme de (*a*) *végétal* a été donné aux plantes, parce qu'on a crû devoir appeller *végétation* l'action par laquelle les plantes croissent, & se multiplient à l'infini. Cette multiplication en effet supérieure à celle des animaux est si considérable qu'une seule gousse de pavot contient plus de mille graines; un pied produit par une seule graine, donne plusieurs tiges, & par conséquent plusieurs gousses. Quel produit en ajoutant le contenu de chaque gousse provenant d'une seule graine !

(*a*) *Vegetans dicitur ab anima vegetante.*

On entend sous le nom général des végétaux toutes les plantes grandes & petites, soit arbres, arbustes, arbrisseaux, sous-arbrisseaux, herbes, légumes, oignons, roseaux & chiendents. On peut les représenter sous deux seules espéces, les arbres & les herbes.

Personne ne doute de l'utilité des plantes, & l'on doit présumer que la Sagesse divine qui n'a rien fait d'inutile, a donné à chacune des propriétés pour guérir toutes les maladies des hommes & des animaux. Malheureusement nous ne connoissons qu'une petite partie des Simples & leurs propriétés les plus générales. L'exemple des animaux qui discernent le Simple qui les guérit, doit bien abaisser l'orgueil de l'homme, *& l'orgueil*, (*b*) comme dit si bien Pope, *est notre ami commun*. Cette connoissance s'est cependant beaucoup augmentée, puisque du tems d'Hypocrate, on ne comptoit que 234 plantes, & qu'aujourd'hui, en y ajoutant les variétés, on en connoît plus de 20000.

(*b*) Traité de l'existence de Dieu.

Sans entrer ici dans le détail des différentes divisions que nos meilleurs (*c*) Botanistes ont faites des végétaux, il suffira de dire que toutes leurs méthodes sont bonnes, & qu'elles tendent toutes au même but. Elles donnent le moyen de débrouiller les genres, les espéces & les variétés des nouvelles plantes. C'est, pour ainsi dire, les avoir tiré de la confusion où elles étoient autrefois; mais tant qu'on ne tirera ces métho-

(*c*) Les Bauhins freres, Morisson, Herman, Rai, Tournefort, M. Linnæus.

des que d'une ſeule partie des fleurs, on ſera obligé de ranger dans des claſſes, des plantes qui naturellement ne s'y doivent point rapporter, eû égard aux autres parties. Il faudroit donc tirer cette méthode de toutes les parties enſemble, afin que tous les genres & toutes les eſpéces s'y puſſent ranger; c'eſt cette méthode générale qui nous manque, & qui fait aujourd'hui l'objet des recherches de nos plus grands Botaniſtes. On peut ſe flatter que leurs efforts ne ſeront pas toujours inutiles, & qu'ils orneront un jour la Phyſique d'une connoiſſance ſi long-tems deſirée.

Les végétaux ſe peuvent diviſer en plantes terreſtres & en plantes aquatiques. De la division des Plantes.

Les plantes terreſtres ſont celles qui croiſſent ſur la terre: les aquatiques ne ſe plaiſent que dans l'eau.

Les unes & les autres ſe ſubdiviſent en *plantes ligneuſes* ou *boiſeuſes*, en *plantes bulbeuſes*, & en *plantes fibreuſes* ou *ligamenteuſes* que d'autres appellent *herbacées*.

Les plantes ligneuſes ou boiſeuſes ſont en général tous les arbres dont les racines, la tige & les branches ſont d'une conſiſtance aſſez dure pour former du bois; elles ſe diviſent en arbres ſauvages & en arbres domeſtiques.

Les arbres ſauvages appellés *Silveſtres vel feræ*, ſont les arbres qui viennent ſans culture & d'eux-mêmes dans les bois & les forêts; les uns ſont réſineux, tels que le Pin, le Sapin; les autres ſont épineux, comme l'Aubépine, d'autres perdent leur verdure pendant l'Hiver, comme le Chêne, l'Orme, le Chataignier, le Charme, le Hêtre, & preſque tous les arbres, enfin il y en a qui la conſervent dans les plus grands froids: l'on les appelle arbres verds, tels ſont les Ifs, les Lauriers, les Phyleria & autres.

Les arbres domeſtiques appellés chez les Auteurs *Domeſticæ vel hortenſes*, ſont les arbres cultivés dans les Jardins, ce ſont proprement les arbres à fruit; les uns ſont à noyau, les autres à pepin. On les diſtingue en grands arbres ou arbres de haute tige, en arbres de demi-tige, en arbres nains, & en arbres en buiſſons, en évantail, en eſpalier. Ces figures dépendent de la taille qu'on leur donne. La nature les forme ordinairement en grands arbres, en arbriſſeaux ou *frutex*, & en arbuſtes ou ſous-arbriſſeaux appellés *ſuffrutex*.

Les plantes bulbeuses sont toutes les plantes qui ont des oignons enveloppés de plusieurs peaux ou pellicules, comme la tulippe, la jonquille, l'oignon, l'ail, & la plûpart des fleurs; quelques-uns de ces oignons sont faits comme des pattes, tels sont les anémones; d'autres représentent des griffes, comme les renoncules.

Les plantes fibreuses ou ligamenteuses n'ont que des racines très-menues ou de petits ligamens, ce sont les plus délicates, comme l'amarante, la balsamine; les bleds & les autres chien-dents sont de cette espéce, les plantes médécinales cultivées, les herbes sauvages que l'on nomme Simples, les fleurs, les (a) légumes & les herbes potageres si connues & si nécessaires à la vie.

(a) Le mot de Légume, selon l'Académie Françoise, est du genre masculin. *A legendo dicuntur* (selon Varron) *quoniam ea non secantur, sed vellendo leguntur.*

Il ne faut pas oublier les plantes parasites qui nuisent infiniment aux autres, parce qu'elles ne vivent qu'à leurs dépens, tels sont l'agaric, le guy de chêne, les champignons, la cuscute, l'hypociste, les galles & autres; elles en altérent la séve, & pour ainsi dire, la partagent. Elles végétent sur les autres, & leurs racines ne prennent nourriture que de l'écorce de ces plantes, sur lesquelles elles sont attachées, & qu'elles détruisent à la fin comme le crépi des murailles; les unes s'attachent à la superficie des branches & des troncs d'arbres, les autres à leurs racines, comme l'orobanche. Le lizeron, la capucine, le lierre, la vigne vierge, la coulevrée, ne sont point des plantes parasites, quoiqu'elles ayent de petits tendons en forme d'agraffes qui leur tiennent lieu de racines pour s'entortiller autour des arbres, elles ont leur propre semence qui en perpétue l'espéce, & excepté le lierre, elles ne nuisent point aux arbres qu'elles enveloppent.

Cette division n'est pas si sçavante que celles des grands Botanistes dont il a été parlé ci-dessus: elle renferme cependant toutes les différences des plantes, & peut suffire à tout autre qu'à un Botaniste, à qui la méthode de Tournefort est absolument nécessaire pour rapporter la multitude des Simples connus & les nouvelles plantes, à leurs classes, à leurs genres, à leurs espéces & à leurs variétés.

MULTIPLICATION DES PLANTES.

Toutes les plantes en général se perpétuent de graines, dans lesquelles par le moyen du microscope, l'on apperçoit les racines, les fibres, les tuyaux & les feuilles de la plante même que leur petitesse déroboit à la vûe.

Les plantes ligneuſes prennent un chemin plus court, elles ſe produiſent par leurs racines ; celles qui viennent au pied des arbres, ſont des brindilles ou rameaux, que l'on appelle jettons, rejettons, talles, & qu'on leve tout enracinés, quand ils ont un peu de force, c'eſt, à proprement parler, des racines éclatées du maître brin. D'autres ſe nomment boutures, plançons, drageons, croſſettes ; ce ſont des branches coupées, aiguiſées par le bout ſans racines, & fichées en terre, telles que celles du Saule, du Sureau, du Figuier, du Jaſmin, & autres, leſquelles pouſſent des racines & produiſent un arbre de la même eſpéce. Ces branches ſont pleines d'une infinité de petites particules de la plante, & lui ſont auſſi ſemblables que les parties le ſont du tout. D'autres enfin ſe nomment marcottes, provins, qui ſont des branches pendantes, qu'il faut éplucher de maniére que ce qui doit être en terre, ſoit entiérement dépouillé de feuilles, & ſans les couper on les couche cinq ou ſix pouces avant dans la terre pour leur faire prendre racines. Celles qui ſont trop roides ſeront arrêtées avec des crochets de bois, & la ſeconde année on les ſépare du corps de l'arbre pour les replanter ailleurs : cela s'appelle ſevrer une marcotte, ou marcotter un arbre ; c'eſt ainſi que l'on perpétue la Vigne, le Jaſmin, le Figuier, le Tilleul, l'If & pluſieurs autres arbres.

Le moyen de ſe multiplier qu'ont les plantes bulbeuſes leur eſt affecté ; ce ſont de petits oignons appellés *cayeux*, qui ſortent autour des gros, ou bien comme dans les anémones & & les renoncules, ce ſont des pattes & des griffes qui ſont des boutures ou talles de leurs racines : elles ne laiſſent pas cependant de ſe multiplier ainſi que les précédentes par des graines que l'on recueille quand les fleurs ſont ſéchées.

Les plantes fibreuſes ou ligamenteuſes, comme ſont les légumes, les Simples & la plûpart des fleurs, ſe multiplient de leur pied, à qui l'on donne le nom de talles au lieu de boutures. Ces derniéres ſe diviſent en vivaces ou pérennelles, & en annuelles. Les vivaces ſe multiplient de leur pied, & craignant peu la gelée, ſe conſervent pendant pluſieurs années ; les plantes annuelles par leur délicateſſe ne pouvant réſiſter à la rigueur de l'Hiver, ne durent que l'année, & ſe multiplient par leurs graines. Quelques-unes même offrent l'un & l'autre moyen à la prudence d'un Jardinier.

La taille des arbres & la coupe des herbes rendent les plantes infiniment plus fécondes, & cette multiplication forcée surpasse de beaucoup la naturelle.

ANATOMIE DES PLANTES.

Tout ce qui a vie a besoin de respiration, & l'on ne peut douter que les plantes ne respirent aussi-bien que les animaux: elles ont, comme eux, tous les organes nécessaires à la vie, des veines, des fibres, dont les unes portent la nourriture dans toutes les parties les plus élevées, tandis que les autres rapportent cette nourriture vers les racines: d'autres enfin comme des trachées & des poumons respirent l'air (*a*) sans cesse, & reçoivent les influences du Soleil. Cet air est si nécessaire à leur accroissement, qu'en mettant une goutte d'huile à l'extrêmité de leurs racines, elle bouche l'entrée de l'air dans les fibres & les canaux, & fait mourir cette partie de racines que l'on a trempé dans l'huile. Par la chaleur qui se trouve dans la terre, le mouvement de la sève est plus ou moins accéléré, l'air est plus ou moins raréfié, ainsi il est poussé facilement jusqu'en haut, il y fait sa fonction, & y montre sa force. Les plantes attachées aux entrailles de la terre tirent la matiére de leur respiration, de l'eau & de l'air mêlés & coulés dans la terre, & leurs trachées sont remplies par l'haleine de la terre, laquelle est entrée par l'extrêmité des racines, l'humidité même de la terre supplée à celle de la rosée souvent peu suffisante pour leur besoin. Un (*b*) Auteur prétend que l'air renfermé dans les plantes, est sujet aux changemens de tems, & à être raréfié & condensé, ainsi qu'il arrive à l'air renfermé dans les animaux; il s'unit avec les principes des végétaux, & influe beaucoup sur leur transpiration.

On trouve encore dans les plantes des creusets & des moules différens pour former l'écorce, le bois, les épines, les poils, la moëlle, le coton, les feuilles, les fleurs, les fruits & les graines. Tous ces prodiges viennent des sucs de la terre qui passant & se filtrant à travers la peau de la graine, fécondés

(*a*) *Talis, inquam, vicissitudo dilatationis & constructionis lateralis fibrarum plantæ præclarè æmulatur diastolem & sistolem thoracis animalium, qui motus, sicut necessitate fiunt à suis musculis, sic quoque in plantis à fibris ligneis peraguntur, & tam in his quàm in illis, novi aëris ingressus subsequitur, & proinde plantæ quoque suam respirationem, licet minùs artificiosam habebunt à qua aër aquæ commissus par radices continenter insinuatur produciturque ad omnes partes plantæ.* Borelli, de motu animal. tom. 2. p. 377. Nap. 1619.

(*b*) Malpighi, anat. plant. p. 33.

dés d'ailleurs de la chaleur du ſoleil & de celle de la terre, y reçoivent les qualités néceſſaires au ſuc nourricier qui entre dans les plantes, & qui s'y diverſifie en mille maniéres différentes. Rien de plus admirable que l'anatomie des plantes, que leur méchaniſme.

Les arbres ſont composés de petits canaux ſéparés & produits dans la terre; ces petits canaux ſe ramaſſent peu à peu en paquets, ils ſe raſſemblent ſous un même cylindre, & forment un tronc, qui à l'une de ſes extrêmités pouſſe des branches, & petit à petit ayant ſubdiviſé les paquets des plus grands en plus petits, acheve ſa figure par l'extenſion de ſes feuilles.

Les vaiſſeaux excrétoires ſont ceux qui vuident les ſucs qui ne ſont pas propres à la nourriture des plantes, & qui ont été filtrés dans leurs viſcéres. Les feuilles ont auſſi des conduits excrétoires, qui comme autant de pompes, élevent le fluide ſuperflu, & les poils dont les feuilles ſont couvertes, ſont autant de vaiſſeaux excrétoires.

Pluſieurs Phyſiciens ſoutiennent que ſi l'on coupe une groſſe racine à un arbre, on fera mourir une groſſe (*a*) branche, & réciproquement ſi l'on abat une forte branche, on fera périr une maîtreſſe racine; il réſulte de ce principe quelle eſt la raiſon pour laquelle les arbres ſe creuſent. Lorſqu'on coupe une groſſe branche, on fait précipiter, ou l'on rend inutile un paquet ou faiſceau de tuyaux longitudinaux qui nourriſſoient cette branche, de ſorte que la ſève ne s'y portant plus, l'arbre vient à dépérir dans cette partie, le tronc ſe ſéche, l'aubier tombe en pourriture, & l'arbre ſe creuſe. Les peupliers & les ſaules qu'on a coûtume de couper tous les trois ans, ſont preſque tous creux par cette raiſon.

(*a*) Les expériences que j'ai faites à ce ſujet, n'ont encore réuſſi qu'en partie.

Toutes les parties des plantes ſont compoſées de deux ſortes de corps; les parties ligneuſes, les fibres, les filets, les tuyaux, les organes, canaux, conduits n'en font qu'un : les écorces, les peaux, la moëlle ou *parenchyme*, les pulpes, les enveloppes font l'autre corps de la même ſubſtance.

La différence des plantes provient des différens mélanges, des diſpoſitions, de la proportion, grandeur & figure des pores de ces deux corps qui les compoſent. Elle vient encore des différens ſucs de la terre qui ſe filtrent à travers les fibres & les pores des plantes, comme par des filiéres & des moules.

Leur forme dépend de la diverſité de leurs petits vaiſſeaux capillaires qui changent & varient les combinaiſons des premiers principes.

Il n'eſt pas aiſé de remonter à ces premiers principes. Les végétaux, ſuivant l'analyſe que les Chymiſtes en ont fait, ſont composés de cinq principes, qui ſont le ſoufre, les ſels volatils, l'eau, la terre & l'air : ces principes par leur combinaiſon agiſſent ſelon les différens degrés de leur cohéſion.

Les végétaux, ſelon d'autres Philoſophes, ont quatre principes dans leur formation : le premier eſt le principe de vie qui eſt dans la graine ou dans la plante, avant qu'elle ſoit ſemée. Le ſecond principe réſide dans la graine, dans les pepins ou dans le noyau des fruits. Le troiſiéme vient des humidités cauſées par les pluies & les arroſemens propres à fondre les ſels de la terre. La chaleur du ſoleil fait le quatriéme principe, c'eſt elle qui échauffe la terre, & donne à la ſève le mouvement néceſſaire à la végétation.

La Quintinie (*a*) veut que l'ame végétante des plantes conſiſte, 1°. dans le milieu des arbres qui eſt le ſiége de la vie, 2°. dans une chaleur convenable, 3°. dans le tems humide de l'action de la ſève, & enfin dans des racines ſaines & placées en bonne terre.

Malpighi (*b*) dit que les principaux organes des plantes ſont les fibres ligneuſes, les trachées & les utricules.

Les fibres ſont des tuyaux étroits entrelaſſés en forme de filets qui paſſent ordinairement par l'écorce.

D'autres tuyaux plus gros paſſent dans la tige ſemblables aux trachées ou poumons des inſectes.

Les utricules ſont de petits ronds ou globules, ou de petites veſſicules ovales rangées horizontalement ou perpendiculairement dans le milieu de la tige où eſt la moëlle, & ſerrées les unes contre les autres.

Les fibres ligneuſes portent vers les branches les ſucs les plus ſpiritueux, les utricules rapportent vers les racines les ſucs les plus groſſiers & les plus imparfaits, & les trachées, comme les poumons des plantes, fourniſſent l'air qui eſt néceſſaire à la ſève, pour lui faciliter le paſſage.

Un ſçavant (*c*) Botaniſte vient de combattre ces opinions, & de prouver dans un Mémoire préſenté à l'Académie des

(*a*) C'eſt-à-dire, entre la tige & la racine, enſorte qu'on a beau couper la tête & racourcir les racines, pourvû qu'on ne coupe rien à l'endroit où eſt établi le ſiége de la vie l'arbre en devient plus beau, & repouſſe de tous cotés.

(*b*) *Anatomes plant. idea. p. 3 & ſeq.*

(*c*) M. de Juſſieu Profeſſeur & Dé-

Sciences, que le premier principe de la propagation, & celui de la vie même des végétaux réside dans la moëlle qui s'étend dans toutes leurs branches & dans leurs bourgeons. Cette moëlle qui est une espéce d'ame, & qui se voit dans le centre des troncs & des branches des arbres, se remarque plus aisément dans les plantes ligneuses, telles que le sureau, le figuier, la vigne, que dans les herbacées; cependant l'on peut croire par l'analogie qui doit régner entre toutes les plantes, que ces derniéres n'en sont pas dépourvues. Elle réside dans les gros nœuds & excroissances irréguliéres ou bosses des tiges des herbes, ou dans le collet de leurs couches; ce sont les vrais réservoirs de la moëlle: les roseaux, les chien-dents, les bleds ont dans leurs tiges des nœuds ou intersections appellés diafragmes, qui contiennent de la moëlle; les oignons dans leur base ont une substance moëlleuse enveloppée de leurs membranes qui forment le collet de leurs racines; les plantes annuelles qui poussent plus vîte que les vivaces, lesquelles n'ont point de boutures, & dans lesquelles on a de la peine à découvrir cette moëlle, se multiplient par leur graine qui dans son centre la conserve ainsi que tous les bourgeons. Ce sentiment conforme à celui de Théophraste, de Pline & de Columelle, est suivi dans toutes les parties de la plante, & répand sur une matiére aussi difficile, des lumiéres nouvelles & des conséquences solides bien dignes de leur Auteur.

monstrateur des plantes au Jardin du Roi, Médecin de la Faculté, de l'Acad. Royale des Sciences, & Secrétaire du Roi.

Les végétaux ont pour la plus grande partie des *graines*, des *racines*, une *tige*, une *écorce*, des *yeux*, des *bourgeons*, des *branches*, des *feuilles*, des *fleurs*, enfin des *fruits*.

LA GRAINE.

La graine est l'origine & la source de la végétation, & l'on peut dire aussi qu'elle en est la fin. Rien n'est plus surprenant qu'une petite graine produise de grands arbres, & cependant rien n'est plus ordinaire.

Præsentemque refert quælibet herba Deum.

Une graine ordinairement a quatre enveloppes: la capsule, comme une petite gousse, est la premiére; la seconde & la troisiéme sont les peaux de la graine; la quatriéme est la secondine faite comme la membrane mince qui enveloppe le fœtus des animaux. On y trouve une liqueur qui s'épaissit dans la suite & qui forme le corps de la graine; toutes ces peaux servent à filtrer & à conserver les graines.

Cette graine ſemée dans la terre ſe partage ordinairement, ſelon (*a*) un Auteur, en deux lobes, & a trois parties eſſentielles ou organiques, le corps qui eſt les lobes mêmes, la radicule qui forme la racine de la plante, & la plume faite comme un petit bouquet de plumes ou de feuilles déja formées, devient la tige de la plante. Le corps ligneux ou les filets de la graine, pouſſe à travers la membrane qui eſt appellée ſecondine, deux petits filets dont chacun entre dans chacun des lobes, & ſe diviſe en deux filamens dont l'un ſe diſtribue dans toute l'étendue du lobe, & l'autre s'en va dans la radicule & dans la plume.

(*a*) Anat. des plant. Grew. p. 5. trad. Fr. Paris 1675.

Il eſt néceſſaire de développer les parties ſimilaires & organiques, & les parties diſſimilaires.

On appelle parties ſimilaires celles qui ſont d'une même nature, tiſſure & ſubſtance, telles que la cuticule, la chair que Grew appelle parenchyme & la racine ſéminale. Par ce moyen on connoîtra la végétation de la graine, & comment ſe forment toutes les parties de la plante.

La cuticule eſt la premiére peau, ou enveloppe du corps de la graine dépouillée des quatre enveloppes dont on a parlé ci-deſſus, qui n'ont ſervi qu'à fournir la nourriture à la graine, lorſqu'elle germoit, & qui périſſent quand elles ne ſont plus néceſſaires : cette cuticule renferme les lobes, & s'étend ſur toute la graine.

Le parenchyme, autrement la pulpe ou chair de la graine, eſt la partie dans laquelle le corps intérieur eſt diſtribué. Poreux de ſa nature, plein de ſuc & ſemblable à de la moëlle, il ſe trouve non-ſeulement dans les lobes, mais encore dans la radicule & dans la plume de la plante.

Le corps intérieur, ou racine ſéminale eſt la racine même formée par des filets ou rameaux qui s'étendent dans les deux lobes, & ſe réuniſſent dans la radicule & dans la plume. Ainſi les plantes ont deux racines, la racine ſéminale de la (*b*) graine, & la radicule qui eſt la vraie racine de la plante.

Toutes les graines ont une petite ouverture, à y paſſer une corde d'épinette à l'extrêmité la plus épaiſſe de la graine, & cette ouverture ſe termine à la pointe de la radicule. Les graines enveloppées de coques & de noyaux ſont auſſi percées ainſi que leurs coques & noyaux.

(*b*) En coupant en travers une groſſe féve de marais, on découvre toutes les parties de la graine. Le Lupin eſt de même.

Les parties dissimilaires ou de différente nature, sont composées de différentes natures ou espéces ; ces parties sont la racine, le tronc, les bourgeons, les feuilles, les fleurs & les fruits.

Suivons une graine semée dans la terre : elle s'enfle d'abord, elle se remplit d'une humeur qui fermente, il se forme un corps sous la pélicule qui ne peut plus y être contenu, à cause de la substance que la terre lui fournit. La graine grossit par ce moyen, elle s'ouvre, & il en sort une tige formée par le plus subtil de la sève qui monte en haut ; le plus grossier pousse en bas pour former les racines. Ce suc passe par trois peaux, dont la cuticule est la troisiéme, il s'y purifie, il s'y fermente, & il entre dans le parenchyme qui est une partie du véritable corps de la graine. Végétation de la graine suivant Grew p. 19 & suiv.

Ce suc bien préparé entre dans toutes les branches de la racine séminale, il y prend sa derniére qualité, & devient un aliment très-propre à nourrir & à faire croître la radicule qui reçoit la premiére le suc nécessaire avant la plume qui croît la derniére. Ce suc venu des lobes dans la radicule, l'ayant fait croître, elle reçoit elle-même de la terre un nouveau suc plus abondant qui se fermente avec l'autre, repousse peu à peu ce suc primitif, & l'oblige à prendre un mouvement contraire à celui qu'il avoit auparavant, & à retourner de la racine vers la plume qui par ce moyen se nourrit & se déploie peu à peu. Ce suc nourrit aussi les lobes, le parenchyme & la racine séminale, de maniére que les lobes grossissent & sortent de la terre pour former les feuilles, qui ne sont autre chose que les lobes mêmes étendus, sortis de la terre, & changés en feuilles. Ces feuilles servent à garantir de la chaleur la plume, lorsqu'elle est encore jeune, & à lui fournir la rosée qui lui est si nécessaire. Elles la conservent jusqu'à ce qu'elle ait formé une belle tige qui s'éleve petit à petit & devient boiseuse : elle pousse ensuite des bourgeons, d'où partent des branches, des feuilles, des fleurs & des fruits. Elle produit enfin d'autre graine qui en perpétue l'espéce.

On remarque qu'en semant une graine, en quelque sens que se trouve sa plantule ou embrion, elle fera un coude en poussant, & se redressera perpendiculairement à l'horizon pour former une tige, des branches, des feuilles, des fruits & de la graine. Sa radicule ira au contraire vers le bas, pour s'enfoncer en terre, & pour former des racines, dans une direction opposée à celle de la tige. Le germe reste toujours au même endroit de la graine : si cela n'étoit pas ainsi, il y auroit la moitié des graines que l'on sème & qui se trouvent renversées par hazard, qui ne produiroient rien, mais qui avorteroient dans la terre.

Dans une graine il y a une matiére blanche appellée farine qui sert à nourrir la plante, jusqu'à ce qu'elle tire sa substance des sels de la terre, par l'accroissement de ses racines. La graine, outre cela, contient une humeur oléagineuse, propre à lui conserver le principe de vie, lequel sécheroit sans ce secours. Les herbes & les légumes, qui ont souvent de plus grosses semences que celles des plus grands (*a*) arbres, au lieu de chair, ont des gousses pleines de fibres qui contiennent des graines. Il y a dans la plûpart une ouverture ovale & déchirée, par où l'humeur se transmet dans le corps rond & spongieux de la plante.

(*a*) Rien n'est si petit que la graine d'Orme.

La nature a donné à plusieurs fruits la vertu élastique, pour répandre leurs graines par tout, & éviter de se nuire l'une à l'autre. Tels sont les fruits de cresson des prés, & de l'*oxis* ou *alléluia*, dont la graine a une enveloppe blanche & épaisse qui étant desséchée, se créve & s'ouvre en un instant : ces deux plantes élancent leur semence par un ressort qui ressemble à une vis subtile, qui étant devenue forte, rompt la capsule, & jette la semence assez loin. Les fruits qui n'ont pas cette vertu élastique, comme celui de l'Orme, du Frêne & autres, par le moyen de leurs aîles ou de leurs plumes sont enlevés par le vent, & portés fort loin; deux moyens qui tendent à la même fin.

Malpighi (*b*) suit une graine semée, depuis le premier jour jusqu'au vingt & trentiéme jour qu'elle se trouve sortie de la terre. On peut lire ce qu'il dit à ce sujet, ainsi que sur la (*c*) génération de la graine. Grew (*d*) enseigne aussi comment la graine se forme : cette matiére nous meneroit trop loin.

(*b*) *De seminum vegetat. p. 98 & seq.*

(*c*) *Anatomes plant. p. 71 & seq.*

(*d*) Anat. des plant. Grew. p. 211. trad. Franç.

LA RACINE

M. de Fontenelle dit que la racine est l'estomac de la plante, & qu'elle fait la premiére & la principale préparation du suc qui passe ensuite, pour la plus grande partie, dans les vaisseaux de l'écorce, & y reçoit une nouvelle digestion; ce qui prouve combien l'écorce eſt plus importante que la partie ligneuſe. Les feuilles achevent de perfectionner le ſuc nourricier; on le remarque aux arbres qui ont fleuri, & qui étant dénués de feuilles par les chenilles, ne produiſent point de fruit dans l'année.

La racine d'une plante n'eſt autre choſe que la radicule augmentée : elle a cinq parties, la peau, l'écorce, le corps ligneux, les inſertions & la moëlle. La peau de la racine vient de la cuticule de la graine, l'écorce eſt formée par la moëlle de la radicule; c'eſt une éponge qui s'étend & ſe dilate de tous côtés par la multitude de ſes pores. Le corps ligneux eſt au-dedans de l'écorce, d'où il tire ſon origine, auſſi-bien que de la graine : ſa tiſſure eſt plus ſerrée, & elle forme un cercle plein de pores plus ouverts que ceux de l'écorce. Les inſertions ſont entre les pores, & vont de la circonférence de l'écorce au centre ou moëlle de la plante. La moëlle ſert à perfectionner le ſuc & à le faire fermenter par la tige; c'eſt un amas de petits bouillons poreux.

Les racines ſont une portion de la tige qui, à l'une de ſes extrêmités, ſe diviſe en rameaux, & ſe termine en filamens très-déliés. Ces rameaux ſont recouverts tout autour d'une écorce molle & épaiſſe, & leur circuit eſt entaſſé de filamens moux, comme de la laine. Leurs trachées ne ſont pas paralelles ni droites, elles tournent autour des canaux, comme fait la main quand elle prend quelque choſe, le tronc de la racine eſt en mouvement comme le principe de toutes choſes.

Les racines tirent leur nourriture de la terre par deux moyens : le premier eſt l'arbre même planté en terre, lequel a déja en ſoi un principe de vie. La chaleur du ſoleil eſt le ſecond moyen qui communique à l'arbre ſa vertu, & qui fait fermenter ſa nourriture, enſorte que, de liquide qu'elle étoit auparavant, elle prend une conſiſtence propre à former un arbre.

La racine reçoit le ſuc imparfait pour le perfectionner; il faut qu'il ſoit aſſimilé au bon ſuc ou ſuc nourricier, qui eſt celui qui monte, & qui retourne à la tige, après avoir acquis de la terre & des racines les qualités requiſes, & avoir été préparé par les conduits qui l'ont perfectionné.

Les plantes ſont nourries par les racines, dont les pores ſont diſpoſés à recevoir le ſuc de la terre. Ce ſuc ſe diſtribue par les fibres de la plante, & il y circule par tout, pour former les fleurs, les fruits, les branches & les feuilles. Les gommes, les résines & les térébenthines viennent de la nature de la sève plus ou moins huileuse.

Les racines, de leur nature, gagnent le bas. Mettez le germe d'une graine en haut, la racine qui en sortira, fera un coude pour s'enfoncer en terre selon sa destination ; la tige de même fera un coude opposé pour remonter en haut. Je l'ai souvent observé dans des rochers couverts de broussailles ; j'ai même expérimenté, en plantant un arbre où j'avois taillé exprès le bout de la racine en dessus, au lieu que c'est la coûtume de le couper en dessous, que les filamens de la racine avoient fait un coude pour regagner le bas.

Quelquefois les racines se renouvellent d'elles-mêmes ; comme dans la renoncule, dont la partie inférieure de la racine ou griffe se pourrit au bout d'une année, & à mesure qu'elle déchoit, la racine en fournit par-dessous une nouvelle pour la remplacer.

LA TIGE. La tige ou le tronc d'un arbre vient de la plume que l'on a vûe ci-dessus être une partie essentielle de la graine ; elle a la même origine & les mêmes parties que la racine.

Quand l'écorce est levée, cette tige est une poitrine composée de plusieurs genres de vaisseaux, (a) de viscéres, de fibres, de nerfs & de moëlle. Les fistules ou canaux, forment des faisceaux perpendiculaires en forme de réseaux, servant en partie à porter le suc nourricier dans les parties les plus élevées; parmi ces tuyaux il y en a d'un peu plus gros que les autres, mais en moindre quantité & de différentes figures, qui sont composées d'une ceinture mince & transparente : ils servent à respirer, & ce sont les trachées des plantes, ainsi qu'on le voit dans les insectes. Il y a encore de petits ronds ou globules en forme de nattes, ou comme de petites vessies que (b) Malpighi appelle *utricules*. Ils forment des zones de figure ovale, menées horizontalement ou transversalement, & un angle droit avec les fibres, qui montent perpendiculairement. L'espace qui se trouve entre les fibres & les trachées, forme des vuides appellés *Areæ* qui sont remplis par ces utricules. Ces zones sont posées dans les herbes différemment que dans les arbres. Dans ceux à fruit la moëlle est plus abondante,

(a) En coupant en travers une plante d'aloës, on voit sans microscope les canaux, les fibres & les trachées des plantes.

(b) *Cuticula utriculis seu sacculis componitur. Anat. plant. idea. p. 2.*

abondante, & les croiſſances des utricules ſe confondent en moëlle, ce qui les rend de moindre durée que les autres.

Le tronc eſt la principale partie des arbres, dont le bout attaché à la terre par les racines, s'éleve en branches, d'où pendent les feuilles, les fleurs, les fruits & la graine : le tronc s'appelle tige dans les arbres ; dans les légumes on le nomme tuyau, & roſeau dans les grains. Ces tuyaux, pour avoir plus de force & ſe ſoutenir, ont des nœuds appellés genoux.

Ces nœuds ſont la production d'une prochaine fécondité dans les fibres & trachées, afin que produite en dehors, elle s'étende en nouvelles feuilles, & forme les yeux & les bourgeons de la plante, ce qui exige un nouvel entrelaſſement de fibres, qui ſortent & s'attachent au principal tronc. Ces nouvelles fibres ſe communiquent aux intérieures.

L'augmentation du bois ſe fait par les côtés, & chaque année le tronc & les branches reçoivent cette augmentation par un cercle ligneux qui marque l'âge de l'arbre, ou par une nouvelle enveloppe extérieure de fibres & de trachées. Ces fibres ou fiſtules ſont toujours ouvertes par en haut, & les trachées, comme les anneaux cartilagineux des poumons, ont des lames ſpirales pour reſpirer l'air extérieur, & le porter aux racines. La moëlle qui s'élargit dans la tige, & la dilatation du corps ligneux donnent à la tige la force dont elle a beſoin pour ſe ſoutenir. Sa forme creuſe & remplie de moëlle, comme une eſpéce de tuyau, l'empêche de ſe courber, & la fait croître directement en haut. La largeur de la tige ſert à diſtribuer le ſuc également, & rend la fermentation qui s'y fait plus grande, ainſi que le mouvement, pour le faire groſſir, & pour pouſſer des branches qui ſortent toujours de la tige.

L'écorce n'eſt pas une des moindres parties de l'arbre. L'intérieure appellée *Liber*, eſt celle qui eſt la plus proche du bois, l'extérieure qui eſt celle qui paroît aux yeux, s'appelle la *Cuticule* ou l'épiderme de l'écorce. Elle ſert de tuteur pour garantir le bois, & lui eſt ſi néceſſaire que les arbres qui en ſont privés, durent très-peu de tems. Entre cette écorce & le bois, il ſe trouve une ſubſtance très-délicate appellée *Aubier*, qui devient bois dans la ſuite. L'ECORCE.

Par les nouvelles enveloppes de fibres qui ſe font chaque

année, l'écorce sert beaucoup à l'accroissement des végétaux. Ces fibres répandues dans les rangs horizontaux des globules ou utricules, y apportent une solidité qui à la fin prend une vraie substance du bois.

Les lignes fibreuses de l'écorce sont concaves, formant des tuyaux, qui ne sont ni droits, ni paralelles, mais ramassés ordinairement en faisceaux. L'humeur qui monte dedans, est suspendue, comme par des soupapes qui ne sont autre-chose qu'une petite partie de fibres, qui déborde un peu en dedans, & qui fait que la moindre goute monte par degrés en haut de l'arbre comme par une corde. Rien n'y contribue plus que l'air par ses variations & par son mouvement élastique. L'humeur ou le suc qui est l'aliment de l'arbre, tel que le chyle dans les animaux, fermenté par l'ancienne humeur, se convertit en aliment parfait. Les rangs des utricules, par cette fermentation, ainsi que des sacs ou cavités disposés en rayon de roues vuides dans la jeunesse, se remplissent & se pétrifient, quand l'arbre est vieux. Le suc, par ses additions, se cuit dans l'écorce, & se distribue dans le bois & dans les autres parties des plantes, d'où l'on voit que les écorces brûlent plus vivement, que les autres parties des arbres; l'écorce cependant ne sert qu'à porter une partie du suc nourricier, le reste passe par le bois & la moëlle de la tige. La vigne qui a peu d'écorce, tire sa sève au travers de son bois.

LES YEUX & LES BOURGEONS.

L'œil (a) est différent du bourgeon en ce que l'œil perce & se prépare dans le mois de Juin, pour former au Printems suivant, un bourgeon qui s'enfle alors. L'œil est encore différent en ce qu'il reste long-tems en repos, & que le bourgeon pousse aussi-tôt.

Il y a deux sortes d'yeux, l'œil poussant & l'œil dormant: on dit greffer à œil poussant, dans le mois de Mai; & à œil dormant, dans le mois d'Août, quand il reste encore un peu de sève.

On peut dire que le bourgeon est une branche en racourci, avec tout ce qu'elle doit produire: les feuilles y sont arrangées & couchées avec beaucoup d'art.

Le suc abondant fait courber les tuyaux près des côtés, & se jette dehors, ce qui augmente les fibres & l'écorce qui, se joignant aux trachées & à la moëlle étendue, font sortir de

(a) *Gemmæ per annum ita conditæ latitant, donec accedente vere, laxatis viis ampliores redditæ in surculi speciem extendantur.* Malpighi, *Anat. plant. p.* 46. *Thesaurus locupl.* Leiden 1687. 3. *vol.* 4°.

nombreuſes feuilles, contenues dans le petit corps de l'œil, d'où le bourgeon ſort l'année ſuivante.

La fécondité des arbres provient de ce que chaque branche, chaque rameau produit ſa graine. Ces petites branches produiſent tous les ans de nouvelles parties, qui ont toutes des yeux. Chaque rameau, l'année qu'il paroît, a les organes néceſſaires pour produire de la graine, & devient fécond en peu de tems. Il devient enſuite infécond le reſte de ſa durée, mais il ſert à la végétation du corps auquel il eſt attaché, ainſi que les autres yeux qui ne produiſent pas toujours. C'eſt la raiſon pour laquelle on choiſit toujours le jeune bois pour greffer, parce qu'il faut trouver des yeux nouveaux & animés, qui ſont les ſeuls qui apportent du fruit.

Dans toute l'opération de la ſève & de la pouſſe des yeux & bourgeons en branches, le mouvement eſt égal & lent; toutes les parties s'avancent enſemble, de maniére que rien ne ſe rompt.

LES BRANCHES & LES FEUILLES.

L'éruption des branches & des feuilles vient du bourgeon qui s'étend & ſe change peu à peu en branches portées collatéralement. Les branches ſont compoſées des mêmes parties que la tige. Les feuilles qu'elles pouſſent, ſe déploient, leur peau eſt la même que celle de la branche, qui s'étend, & qui par l'extenſion des parties dont elle eſt compoſée, & de celles qu'elle reçoit pour ſe nourrir, s'élargit de la maniére dont nous le voyons.

Les branches croiſſent à l'œil & à l'aiſſelle de la queue de la feuille; les étamines ſortent enſuite, la nature les a rendues propres à la fécondation des graines, elles expoſent à l'air, en certains tems, des fleurs, ainſi qu'une matrice qui porte un œuf ou un embrion. Ce ſont des enfans émancipés qui produiſent de nouvelles races.

Les parties des feuilles ſont la queue ou le petit pied, les côtes & la partie blanche: le petit pied ou pédicule qui naît du bourgeon & jamais des anciennes branches, ni du tronc, occupe le milieu de l'œil; il eſt l'aſſemblage des côtes & des tuyaux de la prochaine feuille, d'où elles ſortent lorſqu'il eſt diviſé par l'éruption. Les côtes ſont compoſées de fibres & de trachées tenant les unes aux autres, & formant un réſeau. Toutes ces trachées & ces fibres pleines & augmentées par un ſuc abondant, preſſent les autres fibres auſquelles elles ſont adhérentes, de s'étendre latéralement. Des vuides qui ſe trouvent entre les fibres & les trachées des feuilles, ſe rempliſſent de globules qui ſont un autre genre de réſervoir. La partie blanche au bout des feuilles, appellée *Unguis*, eſt environnée d'une zone, ou ligne épaiſſe, dentelée, ſouvent colorée avec des utricules, des épines, des poils & des barbes à l'extrêmité. Cet ordre différent d'utricules, forme les différentes eſpéces de feuilles, qui ſe couvrent enſuite d'une peau qui les conſerve, & qui leur donne leur couleur. Pendant la nuit les feuilles pompent la roſée, & toute l'humidité qui leur eſt néceſſaire.

Les feuilles, qui ne ſont autre choſe que des augmentations du tronc alongé & déchiré, renouvellent les arbres & les herbes; elles ſervent à cuire le ſuc des plantes, & à le porter aux fruits. Ce ſuc qui paſſe des racines dans les feuilles, acquiert par un long chemin, une grande perfection ; il ſéjourne dans les utricules des feuilles; il s'y mêle avec l'ancien ſuc, & fermente par le moyen de la chaleur de l'air extérieur. C'eſt par-là que ſe fait la tranſpiration des choſes inutiles. Il y a pour cet effet dans les feuilles, des glandules, pour faire ſortir l'humeur trop viſqueuſe, afin que le ſuc qui reſte ſoit plus nourriſſant. On voit par-là que les feuilles ſervent infiniment à la végétation des plantes.

Les branches pouſſent en haut, par l'impulſion du ſuc qui vient d'en-bas, & les racines pouſſent en-bas par l'impulſion du ſuc qui vient d'en-haut : c'eſt toujours le même ſuc qui circule partout. Cette impulſion ſe fait par le gonflement & la dilatation du ſuc contenu dans le vaiſſeau, lequel ſe raréfie & ſe gonfle, tant par la chaleur du dehors, que par celle qui eſt dans la terre.

Pour être plus légéres, les feuilles ſont plates & minces; ſi elles étoient rondes ou en tuyaux, elles pouſſeroient des branches; leur forme en dais, ſert à conſerver les arbres & à défendre leurs fleurs & leurs fruits contre le grand chaud & le grand froid. L'avantage qu'elles ont de recevoir la pluie, ſert infiniment à la nourriture des plantes.

La ſimétrie des feuilles, ainſi que leur place, eſt peu réguliére & indéterminée. Chaque eſpéce d'arbre a différentes (*a*) feuilles ; elles tombent tous (*b*) les ans, pour exciter de nouveaux organes. Comme les paſſages ſont dérangés, & l'ancien ſuc épuiſé, elles deviennent inutiles dans la nature, & étant ſéchées, elles tombent & donnent moyen à de nouveaux yeux de ſe former & de commencer au Printems ſuivant une nouvelle pouſſe. L'abondance de la ſève, à la fin de l'Automne, fait tomber les feuilles qui dans cette ſaiſon deviennent plus chargées, & ne tranſpirent point. En Eté c'eſt le trop peu de ſève & la grande chaleur qui les font tomber.

(*a*) *Tamvariè natura ludit in foliorum forma, ut perpetuum hominibus paraverit ſpectaculum.* Malpighi, p. 50.

(*b*) *Pleraque etiam partes quotannis amittunt, ut cervi cornua, aves nidificantes pennas, quadrupedes pilos.* Theop. lib. 1. cap. 1.

Les branches agitées par le vent font le même effet aux arbres, que l'impulſion du cœur aux animaux. Ce mouvement comprime les ſucs contenus dans leurs tuyaux, & les pouſſe juſqu'aux extrêmités des feuilles. Il n'y a point de véritable impulſion que celle de l'air extérieur, qui par ſa chaleur attire le ſuc nourricier, pour le diſtribuer dans toute la plante. La fermentation qui ſe fait dans la terre, ſert encore beaucoup à cette ſorte d'impulſion.

Si les branches étoient inflexibles comme les os, elles ſeroient expoſées à ſe rompre à tout moment ; elles ſont au contraire pliantes & élaſtiques, afin de ſe prêter & de réſiſter à la violence des vents. Tout manifeſte l'excellence de l'ouvrage du Créateur.

LES FLEURS.

Les fleurs ne ſont pas le moindre ornement de la nature ; elles font entrevoir ſon intention, & les fruits la manifeſtent entiérement.

Les fleurs ſont deſtinées, tant pour conſerver les jeunes fruits, que pour faire évaporer les eſprits néceſſaires à l'éruption de la graine, & pour contenir le miel dont les Abeilles ont ſoin de remplir leurs gâteaux. Tout eſt ſpiritueux dans les fleurs ; leur ſubſtance délicate, leur odeur, & la douceur du miel, qui ſe trouve dans pluſieurs eſpéces, le prouvent aſſez.

Les parties des fleurs ſont le calice, les feuilles, le piſtile & les étamines.

Le calice eſt l'enveloppe ou la partie extérieure, qui ſert de godet pour envelopper les feuilles & le piſtile de la fleur. Il ſert à la garantir de ce qui pourroit nuire à ſes boutons, ſouvent le calice devient, en ſéchant, la graine ou le fruit. Il y a des fleurs (*c*) ſans calice, comme la tulippe & le muguet.

Les feuilles des fleurs appellées pétales, ſont compoſées

(*c*) Magnol prétend qu'il n'y a point de

des mêmes parties que les feuilles des arbres. Elles servent de seconde enveloppe, pour couvrir la fleur & le fruit; leur figure différente vient de la diversité des fleurs; elles se trouvent ordinairement au nombre de cinq: cependant il y a des fleurs qui en ont trois, quatre ou six, ces feuilles viennent au-dessus du calice.

fleurs sans calice qu'il distingue en interne & externe. S'il est interne dans la tulippe, il est au moins imperceptible, aussi dit-il que c'est la gousse qui contient la graine, ce qui ne peut jamais être regardé comme un vrai calice.

Le pistile est un tuyau, qui s'éleve du fond ou du centre de la fleur; c'est sa principale partie, c'est elle qui conserve le fruit, & le fait grossir, lorsqu'il est embrion. Souvent on appelle le pistile le fruit même, la graine se loge tout autour, & il y a dans le milieu un noyau qui soutient ses semences.

Le cœur des fleurs est grené ou fleuri. Quand il est fleuri, on l'appelle étamine, composée de filets (*a*) simples, *quasi stamina*, qui naissent du fond & autour du pistile. Les sommets des étamines sont leurs extrêmités, qui sont toujours un peu plus grosses; elles renferment une poussiére qui s'épanouit, tombe & rend féconds les embrions des graines contenues dans le pistile.

(*a*) Grew les nomme fleurons & demi-fleurons.

Quand le cœur de la fleur est grené, il est composé de plusieurs filets, à chacun desquels est un petit grain ou semence.

L'assemblage des fleurs se fait au sommet du bourgeon, par l'extension de l'extrêmité de la petite tige, ou du corps du bourgeon. La substance de l'écorce ou peau s'étend pareillement en forme de calice, ou se découpe dans les feuilles. La structure du calice varie infiniment, ainsi que celle des pétales & des étamines. La substance du bois, sçavoir les tuyaux & les trachées, s'étend & s'alonge dans les feuilles de la fleur: ces feuilles conduites par les différens genres de tuyaux, sont encore excitées & poussées par les rangs des globules. Ces tuyaux se remplissent d'un suc vaporeux, qui sert à faire étendre, sans crainte de rupture, les globules jusqu'au sommet de la plante. Les étamines composées d'une queue & d'une capsule, se forment proche des feuilles, de la portion ligneuse qui attire un suc particulier dans leur propre cellule. Il se disperse pendant ce mouvement en globules, au milieu desquelles étamines est le pistile, où se forme le commencement de la graine. On voit à l'extrêmité des feuilles, des poils & de petits tuyaux, qui rendent un suc glutineux, pour faire sortir le trop de nourriture, & pour empêcher les insectes d'y entrer.

Les (a) fleurs, après avoir été examinées & combinées par Tournefort, se sont différenciées en dix-huit maniéres. Il y a les fleurs en cloches, en entonnoir, en gueule, en croix, en rose, en parassol, en œillet, en fleurs-de-lys, les légumineuses, celles à fleurons, à demi-fleurons, les radiées, celles à étamines, à chatons, à une seule feuille réguliére, à une seule feuille irréguliére, les fleurs réguliéres à plusieurs feuilles, & les irréguliéres à plusieurs feuilles.

(a) On entend les pétales des fleurs simples.

Les fleurs doubles, qui font tant de plaisir à voir, ne sont proprement que des monstres qui ne donnent point de graine, & sont incapables d'aucune autre production.

Il n'y a point de tems déterminé pour la fleuraison: chaque saison a ses fleurs; l'Hiver même a des crocus & des perce-neige: les arbres, pour la plus grande partie, fleurissent au mois de Juin.

LES FRUITS.

Les fruits sont la conclusion des opérations de la nature. Ils ont servi de nourriture à nos premiers peres, & l'usage qu'on en fait aujourd'hui est aussi voluptueux que nécessaire. Quelle variété dans les fruits & dans chaque genre de fruits, dans leur couleur, dans leur forme, dans leur goût, dans leur nature! Les seules poires en fournissent un exemple sensible. Les unes sont fondantes, les autres cassantes, les unes rondes & grosses, les autres longues & petites, leur couleur verte est aussi variée que leur goût est différent.

Les fruits ont les mêmes parties essentielles que celles que l'on a remarquées dans les autres parties des plantes, sçavoir, les peaux & membranes, les pulpes ou chairs, (b) & les fibres ou corps ligneux.

(b) Appellées *pericarpium* chez les Auteurs.

On distingue les arbres à fruits d'avec les plantes à fruits. Les arbres à fruits se divisent en *fruits à pepins*, à *noyau*, à *coquilles* & à *cosses épineuses*.

Plusieurs arbres à pepins, tels que le Poirier & le Pommier, ont des boutons qui contiennent plusieurs fleurs.

Les arbres à noyau, comme le Nefflier & le Coignassier, ont des boutons qui n'ont chacun qu'une fleur.

Les fruits à pepins, comme les poires, les pommes & plusieurs autres, sont composés de quatre parties, telles que la *peau*, la *pulpe*, les *fibres* & la *capsule*.

La *peau* n'est qu'une suite de celle de la branche qui s'étend jusqu'au fruit, la *pulpe* est la moëlle de l'arbre convertie en chair qui s'attache autour du noyau ou de la graine ou pepin du fruit, les *fibres* sont distribuées dans toute l'étendue du fruit, & se joignent à l'œil de la pomme où sont les pepins, elles portent la sève à la fleur pour la faire croître, ensuite retirant ce suc, la fleur séche & tombe, il ne reste que le bas du pistile qui porte le pepin de la graine renfermée dans la *capsule*, & les fibres portent le même suc aux pepins.

Les oranges, les citrons, les bergamotes, cédrats, bigarades, raisins, mûres sauvages n'ont point de parties différentes, ce sont des fruits à pepins dont les pores sont plus grands & tout remplis de liqueurs, ou d'une chair une peu molle.

Les fruits à noyau, comme les prunes, les abricots, les pêches, ont toutes les mêmes parties que les fruits à pepins. Quant au noyau, il tire son origine de la pulpe ou moëlle qui se coagule. Cinq grosses fibres s'étendent sur la surface du noyau, depuis sa base jusqu'à sa pointe, une de ces fibres entre dans le corps du noyau, pour y nourrir l'amande qui y est suspendue par ses peaux.

Les noix, (*a*) les noisettes, les glands & les autres fruits que l'on appelle fruits à coquilles, ont trois parties, la *robe*, la *coquille* & la *moëlle*. La robe n'est autre chose que la surface extérieure de la coquille, c'est une continuation de sa peau: la coquille, outre cette substance extérieure, en a une intérieure plus épaisse mêlée de plusieurs parties coagulées, comme dans les noyaux. Un grand nombre de fibres entre par la base dans la coquille: on les voit séparées en ronds comme les filets d'une houppe, une de ces fibres sert à nourrir la graine, elle passe directement dans le centre de la base, & traverse tout du long jusqu'à la pointe de la coquille, à laquelle les peaux de l'amande sont attachées; la moëlle vient de celle de l'arbre même.

(*a*) Ces fruits n'ont point de péricarpe.

Les fruits à cosses épineuses ont un gros fruit ou plusieurs ensemble, qui renferment des graines enveloppées d'une grosse cosse verte garnie de piquans; tels sont les châtaignes & les marrons d'Inde.

Le fruit sert à la graine pour retenir la plus grande partie du suc nourricier, & il la conserve pendant qu'elle se forme.

Les plantes à fruits sont les melons, les courges, citrouilles, potirons,

potirons, concombres, calbasses, & autres qui sont des plantes légumineuses, fibreuses, & ligamenteuses. Leurs fruits ont une écorce ou peau chargée de verrues ou de parties galleuses. Leur chair ou pulpe est blanche ou jaunâtre avec des loges remplies de semences blanches où l'on trouve des amandes. On voit quantité de fibres distribuées dans toute l'étendue du fruit.

LA SEVE & SA CIRCULATION.

Il est tems de parler de la sève qui est l'ame des plantes; sans l'admettre sensitive, selon le sentiment d'un (*a*) Philosophe, elle vient des sels de la terre, qui sans le secours de l'eau, seroit incapable d'aucune végétation : on peut dire que la sève est l'ouvrage des différentes fermentations qui se font dans la terre, soit par sa chaleur naturelle, soit par celle du Soleil, lesquelles provoquent les différens sucs qui se rencontrent dans la terre.

(*a*) François Redi.

La sève de l'arbre est la sève de la terre reçue dans l'arbre; toute plante est dans la graine, & la terre fournit le seul accroissement, mais elle n'engendre point les végétaux. Comme une sage mere, elle nourrit, elle couve, elle fait éclore les semences, les graines, les fruits & les plantes enracinées qu'on lui confie. Avec tous ces avantages, elle ne peut donner la vie à qui n'en auroit point; elle peut seulement enfler la graine ou la plante pour la déployer & la faire croître. C'est donc à la seule sève qu'on doit l'impulsion du suc nourricier, jusqu'au haut de la plante.

Depuis la découverte de la circulation du sang dans les animaux, les Physiciens modernes ont cru appercevoir un mouvement semblable dans les plantes. De nouvelles (*b*) observations soutenues d'expériences réitérées, font aujourd'hui entrevoir le contraire. Le sang part d'un point qui est le cœur, par les artéres qui le distribuent par tout, & retourne par les veines au même point : la sève au contraire monte des racines au sommet de (*c*) l'arbre, pour nourrir les branches par les vaisseaux longitudinaux, elle s'évapore ensuite, & s'exhale par la transpiration, elle ne descend que dans les soirées fraiches & dans les tems de rosée. Alors on pourroit dire que c'est une nouvelle matiére qui reprend la place de la sève qui s'est retirée, & qu'à proprement parler, c'est une nouvelle sève. C'est ainsi que la sève, de progressive qu'elle est pendant la chaleur du

(*b*) La Statique des Végétaux traduite de l'Anglois de M. Hales par M. de Bufon.

(*c*) *Trahitur in summum, quò cum pervenerit, ibi consistit atque consumitur.* Columel. l. 3.

jour, devient rétrograde dans les soirées fraiches. On ne peut donner une autre dénomination à ce mouvement, & celle de circulation ne lui convient nullement. La sève passe & repasse facilement; elle se communique aux branches par des vaisseaux *séveux*, latéraux, & les branches ont une forte sucion par le moyen des feuilles qui imbibent l'humidité de l'air par leurs utricules & leurs vaisseaux capillaires; ainsi il y a l'ascension de la sève & sa descente aux racines; elle gagne le haut de l'arbre; & monte comme feroit l'eau dans une éponge, mais elle se porte indifféremment de tous côtés; ce sont des preuves évidentes du flux & reflux de la sève, mais non pas de sa circulation. C'est la raison qu'on peut donner de ce que dans les marcottes du tilleul, du figuier, du sureau, & dans les provins de la vigne, la sève pousse par les deux bouts. Comme elle passe par un nombre infini d'utricules, de parties glanduleuses, de vaisseaux longitudinaux, latéraux & capillaires, elle a le tems de se filtrer, & d'acquérir un degré de digestion convenable à la nutrition des végétaux. La cause de l'ascension de la sève, & la puissance qui l'éleve, qui pourroit être l'assemblage des corps spongieux qui l'attire de bas en haut, & la porte de tous côtés, sont encore inconnues.

Plus vous approchez du pied de l'arbre, & plus la sève a de force, on le remarque aux plantes récépées, & dans les arbres nains qui poussent des rejettons en plus grande quantité : c'est la raison qui fait récéper les arbres en les plantant.

Quoique la sève soit plus abondante dans le Printems & dans l'Eté que dans les autres saisons, la nature est cependant toujours en mouvement. La sève même ne cesse point dans l'Hiver, quoique les feuilles tombent, elle monte moins à la vérité qu'en Eté, mais elle fournit assez pour la dissipation journaliére de la plante qu'elle entretient jusqu'au Printems suivant, où vous la voyez ressortir par les boutons & les feuilles des arbres. S'ils paroissent morts en Hiver, ils semblent ressusciter dans le Printems. Nous n'avons que les arbres verds qui par leur forte constitution, ne quittent point leur feuillage. Comme ils ont plus d'huile que les autres, ils transpirent moins, & ont moins besoin de nourriture dans cette saison; les autres qui ont plus de sel & d'eau, sont moins propres à résister au froid, & par-là perdent leurs feuilles.

Il n'y a nul doute que la sève ne passe par l'écorce, le bois & la moëlle d'un arbre : bien des gens croient encore qu'elle ne passe que dans l'écorce. L'expérience des saules & des vieux arbres creux, dont la tige est pourrie, & tout à jour, semble le confirmer. Ces arbres qui ne subsistent que par quelques fibres ligneuses qui passent dans l'écorce, vivent très-languissans. Voici une expérience toute contraire. J'ai arrêté la sève dans une grosse branche assez près de la tige, en coupant l'écorce tout autour de quatre pouces de large, & tout proche de la partie ligneuse. Les feuilles de la branche n'ont cependant point séché de toute l'année. Ce n'est donc point l'écorce seule qui porte le suc nourricier dans toutes les parties de l'arbre, puisque la seule tige, ou le bois avec la moëlle en ont fait la fonction.

Les vaisseaux qui portent la sève de la seconde année, sont formés par la seule dilatation de ceux de l'année précédente, ensorte que si la crue d'une année se joint à une autre, ce ne peut être que par la souplesse des parties qui sont entre l'écorce & le bois jointe à l'humidité visqueuse, que la nature a grand soin d'y entretenir pour conserver entr'eux une libre correspondance. Ce sont ces cercles qui se forment chaque année qui marquent l'âge des arbres jusqu'à une certaine consistence, après laquelle il n'y a plus de cercles.

Par ces différentes opérations de la nature sur les végétaux, on a de la peine à croire qu'elle agisse sur les mêmes principes. Dans les uns les fruits s'alongent par dehors, les autres croissent en dedans comme les artichaux qui paroissent sortir tout entiers du cœur de la plante. L'on voit des arbres qui ont plusieurs tiges, des herbes qui ont plusieurs tuyaux, d'autres qui n'en ont qu'un : ce sont ces différences accidentelles que la nature se plaît à varier dans toutes les espéces du même genre. Dans les animaux les uns ont des aîles, les autres des nageoires, d'autres ont des pieds & des jambes; les reptiles sont dénués de ce secours; ces différens moyens font cependant mouvoir tous ces animaux. Si la nature paroît quelquefois suivre différentes routes dans la construction des végétaux, elles tendent toutes au même but, & ses loix sont uniformes. Beaucoup de parties se conforment entr'elles & paroissent peu s'éloigner d'une route analogue. Dans les plantes bulbeuses, par exemple, les enveloppes, comme des pelures d'oignons, font la fonction des feuilles, & leur chair englobée en forme de gâteau, leur tient lieu de graine, ainsi que les fruits de marrons, de glands & de châtaignes. Si les oignons placés au haut des fioles de verre remplies d'eau, poussent pendant l'Hiver & y fleurissent, l'oignon a en soi un principe de vie, les parties salines qui sont dans l'eau causent la végétation, & la chaleur du lieu produit une fermentation analogue à celle que causeroit la chaleur de la terre, ou l'impulsion de l'air extérieur. Tout enfin justifie la nature dans ses opérations, & les fait paroître dans l'effet très-uniformes.

On peut conclure de tous ces principes qu'un Jardinier dénué de ces connoissances, est un artiste qui marche à tâtons, toujours en proie à des idées captieuses, à une pratique incertaine, à une mauvaise routine qu'il tient de son pere, il n'est jamais sûr de la route qu'il doit prendre dans la maladie ou la stérilité d'un arbre. Loin de chercher les remédes salutaires qui peuvent tirer un végétal de ce fâcheux état, il prend, en ignorant, le parti le plus court qui est de l'arracher. Comment peut-il remédier au gonflement de la fève, en arrêter le cours, s'il n'en connoît ni la nature ni le chemin qu'elle prend pour se porter dans toute l'étendue d'un arbre? Comment peut-il guérir les maladies qui attaquent les différentes parties des végétaux, si leur intérieur ne lui est connu? Il n'y a donc que leur anatomie qui puisse lui en fournir les moyens. Semblable à un Médecin, il peut encore juger de l'infirmité des arbres par les signes extérieurs. Ceci regarde encore plus les arbres fruitiers que ceux qui décorent les Jardins de propreté; mais comme ce sont les mêmes maximes, elles peuvent servir à ces différens Jardins, qu'un habile homme doit également entendre. Au moins le Maître du Jardin qui doit avoir l'œil sur toutes choses, prévenu de ces principes, ne manquera pas de les faire observer.

CHAPITRE II.

DU CHOIX QUE L'ON DOIT FAIRE des Arbres convenables aux Jardins de propreté, & de leurs bonnes & mauvaises qualités.

LE choix des arbres & des plantes qui conviennent aux beaux Jardins ne laisse pas d'avoir sa difficulté. Les connoisseurs les plus expérimentés y sont souvent trompés: cependant il y a des marques assez certaines, pour distinguer les bons plans d'avec les mauvais ; on trouvera à la fin de ce Chapitre, tout ce qui peut conduire à faire un juste discernement de leur bonté.

Les descriptions suivantes sont faites seulement pour donner l'idée de chaque arbre, par rapport à sa propriété dans les beaux Jardins, à ses bonnes & mauvaises qualités, à l'usage que l'on en fait dans la vie civile, & à la maniére dont il perpétue son espéce, ce qu'il est essentiel de bien connoître pour en faire un bon choix. Commençons par le Chêne.

LE CHESNE. LE CHESNE est, pour ainsi dire le Roi des Arbres. C'est un des plus beaux que la terre produise, il est fort long-tems à croître ; mais aussi c'est celui qui dure le plus. Il jette un pivot en terre presqu'aussi long que le brin qu'il pousse dans l'air, lequel le garantit contre les grands vents. Il vient droit & haut. Son bois est fort dur & très-recherché pour les bâtimens, sa feuille est belle & donne beaucoup de couvert. Le Chêne est plus propre dans les forêts & dans les bois, qu'à former des allées bien droites ; il est un peu sujet aux hannetons & autres vermines. Son fruit que l'on appelle du gland, se séme ou se pique en terre ; c'est par-là qu'il se perpétue. Ce fruit sert encore à nourrir & à engraisser les Porcs.

L'ORME. L'ORME est encore un des plus beaux arbres qu'il y ait. On dit de lui & du Chêne, qu'ils sont cent ans à croître, cent ans en état, & cent ans à dépérir : on peut juger par-là qu'ils durent très-long-tems. L'Orme monte droit & très-haut, son feuillage est petit, mais fort touffu; son bois est dur, nerveux & très-propre pour le charronnage, son écorce est un peu raboteuse. L'Orme croît bien plus vîte que le Chêne, & il est plus estimé pour planter des allées & des bosquets. On en forme des boules, des portiques, & il prend telle figure que l'on veut. Comme cet arbre est gourmand, qu'il étend ses nombreuses racines très-loin, & presque à fleur de terre, qu'il est fort sujet à la chenille & aux vers, il ne convient point dans les petits Jardins, ni près des potagers & des fruitiers: il produit de la graine, & vient de rejettons aux pieds des grands arbres.

L'Ypreau, ou l'Impérial.

L'YPREAU, qui n'est autre chose que l'Orme à larges feuilles, appellé communément l'Orme * femelle, est fort recherché pour les belles allées: on le nomme Ypreau, à cause qu'il vient originairement des environs de la Ville d'Ypres en Flandre. Sa feuille est très-large, & bien plus belle que celle de l'Orme ordinaire; son bois vient droit, son écorce est fort claire & fort unie: il croît très-vîte; aussi ne dure-t'il pas tant que l'autre Orme. Il donne de la graine, & pousse des bouture; les hannetons & les chenilles s'y attachent beaucoup.

* Opinion fort incertaine, de croire que les arbres ont leur mâle & femelle; cependant les Auteurs sont fort partagés là-dessus; ce qui a rendu cette question indécise jusqu'à présent.

Le Chataignier.

LE CHATAIGNIER est un arbre des plus considérables par rapport à son revenu: il s'éleve très-haut, mais il ne se plaît pas par tout. Son écorce est belle & claire; il forme un bel ombrage par ses larges feuilles: il est plus propre à planter des bois que des allées, à moins que ce ne soit dans la campagne, dans quelque Parc, & surtout sur les montagnes. Son bois est blanc & se plie facilement. On s'en sert à faire des cuves, des tonneaux, des échalas & des cerceaux: son fruit qui est la châtaigne, est estimé, & d'un gros profit; on en mange quantité, & il y a des Pays où l'on en fait du pain. Cet arbre dure assez long-tems, & n'est sujet à aucune vermine. L'on prétend même que la charpente faite de bois de Châtaignier, ne se pourrit jamais. On séme la châtaigne comme le gland. Il y a deux espéces de Châtaigniers, la grande qui est le Marronier, & la petite qui est le Châtaignier que l'on greffe pour avoir de plus gros fruits.

Le Tilleul ou Tillot.

LE TILLEUL OU TILLOT est un des arbres les plus recherchés pour planter des allées & des bosquets, sa feuille, sa tige, sa tête, son écorce, tout en est beau : il jette dans l'Eté des fleurs dont l'odeur est fort agréable ; son bois qui est blanc n'est pas des plus estimés, aussi s'en sert-on peu dans les ouvrages, cependant on fait des cordes à puits avec son écorce. Cet arbre qui, ainsi que l'Orme, reçoit toutes sortes de formes, souffre peu d'insectes ; mais il se verse & se creuse aisément, & par-là il n'est pas d'une longue durée. Il y en a une espéce appellée Tilleul de Hollande, qui est la plus estimée à cause de son large feuillage : il produit de la graine, & vient aisément de marcottes.

Le Marronier d'Inde ou Chataignier de Cheval.

Le Marronier d'Inde, appellé ainsi, parce qu'on a apporté des Indes des marrons, qui en ont multiplié l'espéce en France, est un arbre des plus agréables à la vûe. Sa tige droite, son écorce unie, sa tête réguliére, son beau feuillage, ses fleurs en pyramide, le font rechercher plus qu'aucun autre. Il n'est bon qu'à former des allées, & peu propre pour planter des quarrés de bois. Il ne s'éleve pas bien haut, mais il est fort droit, son bois tendre casse aisément & n'est propre à aucun usage, pas même à brûler, noircissant dans le feu ; ainsi cet arbre n'est d'aucun rapport. Son fruit n'est bon qu'à planter : on dit cependant qu'on a trouvé le secret depuis peu d'en faire de la poudre pour les cheveux : l'on prétend encore qu'il guérit les chevaux poussifs, d'où il a pris le nom de châtaignes de cheval. Tout le mérite du Marronier d'Inde, c'est de croître fort vîte ; aussi est-il de peu de durée, & fort exposé aux hannetons, qui le dépouillent entiérement de ses feuilles, jusqu'à laisser sa tête toute nue.

Le Hestre ou Fouteau.

Le Hestre ou Fouteau, est encore un bel arbre ; il est des plus droits, son écorce est unie, sa feuille, quoique petite, est très-belle & luisante ; son bois est dur & s'emploie à quantité d'ouvrages. Cet arbre est très-propre à former des allées, des palissades & des bois, mais il est très-sujet aux hannetons & aux chenilles. Il produit un fruit appellé Faîne, que l'on mange, & qui a le goût de la noisette ; l'on en fait de l'huile, & quelquefois du pain dans les tems de famine ; c'est avec son fruit qu'on en multiplie l'espéce.

Le Charme.

Le Charme a beaucoup de conformité avec le Hêtre, son bois, son écorce, sa feuille sont en tout semblables : il est propre, comme le Hêtre, à former des allées, des palissades

& des bois, mais surtout des palissades où il est employé plus qu'aucun autre plant. Alors il change de nom, & on l'appelle Charmille, qui n'est autre chose que de petits Charmes d'environ deux pieds de haut, & gros par en-bas comme le petit doigt; il ne rapporte point de fruits, mais quantité de graine qui est très-longue à lever; son bois est des meilleurs à brûler. Cet arbre est difficile à la reprise, excepté dans les Pays frais, & fort recherché par les chenilles & les hannetons.

L'Erable. L'Erable a un mérite particulier, c'est qu'il vient à l'ombre & au pied des grands arbres. Il croît assez haut, mais un peu tortu; son bois est fort dur & veineux, & l'on s'en sert pour faire des meubles & des instrumens de musique; son écorce est fort raboteuse, sa feuille est d'un verd pâle, & n'est pas si belle que celle du Hêtre & de la Charmille. On l'emploie à garnir des bois, & à planter des palissades: présentement c'est l'arbre le plus à la mode, quoiqu'il soit un peu sujet aux hannetons; sa graine leve promptement.

Le Fresne. Le Fresne est le moindre de tous ces arbres, ce n'est pas qu'il ne vienne beau & droit, mais son peu de verdure, sa feuille extrêmement petite, d'un verd pâle, pointue & dentelée tout autour, le font employer rarement dans les Jardins, à moins que ce ne soit dans les bosquets; son bois est fort uni, sans nœuds, & sert à plusieurs ouvrages. Pline & quelques Auteurs attribuent d'excellentes propriétés au suc de cet arbre & à son bois, jusqu'à guérir de la peste, & d'être un souverain préservatif contre le poison. Les mouches cantharides s'y attachent particuliérement, & par ses racines & son abondant chevelu, il devient pour les autres arbres un dangereux voisin. Il donne de la graine qui leve fort vîte.

Le Sycomore. Le Sycomore s'éleve assez haut; son bois est fort tendre, & étant rompu, il jette du lait comme le Figuier, il est propre à fort peu de chose; son écorce est assez belle, & sa feuille qui ressemble à celles de la vigne est fort large: il dure très-peu & meurt facilement; la meilleure qualité qu'il ait, c'est de croître fort vîte & par tout. Cet arbre est si fort attaqué par toutes sortes de vermines, qu'il n'est pas de grande recherche dans les Jardins; il produit beaucoup de graine, qui tombant d'elle-même, croît aussi facilement que les méchantes herbes. Il donne aussi un fruit du même nom.

LE BOULEAU est un des moindres arbres, quoiqu'il monte assez haut. Son bois est blanc, & n'est propre qu'à faire des balais & des sabots; son écorce est blanchâtre & raboteuse. Il donne peu d'ombrage, ses feuilles extrêmement petites & semblables à celles du Peuplier, viennent par menus brins. Cet arbre sert de premiére verdure au Printems, & ne souffre aucune vermine, c'est ce qu'il a de meilleur, mais il verse aisément. On est en quelque contestation pour sçavoir si c'est un arbre aquatique ou sauvage, parce qu'il vient également bien dans les Pays secs & humides; il grène beaucoup, & en faisant une incision à son écorce, on en tire une eau salutaire pour le visage & pour la pierre. Dans les déserts de l'Arabie cette eau abondante rafraîchit les Voyageurs. LE BOULEAU.

L'ACACIA, appellé l'Acacia commun de l'Amérique, a été autrefois fort en vogue. Il ne s'éleve pas bien haut, son bois est dur & raboteux, son feuillage petit, donnant peu d'ombrage, & ses branches sont pleines de piquans. Tout le mérite que peut avoir l'Acacia, dont on plantoit autrefois quantité d'allées & de berceaux, c'est qu'il croît fort vîte, & produit dans le Printems des fleurs d'une odeur très-agréable. Comme il est fort sujet à verser, que son écorce est raboteuse, & sa feuille très-petite, l'on n'en fait présentement nul cas. On a coûtume de l'étêter de tems en tems, ce qui lui cause encore une grande difformité. Cet arbre grène, ainsi que tous les autres. L'ACACIA.

LE PLATANE OU PLANE est un arbre des plus curieux, il n'est pas si commun en France, qu'en Asie, en Italie & en Espagne, parce qu'il aime les Pays chauds. Le Platane devient très-beau, fort droit, & donne beaucoup d'ombrage; son bois est dur & blanchâtre, aussi-bien que son écorce qui est fort unie; sa feuille ressemble à celle du Sycomore; il vient de graine en France, mais assez difficilement. Il produit en Asie un fruit gros comme une noix & des graines rondes dont on fait de l'huile. LE PLATANE OU PLANE.

L'AUNE OU LE VERNE s'éleve très-haut & très-droit; son bois est à peu près semblable à celui du Tremble, & sa feuille à celle du Coudrier; son écorce est fort unie & de couleur noirâtre. Ses fruits sont de petites pommes écailleuses, de couleur rougeâtre, & grosses comme des mûres qui renfer- L'AUNE OU LE VERNE.

ment quelque graine. On se sert de cet arbre dans plusieurs ouvrages, mais particuliérement dans la conduite des eaux; il vient pareillement de boutures & de marcottes.

LE PEUPLIER.

LE PEUPLIER différe peu de cet arbre. Il y en a trois espéces, le Peuplier blanc à larges feuilles, le Peuplier noir, le Tremble qui va suivre est la troisiéme espéce. Son bois est blanc, facile à fendre, & n'est presque d'aucun usage; son écorce est unie & blanchâtre, ainsi que ses feuilles, qui sont larges, gluantes & d'un verd poli; il croît aussi de boutures, & donne des fruits remplis de semence.

LE TREMBLE.

LE TREMBLE est une espéce de Peuplier qui vient haut & droit; son bois blanc & léger sert à plusieurs choses; son écorce est unie & blanchâtre; ses feuilles rondes d'un verd pâle, tremblent au moindre vent, d'où il a pris ce nom. L'on en plante de belles allées autour des étangs & canaux. Il croît fort vîte, & vient de jettons & de marcottes.

LE SAULE.

LE SAULE ne monte pas bien haut, & c'est le moindre de tous les arbres; son bois est blanc & propre à faire des paniers & des perches; son écorce est fort vilaine, ses feuilles très-petites, longuettes, & d'un verd altéré. Le Saule est fort sujet à se creuser & à verser; aussi ne dure-t'il guére; on l'étête tous les trois ou quatre ans. Il croît de boutures, appellées Plançons, qu'on plante au bord des ruisseaux, & dans les lieux marécageux.

Les arbres aquatiques ont un mérite qui les distingue fort des sauvages; c'est de n'être sujets à aucune vermine, par une raison physique & naturelle qui est, qu'ils sont d'une nature si froide, que les insectes n'y peuvent faire leurs œufs.

On nomme en général tous les arbres dont on vient de parler, bois de haute-futaie; les suivans ne sont que des arbrisseaux, dont on se sert dans un bois, pour faire du garni & de la broussaille au pied des grands arbres.

L'EPINE BLANCHE, appellée vulgairement NOBLE EPINE.

L'EPINE BLANCHE, autrement dite, L'AUBEPINE ou L'AUBEPIN, est un arbrisseau des plus considérables, tant à cause de ses fleurs qui rendent une odeur très-suave, que parce qu'il attire le Rossignol, qui est le musicien le plus agréable des bois. Cet arbrisseau croît facilement: il est armé de piquans fort aigus, & est par cet endroit très-propre à planter des haies vives, dont il défend l'approche par ses pointes; ses feuilles ſont dentelées & d'un fort beau verd. L'Epine blanche eſt très-ſujette aux chenilles, elle vient de graine ordinairement. Quand elle eſt greffée ſur un Coignaſſier, elle produit un Azerolier qui donne un fruit du même nom.

LE COUDRIER OU NOISETIER eſt encore un des plus beaux arbriſſeaux pour garnir des boſquets; ſon bois eſt fort clair, & jette quantité de branchages, ſa feuille eſt belle & très-large, ſurtout celle du Noiſetier franc, dont le fruit eſt le plus eſtimé: l'on ſeme ce fruit appellé Noiſette, qui en perpétue l'eſpéce, ou bien on en fait des marcottes. On attribue à cet arbriſſeau des propriétés admirables pour pluſieurs ſecrets, comme pour découvrir les eaux, les vols & aſſaſſinats, les tréſors cachés.

LE COUDRIER, OU NOISETIER.

LE MARSAUT eſt aquatique & ſauvage, & monte aſſez haut. Il a le bois blanc, la feuille ronde & d'un verd clair, il ſe multiplie de marcottes & de jettons.

LE MARSAUT.

L'OSIER eſt un arbriſſeau aquatique, qui ne s'éleve pas bien haut. Son bois eſt menu & fort pliant. Sa propriété à faire des paniers, des hottes & quantité d'autres ouvrages, le rend d'un bon revenu, parce qu'on le coupe ſouvent: ſes feuilles reſſemblent à celles du Saule; il vient de boutures & de marcottes.

L'OSIER.

Il y a encore des arbres & des arbriſſeaux de pluſieurs eſpéces, dont la deſcription particuliére meneroit trop loin; c'eſt pourquoi l'on ſe contentera de les nommer en général; tels ſont l'Aliſier, le Mirabolanier, le Cormier, le Cornouiller, le Figuier, le Mûrier blanc, le Sureau, la Sanguine, le Fuſin, le Meriſier, l'Azerolier & autres, dont la plûpart ſe perpétuent de leurs fruits.

On ſe ſert auſſi pour garnir les bois, des plants de Charmille, d'Erable, d'Ormeaux, Chêneaux, Châtaigniers, que l'on récépe par la tête, afin d'en faire de belles * touffes & ſepées de brouſſailles.

* Les Jardiniers appellent ces touffes, des rochées.

Il ne reſte plus qu'à parler des arbres & des arbriſſeaux qui ne ſe dépouillent point de leurs feuilles en Automne, & qui conſervent par l'humeur glutineuſe & chaude qu'ils renferment, leur verdure dans les plus grands froids de l'Hiver; ce qui leur donne le nom de bois ou arbres verds. Voici ceux que l'on emploie ordinairement dans les Jardins.

L'IF eſt un des plus beaux arbriſſeaux verds; la tonture lui

L'IF.

fait prendre toutes sortes de formes. Son bois est fort dur, son feuillage très-garni & d'un verd foncé des plus agréables à la vûe. Il est propre aux palissades, comme aussi à garnir les plate-bandes des parterres. On prétend que son ombre est fort (a) dangeureuse, que son fruit rouge est un poison, ce que l'expérience a fait reconnoître pour une fable. Il donne de la graine qui est très-long-tems à lever, il vient aussi de marcottes.

(a) Fatale est dormire sub Ifum.

Le Picea. LE PICEA, appellé vulgairement EPICIA, ressemble assez à l'If, pour le bois & la feuille; mais il s'éleve bien plus haut, & ne devient ni si beau, ni si garni que l'If. Il ne convient que dans les bois & dans les grandes allées doubles des Parcs, où on le place entre les arbres isolés. On ne met plus de Picea présentement dans les parterres, parce qu'ils s'élevent trop haut, & qu'ils sont sujets à se dégarnir du pied. Le Picea produit de la graine, qui n'est pas si longue à sortir de terre que celle de l'If.

Le Sapin. LE SAPIN est le plus haut & le plus droit de tous les arbres. Son bois est blanc, léger, & des plus roides; c'est ce qui le fait employer pour les mâts de vaisseaux: l'on en fait aussi des planches qui servent à quantité d'ouvrages; ses feuilles ressemblent à celles de l'If, il n'est propre que dans les bois & les forêts, surtout dans les lieux élevés. Il donne un fruit écaillé de figure pyramidale, appellé Pomme de Sapin, qui en renferme la graine, & sa résine sert à faire la poix.

Le Pin. LE PIN est très-différent du Sapin, quoique bien des gens les confondent. Il s'éleve très-haut & assez droit. Il est très-rameux par en haut, & tout nud par le bas. Son bois est rougeâtre & pesant, ses feuilles sont étroites, longues & piquantes, son écorce est noirâtre & fort raboteuse. L'on en tire une résine propre à faire du goudron pour les vaisseaux. Cet arbre aime les lieux élevés, aussi-bien que le Sapin. Son fruit est appellé Pomme de Pin, & son noyau Pignon, où se trouve la graine.

Le Cyprés. LE CYPRE's est un très-bel arbre, naturellement fort élevé. Il est touffu depuis son pied jusqu'à sa cime qui se termine en pointe. Son bois est fort dur & de bonne odeur: son feuillage qui est d'un verd blanchâtre, est très-épais; il est également propre à former des allées & des palissades. Ses fruits s'appellent Pommes de Cyprès, & renferment sa graine. Il est un peu long à élever aux environs de Paris.

LE CHESNE-VERD ou YEUSE ressemble assez à un Pommier ou Poirier: sa hauteur est moindre que celle du Chêne ordinaire, & son bois est différent; mais son gland & ses feuilles sont semblables, à l'exception qu'elles sont plus petites, & d'un verd blanchâtre. Cet arbre est bon à former des allées: le gland qu'il rapporte en perpétue l'espéce. Il y a en Provence des Yeuses où se trouve la graine d'Ecarlatte. Le Chesne-verd.

Les suivans ne sont que des arbrisseaux & arbustes, dont on se sert pour former des palissades & du garni dans les bois verds.

LE HOUX passe pour un des plus beaux arbrisseaux verds qu'on puisse voir, il monte assez haut, & sa verdure est luisante & très-agréable, son bois est verdâtre: on en fait des baguettes & houssines. Ses feuilles sont dentelées & garnies de piquans, quelquefois panachées; son fruit rond & rouge ressemble à celui du Cédre. Il vient de graine. Le Houx.

LE GENEVRIER ou GENIEVRE s'éleve assez: il sent très-bon; son bois est fort dur, ses feuilles sont petites & piquantes; il produit de la graine. Le Genevrier.

LE PHILERIA ou PHILLYREA, appellé communément FILARIA, est un arbrisseau fort garni & des plus recherchés pour les palissades: son bois est noirâtre, ses feuilles ressemblent à celles de l'Olivier, mais sont plus courtes & d'un assez beau verd, il y en a même de panachés que l'on met en caisse. Il croît facilement, même à l'ombre, il grène & se marcotte. Le Phileria.

LA SABINE ou SAVINIER monte beaucoup pour un arbrisseau: son tronc est gros, & son bois fort dur, ses feuilles ressemblent à celles du Cyprès. Elle se multiplie de semence & de marcottes. La Sabine.

L'ALATERNE ressemble par ses feuilles à l'Olivier, elles sont d'un verd foncé & assez épaisses: le bois en est grisâtre, il est très-propre à faire des palissades & vient de marcottes; c'est une espéce de Phileria. L'Alaterne.

LE BUIS ou BOUIS est l'arbrisseau verd le plus en usage & le plus nécessaire dans les Jardins. Il y en a de deux sortes: le Buis nain appellé Buis d'Artois, dont les feuilles sont semblables à celles du Myrte, mais plus vertes & plus dures. Il sert à planter la broderie des parterres, & les bordures des Le Buis.

plate-bandes; on le nomme Buis nain, parce que naturellement il ne croît pas beaucoup. La seconde espéce est le Buis de bois qui s'éleve bien plus haut, & a les feuilles plus grandes que l'autre, ce qui le rend propre à former des palissades & des touffes vertes pour le garni des bois; on en voit de panachés: il vient à l'ombre, mais il lui faut beaucoup de tems pour acquérir un peu de hauteur: son bois est jaunâtre & si dur qu'il n'est point sujet à la pourriture. Son odeur qui est très-forte, ne convient point dans un bois un peu touffu, il le faut exposer au grand air. On en fait quantité de petits ouvrages, comme des peignes, des boules, &c. Ces deux espéces de Buis donnent de la graine; mais ils viennent ordinairement de boutures.

Il faut dire une chose à l'avantage des arbres & arbrisseaux verds, qui est que la dureté de leurs bois & de leurs feuilles, les garantit de toutes sortes d'insectes & de vermines.

L'utilité qu'on peut tirer des arbres verds, regarde plus la Médecine qui en compose plusieurs remédes, que l'usage qu'on en fait dans le commerce, soit pour les bâtimens, ouvrages ou chauffage, ainsi que sont les premiers arbres dont on a parlé au commencement de ce Chapitre, si l'on en excepte le Sapin. C'est pour cette raison que tous ces arbres verds se trouvent en grand nombre au Jardin du Roi * pour les plantes médicinales.

* Fauxbourg S. Victor.

Voilà tous les arbres & arbrisseaux dont on se sert ordinairement dans les beaux Jardins. On a tâché de renfermer dans leur courte description, une idée générale de chaque arbre, en parlant de son élévation, de ses feuilles, de son bois & de l'usage qu'on en fait, de sa propriété dans les Jardins, les vermines ausquelles il est sujet, & la maniére dont il perpétue son espéce; cela peut déterminer sur le choix qu'on aura à en faire, & l'on va marquer ici ceux qui paroissent les meilleurs, & dont on conseille l'usage dans les Jardins.

Les arbres dont on se sert ordinairement pour former de belles allées, sont les Ormes, les Ypreaux, les Tilleuls & les Marroniers d'Inde. Les allées d'Ormes & d'Ypreaux étant bien dressées, viennent très-hautes, d'un beau feuillage & durent fort long-tems: les allées de Tilleuls sont aussi très-belles, surtout quand ce sont des Tilleuls de Hollande. Ces arbres, comme l'on ſçait, s'élevent beaucoup, ont l'écorce unie, une verdure agréable, & produiſent quantité de fleurs, dont l'odeur eſt très-douce, outre qu'ils ne ſont ſujets à aucune vermine. Ce ſont ces trois eſpéces d'arbres que l'on conſeille d'employer préférablement au Marronier d'Inde, quoiqu'il ſoit fort à la mode. L'on ne peut diſconvenir que le Marronier ne ſoit beau; il eſt conſtant qu'il vient très-droit & d'une belle tige, qu'il a l'écorce polie, la feuille grande & belle: mais toutes les ordures qu'il fait continuellement dans les allées, par la chûte de ſes fleurs au Printems, de ſes écales & de ſes marrons en Eté, & de ſes feuilles au commencement de l'Automne, en diminuent bien le mérite.

Dans les avenues en pleine campagne, l'on employera des Ormes ou des Châtaigniers; & dans les terres humides, des Peupliers, des Trembles, &c.

On obſervera de ne point placer les Ormes & les Frênes ſi près des Potagers, des Fruitiers, des Fleuriſtes, parce que leurs racines qui courent ſur terre, la ſéchent promptement, & les fruits & les fleurs auroient de la peine à s'y élever. On plantera à la place, des Tilleuls & des Marroniers, dont les racines occupent moins d'eſpace. Ces derniers arbres conviennent mieux autour des baſſins & des piéces d'eau, parce que les racines des Ormes gagnent trop promptement les corrois de glaiſe.

La véritable maniére de bien choiſir les Ormes, les Ypreaux, les Tilleuls, les Marroniers, & généralement tous les arbres ci-deſſus nommés, conſiſte dans les trois Obſervations ſuivantes qui renferment tout ce qu'on peut dire ſur ce ſujet.

La premiére, c'eſt d'examiner ſi un arbre eſt droit, d'une belle tige, d'une écorce unie & claire, ſans aucune mouſſe; s'il a des racines bien garnies & bien chevelues, s'il eſt bien arraché ſans être éclaté, ni offenſé dans les groſſes racines, ni dans ſa tige. On ne ſe trompera point de croire qu'un arbre ainſi conditionné eſt très-bon, ayant toutes les qualités requiſes pour devenir un jour fort beau. Si au contraire il étoit tortu, bas, rabougri, d'une écorce galeuſe & pleine de mouſſe, & qu'il eût des racines rompues & éclatées, ou bien trop dégarnies de chevelu, il n'y aucun doute que cet arbre ne vaut rien,

& on doit le rebuter. On peut se fier hardiment à cette Observation qui est la plus essentielle de toutes, & qui tiendra lieu de regle générale pour tous les plants.

La seconde chose de conséquence à observer dans le choix des arbres, c'est de les prendre dans un terrein plus mauvais que celui où on les veut planter : les arbres goûtant cette meilleure terre, en reprennent plus facilement, en deviennent plus gros & plus droits, & croissent infiniment plus vîte, outre qu'ils ne sont point couverts de mousse. Au lieu que si ces arbres viennent d'une bonne terre & meilleure que celle où on les a plantés, ils languissent, & deviennent tortus & rabougris, pleins de mousse, enfin ils meurent & semblent regretter leur premiére nourrice.

La troisiéme Observation, c'est de ne point trop s'arrêter à la grosseur des arbres ; un arbre d'une grosseur médiocre, est à préférer à tous les gros qu'on recherche avec tant d'empressement, & l'on est plus assuré de sa reprise, quand il a environ six à sept pouces de pourtour, que quand il est si fort. On voit plus mourir de ces gros arbres, quelque précaution qu'on y prenne, que de ceux qui sont de la grosseur dont je parle.

A l'égard des palissades, les plants les plus estimés sont la Charmille, le Hêtre & l'Erable, qui pour être bons, doivent avoir l'écorce claire & unie, & la racine bien chevelue. On les doit prendre dans une pépinière, où ils soient élevés de graine ; l'on connoît aisément que le plant vient de pépinière, quand il est droit & clair, & que son pivot n'est point crochu, les plants au contraire de Charmille & d'Erable que l'on arrache dans les bois, ne valent rien à replanter, n'étant que des boutures & traînasses de racines, ce que les Jardiniers appellent de la Crossette, à cause que les racines ont la figure d'une crosse.

Le plus beau de ces trois plants, au sentiment de tout le monde, c'est la Charmille : mais à moins qu'elle ne soit plantée dans un terrein frais & fort aëré, elle a de la peine à s'élever : l'Erable au contraire vient fort bien par tout, à l'ombre, comme en plein air ; le défaut qu'il a, est d'être un peu sujet à jaunir.

Les plants qui conviennent le mieux aux portiques, colonnades, arcades, trumeaux, cabinets & galeries de verdure, sont

sont le Charme, le Tilleul & l'Orme. Le génie du Charme est disposé à faire des palissades, étant rameux jusqu'au pied; & demandant à avoir la tête coupée, sujette sans cela à périr. Le Tilleul naturellement se plie & prend quelle figure qu'on veut; il forme par la quantité de ses petits rameaux un branchage très-touffu. Mais * l'Orme mâle est préférable à tous les deux, capable de toutes sortes de formes, venant fort vîte, moins sujet à se dégarnir & à mourir que la Charmille, & moins cassant que le Tilleul, plus aisé encore à reprendre dans toutes sortes de terreins. Tout le défaut qu'a l'Orme, est d'être de plus grand entretien que les autres pour la tonture, parce qu'il pousse continuellement des brindilles qui s'échappent du contour des arcades, & de l'aplomb des pilastres. L'Orme est encore sujet aux piqûres des vers.

* Tout ce qu'il y a de plus beau à Marly, est planté d'Ormes & de Tilleuls.

Pour les quarrés des bois que l'on veut élever en haute-futaie, tous les arbres ci-dessus nommés y peuvent être employés; cependant ceux qui sont les plus estimés sont le Chêne, l'Orme, le Châtaignier, le Hêtre & le Charme, lesquels s'élevent très-haut, forment un beau couvert & sont d'un bon rapport. Pour planter du garni & de la broussaille au pied des grands arbres, la Charmille, l'Erable, le Noisetier, le Tilleul, & l'Epine blanche sont les meilleurs plants, & ceux qui forment les plus belles touffes; cependant tous les plants en général y sont propres.

Dans les lieux bas & marécageux, on plantera des Trembles, Peupliers, Bouleaux & Aunes, comme les meilleurs pour former une futaie & de belles allées; & pour garnir, on se servira d'Osiers, Saules, Marsauts, Coudriers, &c.

Pour ce qui regarde les bois verds, le Cyprès, le Sapin, le Pin, le Picea & le Chêne-verd doivent être choisis pour former les allées & la futaie du dedans, comme étant ceux qui s'élevent les plus hauts & les plus droits. On plantera les palissades avec des Ifs, Buis, Phileria, Cyprès; & la broussaille avec du Genevrier, Sabine, Laurier, Alaterne, Houx & les autres arbres verds dont on a parlé ci-dessus.

Tous les arbres & arbrisseaux verds, pour être bons, doivent être d'un verd foncé & très-vif tirant sur le noir, sans être altéré, ni jaunâtre, ce qui fait leur maladie. Ils se levent en motte dans des mannequins, où l'on prendra garde qu'ils ſoient au moins depuis un an ou deux, ce qu'on appelle vieux enmanequinés, c'eſt une précaution qui ne ſera point inutile, pour les faire mieux reprendre.

Le Buis qui ſert à planter les paliſſades, eſt le Buis de bois; on le prendra un peu haut & fort, avec de bonnes racines bien chevelues: pour le buis nain dont on plante la broderie des parterres, il faut qu'il ſoit fort jeune, bien chevelu, point trop ſec, & que la feuille en ſoit petite & très-délicate, c'eſt la plus recherchée. Si l'on fait cette obſervation en le choiſiſſant, on ne ſera point obligé d'arracher un parterre tous les cinq à ſix ans, par la hauteur où monte le Buis, quoiqu'on ait ſoin de le tondre ſouvent.

Il eſt tems de déterminer les climats & la nature des terres convenables à chaque eſpéce d'arbres. Les uns veulent un climat chaud, & les autres un climat tempéré. Nous avons des plantes qui demandent une terre humide, d'autres une terre graſſe ou une terre ſabloneuſe & pierreuſe. Pluſieurs plantes ne réuſſiſſent que dans l'eau, d'autres que dans la terre; on en voit qui aiment le Soleil, pluſieurs ſe plaiſent à l'ombre. Les unes demandent les plaines, les autres les montagnes. La plûpart veulent être cultivées, & quelques-unes ne ſont jamais ſi belles que lorſqu'on leur refuſe des ſoins. Les Pins, les Sapins, les Cyprès & les autres arbres verds ſe plaiſent ſur les montagnes & dans les climats chauds. Le Chêne & le Châtaignier boiſent ordinairement les côteaux pierreux, & y réuſſiſſent auſſi-bien que dans la plaine, pourvû que la terre ſoit un peu forte. On choiſira un terrein bas & frais pour le Hêtre & le Charme, ſi l'on veut qu'ils y croiſſent promptement, & qu'ils ſe maintiennent long-tems dans leur beauté. L'Orme, l'Ypreau, le Tilleul, le Marronier & le Bouleau réuſſiſſent dans un pays ſec & dans une terre légére. L'Erable & le Sycomore, quoiqu'inférieurs aux autres arbres en beauté, ont l'avantage de croître à l'ombre: pour le Peuplier, le Frêne, l'Aune, le Tremble, & le Saule, une terre humide leur convient parfaitement.

On appelle un lieu planté d'Ormes, une Ormoie; planté de Chênes, une Chênaie; de Châtaigniers, une Châtaigneraie; d'Oſiers, une Oſeraie; & d'Aunes, une Aunaie, de même qu'on appelle une Ceriſaie ou une Sauſſaie, un lieu planté de Ceriſiers & de Saules.

CHAPITRE III.

DE LA MANIERE DE PLANTER *toutes les différentes parties d'un beau Jardin.*

TOUT ce que nous avons dit dans les Chapitres précédens, ne servira de rien, si l'on n'y joint ce que renferme celui-ci & le suivant, dont l'utilité & la nécessité sont assez connues. L'on aura beau avoir bien dressé, bien tracé un Jardin, & avoir fait choix de beaux arbres, toutes ces peines deviendront inutiles, si l'on ne sçait la vraie maniére de planter, & les soins qu'on doit prendre des jeunes plants pour les élever parfaitement

La maniére d'élever les arbres d'une belle hauteur & en peu de tems, dépend de deux choses, du bon plantage, & du soin qu'on en doit prendre selon les diverses saisons de l'année. Voyons dans ce Chapitre ce qui regarde la maniére de bien planter, & remettons à parler dans le suivant des soins que demandent les arbres.

Le plantage est différent, suivant les diverses parties qui composent un Jardin, nous allons les parcourir toutes, pour sçavoir comme il les faut planter. Commençons par les parterres.

Un parterre étant tracé, suivant ce qui a été dit dans la seconde Partie, & le Buis étant bien choisi, comme on l'a remarqué dans le Chapitre précédent; la terre bien préparée & bien dressée; prenez un plantoir & une bêche (qui sont les deux outils dont on se sert le plus dans le Jardinage,) & après avoir rafraîchi les racines du buis, & en avoir coupé un peu du chevelu, vous enfoncerez le plantoir environ d'un demi-pied, en suivant exactement la trace du dessein: retirez le plantoir, & écartez un peu le côté en dedans de la trace, pour rendre l'ouverture plus large; ensuite vous arrangerez dans cette ouverture les racines du buis que vous enfoncerez jusqu'au collet, c'est-à-dire qu'on ne voye sortir de la terre que ses feuilles: après cela l'on donne deux ou trois coups de plantoir en terre, tout autour de ce que l'on vient de planter, ce qui fait rapprocher la terre, & rebouche entiérement la petite rigole. Le buis étant ainsi enterré, on le borne avec le dos du plantoir, ou avec les mains, & on lui donne la forme & le contour qu'il doit avoir suivant le dessein, en plombant bien la terre tout autour, de peur qu'il ne s'évente.

Il faut se servir du plantoir par tout, excepté dans les grandes longueurs & les grands traits de buis, comme sont les plate-bandes & les grands rinceaux de broderie, où l'on peut se servir de la bêche; alors on tend un cordeau d'un bout à l'autre, suivant la trace, l'on ouvre une rigole à la bêche, & l'on y arrange le buis que l'on recouvre ensuite de terre; cela va bien plus vîte qu'au plantoir.

Le parterre étant ainsi planté, on labourera à la bêche l'endroit destiné pour les plate-bandes, où l'on fera apporter du terreau mêlé avec de la bonne terre, que l'on dressera en dos d'âne; ensuite l'on espacera & marquera avec des piquets, les places où il faut planter les ifs & les arbrisseaux suivant le dessein, & l'on y fera faire des trous selon la grosseur de ces ifs. Nous avons dit dans le Chapitre IV de la premiere Partie, que les grands ifs & les arbrisseaux n'étoient plus d'usage présentement, parce qu'ils offusquoient trop la vûe; ainsi ces ifs auront tout au plus deux ou trois pieds de haut, & les trous seront suffisamment grands à deux pieds d'ouverture en quarré, & deux pieds de profondeur. Ces trous étant faits, vous ferez apporter un if à l'un des bouts de la plate-bande, vous couperez son mannequin, & en découvrirez la motte, dont vous rafraîchirez les petites racines qui passeront; jettez un peu de bonne terre au fond du trou, & posez votre arbre dans le milieu que vous mesurerez exactement; assurez-le un peu en jettant de la terre dessus, & le comblant à moitié, plantez un autre if sur la même ligne à l'autre bout, & en ayant ainsi planté deux, vous espacerez & alignerez tous les autres dessus.

Dans les plate-bandes on espace pour l'ordinaire les ifs de 12 pieds en 12 pieds, & l'on met un arbrisseau entre-deux; cependant on est obligé de sortir de cette regle, quand les plate-bandes sont coupées ou sont en compartiment; & c'est le dessein qui vous regle, & vous assujettit à de certaines places.

On obſervera dans les plate-bandes tournantes & circulaires, de planter les ifs dans le milieu, à diſtance égale les uns des autres, & le plus droit qu'il ſe pourra à la vûe; c'eſt le plus sûr moyen, n'y ayant aucun alignement à prendre, & le cordeau n'y pouvant ſervir de rien. On trouvera dans cette troiſiéme Partie les fleurs qui y conviennent, avec leur culture.

Voilà toute la difficulté des parterres, qu'il ne faut tondre que la ſeconde année qu'ils ſont plantés, pour laiſſer prendre terre au buis & ſe fortifier. Alors on reviſite un parterre d'un bout à l'autre, & l'on regarnit de buis, les endroits qui en manquent. L'on ſe ſert de grands ciſeaux pour la tonture des parterres, qui doivent être ſerrés de près ſans altérer le deſſein: dans les plate-bandes & traits de buis en ligne droite, l'on tendra un cordeau pour les tondre.

Les bons Jardiniers par la tonture raccommodent ſouvent la trace d'un parterre, en lâchant quelques endroits & en en ſerrant d'autres de près, cela fait tourner un rinceau: les mal-adroits au contraire eſtropient tout un Deſſein.

Le tems le plus propre pour tondre un parterre eſt le mois de Mai. Les beaux parterres ſont tondus deux fois l'année, directement après les deux ſèves. Si la terre étoit un peu ſéche, il faudroit, pour faciliter ſa repriſe, arroſer le buis la premiére année qu'il eſt planté.

Les allées & les contre-allées qu'on plantera d'Ormes, de Tilleuls, de Marroniers, étant tracées, on y eſpacera de 12 pieds en 12 pieds des piquets qui marqueront la place de chaque arbre. Cette diſtance eſt pour garder un milieu entre ceux qui ne donnent que 9 pieds d'arbre en arbre, ce qui n'eſt pas aſſez, & ceux qui en donnent 15 & 18, ce qui eſt trop auſſi; à 12 pieds la diſtance eſt raiſonnable & plus uſitée que les deux autres. Dans les avenues & les allées plantées en pleine campagne, l'on eſpace les arbres à 18 pieds & quelquefois à 24, pour conſerver le revenu des terres ſur leſquelles on plante ces arbres. De cette maniére l'on jouit du deſſus & du deſſous. Il faut entourer ces arbres d'épines mortes pour les garantir des beſtiaux & des gens malins.

Quand on fera creuſer des trous, il faut faire mettre ſéparément les terres de deſſus, & celles du fond, afin qu'en plantant les arbres, vous les couvriez de la terre de deſſus, qui eſt la meilleure & la plus remplie de ſels: l'autre ſert à combler les trous: par ce remuement les terres s'abonniſſent.

On fera faire à chaque piquet des trous de quatre pieds en quarré, & de trois pieds de profondeur. Si le fond de la terre eſt bon, vous vous en ſervirez, mais ſi la terre vous paroît uſée & ſéche, vous en ferez apporter de meilleure, ou vous prendrez de celle de deſſus, dont vous jetterez un bon demi-pied de hauteur dans le fond du trou. Vous pourrez y mettre encore un lit de feuilles ou de gazon retourné, ſi vous en pouvez trouver aisément, avec un demi-pied de terre par-dessus, cela se consomme & vaut dans la suite du fumier. Cette préparation remplit un pied de hauteur, des trois qu'on a donnés aux trous: les deux pieds restans suffisent pour planter l'arbre.

Avant que de planter vos arbres, il les faut récéper à huit ou neuf pieds de haut, en leur coupant la tête, à moins qu'ils ne soient levés en motte, comme on le dira ci-après, ou que ce ne soient de jeunes Chênes ausquels il faut conserver la tête & le pivot.

On tâchera, pour la régularité, de mettre tous ces arbres à même hauteur, en les coupant sur une mesure commune. Il les faut encore rafraîchir par les racines, en ôtant l'extrêmité du chevelu, & les racines éclatées & brisées, ce qu'on appelle *habiller un arbre.* Malgré l'opinion de quelques Jardiniers, laissez le chevelu qui sert à faire reprendre les jeunes plants, & *habillez long.* Cela fait, vous poserez la racine de l'arbre dans le milieu du trou, vous étendrez bien toutes les petites racines & les garnirez de terre avec la main, en prenant garde qu'il ne s'y trouve dessous des pierres, ou des vuides, appellés *Caves*, qui mettent les racines en l'air, & les empêchent de se lier à la terre. Votre arbre étant bien garni, vous le ferez combler entiérement de terre, en faisant abattre la (*a*) berge autour du trou; la terre en est toujours meilleure & plus fraîche que celle de dessous, outre que cela agrandit le labour; ensuite vous la plomberez en marchant dessus.

(*a*) Ce sont les bords de la terre autour du trou.

On remarquera que dans un mauvais terrein ou une terre trop légére, il faut couper court & récéper de près tous les plants, afin de les obliger à pousser plus vigoureusement. Le Tilleul doit être excepté de cette regle: aussi sujet qu'il est à se creuser, il ne tarderoit pas à le devenir dans le chicot qui reste à sa reprise.

Outre les piquets qui marquent les trous, il faut encore aligner trois ou quatre jalons sur la même ligne & qui soient fichés entre les places destinées aux arbres, afin de pouvoir quand les trous sont faits & tous les piquets ôtés, planter deux ou trois arbres suivant ces jalons, c'est-à-dire, un arbre à chaque bout & un dans le milieu de la ligne; vous pourrez ensuite faire ôter tous les jalons qui deviennent alors inutiles. Ces trois arbres vous serviront pour aligner tous les autres de la même rangée. Ceci est une regle générale pour planter toutes sortes d'arbres, en augmentant ou diminuant la grandeur des trous selon leur force.

Aux arbres nouvellement plantés, après avoir plombé les terres, faites jetter le lendemain trois ou quatre arrosoirs d'eau selon la force de l'arbre, cela fait des merveilles pour faire descendre les terres, & leur donner de la liaison: il seroit dangereux de mouiller les arbres sur le champ, crainte de faire du mortier, ou de trop faire pancher les têtes.

Les personnes qui veulent avoir un beau Jardin & en peu de tems, sans se soucier d'un peu plus de dépense, se servent d'arbres levés en motte; ils gagnent par-là cinq ou six années d'avance, parce que ces arbres étant levés avec une motte de terre qui couvre leurs racines, se plantent tout de leur hauteur sans rien couper; au lieu que les autres arbres dont les racines sont découvertes, n'ayant pas assez de force pour nourrir leur tête, l'on est obligé de la leur abattre, en les récépant à 8 ou 9 pieds de haut, comme l'on vient de dire. En plantant ainsi des arbres en motte, on gagne le tems qu'il faut à ces arbres pour pousser une autre tête, outre qu'ils en sont infiniment plus beaux, & qu'ils ne montrent point leur reprise, comme ceux que l'on étête. J'ai fait planter des Ormes en motte de 30 pieds de haut & gros comme la cuisse, qui ont repris à merveille; par ce moyen on plante des arbres tout grands, ce qu'on ne faisoit pas autrefois, & l'on jouit d'un Jardin dix ans plus tôt.

Il faut bien se donner de garde de suivre l'opinion de quelques * Jardiniers, qui prétendent qu'on peut planter hardiment un arbre tout de sa hauteur, sans y rien couper & sans qu'il y ait une motte de terre à sa racine. Ces gens-là pour appuyer leur opinion, disent que cette motte de terre resserrant trop les racines qu'on est obligé de couper courtes, cela les empêche de faire leur fonction & de s'étendre si vigoureusement; au lieu que les racines d'un arbre étant découvertes & toutes de leur longeur, on les arrange & on les garnit de terre beaucoup mieux; & qu'étant ainsi mues de tous côtés, elles ont plus de facilité à pousser & à se lier à la terre.

C'est une opinion que l'expérience a fait souvent trouver fausse, & que l'on ne conseille nullement de suivre; quand les arbres n'ont point de terre au pied, ou que la motte s'est

* Ces Jardiniers ont écrit des arbres fruitiers, dont ils ont fait quelques expériences en ce genre: & sous ce prétexte, ils prétendent qu'on peut aussi les en croire sur la maniére de transplanter sans motte les Ormes & les

autres arbres des Jardins de propreté, dont la culture leur est moins connue.

caffée en les apportant, ils sont en très-grand danger de mourir; la sève ne peut pas d'elle-même avoir assez de force pour monter jusqu'au haut de l'arbre, & pour nourrir sa tête, si elle n'est aidée par cette motte de terre, qui est la même où l'on a élevé l'arbre, & qui nourrit & entretient ses racines, jusqu'à ce qu'elles ayent la force de percer dans la nouvelle terre d'alentour. On donnera dans le Chapitre V, la maniére de lever les arbres en motte.

Pour planter les palissades, on tendra un cordeau suivant la la trace ou la rangée d'arbres, s'il y en a, & l'on ouvrira à la bêche une tranchée ou rigole d'un pied de profondeur, en prenant garde de conserver un de ses côtés sans l'ébouler, & d'ouvrir cette rigole en dedans de l'allée, ce qui vaut toujours mieux pour le plant. Cela fait, mettez en terre le genou gauche au bord de la rigole, & prenez le plant brin à brin, après avoir un peu rafraîchi l'extrêmité de ses racines, espacez-le de deux ou trois pouces selon sa grosseur, & accottez-le contre la terre, qui sera coupée à pied droit d'un des côtés de la rigole; soutenez le plant avec le revers de la main gauche, & de la droite jettez de la terre sur les racines, jusqu'à ce qu'elles soient couvertes. Prenez garde que le plant soit bien dressé & bien accommodé l'un dans l'autre: après cela comblez la rigole, & plombez la terre avec les pieds.

Les palissades plantées si fortes & si hautes, comme de 6 à 7 pieds, ne sont pas si sûres à la reprise, que la jeune Charmille qui est infiniment meilleure: les Jardiniers ont la méchante coûtume de récéper une Charmille à fleur de terre, ce qui lui nuit beaucoup, & l'empêche de devenir droite, ne faisant alors que des chicots qui s'épanouissent de côtés & d'autres. J'ai fait l'expérience d'une Charmille ainsi rognée, & d'une autre qu'on avoit laissée toute de sa hauteur, & j'ai trouvé que celle qui n'avoit pas été rognée, étoit mieux venue & bien plus droite que l'autre, quoique dans le même terrein.

On doit laisser un peu de place derriére les palissades, quand on les plante contre un mur, en partie pour la palissade, afin qu'on la puisse labourer & tondre par derriére, & en partie pour le mur qui s'en conserve beaucoup mieux & plus longtems.

Comme il n'y a rien de plus difficile à faire venir dans un

Jardin,

Jardin, que les palissades, elles demandent beaucoup plus d'attention que le reste. Pour les élever belles & les faire durer long-tems, il faut les exposer hors d'un bois au grand air, & outre cela qu'il n'y ait point d'arbres plantés dedans, surtout des Ormes; à moins que la palissade ne soit récépée à 10 ou 12 pieds de haut, & que l'on n'élague beaucoup les arbres au-dessus. Si au contraire elles sont plantées dans un bois de haute-futaie, ou sous des Marroniers, elles creveront bien vîte, & ne s'y éleveront que pendant que les arbres seront jeunes, ou à la faveur d'un bon terrein frais. On peut cependant élever de belles palissades dans un bois, en observant ce qui suit.

La maniére ordinaire en plantant des bois, est de border les allées par des Ormes, des Tilleuls, des Marroniers, avec de la Charmille ou de l'Erable au pied pour former la palissade: si l'on vouloit s'épargner le chagrin infaillible de la voir mourir dix ou douze ans après, parce qu'elle s'étouffe sous les grands arbres, on y remédieroit en plantant les bordures d'un bois, de Charmilles seules sans aucun arbre, & laissant par derriére une lisiére de 6 à 7 pieds de large régnante tout au tour, c'est à-dire, une clairiére sans futaie, ni broussailles entre les palissades & le bois. Alors elles jouiroient d'un grand air des deux côtés, & se maintiendroient long-tems en état, cet espace ne dégrade point les bois qui s'élevant par-dessus, forment de loin des feuillages fort agréables. Cette place vuide servira encore à labourer commodément les palissades, & à passer l'échelle double pour les tondre par derriére. L'on observera qu'il faut couper à pied droit les branches qui s'échappent du bois, afin qu'en tombant dessus, elles ne dérobent point cet espace d'air si nécessaire à la palissade.

Il faut avouer cependant que ces sortes d'allées sont plus long-tems à se former & à donner du couvert que les autres, où les arbres marquent dès la seconde année: l'on peut dans un grand Jardin, avoir des allées plantées de l'une & de l'autre maniére, afin de s'y pouvoir promener à l'ombre à toutes les différentes heures du jour.

Voici une autre pratique fort simple de planter les allées d'un bois, qui est d'isoler les rangées d'arbres des deux côtés & à 3 ou 4 pieds derriére planter les broussailles des quarrés de bois en alignement, de maniére qu'étant tondues à pied droit, elles forment des espéces de palissades, qui à la vérité, ne sont jamais si belles, ni si garnies que les autres, mais qui dureront bien davantage, & ne demandent que peu d'entretien. Ces sortes de palissades font toujours un fond de verdure qui ne laisse pas d'être fort agréable à la vûe. Celles de jeunes Chênes & de Châtaigniers réussissent très-bien dans ce projet. On peut encore espacer des arbres isolés à 4 ou 6 pieds de la palissade, ce qui forme de petites contre-allées, telles qu'on en voit à S. Cloud & à Trianon. Si l'on veut même accompagner ces arbres isolés d'une banquette de Buis, d'Ifs ou de Charmille, les allées en seront encore plus belles, pourvû qu'elles soient un peu larges.

Venons à la maniére de planter les portiques & les décorations champêtres qui sont composés de colonnes, de trumeaux, de montans ou pilastres saillans. Choisissez dans une pépiniére des Ormes hauts & menus, rameux le long de la tige, toujours des mâles, à cause de leur petite feuille serrée & toufue, qui se tond mieux que la femelle, plantez-les sans leur couper la tête & avec toutes leurs ramilles; si c'est pour quelque trumeau un peu large, vous en mettrez plusieurs, & si c'est pour une colonne, cherchez un arbre branchu tout au tour, que vous conduirez & élaguerez dans la forme d'une colonne, le faisant ramiller de tous côtés, & profitant avec adresse de toutes ses branches pour former cette rondeur. Il faudra le dépouiller à 4 ou 5 pieds de haut, afin de le faire monter, & l'on garnit le bas de la colonne, de charmille & d'ormeaux, pour figurer la base & le socle. Au-dessus de la colonne on formera du même arbre son chapiteau, & pour la corniche & l'entablement on se servira de branches échappées de la palissade du fond, que l'on tirera avec des fils de fer, pour les attacher sur des perches traversantes d'un bout à l'autre, & portées par d'autres perches ou montans de bois, sur lesquelles on attachera toutes les petites branches de l'Orme destiné à former le trumeau ou la colonne, en les contraignant avec de l'osier à prendre le sens que l'on veut. Ces branches tirées artistement & bien entrelacées les unes dans les autres, cachent & recouvrent ces perches, & composent des colonnades toutes vertes, avec des corniches & des entablemens faillans d'un pied & plus, s'il est nécessaire.

Ces colonnes se plantent presque toujours isolées, afin de pouvoir passer le ciseau tout autour pour les tondre. Pour les piédestaux, ils peuvent être isolés ou non, cela ne fait rien à leur construction. Les chapiteaux, bases & corniches se taillent en chamfrain à l'extrêmité des colonnes ou des pilastres, au-dessus desquels on pratique des boules & des vases de verdure, formés par le bouquet de l'arbre qui fait la colonne ou le trumeau, ou bien par des brins de charmille tirés de la palissade. L'on détache ces vases de leurs boules & de la corniche, par une petite tige d'un pied ou deux, selon la hauteur du portique, à cause de l'effet de la perspective.

Les Architectes observent la même chose dans les bâtimens.

Pour les palissades percées en arcades, si le dessein les fait voir ouvertes jusqu'en bas, on tracera sur terre une ligne, où l'on prendra la largeur des ouvertures, & l'on marquera celle des trumeaux ou pilastres que l'on fera ouvrir en rigoles pour y planter le plant destiné. Si au contraire elles sont enclavées d'une banquette où elles viennent mourir, c'est-à-dire, qu'elles ne descendent pas jusqu'à terre, à l'exception des portes, on fera faire une rigole tout du long sans réserve, & l'on y plantera la charmille, en observant pour jouir plus tôt, d'en mettre de la plus haute dans l'endroit des trumeaux, ou bien d'y planter un Tilleul ou un Orme, afin de former promptement la corniche & le vase d'en-haut, qui sont toujours les plus longs à venir. On soutiendra ces jeunes plants avec des treillages grossiers, sur lesquels on palisse proprement les branches, jusqu'à ce qu'ils soient assez élevés pour être cintrés & former l'arcade, autour d'un cerceau attaché aux deux montans du treillage.

Les berceaux, les cabinets & les galeries de verdure se plantent de même que les portiques & les arcades, à la différence seulement qu'il faut deux rangs de portiques à quatre piliers pour composer ces galeries; alors les Ormes plantés aux quatre piliers se croisent sur des cerceaux dans le haut, & par leurs branches tirées avec des fils de fer & contraintes sur ces cerceaux, forment des voûtes vertes fort agréables, qui sont percées à jour.

On tond ces arcades, ces colonnes, portiques & cabinets presque tout aux ciseaux, excepté les corniches & les trumeaux, que l'on tond au croiſſant & à la ſerpette, en ménageant quelques branches pour garnir les vuides : on aura une meſure de bois pour contourner les colonnes, une pour les cintres, & une autre pour tailler en chamfrain les corniches, baſes & chapiteaux : toutes ces meſures ſeront taillées ſuivant le deſſein qui a ſervi à leur premiére conſtruction. Ces morceaux devenus forts, ſe ſoûtiennent d'eux-mêmes ſans aucun entretien des treillages, qui n'ont ſervi qu'à les élever & à les faire monter.

On obſervera que ſi l'on ne ſe ſert que de grande charmille pour former ces décorations ſans aucun arbre, on la doit planter très-ſerrée & fort garnie pour l'empêcher de trop groſſir. Si l'on y emploie des arbres, il ne les faudra plier qu'après la ſeconde ou la troiſiéme année qu'ils ſont plantés & bien repris, ſans cela l'on pourroit trop ébranler leurs racines, & les empêcher de ſe lier à la terre.

Pour les boules d'Ormes en maniére d'Orangers, on choiſira des Ormes à petites feuilles, bien droits, dont la tige ait 6 à 7 pieds de haut, & l'on taillera en boule de 3 pieds environ de diamétre, la tête de ces arbres. Si ces boules d'Ormes ſont accompagnées de leur caiſſe, l'on plantera au pied des arbres des brins de charmille que l'on tondra quarrément de tous côtés, ou en maniére de pots avec des anſes, pour faire croire que la caiſſe & l'arbre ne ſont qu'un.

La choſe la plus eſſentielle à remarquer dans le plantage, c'eſt de ne point mettre de fumier dans les trous où vous voulez planter des arbres, ſous prétexte de les fumer : ſi vous mettez le fumier trop bas, il devient inutile, à cauſe que ſon ſel ne tombera pas ſur les racines, & que par ſa peſanteur il deſcendra toujours vers ſon centre. Si vous le mettez un peu au-deſſus, il pourrira le tronc de l'arbre, y attirera des vers & ſéchera la terre, il n'en faut pas davantage pour cauſer la mortalité aux jeunes plants. On ne doit mettre dans ces trous que de la bonne terre neuve, ou bien un lit de feuilles ou de gazon répandu dans le fond, comme nous venons de dire ; & pour garantir des grandes chaleurs de l'Eté, les arbres nouvellement plantés, on étendra tout autour de leur pied ſur la ſuperficie de la terre, environ un demi pied d'épais de fumier peu conſommé, parce qu'alors il eſt plus rempli de ſels & d'eſprits végétaux, que les pluies & les arroſemens feront fondre ſur les racines des arbres.

Si vous avez des trous & des rigoles à faire dans des terres rapportées, sabloneuses & méchantes d'elles-mêmes, soit pour planter des palissades ou des rangées d'arbres, il faut faire de bonnes tranchées d'un bout à l'autre sans interruption, de 4 pieds de large & de 3 de profondeur, en un mot effondrer le terrein, & y faire apporter de la bonne terre pour en remplir la tranchée : l'on pourra dans cette terre planter hardiment les arbres, qui sans cette précaution n'y feroient que languir.

A l'égard des bois & des bosquets, on en distingue de six sortes, ainsi qu'il a été dit ci-dessus dans le Chapitre VI de la premiére Partie ; sçavoir les forêts & les grands bois de haute-futaie, les bois taillis, les bosquets de moyenne futaie à hautes palissades, les bosquets découverts & à compartiment, les bois plantés en quinconce & les bois verds. Il est bon de les parcourir l'un après l'autre, en distinguant les différentes maniéres de les planter.

Les forêts & les grands bois de haute-futaie se sément ordinairement de différentes graines & de fruits. On se contente dans les terres destinées pour planter un bois, d'y faire donner un labour, & d'y semer du gland, de la châtaigne, &c. comme on fait le bled; ou bien l'on fait piquer du gland en terre de 6 pieds en 6 pieds, suivant des traces faites à la besoche, ce qui va très-vîte, & fait que les arbres se trouvent un jour espacés plus réguliérement.

La meilleure méthode de planter les bois, c'est d'avoir de jeunes plants enracinés; pour lors il faut les planter à 6 pieds de distance l'un de l'autre, & observer surtout de ne leur point couper la tête, ce qui les empêcheroit de monter & de former un jour une belle futaie.

Les bois taillis se plantent ou se sément de la même façon que les bois de haute-futaie, avec ces différences, que l'on espace les plants, ou qu'on pique les fruits à 3 pieds l'un de l'autre, & que l'on coupe le haut du jeune plant, pour le faire pousser en branches & s'écarter en buissons, ce qui s'appelle sepée. On doit couper ordinairement les bois taillis tous les 7 ou 9 ans, selon la bonté du terrein, en laissant des baliveaux, & on les coupe rez-terre sur les vieilles souches qui repoussent incontinent après.

Les bosquets de moyenne futaie à hautes palissades, demandent plus de ſoin dans la maniére de les planter. Après avoir fait labourer la terre, l'avoir améliorée en cas de beſoin, avoir tracé exactement le deſſein du bois, vous planterez les allées, ſalles, cabinets, comme nous venons d'enſeigner dans ce Chapitre en parlant des allées. Vous planterez de même les paliſſades, en ſuivant exactement les contours & retours du deſſein, & en faiſant ouvrir des rigoles, ainſi qu'il vient d'être dit ci-deſſus. Pour remplir le milieu du bois dont il s'agit ici, faites des traces au cordeau à la diſtance de 6 pieds l'une de l'autre, que vous ferez ouvrir en rigoles, de la largeur & profondeur d'un fer de bêche; plantez-y du plant d'Ormeaux, Châtaigniers & autres, à 3 pieds de diſtance. Après que ce plant ſera planté & recouvert entiérement, ſemez entre chaque rigole, ou piquez du gland, de la châtaigne & de toutes ſortes de graines; cela formera du garni & de la brouſſaille, & les rangées du plant enraciné formeront un jour de la futaie, par les ſoins qu'on prendra de l'élaguer, & de le conduire très-haut.

On obſervera encore pour garnir un bois plus vîte & en avoir plus tôt du plaiſir, de planter du plant un peu fort dans les quarrés, & de marcotter les longues branches traînantes à terre, au lieu de les couper; cela avance bien plus que de ſemer du gland, comme l'on fait pour planter les grands bois & les taillis. On peut encore y planter de jeunes Chênes & être sûr de leur repriſe, pourvû qu'on leur conſerve le pivot, qu'on enfoncera dans un trou fait avec un pieu.

Les boſquets découverts & à compartiment ſont très-différens des futaies & des taillis, en ce que le milieu de leurs quarrés eſt vuide de bois, & rempli ſeulement de piéces de gazon à compartiment, que l'on ſemera ou plaquera dans la même intention qu'il eſt marqué dans le deſſein, & ſuivant ce qui en a été dit dans le Chapitre VII de la premiére Partie. A l'égard des allées & des paliſſades de ces bois, elles ſe planteront toujours à hauteur d'appui & en banquettes, à cauſe de la vûe. Pour eſpacer les arbres dans le contour du deſſein, obſervez qu'ils ne ſoient pas ſi près l'un de l'autre, ni ſi éloignés; les angles & les oreilles des ſalles vous guident en cette occaſion, & chaque angle pour bien marquer le deſſein, demande un arbre. Cependant quand trois angles ſont trop proches, plantez les arbres dans les deux saillans, & ne mettez rien dans l'angle rentrant, la charmille fera le reste.

Les quinconces se plantent comme les allées, n'étant effectivement autre chose que des rangs d'arbres, & plusieurs allées paralléles, qui s'alignent & s'enfilent l'une dans l'autre; l'on prendra garde seulement en plantant ces bois, de se bien retourner d'équerre, & que les arbres soient droits, s'enfilent d'angle en angle, & se rapportent juste l'un à l'autre, ç'en est la beauté. Il ne faut ni palissades, ni broussailles dans ces bois, ainsi il est fort aisé de les planter. On y séme quelquefois sous les arbres, des piéces de gazon, en conservant des allées ratissées, pour former quelques desseins.

Les bois verds se plantent de la même maniére que les autres, il n'y a pas plus de difficulté; l'on aura recours au Chapitre précédent, pour faire choix des arbres qui conviennent le mieux pour planter les allées, les palissades & les quarrés de ces bois.

Comme il n'y a rien de plus long à croître qu'un bois, il faut consulter le terrein où on le veut planter, en examinant par des fouilles faites en plusieurs endroits, le fond naturel de la terre, & regardant les herbes qui la couvrent. Si la terre se trouve humide, & qu'elle soit couverte de roseaux, de joncs & de queues de Renard, on y plantera des arbres aquatiques; si elle est séche, les arbres appellés sauvages y conviendront mieux; c'est ainsi qu'on doit toujours regarder ce qui peut convenir au naturel de la terre, autrement les bois seront long-tems à s'élever.

On voit par-là la différence qu'il y a des bois avec les parterres & les boulingrins, qui sont plus beaux dès le premier jour qu'on les a plantés que dans la suite, au lieu qu'un bois dans sa jeunesse n'a rien que d'imparfait; la privation de cet ombrage qui fait tant de plaisir dans les Jardins, lui fait souhaiter toujours un peu d'ancienneté.

Quand on aura à regarnir d'anciens bois dégradés, soit dans leurs quarrés ou dans leurs lisiéres & bordages plantés d'arbres & de palissades, on aura plus de peine à y faire venir quelque chose, que dans un jeune plant; les arbres meurent facilement sous une futaie, quand même on choisiroit l'espéce la moins délicate. L'on n'y pourra élever que des broussailles de Lilas, de Sureau, de Sycomore, du Buis & de l'Ormille, & si l'on veut abſolument y planter quelques arbres, il faut percer au-deſſus un jour perpendiculaire, pour leur donner de l'air: ſans cette précaution les arbres viendront rabougris, & étant offuſqués, mourront promptement. La terre remplie de racines & uſée entiérement, eſt encore peu propre à faire reprendre de jeunes plants : ainſi l'on aura ſoin de faire des trous un peu grands & profonds, de les vuider de leur mauvaiſe terre, & de les remplir de la meilleure que l'on aura, c'eſt-à-dire, une terre neuve & fraîche. L'on marquera ces arbres avec de la paille ou de l'oſier, afin de les diſtinguer des autres, & d'en prendre ſoin pendant l'Eté. En faiſant les trous, prenez garde d'endommager quelques groſſes racines voiſines, cela feroit mourir de grands arbres, & par-là vous dégraderiez encore plus le bois.

Pour ce qui regarde le tems de planter les arbres, il vaut mieux en général s'y prendre avant l'Hiver, dans les mois de Novembre & de Décembre, qu'au commencement du Printems, comme au mois de Mars. Les arbres & leurs racines ont le tems pendant l'Hiver, de s'accoûtumer à la terre & de la goûter en attendant la ſève, outre que les pluies & les neiges fondues trempent & humectent les racines, ce qui les lie à la terre. Les arbres n'ont point tous ces avantages, lorſqu'on les plante après l'Hiver; comme ils ſont mûs & transportés trop près du tems de la ſève, ils ont plus de peine à s'accoûtumer à une nouvelle terre, & à y produire auſſi-tôt des racines.

Quelques (a) Philoſophes qui admettent une ſenſation dans les plantes, la prouvent par celle que l'on nomme Senſitive. D'autres diſent que pendant l'Hiver les plantes ont le tems de digérer & d'attirer les ſucs de la terre, & pour ainſi dire, ſe réveillent à la chaleur du Printems par une humeur qui fermente en feuilles, en fleurs & en fruits.

(a) *Thomas ab Horto*, le Docteur Rai, Hiſt. naturelle de l'Univers, par Colonne.

On obſervera que dans les pays ſecs, il convient mieux de planter avant l'Hiver, afin que les arbres nouvellement plantés, profitent des pluies & des neiges fondues, dont ils ont grand beſoin, pour tempérer cette ſéchereſſe naturelle. Il ne faudra pas auſſi planter ſi avant, parce que les eaux, tant des pluies que des arroſemens, feroient imbibées en terre avant qu'elles puſſent deſcendre juſqu'aux racines. Dans les terres humides, il faut attendre au contraire le mois de Mars, où la terre

terre s'étant déchargée de cette grande humidité de l'Hiver, est plus propre à la reprise des jeunes plants. Dans les pays marécageux on leve les vannes des canaux & des étangs, pour y pouvoir planter, sans cette précaution l'eau feroit dans les trous des arbres: on plantera autant profondément que le niveau de l'eau le pourra permettre.

Chantilly, Liancourt.

On choisira toujours un tems sec pour planter, parce que la terre étant bien séche, se glisse mieux autour des racines, sans y laisser aucun vuide, & qu'il ne s'y fait point de mortier, qui est fort nuisible à la reprise des arbres.

Quelques personnes prétendent qu'on doit faire une observation en plantant un arbre, qui est de le tourner à la même exposition du Soleil, où il étoit avant que de le déplanter: cette attention n'est bonne tout au plus que pour les arbres fruitiers, & ne doit jamais arrêter un Jardinier dans tous les autres travaux.

Quelquefois quand il se rencontre un arbre dont la tige a quelque coude, l'on observera en le plantant de tourner ce coude à l'opposite du Soleil du Midi, qui l'attire à lui, & par ce moyen le redresse. Sans cela on doit toujours tourner un arbre sur le sens où il paroît le plus droit sur son alignement.

Il peut survenir une autre difficulté, qu'il est bon d'éclaircir. Voici en quoi elle consiste: quand un dessein est tracé, surtout celui d'un bois, où il y a des allées tournantes, dont les arbres ne peuvent s'aligner l'un sur l'autre, l'on se trouve fort embarrassé, aprés que le trou est fait & le piquet ôté, de planter un arbre sans aucun alignement & sans aucune mesure qui puissent vous régler.

Pour se tirer de cet embarras, avant que de faire le trou & d'ôter le piquet, posez-en quatre autres, qui s'alignent en croix sur ce piquet du milieu, qui est celui que l'on doit déplacer, ainsi qu'il se voit dans cette Figure. L'on prendra garde de planter ces piquets un peu loin de l'endroit où l'on doit faire le trou, afin qu'on puisse jetter les terres qui en sortiront, sans couvrir ces piquets.

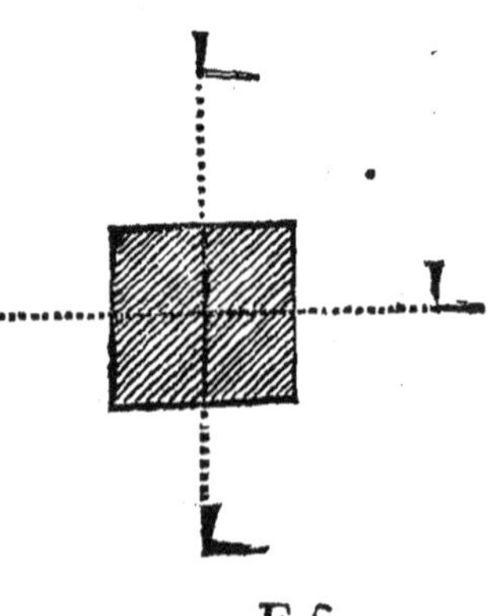

Ce moyen vous fera retrouver la place de votre arbre, en le mettant directement dans le milieu du trou, en sorte que les quatre piquets s'alignent & se croisent sur l'arbre, de même qu'ils faisoient sur le piquet que vous avez ôté.

Il ne faut pas oublier de parler de quelques arbres qui se plantent sans faire de grands trous, tels que le Saule, le Peuplier, le Marsaut, le Sureau, le Figuier, le Jasmin, & autres. On coupe seulement des branches sans racines, appellées Plançons, que l'on aiguise par un bout en pied de biche; on fait avec un pieu de fer ou de bois, un trou en terre où l'on fiche les plançons, en prenant garde d'écorcher leur écorce, & avec le pieu même on fait couler de la terre pour remplir le trou, que l'on plombe pour mieux assurer le plançon.

Après avoir donné la maniére de planter toutes les différentes parties d'un Jardin, passons maintenant aux soins que l'on doit prendre des jeunes plants pour les bien élever.

CHAPITRE IV.

DU SOIN QUE L'ON DOIT prendre des plants pour les bien élever, avec les moyens de les garantir des maladies & des insectes qui les attaquent.

SI l'on veut jouir en peu de tems des arbres dont on aura planté un Jardin, c'est en leur donnant les soins qui leur sont nécessaires, selon les différentes saisons de l'année, ce qui demande à la vérité beaucoup d'attention : mais le plaisir de voir avancer promptement des ouvrages que l'on a créés soi-même, dédommage agréablement de ces peines; sans leur secours on a le chagrin de voir mourir & sécher sur le pied, la plûpart des arbres d'un Jardin.

Les soins qu'on doit prendre des jeunes plants consistent en trois choses, dans les labours, dans les arrosemens, & dans la maniére de les conduire pendant les premiéres années.

Le plus nécessaire de ces trois soins est le labour qui sert non-seulement à rendre les sels plus actifs par le passage des eaux, mais encore à communiquer aux terres les sels que l'air y précipite. Il faut quatre labours par an, deux grands & deux petits que l'on appelle *binages*. Le premier grand labour se fait à l'entrée de l'Hiver. Il sera de 9 à 10 pouces de profondeur dans une terre légére, & de 6 seulement dans un terrein humide; le second labour commencera au Printems. On fait les deux petits l'un à la S. Jean d'Eté & l'autre dans le mois d'Août.

La raison de ces différens labours & des différens tems ausquels on les doit faire, c'est qu'à l'entrée de l'Hiver les arbres n'étant plus en sève, il n'y a point de danger de leur donner un grand labour, c'est-à-dire, un profond labour; outre que cela coupe la trace des taupes, & la racine des mauvaises herbes, cela donne encore passage aux pluies & aux neiges fréquentes en cette saison, ce qui trempe la terre très-avant. Voilà pour le premier grand labour. A l'égard du second qui se fait au commencement du Printems, comme dans le mois de Mars, on ne risque rien de donner un labour un peu profond à la terre, qui ne travaille pas alors si vigoureusement, & qui ne craint point encore la grande chaleur.

Les deux petits labours appellés binages, c'est-à-dire, seconds labours, doivent être moins profonds que les autres, parce qu'ils sont faits pendant les deux sèves, où il y auroit du risque de fouiller la terre trop avant, d'éventer les racines, ou d'en couper le chevelu. Il ne faut dans les binages, que peler & ratisser la superficie de la terre, ce qu'on appelle serfouir, de crainte que la chaleur ne pénétre jusqu'aux racines, & seulement pour ôter les méchantes herbes qui absorbent la plus grande partie des sels de la terre, & qui poussent en abondance dans cette saison, comme aussi pour donner entrée aux rosées du matin & aux pluies, qui facilitent beaucoup la sève.

Si la terre restoit en masse, ses parties n'agiroient que très-foiblement, au lieu qu'un remuement de terre dissout les sels qui se portent bien plus promptement sur les racines, & font prendre par le moyen de la sève un plus bel accroissement aux arbres : ces sels de la terre ne produiroient aucun effet, ils se tiendroient fortement attachés à la masse comprimée de la terre, s'ils n'étoient dissous par les humidités d'en-haut qui sont les pluies & les arrosemens.

On dit ordinairement que pour avoir bien soin d'un bois, il le faut entretenir comme une vigne, où l'on ne souffre jamais d'herbes.

Les arbres isolés, c'est-à-dire, qui ne sont point engagés dans une palissade, dans un bois ou une plate-bande, & autour desquels on peut se promener, seront labourés de quatre pieds en quarré ; & les palissades de deux pieds de large par derriére, l'allée ratissée leur servant de labour par-devant.

On se sert pour les grands labours de houes & de bêches, & pour les petits de binettes, de ratissoires & de serfouettes. Quand l'herbe est trop grande, avant que de labourer, on la fait arracher à la main, ce qu'on appelle sarcler.

Pour faire ces labours utilement & les donner à propos, il faut consulter la qualité naturelle de la terre : un tems propre pour labourer les terres légéres & sèches, ne le seroit point du tout pour les terres fortes & humides ; ainſi comme les terres légéres & ſèches ont beſoin d'humidité, pour corriger leur trop grande chaleur, on les labourera un peu avant la pluie ou incontinent après, afin de procurer un prompt écoulement aux eaux qui pourroient ſe perdre ailleurs par trop de retardement. Au contraire, on labourera les terres fortes & humides, dans les plus grandes chaleurs, dont elles ont plus beſoin que d'eau ; ce qui empêchera encore ces terres de ſe gercer & de ſe fendre. Ces labours faits avec ces obſervations, entretiennent la terre bien plus long-tems fraîche, & en valent infiniment mieux pour les plants.

On butera le pied des arbres dans les terres humides pendant l'Hiver, afin que les pluies & les neiges ne ſéjournent point trop ſur leurs racines, & l'on ſe contentera de trois labours dans les terres ſèches, parce qu'on pourroit craindre que le peu de ſels & de ſubſtance de ces ſortes de terres ne pût s'évaporer.

Les arroſemens ſont le ſecond ſoin qu'on doit prendre des jeunes plants ; ils ſervent, ainſi que les labours, à diſſoudre & à faire agir les ſels de la terre, qui ſans cela reſteroient en maſſe ; ils mêlent l'eau avec l'air, & procurent une nourriture convenable aux tendres chevelus des jeunes arbres. Les arroſemens doivent être fréquens & abondans : lorſqu'ils ſont petits, ils ne ſervent qu'à altérer davantage la terre, ſemblables à une goutte d'eau jettée dans un grand feu, qui en irrite encore la flâme.

L'heure la plus propre pour arroſer eſt le matin ou le ſoir ; pendant la grande chaleur du jour on ne doit arroſer que dans les bois & les lieux à l'ombre.

Il faut obſerver une choſe avant que d'arroſer, qui eſt de couvrir le pied des arbres & des paliſſades, avec du grand fumier ou de la litiére, que l'on étendra ſur la ſuperficie de la terre, ainſi qu'on a déja dit. Les arroſemens en ſont bien meilleurs ; l'eau paſſe à travers ce fumier, comme par un crible, ne fait point de mortier, & la terre étant par le moyen de ce fumier à l'abri des rayons du Soleil, en conſerve plus longtems ſa fraîcheur.

Comme ce fumier ſeroit vilain à voir dans une belle allée, on l'enfouit à fleur de terre, & l'on ſable l'allée par-deſſus, ce qui paroît auſſi propre, & eſt de la même utilité pour l'arbre.

On se sert d'arrosoirs pour les lieux proches ; mais quand il faut porter l'eau un peu loin, on remplit un petit tonneau comme un quartaut, que l'on mene sur une brouette aux endroits nécessaires ; il faut environ deux arrosoirs ou deux seaux d'eau à chaque arbre, selon qu'il paroît altéré. L'on connoît ce besoin, quand la terre se fend, & boit l'eau promptement. On creusera un cerne ou petit bassin au pied de l'arbre pour servir d'entonnoir à l'eau qui pourroit couler autre part.

On peut encore se servir de longues goutiéres de bois ou de rigoles cimentées, pour conduire l'eau d'un bassin ou d'un puits, le long d'une allée, avec des tonneaux enfoncés en terre d'espace en espace pour recevoir ces eaux, & y puiser dans le besoin; mais cela n'est guére propre dans un Jardin, à moins que ce ne soit dans un potager.

A l'égard des palissades & des rangées de jeunes plants dans un bois, il faut leur donner de l'eau, tant qu'ils en auront besoin, en creusant auparavant une petite rigole tout du long, pour faciliter l'écoulement de l'eau.

Il vaudroit encore mieux n'avoir jamais commencé à arroser les jeunes plants, que de discontinuer de le faire, ce qui les fait mourir & sécher dans les grandes chaleurs.

Le troisiéme soin est de conduire & d'élaguer les jeunes arbres : cela ne demande qu'un peu d'intelligence, pour distinguer dans un arbre chargé de plusieurs branches qui le rendent difforme, celles qu'on doit laisser pour l'élever un jour très-beau & très-droit.

On doit tenir pour régle générale, qu'un arbre de haute-futaie, pour être estimé beau, ne doit avoir qu'un jet montant, qu'il doit être très-haut de tige, comme de 20 à 30 pieds, sans fourches ni branches ; ensuite on lui laisse former sa tête comme il veut. Au contraire, quand la tige d'un arbre est trop basse, les fourches en sont désagréables à la vûe, aussi-bien que quand l'arbre a plus d'un montant : il ressemble alors à un Pommier ou à ces Chandeliers de Noël tortillés en sept branches.

Tels sont les Marroniers de la grande allée des Thuilleries, qui ont presque tous ce défaut.

Si ce sont des arbres étêtés que l'on veut conduire, on les épluchera la première année, en ôtant avec la main tous les petits boutons qui sont le long de la tige, afin que la sève monte & se réunisse tout en haut, pour former une nouvelle tête. La ſeconde année de leur pouſſe, l'on choiſira parmi toutes ces branches, celle qui ſera la plus forte & la plus droite ſur le pied de l'arbre, c'eſt-à-dire, qui y tombera le plus aplomb, & l'on coupera ſans réſerve toutes les autres.

Lorſqu'on ſe trouve embarraſſé dans le choix d'une branche, n'y en ayant pas de bien droite ſur l'arbre, il en faudra laiſſer deux juſqu'à l'année ſuivante, que l'on coupera la moindre. Il arrive quelquefois qu'on eſt obligé de laiſſer trois branches ſur un arbre, quand celle du milieu qu'on doit élever comme la plus aplomb ſur le pied, ſe trouve la plus foible de toutes, & ſouvent un peu verſée. Alors on paſſe un bâton à travers ces branches, pour contraindre & dreſſer celle du milieu; on en pèle l'écorce tout autour, environ de deux pouces de large, à l'endroit d'où elles ſortent du maître brin, pour en arrêter la ſève qui n'eſt portée de cette maniére que dans la branche du milieu. Les deux autres branches meurent, & quand celle du milieu ſe peut ſoûtenir d'elle-même, on les coupe tout-à-fait: ainſi des trois branches qu'on avoit laiſſées d'abord, il n'en reſte plus qu'une bien droite.

Ce qui détermine à ne laiſſer qu'une ſeule branche à un arbre, c'eſt qu'il s'en porte mieux, qu'il en devient plus gros, plus beau, & croît plus vîte: cette branche ayant elle ſeule toute la nourriture de la ſève; au lieu que quand il ſe trouve quatre ou cinq branches ſur le même arbre, cette ſève étant partagée en quatre ou cinq portions, rend ces branches plus foibles & moins élevées. J'ai conduit de cette maniére des Ormes étêtés, qui en cinq ou ſix ans ont formé une tête belle, droite & de 15 à 20 pieds de haut.

S'il ſe trouve un petit coude à une tige, on fait avec la pointe de la ſerpette des fentes dans l'écorce le long du coude; la ſève qui s'y porte avec plus d'abondance, y regorge, pour ainſi dire, & remplit en deux ou trois ans ces cavités, de ſorte que l'arbre groſſiſſant, le coude diſparoît.

Quand on plante des arbres ſans leur couper la tête, comme ceux qui ſont en motte, on ne leur laiſſe qu'un petit bouquet en haut, afin que l'arbre ayant peu de branches & de charge, la racine puiſſe plus facilement nourrir ſa tête.

On a préſentement une nouvelle maniére de dreſſer les allées, c'eſt de couper les arbres à pied droit dans les dehors de l'allée pour les faire pouffer dans le milieu, & former des berceaux; ces allées s'appellent *allées à la Gilberte.*

La meilleure maniére de bien élever & dreffer des allées, eft de ne point épargner deux chofes: la premiére, de mettre des perches à chaque arbre pour les conduire, fans cela les arbres verfent, leur tête devient tortue & eft fort expofée à être éclatée par les vents. La feconde, c'eft de faire groffiérement des treillages de petites perches liées avec de l'ofier, pour foûtenir & élever les paliffades un peu fortes, qui fans ce fecours, ne fe dreffent jamais bien fur leur pied; cela eft affurément de quelque dépenfe, mais elle eft indifpenfable.

On attache ces perches avec de l'ofier, ou encore mieux avec du fil de fer, en mettant entre la perche & l'arbre, du foin, des copeaux de bois ou du cuir accommodés de telle façon, que le fil de fer ne puiffe point endommager l'arbre.

Pour redreffer de vieux arbres qui verfent ou qui font tortus, & que bien des gens abattroient, on a trouvé un expédient, qui eft de les tirer fur leur fens avec un trueil & des cordages, jufqu'à ce qu'ils foient droits, & enfuite avec de gros fils de fer les contraindre & les attacher fur d'autres arbres voifins les plus propres à les entretenir dans cet état. On met du cuir entre les boucles du fil de fer, crainte qu'il n'écorche l'arbre & ne le coupe. Si l'arbre avoit un coude confidérable, qu'avec le trueil on n'eût pû redreffer, on y mettroit une piéce de bois en étréfillon, qui arc-bouteroit contre le coude & directement dans l'endroit, avec un morceau de cuir entre l'arbre & l'étréfillon, que l'on attachera avec de grands clous, de peur qu'il ne gliffe. Cet arc-boutant doit refter pendant la féve, qui par fon fuc nourricier rend un arbre plus capable que dans tout autre tems, de prendre la nouvelle impreffion qu'on lui veut donner; cela n'empêche pas qu'il ne faille encore fe fervir du trueil pour faire revenir la tête de l'arbre à l'aplomb du pied, & l'entretenir avec un fil de fer comme dans la premiére maniére. Quand ce ne font que de jeunes arbres droits qui verfent feulement, on enfonce des piquets rez-terre, appellés *Tuteurs*, pour en contraindre les racines, après les avoir tiré avec des cordages. Il y a de certains arbres, qu'il eft impoffible de redreffer foit à caufe de leur grand âge, foit à caufe de leur difformité, ainfi l'on aura plus tôt fait en cette occafion de les abattre, & d'en planter d'autres à la place.

Les jeunes paliffades, la feconde année de la pouffe, après avoir été regarnies dans les bréches, fe prennent de près des deux côtés, c'eft-à-dire, par derriére & par-devant, en les tondant

tondant aux ciseaux, c'est le moyen de les faire monter & élever droites. Il ne faut jamais toucher au montant, en les récépant par-dessus pour les mettre d'égale hauteur : ce qui les empêche de pousser si droit & si vîte, & ce n'est point une difformité à du jeune plant de le voir plus haut à un endroit qu'à l'autre. On s'attend bien que ce sentiment ne sera pas goûté de quantité de Jardiniers qui ne s'attachent qu'à leur vieille routine, de toujours couper & massacrer les arbres, mais on est persuadé que les gens raisonnables seront plus tôt de cet avis que du leur, qui n'est fondé que sur une ancienne & mauvaise pratique.

Les Jardiniers sont si accoutumés à couper, qu'ils disent entre eux par proverbe, qu'ils couperoient la tête à leur pere, s'il étoit arbre. On dit éboter un arbre, ou eshoupper.

Il n'est à propos de récéper une palissade par-dessus, que quand on n'en veut faire qu'une banquette à hauteur d'appui, ou bien quand la palissade est parvenue à 20 ou 30 pieds de haut, ce qui empêche qu'elle ne se dégarnisse du pied, & la rend réguliérement plus belle, étant toute coupée à la même hauteur.

Pour bien entretenir ces palissades, on ne les doit pas laisser monter si haut, de crainte qu'elles ne se dégarnissent. Il les faut tondre & les serrer de près avec le croissant, par le moyen de grandes échelles doubles & chariots roulans, tant par le dessus que par les deux côtés, & toujours le plus court & le plus serré qu'il se pourra, il n'y a rien de plus vilain que de voir une palissade trop épaisse, ce qui la ruine en peu de tems. Dans les Jardins bien soignés on tond les palissades deux fois l'année, en Juin & au commencement de Septembre, après la pousse de chaque sève, mais ordinairement on ne les tond qu'une fois, & cela dans le mois de Juillet entre les deux sèves.

Les arbrisseaux des parterres, comme les Ifs, les Houx, les Rosiers, Chévre-feuilles, & autres, doivent être labourés & arrosés de tems en tems. On les moule en boules & autres figures, en les tondant avec les ciseaux ; & pour les bien entretenir, il les faut serrer de près, & tondre deux ou trois fois par an, afin qu'ils conservent mieux la belle forme qu'on leur a donnée.

Dans les quarrés de bois où vous voulez élever de la futaie, ayez l'œil sur les jeunes plants, & après leur avoir laissé prendre un peu de force, vous les émonderez avec la serpette, en ne leur laiſſant qu'un jet montant, vous en laiſſerez d'eſpace en eſpace quelques-uns des plus mal faits, ſans les élaguer, & dont vous pourrez marcotter les branches, pour brouſſailler le bois.

Enfin quand un bois eſt parvenu à la hauteur de 20 à 30 pieds, on ſe ſert d'une ſerpe, & l'on monte ſur une échelle, pour élaguer les branches inutiles, avec la précaution de les couper le plus près qu'il ſe pourra du tronc de l'arbre, & un peu en glacis, ce qu'on appelle en pied de biche, afin que l'eau puiſſe couler deſſus ſans pourrir l'arbre. Il ne faut pas faire de difficulté d'éclaircir d'abord un bois, & de lui ôter un peu de couvert dans les premiéres années; dans la ſuite les arbres en deviendront plus hauts, plus droits & infiniment plus beaux.

On aura la précaution, en élaguant les arbres, de ne les point entamer de tous côtés, parce que ces plaies donnant peu de paſſage à la ſève par l'écorce que l'on coupe, peuvent l'arrêter & ſécher la tête, ou la faire geler dans l'Hiver. Ainſi l'on fera ces plaies petit à petit & d'année en année, en montant toujours ces arbres d'étage en étage, enſorte que toutes les plaies ne ſoient pas fraîches en même tems, & qu'il n'y ait que les nouvelles à découvert; les derniéres ſe feront rétablies pendant l'année. C'eſt une erreur que de croire qu'il ne faut point élaguer les Chênes ſuivant ce qu'on pratique dans les forêts. A Verſailles, à Marly & dans les grands Jardins, on élague les Chênes pour les faire monter, & on les tond en paliſſades, ce qui réuſſit parfaitement bien.

Le vrai tems pour élaguer les arbres eſt un peu avant l'Hiver, ou bien au commencement du Printems, afin que les grandes plaies qu'on leur fait, ne ſoient pas ſi expoſées à la gelée, & puiſſent ſe recouvrir plus facilement. On plaque ſur ces grandes plaies de la bouſe de vache ou des morceaux de gazon pour les garantir de l'ardeur du Soleil, & ſi l'on voit que l'eau commence à y caver, ce qui pourriroit l'arbre dans la ſuite, l'on y cloue des plaques de fer blanc ou de plomb, avec de la mouſſe entre-deux.

Outre tous les ſoins dont on vient de parler, il faut avoir encore celui de viſiter les arbres de tems en tems, & de les guérir des maladies, inſectes & vermines qui les attaquent. Voici les moyens d'y remédier.

Les maladies des arbres proviennent de ſept cauſes principales : 1°. de la mauvaiſe qualité de la terre, 2°. des défauts & de la vicieuſe conſtruction de l'arbre, 3°. de la trop grande abondance du ſuc nourricier, 4°. de ſa privation, 5°. de la diſtribution inégale qui s'en fait dans les différentes parties d'un arbre, 6°. de la mauvaiſe qualité de la ſève, 7°. de la guerre que leur font les animaux, inſectes & vermines qu'on peut appeller véritablement les ennemis jurés d'un Jardin. On y remédie par les moyens ſuivans.

Les maladies qui viennent du fond naturel de la terre, ſont aſſez difficiles à guérir, comme ſeroit un terrein rempli de tuf & d'argille dans ſon fond. On a beau changer la terre de trois pieds de haut par tout, & y en faire apporter de meilleure, ſuivant ce qui a été enſeigné dans le Chapitre II de la premiére Partie, quand la racine des arbres a une fois atteint ce mauvais fond, on les voit languir, jaunir, diminuer d'année en année, & enfin mourir. Il n'y a aucun reméde en ce cas, ſinon d'éviter dans le choix qu'on fera d'une ſituation, les terreins qui ſeront d'une auſſi méchante qualité. La langueur des arbres qui ſont deux ans ſans pouſſer, tels que les Tilleuls & les arbres francs, vient du tuf & de l'argille que leurs racines ont rencontrés, le ſeul reméde eſt de les arracher, & d'en planter d'une autre eſpéce.

Si le terrein où l'on a planté des arbres eſt trop ſec, on y peut remédier, en déchauſſant les racines d'un arbre, & les regarniſſant de bonne terre neuve & bien fraîche : ſi le terrein ſe trouve au contraire trop humide, il faudra pareillement déchauſſer l'arbre, & remplir le trou de fumier de cheval peu conſommé, pour donner de la chaleur à cette terre, avec la précaution de ne pas trop approcher ce fumier des racines.

Les maladies cauſées par la mauvaiſe conſtruction des arbres, & par leurs défauts naturels, ſont preſque auſſi ſans reméde. Si l'arbre eſt défectueux dans ſes racines ou dans ſa tige, l'on fera beaucoup mieux de le rejetter, & d'en planter un autre mieux conditionné. Si cependant la maladie arrivoit à un arbre après être planté, & qu'on ne le vît point attaqué d'aucun mal extérieur, il faudroit le faire déchauſſer & viſiter ſes racines, afin de ſçavoir s'il ne s'en trouve point quelques-unes de pourries ou de rongées : alors on les coupera juſqu'au bois vif, pour les rafraîchir & les obliger de pousser de nouveau chevelu. Quelquefois aussi cela provient de la négligence qu'on aura eue en plantant un arbre, de ne pas bien garnir de terre toutes ses racines, & de laisser des cavités ou des pierres sur quelques-unes, ce qui les empêche de se lier à la terre, & fait extrêmement patir un arbre. On peut faire cette opération en tout tems, excepté pendant les deux sèves, & aussi-tôt on remplira le trou de terre neuve, de crainte que les racines ne s'éventent.

Si le mal ne provient point des racines que l'on aura trouvées en bon état, & que cependant l'arbre patisse ou soit stérile, on peut, en le déchargeant d'une partie de sa tête, ou en retranchant le quart de ses racines, le rendre fécond : cette raison est si véritable que les arbres fruitiers ne poussent abondamment des fleurs, des fruits & même de la graine, que quand ils ne poussent presque plus de bois, & l'on voit que le fruit se forme sur les branches les plus foibles, & que les sauvageons qui sont les arbres les plus vigoureux, rapportent peu de fruit & plus tard que les autres, parce que leur sève n'est emploiée qu'à pousser du bois. Les vieux arbres par cette raison rapportent plus de fruit que les jeunes.

La trop grande abondance du suc nourricier se peut corriger plus aisément ; souvent les tumeurs & les galles sont causées par ce trop de sève. On peut l'arrêter en perçant avec une tariére le tronc d'un arbre au niveau de la terre, dans le tems que la sève monte vers la fin de Mars, & faire cette ouverture un peu en montant, afin de faciliter l'écoulement de la sève, on passera à travers la moëlle, parce que la sève y passe en abondance, & on arrêtera le trou à un pouce près de l'autre écorce. On sera sûr 1°. qu'une partie de la sève sortira avant qu'elle puisse monter aux branches. 2°. Qu'on ne perdra dans cette évacuation que des sucs superflus, mal digérés & inutiles. On appelle cette opération *la térébration*, c'est comme une saignée faite à un homme qui auroit trop de sang, & c'est un sûr reméde pour les arbres inféconds.

La privation du suc nourricier se remarque quand un arbre pousse foiblement. La cause en peut provenir ou de la maigreur de la terre qu'il faut améliorer, en augmentant par des amendemens convenables à sa nature, les sels & les fermentations néceſſaires à ſon action végétante, cela peut encore venir de la ceſſation de la ſève dans toutes les parties de l'arbre. Le grand chaud pénétre les feuilles & les branches d'un arbre, & les brouit de maniére que la tête meurt, ſans que les racines en ſouffrent aucunement, parce que la fraîcheur de la terre & les arroſemens les conſervent. Cette grande chaleur reſſerre ſi fort les parties des branches & des feuilles que la ſève n'y peut plus paſſer. Le ſeul reméde eſt d'arroſer l'arbre au-deſſus de ſes branches en forme de pluie en ſe ſervant d'un arroſoir, ou d'une ſeringue ſi l'arbre eſt trop élevé.

La cinquiéme cauſe eſt la diſtribution inégale de la ſève qui n'opére pas moins la ſtérilité d'un arbre, que quand elle eſt vicieuſe. On peut l'arrêter dans les parties où elle ſe porte trop vivement, en les perçant avec une tariére, ce qui fera paſſer le ſuc nourricier dans les autres branches inféçondes, & qui paroiſſent en avoir un extrême beſoin. Il n'y a que ce ſeul reméde.

On obſervera de plus, que dans les endroits où il ſera mort deux ou trois fois de ſuite des arbres d'une même eſpéce, il faudra en changer : la terre étant uſée pour cette eſpéce, devient une terre neuve pour une autre. Comme ſi pluſieurs Ormes étoient morts de ſuite à la même place, il faudroit y mettre des Tilleuls, des Marroniers ou autres eſpéces, & même changer la poſition des trous en mettant les arbres entre-deux.

Quand ce ſont des paliſſades qu'on veut regarnir, on doit obſerver la même choſe. Ainſi une paliſſade de Charmille ſera regarnie d'Erable, de Hêtre ou d'Ormeaux par la même raiſon : on ſçait qu'il eſt plus difficile de faire venir des plants dans des bréches & endroits morts, que dans une place neuve.

Si l'on avoit déchauſſé une paliſſade malade, & qu'on n'y eût trouvé aucune maladie que la vieilleſſe ou une terre uſée, l'on peut y remédier en ravalant une paliſſade à 4 à 5 pieds de haut, ou en la ſerrant avec la ſerpe & approchant de près des deux côtés juſqu'au maître brin, ce qu'on appelle ſerpiller une paliſſade ; cela lui donnera de la vigueur pour pouſſer de nouvelles branches. On peut encore faire des tranchées des deux côtés, à deux pieds de diſtance de la paliſſade, de peur d'endommager les racines, vuider ces tranchées de leur mauvaiſe terre, & les remplir de la meilleure & de la plus fraîche qu'on pourra trouver.

Les arbres ont encore des maladies particuliéres & extérieures, comme des chancres, des excroiſſances, tumeurs, galles, de la gomme ou glué, de la mouſſe & la jauniſſe.

On ôte les chancres, les excroiſſances, tumeurs & galles avec la pointe d'un couteau, en coupant toute la partie atteinte de ce mal, juſqu'au bois vif, & l'on remplit cette plaie avec de la bouſe de vache, qu'on fait tenir par le moyen d'un linge & d'une corde liée à l'arbre. Comme le chancre gagne fort vîte, & qu'il feroit mourir la moitié d'un arbre & ſouvent l'arbre tout entier, il le faut ôter ſi-tôt qu'il paroît.

La mouſſe nuit extrêmement aux plants; c'eſt comme une galle qui les empêche de groſſir & de devenir beaux : il faut, pour la faire tomber, grater avec des couteaux de bois ou de groſſes broſſes, les endroits où il y en a, ou bien prendre de la paille ou un torchon, dont on frotera la tige. L'on fera toujours cet ouvrage après la pluie, ou le matin après la roſée, c'eſt alors que la mouſſe ſe détache plus aiſément que dans un tems ſec, où en frotant trop fort, on pourroit écorcher l'arbre. L'on prétend que la mouſſe vient du tuf que les racines rencontrent.

La gomme ou la glue qui eſt un ſuc groſſier & épaiſſi, provient de la corruption de la ſève ou de ſa mauvaiſe qualité, & forme la ſixiéme cauſe de la maladie des arbres. Lorſque cette gomme qui perce à travers leur écorce, s'attache à une branche, il la faut couper entiérement. Si elle couvre la tige, améliorez la terre ſuivant ce que ſa qualité demande, & conſéquemment le ſuc en deviendra meilleur.

La jauniſſe & la langueur d'un arbre proviennent ordinairement de la mauvaiſe qualité de la terre, ou de quelque piqûre de vers, à moins que l'arbre ne ſoit à demi-mort. On le déchauſſera, & l'on coupera juſqu'au vif les racines endommagées, que l'on recouvrira promptement de la meilleure terre; par ce moyen la ſève s'y portera de nouveau, nourrira & fortifiera ces endroits. On pourroit encore, avant que de déchauſſer un arbre, y jetter du jus de fumier de porc, qui étant naturellement frais, fait reverdir tout un arbre. Ce reméde eſt moins dangereux que l'autre.

A l'égard des maladies qui arrivent aux arbres par la guerre que leur font les animaux, inſectes & vermines, elles ne ſont pas ſans reméde.

Les arbres ont pour ennemis principaux, les Lapins, les Mulots, les Taupes, les Corneilles & Corbeaux, les Punaises rouges, les Chenilles, les Hannetons, les Fourmis, Cantharides, Limaçons, Taons, Turcs, & quantité de vers dont nous ne sçavons point les noms. Les insectes qui s'attachent aux Orangers & aux fleurs, se trouveront dans la suite.

Les Lapins détruisent entiérement un Jardin, quand ils y trouvent entrée; ils broutent & rongent les jeunes bois, les palissades & les potagers, & coupent tout à fleur-de-terre, le reste meurt incontinent après, leur dent & leur morsure étant très-dangereuses. On s'en peut garantir en bouchant avec des fils de fer, les ouvertures des murs & les grilles par où ils pourroient passer; & s'il y a des terriers dans le Jardin, il faut les détruire par le moyen des Furets, ou en leur tendant des piéges.

Le Mulot est une espéce de Souris qui fouit la terre comme la Taupe, & coupe entre deux terres tout ce qu'il rencontre. Il se prend avec des souricières ou d'autres piéges, comme des terrines pleines d'eau, sur lesquelles on répand de la paille d'avoine, & où il se vient noyer; on l'amorce par des morceaux de lard ou de fromage que l'on met dans ces piéges.

Les Taupes sont les animaux qui ravagent le plus un Jardin: elles nuisent non-seulement aux jeunes plants, en soulevant la terre & mettant leurs racines à jour, mais encore par leurs traînasses elles gâtent les allées & les tapis de gazon. On peut les prendre de plusieurs façons; premiérement, en jettant dans leurs trous des branches de sureau, du chanvre, de la poirée ou de la fiente de cochon dont l'odeur, à ce qu'on prétend, les fait sortir. Secondement, en les guétant suivant la coûtume des Jardiniers, à différentes heures du jour, & les tirant à la bêche, ce manége est bien long & fait perdre trop de tems, parce qu'au moindre bruit qu'entend la Taupe, qui est naturellement fort subtile, elle s'enfuit. Le plus sûr moyen de les attraper, c'est d'avoir des instrumens en forme de boëtes ou fourreaux appellés des Taupiéres, faites de branches de saule, de tilleul ou de sureau que l'on creuse & que l'on fend en deux. On rejoint ces piéces ensemble par un petit cercle de fer. Ces boëtes ont environ un pied de long sur deux pouces de diamétre; elles sont fermées par un des bouts, &

On peut sur cette description faire aisément de pareilles boëtes.

l'autre est celui par où entre la Taupe, qui fait remuer un petit crochet retenant un ressort qui se lâche aussi-tôt & l'empêche de sortir. De cette maniére on les prend tout en vie. L'on doit enfoncer ces boëtes d'un demi-pied dans les traînasses des Taupes. Les Taupiers du Roi prennent les parties naturelles d'une Taupe, dont ils mettent les morceaux coupés en plusieurs endroits d'un parc où ils établissent quantité de boëtes. Ils attirent par ce moyen toutes les Taupes d'un Jardin, & les prennent en deux ou trois jours de tems.

Les Corneilles & les Corbeaux s'attachent en si grand nombre sur le haut d'une futaie, qu'ils font mourir la cime des plus hauts arbres, sans parler du désagrément de leur ramage. Prenez une quantité de féves de marais que ces animaux recherchent avec avidité, & les percez, quand elles sont vertes, avec une aiguille, une épingle sans tête, ou une petite pointe de clou qu'on laisse dedans, & vous répandrez en Hiver ces féves dans les lieux les plus fréquentés par ces animaux. Vous les verrez bientôt se débattre, languir, & enfin mourir. Le gland pourroit bien faire le même effet au lieu de féves.

Les Punaises rouges qui couvrent entiérement une branche d'arbre, se détruisent en les ôtant avec des brosses, ou bien en les écrasant avec un couteau, elles ne s'attachent ordinairement qu'aux arbres nains.

Les Chenilles se détruisent en coupant pendant l'Hiver les feuilles où elles s'attachent par paquets appellés fourreaux, avec des ciseaux sur les arbres bas, & sur la futaie avec des crochets de fer & ciseaux attachés à une longue perche, que l'on appelle * Echenilloirs; & quand ces paquets sont à bas, il les faut aussi-tôt brûler. On doit faire cette recherche avec grande exactitude pendant l'Hiver, parce qu'en cette saison on apperçoit ces paquets plus aisément, les arbres étant dépouillés de leurs feuilles; mais on a beau faire, on en laisse toujours quelques-uns, qui suffisent pour empoisonner tout un Jardin. On peut encore après la pluie, tems où elles se mettent en monceaux, les faire tomber sur une tuile pour les écraser avec une palette de bois. Les pieds des arbres voisins de ces Chenilles seront frottés par précaution deux ou trois pouces de haut, avec du sain-doux ou de la craie blanche, ce qui les empêche de monter. Il y a une espéce de Chenilles qui vient en petits anneaux,

* On connoît assez cette machine.

neaux, & qui environne les branches des arbres; on les détruit en leur jettant avec une seringue de l'eau où l'on a fait infuser du salpêtre ou de la rue concassée.

Les Hannetons sont les plus aisés à exterminer: on étendra pour cet effet un drap dessous les arbres où ils s'attachent, & on les secouera fortement pour les faire tomber. On les portera aussi-tôt dans le feu ou dans l'eau, de crainte qu'ils ne reviennent. Il ne faut pas se contenter de les écraser dans les allées, parce que la terre obéissant au pied, on n'en écrase que très-peu; & ils volent sur les arbres incontinent après. La pluie leur est fort contraire, aussi-bien qu'aux Chenilles.

Les Fourmis nuisent fort aux arbres, quand elles s'y adonnent une fois. On les chasse en répandant au pied de l'arbre, de la sciûre de bois bien menue, parce que sentant cette poudre remuer sous elles, elles fuient & craignent de s'approcher. On se sert aussi de vases pleins d'eau avec du miel, que l'on porte au pied de l'arbre, ce qui les attire & les noye; ou bien l'on met de la glue à la tige, pour les empêcher de monter. Il y a encore un autre secret, c'est de jetter dans l'endroit de la Fourmilliére un os à demi décharné, qui dans un instant sera couvert d'un million de ces insectes; on le retire aussi-tôt, on le trempe dans l'eau pour les noyer, ensuite l'on rejette cet os qui se retrouve couvert dans le moment, & par ce manége on les ruine entiérement. Elles se peuvent encore brûler avec de la paille, de la cendre chaude répandue dessus la Fourmilliére, ou de l'eau bouillante jettée dans un trou fait exprès. On les prend aussi avec des vers de terre coupés par morceaux, & répandus sur la Fourmilliére, ce qui les attire, & les détruit par les moyens ci-dessus indiqués. Pour avoir une quantité de vers, on fait tremper pendant quinze jours dans une terrine pleine d'eau beaucoup de feuilles de Noyer. Cette eau amére les fait venir en quantité. C'est ainsi qu'un insecte sert à en détruire un autre.

Les Cantharides sont des mouches qui s'attachent au haut des arbres, principalement aux Frênes. Elles se détruisent en versant ou jettant sur le haut des arbres, par le moyen d'une petite pompe, de l'eau où l'on aura fait bouillir de la rue concassée ou de la sauge. On peut prendre encore du fumier de cheval ou de la racine de concombre sauvage, les brûler au pied de l'arbre, & la fumée les fera retirer.

Les Limaçons aiment les jeunes boutons d'un arbre, & par leur glaire lui nuisent beaucoup. On les prend aisément à la main, & on les va chercher le matin & le soir, surtout après un tems de pluie, c'est alors qu'ils paroissent en plus grande abondance, il les faut écraser promptement.

Les (a) Taons sont de gros vers qui produisent les Hannetons, lesquels vivent en terre, & qui rongent les racines des arbres, au pied desquels on fouillera pour les chercher, & les tuer en même tems. On remplira ensuite le trou de terre neuve, après avoir taillé plus court les racines endommagées par ces insectes, qui s'attachent surtout à la jeune Charmille.

(a) Les gens de la campagne les appellent guillaux.

Les Turcs sont de certains vers blancs qui percent les arbres, les picotent & courent entre l'écorce & le tronc de l'arbre, c'est un insecte des plus dangereux, il n'en veut pas seulement aux jeunes plants, mais les plus grands arbres de haute-futaie ne s'en peuvent garantir. Ces vers sucent la sève & l'arrêtent entiérement. Il faut pour les exterminer, sans perdre de tems, faire déchausser l'arbre, & peler toute la superficie de son écorce jusqu'à l'endroit endommagé par ces insectes : alors on les apperçoit dans leurs trous, d'où il les faut tirer, ou les écraser dedans avec quelque fer pointu : ces animaux, sans cette précaution, ont coûtume de monter au haut de l'arbre, & l'attaquent assez fortement pour le faire mourir la seconde année.

On voit encore d'autres espéces de vers, dont les noms sont inconnus, lesquels ne s'attachent qu'aux feuilles des arbres, & les picotent comme de la dentelle; on les détruira de même que les Cantharides.

CHAPITRE V.

DES PEPINIERES ET DU SOIN *qu'on en doit prendre, avec la maniére d'élever de graine, tous les Plants qu'on emploie dans les Jardins de propreté.*

Ce Chapitre ne sera pas un des moins utiles de ce Traité, si l'on considére l'épargne & la commodité qu'une Pépinière offre sans cesse à son Maître. Une marque de son utilité, c'est que toutes les grandes Maisons en sont ordinairement bien pourvues, comme d'une chose indispensable dans les Jardins d'une vaste étendue.

Le plus grand secours qu'on tire d'une Pépinière, c'est que quand un arbre meurt dans un Jardin, on peut le choisir chez soi, & le trouver dans sa Pépinière, sans être obligé de sortir pour l'aller chercher ailleurs, quelquefois bien loin, & avec tout cela l'acheter cher : les arbres élevés dans le même terrein, en reprennent bien mieux, & viennent toujours plus beaux, leurs racines n'ayant pas le tems de s'éventer & de sécher, dans l'intervalle de tems qu'on est à arracher un arbre pour le replanter aussi-tôt.

C'est un accident qui n'arrive que trop souvent aux arbres qui viennent de loin, dont les racines s'éventent ou sont gelées, & souffrent beaucoup dans les transports : il s'ensuit pour l'ordinaire la mortalité de la plûpart des jeunes plants.

On place ordinairement les Pépinières dans des endroits écartés comme au bout d'un Parc. Ce n'est pas qu'elles ne puissent être aussi agréables à la vûe qu'un Potager ou qu'un Verger : mais elles ne permettent pas d'y pratiquer des allées pour s'y promener, & rarement font-elles quelque liaison avec les autres parties d'un Jardin.

On ne peut jamais avoir trop de Pépinières ; un quarré, deux ou trois, selon la grandeur du Jardin : supposé que l'on en ait trop dans la suite, l'on trouve aisément à s'en défaire, & l'on en retire beaucoup de profit.

La place d'une Pépinière exposée, si l'on peut, au levant ou au couchant, étant arrêtée & tracée sur le terrein, sera ainsi préparée : examinez si la terre est bonne, & si elle a la profondeur requise, suivant ce qui a été dit amplement ci-dessus dans le Chapitre second de la premiére Partie, où l'on aura recours pour éviter les redites. Comme il se pourroit faire que cette terre ne fût pas bonne, & qu'il seroit difficile de changer la situation de la Pépinière, on tâchera de l'améliorer. Si la terre se trouve usée, l'on en fera apporter de meilleure; si elle est trop maigre, on la fera fumer, & si elle est pierreuse, on la fera effondrer & épierrer, en passant les terres à la claie. L'on ne doit pas manquer à ces observations & à ces amandemens, sans lesquels toutes les graines & le petit plant que vous y mettriez, languiroit & ne profiteroit jamais assez pour former de beaux & grands arbres, capables de regarnir un jour les places vuides d'un Jardin.

Supposons donc que cette terre soit ainsi améliorée, suivant le besoin qu'elle en aura, il faut lui donner un labour pour unir les terres & les préparer à recevoir le plant. Vous tracerez ensuite des rigoles de deux pieds en deux pieds, en tendant le cordeau d'un bout à l'autre, & ferez ouvrir ces rigoles d'un fer de bêche, c'est-à-dire, d'un demi-pied de profondeur.

Semez ensuite vos graines en Novembre dans ces rigoles, & recouvrez-les de terre ou de litiére pour les préserver de la gelée, en prenant garde qu'on ne marche dessus. Si vous avez des fruits, comme glands, marrons d'Inde, châtaignes & autres, vous pouvez, sans ouvrir des rigoles, en suivant le cordeau, faire un trou avec le plantoir de pied en pied, & y jetter dedans un marron ou un gland, & ensuite vous reboucherez le trou, en y coulant de la terre avec le même plantoir : c'est ce qu'on appelle piquer des fruits en terre. Cette maniére de planter va fort vîte, & ne laisse pas d'être bonne. Si l'on ne veut pas s'en servir pour les fruits, on pourra ouvrir des rigoles, & les semer dedans comme les graines, en observant de mettre le germe de la radicule en bas, afin que la racine ne soit pas forcée de faire un demi-cercle pour descendre, & que la plume qui doit être en haut, ne fasse pas un autre demi-cercle pour monter & former la tige.

Il faut toujours avoir une précaution qui ne laisse pas d'avoir son utilité ; c'est de ficher de petits bâtons aux deux bouts de chaque rigole, pour reconnoître les rangées du plant, & les distinguer d'avec les herbes, quand on viendra à sarcler ou à labourer la Pépinière.

Le vrai moyen d'avoir une belle Pépinière, c'est de la bien entretenir ; ce soin consiste à n'y souffrir aucune herbe & à la labourer quatre fois l'année. Pour connoître les tems les plus propres au labour, on aura recours au Chapitre précédent, où l'on donne la maniére d'entretenir les bois. Dans les grandes sécheresses, on y donnera un peu d'eau, pour soulager ces jeunes plants, qui sont encore trop tendres & trop foibles pour pouvoir résister d'eux-mêmes aux grandes ardeurs du Soleil.

Il faut remarquer que les plants qui viennent de graines, étant semés confusément dans les rigoles, doivent être relevés la seconde année, pour être replantés à un pied l'un de l'autre dans d'autres rigoles, sans cela ils deviendroient trop drus, se nuiroient les uns aux autres, & on ne les pourroit lever commodément dans le besoin.

On peut comparer le transport de ces arbres, à ce qu'on appelle *Bâtardiére* en fait d'arbres fruitiers, que l'on leve au bout de deux ans de la Pépinière, pour les replanter & élever dans la Bâtardiére ; l'on conseilleroit cependant une chose, quand le plant est devenu un peu fort, comme la seconde année, ce seroit de l'éclaircir & de le dégarnir, en arrachant plusieurs petits plants d'entre ceux qui sont les plus forts ; en sorte qu'ils se trouvassent espacés au moins de pied en pied. Il faudroit avant que de se mettre à cet ouvrage, faire sarcler la Pépinière, afin de mieux distinguer le plant. C'est une grande peine assurément, mais aussi votre plant ne sera point relevé la seconde année pour être replanté ailleurs, & en profitera mieux, ayant déja pris terre.

Si l'on vouloit élever des Pépinières en peu de tems, au lieu de les sémer, on les planteroit, tout d'un coup de plant enraciné, & un peu fort : ce qui n'est pas une grosse dépense. L'on gagneroit de cette maniére les deux années que les graines sont à lever, & à former de pareil plant ; & l'on ne seroit point obligé de le relever deux ans après, pour le replanter ailleurs, ou bien d'avoir la peine de l'éclaircir comme l'on vient de dire. Cette maniére de planter une Pépinière, est la meilleure qu'on puisse suivre.

Supposé que vous ayez la commodité d'avoir du jeune plant, comme Ormeaux, Châtaigniers, Tilleuls, Marroniers & autres, ouvrez des rigoles de deux pieds en deux pieds, arrangez-y votre plant suivant le cordeau, à un pied de distance l'un de l'autre, & jamais plus éloigné: on remarque que plus les plants sont près, mieux ils se conduisent l'un l'autre. Recouvrez ensuite les rigoles, & plombez les terres, de crainte que les racines ne s'éventent. Il faut bien se donner de garde de récéper ce plant à fleur de terre, ce qui est une fort mauvaise coûtume: il suffit de rafraîchir les racines du plant, en coupant le petit bout.

Quand vos plants sont devenus un peu forts dans la Pépinière, comme à l'âge de trois ou quatre ans, il faut commencer à les conduire & à les élever de cette maniére. Epluchez tous les petits boutons & branchettes le long de la tige jusqu'en haut, & choisissez parmi toutes les branches, celle qui sera la plus droite sur le pied de l'arbre; ensuite sans rien couper, cassez le bout des branches inutiles, & tortillez-les autour de la bonne, de maniére qu'elles servent à l'entretenir & à la bien dresser. Quand ces branches tortillées sont plus grosses que celle qu'on veut élever, il les faut peler tout autour environ de trois doigts de haut, de peur qu'elles n'emportent toute la sève, ce qui en arrêtera la nourriture.

On conduira ainsi tous les ans le montant de ces jeunes arbres de plus haut en plus haut, en cherchant de nouvelles branches pour les tortiller autour & l'entretenir droit, & en coupant avec la serpette toutes celles qui sont au-dessous jusqu'au pied. C'est par ce moyen qu'on fera monter ces jeunes plants hauts & droits, & qu'on aura le plaisir d'avoir un jour de très-beaux arbres: pourvû, comme nous avons dit dans le Chapitre précédent, qu'on ne leur laisse qu'un seul montant.

Quand il y a dans une Pépinière quelques arbres qui panchent, il les faut redresser en les passant & tortillant avec ceux qui sont proches, afin qu'ils se soutiennent l'un l'autre, & se dressent en grossissant. Le tems de la sève est le plus propre pour cet ouvrage, les arbres pliant aisément en ce tems-là, sans être sujets à se casser. Les coudes & les zigzacs qui se rencontrent le long d'une tige, disparoissent à mesure que l'arbre grossit; en fendant par filets ces cavités, la sève en se gonflant les remplit peu à peu.

On peut lever hardiment les arbres vers la Toussaint, c'est-à-dire, quand la feuille commence à se détacher & à tomber. Il n'y a alors aucun danger, la sève ne travaillant presque plus.

Ces arbres ayant atteint l'âge de sept à huit ans, deviennent gros environ de 6 à 7 pouces, & hauts de 15 à 20 pieds; pour lors ils sont en état d'être mis en place dans le Jardin, si l'on en a besoin pour regarnir quelques places vuides. Il ne les faut pas tirer si-tôt de la Pépinière, pour leur laisser le tems de profiter, & de devenir beaux. Quand on en voudra prendre quelques-uns, on les levera en motte de cette maniére.

Après avoir fait choix des arbres que vous voulez prendre dans la Pépinière, & les avoir marqués avec de l'osier, ou de la paille, faites-les déchausser tout autour, en laissant un cerne ou motte de terre au pied de l'arbre. L'on prendra garde d'endommager les racines, & de donner de violentes secousses à la motte, de peur de l'ébouler; ce qui doit faire employer des Jardiniers adroits, de crainte qu'en voulant enlever un arbre, ils n'en perdent deux ou trois à l'entour : vrai moyen de ruiner bien vîte la Pépinière. Ces arbres ne sont pas difficiles à lever, parce que leurs racines sont presque à fleur de terre.

Pour lever avec succès des arbres en motte, il faut observer si la terre a naturellement un peu de corps & de soutien, comme sont les terres fortes; on les pourra lever au commencement du Printems, de même qu'avant l'Hiver, il n'importe, la terre se soutiendra également dans ces deux saisons. Mais si la terre est trop légére & trop mouvante, ce qu'on appelle *Veule*, c'est-à-dire, qu'elle n'ait aucun soutien, comme sont les terres sabloneuses, il faudra apporter un peu de circonspection dans cet ouvrage. Comme la terre ne peut se soutenir d'elle-même pour former la motte en question, on déchaussera l'arbre avant les gelées, en faisant une motte de terre au pied, & on attendra pour l'enlever, que la gelée venant à donner fortement sur cette motte, l'affermisse de maniére qu'on puisse transporter cet arbre sans craindre d'en rompre la motte. Cet ouvrage doit être fait avant l'Hiver, à cause de la gelée, ces sortes de terres ne permettant pas de le faire au commencement du Printems.

Quand on achetera des arbres en motte, l'on examinera si la terre de cette motte est naturelle, & la même qui a été levée avec l'arbre, car souvent elle n'est appliquée que pour tromper.

Si la motte d'un arbre étoit grosse de trois ou quatre pieds de tour, comme il arrive quand les arbres sont forts, on renfermeroit cette motte dans des mannequins faits exprès : sans cela il seroit assez difficile de pouvoir mener ces arbres au lieu destiné, sans courir risque d'ébouler la terre de la motte.

On doit toujours faire des mottes les plus grosses que l'on peut pour renfermer plus de racines, & s'il y a moyen en levant l'arbre, de réserver de longues racines pendantes hors de la motte, il faut en profiter ; elles servent beaucoup à sa reprise, quoiqu'elles ne soient pas couvertes de terre. L'on rafraîchit seulement ces longues racines par le petit bout, & on les étend dans le trou, en les garnissant de terre à l'ordinaire. De cette façon on profite de tout. Comme ces longues racines sont les plus nécessaires à la reprise de l'arbre, on aura soin qu'elles soient exposées à la gelée le moins long-tems qu'il se pourra.

Avant que d'enlever un arbre de la Pépinière, l'on doit avoir préparé l'endroit où on le veut planter, en y faisant un trou de grandeur & de profondeur proportionné à sa force. Si l'arbre n'est point d'une grosseur extraordinaire, ni trop garni de la tête, deux hommes le porteront facilement sur un bar ou civiére, pendant qu'un troisiéme le soutiendra, & l'entretiendra tout droit avec les mains, mais si cet arbre étoit trop gros, que la motte eût un grand circuit, & que la tête fût bien garnie, comme sont les gros arbres, que l'on plante chez le Roi ; alors pour le transporter, il faudroit une machine faite exprès, qui est comme une espéce de chévre ou traîneau, où l'arbre est un peu incliné & supporté par la tête, de crainte que les branches ne se cassent. Il y a encore une machine plus commode, qui est une espéce de charrette, avec deux grandes vis & des chaînes pour élever & suspendre la motte de l'arbre, l'entretenir sans le fatiguer dans le transport, & le descendre ensuite dans le trou. On fait tirer ces machines par deux chevaux, & plus s'il en est besoin.

Nous ne parlerons point de la maniére de planter ces arbres, elle a été suffisamment traitée dans cette Partie. Il faut seulement remarquer que pour bien garnir de terre le pourtour de la motte, on y glissera plusieurs fois le bout d'un bâton. Venons maintenant aux graines & aux fruits des arbres convenables aux Jardins de propreté ; disons en quel tems on les ramasse, comment on connoît leur bonté, de quelle maniére on les conserve pendant l'Hiver, & quelle est la saison la plus propre pour les sémer dans la Pépinière.

Nous avons de plusieurs espéces de graines, comme celle d'Orme, de Tilleul, de Sicomore, de Frêne, de Charme, d'Erable & de Bouleau, qui produisent des arbres du même nom ; ce sont les plus en usage dans nos Jardins.

Outre cela, il y a de cinq sortes de fruits ; le Gland, le Marron d'Inde, la Châtaigne, la Faine & la Noisette, lesquels produisent le Chêne, le Marronier d'Inde, le Châtaignier, le Hêtre, le Noisetier ou Coudrier. Toutes ces graines & ces fruits se ramassent pendant les mois d'Octobre, de Novembre & Décembre, hormis la graine d'Orme qui se recueille au mois de Mai, & qui se doit sémer en même tems, à la différence des autres graines.

Pour connoître si les graines ont les qualités requises pour être bonnes, examinez si elles sont grosses, rondes, pleines en dedans, & d'un verd vif & non altéré. Elles doivent être fraîches & de la même année qu'on les veut sémer. Ce sont là les marques les plus assurées de leur bonté : au contraire, si ces graines étoient plates, vuides en dedans, un peu vieilles & d'un verd sec, elles ne vaudroient rien du tout pour sémer, & ne leveroient jamais, étant incapables de végétation, & d'agir selon les ordres de la nature.

A l'égard des cinq espéces de fruits, qui sont le Gland, le Marron d'Inde, la Châtaigne, la Faine & la Noisette, on les choisira gros, unis, clairs & pleins, sans être ridés ni piqués par les vers, ou rongés par les mulots : tous ces fruits doivent toujours être de la même année qu'on a dessein de les sémer.

On observera, quand on employera du Gland, de le sémer tout d'un coup dans les bois, sans le mettre auparavant en Pépinière, le Chêne étant de son naturel très-difficile à la reprise, à cause de son pivot ; cependant si l'on en a en pépinière, & qu'on le veuille replanter, il faudra bien se donner de garde d'en couper le pivot, parce que le Chêne ne profite plus tant, & ne pousse que de foibles branches toutes rabougries.

La saison la plus propre pour sémer les graines & les fruits en queſtion, eſt la fin du mois de Février, ou le commencement de Mars. Cette ſaiſon plus favorable aux graines, que l'entrée de l'Hiver, ne les expoſe pas à pourrir & moiſir par la trop grande humidité de l'Hiver, à geler dans les fortes gelées qui pénétrent très-avant en terre, ou enfin à être mangées par les mulots, ou par les oiſeaux qui les tirent de terre. Voilà des raiſons aſſez fortes pour préférer de les ſémer plus tôt au commencement du Printems, qu'à la fin de l'Automne. Rien ne peut empêcher de ſuivre cette méthode, que l'embarras où l'on ſeroit de les conſerver pendant l'Hiver, ce que l'on va expliquer.

La Quintinie à la fin de ſon Livre, parle amplement & fort bien ſur cette matiére.

Quand on veut ſémer, il faut choiſir un tems doux, point venteux, & qui promette dans peu de la pluie, afin de plomber les terres qui auront reçu les graines, & que cette eau leur facilite une plus prompte ſortie; ſans s'arrêter, pour ſémer, aux Pleines-lunes, ni aux Décours, l'expérience nous a fait voir que c'eſt une pure rêverie, qu'il faut entiérement rejetter.

Pour conſerver les graines pendant l'Hiver, on choiſira un endroit ſec, tel qu'un grenier, où l'on étendra les graines, que l'on aura ſoin de viſiter de tems en tems, & de remuer comme l'on fait le bled, ou bien on les renfermera dans des ſachets pendus au plancher d'un lieu pareillement ſec & aëré.

Les fruits, comme le Gland, la Châtaigne & autres, ſe conſervent tout d'une autre maniére. L'on prend pluſieurs mannequins, au fond deſquels on met un peu de ſable; enſuite l'on y met les fruits par rang ou par lit, c'eſt-à-dire, un lit de châtaignes, un lit de ſable; & l'on remplit ainſi les mannequins, en les couvrant de ſable par-deſſus. Ces fruits ſe conſervent ſans ſe gâter, & germent dans le ſable pendant l'Hiver, pourvû, comme l'on a dit, qu'ils ſoient dans un lieu ſec & un peu chaud, s'il ſe peut.

On portera ces mannequins ſans les défaire, dans l'endroit deſtiné pour le plant, & l'on prendra garde, quand on retirera ces fruits pour les planter, de rompre le germe qu'ils ont pouſſé dans le ſable, ce qui les retarderoit beaucoup.

On ne doit pas oublier ici de parler des arbres verds, comme étant très-recherchés & très-néceſſaires dans les beaux Jardins.

L'If, le Picea & le Houx ſont les plus conſidérables de

tous, & ceux dont on se sert le plus. Ils produisent une petite graine rouge que l'on ramasse étant mûre, & que l'on sème de la même maniére que les graines des autres arbres dont nous venons de parler. Toute la différence qu'il y a, c'est que ces graines sont bien plus long-tems à lever, surtout celle de l'If qui est la plus tardive ; aussi demandent-elles une meilleure terre, & semblable à celle qu'on prépare pour les fleurs & les Orangers. Il faut, avant de les semer, les tremper dans l'eau jusqu'à ce qu'elles soient gonflées.

Si l'on sémoit ces graines dans la terre ordinaire, où l'on fait les Pépiniéres des autres arbres, elles auroient beaucoup de peine à lever, & les arbres verds qui pourroient y venir, seroient très-longs avant que d'être en état d'être placés dans les Jardins, & de donner aucun plaisir à leur Maître. L'on peut en faire des planches séparées semblables à celles d'un potager.

Ces graines étant levées, on aura grand soin de les tenir propres sans aucune herbe, de les labourer & arroser souvent. L'If & le Houx sont les plus longs à croître ; le Picea vient bien plus vîte.

Le Buis est encore un des arbrisseaux des plus en usage, & dont on ne peut se passer absolument dans les Jardins, étant propre également aux parterres & aux palissades. On en éleve de graine que l'on peut sémer dans de bonne terre ; mais le moyen d'en avoir promptement, c'est d'arracher du vieux Buis & de le replanter, en l'enterrant presque tout-à-fait, pour le faire repousser du colet, & par-là vous avez de beau & jeune Buis, en coupant le chevelu & les racines du vieux.

A l'égard des Ciprès, des Pins, des Sapins & Chênes verds, on ramassera leurs fruits dans le tems, & on les sémera à l'ordinaire. Comme ces arbres sont toujours beaucoup plus long-tems & beaucoup plus difficiles à croître que les autres, il n'y a que l'excellente terre & le grand soin qui puissent les faire croître promptement.

Quand les arbres & les arbrisseaux verds sont parvenus à une certaine hauteur, on commence à les former suivant son intention, en les tondant avec des ciseaux, en boules, en pyramides, &c.

Comme tous les arbres verds aiment naturellement les pays

chauds, d'où nous les avons apportés, & que le climat de la France est bien différent de celui des Indes, pour le dégré de chaleur, il vaut mieux les élever de boutures & de marcottes, que d'en sémer la graine qui souvent manque. L'on peut faire ces marcottes au pied des grands Ifs & des Picea, ce qui réussit fort bien : au bout de deux ans, on levera ces marcottes bien enracinées, & on les plantera en pépinière. Pour les avancer davantage l'on fendra les branches comme on fait à l'œillet, le bois en étant très-dur à percer. L'on peut même acheter du petit plant qu'on élevera chez soi. Tous ces moyens gagnent beaucoup de tems.

Les autres arbres verds, comme le Phileria, le Genevrier, l'Alaterne, la Sabine, &c. s'élevent de la même maniére que les précédens, mais ils croissent bien plus promptement.

CHAPITRE VI.

DES ORANGERS, JASMINS, Grenadiers, Myrtes & autres arbrisseaux de fleurs, avec la méthode d'en élever de graine, de marcottes, ou de choisir ces arbres tout grands, & la maniére de les planter, greffer, & le tems où ils fleurissent.

QUOIQUE la matiére de ce chapitre & des trois suivans n'ait pas l'air de nouveauté, qu'a le reste de l'Ouvrage, on a crû néanmoins devoir la traiter ici, par une raison très-naturelle. Les Orangers, les Jasmins & les Grenadiers, joints aux fleurs de saison, contribuent trop à l'ornement des Jardins, pour n'être pas ici comme dans leur centre : l'on espére même rendre en cela quelque service au Public, en lui évitant de lire de longs * Traités remplis de grandes listes, sans les éclaircissemens nécessaires, & en le détrompant de tout ce qui s'est glissé de mystérieux sur ce sujet. On sera surpris qu'une matiére qui a parû si difficile jusqu'à présent, & dont tant de gens se font encore un phantôme, paroisse ici si simple & si aisée.

* Nouveau Traité des Orangers, Citroniers, &c. Instruction facile pour connoître toutes sortes d'Orangers, Citroniers, &c. Traité de la culture des Orangers par la Quintinie, tome 2.

Pour se conformer à la méthode que l'on a suivie au sujet des arbres sauvages, on commencera, avant que de parler de la culture des Orangers & des autres arbres de fleurs, par faire une petite description de chacun en particulier, en spécifiant leurs différentes espéces, leurs noms, leurs qualités & propriétés dans les Jardins, la maniére dont ils se perpétuent, ceux qui conservent leur verdure dans l'Hiver, ou qui se dépouillent, & ceux qui restent en pleine terre, ou qu'on est obligé de serrer.

Ces sortes de plantes se distinguent en arbres, en arbrisseaux & en arbustes; à la hauteur de 8 à 10 pieds ce sont des arbres, au-dessous ce sont des arbrisseaux, autrement dits *Frutex*, &

les arbustes ou sous-arbrisseaux n'ont qu'un pied ou deux de tige.

L'ORANGER.

L'ORANGER est sans contredit le plus beau de tous les arbres de fleurs : sa tige droite, son bois uni, ses grandes feuilles luisantes, ses belles fleurs, ses fruits exquis, sa tête réguliére & d'un très-beau verd, tout en est admirable. L'on en distingue de plusieurs sortes, comme le Citronier ou Balotin, le Limier ou Limonier, le Bigaradier, le Cédrat, le Riche-dépouille, le Poncyre, le Pommier d'Adam, la Bergamotte, l'Oranger de la Chine, &c. leurs différences sont peu considérables : elles ne consistent qu'en ce que les uns sont des arbres de tige, & les autres des nains ou buissons, ou parce que le fruit des uns est doux, & celui des autres plus aigre. Ils conservent tous leur beau feuillage, & l'on seroit trop heureux aux environs de Paris, où le Jardinage est fort en regne, si l'on en pouvoit mettre en pleine terre, pour former des allées & des bosquets ; il s'en voit ainsi en Espagne, en Portugal, en Italie & dans quelques-unes de nos * Provinces où le degré de chaleur est assez considérable pour les exempter d'être renfermés l'Hiver, comme l'on est obligé de faire ici. Les Orangers viennent de pepins renfermés dans le cœur du fruit : ils sont d'une très-grande ** durée.

On met à Trianon des Orangers dans des sceaux garnis de fer, que l'on enfonce en terre, ce qui les fait croire plantés en pleine terre. Il y en a non-seulement en buissons, dans le parterre du petit Jardin du Roi, mais encore en palissades, qui couvrent les murs. On les retire l'Hiver pour les serrer avec les autres caisses.

* La Provence & le Languedoc.

LE GRENADIER.

LE GRENADIER n'est pas à comparer à l'Oranger en toutes maniéres, son feuillage est petit, longuet, d'un beau verd, & ne se conserve pas l'Hiver ; la tête & la tige en sont assez belles, d'une écorce blanchâtre & peu unie ; les fleurs sont d'un rouge très-vif. On en compte principalement de deux espéces, celui à fruit, & celui à fleur faite en couronne, qui est le plus estimé quand il est panaché : il est plus délicat que l'autre, & se serre dans l'Hiver ; mais le Grenadier à fruit est assez vigoureux pour résister en pleine terre, & on le met en espalier. L'on fait beaucoup de cas des Grenades : ces arbres se multiplient de jettons & de marcottes.

** Il y a à Versailles des Orangers qui ont plus de 300 ans, comme le grand Louis & le grand Bourbon qui est un sauvageon à cinq tiges chargées de fruits : il y a environ 600 caisses.

LE MYRTE.

LE MYRTE n'est regardé en France que comme un arbrisseau : il s'en éleve peu d'assez forts pour former un arbre, cependant il y en a d'une belle tige. Sa feuille est d'un verd très-luisant, ses fleurs sont blanches à peu près comme l'Aubepine, son bois est grisâtre & fort uni, il a un mérite au-dessus de tous les autres, qui est que ses feuilles sentent une odeur fort agréable, mais il eſt le plus délicat de tous les arbres, ſans excepter l'Oranger. On en diſtingue de cinq ou ſix ſortes, le Myrte commun, le double, le panaché, le Myrte à cent feuilles, le Myrte de la grande & de la petite eſpéce. Ils s'élevent tous en caiſſes, & gardent toujours leur feuillage. Le Myrte ſe perpétue de graine, de jettons, de marcottes & auſſi de boutures.

LE LAURIER eſt un fort bel arbre & le plus varié de tous dans les ſix eſpéces que l'on en connoît. Il y en a qui conſervent leur verdure, comme le Laurier-franc, le Laurier-thim, le Laurier-ceriſe & celui d'Alexandrie, qui peuvent toujours reſter en terre, principalement les deux derniers: d'autres qui ſe dépouillent à demi, comme les Lauriers-roſes, rouges & blancs, & celui à fleur double panachée, qui ſont aſſez tendres à la gelée pour demander à être ſerrés. On éleve dans des caiſſes les Lauriers-francs & les Lauriers-thim preſque toujours en arbres de tige: le Laurier-ceriſe s'emploie aux paliſſades, & celui d'Alexandrie ſe tond en boule pour remplir une platebande: leurs feuilles ſont d'un beau verd-luiſant, & ſentent un goût aromatique, particuliérement celles du Laurier-franc: leur fleur eſt d'un blanc jaunâtre & d'une odeur très-forte; celle du Laurier d'Alexandrie vient en grappes, & le Laurier-thim fleurit deux fois l'année. A l'égard des Lauriers-roſes & de ceux à fleur double, on les éleve en groſſes touffes ſortantes de la caiſſe, leur feuille ne ſent rien, & n'eſt pas d'un ſi beau verd que les autres: leur fleur reſſemble à la roſe commune. Le bois des Lauriers eſt un peu griſâtre & fort uni. En général les Lauriers ſe multiplient de boutures, de jettons & de marcottes, & durent fort long-tems. LE LAURIER.

LE JASMIN eſt un arbriſſeau des plus agréables & des plus variés dans ſes fleurs: le bois en eſt verd & fort rameux; la feuille très-mignone, d'un verd clair, les fleurs blanches, d'autres jaunes, & quelques-unes mêlées de rouge. Il y en a de pluſieurs ſortes: le Jaſmin commun, celui d'Eſpagne, de Virginie, des Indes, le Jaſmin des Aſſores, & le Jaſmin-jonquille; les plus beaux pour les fleurs & la tige ſont ceux d'Eſpagne & de Virginie, qui craignant le froid, ſe ſerrent l'Hiver & gardent leurs feuilles. Pour le Jaſmin-jonquille, il reſte en pleine terre, ainſi que le commun qu'on emploie aux LE JASMIN.

palissades & à couvrir des berceaux de treillage ; les feuilles en tombent l'Hiver. On a de l'espéce du Jasmin commun & jonquille par les boutures & les marcottes : pour les autres ils se greffent en fente sur du commun.

Le Rosier. Nous avons de plusieurs espéces de Rosiers, le commun, le panaché, celui de Hollande ou à cent feuilles, le Rosier de Virginie, de Provins, de Gueldres, le Rosier Muscat ou de Damas, & celui de tous les mois. Les plus beaux de ces Rosiers sont ceux à cent feuilles, les panachés & ceux de tous les mois, appellés ainsi, parce qu'ils fleurissent 7 à 8 mois de l'année ; le bois en est verd & fort garni de piquans, la feuille oblongue, rayée & dentelée, les fleurs agréables par leur senteur, ordinairement rouges, hors celles de Gueldres & Muscates, qui sont blanches, les autres ne différent que parce qu'elles sont doubles ou panachées : tous les Rosiers se dépouillent, mais ils sont assez vigoureux pour demeurer en pleine terre : on les éleve en arbrisseaux, en banquettes, & l'on s'en sert pour couvrir des treillages. Les boutures & les marcottes en donnent abondamment.

Le Lilas. Le Lilas rend une odeur fort agréable & très-douce, il a le bois blanc, la feuille longue & pointue, & les fleurs disposées en longues grappes, de couleur bleuâtre ou blanchâtre : nous en avons deux différens, le Lilas commun, & celui de Perse, qui perdent leur verdure dans le froid, mais restent toujours en place. Le Lilas de Perse ne vient pas si haut que le commun, il est plus mignon dans sa feuille & dans ses fleurs : il sert d'arbrisseau dans les parterres. Les jettons que les Lilas poussent à leur pied en perpétuent l'espéce.

Le Genest. Les Genests sont encore des arbrisseaux très-agréables dans un parterre, surtout celui d'Espagne, bien différent du Genêt-jonquille, leur bois forme des verges longues & toutes vertes, semblables au Jonc : elles s'élevent haut & sans beaucoup de feuilles, leurs fleurs sont grandes, de couleur jaune doré, & odoriférantes ; ils se perpétuent seulement de graine.

L'Althea *Frutex*, ou Guimauve Royale. L'Althea *FRUTEX*, qui signifie un arbrisseau, s'appelle aussi Guimauve Royale, on l'emploie dans les platebandes ; son bois est jaunâtre, ses feuilles ressemblent à celles de la vigne, les fleurs sont en forme de clochettes, tantôt blanches,

blanches, tantôt couleur de chair; il se dépouille & ne sort point de terre, on l'éleve ordinairement de graine.

LE CHEVRE-FEUILLE, OU CAPRIFOLIUM.

LE CHEVRE-FEUILLE quoique fort commun, est cependant l'arbrisseau qui rend l'odeur la plus suave, il se tient si haut & si bas que l'on veut, puisqu'on s'en sert à couvrir des berceaux, des murs, & à former des boules dans les parterres; il y en a une espéce, qu'on appelle Romain, qui est plus vive en couleur, & d'une feuille plus déliée. Son bois est rougeâtre, de nature à être palissé, ses feuilles sont rondes & blanchâtres, ses fleurs disposées en tuyaux de couleur blanche tirant sur le jaune & le rouge. Sa feuille tombe l'Hiver, pendant lequel il demeure en terre; il produit beaucoup de jettons, & vient aussi de crossettes.

LE SERINGAL.

LE SERINGAL est un arbuste d'une odeur assez bonne mais très-forte; son bois est rouge, ses fleurs blanches, sa feuille petite & pointue, d'un verd brun; il reste en place & perd tous les ans sa feuille; on s'en sert à cacher des murs & à former des buissons; il se marcotte aisément.

LE TROESNE OU LIGUSTRUM.

LE TROESNE est le moindre de tous ces arbrisseaux: on en fait pourtant des boules & des palissades assez belles. Il a le bois blanc & uni, les feuilles oblongues, étroites & d'un verd pâle, les fleurs blanches qui ont peu d'odeur. Cet arbrisseau s'éleve de graine ainsi que de marcottes.

LE CYTISUS OU TRIFOLIUM.

LE CYTISUS est aussi appellé *Trifolium*, à cause de ses feuilles rangées trois à trois, & ressemblantes au Treffle; elles sont petites, rondes & d'un verd agréable: le bois en est rougeâtre, la fleur jaune, il ne sort point de terre, mais il quitte sa feuille ainsi que le Troêne, il sert uniquement dans les parterres, & vient de marcottes & de jettons.

LE ROMARIN.

LE ROMARIN est robuste, & se met tant en caisses qu'en pleine terre, il ne se dégarnit point l'Hiver: son bois est grisâtre & garni de petites feuilles longues & étroites, d'un verd brun par-dessus & blanc par-dessous, elles sentent un goût aromatique, ses fleurs tirent sur le bleu pâle: l'on en marcotte & l'on en seme.

LE COLUTEA.

LE COLUTEA est un petit arbuste très-agréable pour ses belles fleurs de couleur de pourpre; il ne s'éleve pas bien haut: son verd est pâle, sa feuille petite & faite en Ombelle comme celle de l'Acacia, ne tombe point l'Hiver dans la serre:

ſon bois eſt d'un verd mêlé de rouge, ſa forme eſt pyramidale, il produit de groſſes coſſes qui en renferment la graine.

L'ARBRE DE JUDÉE OU DE JUDAS.

L'ARBRE DE JUDÉE eſt fort recherché par rapport à ſes belles fleurs rouges, il vient aſſez haut & très-gros : ſon bois eſt rougeâtre, & ſa feuille reſſemble à celle de l'Abricotier : il réſiſte fort bien en pleine terre, mais ſes feuilles tombent ; il ſe multiplie de graine & de marcottes.

LE BAGUENAUDIER.

LE BAGUENAUDIER monte aſſez, néanmoins il ſe peut tondre en boule : ſon bois eſt clair, ſes feuilles ſont petites, rondes & d'un verd blanchâtre, ſes fleurs jaunes : ſes fruits nommés Baguenaudes, ſont d'une couleur verdâtre & ſont creux, de maniére qu'en les crevant ils font quelque bruit, il ſe dépouille & reſte en pleine terre : on le marcotte ordinairement.

L'EPINE VINETTE.

L'EPINE VINETTE eſt connue pour un arbriſſeau épineux dont le bois eſt jaune ainſi que la fleur diſpoſée en grappes. Ses feuilles ſont petites, oblongues, & dentelées en leur bord. Ses fruits ſont ovales & d'une couleur rouge aſſez vive, d'un goût acide, qui contiennent des ſemences, cependant il ſe multiplie de boutures ; l'on en fait à Dijon d'excellentes confitures.

LE LENTISQUE.

LE LENTISQUE eſt tantôt grand, tantôt petit, cependant preſque toujours arbriſſeau : ſon bois eſt griſâtre, ſes feuilles reſſemblent à celles du Myrte, toujours vertes & d'une odeur aſſez forte, ſes fleurs & ſes fruits ſont rouges & diſpoſés en grappes : il eſt trop tendre pour ſupporter en pleine terre les rigueurs de l'Hiver. Il ſe multiplie de marcottes & de jettons.

L'AMOMUM OU SOLANUM.

L'AMOMUM eſt un arbuſte agréable : le bois en eſt brun, la feuille longue d'un verd noir, la fleur blanche, les fruits rouges & ronds comme des Ceriſes, il garde ſes feuilles & ſes fruits dans la ſerre, & ne ſe dépouille qu'au Printems. On en a de l'eſpéce par le moyen de la graine.

LE LEONURUS.

LE LEONURUS ne s'éleve pas bien haut : il a le bois griſâtre, la feuille longue, étroite, la fleur rouge, il ſe dépouille & eſt aſſez délicat pour vouloir être ſerré l'Hiver : il croît de boutures & de marcottes.

L'EMERUS OU SYTURIDACA.

L'EMERUS a les fleurs jaunes, le bois verdâtre, la feuille à peu près comme le Jaſmin commun & du même verd ; il forme des boules qui restent en terre & se dégarnissent l'Hiver. Les jettons & marcottes en multiplient l'espéce.

LE BUISSON-ARDENT est un arbrisseau qui ne vient pas bien haut : son bois est net & garni de piquans, sa feuille est à peu près comme celle du Poirier. Ses fruits rouges qui subsistent en Hiver, & qui le font paroître de loin comme plein de feu, l'ont fait nommer Buisson-ardent : c'est dans ses fruits que l'on trouve sa graine.

LE BUISSON-ARDENT OU PIRACANTA.

La plûpart de ces arbrisseaux ont encore d'autres espéces du même nom ; tels sont le Solanum, le Colutea, le Cytisus, &c. On a seulement marqué ici les espéces que l'on trouve le plus facilement, & qui embellissent davantage les Jardins.

Il y a encore certains arbrisseaux étrangers qui fleurissent, & dont la culture est fort difficile ; comme ils servent peu à l'ornement de nos Jardins, & que les Curieux les recherchent plus tôt pour leur rareté que pour leur vraie beauté, nous les passerons sous silence.

Il est question maintenant de donner la méthode d'élever tous ces arbres, soit de graine, de marcottes, de boutures & de jettons, ou bien de les choisir tout grands, avec la maniére de les planter & de les greffer.

On éleve en France l'Oranger de graine ou de pepin, de marcotte ; & on en envoie de tout élevés des Pays chauds.

Pour les élever de pepin, on prend la graine ou pepin des Oranges les plus mûres & les plus belles ; on la seme au mois de Mars dans de longues caisses ou dans des pots remplis de terre préparée, dont on trouvera la composition dans le Chapitre suivant. On met ces pepins de trois doigts avant dans cette terre, & à trois pouces de distance l'un de l'autre : quand il en leve trop, on les épluche, en arrachant les plus pressés, afin que les autres profitent davantage : ces pepins au bout de deux ans forment des Sauvageons, qui sont bons à replanter séparément dans des pots de terre, & au bout de cinq ou six ans se peuvent greffer : on suppose qu'on aura soin de les labourer souvent, de les exposer au Soleil, depuis dix heures du matin jusqu'à deux heures, de les serrer la nuit, de les nétoyer des mauvaises herbes, & de les arroser de tems en tems ; comme aussi d'enfoncer pendant une année les pots qui les renferment, dans des couches chaudes pour les avancer. L'Hiver on retire de terre ces pots & on les porte dans la serre.

Pour marcotter une branche d'Oranger, on en choisit une à la mi-Mars; on coupe l'écorce dans la partie basse environ de la largeur du doigt; on enveloppe cet espace avec un morceau de cuir lié avec de l'osier, on fait passer cette branche par le trou d'un pot rempli de bonne terre que l'on humecte doucement. On coupe la marcotte près du trou du pot au mois d'Octobre suivant. On ôte ensuite le jeune Oranger du pot, & l'on le plante dans une petite caisse remplie de terre préparée. Après sa premiére sortie de la serre on le met quinze jours à l'ombre, & on l'expose ensuite au Soleil du Midi en l'arrosant souvent dans les grandes chaleurs.

Les boutures se prennent sur les balotins ou pommiers d'Adam, ce sont celles qui réussissent le mieux : en Provence, on les greffe sur des Sauvageons. On les choisit droits & de la longueur de 10 à 12 pouces; on ratisse l'extrêmité de leur écorce par en bas, on les enfonce en terre de 5 pouces à distance de 15 à 20 pouces l'un de l'autre, & on leur donne des labours & les autres secours convenables à leur âge.

L'autre maniére d'élever les Orangers va bien plus vîte en France; les arbres qu'on envoie de Genes, de Lisbonne & de Provence ayant déja plusieurs années, il ne s'agit plus que de les sçavoir bien choisir. Ces arbres arrivent ordinairement dans les mois de Mars, d'Avril & de Mai, les uns sans motte & sans tête, les autres emmotés & garnis de branches & de feuilles, les racines en sont enveloppées, crainte des gelées blanches fréquentes dans cette saison.

Aux Orangers étêtés & sans motte l'on choisit la (a) tige la plus droite & la plus élevée qu'il se peut, sans s'arrêter à la grosseur. Les racines en doivent être bien conservées, un peu fermes & d'un verd jaunâtre, qui ne tire point sur le noir ou le jaspé, qui est une très-méchante marque de leur état présent, & très-assurée de leur prochaine mort. On en coupera l'extrêmité pour connoître si elles ne sont point trop sèches, ni trop humides. Après cela l'on racourcit toutes leurs racines & on les met tremper quelques heures, avant que de les planter dans de grands pots, que l'on enterrera entiérement dans une couche tiéde, pour faciliter leur reprise. Ils resteront là pendant l'année, jusqu'à ce qu'on les serre l'Hiver, & le Printems

(a) On appelle cette tige une Buche.

ſuivant on les replantera dans des caiſſes proportionnées à leur groſſeur, ſans rien couper de leur motte; on les cultive enſuite comme les autres Orangers.

Il eſt certain que les arbres emmottés, garnis de branches & de feuilles ſont à préférer, pourvû que cette motte de terre qui couvre leurs racines ſoit naturelle; en remuant un peu la tige, on s'apperçoit ſi elle eſt ſuppoſée, car la terre appliquée tombe promptement; on les prendra toujours d'une tige droite & élevée, & d'un choix de branches à former un jour une tête bien ronde: les racines qui excédent la motte & les branches ſeront d'un verd jaunâtre, l'écorce d'un humide tempéré & pleine de ſève; les feuilles doivent être fermes, caſſantes & relevées, c'eſt une marque de vigueur; quand on les voudra planter, on rafraîchira les racines qui excédent la motte, l'on ôtera les petites branches confuſes, & l'on racourcira juſqu'à trois ou quatre pouces du corps de l'arbre les groſſes branches mal placées, pour les obliger à pouſſer de nouveaux jets vigoureux & mieux diſpoſés; enſuite l'on trempera la motte un moment dans l'eau, & après l'avoir laiſſé égoutter, on plantera l'arbre dans une caiſſe convenable à ſa groſſeur, de la même maniére que l'on rencaiſſe les vieux Orangers. On le placera dans un lieu aëré, mais peu expoſé au Soleil.

Il y a de certains Orangers à qui l'on ne demande point de tige comme les nains, ceux en buiſſons, & les petits Orangers de la Chine; cependant l'Oranger de tige eſt toujours le plus noble & le plus beau. Il ne faut pas prendre tous arbres greffés; les Sauvageons connus par leurs piquans deviennent ſouvent plus beaux, ſont toujours plus vigoureux & plus élevés que les Orangers greffés; leur défaut eſt d'être d'une verdure plus jaunâtre que les autres, & de rapporter peu de fleurs, & par conſéquent peu de fruit. On choiſira auſſi pour la variété quelques Citroniers & Limoniers, qui ſe connoiſſent à la feuille, où il manque un petit cœur au bout, comme l'on en voit aux autres Orangers.

Venons à la maniére de greffer ces arbres; les Sauvageons ſans cette opération, ne rapporteroient jamais beaucoup de fruit, ni quantité de belles fleurs, ſemblables en cela aux autres arbres fruitiers, qui ne produiſent jamais de gros fruits & exquis, s'ils ne ſont greffés des meilleures eſpéces.

Que ne fait-on pas faire à la greffe ? elle se prête à l'adresse du Jardinier ; un Sauvageon devient dans ses mains un nouvel arbre dont le fruit est fondant & doux. Il arrête cette sève dans le Sauvageon, & la contraint de se coaguler & de prendre l'espéce que lui présente l'écusson de la greffe qui est comme un ferment qui arrive, qui digere, & qui reçoit l'aliment qu'il trouve en son chemin. C'est par le moyen du rameau d'où l'on a tiré l'écusson, que les Curieux se communiquent d'un Royaume à l'autre les fruits les plus rares qui conservent leur espéce, en prenant une configuration analogue à la greffe & à l'arbre dont elle a été tirée ; la sève est donc contrainte de passer dans un corps étranger & de produire la nouvelle espéce de la greffe en abandonnant la premiére qu'elle nourrissoit depuis long-tems. Il se forme autour de la greffe des racines fibreuses qui s'insinuent dans l'arbre qui porte cette greffe, & qui s'étendent jusqu'en terre d'où elle tire son aliment, ce qui fait que l'arbre greffé change la nature de son fruit en celle de l'arbre d'où la greffe a été tirée.

On (a) greffe ordinairement un Oranger sur un Oranger, un Citronier sur un Citronier, ou sur un Sauvageon de pommier d'Adam. On peut greffer encore un Citronier, un Limonier sur un Oranger, mais cela ne réussit jamais si bien, & fait souvent avorter un arbre. Cette greffe se fait en écusson ou en approche qui sont deux maniéres de greffer parmi les cinq sortes que nous en avons : elles sont si généralement connues, qu'on n'en devroit point parler ici ; mais comme il faut écrire pour tout le monde, & qu'il y a quelques petites différences dans la disposition de l'écusson, nous la donnerons le plus succinctement qu'il sera possible.

(a) Les Anglois & les Allemands greffent sur les racines d'un arbre.

On appelle sujet ou franc, le Sauvageon sur lequel on applique la greffe, & l'on appelle greffe ou rameau, la branche de l'arbre dont on veut avoir de l'espéce ; l'écusson est une piéce enlevée sur l'écorce de la branche en forme de triangle, dont le nom vient d'un écusson d'armoirie, avec lequel il a quelque ressemblance. L'approche ne s'appelle ainsi, que parce que l'on approche un arbre d'un autre pour l'y pouvoir greffer.

L'instrument avec lequel on greffe, nommé greffoir, est un couteau pointu à manche d'yvoire, dont le bout qui excéde la lame eſt applati en forme d'une ſpatule de Chirurgien.

Pour greffer en écuſſon, on coupe ſur un Oranger, des rameaux de l'année derniére, où il ſe trouve de bons yeux formés au Printéms, & l'on en ôte toutes les feuilles. Un œil ſuffit à chaque greffe, ainſi l'on en peut prendre pluſieurs ſur une même branche. L'on commence à tailler ſur le rameau, l'écuſſon en forme de triangle, & l'on ménage dans le milieu l'œil & ſa petite branche. L'on enleve proprement cet écuſſon, avec le couteau du greffoir, & on laiſſe à l'endroit de l'œil un peu plus d'épaiſſeur de bois que dans le reſte; enſuite l'on choiſit ſur le Sauvageon appellé le ſujet à greffer, un endroit uni entre deux yeux & au haut de la tige; on y fait une inciſion en travers, & une autre en long qui ſe rejoignent, de la longueur environ d'un pouce & demi, & de l'épaiſſeur ſeulement de la peau ou de l'écorce de l'arbre; l'écuſſon étant tout prêt, & tenu dans la bouche par le bout de la petite branche, l'on détache avec le manche du greffoir la peau de l'inciſion faite ſur le Sauvageon, & l'on y fait entrer l'écuſſon par la pointe, en ſorte qu'il s'y cole bien, & que les côtés de l'écorce le recouvrent entiérement hors l'œil; cela fait, prenez de la groſſe filaſſe pour lier le tout enſemble, bien ſerré & le plus proprement qu'il ſe peut, en laiſſant toujours paſſer l'œil. On coupe un mois après cette filaſſe, ſans cependant l'ôter, afin de donner un paſſage libre à la ſève, qui ſans cela pouſſeroit des jets ſauvageons au-deſſous de l'écuſſon trop reſſerré.

On met deux écuſſons des deux côtés d'une même tige, qu'une même ligature peut couvrir, afin que ſi l'un manque, l'autre y ſupplée.

Cette pratique eſt ordinaire dans tous les arbres que l'on greffe; mais dans les Orangers il y a une circonſtance particuliére, c'eſt le renverſement de l'écuſſon; c'eſt-à-dire, que cet écuſſon doit avoir la pointe en enhaut, en obſervant, quand on le taille, que l'œil ſe trouve toujours dans la même ſituation, le bouton & le jet dreſſé vers le ciel; l'inciſion ſur le ſujet doit auſſi être coupée différemment, ſçavoir la fente de travers, en bas, comme un ⊥ renverſé, à cauſe de l'eau qui entreroit plus aiſément par la large ouverture qui d'ordinaire aux arbres ſe fait en haut, & que pour cette raiſon on fera ſur les Orangers par le bas. Cette eau pour peu qu'elle pénétre devient mortelle à la greffe.

On greffe en écuſſon dans le mois de Mai à œil pouſſant, c'eſt-à-dire dans la ſève, alors on racourcit ſur le champ la branche du ſujet à trois pouces près de l'écuſſon, afin que la ſève s'y porte toute entiére, & le faſſe pouſſer plus promptement. On greffe encore en écuſſon dans les mois de Juillet, d'Août & de Septembre à œil dormant, & l'on ne coupe point ſur le champ la branche du Sauvageon, on attend au mois de Mai ſuivant qui eſt le tems de la ſève.

Cette maniére de greffer n'eſt pas agréable, faiſant un méchant effet dans la décoration des Jardins, par la proximité de deux caiſſes : on les doit toujours mettre à l'écart.

Il ne faut point d'œil dans l'endroit de l'approche; il y en a aſſez tout du long de la branche.

La greffe d'un Oranger en approche, ſe fait à l'ordinaire ſans aucune différence; elle ſe pratique également dans les deux ſèves, c'eſt-à-dire, dans les mois de Mai & d'Août. On approche du Sauvageon la caiſſe d'un autre Oranger, dont la branche eſt aſſez longue pour ſe lier enſemble, & qui eſt diſpoſée à être greffée de cette maniére. L'on coupe ce Sauvageon par la tête, ſur laquelle l'on fait une fente pour y appliquer le rameau de l'Oranger, dont on ſouhaite de l'eſpéce: ce rameau s'entaille & ſe fend en long par la moitié, ce qui forme un bout long d'un pied environ, que l'on aiguiſe pour le faire entrer dans le milieu de l'entaille, de même que l'on fait à la greffe en fente; l'on peut encore faire entrer cette greffe dans l'entre-deux du bois & de l'écorce, quand le ſujet eſt bien vieux, comme à la greffe en couronne, dont celle-ci ne différe qu'en ce qu'elle ſe fait d'une branche approchée. On lie cette greffe avec de la groſſe filaſſe le plus ferme qu'il ſe peut pour l'entretenir contre les vents, & l'on couvre le tout avec de la cire & un peu de linge, ce qu'on appelle *poupée, ou emmailloter la greffe*, cela dure juſqu'à ce qu'elle paroiſſe priſe en pouſſant vigoureuſement; enſuite l'on coupe la branche approchée à l'endroit de la greffe que l'on recouvre de cire verte; c'eſt ce qu'on appelle ſevrer un Oranger.

La différence de ces deux maniéres de greffer conſiſte en ce que la branche de l'arbre doit être jeune de deux ou trois ans pour y pouvoir greffer en écuſſon, au lieu que pour greffer en approche, l'arbre doit être fort & un peu âgé.

Les Grenadiers, les Myrtes, les Lauriers-thims & francs, le Romarin, l'arbre de Judée, le Baguenaudier, le Lentiſque, ſe choiſiſſent d'une belle tige formant une tête agréable & bien garnie dans ſa rondeur. Les branches & les racines ſeront d'un verd vif. Ces arbres ſont ordinairement enmotés, à moins que l'on n'en prenne des boutures ou des marcottes.

Les Lauriers-roſes & ceriſes, celui d'Alexandrie, le Buiſſonſon-ardent, ne veulent point de tige, leur beauté conſiſte à être très-garnis depuis le pied juſqu'à la tête, ſoit qu'ils ſoient en paliſſade ou en caiſſes. Il en eſt de même des Roſiers, des Lilas, des Genêts, Colutea, Chévre-feuilles, Romarins, Seringals & Jaſmins communs, qui ne ſont que des buiſſons tondus en boules ou en pyramides.

On choiſira l'Altea, le Leonurus, le Syturidaca, le Cytiſus, le Troêne, l'Amomum & le Jaſmin d'Eſpagne avec une petite tige d'environ deux pieds de haut pour ſoutenir leur tête. L'on fera une recherche exacte dans leurs branches & leurs racines pour en connoître l'état préſent, & l'on obſervera les mêmes choſes qu'aux Orangers, pour les planter dans des caiſſes, dans des pots, ou en pleine terre.

La meilleure maniére & la plus prompte d'élever tous ces arbres, eſt d'en choiſir des pieds d'une nature baſſe & fort rameuſe, de les enfoncer en terre juſqu'au milieu des branches, & d'en coucher tout autour les ramilles pour en faire des marcottes : ces meres en donnent une plus grande quantité & en moins de tems qu'aucun autre moyen : on peut ſans cela tirer des jettons ou racines éclatées que les arbriſſeaux pouſſent naturellement à leur pied, & que l'on a ſoin de lever un peu forts & bien enracinés. On fait encore des marcottes de branches que l'on couche dans la caiſſe même au mois d'Avril, ou que l'on peut faire paſſer dans le trou d'un pot élevé à la hauteur de la branche. Il faut environ ſix mois à ces marcottes pour être bien repriſes. On excepte de cette méthode le Jaſmin d'Eſpagne qui ſe greffe toujours, le Genêt d'Eſpagne, le Colutea, l'Amomum, le Piracanta & l'Altea *Frutex* qui ne s'élevent ordinairement que de graine.

Il eſt aiſé de voir par ce que l'on vient de dire, qu'il y a peu de ces arbres qu'on ſoit obligé de greffer; les marcottes & les jettons redonnent ſûrement des mêmes eſpéces, qui, comme de bons enfans, ne perdent aucune qualité de leur mere : voici néanmoins ceux qui ſe peuvent greffer.

Les Grenadiers & les Myrtes panachés ſe greffent en écuſſon ou en approche ſur des Grenadiers communs, pour en avoir de race panachée. Les Jaſmins d'Eſpagne & de Virginie ne pouſſant point de jettons qui en perpétuent l'eſpéce, demandent à être greffés ſur du Jaſmin commun, ſoit en approche ou en écusson, il n'importe; l'on ne peut pas même en faire des marcottes, excepté du Jasmin commun dont on en fait beaucoup. Pour avancer les greffes du Jasmin d'Espagne, il faut planter les marcottes de Jasmin commun un an devant dans des pots, cela fait mieux reprendre la greffe, que l'on couvrira de cire.

L'on choisit le sujet clair, uni, sans aucun nœud, bien enraciné & gros comme le petit doigt, on le coupe jusqu'au dernier œil d'en-bas, afin que la sève étant moins dissipée ailleurs, y passe entiérement. Les Rosiers se peuvent encore greffer: quand on veut, par exemple, avoir de l'espéce de celui de Hollande, des panachés, ou des Rosiers de tous les mois, on greffe de ces espéces en écusson sur des Rosiers communs.

La saison où tous ces arbres se trouvent en fleur.

Il faut encore sçavoir le tems auquel ces arbres & ces arbrisseaux sont en fleur, afin d'en pouvoir profiter pour la décoration des Jardins, en les y plantant à propos. Tout dépend de la variété, ainsi l'on observera que les arbrisseaux que l'on plantera dans les parterres, ne soient pas seulement de différentes espéces, mais qu'ils fleurissent aussi dans différentes saisons.

On voit en fleur au Printems, le Laurier-thim, celui d'Alexandrie, le Lilas commun, le Chévre-feuille, le Seringal, le Rosier des mois, de Gueldres, celui de Hollande à cent feuilles, le Romarin, le Trifolium, le Jasmin-jonquille, le Genêt d'Espagne, le Cytisus & le Syturidaca.

Dans l'Eté fleurissent l'Oranger, le Citronier, le Limier & autres espéces, le Grenadier, le Myrte, le Laurier-franc, le Laurier-rose, le Troêne, le Jasmin commun, le Colutea, le Lilas de Perse, l'Arbre de Judée, le Rosier des mois & le Baguenaudier.

L'Automne nous présente les Jasmins d'Espagne & de Virginie, le Laurier-thim, l'Altea *Frutex*, les Rosiers des mois, les Roses-muscates, le Buisson ardent, l'Amomum & le Colutea.

Ceux qui fleurissent l'Hiver & qui servent à embellir la serre en formant des estrades & des amphithéatres, pour couvrir les murs, sont l'Oranger, le Jasmin d'Espagne, le Laurier-thim, le Lentisque, le Colutea, l'Amomum, le Leonurus & le Myrte panaché, accompagnés de plusieurs plantes vivaces, telles que le Piment ou Poivre-long, la Giroflée, l'Aloës, le Geranium-*triste*, le Talaspic vivace, & autres.

CHAPITRE VII.

DE LA CULTURE DES ORANGERS & des autres Arbrisseaux de fleurs ; avec le moyen de rétablir les infirmes.

ON est assez revenu présentement de l'erreur où l'on étoit sur la difficulté de gouverner les Orangers & les autres arbres & arbrisseaux de fleurs, dont plusieurs avoient fait une chimere, pour se faire croire plus sçavans. On éleve bien ces arbres * en Angleterre, en Hollande, en Suede & dans les autres pays du Nord, où le froid est bien plus grand & plus long qu'en France ; ainsi il nous est encore plus aisé que dans ces climats, de les entretenir sans beaucoup de peine, convaincus que nous sommes qu'une culture générale convient à toutes leurs espéces.

* Il faut dans ces pays des Serres d'Eté, entourées de vitrage, comme des Serres d'Hiver.

Plusieurs choses contribuent à la conservation & à l'entretien des Orangers : une bonne serre, la composition des terres, le rencaissement, l'exposition dans les Jardins, la maniére de les tailler, l'arrosement, la saison de les serrer & sortir, la maniére de les gouverner dans la serre, & enfin le moyen de les garantir des insectes qui leur font la guerre : examinons chacun de ces articles en particulier.

DE LA SERRE, DE SES QUALITÉS.

On peut assurer, qu'une bonne serre est la chose la plus essentielle pour la durée des Orangers & des autres arbres que le froid oblige de serrer. On doit en premier lieu l'exposer au Midi ou au Levant, & éviter de la bâtir au Couchant ou au Nord, par le peu de chaleur & les mauvais vents qui viennent de ces côtés-là. La grandeur de la serre sera proportionnée à la quantité d'arbres que l'on a à serrer, ensorte qu'ils n'y soient point trop entassés : quand elle est un peu élevée, l'on arrange les petits arbres entre les grands sur des échafauds & des gradins de bois, cela épargne une grande longueur de bâtiment ; elle doit toujours être assez élevée pour ne pas gêner les arbres, soit en place, soit en les entrant ou sortant : on percera la serre dans la face la mieux exposée, d'une grande porte & de plusieurs fenêtres élevées qui donnent entrée au Soleil dans les tems doux. Il y aura trois chassis l'un devant l'autre, pour empêcher le froid de pénétrer par ces ouvertures; le premier en dedans, sera de papier colé des deux côtés; on mettra en dehors un contrevent de bois, & entre-deux un bon chassis de vitrage, le tout fermant juste, & bien calfeutré avec du foin dans les grands froids. Les murs seront construits solidement d'environ deux pieds & demi d'épaisseur, au moins de deux pieds, & le côté du Nord plus épais que les autres, étant le plus à craindre pour la gelée; ils seront tout couverts d'une natte de paille. Comme l'humidité & le froid peuvent provenir également de la couverture d'en-haut, & du bas ou sol de la terre, qui est le plancher, on aura grand soin de bien couvrir la serre; si c'est un plafond cintré sans greniers au-dessus, on garnira l'entre-deux du lambris & de la tuile, de * paille délayée avec de la terre; s'il y a des chambres ou des greniers, on les remplira de foin, & l'on en fermera bien les fenêtres. A l'égard du sol ou plancher, il doit être fort sec & batu en recoupes ou en salpêtre, d'un pied de haut, on le tiendra un peu élevé, ou du moins au rez-de-chaussée du dehors; quand il y a une descente, outre l'incommodité qui s'y trouve pour le transport des Orangers, elle cause encore de l'humidité au pied des murs. Cette raison doit faire rejetter les serres souterraines, telles que les caveaux, d'autant qu'elles ne peuvent jouir des rayons du Soleil. ** Les serres adossées contre un montagne ou sous les *** voûtes d'une terrasse, & qui sont exposées au Soleil de l'autre côté, sont excellentes.

* C'est ce qu'on appelle de la Bauge.

** Comme la Serre du Jardin du Roi.

*** Comme celles de Versailles & de Meudon.

LA COMPOSITION DES TERRES.

Pour remédier au manque de chaleur de nos climats, on fait un mélange de terres convenables à la nature de l'Oranger, lesquelles étant enfermées dans une caisse pénétrée de tous côtés de l'ardeur du Soleil, acquierent un degré de chaleur approchant de celui que ces arbres ont naturellement dans les Pays chauds, où ils restent toujours en terre.

La meilleure composition est un tiers de terre neuve grasse & forte, sans être glaiseuse, laquelle étant remplie de sels fera pousser de beaux jets, un tiers de * crotin de mouton bien consommé pendant trois ou quatre ans, pour donner de la chaleur à la terre, & on y mêle un tiers de terreau de vieille couche pour donner de la légéreté. Le dedans des vieux Chê-

* Si ce fumier étoit moins consommé, il seroit trop brûlant.

nes & des Saules creux qui se réduit en une matiére terrestre & noirâtre, y est encore très-propre. L'on passera toute cette terre à la claie pour l'épierrer. Ce mélange est meilleur que celui où il entre beaucoup plus de drogues, comme des cururres de mares, de la fiente de pigeon, de la poudrette, du marc de vin, des boues de rues, des feuilles d'arbres pourries, de la vase. Il est non-seulement bon pour les Orangers, mais encore pour tous les autres arbres qu'on encaisse & pour les fleurs qu'on met dans des vases de fayence.

LE RENCAISSEMENT.

On est indispensablement obligé de rencaisser un Oranger, quand la caisse qui le renferme ne vaut plus rien, qu'elle est trop petite pour contenir ses racines, ou bien que l'arbre ne travaille pas assez vigoureusement, la terre étant usée à demi, ou entiérement, & par-là dénuée des sels nécessaires à la végétation.

Si les terres ne sont qu'à demi usées, & que la caisse soit encore assez bonne pour durer l'année & plus, on se contentera, pour soulager l'Oranger, de lui donner un demi rencaissement, c'est-à-dire, de tirer avec la houlette tout autour de la motte sans endommager les racines, les terres usées, & d'en remettre sur le champ de nouvelles, qu'on aura soin de bien plomber. Mais si les terres sont entiérement usées, & que la caisse soit pourrie ou trop petite par rapport à l'arbre, il faut commencer par arroser l'arbre avant que de l'ôter de sa caisse, pour affermir les terres & former une grosse motte adhérente aux racines, ensuite le rencaisser de nouveau en cette maniére.

Les caisses doivent être toujours plus petites que grandes, afin que resserrant un peu les racines de l'arbre, sa tête se fortifie & en devienne plus belle.

On choisira une caisse proportionnée à la grandeur de l'arbre, faite du meilleur bois de Chêne, on la goudronera en dedans, & on la peindra en dehors de deux couches à l'huile, soit en verd ou en jaune, pour la faire durer plus long-tems. Les caisses bien conditionnées & garnies d'un peu de fer, durent ordinairement vingt ans. On prépare cette nouvelle caisse par un lit de platras mis au fond, tant pour empêcher les racines de descendre & de percer le fond de la caisse, que pour la garantir de la pourriture, en donnant par-là passage à l'eau superflue des arrosemens, ensuite on remplit la caisse à demi de terre préparée, qu'on fait plomber par un homme qui marche un moment dedans; on jette un peu de terre-meuble par-dessus, pour y pouvoir placer la motte de l'Oranger qu'on tire de la vieille caiſſe en la rompant de tous côtés; on retranche environ la moitié de cette motte tout autour & en deſſous, & l'on coupe les racines & les chicots qui s'y rencontrent, crainte de la pourriture; ce travail s'appelle *égravilloner* un arbre, c'eſt-à-dire, couper tout le gravier qui eſt autour des racines & une partie de la terre, & avec la pointe de la ſerpette ôter celle qui eſt entre les racines qui ſe découvrent pour qu'elles puiſſent profiter de la nouvelle terre. Vous planterez cette motte bien dans le milieu de la caiſſe par une diagonale tirée au cordeau d'angle en angle, & vous éleverez l'arbre d'aplomb pour le coup d'œil, trois pouces au-deſſus des bords de la caiſſe, parce que les arroſemens & les terres qui ſe plomberont dans la ſuite, ne le feront que trop deſcendre. Cette terre ſera retenue avec des planches, des douves & doſſes de bois, juſqu'à ce qu'elle ſoit affaiſſée à niveau de la caiſſe. Il faut bien plomber les terres autour de la motte pour aſſurer l'arbre contre les vents, & faire enſuite un petit cerne au pied de la tige, pour recevoir l'eau qu'on jettera auſſi-tôt qu'on aura planté, afin de plomber les terres & les faire deſcendre plus vîte. Obſervez de laiſſer le haut des racines un peu découvert afin qu'elles puiſſent jouir du Soleil. On doit mettre les arbres nouvellement encaiſſés 25 jours à l'ombre, & enſuite on les expoſera au Soleil.

Le rencaiſſement ſe fait ordinairement au ſortir de la ſerre, avant la grande pouſſe, & jamais à la fin de l'Automne, à cauſe de la proximité de l'Hiver, à moins qu'il n'y ait une néceſſité indiſpenſable.

La ſerre eſt appellée improprement Orangerie, parce que l'on ne doit donner ce nom qu'à l'endroit du Jardin où l'on range les caiſſes pendant l'Eté, de même qu'on appelle une Ceriſaie une place remplie de Ceriſiers. L'expoſition des Orangers dans les Jardins demande quelque intelligence, il eſt certain que s'ils étoient mal placés & trop expoſés aux vents, ils ſeroient bientôt ruinés; on doit leur deſtiner un lieu à l'abri des vents du Nord, par le moyen de quelque bâtiment, d'un bois ou d'une paliſſade épaiſſe, ou bien de quelque mur, ſans cependant leur ôter le Soleil qui leur eſt ſi néceſſaire.

L'Exposition dans les Jardins.

L'Arrangement.

On range les caiſſes en les alignant au cordeau, tant celles qui ſont iſolées, que celles qui ſe placent dans les plate-bandes des parterres d'Orangerie entre les Ifs. Dans les tournans on les range à l'œil le mieux que l'on peut, à moins qu'on ne les puisse mettre sur quelque centre au cordeau, on les dresse en mettant des tuiles ou carreaux dessous les pieds de la caisse, pour les empêcher d'enfoncer trop avant en terre, & d'y pourrir: l'usage est de placer une petite caisse entre deux grandes, pour le coup d'œil: on peut aussi entre-mêler des pots & des vases remplis d'arbrisseaux & de fleurs de saison: le bon goût d'un Jardinier se remarque dans cette décoration, où la régularité ne doit point empêcher une agréable confusion qui les fasse paroître en beaucoup plus grand nombre qu'ils ne sont effectivement.

LA MANIERE DE LES TAILLER.

En taillant un Oranger, on ne doit envisager qu'une belle forme, une tête ronde & plate par-dessous, des branches bien placées & qui le garnissent également de tous côtés, sans trop se soucier de fleurs, ni de fruits, ce qui rend la taille des Orangers beaucoup plus facile que celle des autres arbres fruitiers, où l'on demande plus de fruit que de bois, & l'un & l'autre ensemble. L'on taille ces arbres au sortir de la serre, un peu avant la grande pousse, afin que les branches qui restent profitent de toute la sève: leur tête doit être proportionnée à la tige, à la grosseur du pied & à la grandeur de la caisse, on l'entretiendra en boule en coupant toutes les branches pendantes, & qui s'échappent de ce contour agréable; elle ne doit point être confuse, ni trop chargée de bois, ensorte que toutes les branches en dedans se distinguent aisément; quand un arbre a du vuide dans sa rondeur, on ravalle quelque vieille branche voisine, qui dans peu poussera des jets qui regarniront la place, ou bien on en conservera quelques-unes dans leur longueur, sans rien couper pour les faire venir au bord; on s'attachera surtout à monter la tige le plus haut qu'on pourra, en coupant les étages des branches de dessous, fort près de la tige & en pied de biche, pour écouler les eaux; on couvrira de cire verte toutes ces plaies, afin que l'ardeur du Soleil ne les puisse altérer.

Il faut encore pincer & ébourgeonner les Orangers dans les deux pousses, en ôtant avec les doigts les jets foibles, confus * & mal placés, comme aussi les branches qui s'emportent trop, ensorte qu'il ne reste qu'un seul jet vigoureux à chaque pousse. On ne doit pas s'embarrasser dans tous ces pincemens

* On appelle ces jets, des Toupillons, qui attirent la punaise.

de jetter bien des fleurs à bas, l'arbre s'en portera mieux & pouſſera plus vivement; la trop grande quantité de fleurs & de fruits fait ſouvent avorter un arbre, ainſi même ſans pincer, on eſt obligé d'ôter le trop de fleurs, & de ne laiſſer nouer de fruit qu'à proportion de ſa groſſeur, cinq ou ſix Oranges ſur les moindres, & une douzaine environ ſur les gros: ces fruits ſont ordinairement ſeize mois à mûrir; les uns ſont doux, tels que les Limons & les Oranges, les autres ſont acides comme les Citrons & les Bigarades. On obſervera que les arbres étêtés ne doivent point être pincés la premiére année, parce qu'on a beſoin de toute la longueur des branches, pour former promptement une nouvelle tête.

L'ARROSEMENT & LE LABOUR.

Les Orangers veulent peu d'eau, mais donnée à propos, il vaut mieux leur laiſſer avoir un peu ſoif que de les noyer trop ſouvent. On connoît le beſoin qu'un arbre a d'être arroſé, quand ſes feuilles ſont molaſſes & recoquillées, qu'elles ſe baiſſent ou ſe fannent, cela ſe connoît encore quand les terres ſe fendent; mais il ne faut jamais attendre cette extrêmité, ainſi on arroſera médiocrement les Orangers une fois la ſemaine, hors dans les tems de la pouſſe & de la fleur, qui arrivent en Mai & Juin, qu'on les mouillera deux fois la ſemaine; les Sauvageons ſeront arroſés encore plus rarement, ſi on veut les faire fleurir: quand on entrera les Orangers dans la ſerre & qu'ils y ſeront placés, on les mouillera abondamment, tant pour raſſurer la tige ébranlée dans le tranſport, que parce que cette eau ſert pour tout l'Hiver: on pourra au mois d'Avril mouiller les arbres qui ſe fannent, & cela quand on ouvrira les portes & les fenêtres de la ſerre. Dès que les Orangers ſont ſortis & mis en place dans les Jardins, il faut leur donner une ample mouillure pareille à celle de l'entrée dans la ſerre; l'on prend même des chevilles de fer pour percer la motte en pluſieurs endroits, afin que l'eau puiſſe pénétrer plus avant pour raviver toutes les racines; dans les grandes ſéchereſſes, on ne fera pas mal de mouiller la tête d'un arbre pour la reverdir, par le moyen d'une pompe ou ſeringue dont le bout eſt fait en pomme d'entonnoir. On donnera un petit labour tous les mois aux Orangers, excepté quand ils ſont dans la ſerre. Ce labour ſe fait avec la houlette, & s'appelle *béquiller*, c'eſt-à-dire, un labour très-léger qui empêche la terre de ſe fendre, & de devenir peſante.

On peut encore faire fleurir un Oranger à la ſéve d'Août, en ſaupoudrant la caiſſe, d'un pouce de terreau, & la mouillant fort ſouvent; mais par ce moyen on court riſque de faire avorter un arbre.

Dans les grandes Orangeries, comme à Verſailles, il y a des machines faites exprès pour arroſer les grandes caiſſes, par le moyen d'un tonneau élevé à leur hauteur, & de deux tuyaux de cuir bouilli qui mouil-

La

La saison la plus propre pour entrer les Orangers dans la serre est la mi-Octobre ou la fin de Septembre, lorsque les brouillards sont fréquens, que les nuits & les matinées commencent à devenir plus froides, & à faire craindre des gelées capables de gâter ces beaux arbres. Le tems de les sortir est ordinairement la mi-Mai, où il n'y a plus de fortes gelées, ensorte que les Orangers sont sept mois enfermés & cinq dehors; c'est la douceur du tems qui doit régler cette entrée & cette sortie; quelquefois quand les matinées sont fraîches & sujettes à des gelées blanches, à la mi-Mai, l'on attend encore une huitaine & plus à les sortir, pour les garantir des inconvéniens, de même que si le tems est sec & serein en Octobre, l'on retarde leur prison de quelques jours. Alors on approche les Orangers de la serre, pour être plus en état de les entrer promptement au premier froid. Dans les années pluvieuses on sortira les Orangers de meilleure heure que dans les années séches & venteuses, de même dans les Jardins bas & marécageux, on les sortira plus tard que dans ceux qui sont élevés, où le vent dissipe les gelées; c'est à la prudence du Jardinier que toutes ces choses sont remises.

lent les caisses des deux côtés: cela est plus commode que de se servir d'arrosoirs.

LA SAISON DE LES SERRER ET SORTIR.

On observera qu'on doit toujours serrer & sortir les Orangers par un beau tems, & qu'aussi-tôt qu'ils sont entrés dans la serre, l'on ne doit pas fermer les portes & les fenêtres; mais les laisser ouvertes jusqu'aux premiéres gelées, afin que les Orangers sortant du grand air ne soient pas si vîte renfermés; il en est de même pour les sortir, en les accoûtumant peu à peu à l'air, par l'ouverture des fenêtres & des portes au commencement d'Avril, sans cette précaution un régime si opposé leur feroit grand tort.

LEUR TRANSPORT.

On transporte les Orangers d'une moyenne force sur des civiéres, ou sur des traîneaux; deux hommes les portent encore facilement, avec de grosses cordes attachées à des crochets qui embrassent les quatre piliers de la caisse: les grands arbres se mettent sur des chariots bas tirés par des chevaux.

LA MANIERE DE GOUVERNER LES ORANGERS DANS LA SERRE.

La maniére de gouverner les arbres dans la serre, regarde principalement la chaleur étrangére où il faut avoir recours, pour empêcher les froids excessifs d'y pénétrer, ce qui peut arriver, quelque bonne que soit une serre, & quelque bien calfeutrées que soient les portes & les fenêtres: cependant il ne faut y faire du feu que le moins & le plus tard qu'on peut ; une chaleur naturelle est toujours meilleure aux arbres. On connoît quand il est nécessaire d'y faire du feu, par des linges trempés ou par de petits godets pleins d'eau que l'on met en plusieurs endroits de la serre, surtout contre les portes & les fenêtres : on en placera aussi quelques-uns sur le bord des caisses ; c'est par ce moyen qu'on connoît le dégré de froid, si l'eau ne fait que prendre sans geler, il n'y faut point de feu, mais si elle géle & prend entiérement, alors on fera du feu continuellement tant que le froid durera.

Cette chaleur doit être modérée, parce que le trop de feu nuit fort aux Orangers ; la difficulté consiste à trouver une chaleur égale & tempérée, sans causer beaucoup de fumée qui fait tomber les feuilles. Ordinairement on se sert de poëles & de terrines de fer où l'on met du charbon bien allumé, avant que de l'entrer dans la serre, l'on place ces brasiers à l'entrée de la porte, aux bouts & au milieu des ruelles ou des allées que forment les caisses, en prenant garde de ne les pas mettre dessous les branches de quelque Oranger qui en seroit sûrement dépouillé : d'autres condamnant l'inégalité du feu de charbon, qui est d'abord ardent, ensuite très-foible, & capable par sa fumée de dessécher l'humidité de la sève, si nécessaire à la conservation des feuilles, emploient des poëles couverts appellés poëles d'Allemagne, qui jettent la fumée en dehors par le moyen d'un tuyau de fonte : on les entretient de bois modérément, & par l'expérience de la durée d'une certaine quantité de bois, on les renouvelle sans interruption. On peut encore se servir de lampes suspendues au plancher, au milieu & dans les coins de la serre, principalement près des portes & des fenêtres par où le froid vient ordinairement. La chaleur qui en résulte est douce, continuellement égale & uniforme ; vous la renouvellerez à l'heure juste, sans crainte de cessation de chaleur, par l'épreuve de la durée d'une lampe qui vous régle de maniére que vous sçavez quand elles doivent toutes finir : on mettra plus ou moins de ces lampes à proportion de la capacité de la serre, & on les élevera un peu haut, crainte que leur fumée n'endommage aucun arbre.

On fait rarement du feu dans les serres voûtées, sous des terrasses, comme à Versailles & à Meudon ; elles sont assez chaudes d'elles-mêmes, quand tout est fermé. Il n'y a que dans les grands froids qu'on y allume des lampes. On se sert de feu de charbon à S. Cloud & à

Il est certain que le feu des lampes est plus égal que celui du charbon allumé, mais comme il n'est point encore exempt de fumée, les poëles d'Allemagne entretenus de bois modérément, semblent devoir être préférés ; on s'en sert principalement en Angleterre, en Hollande, en Suéde & en Allemagne.

Sceaux, parce que les serres sont des galeries au rez de chaussée.

On prendra garde d'approcher si près des murs les Orangers, tant à cause de la gelée, que pour les pouvoir visiter de tems en tems; on les rangera en allées tirées au cordeau, & on les élevera sur quelques gradins ou billots de bois, de peur de l'humidité; l'on pourra mettre contre les murs les Grenadiers & les Lauriers.

Dans les grandes pluies & dégels, comme le tems est fort doux, on aura soin d'ouvrir quelques fenêtres, pour donner de l'air aux arbres ; on pourra mouiller un peu ceux qui en ont besoin, ainsi que les fleurs empotées qui peuvent être sorties pendant quelques heures.

Comme l'Oranger demande naturellement beaucoup de propreté, tant dans ses feuilles que dans son bois, il faut avant que de le sortir, nétoyer avec de petites brosses toutes les branches & les feuilles, & en ôter le couvain des punaises, les toiles d'araignées & les autres ordures; cela est essentiel pour sa conservation.

MOYEN DE LES GARANTIR DES INSECTES.

Ce n'est pas assez d'avoir remédié au froid & aux vents qui nuisent aux Orangers, il faut encore donner le moyen de les garantir des insectes qui leur font la guerre & qui les endommagent considérablement, tels sont la punaise, les fourmis, les perce-oreilles.

Les punaises ne font pas beaucoup de tort d'elles-mêmes à un Oranger, sinon de le rendre mal propre par le couvain qu'elles font en Automne sur ses branches; ce couvain ressemble à des taches de rousseur, & étant parvenu le Printems suivant à la grosseur d'une lentille, il éclot, & par-là multiplie le nombre des punaises, qui produisent ensuite d'autres couvains. Si l'on a bien soin de tailler le bois inutile dans la tête d'un Oranger, & si l'on nétoye soigneusement ses branches avec des brosses, les punaises n'y feront guére d'ordures.

Les fourmis ne sont attirées sur les Orangers que par le couvain des punaises; ainsi lorsqu'on a bien soin de l'ôter, on est garanti de la persécution de ces insectes, c'est le meilleur reméde : l'on peut encore lier du coton autour de la tige, ou la frotter de craie blanche, qui, à ce qu'on prétend, les empêche de monter. La fourmis mange la fleur d'Orange, & fait un amas de faleté fur les feuilles.

Les perce-oreilles font plus difficiles à détruire, ils picotent toutes les feuilles. On les prend dans des cornets de papier placés à différens endroits de l'arbre; l'on met auffi de petits vafes de terre, de plomb ou de fer-blanc pleins d'eau fous chaque pied de la caiffe qui trempe dedans, cela empêche ces infectes, ainfi que les fourmis, de monter le long de la caiffe. L'on voit quelquefois des vafes ronds de deux piéces que l'on rejoint enfemble autour de la tige, de maniére qu'ils embraffent cette tige, & ne laiffent aucun jour entre, après l'avoir garni entre-deux de filaffe, de coton ou de mouffe d'arbre, on remplit d'eau ces vafes, & quand le perce-oreille, qui naturellement craint l'eau, en approche, il s'en retourne fur fes pas fans rien endommager.

Culture des autres Arbres.

Les Grenadiers, les Lauriers, les Myrtes, les Jafmins, fe cultivent de même que les Orangers, dont l'éducation peut fervir de modéle à tous les arbres encaiffés ou empotés, à quelque petite différence près, comme on va le remarquer.

Le Grenadier demande plus de nourriture, & une terre plus fubftancielle que l'Oranger; on met moitié de bonne terre neuve & moitié de terreau, & par-là on empêche fes fleurs de tomber fi vîte; il veut beaucoup d'eau, comme de deux jours l'un, & demande à être fouvent labouré; on lui donnera outre cela, un demi-rencaiffement tous les deux ans, & l'on faupoudrera la fuperficie de la caiffe, de deux ou trois pouces de terreau; fa tête doit être ronde & très-touffue, fans autre précaution pour la taille, que de pincer les branches qui s'emportent trop.

Le Myrte n'a rien de particulier dans fa culture, finon qu'étant plus délicat que l'Oranger, il demande plus d'eau, & un peu plus d'attention.

Les Lauriers-francs, les Lauriers-cerifes & les Lauriers-rofes ont toujours foif, on ne leur peut jamais donner trop d'eau; on les changera auffi de terre de tems en tems; la taille en eft ordinaire.

Les Jafmins en général demandent deux tiers de bonne terre & un tiers de terreau; on taille ceux d'Efpagne tous les ans à la fin de Mars, en coupant toutes les branches à un œil près de l'endroit où elles sortent de la tige, de même qu'on fait aux Osiers; c'est pour les faire fortifier du pied & pousser plus vigoureusément. Ils veulent de l'eau amplement & souvent.

Les Rosiers se plaisent fort dans une terre légére & sabloneuse, la culture en est générale, excepté le Rosier de tous les mois, qui fleurit sept à huit fois par an, & qui exige de certains soins, sans lesquels il ne porte qu'une fois comme les autres; ces soins consistent, par exemple, à le tailler rez de terre en Septembre, pour avoir de nouveaux jets au Printems; on le taille encore à la fin de Mars, en approchant ces nouveaux jets jusqu'aux yeux près la tige; enfin on le taillera après chaque pousse, en coupant les branches au-dessous des nœuds où étoient les fleurs après qu'elles seront passées; c'est par cette quantité de tailles que l'on oblige ce Rosier à fleurir toujours; pour avancer cette fréquente fleuraison, on répand un doigt de terreau sur le pied de l'arbre, & l'on arrose par-dessus pour en faire tomber les sels sur les racines.

Le Genêt, l'Altea, le Chévre-feuille, le Trifolium, le Seringal, &c. demandent une terre naturelle, souvent arrosée & entretenue de labours; on les tond en palissade, en arbrisseaux, d'autres en boules: pour le Leonurus, l'Amomum, le Colutea, le Lentisque, ils sont plus délicats, ils demandent la terre des Orangers & leur propre culture.

On observera en taillant tous ces arbres, & pour entretenir leur rondeur, de couper le bois qui paroît usé & mal placé, ainsi que celui qui s'éleve au-dessus de la tête & qui s'emporte de tous côtés.

Ces arbres, s'ils sont petits, peuvent être aisément empotés; pour les grands, ils souffrent trop dans la contrainte de leurs racines, qui se recoquillent dans les pots & les vases: cet empotement se fait comme le rencaissement. On garantit ces vases des secousses du grand vent, en les arrêtant dans les endroits fort exposés, par des fils de fer attachés à des piquets enfoncés rez de terre, ou par des tourniquets de fer scellés en plomb sur les dez de pierre, par le moyen desquels on serre le pied du vase. L'on doit arroser les arbres empotés beaucoup plus souvent que ceux qui sont en caisse; il est aisé d'en comprendre la raison; les pots étant de moindre consistence, sont plus tôt pénétrés des rayons du Soleil, & par conséquent les terres plus tôt séchées & mises en masse : il les faut donc souvent changer de terre & de place. On les doit serrer aux premiéres gelées avec les caisses, sans cela la gelée les feroit fendre.

L'exposition de tous ces arbres sera la même que celle des Orangers, cependant on peut en placer par tout; comme ils craignent moins les méchans vents, on les serre un peu plus tard, & on les sort aussi plus tôt que les Orangers. Ces arbres se ressentent dans la serre, du feu que l'on fait pour les Orangers, & l'on aura soin de les arroser quand ils se faneront. Quoiqu'on ne s'apperçoive pas qu'ils soient sujets à la punaise, ni à aucune vermine, on les nétoyera néanmoins de leur poussiére & mal-propreté.

Les arbres qui restent toujours en terre, & qui sont un peu délicats, se couvriront l'Hiver avec de la litiére, ou avec des paillassons.

MOYEN DE RÉTABLIR LES INFIRMES.

Il ne reste plus maintenant, après avoir parlé des arbres qui sont en santé, & qu'on suppose tels par la bonne culture qu'on leur a donnée, qu'à enseigner le moyen de rétablir les infirmes, & de leur rendre leur premier état de beauté; c'est ce qu'il y a de plus difficile & de plus de conséquence en fait d'Orangers, un peu de jugement suffit pour en bien distinguer la cause.

Les maladies des Orangers proviennent d'une mauvaise serre, d'un rencaissement défectueux, d'une terre usée, de quelques racines pourries, de trop de feu, de trop d'eau, d'un peu de froid qu'ils ont enduré, d'une mauvaise taille, des insectes & vermines qui les dépouillent, ou enfin des vents & de la grêle qui cassent leurs branches, & broüissent leurs feuilles.

Si-tôt qu'on voit un Oranger languissant, on doit le séparer des autres & le mettre à part dans un * lieu qui soit à l'abri du Soleil, qui pourroit brûler & jaunir sa nouvelle pousse. On l'y laisse jusqu'à ce qu'il soit entiérement rétabli, ce qui quelquefois ne laisse pas d'être long.

* On appelle cet endroit, l'infirmerie.

Il n'y a point de reméde à une mauvaise serre, sinon d'en bâtir une autre pour y serrer l'année suivante les Orangers malades : à l'égard d'un rencaissement défectueux, on ne perdra point de tems pour rencaisser l'arbre, c'est le vrai moyen de le rétablir.

La terre est la chose la plus considérable à examiner, comme le fondement de toutes; si elle paroît entiérement usée, on décaissera l'arbre tout-à-fait; mais si on la croit encore assez bonne, l'on se contentera de lui donner un demi-rencaissement; on regardera ses racines en le décaissant, & s'il s'en trouve de pourries ou de mortes, on les taillera jusqu'au vif, ensuite l'on retranchera moitié de la motte, en la serrant des côtés & du dessous, pour l'obliger à faire de nouvelles racines capables de rétablir sa tête.

Le trop de feu qu'on a fait aux Orangers, le froid qu'ils auront enduré en les sortant trop vîte, ou en ne les serrant pas assez tôt, la trop grande charge de bois qu'on leur a laissée, la saleté des branches, & la persécution des insectes & des vermines, sont des marques évidentes de l'ignorance de celui qui les gouverne. Tous ces accidens, s'ils ne dépouillent pas l'Oranger, font au moins mourir une partie de ses branches: alors on est obligé de l'étêter. Quand on en est quitte pour quelques branches mortes ou desséchées, on les rogne courtes jusqu'au vif, & on n'en laisse qu'à proportion du pied, afin que la charge soit à peu près égale à la nourriture.

On ne doit point faire de difficulté d'abattre tout le bois languissant, pour n'y pas revenir les années suivantes, l'arbre qui s'en portera mieux, sera plus tôt en état de faire le plaisir des yeux. Quand on raprochera les branches près de la tige, l'on doit tâcher de réserver les plus grosses & tailler les menues, quoiqu'elles donnent quelques feuilles ou des fleurs, jusqu'à même dépouiller tout un arbre pour le soulager. Lorsqu'un Oranger languissant pousse des jets vigoureux jusqu'au milieu de ses vieilles branches & proche du corps, il faut ravaler ces sortes de branches remplies de jets foibles, pour profiter de la vigueur de l'arbre déclarée à cet endroit. Ces jets sont d'abord jaunâtres & langoureux, mais ils deviendront verds, dès que les racines se seront fortifiées assez pour nourrir ces nouvelles pousses.

On aura soin surtout de tenir les nouvelles branches très-nettes, d'en ôter la fleur, & de n'y laisser nouer aucun fruit. Qu'est-ce qu'on peut demander à des arbres malades, que du bois & des feuilles ? C'eſt encore beaucoup quand ils répondent à notre attente.

Pour les branches rompues par les vents, & les feuilles brouies par la grêle, l'on ſe contentera d'ôter ces feuilles, & de tailler les branches rompues, c'eſt le ſeul reméde : il eſt inutile de rencaiſſer pour cela un Oranger qui n'a nullement ſouffert dans ſes racines ; s'il étoit ébranlé, on le rafermiroit en jettant de la terre fraîche dans les fentes. Une bonne expoſition dans les Jardins met à l'abri d'une partie de ces accidens.

On avertit qu'il faut ſe donner patience dans le rétabliſſement de ces arbres infirmes ; un Oranger eſt quelquefois deux ou trois ans ſans pouſſer ni branches, ni racines, quoique bien ſoigné, & nouvellement rencaiſſé dans de bonne terre, & dans une caiſſe qui n'eſt ni trop grande, ni trop petite. Pourvû que cet arbre paroiſſe verd dans ſa tige & dans ſes branches, il ne faut point le changer : avec le tems il ſortira de cette létargie, & pouſſera plus vigoureuſement qu'un autre. Quand un Oranger encaiſſé depuis quatre ou cinq ans ne pouſſe que quelques feuilles jaunâtres, il demande abſolument à changer de terre l'année ſuivante, ſans attendre à le faire qu'il ſoit tout-à-fait malade, il faut prévenir cet accident, de crainte que l'Oranger, ſelon l'ordinaire, ne ſe dépouille dans l'année du rencaiſſement : cet ouvrage fait à propos préviendra la maladie.

Les Grenadiers, les Jaſmins, les Lauriers & les autres arbres ci-deſſus nommés, n'ont point de maladie particuliére qui ne ſe rapporte à celles de l'Oranger, ainſi on peut y appliquer tout ce qui vient d'être dit.

CHAPITRE VIII.

DES FLEURS EMPLOYE'ES ordinairement dans les Plate-bandes des Parterres, avec la maniére de les semer, de les cultiver & multiplier.

LES fleurs termineront ce Traité du Jardinage : leur culture doit être simple & exempte des erreurs & des caprices de la plûpart des Fleuristes, à qui il ne manque que l'idolâtrie des * Orientaux. On sçait que l'amour qu'ils portent à leurs oignons, est au-delà de tout ce qu'on peut en dire : cette ardeur un peu rallentie en France, est encore très-violente dans les Pays-Bas.

* O sanctas Gentes, quibus hæc nascuntur in hortis, Numina? Juvenal, Sat. 15. vers. 10.

* Les Egyptiens adoroient les Lentilles, les Féves & les Oignons. Diodore de Sicile, liv. 1.

La curiosité en fait de fleurs, roule principalement sur les Tulippes, les Anemones, les Renoncules, les Oreilles d'Ours, & les Oeillets. Les Curieux ne font guére de cas de nos autres fleurs, qui, quoique moins variées dans leurs espéces, ne leur cédent en rien pour la vivacité des couleurs, la belle forme, l'odeur, la durée & l'agrément qu'elles procurent aux Jardins : ce sont ces Tulippes, ces Anemones, qui leur demandent tant de soins & tant de peines, pour avoir le plaisir de les voir durer douze ou quinze jours au plus. Qu'on s'imagine un homme mystérieux, toujours inquiet, toujours craintif, qui se releve la nuit dans les gelées pour couvrir ses fleurs, qui laboure, arrose & sarcle continuellement ses plate-bandes, qui en passe les terres au crible fin, & les prépare différemment pour chaque espéce, qui fait un mémoire écrit par ordre de ses plate-bandes, avec les noms & portraits de chaque fleur, qui aussitôt que les fleurs sont passées, leve leurs oignons & les serre dans des boëtes & tiroirs chacun dans sa câse, en enveloppe d'autres dans du papier, & qui par-dessus tout cela garde ses fleurs comme un trésor, & n'en laisse approcher qu'avec des yeux jaloux, on aura une idée véritable d'un grand Fleuriste. C'est par-là que l'entêtement de ces Curieux pour leurs fleurs devient si grand, qu'ils ont estimé un oignon de Tulippes jusqu'à cent pistoles & plus, & même pour rendre uniques leurs beaux oignons, ils ont souvent la malice d'en écraser les cayeux.

Evitons des soins si surperflus, & des travaux si recherchés; donnons des régles certaines & des pratiques simples, pour avoir de belles fleurs de chaque saison, & des plate-bandes garnies sans aucun vuide pendant huit mois de l'année; c'est ce qu'on doit souhaiter uniquement dans les grands Parterres, qui deviendroient fort à charge & d'un entretien continuel, s'ils demandoient autant de soin que les Fleuristes en donnent à leurs planches. Une terre un peu amandée, une exposition abriquée, une culture ordinaire, sont tout ce qu'on demande.

On tâchera de débrouiller, autant que l'on pourra, cette quantité de noms bizarres donnés à la même fleur, & qui sont énoncés séparément dans les (a) Catalogues des Fleuristes. Ces grands noms ne servent qu'à étonner les amateurs; la nature est si variée dans ses productions, qu'à chaque espéce nouvelle qui se forme, chacun se croit obligé d'y donner un nom, souvent le sien, une petite vanité y a plus de part qu'une nécessité indispensable. C'est ainsi que cette quantité de noms s'accumule tous les jours parmi les Curieux, jusque-là qu'ils connoissent souvent une fleur sous un nom, sans la connoître sous un autre.

(a) Traité anonyme des Fleurs, à la fin du Tome 2 de la Quintinie.
Culture des Fleurs par Morin.
Le Jardinier Fleuriste & Historiographe.
Traité de la maniére de semer les Fleurs, &c.

Les fleurs proviennent de deux choses, de plantes ou racines, & d'oignons; cependant tous les oignons & la plûpart des plantes tirent leur origine des graines, quoique la nature leur ait donné une autre maniére de se multiplier par leurs cayeux, ou par les marcottes, boutures & talles qu'on tire de leur pied, ainsi c'est au discernement du Fleuriste que sont réservées toutes ces différentes productions.

Avant que d'entrer dans un plus grand détail touchant les plantes & les oignons, il est à propos d'expliquer les différens endroits où l'on éleve les fleurs, & la composition des terres qui leur sont convenables, sans observer tout le rafinement des Fleuristes.

On éleve des fleurs sur des couches, sur des planches, dans des pots, & dans les plate-bandes mêmes des Parterres.

La plate-bande en général, eſt une grande longueur de terre étroite & ordinairement bordée de buis, dont les terres ſont tenues en labour & relevées en dos d'âne ou de carpe, l'on y tranſporte en motte les fleurs élevées ſur les couches. On en a vû toutes les différences dans le Chapitre des Parterres, Part. I.

On confond ſouvent la planche & la plate-bande.

La planche eſt auſſi une grande longueur plate & étroite, ſans aucun bord que celui du ſentier, les terres en ſont labourées ſans être relevées que de deux ou trois pouces également par tout au-deſſus des ſentiers & des allées, comme les planches d'un Potager.

Les Fleuriſtes entourent leurs planches, de briques, de pierres plates, ou de bois; ne voulant pas y planter du buis qui ſéche la terre & amene du chien-dent: ils mettent auſſi un lit de platras au fond de la terre, pour empêcher l'oignon de s'enfoncer & de ſe perdre; ce qui empêche encore les traînaſſes des taupes. Quelle ſujettion!

La couche eſt fort différente de tout cela, elle n'eſt conſtruite que de grande litiére ou fumier de cheval entaſſé proprement & tripé enſemble; on y répand par-deſſus un demi-pied d'épaiſſeur de terreau, le tout monte à la hauteur de 3 ou 4 pieds au-deſſus de la ſuperficie des terres; leur largeur eſt de 4 à 5 pieds & d'une longueur proportionnée, ainſi que doit être celle des planches. Il les faut expoſer au Midi.

Il y a trois ſortes de couches, la couche chaude, la couche tiéde & la couche ſourde.

La couche chaude eſt celle qui vient d'être conſtruite, & qui conſerve encore toute ſa chaleur. Il n'y faut rien ſemer qu'elle n'ait au moins paſſé huit jours pour s'évaporer, ſans cela les graines ſeroient brûlées; on juge de ſa chaleur en y enfonçant le doigt.

La couche tiéde a ſouvent tant perdu de ſa chaleur, qu'elle demande à être réchauffée en répandant dans les ſentiers du pourtour du fumier de cheval ou de mulet.

La couche ſourde eſt celle que l'on enterre à fleur de terre, mais elle n'eſt jamais ſi chaude que les autres. Elle ſert à recevoir des arbres plantés en caiſſe pour les réchauffer.

Les pots dont on veut parler ici, ſont ordinairement de terre rouge, & très-différens de ceux de fayence qui contribuent à la décoration des Jardins, comme il a été remarqué dans la premiére Partie, ceux-ci ſervent, étant remplis de bonne terre, à élever des oignons de Tulippes, d'Anemones, de Tubéreuſes & de fleurs de ſaiſon, qu'on tient en réſerve pour regarnir les endroits vuides des plate-bandes : on y peut ſemer des graines, mais ordinairement on aime mieux lever les fleurs en motte de dessus la couche, & les empoter un peu grandes, avec la précaution de les mettre à l'ombre les huit premiers jours. Ces pots servent encore à serrer durant l'Hiver les fleurs & les plantes qui craignent le froid.

Avant que de planter ou de semer dans les pots, on met un peu de gravier ou de platras au fond, pour l'écoulement des eaux : on les remplit de terre préparée, approchante de celle des Orangers, & on la plombe, afin que les bords ne s'affaissent pas tant, on éleve la terre de deux doigts au-dessus des bords, & l'on enfonce l'oignon de trois doigts : si c'est de la graine, l'on en sème une pincée, qu'on recouvre d'un pouce de terreau.

Dans les pots un peu grands on met 4 ou 5 oignons.

Pour avancer les fleurs empotées, on les enterre jusqu'au bord dans des couches chaudes, & l'on ne leve point les pots, que la fleur ne soit prête à paroître ; quand elles sont en place on a soin de les mouiller plus souvent que les fleurs en pleine terre.

La terre des plate-bandes & des planches, doit être un peu amandée, & foncée de deux pieds de bas ; si elle est usée l'on prendra la terre neuve des allées & sentiers voisins, que l'on recomblera avec cette mauvaise terre. On passe ces terres à la claie pour les épierrer, on les fume aussi tous les trois ans, qui est le tems que l'on tire les oignons & les plantes, pour en ôter le peuple. On observera de ne rien mettre dans les plate-bandes, que le fumier ne soit entiérement consommé & bien mêlé avec la terre, par deux ou trois labours, sans cela les oignons & les plantes seroient bientôt brûlées. Ce fumier a le tems de se façonner depuis le mois de Juin que l'on tire les oignons, jusqu'en Septembre où l'on les replante. L'on tiendra les plate-bandes & les planches bien nettes de pierres & de méchantes herbes, qui emportent toute la substance de la terre. On les laboutera souvent, & l'on saupoudrera le dessus de (a) terreau, peut rendre les terres plus légéres.

Les belles Tulippes, Anemones, Renoncules & Jonquilles demandent un peu plus de composition dans leur terre, comme on le verra bientôt.

(a) Ce qu'on appelle terroter.

Dans les terreins humides vous mettrez un tiers de fumier de cheval, un tiers de sable, & l'autre tiers, de la terre naturelle de la plate-bande, afin de dessécher un peu ces terres & les rendre plus amandées. Dans les pays secs, vous y mêlerez deux tiers de terre fraîche, ou du fumier de vache qui est naturellement frais, l'autre tiers sera de la terre du pays, le tout saupoudré d'un pouce de terreau; un demi-pied de hauteur de ce mélange suffit pour élever les fleurs.

Les couches sont nécessaires pour élever les graines des plantes délicates & qui craignent la gelée; elles sont d'une grande utilité dans un Jardin, par le terreau qu'elles produisent, qui sert à poudrer les planches & les plate-bandes, & à garnir les caisses & les pots.

On commence à faire les couches au mois de Mars: elles doivent toujours être exposées au plus grand chaud, & s'il se peut contre un mur ou dans une meloniére renfoncée; on laisse passer leur grande chaleur pendant une huitaine, avant que d'y rien semer, ensuite l'on saupoudrera d'un pouce de terreau les graines que l'on y sémera, & cela dans l'espace que peuvent couvrir des cloches ou chassis de verre, ou de petites rigoles faites avec le manche de la bêche: ces cloches garantissent les graines des froîdures du Printems, & étant échauffées du Soleil, les avancent beaucoup: si le froid étoit un peu fort, on couvriroit ces cloches avec de la litiére, des paillassons, & l'on y employeroit même des brise-vents ou murs de paille.

Il faut toujours avoir un endroit réservé pour élever des fleurs sur couches, & en planches, cela sert de pépinière.

Les couches ne sont bonnes que pendant une année; la seconde, on les réchauffe, en remplissant les sentiers entre les couches, de bonne litiére chaude; c'est ainsi que l'on remédie aux vieilles couches ou à celles qui sont trop froides.

Qu'on ne s'arrête nullement à la Lune pour semer, ni pour planter: laissons ces visions aux gens simples, notre siécle est trop éclairé pour se prêter à des erreurs aussi populaires. On doit seulement choisir un tems commode, & disposé à la pluie, qui servira à enterrer les graines & à les faire germer plus tôt.

Commençons par les plantes annuelles; c'est-à-dire, qui se communiquent tous les ans par leur graine ou semence, & distinguons celles qui se sèment sur couches, d'avec celles qui se sèment en pleine terre.

Les graines se recueillent toujours aux plantes les plus fortes, aux pieds les plus vigoureux, & aux fleurs de la plus belle couleur; elles dégénérent toujours assez, ainsi on ne peut trop bien les choisir: on remarquera que les fleurs doubles en

Les graines trop dures & un peu grosses, seront trempées un jour avant que d'être semées, pour les attendrir & les faire gonfler, sinon elles seroient longtems à lever.

général ne grènent jamais, excepté l'Amarante, la Rose-d'Inde, le Pied-d'Alouette, le Pavot, le Crysantemon & l'Œillet d'ouble. Ne laissez que le maître-brin aux fleurs choisies, & coupez toutes les autres tiges, afin que la graine réservée ait toute la nourriture, & mûrisse plus sûrement.

La graine de Giroflée se sème aussi-tôt qu'elle est recueillie, afin que celles qui seront doubles, se déclarent avant l'Hiver, & se puissent serrer pour le Printems suivant.

Ces graines sont dans leur maturité & en état d'être cueillies quand la cosse qui les renferme est sèche & prête à s'ouvrir, de maniére que la graine va s'envoler. On est sûr de leur bonté quand en les mettant dans un vase plein d'eau, elles vont au fond. Il y en a qui se sèment au Printems, d'autres en Automne, les unes sur couche, & les autres en pleine terre; celles que l'on attend à semer au Printems, se conservent l'Hiver dans des sachets pendus au plancher de quelque lieu sec.

Les plantes annuelles qui se sèment sur couches au Printems, sont:

La Giroflée double.
La Rose-d'Inde.
L'Œillet-d'Inde.
La Belle-de-Nuit, ou Merveille de Perou.
L'Amarante.
Le Crysantemon, ou grande Paquerette.
Le *Volubilis*, ou grand Liseron.
Le Passe-velours, ou Queue de Renard.
Le Basilic simple & panaché.
Le Geranium-*triste*.
Le Tricolor blanc & noir.
Le Sain-Foin d'Espagne.
La Balsamine panachée.
Le Stramonium, ou Pomme-Epineuse.
Le *Palma Christi*, ou *Ricinus*.
Le Basilic.
La Capucine, ou Cresson-d'Inde.

On sème au Printems tant sur couches que dans les plate-bandes, les fleurs d'Eté & d'Automne.

Les graines que l'on sème au Printems en pleine terre, c'est-à-dire, sur planches, & dans les plate-bandes des parterres, sont les mêmes que l'on sème en Automne: il n'y aura que la forte gelée, ou une inondation de riviére qui puisse retarder leur semence au commencement de Mars, parcequ'elle vaut toujours mieux en Automne. L'on aura soin d'éclaircir & de sarcler les fleurs semées, quand elles sont trop drues, c'est-à-dire, d'en arracher quelques-unes entre celles qui sont en place; ces fleurs sont:

Le Pied-d'Alouette.
Le Pavot double.

Le Talaſpic annuel.
Le Souci double.
La Marjolaine.
Le *Muſcipula*, ou Attrape-mouche.
Le Coquelico double.
L'Immortelle, ou Elichryſum.
Le Laurier Saint Antoine.

On peut encore ſemer en Automne ſur couche pluſieurs plantes, telles que l'Ambrette, le Ciclamen, la Fraxinelle, l'Epatique, la Scabieuſe, l'Anthirinon, l'Ancolie, la Digitale, les Oreilles d'Ours, & autres.

Il n'y a pas tant de difficulté à élever les fleurs ſemées en pleine terre & en pots, que celles qui ſe ſèment ſur couche, qui ayant environ trois pouces de hauteur, s'accoûtument peu à peu à l'air, en élevant les cloches ſur des fourchettes de bois : dans les nuits chaudes on leve tout-à-fait les cloches, & on les remet le matin ſur les fourchettes, & cela pendant l'eſpace d'un mois. Lorſque les fleurs ſont trop ſerrées ſur les couches, elles ne s'élevent pas ſi bien ; ainſi quand elles ont acquis un peu de force, on les replante en rang pendant un tems pluvieux, ſur d'aûtres couches nouvelles, pour les hâter & les empêcher de monter ſi haut. Quand le plant eſt un peu fort, on doit bien mouiller les couches. On peut élever quelques fleurs ſur des planches faute de ſecondes couches. On couvre ces endroits de paillaſſons la nuit pendant la gelée, & on les découvre le jour dans le Soleil ; ces couvertures ſont ſoutenues ſur des fourchettes de bois, afin qu'elles ne touchent à rien.

L'Amarante, la Roſe-d'Inde, le Tricolor, la Balſamine, & les autres fleurs d'Automne veulent être piquées ou tranſplantées 5 ou 6 fois ſur les couches, pour s'élargir davantage du pied, & ne pas monter ſi haut.

Les fleurs ont aſſez d'élévation & de beauté un mois ou deux après, pour être tranſplantées dans les parterres & dans les vaſes, alors on les leve en motte avec la houlette, & on les porte doucement dans des trous proportionnés à leur motte, & préparés le long des plate-bandes, & on les mouille auſſi-tôt. On prendra garde, en faiſant ces trous à la bêche, de ne point couper d'oignons, ni de plantes voiſines, & de placer ces fleurs dans les intervalles vuides qui y ſont deſtinés.

Cette motte de terre que les fleurs ont au pied, les fait moins ſouffrir dans le tranſport, & mieux reprendre.

Les plantes & racines la plûpart vivaces, ſont :

Muffle-de-Lion, ou Anthirinom.
Giroflée jaune & double.
Talaſpic vivace.
Oculus Chriſti, ou *Aſter-Atticus*.

Œillet d'Espagne.
Mignardise, ou Efilé.
Statissée.
Sain-Foin d'Espagne.
Hépatique.
Primevers.
Ancolie.
Matricaire.
Véronique.
Valerienne.
Roses-trémières.
Muguet.
Camomille.
Maroutte.
Fraxinelle, ou Dictame.
Persicaire.
Scabieuse.
Laurier Saint Antoine.
Œil-de-chat, ou Patte-d'araignée.
Volubilis, ou grand Liseron.
Capucine, ou Cresson-d'Inde.
Œillets, ou Jacintes des Poëtes, autrement dits, Compagnons.
Reine Marguerite.
Œillets simples & doubles.
Campanelle, ou Clochette.
Violette de Mars.
Pensée.
Coquelourde.
Oreille-d'Ours.
Phaseole, ou Pois des Indes.
Fleur de la Passion, ou Grenadille.
Marguerite, ou Plaquette.
Tourne-sol, Soleil, ou Héliotrope.
Jass[illegible]es Indes.
Julienne simple.
Julienne double, ou Giroflée d'Angleterre.
Croix de Jérusalem, ou de Malte.
Geranium couronné.
Œil-de-Bœuf, ou Buftalmon.
Œillet de la Chine.
Immortelle d'Italie, ou Syturidaca.

Ces plantes ordinairement ne viennent point de graine: quoiqu'on en pût élever quelques-unes, on se contente d'en élever de marcottes, de talles & de boutures, comme la Julienne, la Giroflée jaune, l'Oeillet de Poëte & les Marguerites; elles se levent tous les ans en Automne pour les marcotter, & * couper les talles ou le peuple qui sont à leur pied: comme elles sont très-vigoureuses, elles se remettent en pleine terre aussi-tôt qu'on les a détallées.

* Cela s'appelle, détaller une plante.

Les marcotes, talles, boutures, fleurissent souvent dès la même année, mais ordinairement il leur faut deux ans pour se fortifier & produire de belles fleurs; on les éleve sur des planches en pépinière, & l'on peut même les mettre tout d'un coup en place. L'on observera que les boutures mises en pleine terre, soient

soient ombragées pendant cinq ou six jours avec des paillassons, crainte que trop de Soleil ne les fanne. On plante ces boutures à trois doigts de terre, en laissant toujours deux ou trois yeux dehors, & on les aiguise en flute par le bout qui entre dans la terre.

A l'égard des talles & racines qu'on sépare du maître-pied, on le fait avec un couteau ou coin de bois, quand elles sont trop fortes, & que la main ne suffit pas. Chaque talle, pour être bonne à replanter, doit avoir un œil au moins & des racines. On recouvre ensuite avec de la cire d'Espagne les grandes plaies qu'on a faites en les séparant.

Les plantes bulbeuses, c'est-à-dire, les Oignons, se distinguent en ceux qui restent en terre, & qui ne gelent point, appellés Oignons rustiques, & ceux qui étant trop délicats, demandent à être retirés des plate-bandes; ces Oignons sont:

Les Tulippes printaniéres & tardives.
Les Narcisses communs & doubles.
Les Narcisses de Constantinople.
Les Jonquilles simples & doubles.
Lys-flâme, ou Oranger.
Lys blanc.
L'Hémérocale.
La Tubereuse.
Ornythogalon d'Arabie.
Frittilaire.
Les Anemones simples & doubles à peluche.
Les Renoncules de Tripoly.
L'Iris bulbeux.
Jacintes.
Couronne-Impériale.
Martagon.
Crocus, ou Saffran.
Ciclamen, ou Pain de Pourceau.
Bassinets, ou Boutons-d'or.
Pivoines, ou Piones.
Perce-neiges, ou Leucoyon.

Les meilleurs Oignons sont les plus gros & les plus sains, c'est-à-dire, ceux qui n'ont aucune rongure, ni tache; les espéces nouvelles en font toute la différence & le mérite. On distingue parmi les Oignons, les Tulipes, comme les plus considérables, & ce que nous en dirons, suffira pour tous les Oignons en général, comme ceux de Jonquilles, de Narcisses, de Jacintes, de Lys, qui n'ont rien de particulier dans leur culture, & qui ne se puisse rapporter aux Tulippes.

Les Tulippes se partagent en plusieurs classes, en printaniéres, en médionelles & en tardives, qui se distinguent par les saisons où elles fleurissent, en Tulippes de couleur qui sont celles dont on recueille de la graine, en panachées & bordées qui sont les plus belles, en Tulippes basses & en celles à baguettes qui sont les plus élevées.

On appelle Tulippe de couleur, celle qui marque de plusieurs couleurs pleines & nettes sans interruption, ni mélange; la Tulippe panachée & bordée est une Tulippe de couleur qui est raiée & bordée de plusieurs autres couleurs qui la panachent. Celle qui revient tous les ans nettement panachée, se nomme Tulippe parangonnée.

Les panachées se distinguent encore en paltots, en morillons, en agates, en marquetrines; il y a outre cela les Tulippes jaspées, les doubles, les raiées, les glacées, celles qu'on appelle Monstres, Dragons, Veuves, Bosvel, & quantité d'autres que chacun nomme à sa fantaisie, comme l'Impératrice, la Triomphante, la Junon, Jupiter, l'Agrippine, l'Angélique, la Charmante, la Favorite, la Royale, la Cléopatre, la Chinoise, l'Argus & la Cadiére qui s'éleve plus que les autres.

On estime en général les Tulippes, quand elles sont d'une couleur nette & satinée, sans être aucunement brouillées, & qu'elles ne sont pas pointues. On leur demande le fond bleu & les étamines noires ou violettes; les bizarres & celles qui s'éloignent le plus du jaune & du rouge, sont les plus recherchées: quelquefois elles dégénerent, surtout celles que l'on séme, d'autres travaillent à se changer en mieux, & c'est ce qu'on appelle Tulippe de hazard. On met ces hazards à part pour se rectifier, & quelquefois ils donnent de très-belles Tulippes au bout de deux ans. Les panachées un peu brouillées se nétoyent souvent l'année suivante.

Les Tulippes ordinairement durent en fleur douze ou quinze jours, à moins qu'on n'en ait planté en différens tems, pour en avoir plus long-tems: elles aiment la terre sabloneuse & légére; elles sont si robustes, qu'elles ne craignent point la gelée; néanmoins pour conserver les belles, on ne laisse pas de leur donner quelque légére couverture dans les grands froids. On les plante à la mi-Septembre jusqu'à la fin d'Octobre, à 5

Les Jonquilles ont cela de particulier, qu'elles

pouces à peu près l'une de l'autre, suivant le cordeau, & toujours au bord des plate-bandes : on les enfonce en terre d'environ 3 ou 4 doigts dans des trous faits avec un plantoir arondi par le bout & non pointu, parce que les Oignons étant posés au fond du trou, se trouvent uniment sur la terre où ils se peuvent lier sans aucun vuide entre-deux, au lieu que ces trous étant creusés en pointe, laissent en dessous des cavités capables de pourrir l'oignon, ou de retarder l'effet des fleurs; ceux qui par une mauvaise pratique enfoncent l'oignon à la main, courrent risque de l'écorcher, & de le blesser par la rencontre de quelque pierre, ou bien d'en écraser le germe. L'on mouille les oignons en tems sec, quand le bouton sort de la fanne, pour faciliter la sortie des belles fleurs.

veulent être un peu couchées en les plantant : cela empêche l'oignon de trop s'alonger, qui est leur défaut. Les bons oignons de Jonquilles sont tout ronds.

Les Tulippes se multiplient de graine & de cayeux, les graines se prennent aux Tulippes de bonne couleur; il ne faut pas laisser gréner les panachées, ni les autres belles Tulippes, dont on doit couper les tiges après que la fleur est passée; l'oignon s'en porte mieux, & la nourriture qu'il auroit fallu pour la tige & la graine, sert à sa conservation, & à le faire grossir.

On levera les oignons tous les trois ans au plus tard, il y a même des Fleuristes qui les levent tous les ans, du moins tous les deux ans; mais le terme de trois ans est le plus usité pour toutes les fleurs. La raison de cette levée est, que les oignons s'enfoncent d'eux-mêmes en terre, & se perdent quelquefois. Si on laissoit les oignons plusieurs années sans les lever, on en perdroit beaucoup, & la beauté des fleurs diminueroit, au lieu que quand les oignons sont replantés de tems en tems, les fleurs se ressentent de ces remuemens, & d'une nouvelle terre souvent labourée & fumée.

Les belles Tulippes rares qui se mettent toujours à part, se levent ordinairement tous les ans.

La saison la plus propre à cet ouvrage est depuis le commencement de Juin jusqu'à la fin de Juillet, pendant un tems doux & sec, quand on voit la tige & la fanne des oignons se sécher; on se servira de houlettes ou de déplantoirs, pour les tirer adroitement de terre, en prenant garde de rien couper.

Lorsque les oignons sont tirés, on les étale aussitôt sur un plancher pendant huit à dix jours, pour se ressuyer de l'humidité des terres; ensuite on les met dans des sachets, dans des boëtes, & encore mieux dans des paniers pour avoir plus d'air.

On attendra jusqu'au tems convenable à replanter ces oignons, pour les examiner, les éplucher, les nétoyer, & couper jusqu'au vif les endroits pourris & rongés par les insectes; c'est afin d'empêcher que les oignons ne souffrent dans leur dépouille, en se gâtant l'un contre l'autre, pour peu qu'ils s'approchent dans les paniers. On détache alors avec la main les cayeux, ce qu'on appelle sevrer un oignon de sa mere.

Pendant les trois ans que les oignons restent en terre, les cayeux ont le tems de se former & de se fortifier, de maniére qu'une partie fait des oignons portant dès la même année; ceux qui ne sont pas assez forts, se mettent dans une planche en pépinière, dont on leve de tems en tems des oignons qui sont en état de fleurir.

On remarquera que les oignons qui n'ont point de robe, comme ceux de Lys, de Martagon, d'Hémérocale, d'Iris, de Couronne Impériale, de Crocus, &c. doivent toujours rester en terre; on les levera seulement pour en ôter les cayeux, & on les replacera aussi-tôt.

Les pattes d'Anemone & les griffes de Renoncule sont des espéces d'oignons, qui se tirent tous les ans dans les mois de Juin & de Juillet, à la différence des autres qui ne se levent, comme on l'a dit, que tous les trois ans. Ces pattes & ces griffes, sans cette précaution, seroient fort exposées à pourrir & à dégénérer, elles se choisissent comme les oignons, & se conservent de même dans des paniers, après les avoir étendues quelques jours sur un plancher pour les laisser essorer. Avant que de les replanter, on les nétoyera de leur pourriture, & l'on en détachera les cayeux.

Les Anemones & les Renoncules demandent une terre semblable à celle des Tulippes, c'est-à-dire, moitié terre neuve, & moitié sable & terreau, pour composer une terre séche & légére, qui est bonne aussi pour les belles Jonquilles; elles ont encore une singularité, c'est de vouloir être toutes seules dans une place, sans aucun mélange d'oignons, ni de plantes. On les met en terre dans les mois de Septembre & d'Octobre, de même que les autres oignons; ensuite on les saupoudre de terreau; elle ne veulent guére d'eau, & elles ne craignent que les fortes gelées, pendant lesquelles on les couvrira de paillassons ou de grande litiére ; on tirera les belles auſſi-tôt que la fleur ſera paſſée, & que leur fanne jaunira.

Nous avons des Anemones ſimples, de nuancées, de veloutées ou à peluche, de doubles, de bizarres luſtrées, & de panachées qui ſont les plus belles, ainſi que les ſuivantes, l'Angélique, la Bury, la Caſſandre, la Clirie, la Colombine, la Moreſque, l'Orientale, la Provence & autres. On voit pareillement des Renoncules ſimples d'une couleur & de deux couleurs, de doubles d'une couleur & de deux couleurs, des ſemi-doubles & de panachées qu'on eſtime toujours plus que les autres. On appelle les plus belles le grand Viſir, le Papillon, l'Arc-en-ciel, l'Africain, l'Aurore, le Calabrois, le Drap-d'or & autres. Elles ſe multiplient en ſéparant les petites pattes & griffes qui viennent autour de la grande ; & après les avoir détachées, on les plante en pépinière ſur une planche de même que les cayeux, excepté celles qui ſont fortes, & qui peuvent porter l'année ſuivante ; l'on en peut auſſi élever de graine.

La graine d'Anemone s'appelle Bourre, à cauſe qu'elle tient ſi fort qu'il la faut mêler avec de la terre pour la détacher, avant que de la pouvoir ſémer. Celle de Renoncule reſſemble aſſez à la graine de Giroflée, mais elle eſt un peu plus épaiſſe. On la recueille toujours aux Anemones & aux Renoncules ſimples de bonne couleur.

Il eſt inutile de dire que les pattes & les griffes, comme les cayeux, conſervent la qualité de l'oignon dont on les détache ; & que pour en avoir de différentes eſpéces & en quantité, l'on en éleve de graine que l'on garde juſqu'au mois d'Août, pour la ſémer ſur une planche bien préparée en la maniére ſuivante. Uniſſez d'abord la terre avec une baguette, ſémez à claire-voie vos graines & ſaupoudrez-les de terreau ; ne les couvrez d'abord qu'à demi pour les retenir, & recommencez à ſémer là-deſſus ; ſaupoudrez encore cette ſeconde ſémence, juſqu'à ce qu'elle ſoit entiérement couverte d'environ un pouce d'épaiſſeur, uniſſez enſuite la terre avec la baguette, couvrez légérement la planche de grande paille, crainte du Soleil, & arroſez par-deſſus. Au bout de quinze jours ôtez cette paille ſous laquelle la graine doit être levée, ayez ſoin de bien ſarcler cette planche pour tenir toujours vos graines nettes, & couvrez-les dans les fortes gelées. La ſeconde an-

Il y a des Jardiniers qui ſement dans de longues caiſſes, pour être plus ſûrs de la conſervation de la graine.

née, quand les graines qui forment des pois, ont poussé leur seconde fanne, & qu'elle est séchée, on les tire hors de terre, on les conserve dans du sable, & on les replante l'Automne suivante sur une autre planche neuve, ce qui avancera beaucoup leur fleuraison, on sçait qu'il faut quatre ou cinq ans au moins à ces graines, pour être en cayeu, patte & griffe, formant un oignon portant fleurs.

Cette pratique servira pour semer les graines de Tulippes, Narcisses, Jonquilles, Jacintes, &c. ainsi pour éviter les redites, on reviendra à cet endroit.

Il y a de certaines fleurs qu'il est plus à propos d'élever de cayeux que de graine, comme la Tulippe, l'Anemone, la Renoncule, les Narcisses, &c. des plantes qu'il vaut mieux aussi marcotter ou détaller, comme * l'Œillet, la Julienne, ** l'Oreille-d'Ours, &c. elles en deviennent infiniment plus belles & sont plus sûres. Le cayeu ou la marcotte ne donne qu'une seule fleur qui tiendra toujours, sans beaucoup dégénérer, de la beauté de la plante ou de l'oignon qui l'a engendré; ainsi c'est un sûr moyen de conserver l'espéce des belles Tulippes panachées, des Anemones doubles à peluche, des Renoncules doubles de deux couleurs, des semi-doubles, des Juliennes doubles, des Oreilles-d'Ours panachées, &c. au lieu qu'une plante, & qu'un oignon qu'on a laissé gréner en peuvent donner une grande quantité, dont la beauté est fort incertaine, le plus souvent de mauvaises espéces fort à rebuter, quelquefois aussi de très-belles & de très-variées dans les couleurs. Ces graines donnent seulement des Tulippes, des Anemones & Renoncules simples de couleur fantasque, & des hazards, en un mot qui peuvent travailler en bien ou en mal. C'est le seul moyen d'avoir des fleurs nouvelles que personne ne possede.

* L'Œillet se marcotte toujours: on le fend & l'on couche les branches tout autour. On peut encore l'œilletonner.

** L'Oreille d'Ours est la fleur la plus changeante en couleur & la plus variée que nous ayons. On en forme de beaux théâtres.

On ne doit presque réserver que les fleurs panachées & les doubles, & quelques simples; tant pour en avoir de la graine, que parce que leur mélange sert à faire valoir la beauté des doubles, qui sont toujours plus délicates & plus tendres que les autres, & par conséquent demandent un peu plus d'attention.

Les fleurs en général exigent certains soins, tant pour les élever, que pour les multiplier. Celui de les visiter tous les matins à la rosée, n'est pas un des moindres : on les nétoye par-là des insectes qui les attaquent, surtout des limaçons, des punaises, perce-oreilles & toiles d'araignées, qui gâtent toutes leurs belles couleurs : elles sont d'une nature trop foible pour y pouvoir résister d'elles-mêmes.

On se servira d'arrosoirs à goulot, au lieu de ceux à pomme percée de plusieurs trous : ils lavent moins la tige & les feuilles d'une fleur, qui par sa délicatesse, pourroit être fannée aussi-tôt par le Soleil. Il ne lui faut de l'eau qu'au pied.

On remarquera qu'il faut arroser les fleurs aussi-tôt qu'elles sont plantées, & les entretenir d'eau dans la suite ; l'on prend pour cet ouvrage le matin ou le soir, le soir vaut encore mieux que le matin, parce que la fraîcheur s'entretient plus long-tems la nuit, & dure jusqu'au lever du Soleil, les naissantes demandent peu d'eau, seulement pour plomber les terres en les plantant ; mais quand les fleurs sont devenues fortes, il leur faut beaucoup d'eau, il y a presque toujours pour cet effet un bassin dans les parterres fleuristes & dans les meloniéres où l'on éleve les fleurs.

On doit garantir les fleurs nouvellement plantées, de trop de Soleil pendant cinq ou six jours en couvrant avec des paillassons celles qui sont en pleine terre, & mettant à l'ombre les fleurs empotées.

Les plate-bandes de fleurs veulent être sarclées de tems en tems & très-nettes, la terre en sera tenue en labour propre & souvent rafraîchi ; dans les orages qui ravagent les fleurs, on aura soin de relever avec de petites baguettes celles qui seront batues & renversées, comme aussi celles qui sont montées trop haut, & sont trop foibles pour se soutenir.

Il est absolument nécessaire pour la beauté & la conservation des fleurs, d'observer ce qui suit. Quand on s'apperçoit qu'un oignon a trop de cayeux ou trop de peuples, ce qui rend ses fleurs très-petites & en trop grand nombre, il le faut déplanter dans l'année pour le sevrer, en détachant les cayeux, & séparant le peuple qui est au pied, sans cela les plantes avorteroient & périroient à la fin. D'autres demandent à avoir des touffes au pied que l'on appelle des foudres.

Il faut encore tâcher de n'approcher jamais les plate-bandes de fleurs si près d'un bois, d'une grande palissade & de hautes allées d'Ormes ou de Tilleuls, dont les racines desséchent toutes les terres d'alentour & les usent entiérement. Si l'on ne peut leur donner une autre place par rapport à la situation du terrein & à la disposition du dessein, on fera faire tous les cinq à six ans une tranchée dans le milieu de l'allée attenant la plate-bande, & l'on coupera à 3 pieds de bas toutes les racines & les traînasses de ces arbres.

Il y a plusieurs moyens d'avancer les fleurs, de retarder leur fleuraison, de leur donner différentes couleurs & même des odeurs. On les trouve dans les livres des (*a*) Compilateurs, & il seroit aisé de les éprouver. La plûpart de ces secrets ne sont point avérés, ils tiennent du fabuleux, & ne doivent point être proposés au Public (pour qui l'on doit avoir cette attention) qu'ils ne soient confirmés par l'expérience.

Il reste à parler maintenant de la place convenable à toutes les fleurs, & des différentes décorations qu'elles forment dans chaque saison de l'année.

(*a*) La Maison Rustique.
Curiosités de la Nature & de l'Art par Vallemont.
Recueil des Secrets & curiosités par Lemery.
Les Ouvrages de Liger.

CHAPITRE

CHAPITRE IX.

DE LA PLACE CONVENABLE à chaque Fleur dans les Jardins, & des différentes décorations des Parterres suivant les Saisons.

COMME il y a des fleurs plus hautes les unes que les autres, on en a fait trois classes différentes; les fleurs de la grande espéce, celle de la moyenne, & les basses ou naines: cette distinction est fort nécessaire pour ne les pas mêler les unes avec les autres, parce que les hautes étoufferoient indubitablement les basses, & les moyennes en seroient altérées; ainsi l'on doit apporter quelque ordre en les plaçant dans les plate-bandes.

On prétend que la vraie place des fleurs est fixée par l'exposition qui leur convient le mieux, qui est le Levant; cependant on ne peut pas toujours leur donner cette exposition dans les parterres, dont les places sont destinées de maniére à ne pouvoir être changées par rapport aux bâtimens. Cette observation n'est bonne que pour les petites planches des Fleuristes qui élevent des fleurs rares, elle devient inutile dans un grand parterre que les fleurs doivent envelopper de tous côtés & en différentes situations à cause de la simétrie, surtout dans les découpés & dans les parterres de compartiment.

Pour arranger les fleurs dans les plate-bandes qu'on suppose être bien préparées & bien dressées, on tracera en grille des traits en longueur de 4 à 5 pouces de distance, recroisés par d'autres, le tout tiré au cordeau. Les plate-bandes de 6 pieds de large, pourront contenir quatre rangs d'oignons de chaque côté, c'est-à-dire, huit en tout; mais dans les plate-bandes de 3 à 4 pieds, deux rangs de chaque côté suffisent, parce qu'on y doit conserver des places dans le milieu pour les fleurs & les plantes qu'on transporte dans les saisons. On arrange sur la terre même de la plate-bande les oignons en échiquier à 4 ou 5 pouces l'un de l'autre, ensuite on les plante dans le même ordre.

Quand on a quatre rangs de chaque côté, on peut faire les deux proche du trait de buis tout de Tulippes, qui s'enfonçant de leur naturel, en sont empêchées par une terre plus ferme près du buis, que dans tout le reste de la plate-bande; les deux autres seront mêlés de Narcisses & de Jacintes. Voilà les trois espéces d'oignons de fleurs moyennes qu'on plante dans les parterres. Lorsqu'on ne peut avoir que deux rangs d'oignons, par rapport au peu de largeur de la plate-bande, il y en aura un de Tulippes, & l'autre de Narcisses & de Jacintes; l'on peut aussi mêler les oignons ensemble, c'est-à-dire une Tulippe, une Narcisse & une Jacinte, ce qui ne fait pas mal: ou bien mêler les fleurs de Printems & d'Été pour profiter de la place, en mettant toujours les oignons avec les oignons, & les plantes avec les plantes.

On remplit les grands vuides du milieu des plate-bandes, par le moyen des Ifs moulés & des arbrisseaux de fleur taillés en boules, qu'une tonture fréquente entretient toujours petits. On met encore dans ce milieu les plantes des fleurs de moyenne taille, comme le Muffle de Lion, le Crysantemum, la Rose-d'Inde, l'Œillet de Poëte, l'Amarante, & les gros oignons de Lys, de Couronne Impériale, de Martagon. Il ne faut point mettre de plantes sur les bordures qui sont réservées pour les oignons qu'on risqueroit de couper en plantant ces plantes, ou en labourant la plate-bande.

Ce milieu seroit aussi la vraie place des fleurs de la grande espéce; mais elles sont si désagréables à la vûe par leur hauteur qui offusque tout un parterre, qu'on doit les en bannir entiérement, ainsi qu'on a fait les grands Ifs & les arbrisseaux. Ces fleurs sont la Rose-Trémiére, la Gigantine, la Pyramidale, *Volubilis*, Fleur de la Passion, Tourne-sol, Capucine, Phaseole, &c. qui demandent à être soutenues par des bâtons. Ces grandes fleurs conviennent mieux à couvrir des murs, se palissant bien contre le treillage, soit dans une cour, ou dans un petit Jardin de ville, ou à mettre en touffes entre les rangs des arbres isolés.

A l'égard de la troisiéme espéce de fleurs qui sont les basses ou naines appellées rampantes, comme elles seroient étoufſées dans les grands parterres, elles ne ſont propres que dans de petites plates-bandes & piéces coupées : telles ſont l'Oreille-d'Ours, la violette de Mars, les Marguerites, Penſées, Baſſinets, Hépatiques, Primevers, Ciclamen, Crocus, Mignardiſes, Statiſſées, Camomilles, Marouttes, dont on peut faire encore des bordures, des ſentiers & des tapis entierement émaillés de fleurs.

Les Anemones, les Renoncules & les Jonquilles ſont du nombre des fleurs baſſes ; elles veulent auſſi être ſeules dans quelque piéce coupée & tapis émaillé, ou dans les volutes de la naiſſance d'un grand parterre.

La Giroflée double, l'Œillet, la Tubereuſe, ſe mettent rarement en pleine terre ; elles s'élevent bien mieux dans des pots & des vaſes de fayence, où l'on peut auſſi mettre des fleurs de ſaiſon, comme des Amarantes, des Tricolor, des Balſamines, pour remédier autant que l'on peut pendant l'année au dégarni d'un parterre.

Il eſt aiſé de voir que les fleurs moyennes ſont les plus recherchées, c'eſt-à-dire, celles qui s'élevent à un pied & demi ou deux au plus, elles marquent fort bien de loin, & ne gâtent nullement la vûe : ce ſont auſſi celles dont nous avons un plus grand nombre.

Sans s'arrêter à nommer les fleurs qui fleuriſſent dans chaque mois, ou à en faire de grands * Catalogues, nous les diſtinguerons par les ſaiſons où elles fleuriſſent, dont nous exclurons l'Hiver, comme l'ennemi le plus cruel des fleurs. Nous aurons donc le Printems, l'Eté & l'Automne, & ces trois ſaiſons donneront lieu aux trois décorations de fleurs dont on embellit les parterres durant l'année, c'eſt-à-dire, qu'ils changent trois fois dans une année, & forment trois différens aſpects ou ſcénes de fleurs.

* Morin. Le Jardinier Fleuriſte.

La décoration du Printems eſt la plus gaie, & l'une des plus agréables aux yeux ; mais la délicateſſe de ſes fleurs la rend de peu de durée. La décoration de l'Eté eſt la plus riche & la plus conſidérable par la quantité & la diverſité de ſes fleurs. Celle de l'Automne eſt la plus belle & la plus durable, quoiqu'elle ſoit preſque dénuée d'oignons : Ses fleurs croiſſent naturellement dans les plate-bandes.

On pourroit avoir des décorations plus fréquentes par le

moyen des pots, en changeant tous les mois (*a*) les parterres, & les garnissant de fleurs empotées, que l'on enterre dans les plate-bandes jusqu'au bord des pots ; ce qui surprend & trompe de maniére que l'on croiroit ces fleurs élevées en pleine terre; mais cela est fort extraordinaire & d'une grande dépense.

Il y a encore une autre décoration de fleurs qui ne régarde point les parterres, c'est celle des (*b*) théâtres de fleurs, qui ne consiste que dans le mélange des pots avec les caisses, ou dans l'arrangement que l'on en fait par simétrie, sur des (*c*) gradins & estrades de pierre, de bois ou de gazon. Toutes les fleurs y conviennent assez, principalement l'Œillet, la Tubereuse, l'Amarante, la Jacinte, l'Oreille-d'Ours, la Balsamine, le Tricolor & la Giroflée. Ces gradins & ces amphitéâtres de fleurs changent selon les saisons, de même que les parterres.

Il ne faut point s'arrêter dans le choix des fleurs, à leur rareté, à leur cherté & à la bonne odeur qu'elles exhalent. La rareté & la cherté ne sont pas toujours ce qui rend une fleur belle, & l'odeur n'est pas ce qu'on doit rechercher dans les grands parterres, dont les plate-bandes, pour être estimées belles, doivent être bien garnies toute l'année sans interruption, ni aucun vuide : l'abondance des fleurs, leur durée, la variété, la simétrie, le mélange émaillé de toutes sortes de couleurs, sont les vraies beautés de nos (*d*) plate-bandes, & tout ce qu'on doit souhaiter dans un grand parterre. L'on conviendra que les fleurs communes marquent souvent plus de loin que les doubles. Ainsi il faut avoir des unes & des autres, & des rouges & blanches de chaque espéce pour faire opposition. Si l'on a cependant quelques belles fleurs rares, on les peut élever séparément dans de petits endroits, comme dans des piéces coupées & plate-bandes de quelque petit parterre de fleurs. Voici celles de chaque saison.

(*a*) Par cet artifice les parterres de Trianon changeoient autrefois de fleurs tous les quinze jours.

(*b*) On en a marqué les places dans les figures de la premiére & de la seconde Partie.

(*c*) Le théâtre de la Vigne Borghese à Rome est décoré précisément dans ce goût.

(*d*) Les plate-bandes des Thuilleries sont fort bien garnies en tout tems, quoique de fleurs communes, & peuvent servir d'exemple.

Les oignons plantés & les graines semées en pleine terre dans l'Automne précédente, fournissent les plate-bandes au Printems; l'Eté, d'autres oignons & les graines sémées au Printems en pleine terre, & d'autres sur couches que l'on transporte en Mai, fournissent de même les parterres; il y a peu d'oignons en Automne, mais beaucoup de fleurs semées sur couches & sur planches dès le Printems, & que l'on porte vers le mois de Juillet tout emmotées dans les plate-bandes.

La premiére décoration qu'offre le Printems, dure pendant les mois de Mars, d'Avril & de Mai: quoiqu'elle ne soit composée que d'un petit nombre de plantes, la quantité d'oignons dont elle est enrichie y supplée, & la rend des plus riantes.

Cette décoration consiste dans les fleurs suivantes.

OIGNONS, PATTES, & GRIFFES.

Tulippes hâtives de toutes sortes.
Anemones simples & doubles à peluche.
Renoncules de Tripoly.
Jonquilles simples & doubles.
Bassinets, ou Boutons d'or.
Jacintes de toutes sortes.
Celles appellées Passe-tout.
Iris bulbeux & autres.
Narcisses simples & doubles.
Narcisses de Constantinople.
Ciclamen printanier.
Couronne Impériale.
Safran, ou Crocus printanier.
Iris de Perse.

PLANTES & RACINES.

Oreilles-d'Ours.
Hépatiques.
Pensées.
Girofiées doubles.
Girofiées jaunes, simples & doubles.
Primevers ou Paralyse.
Violettes de Mars.
Marguerites, ou Plaquettes.
Muguet.

La décoration de l'Eté qui regne dans les mois de Juin, de Juillet & d'Août, est moins abondante en oignons, mais aussi elle est très-riche en plantes & en racines.

OIGNONS & PATTES.

Tulippes tardives.
Lys blancs.
Lys-orangers, ou Lys-flâme.
Martagons.
Frittilaires.
Pivoines, ou Piones.
Hémérocales, ou fleurs d'un jour.
Tubereuses.

PLANTES & RACINES.

Véronique.
Campanelle, ou Clochette.
Croix de Jérusalem, ou de Malte.
Œillets de diverses espéces.
Mignardise, ou Efilé.
Sain-Foin d'Espagne.
Coquelourde.
Jassée des Indes.
Giroflée jaune.
Celle appellée la Provençale.
Laurier Saint Antoine.
Œil-de-chat, ou Patte-d'araignée.
Persicaire.
Fraxinelle.
Scabieuse.
Marjolaine.
Genêt d'Espagne.
Talaspic annuel.
Pavot double.
Pied d'Alouette.
Balsamines.
Soleil, Tourne-sol, ou Héliotrope.
Julienne simple.
Julienne double, ou Giroflée d'Angleterre.
Œillet d'Espagne.
Œillets, ou Jacintes des Poëtes, autrement dits, Compagnons.
Aconit, ou Tue-Loup.
Matricaire.
Valerienne Grecque.
Coquelico double.
Camomille.
Muscipula, ou Attrape-mouche.
Crysantemum, ou grande Paquerette.
Muffle de Lion, ou Anthirinum.
Immortelle, ou Elichrysum.
Basilics simples & panachés.
Œil-de-Bœuf, ou Bustalmon.
Statissée.

L'Automne comprend les mois de Septembre, d'Octobre & de Novembre, il y a peu d'oignons dans sa décoration, mais quantité de fleurs.

OIGNONS.

Tubereuse.
Crocus, ou Saffran automnal.
Ciclamen automnal.

PLANTES & RACINES.

Aster Atticus, ou *Oculus Christi*
Palma Christi, ou *Ricinus*.
Souci double.
Belle-de-nuit, ou Merveille du Pérou.
Amarantes de toutes sortes.
Passe-velours, ou queue de Renard.
Tricolor blanc & noir.
Roses d'Inde.
Œillets d'Inde.
Valerienne.
Roses-trémiéres.
Reine Marguerite.
Œillets de la Chine.
Volubilis, ou grand Liseron.

PLANTES ET RACINES.

Capucine, ou Cresson-d'Inde.	Anthirinum, ou Muffle de Lion.
Maroutte.	Geranium couronné.
Phaseole, ou Pois des Indes.	Talaspic vivace.
Fleur de la Passion, ou Grenadille.	Tourne-sol, ou Soleil vivace.
Balsamine panachée.	Ambrette, ou Charbon bénit.
Stramonium, ou Pomme épineuse.	Immortelle d'Italie, ou Syturidaca.
Crysantemum, ou grande Paquerette.	

Quoique la saison de l'Hiver soit peu propre à élever des fleurs, néanmoins pour satisfaire ceux qui en voudroient orner leur petit Jardin de ville, malgré la rigueur des mois de Décembre, de Janvier & de Février, voici celles qu'ils peuvent avoir.

OIGNONS.

Anemones simples.	Crocus printanier.
Ciclamen hivernal.	Narcisses simples.
Jacinte d'Hiver.	Perce-neige, ou Leucoyon.

PLANTES & RACINES.

Primevers.	Hépatique.
Aconit d'Hiver.	Eternelle.

Il y a encore bien d'autres sortes de fleurs de peu de conséquence, & qui ne servent qu'à embarrasser l'esprit d'un particulier, ou à grossir les Livres des Fleuristes; on n'a mis ici que les fleurs les plus belles & les plus connues, afin que la culture & la recherche en soient plus aisées. L'on a encore marqué les différens noms qu'on leur a donnés, pour en laisser une idée plus distincte.

On peut avoir dans l'Automne des Anemones & des Renoncules, si on les a plantées un peu tard, & même l'on peut dire en général, qu'on est sûr d'avoir presque de toutes les fleurs en les semant à différentes fois & à un mois l'une de l'autre, ce qu'on peut encore observer pour bien garnir & fournir chaque saison. Mais quoiqu'on puisse semer & planter les mêmes fleurs dans différens tems, pour en avoir pendant toute l'année, il est certain qu'elles ne viennent jamais si belles, que dans la saison qui leur est affectée. Il y a cependant quelques fleurs, quoique de la même espéce, qui ont un génie différent; l'une est hâtive ou printaniére, l'autre tardive ou automnale, comme le Crocus & le Ciclamen, dont il y en a un printanier, & l'autre automnal.

Nous avons des fleurs qu'on peut faire fleurir plusieurs mois de suite, en coupant leurs tiges, ou en les pinçant quand la fleur est passée; telles sont le Muffle de Lion, le Crisantemum, la Matricaire, la Giroflée, & autres.

Comme il est impossible d'éviter quelque dégarni dans les décorations de fleurs, soit d'un oignon mort ou d'une plante qui n'a pas repris, on doit avoir en réserve de toutes les fleurs, tant en pots que sur des planches, pour regarnir les vuides de chaque saison.

FIN DE LA TROISIE'ME PARTIE.

QUATRIE'ME

QUATRIÉME PARTIE, QUI CONTIENT UN TRAITÉ D'HYDRAULIQUE CONVENABLE AUX JARDINS.

CHAPITRE PREMIER
DE L'HYDRAULIQUE.

IL seroit assez difficile de trouver une matiére plus convenable au Jardinage, qu'un Traité des Eaux & des Fontaines. Ce sont elles qui font le principal ornement des Jardins, elles les animent & semblent même leur prêter de la vie; leur brillant éclat, leur chûte en bannissent la solitude, & nous ne devons souvent qu'à leur fraîcheur & à leur murmure, l'aimable repos qu'elles nous procurent. Leur (*a*) nécessité pour l'accroissement des végétaux est suffisamment établie; c'est l'eau qui maintient la souplesse des plantes, qui développe leurs germes, & qui réunissant les principes de la séve, lui donne les moyens de se porter de tous côtés.

(*a*) *Aqua nutrix omnium virgultorum & diversos singulis usus ministrat.*

L'Hydroſtatique eſt la comparaiſon des différens corps ſolides avec les corps liquides ; cette ſcience examine encore la peſanteur des corps fluides, l'effort de leur choc & le reſſort de l'air.

L'Hydraulique eſt l'application de l'Hydroſtatique aux machines, en tant qu'elles ſervent à élever les eaux ; les Anciens s'en ſervoient pour des jeux d'orgue & de flûte qui eſt la propre ſignification d'Hydraulique. Par ce mot l'on entend aujourd'hui non-ſeulement la connoiſſance de toutes les machines Hydrauliques, mais encore celle des eaux, leur dépenſe, leur vîteſſe, leur poids, leur nivellement, leur conduite & la proportion des tuyaux avec les ajutages & les réſervoirs.

Les corps ſolides qui ſont le bois, la pierre, le fer, le cuivre & les autres métaux, ſont renfermés dans pluſieurs ſurfaces qui forment leurs figures. Un corps quelque petit & quelque diviſé qu'il ſoit de ſa maſſe, eſt un vrai ſolide, quoique ſes ſurfaces ſoient à peine viſibles à nos yeux : leurs parties étant ſéparées, ne ſe rejoignent plus.

Les corps fluides, tels que l'air, la flâme, la fumée, le mercure, ſe laiſſent aiſément traverſer, & leurs parties infiniment petites, quand elles ſont ſéparées, ſe réuniſſent auſſi-tôt.

Les liquides, comme l'eau, le vin, l'huile & les autres liqueurs coulent juſqu'à ce que leur ſurface ſoit parfaitement de niveau ; ils prennent la forme des vaiſſeaux qui les contiennent ou des ſurfaces qui les entourent.

Quelques principes généraux ſur la nature & la propriété de ces trois corps, ainſi que ſur les machines Hydrauliques, ſuffiront ici, ſans entrer dans un plus long détail de Phyſique.

LES CORPS SOLIDES.

Les corps ſolides ſont compoſés de matiéres liées enſemble, & capables de réſiſter à d'autres corps : leurs parties ſont ſi compactes & ſi adhérentes, qu'elles ſe meuvent toutes enſemble, & qu'il eſt néceſſaire, pour les élever, d'en ſoutenir toute la maſſe. On peut cependant les décompoſer juſqu'aux premiers principes qui ſont regardés comme indiviſibles, alors on trouve de l'air dans les interſtices de leurs molécules.

Un corps ſolide ne réſiſte à être élevé de bas en haut, que parce qu'il s'éloigne du centre de la terre qui eſt ſon centre de gravité. Avec une très-petite force on peut mouvoir un corps très peſant, ſi ce fardeau mû le long d'un plan horizontal ne trouve que la résistance du frottement, attendu qu'il ne change point de centre. Si ce corps grave tombe librement & avec une vîtesse sensible, son accélération augmentera sa force & sa vîtesse, c'est ainsi que l'eau en tombant a d'abord moins de vîtesse qui croît à mesure qu'elle descend.

Dans les corps fermes, comme le bois & la cire, ceux qui sont plus pesans que l'air & plus légers que l'eau y étant mis, s'y enfoncent un peu, & font élever l'eau; alors toute la partie enfoncée est au corps entier, comme sa pesanteur spécifique est à celle de l'eau.

On appelle pesanteur spécifique celle qui est affectée à chaque matiére.

Les corps plus légers que l'eau étant retenus par force au fond de l'eau, & ensuite mis en liberté, s'élevent au-dessus de la superficie de l'eau.

Les corps dont la pesanteur spécifique est plus grande que celle de l'eau, y étant plongés, sont comprimés de toutes parts, & ils tombent au fond: ils perdent dans l'eau de leur pesanteur en même quantité qu'en a l'eau dont ils occupent la place, ou pour mieux dire, ils déplacent un volume d'eau égal à eux.

Les corps solides secs & poreux se renflent étant plongés dans les liqueurs (*a*) maigres, telles que l'eau & le vin qui contiennent encore beaucoup de parties salines qui ne sont pas moins propres à produire cette extension. Cela arrive aux marbres que l'on veut déroquer dans les carriéres par le moyen des coins d'un bois très-léger & desséché au four, qu'on enfonce à force dans une petite tranchée faite dans les blocs, & où l'on jette ensuite de l'eau. Ces blocs de marbre se trouvent peu de tems après détachés les uns des autres, ce que n'auroit pû faire un grand nombre de chevaux. Une corde mouillée s'étant renflée par l'humidité qui y est entrée, se racourcit & éleve un très-gros poids qui retombe ensuite à terre, lorsque la corde est séche. C'est ainsi que l'industrie supplée à une très-grande force.

(*a*) Ces liqueurs sont opposées aux liqueurs grasses, telles que les huiles, les gommes, les poix, &c.

LES CORPS FLUIDES.

De tous les corps fluides l'air est le seul qui résiste aux efforts des eaux jaillissantes; on sçait que le vent qui leur est si contraire, n'est autre chose qu'un air agité. Nous regardons ordinairement comme vuide tout ce qui n'est rempli que de ce fluide; quoique l'air ait, comme les autres corps, une masse solide, ses parties infiniment petites échappent à nos sens, & cédent au moindre de nos efforts.

La flâme ne peut faire équilibre par son choc avec des poids, mais on peut la faire sortir par un tuyau contre les aîles d'une roue, & en mesurer la force.

Toute matiére pèse, l'air & la flâme sont reconnues par plusieurs expériences, des substances matérielles, par conséquent elles pèsent. L'air a donc une pesanteur absolue, & c'est un fluide élastique qui résiste aux aîles d'un moulin à vent, d'un cerf-volant, d'un éventail; ce seroit même en avoir une idée peu juste que de le croire exempt de gravité, cette pesanteur n'est cependant reconnue par les expériences que la neuf centiéme partie de celle de l'eau.

L'air se trouve dans tous les solides, on en voit dans les interstices de leurs molécules, quand leurs parties sont séparées: les liquides en ont aussi, & les expériences en convainquent.

L'élasticité de l'air n'est pas moins reconnue que son poids & son ressort. L'un & l'autre s'augmentent, le premier par la compression, le second par la chaleur, lorsqu'il est retenu par les parois de quelque corps. Plusieurs Physiciens attribuent à la fluidité de l'air la principale cause de son élasticité. Cet air raréfié prend plus de volume, & l'on sçait qu'il agit dans toutes sortes de directions, le ressort & la flexibilité de ses parties empêchent qu'elles ne puissent se réunir pour former un corps solide, elles ne tendent qu'à le raréfier; ce ressort diminue encore à mesure que l'air est dilaté, & augmente à mesure qu'il est condensé.

On sçait encore que l'air est compressible, de maniére qu'on peut extraire des bulles d'air d'un morceau de bois plongé dans l'eau, & comprimé dans la machine (*a*) Pneumatique. Cette pression de l'air est la cause de l'ascension de l'eau dans les pompes.

Les Physiciens modernes distinguent de deux sortes d'air; l'air subtil qui est une matiére plus déliée que l'air, & à proprement parler, la matiére subtile de Descartes, & l'air grossier que nous respirons.

L'air subtil est peu connu, on le suppose dans la région la plus élevée du ciel. Ce peut être l'air extrêmement dilaté &

(*a*) La machine Pneumatique est une pompe aspirante montée sur un trépied portant une platine de cuivre sur laquelle on pose un récipient de crif-

raréfié, qui malgré tous nos efforts, reste dans la machine Pneumatique, où l'on ne peut espérer un vuide parfait.

tal pour y loger plusieurs objets; on tire par le moyen d'un piston tout l'air grossier qui y est contenu & qui sort par le robinet à rainure placé au milieu.

L'air grossier que nous respirons est l'athmosphére qui nous entoure: ce dernier n'est jamais pur, & est mélangé de substances étrangéres qui s'exhalent de la terre, du feu, des eaux & des animaux, & qui souvent corrompent l'air au point que les habitans d'un climat sont attaqués de maladies épidémiques. On évalue par estimation cet athmosphére jusqu'à 15 à 16 lieues en hauteur.

Une colonne d'air est l'air même qui entoure une fontaine, c'est l'athmosphére qui nous environne jusqu'à la plus haute région de l'air. Le poids de cet athmosphére est égal à une colonne d'eau de base égale & de 32 pieds de haut, ou à une colonne de mercure de 28 pouces de haut & de même base, ce que l'on connoît par le Barométre. Cette expérience a réglé la hauteur de l'aspiration des pompes qui ne peut s'élever plus haut.

On a cherché à connoître le rapport de la pesanteur de l'air avec celle de l'eau, on a mis pour cet effet un vaisseau sphérique de cristal plein d'air & plongé dans l'eau attaché au bout du fleau d'une balance & en équilibre avec des poids dans l'autre bassin de la balance. On a pompé l'air renfermé dans le vaisseau par le moyen de la machine Pneumatique, & en le remettant ensuite avec le poids de la balance, on a trouvé le vaisseau plus léger, & le poids que l'on y met pour rétablir l'équilibre, est celui de l'air qui est sorti dans l'expérience, d'où l'on a conclu que le poids de l'air étoit à l'eau commune comme 1 est à 885, & à l'eau de pluie comme 900.

Leçons de Physique expérimentale, t. 3. p. 190. par M. l'Abbé Nolet, de l'Acad. des Sciences.

Tous les fluides augmentent de pesanteur à proportion de leur densité, & l'on a remarqué que l'air en Eté n'étoit pas si pesant qu'en Hiver, à cause des différens dégrés de dilatation.

On peut prendre la pesanteur de l'air pour la force de son ressort, ou son ressort pour sa pesanteur, étant les mêmes dans l'expérience.

LES CORPS LIQUIDES.

Tout corps liquide est fluide, mais tout fluide n'est pas liquide, comme le sable & le bled. De toutes les liqueurs l'eau sera ici notre seul objet, c'est un élément liquide & visible, puisqu'on le voit couler sur la terre, & c'est un des plus pesans.

La pesanteur des liquides est plus facile à remarquer que

celle des fluides : tout le monde est persuadé de la pesanteur de l'eau, du vin, de la bierre, de l'huile & des autres liqueurs. Cette pesanteur différe de celle des solides dont il faut en même tems soutenir toute la masse, au lieu que dans les liquides il suffit de soulever la colonne d'air ou d'eau qui lui est égale, & qui est celle qui résiste à la puissance qui s'efforce à l'élever.

Les liquides ne peuvent se comprimer comme les fluides, à moins qu'ils ne changent (*a*) d'état. Leurs parties impalpables & imperceptibles, quoique très-adhérentes, se peuvent désunir sans effort; elles sont entr'elles dans un si continuel mouvement, qu'une partie obéït à son propre poids, ce qui les distingue des corps durs, & en qualité de matiére, elles ont leur poids séparément. Elles conservent même cette pesanteur en tout sens, quand elles sont unies, mais dans leur séparation elles pèsent moins en tombant que les solides.

(*a*) Comme l'eau devenue glace.

On sçait par expérience que l'eau contient beaucoup d'air, & qu'en remplissant une bouteille vuide elle chasse l'air en avant pour occuper sa place: plus vous faites chauffer l'eau dans la machine Pneumatique, plus il en sort de bulles d'air, & plus ses parties sont fluides. Le froid au contraire les condense.

L'eau, ainsi que toutes les liqueurs, se tient de niveau dans quelque position qu'on puisse la mettre. Quand elle est renfermée dans un vaisseau ou dans plusieurs qui se communiquent, elle conserve toujours ses parties supérieures au même niveau, c'est-à-dire en égale distance du centre de la terre.

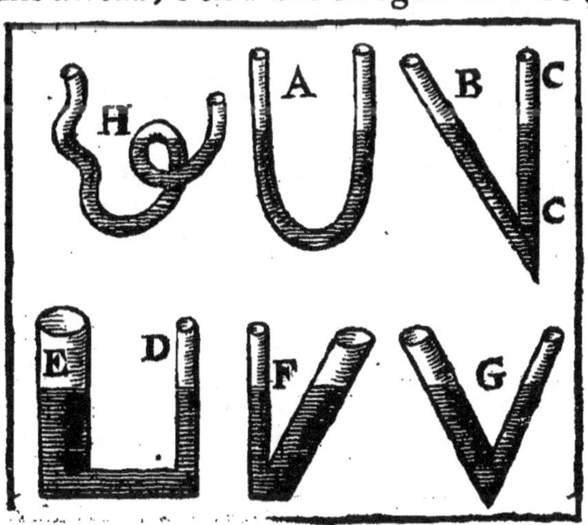

Soit le tuyau recourbé *A* que l'on remplisse d'eau ou d'une autre liqueur, elle se mettra toujours de niveau dans ses deux branches, de même que dans le tuyau incliné *B*, ainsi sa direction se prend toujours sur la ligne *CC*, comme au plan incliné.

Dans les syphons & tuyaux d'inégale grosseur, l'eau se met pareillement de niveau dans les branches inégales, parce que l'eau contenue dans le petit tuyau *D*, ne sçauroit s'élever qu'elle ne s'abaisse dans le gros tuyau *E* dans la même proportion. Il en arrive de même dans les tuyaux inclinés, tortillés & d'inégale grosseur *FGH*, où l'équilibre se conserve toujours, quoique ces tuyaux tortillés contiennent une plus grande quantité de liqueurs.

Les expériences ont convaincu que les liqueurs ne pèsent que selon leur hauteur & la base qui les soutient, ainsi dans une pompe on évalue la résistance de l'eau & son poids, en multipliant la superficie de la base du corps de pompe où est le piston, par la hauteur perpendiculaire du tuyau montant.

On peut regarder comme une colonne d'eau celle qui forme un jet d'eau; c'est souvent le contenu d'eau du tuyau qui descend d'un réservoir, & qui à la sortie de l'ajutage veut regagner la hauteur dont il est parti en formant une lance d'eau; c'est encore le contenu du tuyau qui monte l'eau d'une riviére ou d'un puits dans un réservoir par le moyen d'une machine Hydraulique.

L'eau peut être aspirée jusqu'à 32 pieds de haut, pourvû que l'air extérieur comprime la surface de l'eau du puits ou de la riviére dans laquelle trempe le tuyau de l'aspiration, alors la colonne d'eau fait équilibre avec la colonne d'air.

L'on sçait par expérience qu'une pinte d'eau pèse deux livres, qu'un pouce d'eau circulaire qui fournit en une minute 14 pintes, pèse 28 livres, & qu'un pied cube d'eau contenant 36 pintes pesant 2 livres moins 7 gros chacune, pèsera 70 livres. On sçait de plus que 10 livres de force égalent 10 livres d'eau en l'air, & qu'il faut un dégré de force de plus pour l'entraîner & la faire monter. Sur ce principe un homme qui est la force motrice d'une pompe à bras, & qui fait aller la manivelle, s'il emploie 11 livres de force, enlevera 10 livres d'eau en l'air, en supposant qu'il n'y a point de frottemens.

On évalue ordinairement à 25 livres la force d'un homme qui fait marcher sans effort une pompe à bras, & à 175 livres celle d'un cheval qui tient lieu à peu près de sept hommes, & qui fait tourner une pompe avec une manivelle à tiers-points. C'est suivant ce calcul qu'on peut estimer le poids de l'eau & la force du moteur, en faisant encore attention aux frottemens inévitables dans toutes les machines.

Si l'on ſuppoſe deux corps dont les ſurfaces ſoient des plus unies comme deux tables de marbre que l'on aura ſoin de frotter un peu pour rendre plus exacte l'application que l'on fait de l'une ſur l'autre, & pour en chaſſer l'air, comme leurs plans ſont remplis de cavités & de petites éminences imperceptibles, quoiqu'ils ſoient polis autant qu'ils puiſſent l'être, les frottemens naîtront néceſſairement de l'engrenure des éminences de l'une dans les cavités de l'autre. Si deux corps auſſi polis occaſionnent des frottemens, combien à plus forte raiſon en auront davantage les corps raboteux.

On compte de deux ſortes de réſiſtance dans les machines, 1°. Le frottement dans le corps de pompe, dans les roues, lanternes, pignons & autres engrenages. 2°. Le poids de l'eau.

Le poids de l'eau contenue dans le tuyau montant ſe calcule ſuivant la ſeptiéme formule qui ſe trouve dans le Chapitre VI de cette quatriéme Partie, & l'on y ajoute ordinairement par approximation un tiers en ſus pour tous les frottemens. Si la peſanteur, par exemple, du corps que l'on veut élever, pèſe 90 livres, il faut ajouter à cette ſomme ſon tiers qui eſt 30 pour l'élever & ſurmonter la réſiſtance des frottemens, ce qui fait en tout 120 livres de force pour faire monter une colonne d'eau de 90 livres peſant.

Outre tous ces frottemens, il faut encore vaincre ceux que l'eau fait en paſſant contre les parois des petits tuyaux montans & l'étranglement des fourches au-deſſus du corps de pompe. L'on remédie aux premiers en employant des tuyaux plus gros. A l'égard de l'étranglement des fourches, l'eau y eſt ſouvent ſi reſſerrée, que ne pouvant y paſſer, elle cauſe un ébranlement à toute la machine qui la met en riſque d'être briſée. Si, par exemple, le corps de pompe a 8 pouces de diamétre, il y paſſera 64 pouces d'eau circulaires; & ſi les trois fourches qui prennent l'eau du corps de pompe, & qui ſe raccordent au tuyau montant, n'ont chacune que 3 pouces de diamétre, 3 fois 3 font 9, ce ſera 27 pouces pour les trois fourches, or 64 pouces d'eau ne peuvent paſſer par 27; il faut donc que chaque fourche ait 5 pouces de diamétre, ce qui fera 3 fois 25, & en tout 75 pouces qui en pourront recevoir 64, & le tuyau montant aura de diamétre celui du corps de pompe qui

qui eſt ici de 8 pouces. C'eſt ainſi qu'on évitera les étranglemens & les accidens ſi fréquens dans les (*a*) machines, & que l'eau ſera portée plus facilement & en plus grande abondance dans les réſervoirs. On obſervera que dans la pompe aſpirante, le tuyau aſpirant doit être beaucoup plus petit que celui du corps de pompe.

(*a*) La plûpart des pompes ont ce défaut.

DES MACHINES HYDRAULIQUES.

On peut élever l'eau par différentes machines, 1°. Par la force des pompes à bras & à cheval, 2°. En ſe ſervant des trois élemens de l'air, de l'eau & du feu.

Les pompes à bras, c'eſt-à-dire, qui ſont mûes à force de bras d'homme, ſont les moindres de toutes les machines; le peu d'eau qu'elles fourniſſent, & la fatigue d'un homme qui ſans ceſſe leve les bras pour faire marcher le balancier, les rendent peu propres aux eaux jailliſſantes, on ne s'en ſert ordinairement que pour avoir de l'eau pour arroſer, ou pour remplir des auges de cuiſine ou d'écurie. Les pompes à cheval au contraire, c'eſt-à-dire, celles qui ſont menées par un ou pluſieurs chevaux, ſont d'une grande utilité, & fourniſſent ſouvent plus d'eau en une heure qu'une ſource ordinaire n'en améne en quatre jours.

On diſtingue deux ſortes de pompes, la foulante & l'aſpirante. La premiére porte l'eau d'une riviére ſur le haut d'une montagne, ſans aucune repriſe, ce que l'aſpirante ne peut faire que de la longueur de la tringle de fer qui paſſe dans ſon tuyau. Cette derniére même, égale dans toutes ſes parties à la foulante, améne moins d'eau qu'elle.

POMPE ASPIRANTE.

Dans l'aſpirante, le piſton *A* étant levé par la tringle du balancier ou de la manivelle *B* preſqu'au haut du corps de pompe *C*, y laiſſe un grand vuide rempli d'un air ſi dilaté, qu'il n'eſt plus en équilibre avec l'air extérieur. Cet air par ſa peſanteur oblige l'eau de monter, & par ſon aſcenſion éleve le clapet *E*, & l'eau entre dans le corps de pompe. La portion d'air renfermée dans le tuyau montant *H*, ſe trouve ſi affoiblie qu'elle donne lieu au poids de la colonne de l'athmoſphére qui preſſe extrêmement ſur la ſuperficie *F F* de l'eau de la riviére, du puits ou de la bache dans laquelle trempe l'aſpirant *D*, & fait monter cette eau dans le tuyau aſpirant juſqu'à une certaine hauteur. Le piſton *A* en deſcendant ferme le clapet *E* de l'aſpirant, afin d'empêcher l'eau de deſcendre dans le bas, &

ouvre le sien *G* pour laisser passer à travers l'eau qui est dans le corps de pompe; enfin le piston en se levant plusieurs fois de suite, l'eau de l'aspirant parvient dans le corps de pompe *C* au-dessus du clapet *G* du piston, l'eau qui se trouve refoulée par la descente du piston passe au-dessus, & en se succédant, s'éleve peu à peu par le tuyau montant *H* jusqu'à la cuvette du réservoir *I* où elle tombe. C'est donc à l'action de l'air extérieur & aux mouvemens successifs des deux clapets qu'on doit tout le jeu de cette pompe.

Il convient mieux d'aspirer l'eau à 20 ou 25 pieds qu'à 32, parce que le piston en a plus de vivacité & plus de force pour tirer l'eau. Cette maniére de l'élever fait l'effet d'une seringue qui est une vraie pompe aspirante.

POMPE FOULANTE.

Dans la pompe foulante le piston *A* est renversé, & il y a quelque différence dans la position du corps de pompe *B* qui doit tremper dans l'eau *CC*. Le piston est attaché à un chassis de fer marqué *D D D* qui est mû par la tringle *E* du balancier ou de la manivelle *F*, & le tuyau montant *G G* est dévoyé pour laisser agir la tringle perpendiculairement. Le piston qu'on suppose presqu'au bas du corps de pompe, y laisse, en descendant, un espace vuide rempli d'un air très-dilaté. Alors l'eau de la superficie *CC* du puits, pressée par les colonnes d'eau des côtés, & aidée du poids de l'athmosphére, est poussée de bas en haut, elle ouvre le clapet *H* du piston, passe au travers & monte dans le corps de pompe. Quand le piston remonte, son clapet *H* se referme pour empêcher l'eau de retomber, & l'eau au-dessus étant refoulée de bas en haut, ouvre le clapet supérieur *I* du corps de pompe, & passe dans le tuyau montant *G G* qui successivement se remplit jusqu'à sa chûte *K* dans le réservoir.

On emploie souvent l'une & l'autre de ces pompes dans la même machine. On place dans le bas d'une riviére ou d'un puits l'aspirante qui porte l'eau jusqu'à 25 pieds dans une bache ou cuvette, ou dans un corps de pompe, d'où elle s'éleve successivement dans le tuyau montant jusqu'au réservoir. Quand la hauteur où l'on veut porter l'eau est considérable, ou que le puits est trop profond, on met dans cette bache une pompe foulante qui reprend l'eau & la porte jusqu'au réservoir: alors c'est le même mouvement qui fait agir les deux pis-

Pompe foulante
Pompe aspirante.
Reservoir K
Balancier B
Reservoir L
G
Balancier F
H
Tuyau montant
Tuyau montant
E
G
Corps de pompe
D
D
Superficie de l'eau
Tuyau aspirant
Superficie de l'eau

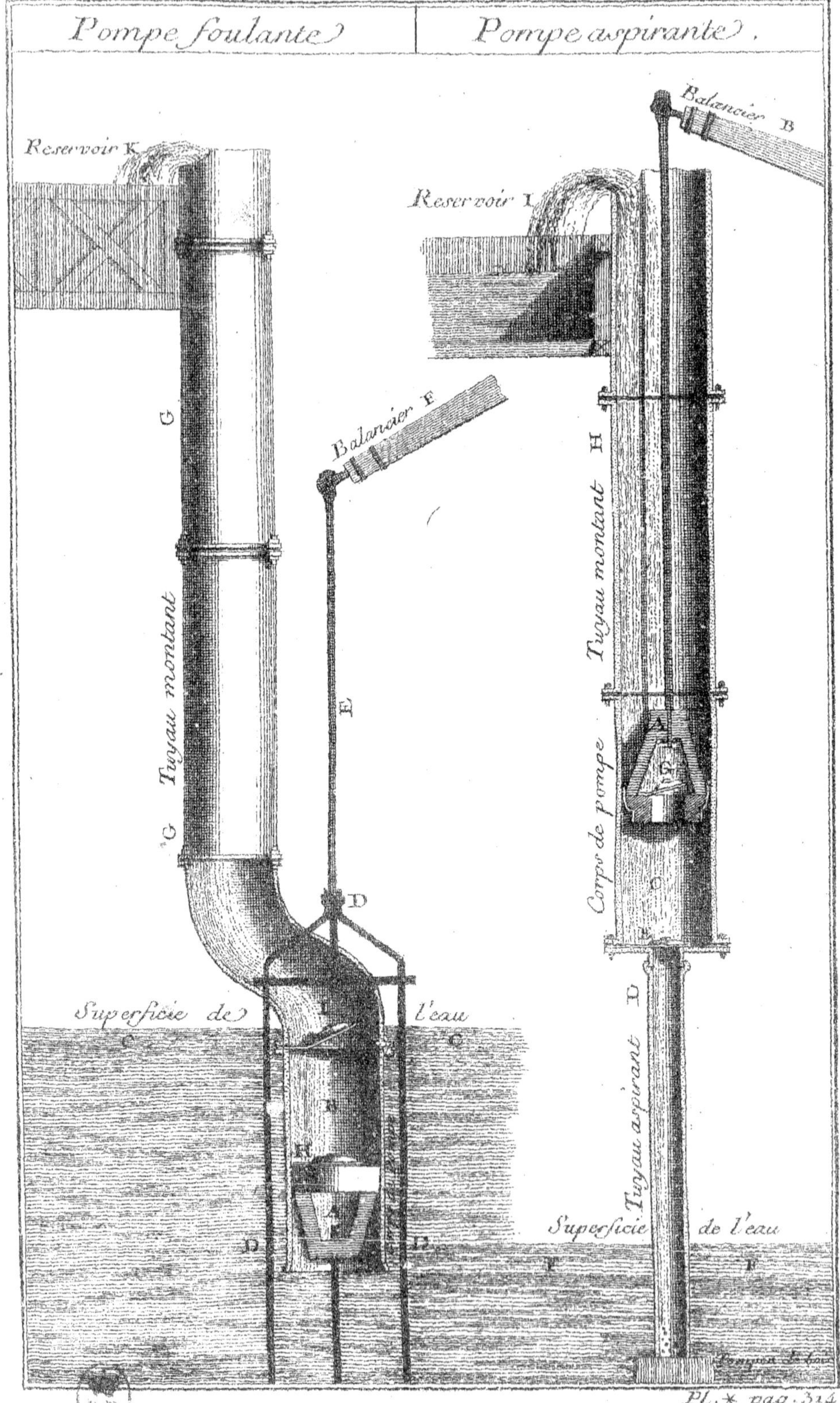

Pl. * pag. 314

tons liés par une tringle au-dessus l'un de l'autre, de maniére qu'un piston aspire pendant que l'autre refoule l'eau: on en voit des exemples à la machine de (*a*) Marly & à Paris dans la pompe (*b*) du Pont Notre-Dame: les manivelles à tiers-point font monter l'eau continuellement & font jouer trois corps de pompes, dont l'un aspire, pendant que les deux autres foulent & contrefoulent l'eau, qui sans cela ne viendroit que par bouffées, ce qui feroit perdre le tems de l'aspiration.

Souvent les corps de pompes ne sont point placés au fond du puits, ils peuvent l'être au milieu ou à l'entrée, ainsi qu'on le voit dans les pompes aspirantes. Dans les foulantes il faut que le corps de pompe trempe dans l'eau; il peut encore tremper dans une bache au niveau des terres, & lorsqu'on ne peut se dispenser de mettre les corps de pompes au fond de l'eau, on les éleve, en cas de rétablissement, par le moyen d'un équipage qui se monte par deux bâtis de charpente avec des coulisses; l'on observera toujours de faire le tuyau montant du même diamétre que le corps de pompe, afin qu'il y passe le même volume d'eau.

La seconde maniére d'élever les eaux est d'employer la force des élémens, & c'est la meilleure de toutes. Commençons par les moulins que font tourner le vent ou l'eau: ces machines ont l'avantage d'en fournir abondamment, &, pour ainsi dire, jour & nuit, telles sont la Machine de Marly, la Pompe Notre-Dame, la Samaritaine, les Moulins de Saint Maur, de Maisons, Conflans, Clichy. Ces moulins sont d'une dépense & d'un entretien bien plus considérable que les pompes à cheval, mais ils ne conviennent pas à toutes les situations.

Il faut être voisin de la riviére ou de quelque ruisseau pour se servir de moulins à eau qui ressemblent par l'extérieur aux moulins à bled, & n'ont de différence que dans la composition du dedans. Il y a même de ces moulins qui moudent du

(*a*) Dans la Machine de Marly l'eau est contrefoulée à 500 pieds de haut, suivant la rampe de la montagne; sçavoir, 148 pieds jusqu'aux deux premiers puisarts à mi-côte; d'où par d'autres pompes l'eau est reprise & portée à 175 pieds dans un autre puisart, d'où elle est encore reprise par de nouvelles pompes qui la refoulent à 177 pieds de haut sur la plate-forme de la tour de l'Aqueduc, qui a 36 arcades & 330 toises de long.

(*b*) Dans la Pompe Notre-Dame l'eau est élevée perpendiculairement de 81 pieds au-dessus du lit de la riviere.

bled, & montent de l'eau quand on veut, en décrochant la manivelle. Les uns vont par le moyen de la chûte d'un ruisseau sur la roue, ou quand ils sont dans le fil d'une riviére par la force du courant. Dans les endroits éloignés des riviéres & des ruisseaux, tel que pourroit être un lieu élevé sur quelque côteau, dont la situation est très-exposée aux vents, les moulins à vent y sont bien placés. La plaine y est aussi fort propre, pourvû qu'il n'y ait point de bois qui arrête le vent. Ces moulins ressemblent assez aux moulins à vent ordinaires, ils ont cependant une plus grande commodité qui est de se mettre d'eux-mêmes au vent par le moyen d'une queue en forme de gouvernail portant sur un pivot qui se tourne de tout sens. Ils sont un peu plus rares que les moulins à eau, n'ayant encore été exécutés qu'en cinq ou six (*a*) endroits. Cependant leur réussite & leur bonté sont de sûrs garands dans l'exécution qu'en voudroit faire un Particulier.

(*a*) Versailles, Marly, Meudon, Chatillon, Argenville, Bercy.

Combien de belles machines le vent & l'eau ne font-ils pas mouvoir? Nous avons les moulins à poudre, ceux à papier, les moulins à scier du marbre, des planches, les moulins à tan, à soie, à forge, à foulons, à ciment, à poudre, & à percer des tuyaux de bois.

La machine à feu des Anglois, dont on a construit deux modéles aux environs de Paris, est une invention des plus heureuses. Quoiqu'on ait tenté en France & en Allemagne de perfectionner cette machine, on ne peut en ôter le mérite aux Anglois qui les premiers l'ont mise à exécution. Cette machine est d'un grand entretien, fort compliquée & d'une grande dépense, même dans les pays où le bois n'est pas rare. Elle fournit beaucoup d'eau, mais il faut au moins trois hommes continuellement appliqués à son jeu: le premier est un directeur qui a l'œil sur le robinet d'injection & le jeu du régulateur, pour faire succéder continuellement le chaud au froid. Les deux autres hommes sont occupés à fournir de charbon le fourneau, pour y entretenir un feu violent & continuel, de maniére que cette machine consume en un jour deux muids de charbon de terre ou deux cordes de bois. C'est ainsi que j'ai vû jouer à Londres (*b*) la machine à feu sur le bord de la Tamise.

C'est de ces derniéres machines élémentaires dont on veut parler, quand on les préfére aux eaux naturelles, elles en ont

(*b*) On m'a assuré que cette machine dont la fule mérite par leur mouvement continuel, on les place dans toutes fortes de situations, & elles fournissent beaucoup plus d'eau & ordinairement en égale quantité, pendant que les sources tarissent la plûpart en Eté & en Automne. L'on peut dire en général que ces machines se réduisent toutes au piston, & qu'elles ont beaucoup de rapport à celles des anciens, surtout à celle de *Ctesibius* dont parle (*a*) Vitruve. C'est presque toujours la même méchanique, elles ne sont différentes que dans la maniére de les ajuster aux diverses situations des lieux, & c'est en quoi consiste toute leur difficulté.

mée infectoit toute la ville, est présentement détruite.

(*a*) Liv. x. ch. 12.

Après ce qui vient d'être dit, on pourroit souhaiter des figures & des descriptions détaillées des plus fameuses machines pour élever les eaux, avec leurs dimensions, leurs élévations, leurs profils & leurs coupes. Elles auroient assurément ici leur place, si un Auteur (*b*) moderne n'avoit donné dans son *Architecture Hydraulique* plusieurs figures de machines fort bien gravées & accompagnées de Descriptions & de Remarques qui ne laissent rien à desirer. Il y a encore de bons (*c*) Ecrivains qui ont travaillé sur les eaux & sur les machines Hydrauliques. Le Lecteur pourra dans le besoin les consulter.

(*b*) M. Belidor.

(*c*) Heron, Majettus, Augustin Ramelli, Jacques Besson, Isac & Salomon de Caus, Jacques Strada, George-André Boeckler, Vittorio Zonca, Jean Branca, Jean-Baptiste Baratteri, Benoist Castelli, Dominique Guglielmini, le Pere Jean-François, François Blondel, Jean Picard, Claude Perrault, *dans son Commentaire sur Vitruve, & son Recueil de Machines*, Edme Mariotte, le Chevalier Morlan, Charles Fontana, Philippe de la Hire, Pierre Varignon, Pierre Couplet, Louis Carré, Jacques Ozanan, Ferdinand-François Comte de Wahl.

CHAPITRE II.

DE L'ORIGINE DES FONTAINES & de leur division.

LA diverſité des opinions ſur l'origine des Fontaines en prouve l'incertitude, puiſque depuis Platon & Ariſtote aucun Philoſophe ne s'eſt trouvé d'accord ſur ce point de Phyſique. Il ſemble que la Nature ait affecté de nous en cacher la vraie cauſe.

(*a*) Platon, Ariſtote.

Les (*a*) anciens Philoſophes attribuoient l'origine des Fontaines à l'air condenſé, réduit par le froid en humidité, & aux vapeurs de la terre qui en s'élevant, s'attachent à la pointe des rochers & des montagnes. Ces matiéres, ſelon eux, s'y épaiſſiſſent au point de ſe réduire en petites gouttes d'eau qui en tombant s'écoulent ſuivant la pente des montagnes. D'autres (*b*) ont attribué à la terre une faculté attractive, comme de ſucer l'eau par le moyen des feux ſouterrains, & de l'attirer, comme feroit une éponge, juſqu'au haut des montagnes. L'eau de la Mer, à ce qu'ils diſent, y peut être pouſſée par la violence de la marée, ou du flux & reflux. Ce mouvement devroit être très-violent pour pouſſer les eaux à deux ou trois cens lieues de diſtance, & à plus de mille toiſes de haut, il cauſeroit ſans doute un ébranlement à toute la terre.

(*b*) Magnanus, Cardan.

(*c*) Deſcartes, Princ. Phil. p. 4. t. 1. Rohault, Phyſ. c. x. p. 3.

Quelques (*c*) Philoſophes modernes diſent que la plûpart des ſources ne tariſſent jamais, que les riviéres qui les reçoivent, entrent continuellement dans la Mer qui n'en devient pas pour cela plus enflée, d'où ils concluent que c'eſt elle qui fournit l'eau à toutes les Fontaines. Des canaux ſouterrains les conduiſent de la Mer au pied des montagnes où elles ſe trouvent au même niveau, & les ſables & les pierres par où ces eaux paſſent, leur font perdre la ſalûre dont elles dépoſent une partie en ces endroits; ces eaux enſuite par la chaleur ſouterraine de la terre, ſont réduites en vapeurs qui s'élevent au haut des montagnes où le froid de la ſuperficie des terres les condenſe en gouttes d'eau qui par leur peſanteur ſont contraintes de couler vers le bas de la montagne pour y former des rameaux & filets d'eau qui ſortent de la terre, & qu'on appelle ſources.

Si la Mer fourniſſoit les ſources, elles ſeroient ſalées, ne tariroient jamais, & ſeroient toujours dans le même état, ce qui eſt contraire à l'expérience; ainſi cette filtration & cette diſtillation ſont impoſſibles. Si elles étoient réduites en vapeurs & portées dans le haut intérieur des cavernes, où comme dans un alambic elles ſeroient réduites en gouttes d'eau, bien loin de gagner le haut des montagnes, leur peſanteur ſpécifique les feroit retomber perpendiculairement. On voit que ces alambics de Deſcartes ſont fort imaginaires.

D'autres (*a*) en admettant des canaux ſouterrains qui amenent les eaux de la Mer au pied des montagnes, ne diſconviennent pas qu'elles ne tirent la plûpart leur origine des eaux de pluie.

Un (*b*) Phyſicien veut concilier tous ces ſentimens, en diſant que l'air mêlé de corpuſcules aqueux peut pénétrer dans les concavités des montagnes, que la chaleur ſouterraine éleve des vapeurs des eaux qui y ſont renfermées, & que ces vapeurs étant incorporées avec l'air ſouterrain, ſont condenſées en gouttes d'eau dans les voûtes, d'où en tombant petit à petit elles ſe raſſemblent & forment un petit rameau d'eau qui en trouvant encore d'autres en ſon chemin, groſſit aſſez pour former une fontaine.

Il a recours enſuite aux eaux de pluie & aux neiges fondues qu'il regarde comme la cauſe principale des fontaines, leſquelles s'imbibant en terre, rempliſſent les cavités & les réſervoirs qui forment les ſources qui ne ſont abondantes qu'après les grandes pluies, & qui tariſſent dans la ſécheresſe, d'où il s'enſuit qu'il n'y a point de ſources ſur le ſommet (*c*) des montagnes, mais à leur pied ou à mi-côte, parce que les réſervoirs doivent être plus bas que les ſommets.

Il prétend encore que l'eau de la Mer par une eſpéce de circulation eſt pouſſée au-dedans des terres, d'où elle eſt élevée en vapeurs, convertie en nuées & en pluies qui par les ruiſſeaux, les fontaines, les fleuves & riviéres, retournent à la Mer qui ne croît & ne déborde jamais, & dont la ſalûre ſe perd, comme on l'a déja dit.

(*a*) Le Pere Deſchales, *Mundus Mathematicus. Meo quidem judicio exiſtimo pleroſque fontes ex pluviis generari, cùm plerique deficientibus pluviis areſcant. Tract. 17. de font. nat. & flum. prop.* 13.

(*b*) Gaſſendi, t. 5. l. 1. c. 3.

(*c*) *Nullique ſint fontes currentes intelligo in ſupremis montium jugis, niſi alius mons altior ſit vicinus.*

L'Auteur (*a*) de l'origine des fontaines est d'un sentiment singulier. Pour éviter de répondre à la salûre des eaux de la Mer, en s'opposant à la pénétration des eaux de pluie dans l'intérieur des montagnes, il croit que ces eaux tombant sur leur sommet, sont converties en évaporations qui causent la pluie & les brouillards, & qu'elles ne forment point les sources. Ce sont, selon lui, les eaux des collines qui coulent jusqu'aux riviéres pour les fournir, & il soutient qu'il n'y auroit point de fontaines sans les riviéres qui en sont les vraies causes. Il fait donc arriver les eaux des riviéres par des canaux souterrains jusqu'au pied des montagnes; là elles sont élevées en vapeurs par la chaleur de la terre jusqu'au sommet intérieur des montagnes, d'où elles retombent en gouttes d'eau dans des réservoirs qui fournissent les fontaines.

(*a*) Perrault, de l'origine des Fontaines, Part. 2. p. 148.

Ce sentiment est contraire à la nature des corps pesans qui les porte naturellement à descendre de haut en bas, & non à remonter sur les montagnes. On voit même à découvert sur leur sommet les vraies sources de plusieurs grands fleuves, tels que le Rhin, le Rhône & le Pô. Un (*b*) Académicien connu par ses expériences & ses recherches Physiques, développe beaucoup mieux l'origine des fontaines. Il les attribue à des vapeurs aqueuses qui s'élevent des mers, des fleuves, des riviéres, des étangs & des terres humides, & qui étant amenées à la moyenne région de l'air, & y ayant formé des nuées & des brouillards, s'y refroidissent, & ne pouvant monter plus haut, parce qu'elles trouvent un air moins condensé que celui d'en-bas, elles sont contraintes de tomber en gouttes sur le haut des montagnes, d'où par de petites ouvertures & fentes de rochers, elles pénétrent la surface des terres poreuses, & viennent se rendre dans l'intérieur de la montagne, sur des lits de glaise ou de pierres dures qu'elles ne peuvent pénétrer, & qui retiennent l'eau en réserve : cette eau par sa pesanteur cherche ensuite un écoulement vers le bas de la montagne, & en sort par quelque fente de rochers pour former des fontaines d'eau vive.

(*b*) Mariotte, Traité du mouvement des eaux, Disc. 2. Part. 1.

Il faut d'abord examiner la nature des différentes montagnes qui se trouvent sur le globe terrestre pour prononcer avec plus de certitude sur cette matiére. Les montagnes sont, comme l'on sçait, construites *stratum per stratum*, c'est-à-dire, lit

par

par lit, & le lit de glaiſe eſt ordinairement le dernier de ceux de craie & de pierre; on les diſtingue en pierreuſes & en glaiſeuſes.

Les pierreuſes ſont d'une nature ſi compacte qu'elles donnent rarement paſſage à l'eau dans leur intérieur. Les caillouteuſes ſont bien conſtruites *ſtratum per ſtratum*, mais ce ne ſont que des graviers rouges & jaunes mêlés de cailloux & de grés ſans aucun lit de glaiſe, ce qui fait qu'elles ne retiennent point les eaux qui filtrent à travers ces pierres, & roulent le long du rempant, d'où naiſſent des torrens dont la plaine eſt ſouvent inondée. D'autres montagnes pierreuſes moins ſerrées ſe fendent en pluſieurs gerſures qui ſervent de canaux ou de petits paſſages à l'eau pour ſe filtrer à travers les terres, & elle s'arrête, elle ſerpente ſur des lits de marne & des bancs de pierre, & ſi l'on y trouve des ſources, c'eſt toujours au pied de ces montagnes.

Les montagnes glaiſeuſes plus propres aux fontaines, les retiennent à différens étages ſuivant leurs différens lits de glaiſe & de ſable par où elles ſe filtrent & paſſent en pluſieurs rameaux pour former une ſource; elles arrêtent l'eau, de peur qu'elle ne coule trop vîte, & ne tariſſe le réſervoir juſqu'aux nouvelles pluies qui le rempliſſent.

Il eſt certain que les montagnes ſont les réſervoirs des fontaines, & que les fontaines ſont ceux des grands fleuves. La plûpart des ſources augmentent de beaucoup quand il a bien plû, tariſſent dans les grandes ſécheresſes, ou fourniſſent peu d'eau, & recommencent à couler après les pluies: en effet s'il étoit un an ſans pleuvoir, les trois quarts des fontaines ceſſeroient de couler; on voit même les (*a*) riviéres diminuer conſidérablement après les grandes ſécheresſes.

(*a*) La Seine.

On remarque que les fontaines au pied des Alpes ſont abondantes en Eté & tariſſent l'Hiver, lorſque les neiges ne coulent point. Au contraire ſur nos montagnes ſans neiges, les ſources ſont abondantes en Automne & en Hiver qui eſt le tems des pluies, dont la ceſſation les fait ſécher en Eté.

Abandonnons entiérement les alambics de Deſcartes, de Rohault & des autres Philoſophes. Ne donnons pas plus de croyance aux canaux ſouterrains qui amenent les eaux de la mer: l'on n'en voit aucun veſtige dans les grandes fouilles de terre ; la direction même de celles qu'on y trouve, penche vers la (a) mer, plus tôt que de remonter vers les terres. Comment ces eaux amenées au pied des montagnes pourroient-elles percer intérieurement des masses de glaise & de pierres dures de 15 à 20 pieds d'épaisseur capables de retenir les eaux d'en-haut ? Il faut donc que le Soleil attire puissamment de la mer, des fleuves, des rivières, des lacs & marais, des eaux qui s'élevant extérieurement en rosées & en vapeurs sur le haut des montagnes, se fondent en forme de brouillards, & par la raréfaction de l'air s'épaississent en gouttes d'eau. Le froid les y glace, elles se convertissent en neiges qui se fondent par la chaleur du Soleil, & s'échappent par les crevasses & gersures des terres à mi-côte où leur poids les entraîne, & s'arrêtent sur des lits de pierres ou de glaise qu'elles ne peuvent percer. C'est le réservoir d'où par leur poids elles se font encore un écoulement plus bas, ce qui forme une fontaine. On en voit rarement sur le sommet des montagnes, & en ce cas il faudroit que dans le voisinage il y eût des hauteurs supérieures dont elles seroient l'égoût. Si l'on en trouve sur des montagnes (b) isolées, c'est que l'eau par des canaux souterrains, en forme de siphons, s'y rend d'une montagne éloignée & plus haute.

La mer sert donc en partie par son évaporation continuelle à la nourriture des sources, le vent porte ces évaporations sur les montagnes qui les retiennent, elles s'y changent en gouttes d'eau, & se joignent aux neiges fondues & aux pluies, qui par de sûres expériences, fournissent seules plus d'eau qu'il n'en faut aux fontaines & pour remplir le lit des rivières & des fleuves, puisque suivant un (c) Auteur Anglois, elles donnent dans une année 18 à 20 pouces d'eau qui s'élevent par tout. Ces eaux pénétrent par les crévasses, le milieu des montagnes, elles y forment des réservoirs pour fournir des sources dans le bas qui ensuite vont se rendre dans les rivières & les fleuves : sans même admettre des canaux souterrains qui amenent les eaux au-dessous du niveau des mers, les grands fleuves suffisent pour conduire dans la mer les eaux abondantes & superflues des prairies. Celles qui n'y peuvent arriver, telles que les eaux qui pénétrent avant dans les plaines, servent à fournir les puits, & le reste se perd dans les terres. La

(a) Valisnieri annotazioni intorno al' origine delle fontane. Padoüa. 3 vol. fol. 1733.

(b) Il y a dans le Jardin du Château de Pierre-Size près Lyon un bassin fourni par une source.

(c) Le Docteur Halley. Les Mémoires de l'Académie des Sciences.

mer ne diminue point par son évaporation, elle augmente aussi très-peu; à l'égard de ce que son évaporation universelle lui fait perdre, elle le retrouve par les eaux que lui amenent les grandes riviéres, & par les pluies continuelles qui, au rapport des voyageurs, durent plusieurs mois de suite dans les terres sous la ligne.

On peut diviser en plusieurs classes toutes les eaux qui servent aux Jardins. On sçait qu'elles viennent de sources naturelles, de ruisseaux, ou de machines qui les élevent des riviéres, des puits & des citernes.

Ces eaux se distinguent en eaux naturelles, artificielles, courantes, plates, jaillissantes, forcées, vives, dormantes, folles, eaux de pluie ou de ravines.

Les eaux naturelles sont celles qui sortant d'elles-mêmes de la terre, se rendent dans un réservoir, & font jouer les fontaines continuellement.

Les artificielles ou machinales sont élevées dans un réservoir par le moyen des machines Hydrauliques.

On appelle eaux jaillissantes celles qui s'élevent en l'air au milieu des bassins, & y forment des jets, des gerbes & des bouillons d'eau.

Les eaux plates sont plus tranquilles, elles fournissent des canaux, des viviers, des miroirs & des piéces d'eau sans aucun jet.

Les eaux courantes produites par une petite (a) riviére ou un ruisseau, sont très-agréables par leurs serpentemens & leur murmure; elles forment des piéces d'eau & des canaux très-vivans.

(a) Ainsi que le canal de Chantilly, de Berny, de Liancourt, de Courances, de Tanlay, de Villacerf.

Les eaux vives sont celles qui coulent rapidement d'une source abondante, & par leur extrême fraîcheur, sont très-peu propres à la boisson.

Celles qui fournissent aux jets d'eau, sont appellées forcées, elles se confondent avec les jaillissantes.

Les eaux dormantes, par leur peu de mouvement sujettes pendant l'Eté à exhaler de mauvaises odeurs, sont peu estimées.

On appelle eaux folles, des pleurs de terre qui produisent peu d'eau, & sont regardées comme de fausses sources qui manquent dans les premiéres chaleurs.

Les eaux de pluie ou de ravines sont les plus légéres de toutes, elles ne ſont pas les plus claires, mais elles ſe clarifient & s'épurent dans les étangs & citernes qu'elles fourniſſent.

Nous avons encore deux différens genres de fontaines, les minérales, & celles qu'on appelle intercalaires. Les premiéres ſont analyſées par les Médecins pour en connoître les différens uſages propres au ſoulagement des maladies. Pluſieurs ſont thermales ou bouillantes, telles qu'on en trouve à Forges, à Bourbon, à Baregde, au Mont-d'Or en Auvergne, & en pluſieurs autres endroits. Les ſecondes qui ſont appellées intermittentes ou intercalaires, ont leur écoulement périodique, telle eſt la fontaine de Vaucluſe dans le Comtat d'Avignon, la fontaine de Nîmes, celle de Fonteſtorbe dans les Pyrenées, la fontaine ſans fond ſituée dans la Paroiſſe de Sablé en Anjou, & celles qui ſont dans les Sévennes proche Montpellier. Les merveilleux effets de ces derniéres eaux regardent moins l'Hydraulique que la Phyſique.

CHAPITRE III.

DE LA RECHERCHE DES EAUX avec la maniére de les amaſſer.

UN grand (*a*) Naturaliſte prétend que pour connoître les ſources cachées, il ne faut que remarquer les endroits d'où s'élevent ordinairement des vapeurs & des exhalaiſons humides, en obſervant que ces endroits ne le ſoient point dans leur ſuperficie. Il ſeroit, par exemple, inutile de fouiller dans un marais où les eaux ne proviennent point de ſources, & ne ſont que des amas de pluie & de neiges fondues.

(*a*) Pline.

Examinez les herbes qui couvrent la terre; ſi ce ſont des roſeaux, (*b*) des creſſons, baumes ſauvages, vitex, lierres terreſtres, argentines, joncs, queues de renard, & autres herbes aquatiques, ce ſera une marque aſſurée qu'il y a de l'eau dans ces endroits (pourvû que ce ne ſoient point des marais ou des eaux ſauvages) & que ces herbes y croiſſent naturellement.

(*b*) Palladius. Le P. Deſchales.

On peut encore connoître (*c*) les ſources cachées en ſe couchant, avant le lever du Soleil, le ventre contre terre, ayant le menton appuyé, & regardant le long de la campagne: ſi l'on voit en quelque endroit une vapeur humide s'élever en ondoyant, on pourra y faire fouiller.

(*c*) Vitruve, l. 8. chap. 1. Le P. Kircker, *Mundus ſubterraneus*, p. 225.

Un (*d*) Ancien ajoute pluſieurs maniéres pour découvrir les eaux que la nature s'efforce, pour ainſi dire, de nous cacher. Dans l'endroit où vous croyez qu'il y a de l'eau, faites faire une fouille de ſix pieds de profondeur, & mettez-y un chaudron ou un vaſe d'airain dont le dedans ſoit frotté d'huile, vous le renverſerez, & enſuite vous recouvrirez la foſſe de terre. Si le lendemain ce vaſe eſt humide en dedans, c'eſt une marque certaine qu'il y a de l'eau. On peut à la place de ce vaſe mettre de la laine, & en l'exprimant examiner s'il en tombe de l'eau. Il ajoute qu'on peut mettre dans cette fouille une lampe allumée qui aſſurera de l'exiſtence de l'eau, ſi quelque

(*d*) Vitruve liv. 8.

tems après elle se trouve épaissie, l'huile & la mêche subsistant encore, parce que la chaleur attire à soi l'humidité d'en-bas. Si vous allumez un grand feu sur la superficie de la terre, il en naîtra d'épaisses vapeurs, si véritablement elle contient de l'eau.

D'autres (*a*) disent que des nuées de petites mouches qui volent contre terre à un même endroit, font des signes certains qu'il y a de l'eau, ou qu'il suffit d'enfoncer de longues tariéres de fer, qui étant retirées, font juger de ce qui est compris sous la terre.

Quelques personnes prétendent avoir le secret de trouver des eaux par le moyen d'une baguette de Coudrier appellée *Divinatoire*, qui paroît aux yeux de bien (*b*) des Physiciens une grande absurdité. Cependant quelques (*c*) Sçavans ne laissent pas d'en être convaincus, & Paracelse dit qu'il y a une grande analogie entre les arbres & les métaux. Voici ce que des expériences réitérées m'ont fait remarquer à ce sujet.

Etant à la campagne avec une nombreuse compagnie, un homme riche exempt de tout soupçon, se vanta d'avoir le secret de la baguette. J'allai aussi-tôt couper une branche de Coudrier d'une figure fourchue, que je lui présentai. Il la prit dans ses deux mains & entra dans un Jardin où je l'accompagnai avec une autre personne. A l'approche d'un puits inconnu, couvert de planches & de terre au milieu d'une allée, la baguette à plus de 20 pieds de distance s'éleva & fit un jet, malgré la résistance de ses bras. Il nous le fit remarquer, & quelques efforts que nous fissions pour les arrêter, ses bras tournerent, & la baguette victorieuse s'éleva de plus en plus jusqu'à devenir toute droite. Ses mains dans le moment parurent violettes par le sang qui s'y étoit porté, & par les efforts qu'il avoit faits au point de se lasser & d'interrompre l'opération. Je baissai la baguette plusieurs fois pendant la marche, & elle se releva avec promptitude; enfin elle se fixa sur l'endroit du puits, & le Jardinier ayant levé les planches qui soutenoient les terres, on découvrit l'eau.

Un pré qui étoit au bout du Jardin fournit l'occasion d'une nouvelle expérience. La baguette après le même manège, y fit trouver une source que l'on a creusée depuis, & qui donne beaucoup d'eau à cette maison. Le même homme nous

(*a*) Cassiodore, selon le P. Jean-François Jés. dans son Traité de l'art des fontaines, p. 36.

(*b*) Hist. crit. des pratiques superstitieuses par le P. le Brun.

Metallicus igitur quia eum virum bonum & gravem esse volumus, virgula incantata non utitur, quia rerum naturæ peritum & prudentem furcatam intelligit sibi usui non esse, sed, ut suprà dixi, habet naturalia venarum signa quæ observat. Agricola de re metall. l. 2. p. 28.

(*c*) Paracelse. Physique occulte de Valmont. Becher.

dit qu'il avoit découvert par le même moyen de l'or & de l'argent caché dans une terre labourable, ce qu'il exécuta l'année suivante dans un autre pays, & avec le même succès. Il découvrit aussi en ma présence de l'eau en plusieurs endroits. Toutes les petites ruses que je pus imaginer pour le tromper & déranger l'effet de la baguette, furent inutiles.

Quelquefois sans employer aucun des moyens précédens, la nature seule & l'expérience nous indiquent les endroits où sont les sources. Il est certain qu'il y a de l'eau par tout, & que dans les situations les plus élevées, si-tôt que l'on fouille aussi bas que le niveau de la riviére, on est sûr d'en trouver. La difficulté est de découvrir des sources assez élevées pour fournir des eaux jaillissantes. Si l'on est voisin de quelque montagne ou côteau, les sources n'y manqueront point, à moins que le pays ne soit naturellement très-sec, pierreux ou sabloneux.

L'aspect du terrein, la situation du lieu, & la nature des terres sont trois choses essentielles dans la recherche des eaux.

On entend par l'aspect du terrein, qu'il soit couvert de plantes aquatiques, comme on l'a dit ci-dessus, ce seul aspect suffit à un Praticien pour connoître où est l'eau & sa profondeur jusqu'au lit de glaise qui la retient & qui se découvre souvent à mi-côte.

La situation du lieu s'entend de sa disposition avantageuse pour les eaux, tel que seroit un terrein à mi-côte couvert de verdure, dont la pente peu considérable, seroit d'une vaste étendue. Si ce terrein est surmonté d'une hauteur plus élevée, d'une nature sabloneuse & pierreuse dont il soit l'égoût naturel, le sommet poussera les glaises à mi-côte, & les découvrira à la vûe.

On doit encore examiner la nature des terres. La couleur verdâtre ou blanchâtre, telle que celle des glaises, annonce sûrement de l'eau; c'est l'eau qui a fait changer leur nature, & les a, pour ainsi dire, engraissées. Les terres franches sont encore les indices de l'eau, mais le gravier, la pierre rouge, le (*a*) roc sont quelquefois les meilleurs pour la durée d'une source, parce que l'eau se tient en réserve dans ces sortes de terre, & fournit plus long-tems que sur un lit de glaise où elle s'échape tout d'un coup. L'on trouve souvent des sources où l'eau vient

(*a*) Belles sources sortant du roc au village de Viry.

en abondance les premiers jours, & ensuite se réduit à une petite quantité : ce qui provient du lit de glaise ou de craie sur lequel les eaux roulent promptement, & qui ne sont que des (a) filtrations, & des pleurs de terre, qui ne fournissent que dans les tems pluvieux, tels que le Printems & l'Hiver. Ces sortes de sources dans l'Eté & dans l'Automne sont très-sujettes à tarir.

(a) Les Fontainiers appellent ces sources, des eaux de glaise.

On prendra garde, en cherchant des sources, que ce soit dans des endroits où il paroisse y avoir beaucoup d'eau. Si à la chûte d'un grand espace de terre, on ne trouvoit qu'un filet d'eau, on coureroit risque de le perdre bientôt par la chûte des terres qui sont sur le passage de l'eau, & qui par leur pesanteur la bouchent & la contraignent de chercher une autre route. Cela arrive souvent par des tremblemens de terre, par des ouvertures de terres plus basses que la source, ou parce que les lits de glaisse glissent & changent de place.

Les habitans d'un lieu peuvent encore indiquer les endroits où il y a de l'eau apparente. L'on voit souvent à mi-côte des *sourcilles* qui se découvrent d'elles-mêmes, & qu'il faut suivre en remontant toujours pour les amasser.

On fait ordinairement la recherche des eaux dans les mois d'Août, de Septembre & d'Octobre. C'est dans ces tems-là que la terre déchargée de toutes ses humidités, est plus sèche, & que toute l'eau qui s'y trouve peut s'appeller source.

Ceux qui ne sont pas assez heureux d'avoir des sources, peuvent avoir recours aux eaux de (b) ravines qu'ils ramassent dans la campagne par le moyen de rigoles faites le long des piéces de terre & des grands chemins, ausquelles on donne une pente douce pour les conduire dans un réservoir. Ces eaux se purifient d'elles-mêmes dans les grandes piéces, & perdent leur couleur jaune. On peut encore, avant de les lâcher dans le réservoir, les faire tomber dans un puisart caillouté pour qu'elles déposent le plus gros de leur saleté. Ces puisarts font l'effet du citerneau que l'on ménage en pratiquant les citernes : ils ont 3 ou 4 pieds en quarré sur 6 à 7 pieds de profondeur, & on les remplit de cailloux de vignes, ou de petits gravois qu'on a soin de bien laver, auparavant de les jetter dans le puisart, afin que la terre qui pourroit y rester ne bouche pas le passage nécessaire à la filtration de l'eau.

(b) Versailles, Meudon, Belleassisse, Plessis-Piquet.

Supposons

Suppoſons que l'on ait trouvé des eaux diſperſées en pluſieurs endroits d'une montagne, ſi la ſource eſt à découvert ſur la terre, vous l'amaſſerez dans un petit trou quarré en tirant les terres doucement, & enſuite vous les ſoutiendrez de tous côtés par des pierres ſèches. Dans l'endroit de l'écoulement vous creuſerez une rigole dans les terres, ou une pierrée bâtie de blocailles & pierres ſèches que vous couvrirez de terre à meſure que vous marcherez. Si l'eau n'eſt pas à découvert, & que l'on ſoupçonne l'endroit où il y en a, il faut, pour ramaſſer toutes les eaux, faire de petits puits éloignés les uns des autres de 30 à 40 pas & joints par des tranchées. Lorſque la ſource ſera enfoncée plus avant dans les terres, vous creuſerez un paſſage juſqu'à l'eau en forme de voûte par-deſſous les terres que vous retiendrez avec des planches & des étréſillons, en obſervant de ne pas fouiller trop bas, de peur de percer le lit de glaiſe ou de tuf qui ſoutient l'eau. Quand vous aurez fait pluſieurs de ces trous & pluſieurs pierrées de communication, vous les conduirez dans une tranchée de recherche dont les berges, pour ſe ſoutenir, ſeront coupées en talus des deux côtés, en pratiquant des rameaux à droite & à gauche en forme de pattes d'oie pour ramaſſer le plus d'eau que vous pourrez. On donnera une pente douce à ces rameaux, pierrées & tranchées, en tenant l'eau le plus haut qu'il ſe pourra, alors elles ſe rendront toutes dans une ſeule pierrée qui portera l'eau dans le regard de (*a*) priſe ou dans le réſervoir.

(*a*) On trouvera dans l'onziéme Chapitre ſuivant la figure du regard de priſe de Rungis.

Quelques Fontainiers prétendent perfectionner ce travail en élevant un regard bien au-deſſus de ſa ſource. C'eſt un grand hazard s'ils ne la perdent pas, & ſi par ſa peſanteur ſpécifique elle ne trouve un autre écoulement. Le danger n'eſt pas moindre de la fouiller trop bas, parce que ſous prétexte de la rendre abondante, on pourroit percer le lit de glaiſe & de craie qui la retient, ce qui la feroit perdre entiérement.

Le regard étant conſtruit ſuivant les remarques précédentes, on pratiquera le long de ces pierrées de 50 toiſes en 50 toiſes des puiſarts ou regards de 3 pieds en quarré ſur 4 pieds de profondeur, à compter au-deſſous du fond de la tranchée. L'uſage de ces regards eſt 1°. pour examiner ſi l'eau coule, y remédier ſi elle s'arrête, ſans être obligé de renverſer toute une conduite. 2°. Pour connoître la quantité d'eau qu'apporte une ſource. 3°. Cette profondeur de 4 pieds ménagée au fond de chaque regard, amaſſe le ſable & le limon que la ſource charie avec elle, & purifie l'eau. On entoure ces puiſarts de corrois de glaiſe à la hauteur de l'eau pour l'y maintenir, enſorte qu'elle puiſſe s'élever & reprendre ſon cours dans les pierrées qui ſuivent, & on revêt ces puiſarts d'une maçonnerie juſqu'en haut en forme de puits, que l'on couvre d'une pierre platte percée dans le milieu, pour la pouvoir lever dans le beſoin.

C'eſt par le moyen des rameaux, des pierrées & des tranchées qu'on ſaigne une montagne de tous côtés, & qu'on recueille toutes les pleurs des terres voiſines : on doit faire ordinairement ces ſaignées en cotoyant une montagne ou le long d'une côte ſurmontée de hauteurs dont elle ſera l'égoût. Vous ferez au bas du côteau d'autres tranchées & des écharpes qui ayent la forme d'un demi-cercle pour ramaſſer toutes les eaux dans le regard de priſe où tout doit ſe rendre.

J'ai trouvé une ſource fourniſſant un pouce & demi d'eau qui charioit tant de ſable qu'elle rempliſſoit en un mois le regard de priſe, & bouchoit tous les tuyaux. Dans une occaſion pareille, au lieu de ne faire des puiſarts que de 50 toiſes en 50 toiſes, on les fera de 25 toiſes en 25 toiſes, on les rendra plus profonds, comme de 6 pieds, afin de ramaſſer plus de ſable, que l'eau puiſſe rouler plus aiſément, & l'on aura ſoin de les nétoyer ſouvent.

Quand la ſource eſt peu forte, comme de 5 à 6 lignes, il convient mieux de la conduire dans un petit tuyau de grez d'un pouce & $\frac{1}{2}$ de diamétre, lequel conſerve toujours mieux l'eau que les pierrées ſujettes à être ſouvent percées par les taupes, les mulots & les vers.

Les pierrées ſeront marquées par des bornes pour empêcher les plantations d'arbres, dont les racines feroient perdre l'eau. Cette eau rentre du regard de priſe dans une autre pierrée ou dans une conduite qui va droit au réſervoir où ſe rendront toutes ces eaux, qui ſeront enſuite conduites par des tuyaux juſqu'aux places deſtinées pour les baſſins & fontaines. Quelquefois l'eau ſort du regard de priſe ſans aucun réſervoir, & par des tuyaux va droit au jet, alors l'eau ne s'éleve pas bien haut faute de charge, à moins que la ſource ne fourniſſe autant d'eau que le jet en dépenſe. Il vaut donc mieux faire un petit réſervoir pour donner plus de chaſſe à l'eau.

Ceux qui ſont voiſins de petites riviéres, de courans d'eau, de ruiſſeaux dont ils peuvent diſpoſer, s'en ſervent utilement en les faiſant entrer dans leurs Jardins, pour y former des canaux & des piéces d'eau. Par le moyen d'une vanne ou d'un batardeau qui retient les eaux un peu haut, ces ruiſſeaux peuvent tomber en (*a*) nappes, ou faire tourner un moulin qui avec le ſecours d'une pompe, élevera les eaux dans un réſervoir pour fournir des fontaines jailliſſantes. On peut encore ſe ſervir d'une petite riviére pour borner un Jardin, en la régulariſant en (*b*) canal revêtu ſeulement de talus de gazon. Ces aimables clôtures uniſſent la campagne avec un Jardin, & n'en font, pour ainſi dire, qu'une ſeule piéce.

(*a*) Telle que la grande nappe de Chantilly, celle de Berny, & la nappe du Château de Boughton à 20. lieues de Londres.

(*b*) Liancourt, Juviſy, Chantilly, Berny, &c.

CHAPITRE IV.

DE LA MANIERE DE NIVELER *la pente des eaux.*

On a déja trouvé dans la seconde Partie de cet Ouvrage la méthode de niveler & de dresser les terres suivant une ligne de niveau ou de pente. Il s'agit ici du nivellement des eaux qui est infiniment plus difficile. Cette opération est de si grande conséquence que c'est d'elle que dépend la réussite d'une entreprise. Si l'on a mal nivelé, on ne connoîtra point exactement l'élévation du lieu où la source peut monter pour donner de la hauteur aux fontaines d'un Jardin. Il convient donc, avant que d'entreprendre un ouvrage, de bien réfléchir sur les regles suivantes, & de recommencer un nivellement deux ou trois fois, tant pour le vérifier que pour corriger les erreurs inséparables de l'opération.

Niveler n'est autre chose que trouver avec un instrument deux points également distans du centre de la terre, & l'objet du nivellement est de sçavoir précisément combien un endroit est élevé ou abaissé au-dessus de la superficie de la terre.

Une ligne véritablement de niveau parcourant le globe de la terre, est réputée courbe à cause que tous les points de son étendue sont également éloignés du centre de la terre. Dans la pratique ordinaire on prend le niveau apparent, c'est-à-dire, une ligne droite pour le vrai niveau qui doit être une courbe. Quand la distance ne passe pas 100 toises, la différence du niveau apparent au vrai niveau, est insensible; mais à 300 toises il y a un pouce d'erreur selon la (a) table des haussemens du niveau apparent par-dessus le vrai niveau. Il se trouveroit une différence considérable dans un grand nivellement, si l'on ne corrigeoit l'excès du niveau apparent par-dessus le vrai niveau, il y a près d'un pied dans un nivelement de 1000 toises; l'on donne rarement des coups de niveau de 300 toises de long d'une seule opération, la portée de la vûe est trop foible pour s'étendre si loin, à moins qu'on n'applique au niveau une lu-

(a) Cette table se trouve dans les ouvrages de Clermont, la Hire, Picard, Bullet, Ozanam, & autre.

nette à longue vûe, ce qui facilite dans les grandes distances, mais l'imperfection des verres rend cette opération peu exacte; la vûe seule est encore moins sujette à se tromper.

Les réfractions causées par les vapeurs rompent le rayon visuel suivant qu'elles sont plus denses ou plus épaisses. Dans les petits nivellemens l'erreur est insensible, dans les grands il faut placer le niveau à peu près à pareille distance des points requis. Quoique ces points ne soient pas de niveau avec l'œil du Niveleur, ils le sont cependant entr'eux, puisque les réfractions sont égales à des distances égales & posées sur un même plan.

Quand on a une distance de 500 toises & plus, on pose le niveau au milieu des deux extrêmités, en se retournant sur l'une & sur l'autre, & s'il se rencontre de l'erreur dans ces deux points, la moitié de leur différence sera la vraie différence du niveau.

On observera que chaque coup de niveau ne passe pas à peu près 100 toises de long, en plaçant l'instrument dans le milieu des deux termes du nivellement, & se retournant sur chaque terme, l'un corrigera l'autre, & vous éviterez par-là de prendre dans la table la différence du niveau apparent par-dessus le vrai niveau; en le posant au milieu dans une distance de 200 toises, on aura fait de la même opération le nivellement de 200 toises.

Il est bon de sçavoir qu'il y a deux sortes de nivellemens, le nivellement simple & le composé.

Le nivellement simple est celui qui se fait d'un lieu peu éloigné d'un autre, comme de 100 toises, & d'une seule opération.

Le composé s'entend de celui qui demande plusieurs opérations de suite, quand la distance est considérable.

On ne donnera ici que l'usage d'un niveau appellé communément le niveau à fioles, le plus juste & le plus simple de tous.

C'est un grand (a) tuyau de fer blanc d'un pouce de grosseur, & de 3 ou 4 pieds de long, comme *A A*, *Fig.* 1. soûtenu dans son milieu par les liens de fer *B B*, & par la douille *C*, qui sert à ficher un piquet quand on veut s'en servir. Sur le dessus de ce tuyau, aux deux extrêmités & dans le milieu, on

(a) Voyez la figure qui est à la page suivante.

ſoude trois autres bouts de tuyau qui ſe communiquent l'un l'autre comme *D E F*, & l'on met dans chacun de ces tuyaux, les fioles de verre *g h i*, à peu près du même diamétre, ces fioles ſont ouvertes par les deux bouts, & on les joint avec de la cire ou du maſtic aux trois tuyaux *D E F*, enſorte que l'eau remonte dans ces fioles, ſans ſe perdre par aucun endroit.

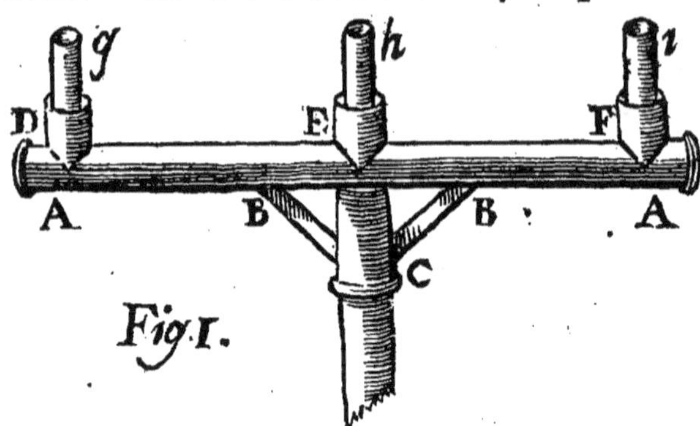

Fig. I.

La perfection donnée depuis peu à cet inſtrument, eſt que le tuyau du milieu *E* qu'on a ajouté, étant hors de l'alignement de ceux des deux bouts *D* & *F*, & en étant écarté environ de deux lignes, ſert de pinule, & dirige beaucoup mieux le rayon viſuel.

Quand on veut établir le niveau, on met dans la (*a*) douille *C* un bâton pointu que l'on fiche en terre, & l'on aſſure l'inſtrument le plus droit qu'il eſt poſſible, en le pointant du côté où ſe doit faire le nivellement. On prend enſuite de l'eau où l'on mêle du gros vin rouge ou du vinaigre, afin qu'elle devienne colorée, & puiſſe mieux ſe diſtinguer de loin, on en remplit le tuyau, de maniére que l'eau remontant dans les trois fioles, il y reſte un peu de vuide par-deſſus. Avant d'opérer laiſſez répoſer l'inſtrument, juſqu'à ce que l'eau ne balance plus, ayez même la précaution de couvrir avec du papier l'orifice des fioles, crainte que le vent ne cauſe quelque agitation à l'eau.

(*a*) On pourroit monter cet inſtrument ſur un genou qui ſerviroit à ſe retourner ſur tout ſens & à faire pluſieurs opérations ſans déplacer le niveau.

Pour opérer mettez-vous à quelque diſtance du niveau, comme à 3 ou 4 pieds, poſez l'œil, & alignez-vous ſur la ſurface de la liqueur compriſe dans les trois fioles, qui conduira votre rayon viſuel ſuivant lequel vous ferez arrêter un jalon ou une perche à la hauteur juſte. C'eſt ainſi que ſe dirige dans un nivellement la ligne de mire ou rayon viſuel. On fera tenir à la diſtance requiſe ces jalons ou perches par des hommes qui les hauſſeront ou baiſſeront, juſqu'à ce que le haut du carton ſe trouve juſte à cette ligne de mire. Ce carton ſera attaché & immobile au haut des perches, & ſera coupé à l'équerre: il faut, outre ce carton, en avoir encore un autre portatif attaché à un jalon pour le poſer dans les intervalles des perches, ſi le cas y échet, & quand le Niveleur a déterminé un point, on le marquera à fleur de ce carton avec de la craie blanche ou noire ſur les grandes perches. On peut encore ſe ſervir d'une double toiſe diviſée en pieds, pouces & lignes, ſuivant la maniére des Ingénieurs. Le carton alors coule le long d'une rénure faite dans le milieu du bois.

On proportionne la hauteur des jalons & des perches au lieu où l'on nivele; ſur le penchant d'une montagne on diminue à chaque ſtation en contre-bas la hauteur du pied de l'inſtrument, au lieu que dans un nivellement fait en plat pays on compte cette hauteur que l'on reporte ſur tous les jalons. Il faut toujours obſerver de partir d'un endroit déterminé, afin qu'on ſe puiſſe régler là-deſſus, & le pied de l'inſtrument ſera tenu de même hauteur dans toutes les ſtations, pour éviter l'embarras de ſouſtraire des élévations différentes. Une meſure de 4 pieds par tout convient aſſez. Les exemples ſuivans feront connoître toutes ces variétés.

Il y a encore pluſieurs choſes à remarquer touchant le tems propre à niveler, la maniére de ſe faire entendre en travaillant, l'uſage & la proportion des perches, jalons, piquets, c'eſt ce que l'on a déja trouvé dans les Chapitres II & III de la ſeconde Partie de ce Traité.

PREMIERE PRATIQUE.

Pour en venir à l'uſage de cette pratique, il faut ſuppoſer

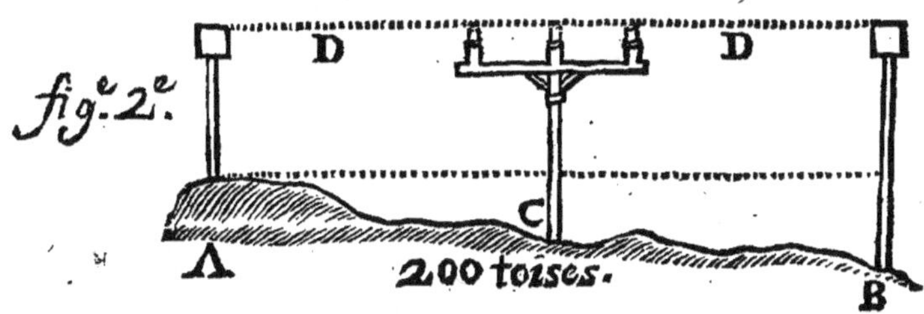

qu'on ait à faire un nivellement entre les deux points donnés *A* & *B* diſtans d'environ 200 toiſes. On a dit qu'il falloit toujours poſer le niveau à peu près dans le milieu des deux diſtances comme en *C*. Ayant établi & dirigé le niveau, faites poſer en *A* un jalon garni d'un carton qui y ſoit attaché, & faites le hauſſer ou baiſſer ſuivant la ſuperficie des liqueurs compriſes dans vos fioles, c'eſt-à-dire, juſqu'à ce qu'il ſe trouve juſte à la ligne de mire *D D*. Retournez-vous enſuite ſur l'autre terme du nivellement vers *B*, & poſez ce jalon de la même maniére que l'autre , enſuite meſurant celui des jalons dont la place eſt déterminée, tel qu'eſt celui *A* d'où vous êtes parti, prenez-en la hauteur depuis le pied juſqu'y compris la carte, laquelle eſt ici ſuppoſée de 4 pieds, & reportez ſur celui *B* la même meſure de 4 pieds en contre-bas. Si ce dernier a 7 pieds 9 pouces, la pente ſera de 3 pieds 9 pouces du point *A* à celui *B*.

SECONDE PRATIQUE.

On peut faire l'application de cette pratique pour niveler dans un Jardin la pente qui ſe trouvera d'un baſſin à une autre piéce d'eau qui en doit être fournie, c'eſt-à-dire, dont la décharge de ſuperficie du baſſin *A* fournit le jet du baſſin *B*.

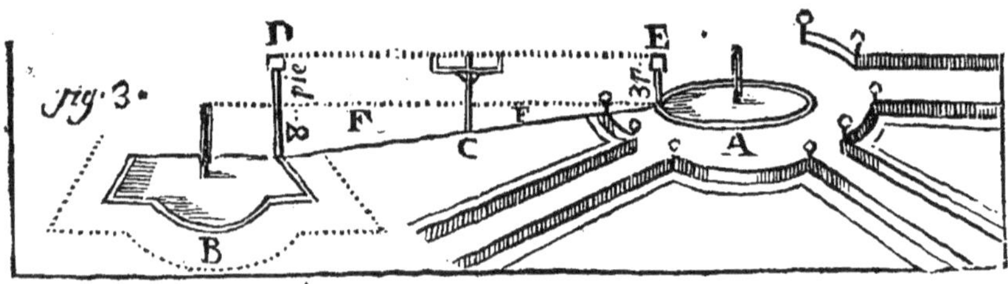

Vous poſerez l'inſtrument à peu près dans le milieu de ces deux diſtances comme en *C*, & le dirigeant vers les deux jalons *D* & *E* poſés à l'extrêmité de chaque baſſin, vous compterez la hauteur du jalon *E*, laquelle eſt ici ſuppoſée de 3 pieds, & celle du jalon *D* de 8 pieds. La différence qui ſera de 5 pieds donnera à peu près l'élevation du jet *B* ſuivant le coup de niveau *F F*.

Il arrive quelquefois qu'on ne peut établir l'inſtrument dans le milieu des deux termes du nivellement par différens obſtacles, alors on eſt obligé de poſer le niveau ſuivant ce qui va être expliqué dans cette troiſiéme pratique.

TROISIE'ME

TROISIE'ME PRATIQUE.

Niveler un terrein de six cens cinquante toises de longueur sur neuf pieds de pente, ce qui s'appelle un nivellement composé.

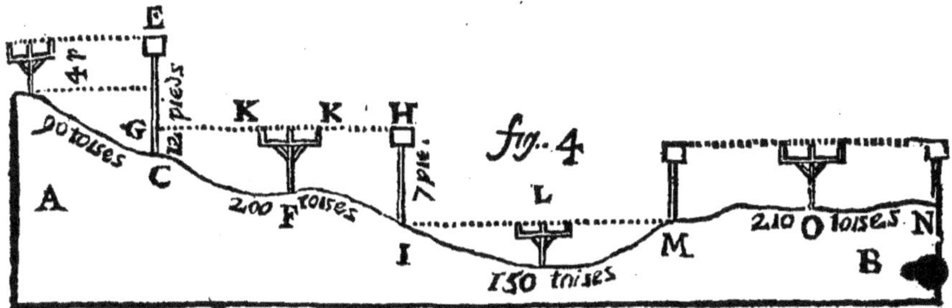

Soit à mesurer en plusieurs stations une grande distance, telle que celle de la montagne *A* en *B* avec la sujettion de commencer à l'extrêmité *A*; choisissez le chemin le plus commode & le moins inégal d'*A* en *B*; établissez le niveau au point *A*, & dirigez-le vers *B* où il sera bon de planter un jalon pour faciliter l'alignement. Faites tenir une perche à la distance d'environ 100 toises comme en *C*, supposé de 12 pieds de haut dont vous diminuerez la hauteur du pied du niveau jusqu'à la superficie de l'eau qui est de 4 pieds. Les 8 pieds restans seront l'élévation du point *A* sur celui *C*, transportez ensuite le niveau à pareille distance de *C*, c'est-à-dire à 100 toises par-delà comme en *F*, & dirigez-le sur la perche *E C* où vous marquerez en *G* avec de la craie le coup de niveau. Retournez-vous sur l'autre terme qui sera à 100 toises par-delà l'instrument, comme en *H*, & faites-y mettre la perche *I H* suivant la ligne de mire *K K*, & vous diminuerez en contre-bas les 4 pieds de la hauteur du niveau. Ainsi des 7 pieds qu'on suppose qu'a cette perche, il reste 3 pieds de baissement. On posera à la troisiéme station le niveau dans le milieu du ventre ou gorge *L* de 150 toises, & se retournant successivement sur les deux perches *I* & *M* qu'on aura eu soin de faire poser, on donnera deux coups de niveau qui se trouvant en cette occasion au pied des perches, ne donneront rien à compter, ni à diminuer du pied de l'instrument, parce qu'on suppose que les deux points *I* & *M* sont dans la ligne de mire. Reportez ensuite le niveau en *O* qui est le milieu du dernier alignement de

210 toiſes, vous donnerez deux coups de niveau ſur les perches poſées en *M* & *N*, & ayant diminué les 4 pieds de l'inſtrument ſur la perche *M* qui a 6 pieds, reſte pour 2, & ſur la perche *N* n'ayant trouvé que la hauteur même du niveau, il n'y a rien à compter; ainſi faiſant une table où ſeront marqués tous les hauſſemens dans une colonne & les baiſſemens dans l'autre, on trouvera à la premiere ſtation 8 pieds de baiſſement, trois à la ſeconde, rien à la troiſiéme, & à la quatriéme ſtation 2 pieds de hauſſement; ajoutez enſemble les hauſſemens, & faites une autre ſomme des baiſſemens, ſouſtrayez l'une de l'autre, c'eſt-à-dire, la petite de la grande, le reſte ſera leur différence qui ſera l'évaluation du point *A* ſur celui *B* qui eſt de 9 pieds ſuivant la table, ainſi une ſource trouvée ſur la montagne *A* qui ſera conduite en *B*, aura 9 pieds de pente.

TABLE

Baiſſemens.	*Hauſſemens.*	
8 pieds	2 pieds	11
3		2
11	2	9

Il n'eſt pas néceſſaire ici de ſe ſervir des tables du niveau apparent ſur le vrai, parce que le nivellement n'a pas été fait d'une ſeule opération, & que l'erreur eſt corrigée par les différentes ſtations de 100 toiſes en 100 toiſes, où l'on s'eſt retourné ſur chaque terme du nivellement.

Cette pratique eſt encore bonne pour niveler le cours d'une riviére dont on connoîtra aiſément la pente des eaux par tous les baiſſemens du niveau, ſi l'on ſuit ſon cours en deſcendant; ſi c'eſt en remontant, les hauſſemens du niveau feront le même effet en ajoutant toutes ces ſommes pour en avoir le total.

QUATRIE'ME PRATIQUE.

Il s'agit de connoître quelle hauteur aura un jet d'eau provenant d'une ſource trouvée ſur la montagne *A* où l'on a conſtruit un réſervoir, Fig. V. Soit le réſervoir *B* où l'on a ramaſſé des eaux que l'on veut conduire au bas de la montagne *C* pour y faire jouer un jet d'eau. Poſez le niveau aux bords du réſervoir *B*, établiſſez-le ſuivant ce qui a été dit ci-dessus, & pointez-le vers le bas *C*; faites tenir une perche

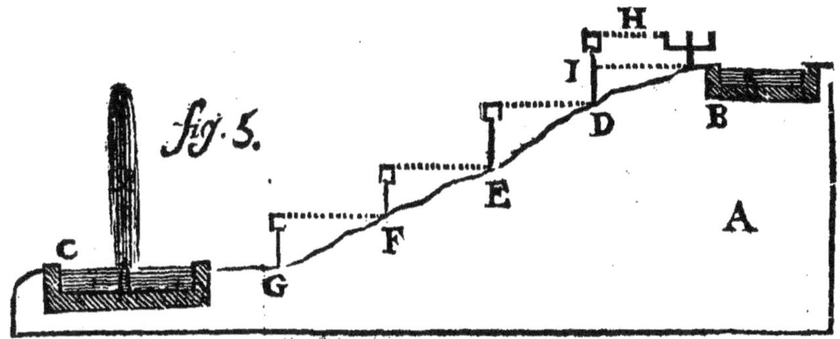

à quelque distance du niveau comme en *D*, en la faisant hausser ou baisser jusqu'à ce que le haut du carton se trouve juste à la ligne de mire *H*. Vous prendrez ensuite la hauteur qu'il y a depuis la superficie de l'eau du réservoir *B* jusqu'à la liqueur comprise dans les fioles que vous diminuerez & marquerez en contre-bas sur la perche *D*, en commençant par en haut; on comptera ce qui reste de *I* en *D* supposé ici de 6 pieds, ayez un papier où vous chiffrerez cette premiere station du nivellement & les autres suivantes; faites ôter cette perche, & à l'endroit *D* où étoit son pied, reportez le niveau que vous établirez pour la seconde opération, comme vous avez fait dans la premiére, & ensuite par plusieurs stations de *D* en *E*, d'*E* en *F*, d'*F* en *G*, vous viendrez à l'endroit *C* où doit être la fontaine jaillissante. Vous supputerez toutes les mesures chiffrées sur votre papier à chaque station, comme de *B* en *D* 6 pieds, de *D* en *E* 8 pieds, d'*E* en *F* 4 pieds 6 pouces, d'*F* en *G* 5 pieds; la diminution de la hauteur de l'instrument réglée à 4 pieds ayant été faite à chaque station, on aura, en ajoutant toutes ces sommes ensemble, 23 pieds 6 pouces pour la pente générale depuis le réservoir *B* jusqu'à la fontaine *C*.

Voici une pratique bien simple pour connoître la pente & la longueur du rempant d'une montagne dont on a souvent besoin pour sçavoir celle de la conduite. Toutes les lignes (*a*) horizontales *A A A A A* étant mesurées par stations vous donneront la longueur de la base *C D*, & les lignes verticales *B B B B B* étant aussi mesurées, vous donneront la hauteur *DE*. Si-tôt que vous connoissez ces deux longueurs *C D* &

(*a*) Voyez la Figure qui est à la page suivante.

DE, quarrez chacune de ces lignes selon ce qui est enseigné dans le Chapitre VI suivant, ajoutez les deux produits ensemble, & tirez la racine quarrée de leur somme suivant la méthode du même Chapitre,

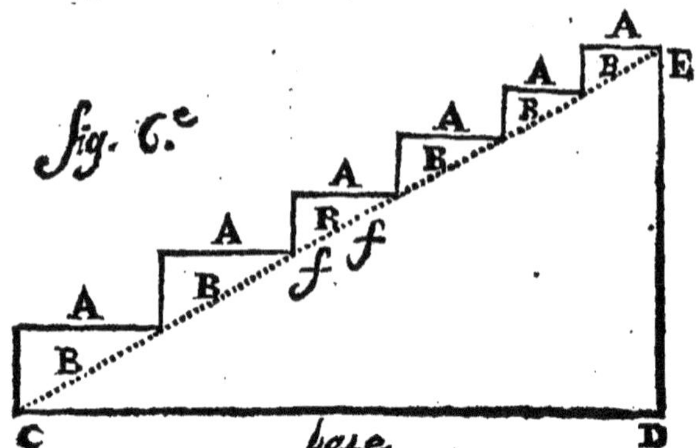

ce sera la longueur *FF* du rempant de la montagne que l'on cherchoit, laquelle devient (*a*) l'*hypothenuse* du triangle rectangle *CDE*; c'est une suite de la quarante-septiéme proposition du premier Livre des Elémens d'Euclide.

On sera sûr d'avoir bien nivelé un terrein proposé, lorsqu'en recommençant l'opération en sens contraire, on retrouvera les mêmes hauteurs & les mêmes mesures; ce qui fera juger si la source peut parvenir à l'endroit où l'on se propose de l'élever.

Il pourroit quelquefois arriver, que quoiqu'un nivellement fût exact, l'eau ne monteroit point à la hauteur requise après que la conduite sera posée, ce qui ne peut être attribué qu'aux frottemens causés dans les coudes & jarets des tuyaux, & dans les contrefoulemens inévitables dans les longues conduites.

(*a*) L'Hypothenuse dans un triangle rectangle est son plus grand côté opposé à l'angle droit.

CHAPITRE V.

DE LA METHODE DE JAUGER & de mesurer les eaux.

AVANT que de jauger, de mesurer les eaux & de les calculer, on doit sçavoir qu'il y a trois sortes de toises, la toise courante, la toise quarrée & la toise cube.

La toise courante est une longueur qui contient 6 pieds de Roi courans; chaque pied est divisé en 12 pouces courans, chaque pouce en 12 lignes courantes, & la ligne en (a) 12 points. Ces mesures ne varient jamais, mais la perche n'est pas de même, elle change en plusieurs Jurisdictions; elle vaut à Paris 18 pieds de long, en d'autres endroits 20, 22 pieds.

(a) Quelques-uns ne donnent à la ligne que 10 points, ou parties.

La toise quarrée est de 36 pieds, c'est-à-dire, en multipliant 6 pieds par 6, dont le produit est 36 pieds quarrés.

Le pied quarré est de 144 pouces quarrés, en multipliant 12 pouces par 12 dont le produit est 144.

Le pouce quarré est de 144 lignes quarrées, en multipliant 12 par 12 dont le produit est 144.

Le pied circulaire est de 144 pouces circulaires, en multipliant 12 par 12 dont le produit est 144.

Le pouce circulaire est de 144 lignes circulaires, en multipliant 12 par 12 dont le produir est 144.

Le pied cylindrique, qui est un solide, est la multiplication de la superficie d'un pied circulaire, contenant 144 pouces circulaires, par sa hauteur 12; ce qui donne 1728 pouces cylindriques.

Le pouce cylindrique est la multiplication de la superficie d'un pouce circulaire, contenant 144 lignes circulaires, par sa hauteur 12; ce qui donne 1728 lignes cylindriques.

La toise cube est la multiplication de la superficie de la toise quarrée, contenant 36 pieds quarrés, par sa hauteur 6; ce qui donne 216 pieds cubes.

Le pied cube est la multiplication de la superficie d'un pied quarré, contenant 144 pouces quarrés, par sa hauteur 12; ce qui donne 1728 pouces cubes.

Le pouce cube est de même la multiplication de la superficie d'un pouce quarré, contenant 144 lignes quarrées, par sa hauteur 12; ce qui produit 1728 lignes cubes.

Ces mesures établies, on connoît ordinairement la quantité d'eau que fournit une source par le moyen d'un instrument appellé *Jauge* construit de fer-blanc ou de cuivre, contenant une cuvette percée tout autour de plusieurs ouvertures circulaires garnies de petits tuyaux appellés *Canons* qui ont depuis un pouce jusqu'à 2 lignes de diamétre, avec chacun un couvercle attaché à une petite chaîne, lequel se tire ou se bouche suivant le besoin. Il y a de ces jauges faites en demi-cercle, d'autres en quarré long, & leur cuvette est ordinairement partagée par une cloison ou languette de la même matiére, ainsi que le font voir les Figures *A* & *B*.

Planche ** Les cloisons ou languettes qu'on pratique dans les cuvettes des jauges, sont faites plutôt de cuivre que de plomb, crainte des tromperies; celles qui sont placées entre la sortie de l'eau & la languette de la jauge, s'appellent languettes de calme, & sont soutenues par des liens de fer. Elles servent à calmer la surface de l'eau que le tuyau de la source amene avec impétuosité, & à empêcher qu'elle ne vienne en ondoyant vers la languette du bord où sont percés les orifices des jauges, ce qui interromproit le niveau de l'eau, augmenteroit sa force & par conséquent sa dépense. Ces cloisons ou languettes de calme ne touchent point au fond des cuvettes, elles ont environ 4 lignes de jour par en-bas pour que l'eau puisse remonter dans l'autre partie de la cuvette, & se communiquer de tous côtés.

Si la juge étoit sans canons, telle que la Figure *B*, elle seroit plus juste, parce qu'outre le frottement inévitable qui se fait dans l'épaisseur de la languette, elle a celui de chaque canon qui répand l'eau, ce qui retarde encore sa vîtesse. Cette jauge outre cela, ne comprend qu'un certain nombre d'orifices, & n'en donne point, par exemple, pour 5, 8, 15, 18 lignes, parce que ces mesures n'ont point de nombre quarré qui y réponde. De nouvelles expériences en donneroient certainement les orifices.

On fait entrer dans cette cuvette toute l'eau de la source, & ensuite on la vuide par ces ouvertures en levant ou fermant leurs couvercles, suivant l'abondance de la source: si elle fournit un tuyau bien plein, elle donne un pouce d'eau; si elle en remplit deux, elle fournit deux pouces, ainsi du reste. Quand elle ne remplit pas entiérement le tuyau d'un pouce, on ouvre le canon du demi-pouce, du quart, du demi-quart, & jusqu'aux plus petites mesures, s'il s'en trouve dans la jauge. Si c'est une jauge simple comme la Figure *B*, on met un tampon de bois dans l'ouverture d'un pouce, on le perce de celle d'un demi-pouce, d'un quart, ou de tant de lignes qu'on juge à propos, afin de connoître par parties ce que la source fournit exactement.

Il est quelquefois bien difficile de faire entrer dans la cuvette de la jauge une source dont la sortie est un peu basse, alors on ramasse l'eau dans un petit circuit de la terre même que l'on creuse au-dessous de la source, & que l'on soûtient avec des pierres & de la glaise en forme de regard, l'eau par ce moyen remonte un peu, & on la fait couler plus bas dans la cuvette pour la pouvoir mesurer.

Les Fontainiers ont un instrument *C* de fer-blanc ou de cuivre appellé *Quille* fait en pyramide, qui diminue par étages; sa base a 12 lignes, & elle dégrade d'une demi-ligne à chaque saut, de maniére que le plus petit terme de la division commence par une ligne $\frac{1}{2}$, le second est 2, ensuite 2 $\frac{1}{2}$, &c. ensorte que tous les termes ont pour différent un $\frac{1}{2}$. Ces nombres sont chiffrés sur vingt-trois séparations; les uns dénotent les diamétres des jauges, les autres marquent leurs superficies. Le manche qui soutient cette quille sert à la pouvoir manier, & à l'introduire dans l'ouverture des jauges de la cuvette, la pointe la premiére.

Cet instrument n'est point fait dans toute la rigueur géométrique, car, quoique les superficies des cercles soient entr'elles comme les quarrés de leurs diamétres, la dépense des eaux par les jauges circulaires, ne suit pas exactement ce même rapport, parce que les frottemens qui arrivent dans l'écoulement des eaux, font que la dépense d'une jauge qui a 3 lignes de diamétre, ou 9 lignes de sortie, ne donne pas précisément le $\frac{1}{4}$ de dépense de celle qui a 6 lignes de diamétre, ou 36 lignes de sortie, comme elle devroit faire, puisque la superficie de la premiére qui est 9 lignes, est le quart exactement de la seconde qui est 36 lignes. Enfin on a négligé dans les divisions portées sur la Quille, & qui expriment le rapport des superficies des jauges, quelques fractions qui ont été considérées comme de peu de valeur, & qui cependant produiroient quelque avantage à ceux qui ont acheté de l'eau : par exemple, 2 lignes $\frac{1}{2}$ multipliées par 2 lignes $\frac{1}{2}$ font 6 lignes $\frac{1}{4}$; & ne sont comptées sur l'instrument que pour 6 lignes. On en use ainsi dans plusieurs occasions pour la facilité du calcul, où ces restes sont ordinairement négligés : ces petites pertes sont réparées dans les fontaines de Paris par l'eau qui se trouvant souvent forcée d'une cuvette à l'autre, se porte en plus grande quantité qu'elle ne devroit dans les tuyaux de distribution.

On tient ordinairement l'eau dans la cuvette une ligne plus haute que les ouvertures des *canons*, ainsi il s'ensuit qu'elle doit être tenue 7 lignes au-dessus du centre de chaque tuyau. On bouche avec le doigt le trou circulaire du tuyau jusqu'à ce que l'eau soit montée une ligne au-dessus, ou bien on peut le boucher avec un bouchon de bois, ensuite le laisser couler pour juger de son effet. L'eau étant tenue une ligne au-dessus de ce trou, ou à 7 lignes de son centre (ce qui est le même) se trouve un peu forcée à la sortie, & le tuyau est entretenu bien plein. Ce niveau n'est pas toujours facile à maintenir dans une parfaite continuité : les sources diminuent, les machines ne fournissent pas également, surtout les moulins à l'eau dont le courant d'une riviére change sur le champ le produit. Si au lieu d'une ligne on faisoit monter l'eau de 2 ou 3 lignes au-dessus de l'orifice, elle seroit alors plus forcée, & dépenseroit beaucoup plus. Sur quoi on pourroit dire que les petites jauges étant plus éloignées par leur centre du niveau de l'eau, en doivent être plus forcées, & dépenser par conséquent à proportion plus que les grandes; mais les frottemens qui arrivent à ces petites jauges, empêchent qu'elles ne profitent si avantageusement de cette charge, cependant les sept expériences suivantes ont fait connoître qu'il passe moins d'eau par l'ouverture d'un pouce de 144 lignes circulaires que par 4 ouvertures d'un quart de pouce qui ont chacune 6 lignes de diamétre faisant 36 lignes circulaires.

Quelques Physiciens ont publié qu'il passe plus d'eau par un seul orifice circulaire d'un pouce de diamétre que par deux ouvertures d'un demi pouce chacune. L'ancien usage de distribuer

buer les eaux paroît même leur être favorable. Il disent, 1°. qu'il se fait plus de frottemens à proportion aux bords des petites ouvertures que dans les grandes, ce qui en doit diminuer la force, & par conséquent la dépense. 2°. Que les petits orifices ayant plus de circonférence à proportion que les grands, retardent plus la vîtesse de l'eau, eu égard à la quantité qui en devroit sortir, ils ont conclu de-là qu'une grande ouverture, telle que celle d'un pouce, dépensoit à proportion plus d'eau que deux d'un demi pouce, ou que quatre petites d'un quart de pouce chacune.

Deux raisons combattent ce qu'ils ont avancé: 1°. On remarque aisément, quand on jauge les eaux, qu'il se fait un frottement au-dessus du trou circulaire qui a un pouce de diamétre par le peu d'eau qui est au-dessus, qui n'est ordinairement qu'une ligne pour le forcer, & que l'abaissement que cette eau prend dans l'endroit de son écoulement plus que dans tout le reste de la cuvette, diminue la force, & retarde la vîtesse de l'eau; car les parties de l'eau voisines de celle qui coule ne suffisant pas, il est nécessaire qu'il en vienne d'autres de loin pour fournir celle qui coule, ce qui retarde encore cette vîtesse. On est donc obligé pour que le pouce d'eau soit forcé également, de tenir un peu forte la ligne au-dessus de son orifice jusqu'à lui donner souvent près de deux lignes, afin qu'il s'en trouve au moins une au-dessus de l'orifice du pouce où le niveau de l'eau est toujours plus bas, ce qui est essentiel à observer dans une expérience.

2°. L'ouverture de 6 lignes étant continuellement surmontée de 4 lignes, est toujours forcée également, & n'est nullement sujette aux retardemens que l'on vient d'indiquer, & qui arrivent à l'orifice d'un pouce: or cette charge entretenue continuellement rend la dépense uniforme. On doit faire la même application à l'orifice du demi pouce, du quart, du demi quart, du douziéme, du vingt-quatriéme & du trente-sixiéme du pouce.

De nouvelles expériences appuyées sur une (a) démonstration tirée des quarrés des ordonnées de la Parabole, ont fait connoître le contraire, & doivent convaincre l'esprit de cette vérité. Elles ont été faites dans une fontaine publique de Paris, nommée *Basfroy* dans le Fauxbourg S. Antoine en pré-

(a) Mariotte, Mouvement des eaux, p. 236. édit. de Paris 1700.

ſence du ſieur Sirebeau Fontainier de la Ville, d'un habile Horloger conduiſant une pendule à ſecondes, & de trois autres perſonnes deſtinées au ſervice de l'expérience. J'ai pris l'eau dans la cuvette publique où elle vient continuellement & aſſez également; je l'ai fait tomber par des ſyphons dans une jauge demi cintrée très-exactement diviſée, & dont tous les centres des canons ſont traverſés exactement par une ligne horizontale, & ſurmontés d'une autre ligne paralelle à 7 lignes au-deſſus deſdits centres. Cette jauge étoit montée ſur un trépied à la hauteur de la cuvette, & miſe de niveau avec l'inſtrument. L'eau du ſyphon tomboit dans le centre de la cuvette, de maniére que ſon flot étoit calmé par la cloiſon ou diaphragme qui eſt dans le milieu; & avant que de commencer l'expérience, l'eau a été entretenue quelques minutes de ſuite à la hauteur de la ligne qui ſurmonte les orifices des jauges, ainſi elle n'étoit forcée que d'une ligne au-deſſus, & a été rejettée par un *déverſoir*, quand elle s'eſt trouvée trop abondante. Un ſignal de la voix ſervoit à tout le monde pour opérer, quand la minute commençoit & quand elle finiſſoit, & l'eau qui ſortoit par le canon d'un pouce ayant coulée à terre quelques minutes de ſuite pour s'ajuſter avec l'obſervateur du niveau de l'eau & avec le commencement de la minute, a été reçue dans un baquet vuide qu'un homme a avancé au ſignal; elle y a coulé pendant l'eſpace d'une minute, à la fin de laquelle un autre homme a fermé exactement ce canon avec un tampon de bois. Enſuite on a meſuré avec des meſures exactes & vérifiées la quantité d'eau qui étoit dans le baquet abreuvé depuis deux jours.

La premiére expérience pour un pouce de ſortie donnant 144 lignes d'eau cylindriques, lequel a 12 lignes circulaires de diamétre, & ſon centre ſurmonté de 7 lignes, ou bien ſon orifice d'une ligne, ce qui eſt le même, a donné pendant l'eſpace d'une minute ou de 60 ſecondes, la quantité de 13 pintes $\frac{1}{2}$ d'eau meſure de Paris. Cette expérience comme fondamentale, a été réïtérée pluſieurs fois.

La ſeconde expérience pour un demi pouce de ſortie donnant 72 lignes d'eau cylindriques, lequel a 8 lignes $\frac{1}{2}$ de diamétre, & ſon cercle ſurmonté de deux lignes $\frac{3}{4}$ a donné pendant la même minute 7 pintes $\frac{1}{2}$, ce qui fait pour deux demi pouces joints ensemble 15 pintes qui excédent d'une pinte $\frac{1}{2}$ la valeur du pouce qui est de 13 pintes $\frac{1}{2}$: les deux demi pouces séparés sont donc plus forts que le pouce réuni.

La troisiéme expérience pour un quart de pouce donnant 36 lignes d'eau, lequel a 6 lignes de diamétre, & son cercle surmonté de 4 lignes, a donné pendant le même tems 15 demi septiers & un poisson valant 3 pintes 3 demi septiers & un poisson, ce qui fait 2 demi septiers de plus que le quart de la valeur du pouce à 13 pintes $\frac{1}{2}$ qui devroit être 3 pintes $\frac{1}{2}$ septier & un huitiéme qui est un poisson. Quatre mesures d'un quart de pouce étant réunies font 60 demi septiers & 4 poissons qui valent 15 pintes $\frac{1}{2}$, & sont plus fortes de deux pintes que les 13 pintes $\frac{1}{2}$ valeur d'un pouce réuni en une seule ouverture.

L'expérience d'un demi quart de pouce qui est le huitiéme du pouce, & qui donne 18 lignes d'eau, a été faite séparément, n'ayant point de place dans les jauges ordinaires, parce que le nombre 18 n'a point exactement son nombre quarré. On s'est servi d'un gobelet d'étain dans lequel on a percé un trou de 4 lignes $\frac{1}{4}$ de diamétre suivant un mandrin forgé & tourné avec toute la précision que l'on peut desirer, & l'orifice étant surmonté de 4 lignes $\frac{7}{8}$, a donné pendant une minute une pinte, une chopine & demi septier, lorsqu'il ne devoit donner, comme huitiéme d'un pouce, que la huitiéme partie de sa valeur qui est une pinte, une chopine & un poisson $\frac{1}{2}$.

La cinquiéme expérience est pour le douziéme du pouce donnant 12 lignes d'eau, lequel a 5 lignes $\frac{1}{2}$ de diamétre, & son cercle surmonté de 5 lignes $\frac{1}{4}$, il a dépensé pendant une minute une pinte & 3 poissons, & il ne devoit fournir, suivant le douziéme de 13 pintes $\frac{1}{2}$, qu'une pinte & un poisson.

La sixiéme expérience est pour le vingt-quatriéme du pouce, donnant 6 lignes d'eau, lequel a 2 lignes $\frac{1}{2}$ de diamétre, & son cercle surmonté de 5 lignes $\frac{3}{4}$, il a fourni dans une minute 3 demi septiers, & il ne devoit donner qu'une chopine & un demi poisson.

Enfin la septiéme expérience est pour le trente-sixiéme du pouce, donnant 4 lignes d'eau, lequel a 2 lignes de diamétre, & son cercle surmonté de 6 lignes: il a dépensé dans le même espace de tems 2 demi septiers, & il n'en devoit fournir qu'un demi septier $\frac{1}{2}$, parce que 13 pintes $\frac{1}{2}$ valeur du pouce, font 54 demi septiers dont le trente-sixiéme est 1 $\frac{1}{2}$.

Voici la figure des orifices de la jauge, tels qu'ils ont été choisis comme les principales parties du pouce, à l'exception du demi quart de pouce dont l'expérience a été faite séparément, comme ne se trouvant point dans les canons de la jauge ordinaire, la ligne *D E* passe exactement dans tous les centres des jauges, & elle est surmontée à 7 lignes de distance par la parallele *F G* qui détermine le niveau de l'eau de la cuvette. Il faut observer que cette eau ne soit pas plus forcée qu'elle le doit être, ce qui feroit varier l'expérience à l'infini. Les rayons ou demi diamétres y sont calculés ainsi que les lignes excédentes au-dessus de chaque orifice.

Fig. D E F G.

On voit par les calculs ci-dessus que les sept expériences ne se sont point démenties, & qu'elles prouvent certainement que le pouce d'eau séparé en petites ouvertures, donne toujours plus d'eau que quand il est réuni en un seul volume, malgré les frotemens qui surviennent aux bords des petites ouvertures.

On a observé que l'ouverture de 2 lignes de diamétre a fourni suffisamment, il n'y a que celle d'une ligne $\frac{1}{2}$ de sortie qui donne 2 lignes d'eau $\frac{1}{4}$ qui refuse de passer par la jauge, & c'est ce que j'ai remarqué dans deux fontaines différentes; cette mesure est très-rare, & ne fournit que des pleurs d'eau.

Ces expériences sont de si grande conséquence pour la distribution des eaux, qu'on ne doit point être étonné de l'étendue que l'on a donnée à leurs descriptions: leur détail étoit absolument nécessaire pour prouver que ce qu'on a crû jusqu'à présent qu'il passoit moins d'eau par quatre ouvertures d'un quart de pouce chacune, que par celle d'un pouce réuni, est sujet à erreur. Cette preuve sera d'une grande utilité à ceux qui auront quelque distribution d'eau à faire. Ils comptoient donner moins, & ils donnoient plus d'eau qu'il n'en appartenoit à chaque particulier.

Il faut donc convenir pour l'uniformité des expériences & des calculs suivans, que l'eau sera toujours tenue une ligne au-dessus de l'orifice d'un pouce, ou à 7 lignes de son centre, & alors on pourra compter suivant plusieurs expériences réitérées, que l'eau qui s'écoule par le trou circulaire d'un pouce, dépense pendant l'espace d'une minute 13 pintes $\frac{1}{2}$ mesure de

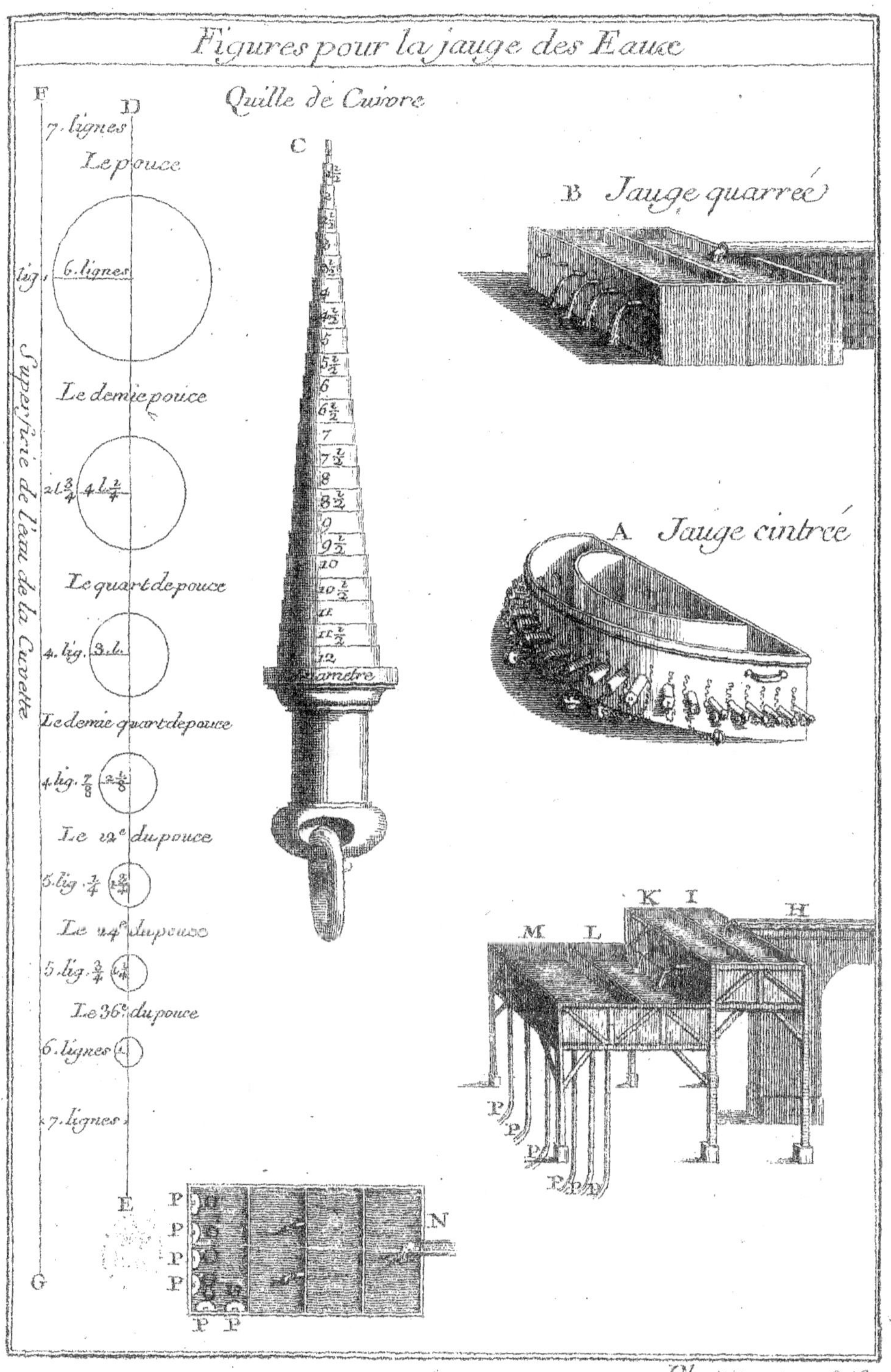
Figures pour la jauge des Eaux
Quille de Cuivre
C
B Jauge quarrée
A Jauge cintrée
F
D
7. lignes
Le pouce
lig.
6. lignes
Le demie pouce
2 l. 3/4
4 l. 1/4
Le quart de pouce
4. lig.
3. l.
Le demie quart de pouce
Le 12e du pouce
Le 24e du pouce
Le 36e du pouce
6. lignes
7. lignes
Superficie de l'eau de la Cuvette
Diametre
K I H M L
E N G
P P P P P P

Paris, ce qui donne par heure deux muids $\frac{3}{4}$ & 40 pintes, le pied cube étant de 35 pintes huitiéme du muid, & l'on aura par jour 69 muids 120 pintes sur le pied de 280 pintes le muid.

Si l'on vouloit connoître précisément ce que fournit d'eau dans un réservoir un tuyau d'un pouce de sortie pendant l'espace de 24 heures, on ne pourroit le sçavoir avec la même exactitude, parce que l'eau vient plus vîte quand la riviére est forte, & qu'elle augmente le jeu des pompes: de plus une source fournit tantôt plus, tantôt moins en certains tems, & même dans les fontaines de Paris, l'eau est souvent forcée d'une cuvette à l'autre, ainsi on ne connoîtra ces dépenses que par le calcul.

Le pouce quarré qui a 12 lignes en tous sens multiplié par lui-même, produit 144 lignes quarrées. Il est constant que le pouce circulaire contient également 144 lignes circulaires, parce que les surfaces des cercles sont entr'elles comme les quarrés de leurs diamétres, cependant le pouce circulaire est toujours plus petit que le quarré, à cause des quatre angles; l'usage est de diminuer le quart de 144 lignes pour avoir la proportion du pouce quarré au pouce circulaire, ce qui est trop, puisque par la proportion du quarré au cercle donnée par Archimede, laquelle est de 14 à 11, on trouve dans la superficie du pouce quarré de 144 lignes celle du pouce circulaire qui est 113 lignes 2 points, au lieu qu'ôtant le quart de 144 qui est 36, il ne reste que 108. Ce même pouce circulaire qui donne en une minute 13 pintes $\frac{1}{2}$ d'eau mesure de Paris, en donneroit, étant quarré, près de 18 pintes même mesure, ce qui est une vraie perte pour le Public.

Si les jauges qui déterminent la dépense des eaux étoient quarrées au lieu qu'elles sont rondes, il y auroit moins de difficulté d'en calculer la dépense & de les distribuer. Il est aisé de concevoir une ouverture rectangulaire qui auroit 36 lignes de base sur 4 lignes de hauteur: on voit qu'en multipliant 4 par 36, il viendra 144 lignes quarrées qui sont la valeur du pouce quarré. Pour avoir de même 4 lignes d'eau qui est une des plus petites jauges, la base aura une ligne sur la même hauteur 4, ainsi des autres.

Si l'on donnoit cette figure rectangulaire aux orifices des jauges grandes & petites, pourvû qu'elles fussent situées sur la même base & surmontées toujours d'une ligne d'eau au-dessus de leur orifice, elles seroient chargées également par tout, & l'eau étant distribuée plus réguliérement, les particuliers y gagneroient, & ils perdroient proportionellement chacun suivant leurs jauges, dans les diminutions d'eau qui sont inévitables.

Un usage consacré par le long tems a prévalu. C'est de vendre l'eau au pouce circulaire sur le pied de 200 livres la ligne circulaire. Cette somme multipliée par 144 lignes contenu du pouce, le fait valoir 28800 liv. Ces mesures sont déposées au Greffe de la Ville de Paris, toutes les concessions sont faites sur ce pied-là, & il se trouveroit de grandes difficultés à en réformer la pratique, ce qui ne pourroit même se faire que par l'autorité du Prince ou du Magistrat.

On a préféré de donner aux tuyaux la forme circulaire à toute autre figure, parce que la circulaire n'ayant point d'angles, est moins sujette aux frottemens & moins exposée à se détruire. Les jauges au contraire devroient être quarrées, parce que quand on voudra les assujettir à des dépenses extraordinaires, il sera plus aisé de les regler en les élargissant sur les côtés, sans jamais toucher à leur hauteur. Mais il est à remarquer que quelque exactitude que l'on puisse apporter dans la maniére de jauger, on ne parviendra jamais à connoître la véritable dépense des eaux que par des expériences réïtérées qui pourroient servir à la construction de nouveaux instrumens plus exacts & plus étendus pour toutes sortes de jauges : on ne s'est même servi dans les expériences ci-dessus des instrumens ordinaires, qu'on n'approuve nullement, que parce qu'ils sont en usage, & qu'il n'y en a pas de meilleurs.

On fait à Londres la distribution de l'eau bien plus commodément qu'à Paris, mais on oblige chaque maison d'en acheter. Il passe de gros tuyaux de bois des deux côtés des rues & le long des maisons, l'on n'a qu'à tirer une branche de plomb d'un diamétre proportionné à l'eau qui doit être fournie, & la recevoir dans son réservoir. Il est vrai que l'eau ne vient point continuellement comme à Paris, on ne la donne que deux fois la semaine, & c'est de l'eau sallée de la Tamise sur laquelle sont construits des moulins qui la portent à de grands réservoirs hors la Ville. La bonne eau à boire est rare & chere, surtout celle de Bristol dont la bouteille revient à 12 sols monnoie de France.

L'eau, suivant ce qui vient d'être dit, n'est point également distribuée à Paris, elle est souvent plus ou moins forcée qu'elle ne devroit être, quand la riviére reçoit des crues d'eau, le niveau est inégal dans plusieurs fontaines, souvent arbitraire, & l'on n'y voit point de ligne horizontale tracée au-dessus des ouvertures des jauges, dont les petites perdent beaucoup auprès des grandes qui en emportent la nourriture, parce que l'eau vient de tous côtés à l'endroit où il se fait le plus de mouvement. On devroit donc tenir les ouvertures des jauges un peu éloignées les unes des autres, afin qu'elles ne se confondissent pas, & mettre dans le même bassinet les fortes avec les fortes, & les petites jauges ensemble dans d'autres bassinets. Ce voisinage fait qu'un (*a*) Concessionaire qui aura 9 lignes d'eau à prendre à côté de deux jauges d'un demi pouce chacune, n'en aura au plus que 4 lignes.

(*a*) C'est le nom qu'on donne à ceux qui achetent de l'eau de la Ville.

On auroit trouvé ici la distribution de la cuvette de la Pompe Notre-Dame, de la Fontaine Sainte Catherine & des principales Fontaines de Paris, lesquelles distribuent l'eau à plusieurs Couvens & Maisons particuliéres, si elles n'étoient pas rapportées dans l'Architecture Hydraulique; ainsi nous nous retrancherons à donner la maniére de partager une source à six Particuliers.

Fig. *H.*

Soit la source *H* conduite par un aqueduc, & tombant dans la cuvette *I* dont la cloison *K* arrête le flot de l'eau, elle fournit par des canons d'un pouce chacun, deux pouces d'eau dans la cuvette de distribution *L* où il y a pareillement la cloison de calme *M*: dans l'autre partie de la cuvette on a pratiqué six bassinets pour distribuer à chaque particulier la quantité d'eau qu'ils doivent avoir: par exemple, un pouce au premier, un demi pouce au second, un quart au troisiéme, 25 lignes au quatriéme, 9 lignes au cinquiéme, & 2 lignes au dernier. L'eau tombera de la cuvette dans les bassinets par des jauges percées en rond tout autour avec une ligne horizontale tirée exprès pour en régler le niveau; la jauge d'un pouce aura 12 lignes de diamétre, celle d'un demi pouce 8 lignes $\frac{1}{2}$, d'un quart de pouce 6 lignes, la quatriéme jauge qui donne

25 lignes d'eau, aura 5 lignes de diamétre; celle de 9 lignes aura 3 lignes, & la derniére qui ne doit fournir que 2 lignes d'eau, aura une ligne $\frac{1}{2}$; ce qui compose en tout la dépense des deux pouces qu'apporte la source H. L'eau descendra des (a) bassinets *O O O O O O*, par les six conduites ou tuyaux *P P P P P P*, & ira se rendre chez chaque particulier.

(a) Fig. N.

Quand il y a un plus grand nombre de Concessionnaires, on est obligé d'en mettre plusieurs dans les mêmes bassinets, & c'est alors que les grosses jauges altérent beaucoup les petites. A ceux qui auront 4 lignes, 6 lignes, 9 lignes, 12 lignes, on leur distribuera la quantité qui leur est dûe par le moyen de la Quille dont on a vû la figure ci-dessus: on bouche le trou de la jauge de maniére qu'il n'y passe pas une goutte d'eau; on fait suivre le doigt pour marquer l'endroit où l'on s'arrête, & retirant la Quille sur le champ, on connoît si la mesure est exacte. On a déja dit qu'on ne pouvoit distribuer 5 lignes, 8 lignes, 15, 18 lignes, parce qu'il n'y a point de nombre quarré qui y réponde. Il faut donc prendre garde en achetant de l'eau, de demander un nombre de lignes qui contienne son quarré exactement, comme de 4 lignes qui sont 2 fois 2, 6 lignes qui sont 2 $\frac{1}{2}$ par 2 $\frac{1}{2}$, 9 lignes qui sont 3 fois 3, 12 lignes qui sont 3 $\frac{1}{2}$ par 3 $\frac{1}{2}$; sinon le Fontainier prend le nombre quarré qui approche le plus près de celui que vous demandez, en cavant toujours au plus foible, & le Concessionaire n'y trouve point son avantage. On doit encore remarquer que deux lignes d'eau qui ont une ligne $\frac{1}{2}$ de diamétre, ont bien de la peine à passer, parce qu'il se fait trop de frottement à la languette, ainsi il faut au moins acheter quatre lignes d'eau qui ont 2 lignes de diamétre.

Quand une cuvette reçoit différentes eaux, comme de l'eau de source & de riviére, on sépare la cuvette par une forte cloison de cuivre, & l'eau se reçoit & se distribue séparément, & même dans un besoin elle peut se mêler par des raccordemens de tuyaux qui communiquent aux différens bassinets.

On jauge l'eau que fournit une pompe à bras, à cheval, un moulin, en faisant tomber l'eau de la nappe que fournit le tuyau montant, dans la cuvette de la jauge, & la quantité de pouces qui tombera dans le réservoir pendant l'espace d'une minute, fera connoître ce que produit la machine.

On

On connoît encore par la jauge la quantité d'eau que fournit un ruisseau ou une petite riviére en la maniére suivante : arrêtez-en le cours par une digue ou batardeau construite de clayonnage avec des pierres & de la glaise, & ajustez sur le devant une planche percée de plusieurs trous d'un pouce de diamétre chacun avec des tuyaux de fer-blanc du même calibre, & posez sur une même ligne. Cette digue arrêtera toute l'eau du ruisseau qui sera contrainte de passer par les trous de la planche, & les tuyaux vous feront connoître combien de pouces le ruisseau fournit en un certain tems.

Si l'on ne peut réunir dans un batardeau l'eau d'un ruisseau, ou d'une petite riviére, il faut commencer par connoître la vîtesse de son courant, à laquelle on parviendra en déterminant sur les bords une base à discrétion, comme de 20 toises ; on prend ensuite un morceau de bois ou une boule de cire garnie en dedans d'un petit caillou pour la rendre plus pesante, & on la pose doucement sur l'eau dans un jour peu venteux ; & par le moyen d'une pendule à secondes, on sçait combien de tems la boule entraînée par le courant a été à parcourir le même espace de 20 toises : si la boule a été 30 secondes, moitié d'une minute, dans sa course, ce seront 20 toises ou 120 pieds en 30 secondes, & 4 pieds par seconde ; vous multiplierez cette vîtesse de 4 pieds par la largeur du ruisseau qu'on suppose ici de 12 pieds, ce qui donnera 48 pieds quarrés par seconde pour la superficie du canal. Prenez la profondeur de ce canal, par exemple de 2 pieds qui en multipliant les 48 de la superficie, vous donneront 96 pieds cubes pour la solidité de l'eau qui s'écoulera dans l'espace d'une seconde. Ces 96 pieds cubes multipliés par 35 pintes valeur du pied cube, font 3360 pintes qui s'écouleront par seconde.

Enfin pour sçavoir combien 3360 pintes font de pouces d'eau, multipliez les 3360 pintes par 60 secondes valeur d'une minute, ce qui produira 201600 pintes que vous diviserez par 14, parce qu'un pouce d'eau fournit environ 14 pintes dans l'espace d'une minute, il viendra pour quotient 14400 pouces d'eau que fournira le canal par minute. Si l'on vouloit sçavoir combien il y a de muids d'eau, on divisera les 3360 pintes par 288, valeur du muid, & le quotient donnera 11 muids $\frac{1}{2}$, & 48 pintes en une minute.

S'il s'agissoit de l'eau d'un aqueduc, on prend une longueur à volonté, comme de 20 pieds, on la fait parcourir par la boule de cire, en examinant suivant la pendule à secondes, combien elle a été de tems à parcourir cette longueur. Ensuite on prend la largeur de l'auge de l'aqueduc que l'on multiplie par l'espace parcouru par la boule en tant de tems que l'on réduira à tant par secondes, & ce produit sera multiplié par la hauteur de l'eau qui passe dans l'aqueduc. Ce produit donnera des pieds cubes qui multipliés par 35 pintes valeur du pied cube, donneront un certain nombre de pintes qui sera encore multiplié par 60 secondes valeur d'une minute, ce qui produira le nombre de pintes qui se seront écoulées dans l'espace d'une minute, lesquelles vous diviserez par 14 pintes produit du pouce d'eau par minute, le quotient sera le nombre de pouces que fournit l'eau de l'aqueduc par minute.

Comme il est assez difficile de déterminer exactement la vîtesse de l'eau d'un canal ou d'une riviére, parce que d'une part l'eau ne va pas exactement vîte par tout, & que celle de son fond qui devroit avoir la plus grande vîtesse, devient la moindre à cause des frottemens occasionnés par le sable, les pierres & les herbes qu'elle rencontre; d'un autre côté l'eau qui est à la superficie coule moins vîte qu'elle ne devroit couler, parce qu'elle est arrêtée par les vagues & les vents, de maniére qu'on peut dire que sa vîtesse moyenne ou sa plus grande doit être prise entre ces deux extrêmités, ce qui a occasionné d'inventer une nouvelle machine infiniment plus juste que la boule de cire, & plus commode, surtout pour les grandes riviéres dont il s'agit de mesurer le courant. Dans l'un des deux tuyaux de verre qui la composent, fait en entonnoir & plongé à l'opposite du courant, l'eau est contrainte de monter au-dessus de sa surface à la hauteur relative à la fôrce du courant, & cette hauteur, qui est sa vraie vîtesse, & qui doit être regardée comme seroit celle d'une chûte qui feroit remonter l'eau à sa hauteur, est marquée en pieds & en pouces sur une des tringles du chassis de la (*a*) machine.

On ne peut être trop exact à jauger & à mesurer les eaux pour connoître parfaitement leur dépense & les distribuer aux différentes fontaines qu'on se propose de construire: c'est le principe de tous les calculs que demandent les formules qui vont suivre.

(*a*) Voyez les Mémoires de l'Acad. des Sciences, an. 1732. p. 363. par M. Pitôt, de la même Académie.

CHAPITRE VI.

DE LA METHODE DE CALCULER la dépense des eaux, leur vîteße, leur élévation, leur poids.

IL faut au moins que le Lecteur soit instruit des quatre premiéres regles de l'Arithmétique pour pouvoir calculer la dépense des eaux, & qu'il sçache ce que c'est que raison & proportion.

Une raison ou rapport, ce qui est la même chose, est la comparaison que l'on fait d'une quantité avec une autre de même espéce ; on entend par quantité ou grandeur, tout ce qui peut être augmenté ou diminué.

Une raison est composée de deux termes, dont le premier s'appelle antécédent, & le second conséquent. L'antécédent est la quantité qui est comparée à une autre, & le conséquent est la quantité à laquelle l'antécédent est comparé, comme le nombre 6 comparé à 3 ; 6 est le terme antécédent, & 3 est le terme conséquent.

On peut comparer une raison avec une autre pour sçavoir si elle lui est égale, plus grande ou plus petite.

Il y a deux maniéres de faire une comparaison ; l'une en examinant combien une grandeur est contenue dans une autre, ce qui fait le rapport Géométrique ; l'autre en observant combien une grandeur est surpassée par une autre, qui est le rapport Arithmétique.

Une proportion est la comparaison de deux raisons égales ou l'égalité de deux raisons ; au lieu qu'une raison n'est que la comparaison de deux quantités.

Il y a deux sortes de proportions, la Géométrique & l'Arithmétique ; on ne parlera ici que de la Géométrique qui se subdivise en simple & en composée. La simple ne comprend jamais que quatre termes, au lieu que la (*a*) composée en ren-

(*a*) On n'expliquera point la proportion composée, parce qu'on n'en fera point usage dans ce Chapitre.

ferme plusieurs qui se réduisent toujours à quatre termes. Quand la proportion n'est point indiquée, elle est toujours censée Géométrique.

On marque la proportion en la maniére suivante 2, 6 :: 8, 24. Le premier & le dernier terme, ou les chiffres qui sont aux extrêmités, se nomment extrêmes; le second & le troisiéme placés dans le milieu, s'appellent moyens. Si les termes moyens sont exprimés par la même quantité, cette grandeur sera dite moyenne proportionnelle, comme dans l'exemple qui suit 2, 6 :: 6, 18. La quantité 6 est appellée moyenne proportionnelle. Cette proportion se peut encore appeller continue.

Une propriété essentielle de la proportion Géométrique est que le produit des extrêmes soit égal au produit des moyens. Dans cette proportion 12, 6 :: 14, 7., en multipliant 12 par 7 on aura pour produit 84 qu'on retrouve de même en multipliant 14 par 6. De cette propriété si connue suit le fondement de la regle de Trois, appellée par excellence REGLE D'OR. Cette regle enseigne la maniére de trouver par le moyen de trois termes connus, un quatriéme terme inconnu qui leur doit être proportionnel, & que l'on a coûtume de représenter par une lettre telle que x ou y. en cette maniére 12, 6 :: 14, x. En multipliant les deux termes moyens 6 & 14 l'un par l'autre, & divisant leur produit 84 par le premier terme 12, on aura au quotient le quatriéme inconnu 7 qui est le terme cherché, & l'on écrira ainsi la proportion, 12, 6 :: 14, 7, c'est-à-dire, 12 est à 6 comme 14 est à 7.

Souvent, sans être obligé de faire une regle de Trois qui est toujours sous-entendue, on se contente de multiplier les deux termes moyens l'un par l'autre, lorsque l'unité est au premier terme. Alors la regle de Trois se réduit à une simple multiplication.

Il y a plusieurs sortes de raisons dont on n'examinera que celles qui conviennent au sujet que l'on traite, telle qu'une raison doublée, une raison soudoublée qu'il faut bien prendre garde de confondre avec une raison double ou soudouble.

On dira que la raison de 12 à 3 est double de celle de 6 à 3, parce que la raison de 12 à 3 est 4, qui est double de la raison de 6 à 3 qui est 2. Au contraire la raison de 6 à 3 est soudouble de celle de 12 à 3, parce que la raison de 6 à 3 est 2 qui est moitié de celle de 12 à 3 qui est 4, & que 2 est moitié de 4. Il en est de même d'une raison triple, soutriple, quadruple, souquadruple, quintuple, sextuple, multiple, &c.

On aura besoin dans les pratiques suivantes de quarrer un nombre, ce qui n'est autre chose que de le multiplier par lui-même. Quarrer le nombre 6, c'est multiplier 6 par 6, ce qui donne 36 pour quarré, & 6 est la racine du quarré 36. Cette définition se tire de la Géométrie, parce que tout quarré a sa hauteur égale à sa base.

Il sera encore nécessaire dans les mêmes pratiques de chercher une moyenne proportionnelle entre deux nombres donnés qu'on trouvera en multipliant l'un par l'autre les deux termes proposés : par exemple, 52 & 72 multipliés l'un par l'autre, & de leur produit 3744 tirez la racine quarrée qui sera 61 $\frac{1}{6}$ qui sera la moyenne proportionnelle.

Il est à remarquer que quand il s'agit d'un nombre, on ne peut avoir sa racine que d'une maniére approchée, au lieu que si les deux grandeurs proposées sont deux lignes, il est toujours possible de les trouver exactement, & leur racine alors s'appelle le côté du quarré.

Quoiqu'on puisse se dispenser de donner ici la maniére d'extraire la racine quarrée en renvoyant aux livres d'Arithmétique, cependant pour la facilité du Lecteur, on la donnera d'une maniére encore plus simple que celle dont les Géométres se servent ordinairement.

Quand les quarrés ne sont composés que de deux chiffres, il ne faut point de calcul, & l'on n'a qu'à suivre cette table qui va jusqu'à 100.

Quarrés,	1.	4.	9.	16.	25.	36.	49.	64.	81.	100.
Racines,	1.	2.	3.	4.	5.	6.	7.	8.	9.	10.

Cette table expose les racines sous leurs quarrés : par exemple, la racine de 64 est 8, celle de 36 est 6, ainsi des autres; mais quand les nombres sont composés de plusieurs chiffres, il faut nécessairement un calcul. On veut tirer la racine quarrée du nombre 1522 : il faut commencer par couper ce nombre par tranches de droite à gauche, en disant le plus grand quarré qu'il y ait en 15 est 9, donc la racine est 3, vous écrivez 3 au (a) quotient, & aussi dans la premiére

15|22 } 3
3 }

(a) On s'est servi pour la

tranche sous le nombre 15, vous multiplierez & soustrairez; comme on fait à la division, en disant 3 fois 3 font 9 de 15 reste 6 que vous écrirez au-dessus, en barrant les chiffres de l'opération à chaque tranche. Pour trouver un diviseur à la seconde tranche, (*a*) il faut doubler le nombre qui est au quotient & l'écrire à chaque tranche, ainsi que les autres nombres que vous y ajouterez. Il y a 3 au quotient, vous le doublerez & écrirez 6 à la seconde tranche, en disant en 62 combien de fois 6, il y est neuf fois, & il reste 8, vous écrirez 9 au quotient, ainsi que dans la seconde tranche; vous direz ensuite 9 fois 9 font 81, dont 9 est la racine exacte, vous emprunterez 8 pour faire 82, & il restera 1, & vous retiendrez 8 en disant 9 fois 6 font 54, & 8 de retenu font 62, & ce nombre étant exactement contenu sans reste, vous mettrez au-dessus un 0; ensuite l'opération étant finie, vous effacerez toutes les figures, & il restera 1, & la racine quarrée 39 sera exacte à 1 près qui sera une fraction que vous négligerez ainsi que dans les opérations suivantes, à moins que vous ne les puissiez réduire au tiers, au quart, ou à la moitié, & quand cela ira aux deux tiers, aux trois quarts, vous mettrez au quotient un entier, parce qu'il faut toujours dans les fractions caver au plus (*b*) fort. S'il y avoit eu plusieurs tranches, on auroit continué la même opération en négligeant les restes.

66|1	
1522	39
36 9	

La preuve de la racine quarrée est de multiplier la racine par elle-même, & d'ajouter au produit ce qui se trouvera de reste à la racine, comme ici 39 par 39, ce qui fait 1521, & ajoutant 1 qui est resté à la racine, on retrouvera le même nombre 1522. S'il restoit quelque nombre après l'opération, & qu'on voulût l'approcher le plus près du quarré, il faut doubler la racine 39, plus 1 qui donnera 79 dont il faudra soustraire le nombre qui est resté qui est 1, le reste sera 78 qu'il faut ajouter au nombre proposé de 1522, & il viendra pour somme 1600, dont il faut extraire la racine 40 qui sera la racine totale du nombre proposé 1522 & quelque chose de plus.

```
  39
  39
 ----
 351
117
 ----
1521
   1  de reste
 ----
1522  preuve
```

Il reste à expliquer ce que c'est que raison doublée & soudoublée.

facilité, au lieu du mot de racine, de celui de quotient.

(*a*) Lorsque vous doublez le nombre qui est au quotient pour trouver un diviseur à la seconde tranche, & que ce nombre n'est point contenu dans le chiffre du haut, il faut écrire un 0 au quotient, & passer aux autres chiffres.

(*b*) Quand dans l'extraction d'une racine quarrée il viendra au quotient le nombre 23, 24, au lieu de prendre au-dessous de ce nombre, suivant la regle, le plus grand quarré qui est 16; comme ce nombre 23 & 24 est très-près de 25, on prendra le quarré 25 dont la racine est 5, & l'objet n'en fera guére plus grand.

Une raison doublée est le produit ou la multiplication de deux raisons égales ; en multipliant 2 par 3, on aura 6, & multipliant 8 par 12, on aura 96. On dira alors que 6 à 96 forme une raison doublée, parce qu'elles sont toutes deux formées de deux rapports égaux. On trouvera la même raison doublée en prenant le quarré des nombres 2 & 8 qui sont 4 & 64, parce que 6 est contenu 16 fois dans 96, comme 4 dans 64. On pourroit aussi quarrer les nombres 3 & 12 qui sont 9 & 144, ce qui opéreroit la même chose, parce que 6 est contenu 16 fois dans 96, comme 9 dans 144. Ainsi les quarrés sont en raison doublée de leurs racines. Ceci doit s'entendre des raisons triplées, quadruplées, &c.

$$\frac{2}{8} \quad \frac{3}{12} \quad \Big| \quad \frac{6}{96}$$

Une raison soudoublée de deux grandeurs est celle des racines quarrées de ces mêmes grandeurs, comme la raison soudoublée de 9 à 16 est celle de 3 à 4, parce que 3 est racine de 9, & 4 est racine de 16.

Tous ces principes établis, il faut passer aux regles générales, dont on a tiré les formules suivantes.

Il est essentiel de remarquer que les racines quarrées des hauteurs des jets ou des réservoirs sont souvent prises chez les auteurs pour les vîtesses mêmes, & les vîtesses pour les dépenses ; ainsi l'on peut prendre quand on voudra, au lieu des vîtesses, les racines des hauteurs, & les vîtesses pour les dépenses. Cette raison a fait supprimer la formule pour calculer la vîtesse des eaux qui est la même que celle qui regarde leur dépense.

L'élévation ou la hauteur des jets dépend de celle des réservoirs & de la proportion des ajutages avec les tuyaux de conduite. Quoique l'expérience dans les vaisseaux & syphons ait fait connoître que l'eau cherche toujours à se mettre de niveau, elle ne produit pas le même effet dans les eaux jaillissantes qui retardées par les frottemens, les étranglemens & la resistance des milieux, ne montent jamais aussi haut que les réservoirs d'où elles partent.

HAUTEUR OU ELEVATION DES JETS.

Les jets d'eau de même sortie & conduite avec différentes hauteurs de réservoir, font équilibre avec des poids qui sont l'un à l'autre en la raison des hauteurs. Deux jets de 6 lignes de diamétre ayant une même conduite de 3 pouces dont l'eau vient d'un réservoir de 10 pieds de haut, & l'autre d'un de 30 pieds, feront équilibre avec un poids de 105 ℔ pour le jet venant de 30 pieds & de 35 ℔ pour celui de 10 pieds ; c'est-à-dire, que 30 contient 3 fois le nombre 10, comme 105 comprend 3 fois 35.

Les jets d'eau de même hauteur & de différentes sorties soutiennent des poids par leur choc qui sont l'un à l'autre en raison doublée des diamétres des ajutages. Un jet de 6 lignes de diamétre, & l'autre de 12 lignes venant tous deux d'un même réservoir de 30 pieds de haut, feront équilibre avec un poids de 36 ℔ pour le jet de 6 lignes, & pour celui de 12 lignes avec un poids de 144 ℔, & l'on dira le poids correspondant à l'ajutage de 6 lignes sera au poids correspondant à l'ajutage de 12 lignes, comme 36 est à 144.

PREMIERE FORMULE.

Connoître la hauteur des réservoirs par rapport à celle des jets jusqu'à 100 pieds de haut.

L'expérience a fait connoître qu'un jet venant d'un réservoir de 5 pieds de haut, montoit un pouce moins, & qu'il falloit compter la hauteur des jets de 5 pieds en 5 pieds, & prendre le quarré du nombre de fois que 5 sera contenu dans cette hauteur, ce qui vous fera connoître celle que doivent avoir les réservoirs, pour que les jets conservent la hauteur qui est proposée. Par exemple, dans un jet de 20 pieds de haut il y a 4 fois 5. On prendra le quarré de 4 qui est 16 qui seront des pouces que l'on écrira à la suite des 20 pieds ; ainsi ce jet, pour conserver sa hauteur de 20 pieds, demande un réservoir de 20 pieds 16 pouces, ou 21 pieds 4 pouces de haut, de sorte que le jet qui partira d'un réservoir de 20 pieds, ne montera pas 20 pieds ; & pour y parvenir, il faudra donner au réservoir 21 pieds 4 pouces de haut. La table suivante fait connoître ces hauteurs jusqu'à 100 pieds. On suppose la grosseur de la conduite proportionnée à la sortie de l'ajutage, & l'on ne considére ici que les hauteurs.

TABLE

TABLE.

Hauteur des Jets.	*Hauteur des Réservoirs.*			
5	5 pieds	1 pouce		
10	10	4		
15	15	9		
20	20	16		
25	25	25		
30	30	36	ou	33 pieds ou 396 pouces
35	35	49		
40	40	64		
45	45	81		
50	50	100	ou	58 pieds 4 pouces
55	55	121	ou	65 pieds 1 pouce
60	60	144	ou	72 pieds ou 864 pouces
65	65	169	ou	79 pieds 1 pouce
70	70	196	ou	86 pieds 4 pouces
75	75	225	ou	93 pieds 9 pouces.
80	80	256	ou	101 pieds 4 pouces
85	85	289	ou	109 pieds 1 pouce
90	90	324	ou	117 pieds
95	95	361	ou	125 pieds 1 pouce
100	100	400	ou	133 pieds 4 pouces.

La hauteur des jets eſt bien plus difficile à déterminer par rapport à celle des réſervoirs, parce que plus les jets ſont élevés, plus ils trouvent de réſiſtance dans l'air, au contraire moins ils ſont élevés, moins ils en ont à pénétrer.

La Formule ſuivante eſt tirée de la table précédente, & la méthode en eſt fort ſimple.

Les défauts des jets, ou leur différence de hauteur avec celle des réſervoirs ſont dans la raiſon des quarrés des hauteurs des mêmes jets. Il faut donc connoître la hauteur du réſervoir, en ſuppoſer une pour le jet demandé, ou en fixer une qui ſoit générale dans tous les calculs.

SECONDE FORMULE.

Connoître la hauteur d'un jet par rapport à celle du réſervoir.

Il réſulte de la table précédente que la hauteur qui y eſt

marquée de 864 pouces pour le réſervoir d'un jet de 60 pieds de hauteur, eſt compoſée de deux parties. 1°. De la hauteur du jet. 2°. Du quarré du quotient qu'on auroit en diviſant la hauteur du jet (ſi on la connoiſſoit) par 60 pouces valeur des 5 pieds, ſuivant laquelle on a dreſſé cette table. Si l'on ſuppoſe telle hauteur qu'on voudra pour un jet, par exemple, 720 pouces ou 60 pieds de haut, & qu'on la diviſe par 60 pouces valeur des 5 pieds de la table, c'eſt-à-dire, que 5 eſt 12 fois dans 60, & que 12 eſt le quotient; enſuite ſi l'on quarre le quotient, & qu'on ajoute ſon produit qui eſt ici de 144 pouces, à la hauteur 720 qu'on a ſuppoſée pour le jet, on trouvera sûrement la hauteur du jet demandé, en augmentant ou diminuant cette hauteur ſuppoſée, juſqu'à ce qu'on ſoit arrivé préciſément à celle du réſervoir qui a été propoſée de 864 pouces ou 72 pieds : en voici le calcul.

864 pouces ou 72 pieds hauteur propoſée pour le réſervoir.
720 pouces hauteur ſuppoſée pour le jet.

```
  1
  720 } 12        12
  600             12       720
  6              ----      144
                  24       ----
                 12        864 pouces ou 72 pieds.
                 ----
                 144
```

LA FORCE ET VÎTESSE DES EAUX.

La force & la vîteſſe des jets d'eau eſt l'effort que fait l'eau pour ſortir & s'élancer contre la colonne d'air qui réſiſte & pèſe deſſus; elle dépend donc de deux choſes de la colonne d'eau & de la colonne d'air qui ont été définies ci-deſſus.

Les jets ſont affoiblis par l'air ou l'atmoſphére qui les entoure, ce qui fait qu'ils ne s'élevent jamais auſſi haut que le réſervoir qui les fournit, & l'on vient d'en voir la preuve dans la table précédente.

Les vîteſſes ſont entr'elles comme les racines quarrées des hauteurs, ou en raiſon ſoudoublée des hauteurs. Soit la hauteur d'un réſervoir ſuppoſée de 16 pieds & une autre ſuppoſée de 25 pieds, les vîteſſes de ces deux réſervoirs ſont entr'elles comme 4 eſt à 5, parce que 4 eſt racine de 16, & 5 eſt racine de 25.

On a avancé depuis peu que la vîteſſe d'une conduite qui

remonte en syphon pour jetter son eau à (*a*) gueulle bée dans une cuvette ou réservoir, telles que sont les fontaines de la Ville de Paris, ne peut être exprimée par la racine quarrée de sa charge (ainsi qu'elle se mesure dans les conduites ordinaires qui portent leur eau dans les bassins construits à fleur de terre) mais que cette vîtesse du syphon devoit être exprimée par la différence des racines des deux chûtes des tuyaux de descente & de remontée. Ce principe jette dans une erreur manifeste, en ce que les deux colonnes de descente & de remontée étant en équilibre, il n'y a que celle de la descente qu'on nomme charge qui cause la dépense, & qui doit être la même qui se feroit par le fond du réservoir, si le tuyau de descente étoit détaché du syphon; ou bien celle qu'un corps peut acquérir en tombant de la même hauteur; c'est le sentiment de plusieurs (*b*) Académiciens qui ont écrit sur les eaux, & c'est celui qu'on doit suivre.

(*a*) C'est-à-dire, à plein tuyau.

(*b*) Mariotte, de la Hire & Couplet.

Il est encore certain que les fluides par l'extrême petitesse de leurs parties qui pressent les unes sur les autres d'une force proportionnée à la base de leur sortie, & jamais suivant l'ouverture d'en-haut, par laquelle ils entrent si librement, nous apprennent qu'une colonne d'eau ne presse que suivant sa hauteur perpendiculaire, & la base qui la soutient, qui est sa sortie ou sa superficie, c'est le seul endroit par où elle choque. Cette colonne égale dans tous les espaces qu'elle parcourt, tombe comme une masse ou cylindre de glace, l'eau ne presse donc point dans le milieu d'un tuyau, elle y passe librement, & y coule plus vîte que vers ses bords ou parois qui ne sont point alaisés, & contre lesquels se fait le frottement; ainsi dans un petit tuyau, qui à proportion a plus de circonférence qu'un gros, il y a plus de frottemens & de surfaces raboteuses, & ces particules saillantes des parois, opposées à la direction de l'eau, résistent à son passage, & en modifient la vîtesse.

Les jets d'eau ne font effort sur les corps qu'ils rencontrent que vers les extrêmités, ce qui regarde la résistance que leur fait la colonne d'air qui s'oppose à l'élévation de l'eau dans la sortie de l'ajutage. L'eau même en retombant empêche de s'élever celle qui veut monter, sans compter la résistance des milieux; il faut encore que le jet fende l'air dont il est entouré, on le voit s'élargir à mesure qu'il s'éleve, parce que diminuant peu à peu de vîtesse, il ne peut continuer sa direction; la même eau par sa viscosité, se tient unie sans se séparer en sortant de l'ajutage, ensuite comme elle va moins vîte, elle s'écarte & occupe plus de place. C'est ce qu'on remarque tous les jours dans l'eau qui sort d'un ajutage, laquelle file droit & va plus vîte à la hauteur de 6 pieds, qu'à celle de 12 ou de 15 pieds de haut.

Plus les jets sont près des réservoirs, plus ils s'élevent; plus ils sont élevés, plus ils ont d'air à pénétrer, & par conséquent l'on peut dire que les jets qui viennent des plus grandes hauteurs, diminuent dans un plus grand rapport, que ceux qui viennent d'un réservoir moins élevé, mais la vîtesse est à peu près égale dans les petits ajutages & dans les grands, en supposant toujours qu'ils viennent de la même hauteur. Cette vîtesse est non seulement retardée par les frottemens qui se font aux bords des ajutages, mais encore dans les robinets, les coudes, les jarets, les fourches des conduites, & dans les soupapes trop étroites qui prennent l'eau dans les réservoirs; la grande longueur même des conduites diminue la hauteur d'un jet d'environ un pied par 100 toises.

On ne croiroit pas que plus les réservoirs sont élevés, plus la vîtesse de l'eau est retardée par les frottemens qui arrivent dans le pied du tuyau de descente: si la cause est modifiée, l'effet le sera aussi, les jets dépenseront moins, iront par conséquent moins vîte, parce que ce qui peut altérer la vîtesse des eaux, diminue certainement la hauteur & la dépense des jets. On peut même éviter le frottement qui se fait au bas d'une conduite qui descend d'un réservoir, en faisant le coude ou l'angle de ce tuyau plus large que le reste de la conduite.

DÉPENSE DES EAUX.

La dépense des eaux est leur écoulement, ou ce qu'elles débitent en un certain tems; cette dépense se mesure par des pouces & par des lignes circulaires.

L'eau courante tombant de haut en bas dans une cuvette & passant par une jauge, donne par l'ouverture d'un pouce circulaire & dans l'espace d'une minute 13 pintes $\frac{1}{2}$ mesure de Paris, pourvû que la jauge soit entretenue par une eau continuelle & également forcée, à une ligne au-dessus du trou circulaire par où elle tombe. Ce sont 2 muids $\frac{1}{4}$ & 40 pintes en une heure, & 69 muids & 120 pintes par jour.

L'eau jailliſſante eſt différente, l'expérience a fait connoître qu'un jet ſortant d'un ajutage de 3 lignes de diamétre & venant d'un réſervoir de 13 pieds de haut, a dépenſé 14 pintes par minute; ce ſont 3 muids moins 24 pintes par heure, & 70 muids par jour.

Il y a deux ſortes de dépenſes, la naturelle & l'effective.

La dépenſe naturelle eſt celle que les eaux feroient ſuivant les regles établies, s'il n'y avoit point de frottement dans leurs conduites & dans leurs ajutages.

La dépenſe effective eſt celle que l'expérience nous donne, laquelle eſt toujours moindre que ce que les regles nous preſcrivent: c'eſt à cette ſeule dépenſe que l'on doit s'arrêter; il ſeroit même à ſouhaiter qu'on eût fait beaucoup d'expériences en grand pour établir de nouvelles formules ſur cette dépenſe effective des eaux.

C'eſt ſuivant ces principes que l'on doit meſurer les eaux jailliſſantes, en comptant toujours cette dépenſe par la ſortie de l'ajutage, & jamais par la hauteur des jets.

Les dépenſes des jets qui viennent d'un réſervoir de même hauteur, mais dont les ajutages ont différentes ſorties, ſont les uns aux autres en raiſon doublée des diamétres de leurs ajutages, c'eſt-à-dire, en raiſon des quarrés des diamétres.

Les jets d'eau venant de réſervoirs de différentes hauteurs, mais dont les ajutages ont la même ſortie, ſont les uns aux autres en raiſon ſoudoublée des mêmes hauteurs, c'eſt-à-dire, comme les racines quarrées de leurs hauteurs.

On ſuppoſe dans les calculs ſuivans que les réſervoirs ſont entretenus d'eau à la même hauteur pendant l'expérience, ſans cela l'élévation du jet & ſa dépenſe changeroient ſuivant la charge de l'eau; ſi le réſervoir, par exemple, eſt plein à 4 pieds de haut, ſon volume d'eau pèſe plus ſur la conduite ou colonne d'eau, que lorſqu'il n'eſt rempli qu'à 2 pieds; il faut même entendre par la hauteur des réſervoirs, cette ſurface d'eau qui y eſt contenue, & non pas le fond où eſt poſée la ſoupape. On doit encore prendre garde qu'il ne ſe forme ſur cette ſurface une eſpéce d'entonnoir ou de vuide au-deſſus de l'endroit où eſt la ſoupape, ce qui feroit que le tuyau ne s'empliroit point, & que le jet ne monteroit pas à ſa hauteur. Cette eau qui deſcend rapidement s'appelle eau forcée, ainſi toute eau jailliſſante eſt forcée de monter & de s'élever à la hauteur d'où elle eſt partie pour reprendre ſon niveau ; ce qu'elle feroit exactement s'il n'y avoit point de frottement dans les endroits par où elle paſſe, & que la colonne d'air n'y fît point de réſiſtance.

Quand on parle d'un ajutage de 3 lignes, de 6 lignes, on entend toujours le diamétre, & non la ſuperficie qui eſt comme les quarrés des mêmes diamétres, & par conſéquent le premier ajutage auroit 9 lignes, & le ſecond 36 de ſuperficie : les mots d'orifice & de ſortie expriment la ſuperficie entiére.

Les expériences que l'on a faites ſur les eaux ſont de ſi grande conſéquence qu'on ne pourroit point ſans elles ſtatuer rien de poſitif, ni régler le calcul des formules ſuivantes.

TROISIE'ME FORMULE.

Calculer la dépenſe des jets venant d'un même réſervoir & avec différens ajutages.

Les dépenſes des jets venant d'un réſervoir de même hauteur, mais dont les ajutages ont différentes ſorties, ſont les unes aux autres en raiſon doublée des diamétres de leurs ajutages.

On demande combien de pintes par minute dépenſera un jet de 60 pieds de haut, ayant un ajutage de 6 lignes de diamétre.

L'expérience nous apprend 1°. Qu'un jet dont l'ajutage a 3 lignes de diamétre venant d'un réſervoir de 52 pieds de haut, a dépenſé par minute 28 pintes meſure de Paris. 2°. On ſçait par la table ci-deſſus, qu'un jet, pour parvenir à 60 pieds de haut, doit deſcendre d'un réſervoir de 72 pieds de hauteur. Faites deux regles de Trois.

PREMIERE REGLE.

On commence à comparer ces deux expériences qui vous donnent deux termes connus de même eſpéce qui ſont 52 & 72. On prend entre ces deux nombres une moyenne proportionnelle, c'eſt-à-dire, un nombre qui leur ſoit proportionnel, dont on tire la racine quarrée, ſuivant ce qui a été enſeigné ci-dessus. Cette moyenne sera le troisiéme terme connu, & la regle de Trois vous donnera le quatriéme en cette maniére; mettez au premier terme 52, au second la moyenne proportionnelle entre 52 & 72 qui est 61 $\frac{1}{6}$, & les 28 pintes que dépense le jet de 52 pieds de haut trouvées dans l'expérience, seront au troisiéme terme. 52, 61 $\frac{1}{6}$ :: 28, x; multipliez les deux termes moyens l'un par l'autre, c'est-à-dire, 28 par 61 $\frac{1}{6}$, ce qui vous donnera 1712 que vous diviserez par 52 pour avoir au quotient 33 pintes environ; ainsi un jet de 60 pieds de haut dépense par l'ouverture de 3 lignes & par minute à peu près 33 pintes d'eau.

SECONDE REGLE.

Comme on demande la dépense d'eau d'un jet de 6 lignes, il faut nécessairement une seconde opération. L'on sçait que les jets provenant de même hauteur de réservoir avec différens ajutages, sont en raison doublée des diamétres des ajutages, c'est-à-dire, en raison des quarrés des diamétres des ajutages: faites cette regle. Le quarré de 3 lignes d'ajutage qui est 9, est à 36 quarré de 6 lignes de l'ajutage demandé, comme 33 pintes de dépense par minute trouvées dans la premiére regle, sont à x; on rangera ainsi les termes 9, 36 :: 33, x. Multipliez les deux termes moyens 36 par 33 dont le produit 1188 divisé par 9, donnera pour quotient 132 pintes. Ainsi un jet de 60 pieds de haut par 6 lignes d'ajutage, dépensera par minute 132 pintes qui vous donneront tant de muids par heure; en multipliant 132 par 60 minutes, on aura 7920 qu'il faut diviser par 288 pintes valeur du muid, & l'on trouvera 27 muids $\frac{1}{2}$ par heure, & 660 muids en 24 heures.

Si le jet, au lieu de 6 lignes, avoit 8 lignes de diamétre, on prendroit le quarré de 8 qui est 64 pour le second terme de la regle, en multipliant 64 par 33, il viendroit 2112 qui divisé par 9, donneroit au quotient 234 pintes $\frac{2}{3}$ par minute que dépensera le même jet de 60 pieds de haut avec un ajutage de 8 lignes. Si le même jet avoit 9 lignes, on mettroit au second terme le quarré de 9 qui est 81. S'il n'a que 4 lignes, on mettra le quarré de 4 qui est 16 au second terme. Cette formule est générale.

QUATRIÈME FORMULE.

Calculer la dépense des jets venant de différentes hauteurs de réservoir avec les mêmes ajutages.

Les jets d'eau qui viennent de différentes hauteurs de réservoir, & dont les ajutages ont la même sortie, sont les uns aux autres en raison soudoublée des mêmes hauteurs, c'est-à-dire, comme les racines quarrées de leurs hauteurs.

Il s'agit de sçavoir la dépense par minute d'un jet, dont le réservoir est à 45 pieds de haut, & dont l'ajutage a 3 lignes.

On se sert de l'expérience qu'un jet provenant d'un réservoir de 13 pieds de haut, a dépensé par minute 14 pintes mesure de Paris, ayant un ajutage de 3 lignes de diamétre. On compare ce nombre 13 avec celui 45 hauteur du réservoir du jet demandé. On cherche une moyenne proportionnelle entre le nombre 13 & 45, elle se trouve de 24 $\frac{3}{16}$ que l'on peut évaluer à $\frac{1}{4}$ & comme l'on a trois termes connus de la regle, on écrit 13, 24 $\frac{1}{4}$ :: 14, x, c'est-à-dire, 13 pieds de hauteur de réservoir sont au nombre moyen proportionnel 24 $\frac{1}{4}$ comme 14 pintes sont au nombre demandé exprimé par x: multipliez 24 $\frac{1}{4}$ par 14, ce qui produira 343 qu'il faut diviser par 13, ce qui donnera au quotient 26 pintes environ; ainsi un jet venant d'un réservoir de 45 pieds de haut avec le même ajutage de 3 lignes, dépensera en une minute 26 pintes d'eau.

Si le réservoir a 20, 30, 40 pieds de haut, on mettra toujours au second terme de la regle une moyenne proportionnelle entre ce nombre 20, 30, 40, & celui de 13, & cette regle est générale, pourvû que ce soit toujours le même ajutage de 3 lignes de diamétre, c'est la raison soudoublée ou des racines quarrées des hauteurs des réservoirs.

Il n'a fallu dans cette formule qu'une regle de Trois, parce que l'ajutage est le même. S'il étoit de 6 lignes, on chercheroit une expérience où le jet eût 6 lignes de diamétre, ou bien l'on se serviroit de la pratique de la seconde regle de la formule précédente. Ce qui peut un peu diminuer cette proportion, est l'air qui résiste plus à une grande vîtesse qu'à une petite, & parce que le frottement contre les bords de l'ajutage y devient plus considérable.

On

On peut par une pratique fort simple, juger de la dépense d'un ajutage, en observant pendant une heure à la montre ce qu'il dépensera d'eau, & en faisant une marque avec du charbon dans le réservoir; on suppose que l'eau y coule continuellement, & qu'elle diminue de peu de hauteur pendant l'heure que le jet jouera. On sçaura par le calcul combien de muids d'eau se sont écoulés dans cette heure en fermant exactement la soupape à la fin de l'heure, & l'ouvrant de même au commencement.

CINQUIE'ME FORMULE.

Trouver l'ajutage d'un jet dont on connoît la hauteur du réservoir, & la dépense par minute.

On demande quel sera le diamétre de l'ajutage d'un jet dont le réservoir est à 25 pieds de hauteur, & dont la dépense est de 310 pintes par minute.

On sçait par expérience qu'un jet de 3 lignes d'ajutage venant d'un réservoir de 52 pieds de haut, dépense par minute 28 pintes; faites une regle de Trois.

Premiere Regle.

Si 28 pintes ont été fournies par 9 lignes qui est le quarré de 3 lignes, par combien de lignes seront données 310 pintes, ce qui s'écrit ainsi 28, 9 :: x, 310. Multipliez les deux extrêmes l'un par l'autre, c'est-à-dire, 310 par 28, ce qui produira 8680 que vous diviserez par 9, il viendra au quotient à peu près 100 lignes quarrées, ce qui fait 10 lignes de diamétre pour l'ajutage d'un jet venant de 52 pieds de haut; mais comme la hauteur demandée du réservoir est de 25 pieds, on dira les jets de différente hauteur de réservoir sont entr'eux en raison soudoublée des mêmes hauteurs, on cherchera une moyenne proportionnelle entre 52 & 25 qui sera 36; voilà déja trois termes connus, & vous ferez une seconde regle de Trois pour trouver le quatriéme terme.

Seconde Regle.

Mettez le nombre 36 trouvé pour moyenne proportionnelle au premier terme; 52 hauteur du réservoir rapportée dans l'expérience au second terme; servez-vous pour le troisiéme terme des 100 lignes quarrées trouvées dans la premiére regle, le tout écrit ainsi 36, 52, :: 100, x. Multipliez les deux termes moyens l'un par l'autre, c'est-à-dire, 52 par 100. Leur produit sera 5200, qui divisé par 36 donnera au quotient 144 lignes quarrées dont la racine 12 sera le diamétre demandé de l'ajutage d'un jet qui dépensera par minute 310 pintes, & viendra d'un réservoir de 25 pieds.

Si le réservoir avoit 30, 40 pieds de haut, & que le jet dépensât par minute 190 ou 300 pintes, il faudroit toujours faire deux regles séparément & conformément à cette formule qui est générale.

Si l'on demandoit la dépense d'un jet venant d'un réservoir de 15 pieds de haut, ayant 6 lignes d'ajutage, ou d'un jet de 50 pieds de haut avec un ajutage de 12 lignes, faites deux regles; cherchez dans la premiére une moyenne proportionnelle entre les hauteurs 15 & 13 d'une des expériences citées ci-dessus, ou bien entre les hauteurs 50 & 13 toujours avec un ajutage de 3 lignes. La seconde regle sera pour trouver juste la dépense des ajutages demandés. Dans le premier cas vous prendrez les quarrés de 9 & de 36, & dans le second cas les quarrés de 9 & de 144, vous poserez au troisiéme terme de la regle la dépense trouvée dans la premiére regle, & le calcul vous donnera le quatriéme terme; l'un de 60 pintes de dépense par minute pour le jet de 15 pieds, & l'autre de 432 pintes par minute pour le jet de 50 pieds de haut.

On trouvera, en travaillant en grand sur le terrein, beaucoup de différence pour la dépense des eaux qui est toujours moindre de 15 à 20 fois (a) que ce que les regles & les expériences en petit ont donné. C'est ce qui a fait distinguer ci-dessus deux sortes de dépenses, la naturelle & l'effective, & c'est à cette derniére que l'on doit entiérement s'arrêter dans la pratique. Cette différence n'est pas toujours la même, elle est quelquefois, comme 5 est à 24; dans une autre expérience elle se trouvera de 1 à 5, ou comme 3 à 10, c'est de la quantité des frottemens, d'étranglemens dans les coudes & jarets, des pentes & contrepentes appellées contrefoulemens, ainsi que des serpentemens d'une conduite que cela dépend.

On a tâché de tous ces principes & du peu d'expériences

(a) Mariotte dit dans son Traité du mouvement des eaux, p. 247, qu'il a trouvé sur le terrein 17 à 18 fois moins que ce que les regles donnent.

qu'on a faites en grand ſur la dépenſe des eaux, d'en tirer la formule ſuivante fondée ſur celle qu'un jet de 3 lignes de diamétre venant de 13 pieds de haut, dépenſe en une minute 14 pintes ou un pouce d'eau, & l'on a trouvé par le calcul dans la même expérience que le déchet de la dépenſe effective ſur la naturelle étoit comme 3 à 10.

SIXIE'ME FORMULE.

Connoître la différence de la dépenſe naturelle des eaux avec leur dépenſe effective.

Si vous connoiſſez par l'expérience la dépenſe effective d'un jet, le calcul vous en fera connoître la dépenſe naturelle.

Soit le jet d'un ajutage de 3 lignes de diamétre venant d'un réſervoir de 13 pieds de haut qui a dépenſé, ſuivant l'expérience, dans l'eſpace d'une minute 14 pintes d'eau meſure de Paris, lorſque ſa dépenſe naturelle devoit être de 18 pintes $\frac{2}{3}$, & par conſéquent le déchet de 4 pintes $\frac{2}{3}$ eſt connu & eſt à la dépenſe naturelle, comme 3 eſt à 10.

Si l'on veut trouver quel ſera le déchet d'un ajutage d'un pouce venant de la même hauteur de 13 pieds, on dira le diamétre de 12 lignes dont on veut avoir le déchet, eſt au diamétre de 3 lignes dont on connoît le déchet, comme $\frac{3}{10}$ déchet de l'ajutage de 3 lignes eſt au quatriéme terme qui ſera le déchet de l'ajutage de 12 lignes, ce qui s'écrit ainſi

12 eſt à 3 comme $\frac{3}{10}$ eſt à x. $\frac{\frac{9}{10}}{12}$ $\frac{9}{120}$ $\frac{3}{40}$ qui peuvent s'évaluer à un treiziéme de la dépenſe.

On commence à mettre dans la regle les quarrés des ajutages qui ſont 9 & 144, & au troiſiéme terme la dépenſe de 14 pintes. On multiplie 144 par 14, & leur produit 2016 ſera diviſé par 9 qui donnera au quotient 224 pintes qui feront la dépenſe naturelle par minute d'un jet d'un pouce de ſortie venant d'un réſervoir de 13 pieds de haut. Maintenant pour en connoître le déchet, on dira celui

9, 144 :: 14, x.

```
 144
  14
 ---
 576        22
144         2016  } 224 pintes
----        999
2016
```

$$\begin{array}{l} 9 \\ 224 \\ 133 \\ 1 \end{array} \Big\} 17 \tfrac{3}{13} \tfrac{1}{4}$$

$$\begin{array}{rl} 224 & \textit{dépense naturelle.} \\ 17 \tfrac{1}{4} & \\ \hline 207 \tfrac{1}{4} & \textit{dépense effective.} \end{array}$$

que la regle ci-dessus a donné est un treiziéme de la dépense, ainsi on divisera les 224 pintes par 13, ce qui donnera environ 17 pintes $\frac{1}{4}$ qu'il faudra soustraire de 224 pintes qui est la dépense naturelle; il reste 207 pintes $\frac{1}{4}$ qui est la dépense effective d'un jet de 12 lignes de diamétre venant d'un réservoir de 13 pieds de haut.

$$10, 3 :: 14, x$$

$$\begin{array}{r} 14 \\ 3 \\ \hline 42 \\ 10 \end{array} \Big\} 4 \tfrac{2}{10} \tfrac{1}{5} \textit{ pour le déchet.}$$

On trouvera encore le déchet par une regle de Trois, en mettant le rapport de 10 à 3 dans les deux premiers termes, & au troisiéme terme 14 qui est la dépense par minute de l'expérience. La regle faite vous donnera 4 pintes $\frac{1}{5}$ pour la différence de la dépense naturelle avec l'effective, ce qu'on demandoit.

Si le déchet a été trouvé dans un autre rapport, comme d'1 à 5, on mettra dans la formule ce rapport proposé, & l'on fera le calcul à l'ordinaire, en observant toujours que les jets viennent de réservoirs qui ayent la même hauteur.

POIDS DE L'EAU.

Il ne reste plus, pour remplir l'énoncé de ce Chapitre qu'à calculer le poids d'un cylindre d'eau, tel que celui du tuyau montant d'une pompe pour y proportionner la force du moteur, & vaincre la résistance & le poids de l'eau.

On a trouvé dans le premier Chapitre de cette Partie les évaluations des différentes sortes de moteurs, & ce qu'il faut ajouter au calcul pour les frottemens inévitables dans les machines. On a vû aussi qu'une pinte d'eau pèse 2 livres, qu'un pouce d'eau circulaire qui par minute donne environ 14 pintes, pèse 28 livres, qu'un pied cube contient 36 pintes huitiéme de 288 valeur du muid d'eau, & que ces 36 pintes à 2 livres moins 7 gros chacune, pesoient 70 livres, cependant le pied cylindrique qui est un solide, ayant une superficie de 144 pouces circulaires, est toujours plus petit que le quarré de son diamétre, n'ayant que 113 pouces 2 lignes quarrées provenant de la proportion du pied quarré au pied circulaire, qui est de 14 à 11; ainsi les 70 livres que pèse le pied cube étant calculées suivant le même rapport de 14 à 11 qui est celui du cercle au quarré, il vient au quotient 55 ℔ pour le poids d'un pied cylindrique; c'est donc sur ce pied que doit être fait le calcul de la formule suivante.

14, 11 :: 144, x.

144
11
———
144
144
———
1584

1584 ÷ 14 = 113 $\frac{2}{14}$ $\frac{1}{7}$

14, 11 :: 70, x

70
11
———
770

770 ÷ 14 = 55 ℔

SEPTIE'ME FORMULE.

Mesurer la solidité du cylindre ou de la colonne d'eau renfermée dans un tuyau, en même tems que son poids, pour y proportionner dans les pompes la force du moteur.

Le poids d'une (*a*) colonne d'eau & sa résistance se trouvent en multipliant la superficie de la base du tuyau par sa hauteur perpendiculaire.

Suppossons que la base du tuyau ait 6 pouces de diamétre & 30 pieds de haut, on réduira d'abord les 30 pieds en pouces, en les multipliant par 12, ce qui donnera 360 pouces, & l'on dira 6 fois 6 font 36 pour la superficie de la base du tuyau qui multiplié par 360 pouces valeur des 30 pieds de haut, vous donnera 12960 que l'on divisera par 1728 pouces que contient le pied cylindrique,

30 *pieds*
12
———
360 *pouces*

6 *pouces*
6
———
36 *superficie du tuyau.*

36
360
———
2160
108
———
12960

12960 ÷ 1728 = 7 *pieds* $\frac{1}{2}$ *solidité du tuyau*

(*a*) On nous fait espérer dans les Journaux de Trévoux de cette année une nouvelle machine où la colonne d'eau étant variable, pourra être proportionnée par le conducteur de la machine, à la force du moteur, soit dans les changemens subits qui surviennent aux moulins à vent, soit aux crues d'eau fréquentes dans les moulins à l'eau ; comme cette machine n'a point encore été publiée, ni exécutée, on n'en peut parler avec certitude.

$$\begin{array}{ll} 7^{\text{pieds}}\ \tfrac{1}{2} & \\ 55^{\text{livres}} & \\ \hline 385 & \\ \ \ 27\ \tfrac{1}{2} & \\ \hline 412\ ℔\ \tfrac{1}{2} & \text{poids de la colonne d'eau.} \end{array}$$

& le quotient ſera 7 pieds $\frac{1}{2}$ cylindriques que l'on multipliera par 55 livres peſanteur du pied cylindrique, & l'on aura 412 livres $\frac{1}{2}$ peſant. Ainſi un tuyau de 6 pouces de diamétre montant ou deſcendant d'un réſervoir de 30 pieds de haut, contiendra une colonne d'eau de 7 pieds $\frac{1}{2}$ cylindriques peſant 412 ℔ $\frac{1}{2}$.

Il eſt aiſé de voir que cette formule ſervira également au tuyau montant d'une pompe, & au tuyau deſcendant d'un réſervoir ; c'eſt la même opération qui ſera auſſi générale pour les tuyaux de 2, de 3 & de 4 pouces de diamétre, & pour toutes les différentes hauteurs des réſervoirs. Ce qui pourroit embarraſſer dans cette formule, c'eſt que la ſuperficie de 36 pouces, eſt le diamétre du tuyau que l'on a quarré, & donne une ſuperficie plus grande que la véritable qui n'eſt que de 28 pouces $\frac{1}{3}$; mais l'uſage établi parmi les Fontainiers de compter de cette maniére la ſuperficie des tuyaux, eſt fondée ſur ce que les ſuperficies des cercles ont entr'elles la même raiſon que les quarrés de leurs diamétres, & quoiqu'elles ne leur ſoient pas égales, cela revient au même.

CHAPITRE VII.

DES DIFFERENTES MANIERES de conduire les eaux, tant dans les Campagnes que dans les Jardins.

A Juger de la magnificence des Romains par les beaux morceaux d'antiquité qui nous restent, on ne peut en concevoir qu'une haute idée. Les Aqueducs de Rome, de Rimini, de Vicence, de Ségovie & de plusieurs endroits d'Italie & d'Espagne; ceux que l'on voit en France à Nismes, à Sainctes, à Arles, à Frejus, à Metz, à Lion, & surtout le fameux pont du Gard, conservent encore dans leurs ruines des marques de leur ancienne beauté. Ces eaux dont les Romains avoient (*a*) un si grand soin, que par des récompenses ils y intéressoient tout le peuple, ne servoient pas seulement à l'utilité publique, elles décoroient encore leurs (*b*) Palais, leurs Jardins, leurs Thermes ou Bains, & leurs Naumachies.

Ils employoient, pour conduire (*c*) les eaux, des tuyaux de plomb, de grez ou de poterie, ainsi que des aqueducs où souvent passoient trois (*d*) étages de rigoles pour différentes eaux : à ces trois maniéres nous en avons ajouté deux qui sont les tuyaux de bois & ceux de fer.

Marie de Médicis, & Louis XIV. ont égalé en quelque sorte ces fameux maîtres de l'Univers, dans les cinq Aqueducs qui sont élevés aux environs de Paris.

L'Aqueduc de Maintenon, suivant le plan gravé, devoit avoir 2550 toises de long sur 216 pieds $\frac{1}{2}$ de hauteur avec trois rangs d'arcades l'un sur l'autre. Je n'ai remarqué sur le lieu qu'un rang d'arcades au nombre de 48 fort élevées, ayant 74 pieds sous la clef & 96 pieds en tout, bâties de brique avec des cintres de grez & de forts éperons dans les trumeaux. Cet Aqueduc pavé par-dessus, devoit soutenir une rigole pour y passer l'eau à découvert. Une digue de 30 pieds de haut soutenoit la riviére d'Eure au bourg de Pointgoin à 5 lieues de

(*a*) Frontin. *Aquarum Curator sub Trajano de Aquæductibus*, l. 1.

(*b*) Sous l'empire d'Auguste chaque citoyen, en payant, avoit de l'eau chez lui. Aujourd'hui peu de maisons à Rome en manquent, l'eau passe de l'une à l'autre, ce qu'ils appellent *Aqua di ritorno.*

(*c*) Vitruve, l. 8. c. 7.

(*d*) R. Fabretti, *Dissertatio de aquis & aquæductibus*, p. 46.

Chartres & à 7 du bourg de Maintenon. Cette eau devoit venir par quatre gros tuyaux de fer sous des voûtes pratiquées sur des terrasses faites exprès de 10 pieds de large, & se jetter d'espace en espace dans des puits, d'où elle rentroit dans d'autres (a) voûtes jusqu'à la rigole de l'Aqueduc : elle devoit ensuite couler dans des tuyaux à fleur de terre pour se rendre dans les étangs de Trappe qui fournissent les eaux de Versailles. La maladie causée par la fouille des terres, se mit dans les 50000 hommes de troupes qui y ont travaillé pendant cinq ans, & la guerre qui survint, fit cesser ces fameux travaux.

(a) Louis XIV a vû rouler l'eau jusqu'à la seconde voûte qui est à un quart de lieue de Maintenon.

L'Aqueduc de Marly a 330 toises de long percé de 36 arcades, mais il est d'une élévation bien moins considérable que celui de Maintenon. Il est construit de pierres de meuliére, les arcades sont bordées de cintres de pierres de taille, & il est terminé par deux tours ou châteaux d'eau, dont l'un reçoit six conduites de fer de 8 pouces de diamétre qui amenent toute l'eau de la machine, laquelle roule sur l'Aqueduc découvert dans une cuvette de plomb, & ensuite descend par l'autre tour dans deux tuyaux de fer de 18 pouces qui portent l'eau aux réservoirs de Marly, d'où l'on l'envoie à ceux de Trianon.

Celui de Bucq au bout de la plaine de Saclé près Versailles, a 300 toises de long avec 19 arcades très-élevées, sous une desquelles passe la petite riviére de Biévre. Il est bâti de pierres de meuliére, & soutenu d'une forte terrasse servant de chaussée pour les voitures publiques. L'eau y est amenée des étangs de Saclé par une rigole voûtée de 18 pouces de large qui continue sur l'Aqueduc où elle est recouverte de plomb, & ensuite reprend sous des voûtes pavées sans tuyaux, ni rigoles, jusqu'au Parc aux Cerfs.

L'Aqueduc de Montreuil qui cotoie le Village de ce nom près Versailles, avoit été construit pour amener, en cas de nécessité, les eaux de la machine de Marly depuis la montagne de Picardie jusque dans les réservoirs de la Bute de Montboron. Il étoit bâti de pierres de meuliére percé de quelques arcades pour la communication des chemins, & soutenoit une cuvette de plomb de 18 pouces de large. Sa longueur étoit d'environ 500 toises & il étoit fort élevé dans quelques parties ; comme il n'a jamais servi, on vient de le détruire.

Celui

Celui (*a*) d'Arcueil à deux lieues de Paris, a 200 toises de long sur 72 pieds de haut dans la partie la plus élevée avec des trumeaux de 10 pieds d'épaisseur. On y compte 20 arcades dont 9 sont percées à jour, sous deux desquelles passe la riviére de Biévre. Vingt gros arc-boutans ou éperons de 5 pieds d'empatement soutiennent ce bel édifice orné d'une corniche avec des modillons qui porte un attique au-dessus. La voûte par où passe l'eau dans une auge de pierre de 20 pouces de large & de 16 de profondeur, qui est accompagnée de deux banquettes, est couverte de dalles de pierres avec des soupiraux sur les côtés pour donner de l'air à l'eau.

(*a*) Il y avoit un ancien aqueduc du tems de l'Empereur Julien l'Apostat, dont on voit encore des vestiges : il servoit à porter les mêmes eaux à l'Hôtel de Clugny où étoient les bains de ce Prince.

On peut distinguer les Aqueducs en deux espéces, les Aqueducs apparens & les souterrains.

Les Aqueducs apparens sont ordinairement de grandes longueurs de maçonnerie composées de trumeaux & d'arcades qui s'élevent hors de terre, tels que ceux que l'on vient de décrire.

Les Aqueducs souterrains consistent en de longues rigoles bâties de pierres de taille, de moëllons ou de pierres de meuliére, & couvertes par-dessus de voûtes ou de pierres plates appellées *dalles*, pour tenir l'eau à l'abri des ardeurs du Soleil, tels sont les Aqueducs souterrains de Roquencourt de 1700 toises de long, de la Salle de 1200 toises, de Prunet, de Belleville, du Pré S. Gervais, &c.

On fait couler l'eau de différentes maniéres dans ces Aqueducs, le plus souvent on y emploie du plomb, ou des auges de pierre de taille. On peut cependant y faire passer des tuyaux de grez ou des rigoles faites en chaux & ciment, ou de glaise dans les pays où elle est commune; & souvent quand les eaux n'y roulent pas continuellement, les Aqueducs sont seulement pavés. Il se rencontre quelquefois des veines de gravier ou de tuf, où l'eau coule naturellement sans se perdre, & souvent un lit de glaise, ce qui est encore meilleur pour l'écoulement de l'eau. On doit toujours pratiquer deux petits sentiers des deux côtés de ces auges, afin qu'on y puisse marcher dans le besoin. On leur donne outre cela une pente imperceptible, comme de 2 pouces par 100 toises, pour faciliter un plus prompt écoulement à l'eau. Quelquefois cette pente est ménagée par gradins, en tenant la rigole de niveau, & descendant de 4 pouces de 200 toises en 200 toises. L'Aqueduc d'Arcueil a ainsi des chûtes de 6 pouces dans ses rigoles & dans la même distance. Si même la source dans son regard de prise a quelque charge, on peut donner moins de 4 pouces de chûte, parce que cette charge pousse assez en avant.

S'il se rencontroit du roc dans la route de l'eau, on tailleroit la voûte dedans; & si quelque montagne en empêchoit le passage, on la perceroit, ou l'on feroit passer l'Aqueduc tout au tour, en pratiquant suivant l'usage ordinaire des soupiraux de 50 en 50 toises.

Voici de quelle maniére on construit les pierrées : on leur donne d'ouverture 9 à 10 pouces de large, & jusqu'à un pied si la source est abondante. Quand le fond de la terre n'est pas assez ferme, on y étend un lit de glaise que l'on bat, & ensuite on prend des moëllons, des cailloux, ou pierres de meuliére, dont on pose deux de champ ou de bout sur la terre, laissant entre-deux l'intervale que vous voulez donner à la pierrée pour l'écoulement de l'eau. On éleve de chaque côté un petit mur d'un pied d'épaisseur & de 18 pouces de haut, & avec une troisiéme pierre qui est plate appellée *dalle* ou *couverture*, on les couvre en forme de chatiéres, de maniére que ces pierres portent de 3 ou 4 pouces sur les pieds droits des murs.

On bâtit ces murs sans mortier, c'est-à-dire, à pierres séches, afin que les filtrations des terres se jettent plus aisément dedans la pierrée, & avant que de combler de terre les tranchées, on met des gazons renversés sur les dalles de pierre pour empêcher la terre de s'ébouler entre les joints.

Quand l'eau est un peu avant en terre, on fait des puisarts de 20 toises en 20 toises; & pour donner communication de l'un à l'autre, on fouille sous œuvre des tranchées où l'on arrange des pierres que l'on recouvre des deux côtés de la terre de la fouille, de peur qu'en avançant sous-œuvre la pierrée d'un puisart à l'autre, la terre qui n'auroit pas assez de soutien, ne s'éboule sur les travailleurs, & ne les blesse. On étaye avec des planches soutenues par des étrésillons, à mesure qu'on avance la fouille; mais dans les terreins fermes il n'y a rien à craindre.

On fait passer ces pierrées dans des regards que l'on maçonne jusqu'en haut en forme de soupiraux pour examiner en visitant chaque regard ſi l'eau y coule, & s'il n'y a point d'engorgement dans la conduite. On ſeroit fort embarraſſé ſans cette précaution de trouver où l'eau peut s'arrêter quand les pierrées ſont à 15 à 20 pieds de bas.

Lorſque le terrein n'eſt point glaiſeux, ni graveleux, & que l'eau pourroit ſe perdre, ou prendre une autre route, on pave, on cimente ces pierrées, ou l'on y fait un maſſif de glaiſe; mais ordinairement ces pierrées ſont fondées ſur le tuf, ou ſur la maſſe de glaiſe.

Quand les ſources ſont peu avant en terre, on fait ces pierrées à découvert, & enſuite on les recouvre de terre. Si les eaux n'étoient qu'à 2 ou 3 pieds de bas, on les feroit couler dans des rigoles toutes découvertes, creuſées dans la terre même ſans maçonnerie; c'eſt ainſi qu'on ramaſſe les eaux diſperſées dans les grandes plaines des environs de Verſailles & de Meudon.

Ces ſortes d'Aqueducs, de rigoles, de pierrées, de tranchées ne conviennent que pour conduire les eaux dans un réſervoir; comme elles n'y ſont pas reſſerrées, ainſi qu'elles le ſont dans des tuyaux, elles perdent la pente & la force néceſſaires pour s'élever en l'air. Il eſt donc néceſſaire pour les eaux jailliſſantes d'employer des tuyaux dont il y a cinq eſpéces.

Les tuyaux de plomb ſont les plus commodes pour conduire les eaux; on peut les faire deſcendre, monter & couder ſans les endommager. Il y en a de deux ſortes, de moulés & de ſoudés. Les tuyaux moulés ſont jettés dans un moule de la longueur de 2 à 3 pieds, lequel pourroit avoir, ſi l'on vouloit, 12 pieds. On les fait plus épais que les ſoudés, crainte des ſouffiures, auſſi ſont-ils meilleurs, mais ils coûtent davantage. Les tuyaux ſoudés ne ſont autre choſe que des tables de plomb pliées & ſoudées ſur la jointure: on leur donne telle groſſeur que l'on veut. Les moulés ne paſſent point 6 pouces de diamétre, & pourroient en avoir 18^{p}, comme il y en a à Verſailles & au regard de priſe des eaux d'Arcueil proche l'Obſervatoire. Ils ont 7 lignes d'épaiſſeur, laquelle eſt proportionnée à leur diamétre: les plus petits tuyaux vont à $\frac{3}{4}$ de pouce ou 9 lignes; on les emboîte & on les joint l'un dans l'autre par des nœuds de ſoudure, en obſervant de les ouvrir & battre pour tenir l'ouverture plus large dans l'endroit du nœud, afin que l'eau n'y soit point arrêtée. Le plomb laminé est moins propre aux tuyaux qu'aux tables des terrasses & des réservoirs : la soudure y tient difficilement, à cause des petites particules écailleuses qu'on remarque au microscope sur sa superficie, ce qui s'est contracté dans la compression de ses parties. Les tuyaux de plomb sont sujets à se crever & à se miner dans les terres pleines de chaux ; pour rendre ces tuyaux bons & en adoucir la matiére, on mêle ordinairement un tiers de plomb de Suede avec celui de France, d'Angleterre ou d'Allemagne.

La troisiéme maniére des Anciens de conduire les eaux par des tuyaux de grez ou de poterie, est celle qui coûte le moins, mais aussi celle qui est d'un plus grand entretien. Ces tuyaux sont d'une composition de terre cuite pareille à celle dont on fait les pots & les terrines. On encastre les tronçons qui sont de deux pieds de long l'un dans l'autre, le *viret* dans l'emboîture, & l'on met du mastic chaud avec de la filasse à leur jointure sur l'ourlet. Quand ces tuyaux servent à conduire des eaux forcées, on les entoure d'un massif ou chemise de chaux & ciment de 6 à 7 pouces d'épaisseur ; on les commande renforcés, c'est-à-dire, une fois plus épais qu'à l'ordinaire, ayant 7 pouces d'épaisseur, & cuits à petit feu ; on fait encore un nœud de mastic dans le milieu de chaque tuyau pour lui donner plus de force, ce qui le conserve du tems, & le rend capable de soutenir une colonne d'eau de 20 pieds de hauteur ; en observant 1°. de laisser sécher une conduite six mois avant que d'y mettre l'eau, afin de donner le tems au ciment de durcir, 2°. d'assurer ces tuyaux qui sont très-fragiles sur des massifs & fondemens de (*a*) maçonnerie, de peur qu'ils ne s'affaissent.

(*a*) Architecture Franç. de Savot, c. 30. p. 191.

On fait des tuyaux de grez depuis 2 pouces jusqu'à 6 de diamétre, mais ceux de 3 à 4 pouces sont plus durables, & résistent mieux que les gros de 5 à 6 pouces qui sont difficiles à être chaussés, on se sert de chaux & de ciment, dont on garnit l'emboîture, & du ciment qui regorge on fait le nœud que l'on pétrit à froid. Ces tuyaux sont plus propres à conduire des décharges de bassins & des eaux plates que des eaux jaillissantes, auxquelles ils ont bien de la peine à résister long-tems : quand ils ne servent qu'à des décharges, la chemise dont on les entourera sera seulement à chaux & sable. On y trouve fréquemment des *queues de renard* lesquelles sont des racines d'arbres fort menues qui passant par les pores du grez, ou par les nœuds du mastic qui se pourrit en terre, se nourrissent dans l'eau, & viennent si grosses & si longues (*a*) qu'elles bouchent entiérement la conduite. Il y a des gens qui prétendent que les queues de renard viennent de la filasse qu'on met dans les nœuds de mastic, ou bien de quelques graines qui entrent avec l'eau dans la conduite.

(*a*) J'en ai trouvé de 5 à 6 toises de long.

Les tuyaux de grez ont un mérite particulier pour les fontaines d'eau pour boire; comme ils sont vernissés en dedans, le limon ne s'y attache point, l'eau s'y conserve mieux, est plus fraîche que dans les autres tuyaux, & ne prend aucun goût, ni mauvaise qualité, comme elle fait dans le plomb, le fer & le bois.

Les deux maniéres de conduire les eaux que nous avons ajoutées à celles des Anciens, sont les tuyaux de bois & de fer.

Les conduites de bois sont faites de gros arbres, comme de Chênes, d'Ormes, d'Aunes, les plus droits que l'on peut trouver, & on les perce avec des terriéres d'un calibre de 3 ou 4 pouces de diamétre, quoiqu'il y en ait de 8 pouces à Chantilly. On les affûte par un des bouts, & on les fait fretter ou cercler de fer par l'autre; ce qui sert à les emboîter l'un dans l'autre, & ces jointures sont recouvertes de poix ou de mastic à froid. Ces sortes de tuyaux ne sont bons que dans les pays marécageux, & ils ne sont pas long-tems sans se pourrir dans les pays un peu secs. Quand il y a des trous ou des fentes qui perdent l'eau, on y chasse à force des coins de bois entourés de filasse & de mastic. Ces tuyaux, ainsi que ceux de grez, sont sujets aux queues de renard, & se posent les virets en avant, suivant le courant de l'eau vers le jet, & non pas à rebours, pour ne pas faire résistance à l'eau. Les fontaines de Liancourt, de Dampierre, de Courances, & en partie celles de Chantilly, ne sont conduites que dans du bois, qui, quoique dans l'eau, ne dure au plus que 20 ans. Il n'y a dans ces Jardins aucun robinet, & les soupapes & ajutages sont soudés sur des plaques de plomb clouées sur le bois avec de la mousse entre-deux. On choisit pour la distribution de plusieurs fontaines, de grosses branches fourchues que l'on perce comme les autres tuyaux.

Les tuyaux de fer coulé sont jettés en fonte, & d'un grand usage présentement; il y en a de deux sortes, ceux à manchons & ceux à brides, mais on n'emploie que ces derniers comme les meilleurs. Les tuyaux de fer ont les bonnes qualités de ceux de plomb, durent plus long-tems dans les Jardins, & coûtent infiniment moins. Il s'en fait jusqu'à 18 pouces & 2 pieds de diamétre; chaque tuyau ordinairement a 3 pieds $\frac{1}{2}$ de long, & à chaque bout il y a des brides & des rebords que l'on joint & serre ensemble par des vis & des écrous entre lesquels on met des rondelles de cuir & de mastic à froid. Dans les endroits difficiles, les rondelles & les croissans de plomb sont nécessaires, comme aussi dans les coudes, robinets, soupapes, souches, où l'on est obligé de raccorder des bouts de tuyaux de plomb. L'épaisseur des tuyaux de fer augmente d'une ligne, à mesure que le diamétre augmente de 2 pouces, 4 pouces auront 4 lignes d'épaisseur, 6 pouces 5 lignes, 8 pouces 6 lignes. Les tuyaux de fer résistent à des élévations de 177 pieds dans la conduite des eaux de la machine de Marly, & ces mêmes tuyaux se cassent dans les rues de Paris, à cause du fardeau des voitures. Le plomb obéit & vaut beaucoup mieux dans les rues.

Il y a encore une autre espéce de tuyaux qui sont ceux de chaudronerie, c'est-à-dire, de cuivre rouge; ce sont des tables de cuivre étamé bien battues, que l'on plie en rond, & dont on soude les morceaux emboîtés l'un dans l'autre par des nœuds d'une soudure plus fine que celle qui sert à joindre le plomb. Ces sortes de tuyaux ne sont propres que dans des descentes de (*a*) réservoirs & dans les machines hydrauliques; ils sont d'une longue durée, mais ils coûtent beaucoup. Une crasse verte semblable au verd de gris, s'engendre dessus ces tuyaux, & les ronge entiérement, si l'on n'a soin de les nétoyer de tems en tems.

(*a*) Le réservoir du Château d'eau à Versailles est construit de lames de cuivre rouge étamé.

Les tuyaux de plomb doivent être regardés comme les plus nécessaires de tous, puisqu'ils servent à raccorder tous les autres. Ainsi pour raccorder un tuyau de grez sur du fer, ou de fer & de bois sur du grez, il faut un bout de plomb, ensorte qu'on ne peut s'en passer dans les conduites, dans les coudes, les raccordemens, les robinets & les soupapes.

On doit employer toutes ces différentes espéces de tuyaux selon les lieux qui se trouveront dans la route de l'eau. Ce seroit une folie de mettre des tuyaux de plomb dans la campagne, ils seroient trop exposés à être volés.

Il est nécessaire de faire ici une distinction avant que de dire de quelle sorte de tuyaux on doit se servir. Si le réservoir est en pleine campagne, comme sur une demi-côte, en un mot hors du parc, il est sûr qu'il y a de la pente jusque dans les Jardins, & que les eaux sont forcées, alors on doit employer de bons tuyaux comme de fer ou de bois, si le pays est marécageux. Si la route de l'eau est une pente douce sans contrefoulement, les tuyaux de grez entourés d'une bonne chemise de chaux & de ciment, ne laisseront pas d'y être bons; mais quand le réservoir est situé au haut du parc, on peut, pour éviter la dépense des tuyaux, conduire l'eau depuis le regard qui prend la source dans son origine, par de petites voûtes souterraines ou (*a*) pierrées, ou dans des tuyaux de grez avec une simple chemise de chaux & sable, ce qui suffit pour faire rouler l'eau (*b*) jusqu'au réservoir d'où l'on la conduira, comme étant forcée, dans de forts tuyaux jusque dans les bassins.

(*a*) Les pierrées perdent beaucoup plus d'eau que les tuyaux.

(*b*) On suppose qu'il n'y a point de contrefoulement, ou qu'il est peu considérable.

Le plus difficile à ménager en conduisant les eaux pendant un long chemin, ce sont les fonds & les vallées appellées *ventres* ou gorges: ils se trouvent dans l'irrégularité du terrein de la campagne, & interrompent le niveau d'une conduite. Il est même assez rare que cette descente soit unie, ou plus tôt en pente douce depuis la source jusqu'au réservoir placé dans le parc. Cette pente douce ne souffriroit aucune difficulté, mais il y a toujours quelque fond ou des remontées sur des côteaux. Cela se trouve, quand au pied d'une longue descente, comme pourroit être celle d'une montagne, il y a une gorge suivie d'un autre côteau ou d'une montagne vis-à-vis, sur laquelle on est obligé de faire remonter l'eau pour en continuer la route. C'est dans cette remontée que l'eau contrefoulée a tant de peine à s'élever, que les tuyaux y crevent en peu de tems.

Soit la (*c*) montagne *A*, *Fig. I*, d'où descend l'eau qu'on suppose amenée depuis la prise par un terrein plat dans des tuyaux de grez ou des pierrées. *B* est la seconde montagne où est la contrepente, opposée à la pente de la premiére *A* d'où vient la source. *CC* est le ventre ou gorge où l'eau se trouve forcée par tout. *DD* est le nivellement d'un côteau à l'au-

(*c*) Voyez la Figure qui est à la page suivante.

tre pour connoître la hauteur du contrefoulement *B*.

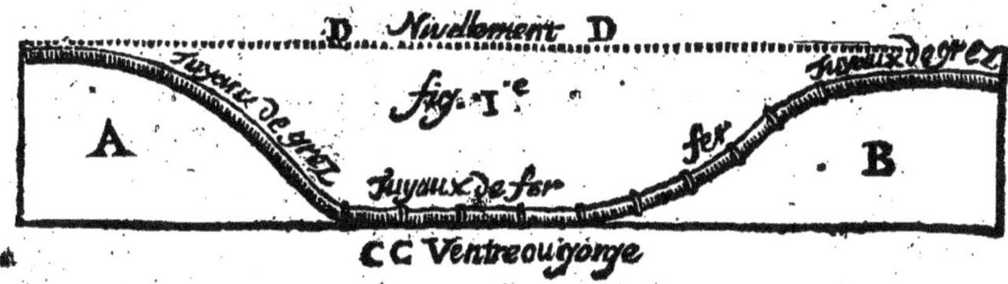

Cette conduite sera de plomb ou de fer, pour résister dans la vallée ou fondriére *CC*, ainsi que dans la contrepente où l'eau force le plus jusqu'à ce qu'elle se soit remise de niveau sur la montagne *B*, où pour éviter la dépense, on reprendra des tuyaux de grez ou des pierrées jusqu'au réservoir, parce que l'eau n'y fait que rouler, & ne force que dans le ventre & dans la remontée. S'il y avoit une grande pente depuis la prise jusqu'au ventre, il faudroit de bons tuyaux dans toute la conduite, parce que l'eau y seroit forcée. Dans un long chemin, ou lorsqu'on amasse des eaux de plusieurs endroits, il peut se rencontrer deux ou trois contrepentes, où l'on se conduira de la même maniére. Quand la gorge n'est pas longue, un bout d'aqueduc ou un massif de blocailles est le meilleur parti qu'on puisse prendre, & l'eau y roulera de la même maniére qu'elle fait depuis le regard de prise. Mais les tuyaux coûteront moins, lorsque cette gorge est longue, & que le contrefoulement est haut de 20 à 30 pieds.

Si le contrefoulement étoit encore plus considérable, comme de 80 à 100 pieds, il n'y auroit point de tuyaux quelque bons qu'ils fussent, qui pussent y résister long-tems; ce sont cependant des tuyaux de fer qui portent l'eau de la machine de Marly à 500 pieds de haut en trois reprises, & qui résistent à tout l'ébranlement des chaînes qui communiquent le mouvement jusqu'en haut.

Des vallons aussi profonds demandent ordinairement à être remplis par des arcades & trumeaux de maçonnerie qui forment un aqueduc: on en voit un exemple dans la conduite des eaux d'Arcueil, dont les sources ramassées dans des rigoles au Village de Rungis, sont conduites dans des auges de pierre sous des voûtes jusqu'à Arcueil, où il y a une gorge de près de 100 pieds de haut; les tuyaux quelque forts qu'on

eût

eût pû les mettre, n'auroient pas résisté long-tems à une si grande élévation. On représenta cette difficulté à la Reine Mere Marie de Médicis qui voulant laisser un monument éternel de sa magnificence, fit construire le bel aqueduc dont on a parlé ci-dessus. Par l'élévation de cet aqueduc l'eau roule toujours du même niveau, & regagne l'autre montagne d'où elle rentre dans des auges voûtées jusqu'à Paris; c'est ainsi que l'on a sauvé ce grand contrefoulement, mais ces dépenses royales ne peuvent guére servir d'exemple à des Particuliers.

On peut encore éviter un contrefoulement considérable, en faisant suivre une conduite le long d'un côteau, & regagnant petit à petit le niveau de la contrepente; mais il faut qu'il n'y ait pas un grand circuit à faire dans cette situation appellée poële ou bassin, parce que la longueur d'une conduite ainsi circulaire, quoique de grez ou en pierrée, coûteroit plus que d'amener l'eau en droite ligne par des tuyaux capables de résister au contrefoulement.

Souvent un ruisseau coule sur les bords d'un parc, sans que l'on en fasse aucun usage, parce qu'il paroît un peu trop bas. On peut s'en servir pour fournir un réservoir en observant ce qui suit. Ramassez l'eau du ruisseau, & faites-la passer sous une petite voûte à l'entrée du parc où vous éleverez une vanne ou batardeau au moins de 4 pieds de haut bâti de pierre dure

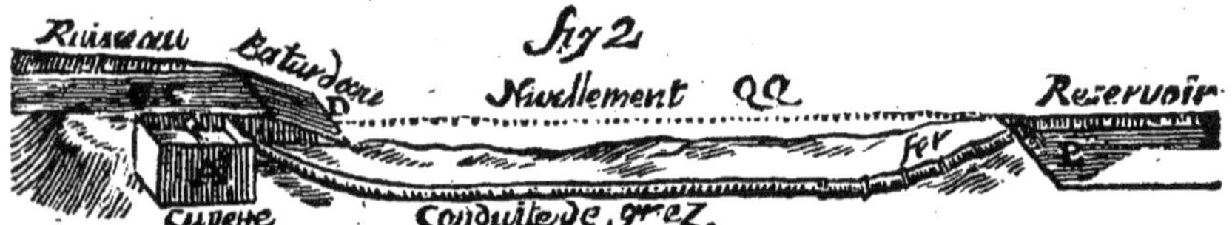

avec du ciment, pour soutenir l'eau du ruisseau, & vous construirez à côté une cuvette ou bassin de ciment de 5 à 6 pieds de long sur 4 de large. Supposons le ruisseau *CC Fig.* 2, soutenu par le batardeau *D*, l'eau tombera dans la cuvette *A*, d'où on la conduira dans le réservoir *B* situé à l'autre bout du parc, & élevé de 3 pieds au-dessus de la superficie naturelle du ruisseau *CC*, suivant le nivellement *QQ* qui en aura été fait auparavant. L'eau du ruisseau, au moyen du batardeau fait à l'extrêmité de la cuvette, y entrera facilement, & montera à 4 pieds de haut, sans craindre d'inonder la campagne en soutenant (*a*) l'eau à cette hauteur.

(*a*) Les Terrassiers appellent masquer une campagne quand ils y élevent une grande longueur de terre ou terre-plein pour soutenir les eaux à une certaine hauteur.

On fera paſſer l'eau de la cuvette dans un tuyau de grez d'un diamétre proportionné à la quantité d'eau que le ruiſſeau fournira, ce que l'on connoîtra par la jauge. On ſuppoſe que la diſtance de la cuvette au réſervoir eſt de 300 toiſes : on donnera une pente (*a*) ordinaire à la conduite dans toute ſa longueur ; & dans les 10 derniéres toiſes du contrefoulement, on mettra des tuyaux de plomb ou de fer, ceux de grez entourés d'une bonne chemiſe n'ayant pû réſiſter. L'eau qui a une pente de 6 pouces & autant de charge, montera les 3 pieds, & tombera dans le réſervoir *B*, ce qui a été exécuté pluſieurs fois : c'eſt de cette maniére qu'on fait remonter l'eau au-deſſus de ſa ſource.

(*a*) La pente ordinaire qui eſt de 2 pouces pour 100 toiſes, demande 6 pouces pour 300 toiſes ; & comme l'eau du batardeau eſt élevée d'un pied plus haut que le réſervoir, il reſtera encore 6 pouces pour donner plus de chaſſe à l'eau.

Les mêmes difficultés ne ſe rencontrent pas pour conduire l'eau dans les Jardins. Le terrein y eſt ordinairement dreſſé, & bien que le réſervoir ſoit dans la campagne ou dans le parc, les conduites deſcendent toujours en pente douce, plus tôt que de remonter. On ſe ſervira dans les eaux forcées de tuyaux de fer, de plomb ou de bois, ſuivant le pays, & même de grez bien conditionné, pourvû que la chûte ne paſſe pas 15 à 20 pieds. Les conduites étant parvenues juſqu'aux baſſins, on y fera un regard pour loger un robinet de cuivre de groſſeur convenable au diamétre de la conduite. On ſoudera enſuite une rondelle ou collet de plomb un peu large autour du tuyau & dans le milieu de l'endroit du corroi ou maſſif du baſſin où il paſſe, afin que l'eau ainſi arrêtée par cette plaque, ne ſuive point le long du tuyau pour chercher à ſe perdre. Cela ſe doit entendre de tous les tuyaux, tant des eaux forcées que des décharges qui traverſent les corrois & maſſifs d'un baſſin. Quand ce ſont des tuyaux de fer, on les poſe de maniére qu'une de leurs brides ſoit dans le milieu du corroi, ce qui ſert de rondelle.

On doit toujours faire paſſer les tuyaux à découvert ſur le plafond d'un baſſin, & jamais les enfoncer dedans, afin de remédier plus aiſément aux fautes qui ſurviennent. On a encore la précaution dans les piéces d'eau un peu profondes de poſer les conduites ſur des treteaux de charpente qui les élevent à moitié de profondeur, pour n'être pas obligé, lorſqu'il ſurvient des fautes à une conduite, de vuider une piéce entiérement.

Dans le centre du baſſin à l'endroit même où doit être le jet, on ſoudera ſur la conduite un tuyau montant appellé ſouche, au bout duquel on soudera encore un écrou de cuivre sur lequel se visse l'ajutage. Cette vis doit toujours être un peu au-dessus de la superficie de l'eau, tant pour faire sortir les ordures plus aisément que pour faire connoître si l'ajutage ne fait point l'eau. Il faut que cette souche soit du même diamétre que la conduite; si elle étoit retrécie, elle augmenteroit le frottement, & retarderoit la vîtesse & la hauteur du jet. A deux pieds environ par-delà la souche, on coupera le tuyau & on le bouchera par un tampon de bois de chêne avec une rondelle de fer chassée à force au bout du tuyau, ou par un tampon de cuivre à vis que l'on y soudera. Ces tampons, quand il y a des ordures, facilitent le moyen de dégorger une conduite. Si le bassin ou la piéce d'eau a de la profondeur, on fera passer la souche du jet dans un fourreau de pierre. Cela sert à l'entretenir bien droite, afin que le jet ne vacille point en jouant, & qu'un bateau (s'il y en a un) ne renverse point la souche dans l'eau.

On conduira les eaux de décharge dans des pierrées faites en chatiéres, ou dans des tuyaux de grez sans chemise, quand ces eaux vont se perdre dans quelque puisart ou cloaque; mais quand elles servent à faire jouer des bassins plus bas, on les entourera d'une bonne chemise, ou l'on y employera des tuyaux ordinaires, comme étant des eaux forcées.

Dans les conduites de décharge, on met le tuyau qui prend l'eau de superficie ou du fond d'un bassin plus gros que le reste de la conduite, afin que l'eau se perde plus vîte. Le défaut des tuyaux de décharge est d'être toujours trop petits, & par cette raison sujets à s'engorger: le même tuyau cependant peut servir à vuider le fond & la superficie d'un bassin, en soudant sur celui du fond où est la soupape, un tuyau coudé qui prend l'eau de la superficie, & s'applatit aisément sous la bordure de gazon qui regne autour d'un bassin. Comme ces conduites ne font point jouer ordinairement d'autres bassins, elles vont se perdre dans un puisart bâti à pierres séches, mais dans les terres humides, l'eau gagnant le regard, ne laisseroit aucun passage à celle qu'amene la décharge, & elle ne pourroit se perdre; ainsi il faudra cimenter le regard de 4 pieds de bas, & faire une pierrée en dessous qui porte l'eau dans quelque fond.

Evitez toujours dans les conduites, les coudes, les jarrets,

& les angles droits en équerres qui diminuent la force des eaux. Quand on ne peut faire aller une conduite bien droite, & qu'il y a un tournant indispensable, ces coudes se prendront d'un peu loin pour en diminuer la roideur. On peut encore grossir les conduites dans l'endroit des coudes pour suppléer aux obstacles qui empêchent l'eau de rouler.

Les conduites un peu longues & fort chargées demandent d'espace en espace des ventouses ou soupapes renversées pour le soulagement des tuyaux & pour la sortie des vents. On les fait ordinairement de plomb, & on les branche sur la tige de quelque grand arbre où on les attache, en observant qu'elles soient de 2 ou 3 pieds plus hautes que le niveau du réservoir, afin qu'elles ne dépensent pas tant d'eau; de cette maniére il n'y a que les vents qui sortent. Quand après une pente roide, les conduites se remettent de niveau, il faut placer dans cet endroit des robinets pour arrêter cette charge. Ces robinets servent encore à mettre une conduite en décharge dans l'Hiver, ou quand il est nécessaire d'y travailler: c'est par ce moyen que l'on visite toute une conduite, & que l'on connoît la faute, sans être obligé de découvrir une conduite pendant un quart de lieue de terrein, ce qui arrive souvent quand l'eau n'est pas bien forcée.

En posant les conduites dans les Jardins, observez de caller les tuyaux avec des pierres & de les enfoncer un peu avant en terre, comme de 2 ou 3 pieds, à cause de la gelée & crainte des voleurs : on les fera toujours passer dans les allées, & jamais dans les bois, dans les parterres & dans les boulingrins, afin qu'on en puisse mieux connoître les fautes, & sans rien déplanter, les raccommoder plus aisément. Quand les conduites passent sous des terrasses, ou sous des chemins publics, on doit faire une petite voûte le long du tuyau pour le visiter de tems en tems. On aura soin, avant que de les combler de terre, d'éprouver les conduites posées nouvellement en les forçant, s'il se peut, & les bouchant par un bout pour connoître s'il n'y a point de fautes.

Lorsque les conduites sont éloignées dans la campagne, on enfoncera les tuyaux encore plus avant comme de 4 à 5 pieds, pour éviter le vol & la malice des Paysans. L'expérience fait connoître qu'on ne peut prendre trop de précaution dans ces sortes de travaux dont les accidens sont si fréquens.

CHAPITRE VIII.

DE LA PROPORTION DES conduites avec les réservoirs & les ajutages.

IL ne suffit pas d'avoir donné les différentes maniéres de conduire les eaux, de calculer leur vîtesse, leur hauteur, leur dépense, il convient encore de régler la proportion & la grosseur que doivent avoir les tuyaux ou conduites par rapport aux fontaines qu'on a dessein de construire dans un Jardin; c'est de cette proportion que dépend la beauté des eaux jaillissantes.

Plus les conduites sont grosses, & plus les jets d'eau s'élevent; au contraire si ces conduites sont trop menues, ou qu'elles fournissent à trop de bassins, sans avoir leur juste proportion, elles ne formeront que de petits (*a*) jets foibles, bas & peu nourris. Ces conduites mêmes sont sujettes à s'engorger aisément, & les vents trop resserrés ne trouvant pas une sortie assez libre, les font crever en peu de tems.

(*a*) Les Fontainiers appellent ces petits jets des Pissotieres, & rien n'est plus fréquent dans les grottes & les Jardins d'Espagne, d'Italie & de Hollande.

Cette proportion dépend de la hauteur des réservoirs & de la sortie des ajutages, afin que la colonne d'eau puisse mieux surmonter la colonne d'air qui lui fait tant d'obstacle, & que la vîtesse dans les tuyaux soit égale. Le trop de frottement qui se fait dans les conduites menues par rapport aux gros ajutages, & aux bords des petits ajutages par rapport aux grosses conduites, a fait tenter plusieurs expériences sur lesquelles on a établi les formules suivantes qui peuvent guider dans la route que l'on doit suivre.

C'est une regle certaine que les circonférences des cercles sont entr'elles comme leurs diamétres, & que les superficies des mêmes cercles sont entr'elles en même raison que les quarrés de leur diamétre. Cette regle sert infiniment dans toutes les formules Hydrauliques.

Les Fontainiers ont pour maxime de donner pour proportion aux conduites le quadruple de l'ajutage, c'est-à-dire, qu'ils prétendent que le diamétre d'une conduite doit être (*b*) quadruple de celui de l'ajutage: ce qui n'est pas exact & ne se

(*b*) Suivant les Principes de la Géomé-

rencontre que dans le cas où le réservoir est au-dessous de 11 pieds par rapport à son jet ; dans tous les autres cas, c'est la hauteur du réservoir qui regle le diamétre de la conduite & de l'ajutage. J'ai long-tems suivi cette erreur ; croiroit-on s'égarer en marchant avec les gens du métier ? Un Géométre cependant doit raisonner sur d'autres principes.

trie, le diamétre ne devroit être que deux fois plus grand, pour que la conduite eût son quarré quatre fois plus grand que le diamétre de l'ajutage. Si le diamétre de la conduite est quadruple de celui de l'ajutage, supposé d'un pouce, ce diamétre aura 4 pouces, & le quarré de la conduite sera 16 fois plus grand que l'ajutage.

On ne suit avec exactitude ces proportions qu'afin de conserver aux jets toute la hauteur où ils peuvent monter. L'expérience que l'on a faite qu'un jet venant d'un réservoir de 52 pieds de haut, demandoit une conduite de 3 pouces de diamétre, & un ajutage de 6 lignes de diametre, peut servir de regle, & l'on en a tiré la formule suivante.

PREMIERE FORMULE.

Connoître le diamétre d'une conduite proportionnée à la hauteur du réservoir & à la sortie d'un ajutage, pour que le jet monte à la hauteur qu'il doit avoir.

On veut sçavoir quel diamétre aura la conduite d'un jet venant d'un réservoir de 20 pieds de haut & dont l'ajutage aura 12 lignes de diamétre, il faut faire deux regles de Trois.

PREMIERE REGLE.

Cherchez une moyenne proportionnelle entre le nombre 52 hauteur du réservoir donné par l'expérience, & le nombre 20 hauteur du réservoir dont on cherche le diamétre de la conduite, vous trouverez par le calcul 32 environ, mettez 52 au premier terme de la regle, 32 au second en négligeant le reste de la racine, puis prenez le quarré des 3 pouces de la conduite de l'expérience qui est 9 que vous mettrez au troisiéme terme, & la regle faite, il viendra au quatriéme terme $5\frac{28}{52}$ qui font $5\frac{1}{2}$ environ, ce qui s'écrit ainsi 52, 32 : : 9, $5\frac{1}{2}$.

SECONDE REGLE.

Les ajutages étant connus, l'un de 6 lignes venant de 52 pieds de haut, l'autre de 12 lignes venant de 20 pieds de haut, on prendra leurs quarrés qui seront 36 & 144 que vous mettrez aux deux premiers termes de la regle, & au troisiéme $5\frac{1}{2}$ trouvé dans la premiére regle, écrivez 36, 144 : : $5\frac{1}{2}$, x. Multipliez 5 ½ par 144, vous aurez pour produit 792 qui divisé par 36 vous donnera au quotient 22 pouces quarrés dont vous tirerez la racine; & par la plus grande approximation vous aurez 34 en négligeant un reste de 71, & vous direz le plus grand quarré contenu dans 34 est 25 dont la racine est 5; ainsi vous aurez 5 pouces pour le diamétre de la conduite du jet proposé de 12 lignes d'ajutage venant d'un réservoir de 20 pieds de haut.

Il est essentiel dans cette formule que les diamétres des ajutages, tant du jet de l'expérience que de celui demandé, soient différens.

SECONDE FORMULE PLUS ABREGE'E

pour résoudre la même question.

Aux réservoirs au-dessous de 11 pieds, le diamétre de la conduite doit être quadruple du diamétre de l'ajutage. Si cet ajutage a 6 lignes de diamétre, la conduite aura 24 lignes ou 2 pouces de diamétre.

Aux réservoirs au-dessous de 21 pieds, le diamétre de la conduite sera quintuple; si l'ajutage a six lignes, la conduite aura 2 pouces & demi.

Aux réservoirs au-dessous de 41 pieds, comme de 25, 30, 35 pieds de hauteur, le diamétre sera sextuple. Quand l'ajutage aura 6 lignes, on donnera 36 lignes ou 3 pouces de diamétre à la conduite.

Lorsque les réservoirs sont au-dessous de 81 pieds, tels que de 45, 50, 60, 70 pieds de haut, la conduite aura un diamétre septuple: si l'ajutage a 6 lignes, la conduite aura 42 lignes ou 3 pouces & demi: si l'ajutage a 9 lignes, la conduite aura 5 pouces 3 lignes que l'on peut réduire à 5 pouces; à un pouce d'ajutage, la conduite doit avoir 7 pouces. On ne va pas plus loin, parce qu'il est assez rare que les réservoirs excedent la hauteur de 81 pieds.

TROISIE'ME FORMULE.

La hauteur du réservoir & le diamètre de la conduite étant donnés, trouver la sortie de l'ajutage.

On connoît que les jets d'eau de différentes hauteurs sont en raison des racines des mêmes hauteurs.

On veut sçavoir quel ajutage on doit donner à une conduite de 4 pouces de diamétre, dont le réservoir a 40 pieds de haut. L'expérience a fait connoître qu'un jet de 52 pieds de haut avec une conduite de 3 pouces de diamétre, demandoit un ajutage de 6 lignes.

Suivant ce principe cherchez une moyenne proportionnelle entre 52 & 40 qui sera 46, mettez au premier terme de la regle 46, 52 :: 36 quarré des six lignes de l'ajutage qu'a donné l'expérience, est à x. Faites le calcul à l'ordinaire, & vous trouverez environ 40; mais comme on désigne une conduite de 4 pouces, il faut prendre le quarré des 3 pouces de l'expérience qui est 9, & le quarré de 4 pouces qui est 16, en disant 9, 16 :: 40 quatriéme terme de la regle ci-dessus est à x. Il viendra 71 au quotient dont on extraira la racine qui est 8 lignes environ pour l'ajutage demandé; ce qui revient à la formule ci-dessus où il est dit que dans les jets qui viennent de réservoirs au-dessous de 41 pieds, le diamétre de l'ajutage doit être sextuple de celui de la conduite; l'ajutage a ici 8 lignes, 6 fois 8 font 48 lignes ou 4 pouces, qui est le diamétre de la conduite.

Quand on veut tirer plusieurs jets d'un même réservoir, il n'est pas nécessaire de faire autant de conduites que des jets; une ou deux suffiront, pourvû qu'elles soient assez grosses pour fournir à toutes les branches de ces jets, de maniére qu'ils jouent tous ensemble à leur hauteur, sans faire baisser les autres.

QUATRIE'ME FORMULE,

Plusieurs branches ou tuyaux étant déterminés pour leur diamètre, trouver celui de la maîtresse conduite où ils doivent être soudés, de sorte qu'il passe la même quantité d'eau dans les uns que dans les autres.

Si quatre conduites de 3 pouces de diamétre sont nécessaires

pour

pour distribuer l'eau aux fontaines d'un Jardin, sans être obligé de tirer du réservoir quatre tuyaux séparés, on réunira l'eau qui doit passer dans les quatre en une principale conduite, & l'on ne fera que souder dessus, des (*a*) branches ou fourches vis-à-vis des bassins qui doivent en être fournis; il s'agit de sçavoir quel diamétre on donnera à cette maîtresse conduite.

(*a*) Un petit tuyau soudé sur un gros, s'appelle fourche ou branche.

Supposé que vous ayez quatre fourches de 3 pouces chacune, quarrez les diamétres qui font 9 pouces en superficie, ajoutez la somme des quatre superficies qui font 36, il faut en extraire la racine quarrée qui est 6, ce sera le diamétre de la maîtresse conduite sur laquelle seront soudées les quatre fourches de 3 pouces, & il passera autant d'eau dans la grosse que dans les quatre autres.

Si l'on avoit onze tuyaux ou branches à souder sur une conduite, sçavoir, deux tuyaux de 6 pouces, trois de 4 & six de 2 pouces, quarrez tous ces nombres qui vous donneront 72, 48, 24, ajoutez ces sommes qui monteront à 144 lignes dont vous tirerez la racine quarrée qui est 12 lignes, ce nombre sera le diamétre requis de la principale conduite qui contiendra seule autant d'eau qu'il en passe dans les onze tuyaux ensemble.

Pour épargner la dépense, on peut encore diminuer le diamétre d'une conduite après une fourche. Si d'une conduite de 8 pouces de diamétre on veut tirer un tuyau de 4 pouces pour le premier bassin, quel diamétre doit avoir cette conduite de 8 pouces après la fourche? Quarrez le diamétre 8 qui fait 64, quarrez encore le diamétre 4 du petit tuyau qui fait 16, ôtez le petit nombre du grand, il restera 48 dont il faut tirer la racine quarrée; mais comme ce nombre 48 n'est pas un nombre quarré, prenez celui qui en approche le plus qui est 49, dont la racine est 7, ce sera le diamétre cherché; ensorte que la conduite de 8 pouces ayant fourni la fourche de 4 pouces, diminuera d'un pouce & n'aura plus que 7 pouces de diamétre dans toute sa longueur jusqu'à la fontaine qu'elle doit fournir.

S'il y avoit plusieurs fourches à tirer d'une maîtresse conduite, on pourroit en diminuer le diamétre après chaque fourche: en voici un exemple, la maîtresse conduite *A* aura 6 pouces de diamétre en sortant du réservoir, & ira fournir une premiére fourche de 3 pouces de diametre dont le quarré est 9, ôtez ce

Planche *** Fig. *A*.

nombre 9 de 36 quarré de la grosse conduite, il reste 27: le plus grand quarré qu'il y ait en 27 c'est 25, dont la racine est 5, ce sera le diamétre qu'aura la conduite après la premiére fourche. On suppose que 20 toises plus bas on ait à fournir une seconde fourche de 2 pouces de diametre, on fera le même calcul, en disant qui de 25 ôte 4 quarré de la fourche de 2 pouces, il reste 21 dont le plus grand quarré qui en approche est 16 dont la racine est 4; ce sera le diamétre que la maîtresse conduite aura jusqu'au dernier bassin.

On peut aboutir ces tuyaux, s'ils sont de fer, par des colets de plomb qui feront les raccordemens des gros avec les petits, si c'est du grez ou du bois, le raccordement sera de même; s'ils sont de plomb, l'opération est encore plus aisée; mais quand il s'agit de raccorder une conduite de 6 pouces sur une Fig. B. de 3, il faut un tambour triangulaire fait d'une table de plomb dont on forme un tuyau que l'on soude par-dessus.

Lorsqu'une conduite fournit à un plus grand nombre de fourches, ainsi que celle que l'on voit dans le canal au bas de la grande cascade de S. Cloud, ou bien les deux qui fournissent les grilles d'eau au-dessus de l'Orangerie, la grosse conduite ne doit point diminuer après chaque fourche, au contraire il est nécessaire qu'elle conserve son diamétre jusqu'au bout, afin que les jets soient fournis également & montent à la même hauteur. Il ne faut point alors calculer le quarré de chaque fourche pour que le gros tuyau puisse contenir autant d'eau que toutes les fourches ensemble; dans ces sortes de bassins on n'a d'autre dessein que de former de gros bouillons peu élevés, & les conduites ne doivent garder aucune proportion entr'elles. Il y a 12 jets dans le canal de la cascade dont les tuyaux ont 3 pouces de diamétre chacun, & l'on trouvera dans la somme de ces quarrés 108 pouces, dont la racine est 10 qui devroit être le diamétre de la principale conduite, si l'on avoit voulu qu'il y passât autant d'eau que dans les douze. On a donné seulement 8 pouces à la maîtresse conduite, afin qu'elle fût plus grosse que les branches, pour les mieux nourrir.

Fig. C. S'il se trouve un cordon de jets à fournir autour d'un bassin pour y faire jouer des Dauphins, des Tortues ou des Grenouilles placés aux 8 angles d'un octogone, il faut nécessairement calculer les huit tuyaux qui portent l'eau à ces animaux : on les ſuppoſe ici chacun d'un pouce & demi de diamétre ; quarrez un pouce & demi ou 18 lignes qui vous donneront 324 lignes quarrées, ajoutez cette ſomme 8 fois, le quarré en ſera 2592, dont la racine eſt 50 lignes qui font un peu plus de 4 pouces. On donnera donc 4 pouces de diamétre aux conduites de chaque cordon, mais la maîtreſſe conduite & le tambour qui les fourniſſent, auront 6 pouces de diamétre, afin que leur quarré 36 ſoit égal à peu près à celui des deux conduites du cordon qui fait 4 fois 4 font 16 & doublé donne 32 pouces.

Un jet placé au milieu d'un chandelier ſoutenu par quatre Dauphins qui jettent des jets dardans moins hauts & moins forts que celui du milieu, demande deux conduites tirées de la groſſe, pour faire jouer ſéparément le jet & les Dauphins. Le raccordement s'en fera au-deſſus du regard où ſeront placés les robinets, ainſi qu'il ſe voit dans la figure *D*. Suppoſé la maîtreſſe conduite *E* de 4 pouces, on aura 16 pouces en ſuperficie ; les deux branches *F* & *G* de 2 pouces $\frac{1}{2}$, font chacune 6 pouces & $\frac{1}{4}$, & pour les deux, 12 pouces & demi. Ainſi la groſſe conduite *E* dominera encore les deux *F* & *G*; la conduite *F* paſſera à côté du tambour *H* ou marmite pratiqué pour recevoir l'eau des quatre Dauphins, ou entrera dans ſon milieu, ce qui eſt indifférent, parce que ſon eau ne ſera point mêlée. L'autre conduite *G* apportera ſon eau dans le tambour *H*, & ne perdra point (*a*) ſa force pour entrer dans un vaſe plus large qui étoit néceſſaire pour la diſtribuer aux Dauphins par quatre tuyaux égaux d'un pouce & demi chacun, dont les ajutages auront une égale ſortie, & convenable au jet du milieu & à la grandeur de la piéce d'eau ; on n'y cherche point d'autre proportion. L'égalité des ajutages & des tuyaux eſt ce qu'on doit obſerver en pareil cas pour que les jets montent à la même hauteur. Fig. *D*. Fig. *H*.

Il y a des gerbes formées par deux conduites, c'eſt lorſque l'on veut que le jet du milieu s'éleve au-deſſus des autres en forme d'aigrette, alors la conduite qui fournit le jet, entrera dans la ſouche au milieu du gros tuyau, ou dans le tambour, s'il y en a un, & ſe joindra au gros tuyau par un raccordement de ſoudure, ainſi que la figure *I* le démontre, il faut toujours que les deux conduites ſoient ſéparées, à cauſe de leur différente hauteur. Telles ſont les deux gerbes de la place de S. Pierre à Ro- Fig. *I*.

(*a*) Comme on ne juge de la vîteſſe des eaux qu'en multipliant la ſuperficie de la baſe d'un tuyau par ſa hauteur perpendiculaire, il importe peu qu'il ſoit plus gros dans ſon milieu que dans le reſte de ſa longueur ; ce qui a fait dire en pluſieurs endroits que pour éviter les frottemens, on pourroit tenir les tuyaux plus gros dans les coudes, jarets, robinets, ce qui bien loin de diminuer l'élévation des jets, ſerviroit au contraire à la maintenir.

me qui fournies par deux ruiſſeaux, vont continuellement, & jettent beaucoup d'eau avec un jet qui s'éleve plus haut que les autres en forme d'aigrette. L'obéliſque de Verſailles eſt de même : il eſt compoſé de trois cordons de tuyaux qui ont chacun leur conduite & leur réſervoir ſéparé, & montent à trois étages de hauteur.

Il n'eſt pas néceſſaire, comme le prétendent les Fontainiers, que l'eau d'une groſſe conduite force celle qui paſſe dans les tuyaux des branches pour lui donner de la chaſſe & de la pouſſée : il ſuffit que la même quantité d'eau y paſſe. Ces Fontainiers prétendent encore que dans les eaux de décharge, les conduites doivent diminuer de diamétre de 100 toiſes en 100 toiſes pour réveiller l'eau & lui donner de la force. Un Auteur (a) Allemand penſe tout autrement : il veut, pour épargner la dépenſe, qu'on puiſſe diminuer le diamétre d'une conduite, de la moitié de celui de la ſouche juſqu'auprès du regard où eſt le robinet, & que cette diminution n'arrête point le bel effet des eaux, pourvû que l'on obſerve dans les 7 ou 8 toiſes au-deſſus du robinet juſque dans la ſouche du jet & dans l'ajutage, la proportion convenable à la hauteur du réſervoir. Le même Auteur ajoute qu'un tuyau, qu'une ſoupape de trois pouces, peut convenir en ſortant d'un réſervoir, ſur une conduite de ſix pouces, & nourrira le jet auſſi-bien qu'une groſſe conduite & qu'un ſoupape de ſix pouces.

Le meilleur parti qu'on puiſſe prendre entre le ſentiment des Fontainiers, & celui de cet Auteur, eſt de continuer le même diamétre d'une conduite depuis le réſervoir juſque ſous le jet, pourvû qu'elle ne fourniſſe qu'un ſeul baſſin. Si elle ſert à pluſieurs, on la diminuera de groſſeur après chaque branche, ſuivant les obſervations ci-deſſus, de maniére que toutes les eaux jouent enſemble, ſans qu'un jet en faſſe baiſſer un autre. On eſt ſûr dans une conduite ainſi continuée dans toute ſa longueur, ou diminuée avec proportion après chaque fourche, qu'il y a moins de frottement, & que les vents y paſſent mieux. Je voudrois encore qu'on obſervât de faire le diamétre de la ſoupape plus grand de deux pouces que celui du tuyau de deſcente dont le haut ſeroit fait en (b) entonnoir. Ce moyen donneroit un plus grand paſſage à l'eau, & éviteroit le frottement qui ſe fait dans le trou d'une ſoupape trop étroite. L'ex-

(a) Le Comte de Wahl.

(b) Cela paroît un peu contraire aux principes ci-deſſus énoncés, qu'on ne doit avoir égard dans le calcul de la dépenſe des eaux qu'à la ſuperficie de la baſe d'un tuyau multipliée par ſa hauteur perpendiculaire.

périence m'a fait connoître dans deux soupapes que j'ai fait souder dans le même réservoir, l'une de 8 pouces avec un entonnoir sur une conduite de fer de 6 pouces, & l'autre de 6 pouces sans entonnoir sur une pareille conduite, que l'eau bouillonnoit plus vivement & se débitoit plus vîte par la soupape de 8 pouces que par celle de 6, quoique les descentes, les conduites, les sorties fussent égales.

Les ajutages ou ajoutoirs sont des cylindres de cuivre qui se vissent sur leur écrou que l'on soude au bout d'un tuyau montant appellé *souche*, dont il a été parlé dans le Chapitre précédent.

Il y a deux sortes d'ajutages, les simples & les composés.

Les ajutages simples sont ordinairement élevés en cône, & percés d'un seul trou.

Les composés sont applatis en dessus & percés sur la platine de plusieurs fentes ou d'un faisceau de tuyaux qui forment des gerbes & des girandoles.

Plusieurs Auteurs (*a*) prétendent que les ajutages simples percés d'un seul trou sur une platine de cuivre, causent moins de frottement & de résistance aux bords, que ceux qui sont élevés en cône. Ils demandent encore que la platine de ces ajutages n'ait que 2 ou 3 lignes d'épaisseur, afin que le frottement soit moindre. Ce frottement est si effectif, qu'on remarque qu'un jet sortant d'un gros ajutage, s'éleve souvent plus haut, que lorsqu'il sort d'un petit, quoique ces deux ajutages soient fournis par le même réservoir & la même conduite, sans trop s'écarter des proportions ordinaires : cette élévation n'est sûrement dûe qu'à la diminution du frottement.

(*a*) Traité du mouvement des eaux par Mariotte, p. 336 & 337. Traité de l'élévation des eaux par le Comte de Wahl, p. 20 & 21.

Parmi les ajutages composés, il y en a de bouchés dans le milieu, & d'ouverts tout alentour que l'on appelle ajoutoirs à *l'épargne* : on prétend qu'ils dépensent moins d'eau que les autres, & que le jet en paroît plus gros. On leur fait prendre encore plusieurs figures, comme de gerbes, de pluies, d'éventails, soleils, girandoles, bouillons ; on en voit de percés de plusieurs trous ou fentes placés à l'opposite l'un de l'autre, ou bien on y soude plusieurs petits ajutages, dont l'eau se réunit pour former une gerbe. Souvent pour les bouillons on se contente d'aboutir le tuyau de plomb, de l'arrondir, & de le percer le plus proprement qu'il est possible. On fait encore quelquefois passer l'eau par-dessus le jet pour le *noyer* & le faire paroître plus gros & blanc comme la neige, mais il perd beaucoup de sa hauteur. De toutes ces formes d'ajutages je préférerois pour la commodité ceux qui n'ont qu'une sortie, & qui sont élevés en cône. Ils ne sont pas si sujets à se boucher que ceux qui sont percés sur une platine ; & l'eau en sort plus nette & file plus haut. A l'égard de la dépense je la crois à peu près égale.

Les ajutages à l'épargne & ceux qui sont percés de plusieurs trous sur une platine, sont difficiles à mesurer. Les formules suivantes serviront à en calculer la sortie.

CINQUIE'ME FORMULE.

Calculer la sortie des jets à l'épargne.

Pour toiser une zone ou intervalle de jour entre deux cercles concentriques, suivez la formule suivante.

Fig. *K*. L'ajutage *K* est supposé de 4 pouces de diamétre : mesurez seulement les 2 pouces qui occupent le milieu & les 4 lignes de jour par où l'eau sort, en négligeant les 20 lignes de plein qui sont sur les bords de l'ajutage, lesquelles 20 lignes sont inutiles dans l'opération. Multipliez 2 pouces 4 lignes par eux-mêmes pour avoir le quarré 5 pouces 5 lignes, dont vous prendrez la moitié & les deux septiémes pour avoir la superficie qui sera de 4 pouces 3 lignes. Il faut ôter la superficie des 2 pouces, qui se trouve par le calcul être 3 pouces 2 lignes, de la superficie du grand cercle qui est de 4 pouces 3 lignes ; ce qui restera 1 pouce 1 ligne ou 145 lignes

2 *pouces*	4 *lignes*
2	4
4	
0	9
0	8
5 *pouces*	5 *lignes quarrées.*

5 *pouces*	5 *lignes*
2	8 $\frac{1}{2}$
	9 $\frac{2}{7}$
	9 $\frac{2}{7}$
4	3 *superf. du gr. cercle.*

2	
2	
4	
2	7 *lignes*
	7
3 *pouces*	2 *lignes superficie du petit cercle.*

quarrées, sera la superficie de la zone ou intervalle de jour par où l'eau passe.

4 *pouces*	3 *lignes*
3	2
1 *pouce*	1 *ligne quarrée.*

Toisé des 2 lignes de jour de l'ajutage.

SIXIE'ME FORMULE.

Calculer les ajutages séparés & soudés sur une platine, pour former une gerbe.

Soit la gerbe *L* composée de 10 ajutages séparés qui ont chacun 3 lignes de diamétre, prenez la superficie d'un de ces ajutages qui est environ 7 lignes, multipliez 7 par 10 qui vous donnera 70 lignes quarrées pour les dix ajutages, lesquelles font à peu près un demi pouce d'eau quarré & forcé. Ces sortes de gerbes sont assez fournies d'eau, & dépensent moins que les ajutages à l'épargne, & que les gerbes suivantes. Fig. L.

SEPTIE'ME FORMULE.

Calculer une gerbe percée de plusieurs fentes opposées les unes aux autres.

Si la gerbe *M* de 4 pouces de diamétre est composée de plusieurs fentes opposées les unes aux autres, telles que la figure le démontre, & toujours percées suivant la trace de différens cercles, on examinera si ces fentes sont percées suivant une ligne circulaire, alors elles feront chacune une portion de couronne. Il faudra prendre le diamétre des deux cercles qui composent une de ces couronnes, comme ici 36 lignes pour le grand & 35 pour le petit cercle. Suivant la figure *N* vous formerez un secteur (*a*) tel que *O P Q* qui borde les extrêmités d'une des couronnes. Vous chercherez la superficie du grand cercle *R S* suivant le rapport de 14 à 11 qui sera 1018 lignes $\frac{2}{7}$, & pour le petit cercle *TV*, 962 lignes $\frac{1}{2}$. Cette opération étant faite on prendra avec le rapporteur le nombre de degrés du secteur *O P Q* qui a été trouvé de 20 degrés, & par une regle de proportion vous mettrez au Fig. M. Fig. N.

36	1296
36	11
216	1296
108	1296
1296	14256

(*a*) Secteur est une partie d'un cercle terminé par deux rayons qui ne font pas une ligne droite.

premier terme 360 degrés valeur du cercle entier; au second 1018 lignes en négligeant les restes ; & au troisiéme terme, 20 degrés. La regle vous donnera 56 lignes $\frac{1}{2}$ environ pour la superficie du grand (a) secteur *PRS*; vous chercherez de la même maniére la superficie du petit secteur *PTV* qui sera de 53 lignes $\frac{1}{2}$ environ, vous ôterez cette derniére valeur de la grande, & il restera 3 lignes quarrées pour la superficie de la portion de couronne *RSTV*. Multipliez ensuite cette portion de couronne qui est égale aux autres, par le nombre qu'il y en a dans la même rangée qui est ici 10, c'est-à-dire 3 par 10, ce qui donnera pour le total de la sortie des dix portions de couronne 30 lignes. Pour les deux autres rangées, vous ferez de pareilles opérations: supposé que vous trouviez 20 lignes pour les 10 couronnes de la seconde rangée, & 15 lignes pour les 10 autres couronnes de la troisiéme & derniére rangée, ajoutant ces trois sommes ensemble, vous aurez 65 lignes quarrées pour la sortie des 30 portions de couronne. Pour l'ouverture du milieu qui a 2 lignes de diamétre, la superficie en sera de 3 lignes 2 points, vous trouverez en tout 68 lignes

(a) Ce grand secteur & le petit qui suit, font partie du premier secteur O P Q.

11[4 *grand Cercle*

24256 / 2422 44 } 1018 $\frac{4}{14}$ $\frac{2}{7}$

2

35	1225
35	11
175	1225
105	1225
1225	13475

87[7 *petit Cercle*

23475 / 2444 } 962 $\frac{7}{14}$ $\frac{1}{2}$

22

360, 1018, :: 20, x

1018	23|00 / 20360 / 3600 / 36 } 56 $\frac{200}{360}$ *grand secteur*
20	
20360	

360, 962 :: 20, x

962	12|60 / 19240 / 3600 / 36 } 53 $\frac{160}{360}$ *petit secteur*
20	
19240	

56 $\frac{1}{2}$	3
53 $\frac{1}{2}$	10
3	30

30	
20	65
15	3 *trou du milieu*
65	68 *lignes quarrées*

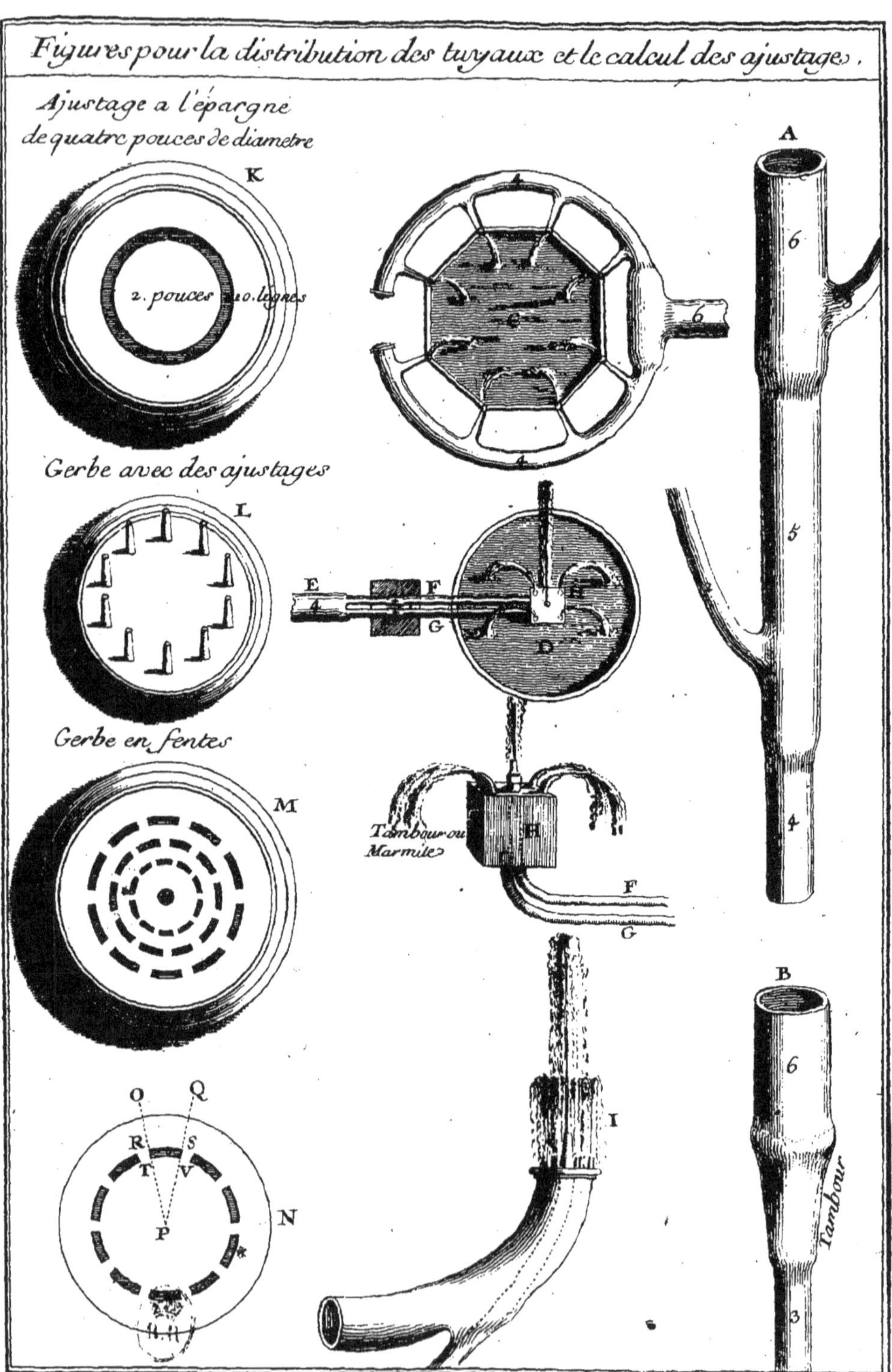
Figures pour la distribution des tuyaux et le calcul des ajustages.
Ajustage a l'epargne
de quatre pouces de diametre
K
2. pouces 10. lignes
A
6
5
4
Gerbe avec des ajustages
L
E
4
F
G
H
D
Gerbe en fentes
M
Tambour ou
Marmite
H
F
G
B
6
Tambour
3
O
Q
R
S
T
V
P
N
I

gnes quarrées pour la ſortie de toutes les ouvertures de cette gerbe, dont le calcul vient d'être ſuivi d'un bout à l'autre.

Si les fentes de la même gerbe *M* offrent des quarrés longs appellés Parallelogrames, il ſera plus aiſé d'en connoître la ſortie; meſurez un des parallelogrames qui a 2 lignes ſuppoſé de longueur ſur une de large, multipliez 2 par 1, ce qui donnera 2 lignes, leſquelles multipliées par le nombre des parallelogrames de la premiére rangée qui eſt 10, font 20 lignes quarrées de ſuperficie. La ſeconde rangée de fentes n'a pour chacune qu'une ligne ſur une ligne, qui donne une ligne qui multipliée par 10 donne 10 lignes quarrées; & la troiſiéme rangée de fentes n'a pour chacune qu'une $\frac{1}{2}$ ligne ſur une $\frac{1}{2}$ ligne qui donne un $\frac{1}{4}$ de ligne qui multiplié par 10, compoſe 2 lignes $\frac{1}{2}$: ces trois ſommes jointes enſemble donnent 32 lignes $\frac{1}{2}$ quarrées & forcées avec les trois lignes pour l'ouverture du milieu; le tout revient à 35 lignes $\frac{1}{2}$ quarrées.

2	1	$\frac{1}{2}$	20
1	1	$\frac{1}{2}$	10
2	1	$\frac{1}{4}$	$2\frac{1}{2}$
10	10	10	$32\frac{1}{2}$
20	10	$2\frac{1}{2}$	3
			$35\frac{1}{2}$

Si l'on vouloit ſçavoir l'eau que dépenſeront par heure & par jour, les ſorties connues de ces trois gerbes, pourvû qu'on connoiſſe la hauteur de leur réſervoir, on auroit recours aux formules précédentes, en comparant cette hauteur du réſervoir & la ſortie totale de l'ajutage d'une de ces gerbes, avec un autre jet dont on connoît la dépenſe & la hauteur du réſervoir.

Les animaux qui jettent de l'eau ſur les bords des baſſins, ou que l'on place parmi les ornemens des buffets & des caſcades, forment ordinairement des griffes ou lames d'eau de forme d'un quarré long qui ſe meſureront comme des parallelogrames, c'eſt-à-dire, la largeur par la hauteur. Si ces ouvertures ſont rondes, ce ſeront alors des ajutages ordinaires que l'on calculera pour en connoître la ſortie ſuivant la maniére uſitée. Enfin ſi les lames d'eau qui ſortent de ces animaux étoient percées en portions de couronne, on les meſureroit ſuivant la formule précédente.

Il eſt encore eſſentiel, pour l'effet des eaux, que les ouvertures des robinets & des ſoupapes ſoient proportionnées au diamétre de la conduite, en observant que par le trou ovale de la canelle & du boisseau du robinet, & par l'ouverture circulaire de la crapaudine d'une soupape, il passe presque autant d'eau que par l'ouverture circulaire du tuyau. Il y a plusieurs sortes de robinets, tels que ceux à tête quarrée, à branches ou à potence, à deux ou trois eaux, ensorte que fermant un jet ils en ouvrent un autre. Dans les eaux extrêmement forcées qui pourroient faire sauter les robinets, on les arrête par-dessous par un boulon avec une clavette. Quand ces robinets sont placés près du bassin, ils doivent avoir pour ouverture au moins les deux tiers du diamétre de la conduite, & ils seroient encore mieux, s'ils lui étoient égaux. Lorsque les robinets sont éloignés du bassin, ils peuvent avoir un tiers de moins d'ouverture que la conduite.

Pour obvier à l'étranglement de l'eau dans le passage des robinets & des soupapes, on pourroit donner un diamétre plus grand à la conduite dans l'endroit où se place le boisseau des robinets & la boëte des soupapes. La même précaution sera encore prise dans les coudes des conduites, lesquels resserrent infiniment la force de l'eau.

Ces sortes de ménagemens sont réservés à la prudence & à l'intelligence d'un Fontainier, & encore plus à l'œil d'un Maître qui aura acquis la connoissance nécessaire dans l'Hydraulique.

CHAPITRE IX.

DES DIFFERENTES CONSTRUCTIONS des Baſſins, Caſcades, Buffets d'eau, Réſervoirs.

LA place la plus ordinaire d'un baſſin eſt l'extrêmité ou le milieu d'un parterre en face d'un bâtiment ; il n'eſt pas moins bien placé dans un potager, dans une orangerie : on peut encore pratiquer des baſſins dans les boſquets, & c'eſt un double agrément ; les eaux y ſont comme dans leur centre, la verdure des arbres leur ſert de fond & fait valoir la blancheur de l'eau ; leur gazouillement & leur murmure frappent davantage l'oreille par le repos & l'écho qui regnent dans ces lieux.

Il ne faut point placer les fontaines ſi près des bâtimens, parce que dans l'Eté il s'éleve de l'eau des vapeurs corrompues, qui peuvent communiquer à l'air une malignité capable de nuire à la ſanté, joint à ce que ces vapeurs cauſent une humidité très-grande aux murs d'un bâtiment, laquelle peut gâter les peintures & les meubles du dedans. On a encore l'incommodité des inſectes & d'entendre la nuit croaſſer les grenouilles & les crapaux. Toutes ces raiſons empêchent préſentement d'entourer les maiſons de campagne de foſſés d'eau, comme l'on faiſoit autrefois, & ſont cauſes que l'on a mis à ſec ou comblé ceux de pluſieurs (*a*) Châteaux.

(*a*) S. Maur, Rambouillet

La forme des baſſins eſt ordinairement circulaire ; cependant il y en a d'octogones, de longs, d'ovales & de quarrés. Quand ces baſſins paſſent une certaine grandeur, on les appelle piéces d'eau, canaux, miroirs, viviers, étangs & réſervoirs.

Pour l'étendue des baſſins, il eſt aſſez difficile de la fixer préciſément ; plus ils ſont grands, mieux ils ſont, au lieu que leur petiteſſe fait un fort mauvais effet. Ces deux extrêmités de conſtruire un petit baſſin dans un grand lieu, ou d'employer la meilleure partie d'un terrein dans une grande piéce d'eau, doivent être également évitées par l'Architecte des Jardins.

Beaucoup de gens prétendent que la grandeur d'un bassin doit être proportionnée à la hauteur du jet, afin que l'eau poussée en l'air, quoiqu'agitée par le vent, ne passe pas les bords du bassin, & y retombe sans mouiller l'allée du tour. C'est en quoi ils se trompent : en effet pour peu qu'un jet soit élevé, quoique dans un grand bassin, le vent enlevera toujours l'eau, & la portera très-loin ; c'est une expérience incontestable : l'on convient avec eux qu'il est aussi désagréable de voir un petit * jet dans un grand bassin, que d'en voir un ** très-gros & très-élevé dans un petit bassin. Il faut qu'il y ait quelque sorte de convenance entre le jet & le bassin ; mais on ne peut déterminer de juste proportion de la grandeur des bassins par rapport aux jets, cela dépend de la chûte & de la force des eaux, ou de l'espace que le terrein donne pour la construction de ces piéces.

A l'égard de la profondeur des bassins, elle est ordinairement de 15 à 18 pouces, ou de deux pieds tout au plus, moins ils sont creux, plus l'eau est belle : cette profondeur est suffisante pour y puiser avec les arrosoirs, & pour garantir le fond d'un bassin dans les grandes gelées. On l'augmente quand ils doivent servir de réservoirs, ou qu'on y veut nourrir du poisson, comme il se pratique dans les grands bassins, canaux, & piéces d'eau ; & pour lors ils doivent avoir 4 à 5 pieds de creux ; c'est assez pour y contenir beaucoup d'eau en réserve, pour que le poisson s'y éleve, & pour y porter un bateau destiné au plaisir de la pêche : l'on est souvent obligé d'y en avoir un quand il y a des jets dans le milieu d'un canal, pour aller dévisser l'ajoutoir, & ôter les ordures qui empêchent l'eau de faire son effet.

On observera surtout de ne pas donner aux canaux ou aux réservoirs plus de 4 à 5 pieds de profondeur. Il est dangereux qu'ils en ayent davantage, comme de 8 à 10 pieds ; on a vû arriver tant d'accidens à des personnes qui en se promenant, sont tombées dans des bassins très-creux, & qui s'y sont noyées,

* Comme le petit jet du grand bassin du Palais Royal.

** Comme celui du second parterre vis-à-vis de la principale façade de Trianon.

que l'on doit y faire une sérieuse attention. Une chose faite pour le plaisir & l'ornement d'un Jardin, doit-elle dans la suite causer quelque peine ?

Pour construire un bassin, ensorte qu'il tienne bien l'eau, (*a*) on ne sçauroit y apporter trop de précaution ; l'eau de sa nature cherche toujours à couler, & par sa pesanteur dans un bassin, est sujette à passer par la moindre petite fente, qui augmente toujours de plus en plus. Si l'on manque à bien faire cet ouvrage du premier coup, il est très-difficile d'y revenir. Il y a des bassins où l'on a travaillé à plusieurs reprises, sans pouvoir presque y faire tenir l'eau, faute d'avoir été bien faits d'abord. Ce travail, outre qu'il demande beaucoup de soin & d'habiles Ouvriers, exige encore l'emploi de bons matériaux ; ce qu'on expliquera dans la suite.

Avant que de dire comment on construit les bassins, il faut distinguer les différentes maniéres dont on peut se servir. Nous en avons de quatre sortes, sçavoir en terre glaise, en ciment, en plomb & en terre franche.

Commençons par les bassins de glaise, comme les plus en usage.

La place étant tracée sur le terrein, avant que de la faire fouiller, reculez & agrandissez cette trace de 4 pieds au-delà, c'est-à-dire, augmentez le diamétre de 4 pieds de chaque côté, qui font 8 pieds en tour. Le bassin n'en deviendra pas plus grand, parce que cette augmentation de 4 pieds sera remplie, & occupée par les murs & les corrois du pourtour, en donnant un pied de large au mur de terre, 18 pouces au corroi de glaise, & autant au mur de (*b*) douve. On creusera aussi pour le fond ou plafond du bassin, 2 pieds plus bas que la profondeur qu'on lui voudra donner : ces 2 pieds de fouille seront pareillement occupés par le corroi de glaise, qui doit avoir (*c*) 18 pouces d'épaisseur, & les autres 6 pouces seront

(*a*) Les Fontainiers disent qu'un bassin doit tenir l'eau comme un pot, ou qu'il doit être bien étanche.

(*b*) C'est ainsi qu'on appelle le mur qui soutient l'eau, que quelques-uns nomment mur d'eau, ou mur flotant.

(*c*) Il y a des Fontainiers qui ne donnent que 15 pouces d'épaisseur de glaise au corroi du plafond, quoiqu'ils donnent 18 pouces au corroi du tour. C'est pour trouver quelque épargne dans la quantité des glaises qui entrent dans le plafond d'une grande piéce d'eau.

pour le sable & le pavé qu'on mettra dessus la glaise. L'on veut, par exemple, faire un bassin de 6 toises de diamétre, il faut faire l'ouverture des terres de 7 toises 2 pieds de diamétre, & si l'on veut lui donner 2 pieds de profondeur d'eau, l'on creusera 4 pieds de bas. Ainsi le bassin étant achevé, reviendra toujours à la grandeur & hauteur requises de 6 toises de diamétre, & de 2 pieds de creux. La raison pour laquelle il faut absolument 18 pouces d'épaisseur au corroi de glaise entre les deux murs, est que le mur de douve étant bâti à mortier de chaux & sable, déssséche ordinairement 2 ou 3 pouces d'épaisseur du corroi, dont il ne reste de glaise bien fraîche que 15 pouces d'épaisseur. A l'égard du mur de terre, il ne gâte jamais la glaise.

On fouillera ces terres à pied droit, & on les transportera, suivant ce qui a été enseigné dans le Chapitre II. de la seconde Partie. Cette fouille étant faite & la place bien nette il faut y bâtir deux murs, & renfermer la glaise entre deux, afin que par ce moyen les eaux ne la délayent point, qu'elle se conserve fraîche, & que les racines des arbres voisins n'y pénetrent pas si aisément.

Figure premiere, page suivante.

Elevez contre les berges de la terre, c'est-à-dire, adossez le mur *A* d'un pied d'épaisseur, depuis le bas de la fouille jusqu'à fleur de terre; vous le bâtirez de moëllons, libages ou de cailloux, avec du mortier de terre, qui n'est autre chose que de la terre que vous délayerez en mortier; ce mur est appellé Mur de terre, à cause qu'il n'est bâti que pour soutenir la poussée des terres d'alentour, & afin que la terre ne desseche pas si-tôt les glaises.

Ce mur étant élevé tout autour de la piéce, & le tuyau posé qui amene l'eau, l'on y fera apporter de la glaise que l'on jettera dans le fond, & on la préparera au travail & au maniement, en la rompant par morceaux, en y jettant de l'eau de tems en tems, & la labourant deux ou trois fois sans y souffrir aucuns (*a*) marrons, ni ordures. Votre glaise ainsi préparée, faites-la étendre & jetter par pelletée, & ensuite (*b*) pétrir petit à petit de 18 pouces de hauteur, & de 7 à 8 pieds

(*a*) On appelle marron un morceau massif de glaise qui n'est pas pétri, & qui fait par la suite une faute.

(*b*) C'est ce qu'on appelle marcher la glaise à pieds nuds.

environ de large tout au pourtour de ce mur; l'on n'étend la glaiſe de 7 à 8 pieds de large que pour mettre deſſus la plate-forme & les racinaux ſur leſquels on bâtit le ſecond mur *B* appellé le Mur de douve, n'étant pas néceſſaire d'étendre d'abord la glaiſe dans tout le plafond d'un baſſin. Meſurez 18 pouces depuis le mur de terre, & laiſſant cet intervalle pour le corroi de glaiſe *C*, il faudra bâtir en de-là, le mur de douve *B*, qui doit avoir au moins 18 pouces d'épaiſſeur: & comme l'on ne pourroit pas bâtir ſolidement ce mur, ſi on le fondoit ſur la glaiſe, il eſt à propos d'y pratiquer une plate-forme avec des racinaux, ce qui ſe fait ainſi. Prenez du chevron de 3 pouces d'épaiſſeur, ou des bouts de planches de bateau épais de 2 pouces, & larges de 5 à 6, enfoncez-les à fleur de glaiſe de 3 pieds en 3 pieds, enſorte qu'ils débordent un peu le parement du mur en dedans le baſſin, c'eſt ce qu'on nomme les Racineaux *D Fig.* 2. Mettez enſuite deſſus de longues planches de bateau, dont deux jointes enſemble, feront de la largeur du mur, leſquelles vous clouerez où chevillerez ſur les racinaux; le tout formera la plate-forme *E Fig.* 2.

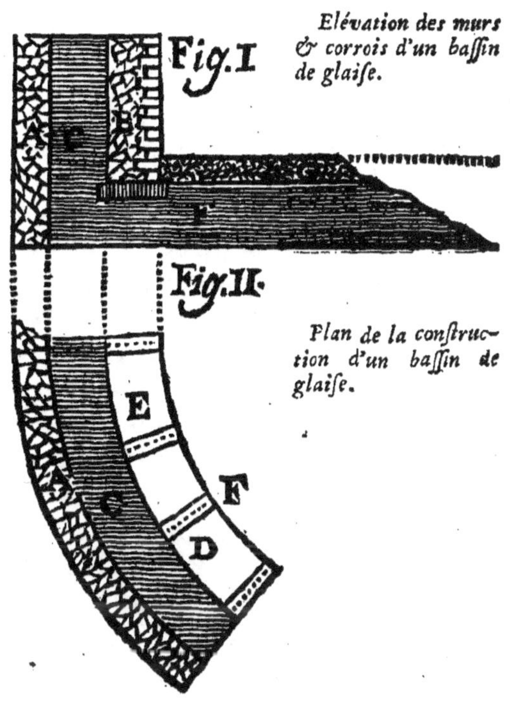

Elévation des murs & corrois d'un baſſin de glaiſe.

Plan de la conſtruction d'un baſſin de glaiſe.

Cet ouvrage fait, on poſe deſſus la premiére aſſiſe du mur de douve *B*, que l'on éleve de la hauteur de l'autre, & de 18 pouces d'épaiſſeur pour le moins. Dans les piéces d'eau un peu grandes & profondes, comme il y a beaucoup de charge d'eau & de longs pans de mur, on donne 2 pieds d'épaiſſeur au mur de douve, qui s'en conserve plus long-tems.

On n'élevera d'abord le mur de douve qu'à moitié de sa hauteur, supposé qu'il dût avoir 6 pieds, ce seroit de 3 pieds qu'on l'éleveroit, parce qu'il seroit trop difficile de jetter & pétrir les glaises dans le fond du corroi, si ce mur étoit élevé de toute sa hauteur. On remplira de glaise l'espace *C*, *Fig.* 1 compris entre les deux murs, appellé le corroi, jusqu'à la hauteur du mur qu'on achevera de bâtir au niveau de l'autre, & l'on continuera de pétrir les glaises pour élever le corroi *C* à fleur de terre. On peut, pour faciliter le travail, pétrir les glaises sur des planches au bord du bassin, pour achever de remplir les corrois d'en-haut, afin d'éviter de les aller chercher dans le fond du bassin.

Pour travailler au plafond *F Fig.* 2, on remplira de glaise toute l'étendue de la piéce, pour y faire un corroi de 18 pouces de haut, en recommençant à pétrir les glaises que vous avez d'abord étendues au-delà des racinaux, & les liant avec celles du plafond qu'on couvrira de sable de 5 à 6 pouces de hauteur, comme l'on voit en *G Fig.* 1, ce qui conservera le corroi, & empêchera le poisson de fouiller. Au lieu de ce sable, l'on peut mettre du pavé avec une aire d'un pouce d'épaisseur de chaux & ciment, ou le faire caillouter de 9 pouces de haut avec des blocailles ou pierres plates posées de champ & à sec dans le sable. C'est par ce moyen qu'on nétoiera proprement le plafond d'un bassin, & qu'on empêchera pour un tems les herbes & les roseaux d'y croître. Dans les grandes piéces on poussera la partie du plafond plus avant que de 7 à 8 pieds de large, avant que de bâtir le mur de douve, crainte que le mur étant bâti ne s'éboule, n'étant pas assez retenu par cette petite partie du plafond, dont tout le milieu est vuide, ou bien que les glaises ne s'échappent par-dessous le mur.

L'on choisira, pour bâtir le mur de douve, de bons moëllons, qui ne s'écroutent & ne se délitent point dans l'eau, ou bien des cailloux, des pierres de montagnes & de meuliére, qui rendent un ouvrage de longue durée, sans avoir la propreté des moëllons piqués. On pose de tems en tems des pierres qui tiennent toute la largeur du mur, c'est-à-dire, qui font le parement des deux côtés, ce qu'on appelle *faire Parpin*; cela soutient le mur & le rend plus solide. Le mortier

qu'on

qu'on doit employer dans la conſtruction de ce mur, pour être bon, doit être compoſé de ſable délayé avec de la chaux, dont la doſe eſt un tiers de chaux, & deux tiers de ſable.

On demandera peut-être pourquoi le mur de douve *B*, ne prend pas de fond, comme le mur de terre *A*. En voici la raiſon : ſi ce mur étoit aſſuré ſur la terre, comme l'autre mur, l'eau ſe perdroit, & l'ouvrage de derriére deviendroit inutile, parce que le corroi *F* du plafond ne ſe lieroit point avec celui *C* des côtés, & que les glaiſes ne feroient point corps enſemble, ce qui eſt très-eſſentiel, pour retenir l'eau dans l'angle du mur. C'eſt pour cela qu'on eſt obligé de bâtir & d'aſſurer ce mur ſur des racinaux & plate-formes au niveau de la glaiſe, afin de laiſſer deſſous une communication du plafond avec les côtés qui doivent faire maſſe enſemble.

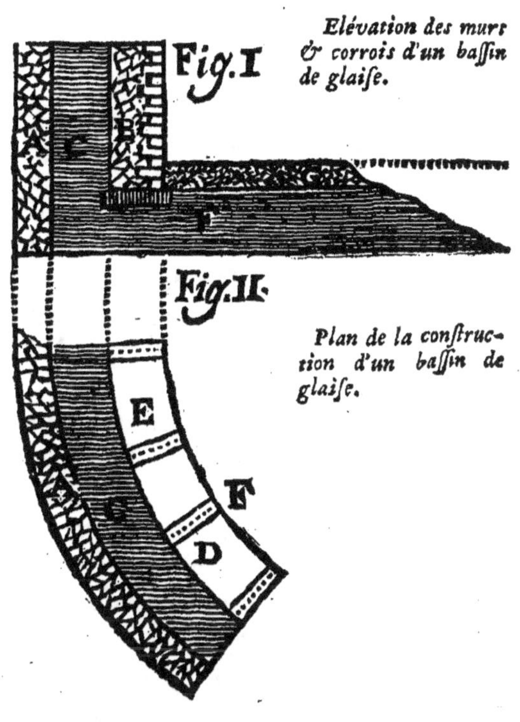

Elévation des murs & corrois d'un baſſin de glaiſe.

Plan de la conſtruction d'un baſſin de glaiſe.

On pourroit encore bâtir ce mur à pierres ſèches, car le mortier, ni le gobetage n'y font rien ; ce dernier ſurtout étant délayé par l'eau, tombe en peu de tems. La ſeule épaiſſeur ſoutient ce mur bâti en l'air contre lequel l'eau bande d'un côté, & la terre qui pouſſe contre, en fait tout le ſoutient. Une preuve de ce que l'on avance, c'eſt qu'un Ouvrier en remaniant un corroi, quand un baſſin eſt vuide, jetteroit le mur à bas, s'il n'avoit la précaution de l'étayer d'eſpace en eſpace, & de le ménager en y jettant doucement les glaiſes.

Voici une nouvelle maniére de faire un baſſin de glaiſe, laquelle remédie aux accidens qui peuvent arriver à la conſtruction des murs. Elle consiste à enfoncer le mur de terre *A* d'un demi pied en *D*, & le mur de douve *B* d'un pied en *E*, en faisant tourner le corroi d'un pied en *H*, comme la Figure *** le démontre. Cette dépense peu considérable empêche que les terres ne poussent le mur *A*, & que celui *B* ne glisse de dessus la plateforme, ce qui est arrivé plusieurs fois, quand même on donneroit 2 pieds & demi d'épaisseur au mur de douve qui par cet empatement d'un pied acquiert une espéce de fondation, & le corroi *F* ne perd rien de son épaisseur dans la partie de l'angle *H*.

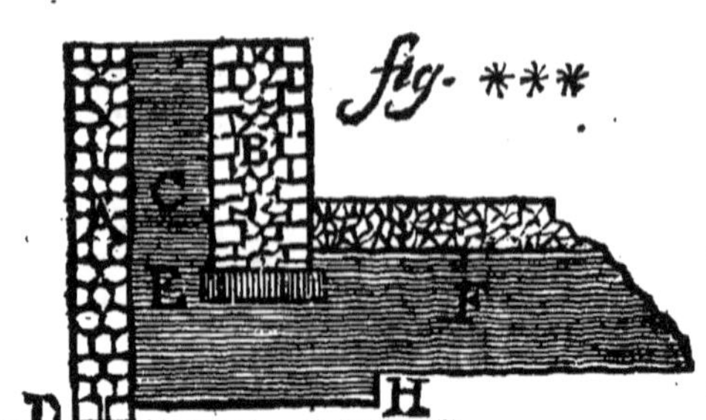

La véritable marque de la bonne glaise est d'être ferme & nullement sabloneuse, il faut qu'elle s'alonge & file en la rompant, & qu'elle paroisse grasse en la maniant. Il n'importe qu'elle soit rouge ou verdâtre, la couleur n'y fait rien : elle s'achete à la toise cube, qui compose en tout 216 pieds cubes. La toise cube doit avoir de tous sens une toise quarrée, qui fait 36 pieds en superficie. La glaise n'est chere que par les voitures & transports ; il y a des pays où elle ne coûte qu'à tirer, & où il y en a trop ; d'autres, où il la faut faire venir de loin & à grands frais.

On a supputé qu'un tombereau à trois chevaux peut porter 15 à 18 pieds cubes de glaise ; le pied cube par expérience pesant 140 liv. les 15 peseront 2100 liv. & les 18, 2520 liv. ce qui est une assez grosse charge ; suivant le calcul de 18 pieds cubes par tombereau, il en faut 12 pour porter une toise cube de 216 pieds, & 14 tombereaux $\frac{1}{2}$, quand ils ne portent que 15 pieds cubes.

On fait quelquefois des bassins dans la masse de glaise ou de terre franche, en les creusant sans aucun (*a*) mur. Quelquefois on en bâtit un seulement avec un corroi qui tombe jusque sur la masse de la glaise du côté de la pente de l'eau, un talus suffit de l'autre côté ou un mur à pierres sèches pour faire monter l'eau à la hauteur requise. Quand on fouille un canal

(*a*) Chantilly, Liancour, Courances.

ſur un côteau dont la maſſe de la glaiſe ſuit la pente, ſi l'on veut tenir les bords de niveau, bâtiſſez à pierres ſèches & ſans corroi les murs par où viennent les filtrations de la terre. Ceux qui ſoutiennent la pouſſée de l'eau, ſeront ſolides, un peu épais, & renfermeront un bon corroi de 2 pieds de large qui ira juſqu'à la maſſe de la glaiſe, afin de faire une liaiſon avec le plafond. A l'égard des terres qui ſurchargent la maſſe de la glaiſe qui s'enfonce en glacis dans le plafond, il ne faut point les enlever, ni les labourer, l'eau gagnera toujours le lit de glaiſe qui la retiendra, à moins que la maſſe de glaiſe étant à 15, ou 20 pieds de bas, l'eau ne trouve en ſon chemin des terres foireuſes par où elle s'échappe, avant que de gagner cette maſſe. Un corroi profond juſqu'à la maſſe de la glaiſe & épais du côté de la pouſſée des terres, eſt le ſeul reméde qu'on puiſſe y apporter.

Si l'on vouloit dans la ſuite agrandir un baſſin de glaiſe ou de terre franche, il n'y a rien de ſi facile; dans l'endroit que l'on veut augmenter, on alonge les murs & l'on incorpore les nouveaux corrois de glaiſe avec les anciens, remaniant leurs extrêmités qu'il faut toujours tailler en glacis, ou par étages, & jamais en ligne droite.

Les baſſins de ciment ſont conſtruits d'une maniére bien différente; l'on recule la trace du baſſin, & l'on agrandit le diamétre, un peu moins qu'aux baſſins de glaiſe; il ne faut qu'un pied 9 pouces d'ouvrage dans le pourtour, & autant dans le plafond, ce qui eſt ſuffiſant pour retenir l'eau. Ainſi pour un baſſin de 6 toiſes de diamétre, il faut faire une fouille de 6 toiſes 3 pieds & demi, & creuſer un pied 9 pouces plus bas que la profondeur qu'on veut donner au baſſin.

Commencez par élever & adoſſer contre la terre coupée à pied droit le mur de maçonnerie *A Fig. 3*, d'un pied d'épaiſſeur, qui prendra de fond & ſera bâti de moëllons & libages avec du mortier de chaux & ſable. Ce mur étant fait tout au pourtour, on commencera le maſſif du fond *B*, d'un

Conſtruction d'un baſſin de ciment.

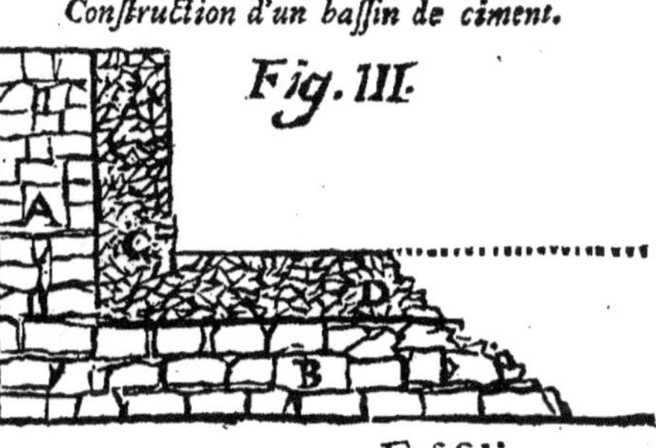

pied d'épaisseur, & construit des mêmes matériaux & mortier que le mur *A*: ensuite l'on adossera contre ce mur le massif ou chemise de ciment *C* de 9 pouces d'épaisseur, y comprenant l'enduit & parement. Ce massif sera fait de petits cailloux de vigne mis par lit, & de mortier de chaux & ciment, qu'il ne faudra point épargner. Tous ces cailloux ne doivent point se toucher l'un l'autre, mais s'éloigner un peu, & regorger * de mortier.

* Les Fontainiers disent mettre des cailloux à bouin de ciment.

Quand ce massif aura environ 8 pouces de large, & qu'il sera continué dans toute l'étendue du plafond *D*, il faudra enduire le tout avec du mortier plus fin, c'est-à-dire, avec du ciment passé au sas, avant que de le délayer avec la chaux, & unir cet enduit avec la truelle. Cet ouvrage demande une grande sujétion pour ôter les pailles & les ordures qui peuvent se rencontrer dans le mortier, dont la dose est deux tiers de ciment, & un bon tiers de chaux. Il ne faudra pas faire ce mortier en jettant quantité d'eau, de peur de dégraisser la chaux; on le doit faire à force de bras.

Le tems le plus chaud est le meilleur pour travailler aux bassins de ciment, la pluie y étant très-contraire. Quand le bassin sera fini, il faudra pendant quatre ou cinq jours de suite, froter l'enduit avec de l'huile ou du sang de bœuf, de peur qu'il ne se fende & ne se gerce; ensuite on y mettra l'eau promptement crainte du hâle.

Le ciment a la vertu de durcir de telle maniére dans l'eau, que la pierre & le marbre ne durcissent pas davantage; il fait même un corps solide qui ne se ruine jamais.

Quand on veut garantir de la gelée les bords des bassins de ciment, après que la chemise est faite & enduite, couvrez-la d'une ceinture de moëllons piqués plaqués contre, sans y être adhérens que par un peu de mortier. Ces moëllons posés sur leur lit, se soutiendront par leur pesanteur, & ils seront joints avec du mortier de chaux & ciment, ce qui fait un ouvrage très-propre, & qui m'a souvent réussi.

Si l'on a dessein d'agrandir un bassin de ciment, on abatera tous les murs du pourtour, on fera piquer au vif le plafond, & raccorder le nouveau travail du massif avec le vieux, en le coupant en couteau & d'un peu loin, de maniére que l'un se couche sur l'autre; ensuite on rechargera le tout de deux ou trois lits de petits cailloux mis à bouin de ciment, & l'on fera un bon enduit froté avec de l'huile, qui se raccordera avec l'enduit des nouveaux murs bâtis à l'ordinaire. Cet ouvrage réussira parfaitement, si l'on a soin dans la nouvelle enceinte de bien battre les terres avant que de commencer le massif, d'enfoncer avec un pieu les premiéres pierres de ce massif, & de laver avec du lait de chaux l'ancien massif de ciment, avant de l'incorporer avec le nouveau.

Les bassins de plomb sont un peu plus rares dans les Jardins, par rapport à la grande dépense, & au risque où ils sont d'être volés. La trace sera augmentée d'un pied seulement de chaque côté, & l'ouverture plus creuse d'un demi-pied, que la profondeur qu'on veut donner au bassin : par exemple, un bassin de 6 toises de diamétre aura 6 toises 2 pieds de fouille, & un pied & demi de creux, si l'on ne le fait que d'un pied de profondeur.

On donne un pied d'épaisseur au mur *A* des côtés, *Fig.* 4. afin de mieux soutenir les terres, quoiqu'on ne donne qu'un demi-pied de haut à l'aire ou plafond *B*. On bâtit ces murs de moëllons, avec du mortier tout de plâtre, parce que la chaux mine le plomb, & sur ces murs & massifs on assurera les tables de plomb *CC*, qui seront jointes l'une à l'autre avec de la soudure.

Construction d'un bassin de plomb.

Dans les pays où la brique est commune, on pourra s'en servir avec du plâtre sans chaux, en observant que les lits se trouvent de la même épaisseur du mur & du plafond.

Il ne faut pas oublier la construction des bassins faits en terre franche, ce sont les plus simples de tous, & ils ne laissent pas de se soutenir long-tems dans les pays un peu frais. On les peut faire avec un seul mur du côté de l'eau, & dans la tranchée derriére y couler la terre franche quand elle est délayée dans un creux, tel que celui où l'on éteint de la chaux. Cette terre se raccorde avec le fond naturel qui fait masse avec les côtés, & le mur n'a pas besoin d'être bâti sur une plate-forme.

Voyez la figure qui est à la page suivante.

Pour mieux conſtruire ces baſſins, faites le corroi de terre franche de 3 à 4 pieds d'épaiſſeur,& enfermez-le entre deux murs de 2 pieds chacun, ce qui le tient frais plus long-tems, & empêche qu'une taupe, une grenouille ou un ver de terre un peu long, ne traverſe ces corrois, & n'y faſſe des fautes : ces corrois au reſte coûtent peu à remanier.

Quand on fait un baſſin dans des terres rapportées ou mouvantes, il faut ſoutenir le mur de terre de 6 pieds en 6 pieds, par des arcs-boutans ou éperons de maçonnerie, dont l'empatement ait autant de largeur par le pied, que l'éperon a de hauteur, ainſi qu'on le voit dans la Figure 6. L'on pourroit craindre ſans cette précaution, que le baſſin ne s'affaiſsât. Si le fond n'étoit pas bon, on feroit des grils de charpente, des plate-formes & pilotis, ſur leſquels le plafond ſeroit aſſuré.

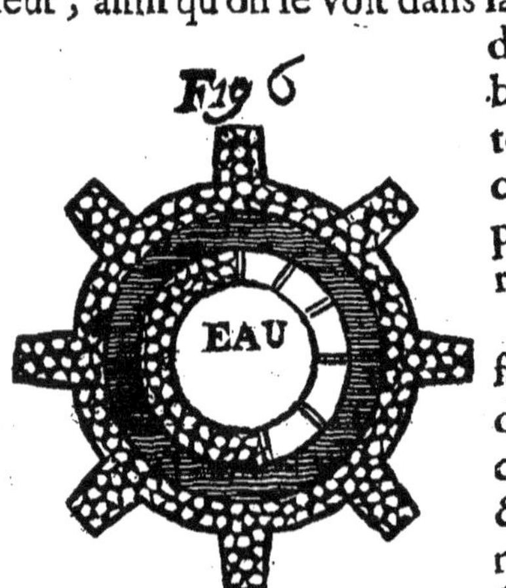

Il eſt bon de remarquer qu'en faiſant le plafond d'un baſſin, on doit laiſſer une petite pente d'un côté, pour le vuider entiérement & le nétoyer, par le moyen d'une ſoupape, & décharge de fond.

A l'égard du bord & de la ſuperficie d'un baſſin, il le faut tenir bien de niveau, enſorte que l'eau couvre également tous les murs, & qu'il s'entretienne toujours bien plein ; ce qui eſt d'une grande beauté à une piéce d'eau, & de grande conſéquence, pour conſerver les différens baſſins dont on vient de parler. Dans un baſſin de glaiſe, l'eau n'étant pas aſſez haute, la glaiſe du corroi du pourtour ſe ſèche, & fait perdre l'eau, c'eſt pour cela qu'on met tout autour ſur les corrois & murs, une bordure de gazon de la même largeur, afin que le Soleil ne puiſſe pas ſi facilement en attirer l'humidité. Si c'eſt un baſſin de ciment, l'enduit des côtés ſera ſujet à être gâté par la gelée, & à s'écrouter ; ſi c'eſt un baſſin de plomb, le Soleil le fera bouffer & écarter les ſoudures ; car le plomb craint plus la chaleur que la gelée, & l'eau enſuite ſe perdra, à quoi l'on a beaucoup de peine à remédier. Le plus sûr moyen de mettre un baſſin bien de niveau, eſt de faire venir un demi-pied d'eau dans le plafond & de ſe régler là-deſſus. Peut-on avoir un meilleur niveau que l'eau même ?

De ces quatre maniéres de faire des baſſins, celles qui coûtent le moins ſont ſans doute la terre franche & la glaiſe, où il faut avoir recours dans les grandes piéces d'eau. Ce ſont auſſi les plus ſujettes de toutes, à ſe ſécher & à ſe fendre, ce qui oblige de les remanier de tems en tems : celle qui coûte le plus, c'eſt le plomb, à cauſe de ſa peſanteur & de la ſoudure qu'on y emploie. La quatriéme qui eſt le ciment, eſt préférable à toutes par ſa durée ; elle peut tenir le milieu pour la dépenſe entre la glaiſe & le plomb ; il n'y a jamais que l'enduit qui puiſſe ſe gâter ; cela eſt ſi vrai, que j'ai fait racommoder des baſſins de ciment, qui ayant été dix ou douze ans ſans eau, ſe ſont trouvés fort bons, après les avoir fait repiquer juſqu'au vif, & enduire de nouveau.

On obſervera que la terre franche & la glaiſe dans les pays humides, ſe conſervent mieux que dans les pays ſecs. Le ciment qui de ſon naturel aime la ſécherеſſe & la chaleur, convient mieux dans les terreins arides & ſecs, & où les glaiſes ſont rares. Pour le plomb on l'emploie par tout, mais avec beaucoup de ménagement : il ſert plus à faire des tuyaux, que des baſſins, à moins que ce ne ſoit de petits baſſins ſur des terraſſes, dans des caſcades & autres lieux où l'on ne veut pas fouiller profondément, crainte de faire mourir de beaux arbres.

On ſe ſert encore en Italie, en Languedoc & en Provence d'une eſpéce de terre appellée (*a*) Pozzolane, qui ſe durcit dans l'eau, & dure fort long-tems, c'eſt de cette terre que l'on conſtruit les baſſins ; on la mêle avec de la chaux, & on l'emploie comme le ciment auquel on la peut comparer, faiſant preſque le même mortier.

(*a*) Vitruve en parle, liv. 8. chap. VI.

En Brie & en pluſieurs autres endroits on met en uſage un certain ſable gras délayé avec de la chaux, lequel dure dans l'eau, & l'on pave les baſſins de brique & de carreaux.

Les Hollandois ont coûtume de faire des baſſins de bois un peu épais goudronnés en dedans & peints en dehors. Il y a un réſervoir fait de cette maniére au Couvent des Loges dans la Forêt de S. Germain-en-Laye.

On fait encore des baſſins renfoncés & gazonnés où l'eau ſe perd à meſure qu'elle vient; on les appelle *Piéces perdues*. Telles ſont les fontaines de la couronne à Vaux-le-Villars, & trois piéces à S. Cloud, dont deux ſont dans les tapis de gazon au bas de la grande caſcade, & l'autre en face du nouvel amphitéâtre de gazon.

Comme les réſervoirs fourniſſent les belles fontaines des Jardins, il convient d'en parler ici: on en diſtingue de deux ſortes, ceux qui ſont ſur terre & ceux qui ſont élevés en l'air.

Les réſervoirs qui ſont ſur terre, ſont ou découverts ou voûtés. Les découverts ſont ordinairement des piéces d'eau ou canaux glaiſés dans leſquels on ramaſſe des ſources, & qui par la profondeur qu'on leur donne, contiennent pluſieurs milliers de muids d'eau: leur grand volume fait qu'ils ne ſe vuident pas ſi promptement, & que les conduites ayant plus de charge, les jets s'élevent davantage. Si l'on ne peut les placer dans le parc, on les met en pleine campagne en les entourant de murs.

On en fait encore ſur terre que l'on appelle réſervoirs butés. Les terres étant élevées à une certaine hauteur en forme de pâté, on les laiſſe raſſeoir quelque tems, on y conſtruit enſuite un réſervoir ſoutenu par des piles de maçonnerie bâties ſur le bon fond, ou par des éperons pour réſiſter à la charge de l'eau & maintenir le réſervoir que l'on glaiſe ſuivant l'uſage ordinaire.

Les réſervoirs voûtés ne différent des découverts qu'en ce qu'ils ſont conſtruits ſous une voûte, le niveau de l'eau n'ayant pas permis de les faire ſur terre, ils ſont ordinairement cimentés & forment des eſpéces de citernes. L'on en trouve ſouvent ſous des terraſſes ſur leſquelles on marche ſans s'appercevoir qu'on eſt ſur l'eau. (*a*)

(*a*) Tels ſont ceux de Verſailles, de Villeroi, du Rainci, Vanvres & autres.

Ceux qui ſont élevés en l'air, ne ſont pas à beaucoup près d'une ſi grande capacité que les autres, ſi l'on en excepte le château-d'eau de Verſailles & le réſervoir ſur l'aîle qui ont peu de de ſemblables en leur genre. Ordinairement ces ſortes de réſervoirs contiennent 50, 100, 200 muids d'eau. La difficulté de les ſoutenir, la dépenſe de la carcaſſe des charpentes & du plomb dont on les revêt, ne permettent pas de les faire auſſi grands que ceux qui ſont ſur terre. Il y en a de deux ſortes, les découverts & les couverts qui n'ont d'autre différence, ſinon que ces derniers ſont appellés (a) *Châteaux d'eau*, comme celui de Verſailles proche la Chapelle, & le château d'eau vis-à-vis le Palais Royal à Paris. Ils ſont tous élevés ſur des arcades ou piliers de pierre de taille ſur leſquels on aſſeoit de groſſes piéces de charpente pour ſoutenir le fond & les côtés du réſervoir recouvert de tables de plomb ſoudées enſemble. On retient la pouſſée de l'eau dans les angles par de fortes équerres de fer, & par des barres traverſant d'un bout du réſervoir à l'autre. Ces ſortes de réſervoirs conviennent aux machines Hydrauliques & dans les terreins plats.

(a) Quelquefois les châteaux d'eau ne renferment que des cuvettes pour diſtribuer les eaux dans une ville, tel que celui de la porte S. Jacques près l'Obſervatoire, & le château d'eau de la pompe Notre-Dame.

Lorſque les Jardins ſont en terraſſes, les baſſins d'en-haut ſervent de réſervoirs aux piéces d'en-bas, & on les fait un peu grands & profonds pour fournir plus long-tems les eaux jailliſſantes. Dans les endroits où il y a beaucoup d'eau & de pente, l'on peut encore y pratiquer des caſcades, des goulettes & des buffets d'eau, tant dans les allées que dans les eſcaliers & les rampes.

Les caſcades ſont ou naturelles ou artificielles : les premiéres occaſionnées par l'inégalité du terrein ſe nomment cataractes, telles que les caſcades de *Tivoli*, de *Terni*, de Schafouſe, & le fameux ſaut de la riviére de Niagara dans le Canada, lequel a 156 pieds de haut. Les artificielles dûes à la main des hommes ſe pratiquent par chûtes de perrons, comme la caſcade de S. Cloud, en pente douce, comme celle de Sceaux, ou en forme de buffet, ainſi qu'on en voit à Verſailles, à Trianon, à Marly, & autres lieux.

Ces caſcades ſont compoſées de nappes, de pyramides, de buffets, de maſques ou dégueuleux, de bouillons, de champignons, de gerbes, de moutons, chandeliers, girandoles, grilles, cierges, jets dardans, lames, croiſées & berceaux d'eau.

Les nappes d'eau ne doivent point tomber de ſi haut, ſi l'on veut qu'elles ne ſe déchirent point, c'eſt-à-dire, que l'eau ne se sépare point. On donne aux grandes 2 pouces d'eau par chaque pied courant ; dans les champignons & petites nappes des buffets & pyramides, un pouce d'eau suffit par pied courant. Si l'on n'a pas assez d'eau pour suivre ces proportions, on déchire la nappe, c'est-à-dire, que pratiquant sur les bords de la coquille ou de la coupe, des ressauts de pierre ou de plomb, l'eau ne tombe que par espaces, ce qui fait un assez bel effet, quand ces déchirures sont faites avec goût.

Une pyramide est une tige commune qui soutient plusieurs coupes de marbre, de pierre ou de plomb, lesquelles vont en diminuant, & se terminent par un bouillon d'eau qui tombe sur la coupe du sommet, d'où il se répand sur les inférieures en formant des nappes jusques dans le bassin d'en-bas. De pareilles fontaines sont ordinairement isolées, & dépensent beaucoup d'eau. Comme la derniére coupe d'en-bas qui est la plus large, ne seroit pas assez fournie, on fait venir des bassins d'en-haut quelque tuyau à gueule bée.

Les buffets d'eau qui ne sont proprement que des demi-pyramides sont plus en usage ; & comme les bouillons qui les fournissent demandent encore beaucoup d'eau, on peut y substituer un masque au haut du buffet dont la dépense est la moitié moins forte, & l'on en déchire la nappe. Ces buffets sont de différens desseins. Il y en a de très-simples, comme seroit un masque qui vomiroit de l'eau sur une coquille soutenue d'un piédouche, laquelle eau retombe dans un petit bassin pratiqué au niveau des terres.

Un bouillon d'eau différe d'un jet en ce qu'il est plus gros & est moins élevé.

Les gerbes ont différentes formes, les unes sont composées d'un faisceau de petits ajutages, les autres sont percées sur une platine de plusieurs fentes ou trous ronds, telles que celles que l'on vient de voir dans le Chapitre précédent.

Un chandelier différe d'un champignon, en ce qu'il ne fait point nappe, & que son eau va former un autre chandelier plus bas ; le jet d'un chandelier est encore plus élevé qu'un bouillon ; souvent on en fait tomber l'eau par deux masques qui sont dans son pied douche, quelquefois aussi on noye le jet pour le faire paroître plus gros, & alors l'eau retombe en nappes.

Tels sont les chandeliers de l'allée Royale à Versailles, qu'on pourroit fort bien appeller des champignons.

Le champignon sort ordinairement de sa tige, s'éleve peu, forme un bouillon, & tombe dans une coupe d'où il fait nappe dans le bassin d'en-bas. Quand le champignon est composé de plusieurs coupes, alors il change de nom, & s'appelle pyramide. Si la coupe a 10 pieds de circonférence, le jet doit fournir 10 pouces d'eau à la fois, ou la même quantité par deux tuyaux différens, suivant la regle qui est de donner un pouce d'eau par pied courant. Si la pyramide est double, triple, quadruple, il faudra deux conduites, l'une pour le principal bouillon d'en-haut, l'autre pour amener quelque décharge de bassins pour grossir les nappes, & fournir celle d'en-bas qui s'élargit beaucoup; telle est la belle pyramide de Versailles à la tête de l'allée Royale.

Les moutons en fait de cascades sont des eaux que l'on fait tomber rapidement dans une rigole de plomb en pente, qui trouvant pour obstacle une table de plomb dans le bas, se relevent en écumant. Cet obstacle fait moutonner l'eau, & en varie infiniment les effets. Un mouton est encore formé par un tuyau aplati, & ouvert par un bout, dont la force de l'eau venant de haut, trouve une plaque de plomb à sa sortie, ce qui fait la moutonner. Ce nouveau genre de moutons est purement dû au hazard. Louis XIV vit un jour à Marly un effet d'eau singulier occasionné par un tampon qui étoit sorti du bout d'un tuyau, dont l'eau ayant trouvé un mur qui lui résistoit, s'élevoit en écumant. Ce mouton qui lui plut, donna lieu d'en faire de pareils dans la cascade champêtre.

On appelle une rampe de jets, une suite de chandeliers qui accompagnent les aîles d'une cascade.

Les cierges, les grilles d'eau sont fournis sur la même ligne par le même tuyau qui étant bien proportionné à leur quantité, à leur souche & à leur sortie, leur conserve toute leur hauteur, qui dépend encore de l'égalité dans les souches & dans la sortie des ajutages.

Les jets ne laissent pas d'être variés entr'eux. Ceux qui s'élevent droits s'appellent *perpendiculaires*; les jets obliques & qui croisent formant une ligne parabolique ou un berceau, se nommment *Jets dardans*. Il y a encore les jets perdus qui jouent dans des bassins de gazon qui ne tiennent point l'eau, & les jets noyés, c'est lorsque l'eau du bassin passant par-dessus l'orifice de l'ajutage, en fait bouillonner l'eau, & en arrêtant sa hauteur, la rend blanche comme la neige, ce qui grossit considérablement le jet.

Les girandoles d'eau que d'autres appellent girandes, sont des espéces de gerbes qui par leur blancheur imitent la neige & la grèle. L'on y fait entrer, quand on veut, des vents renfermés dans un tuyau séparé, & alors le bruit qu'ils font approche de celui du tonnere. Telles sont les girandoles que j'ai vû jouer à *Frescati* dans les Vignes *Aldobrandini*, *Ludovisi*, *Monte-Dragone*, & à *Tivoli* dans la Vigne *d'Este*. Les jets d'eau du bosquet des trois fontaines à Versailles imitent parfaitement des coups de fusil.

On accompagne les cascades d'ornemens maritimes convenables aux eaux, comme des glaçons, des rocailles, des congellations, pétrifications, coquillages, feuilles d'eau, jones & roseaux qui servent à revêtir le parement des murs & bordures des bassins. On les orne de figures dont le naturel est d'être dans l'eau, telles que des Fleuves, des Nayades ou Nymphes des eaux, des Tritons, des Serpens, Chevaux Marins, Dragons, Dauphins, Griffons, Grenouilles, ausquels on fait lancer & vomir des traits, des lames & des torrens d'eau. Voilà ordinairement ce qui sert à leur décoration. Le marbre ne doit point être employé à faire couler l'eau des nappes d'une cascade, la pierre & le plomb y conviennent mieux, accompagnés de beaucoup de rocailles & de gazon pour mieux approcher du naturel des cascades champêtres. Les Italiens qui suivent exactement cette regle dans la décoration de leurs fontaines, n'estimoient point la cascade de Marly appellée *la Riviére*, dont les eaux rouloient sur du marbre gris-veiné accompagné d'un Languedoc très-rouge, ainsi que la cascade champêtre du même Jardin qui est toute de marbre blanc. Le beau buffet de Trianon qui est trop chargé de marbre & de dorure, est encore dans le même goût. L'on observera que dans les figures qui accompagnent ces bassins, les souches des jets y passent facilement sans être retrécies & contournées, comme il arrive souvent par le peu d'attention des Ouvriers: ce retrécissement arrêteroit la hauteur & l'effet des eaux.

Quand le terrein où l'on veut pratiquer des cascades est trop roide, on en coupe le milieu par un grand palier ou repos, ainsi qu'il se voit à la grande cascade de S. Cloud. Sans ce tempérament la cascade seroit trop roide, & ressembleroit à une échelle; telles étoient autrefois la cascade de Ruel, celle de Seves appellée la petite cascade de S. Cloud, & celle de Marly nommée *la Riviére*, qui sont toutes trois détruites. S'il y a des escaliers avec des marches, elles doivent être creuses avec un arrêt ou rebord pour faire ondoyer l'eau en tombant. Il y a encore des canaux (*a*) par chûtes qui forment des cascades.

(*a*) On en voit de pareils à Fontainebleau, à Courances & dans le théâtre d'eau à Versailles.

On peut distinguer les grandes cascades d'avec les petites qui se pratiquent, soit dans une niche de charmille ou de treillage, soit dans le milieu d'un fer à cheval d'escalier, soit à la tête d'une piéce d'eau.

Les exemples que les quatre Planches suivantes vont offrir, ne laissent rien à desirer à ce sujet.

Planch. 1. L. Fig. 1.

La première Figure représente une cascade toute des plus simples & des plus aisées à exécuter dans la maison d'un Particulier. Elle est supposée sur une pente en rampe douce au bout d'un bois percé en patte-d'oie, dont les allées viennent aboutir à un bassin rond, où il y a un gros jet; & pour fournir davantage d'eau à la tête de cette cascade, l'on aura quelques décharges de fontaines au-dessus, qui viendront se rendre à gueule-bée dans ce même bassin. Cette tête est entre deux escaliers de pierre, ornés de quatre figures, & elle est formée par trois masques ou dégueuleux, jettant de l'eau dans des coquilles qui font nappes dans un bassin, avec deux gros jets qui l'accompagnent, & qui seront fournis par quelques bassins supérieurs. De la largeur de ce bassin, & de celui d'en-bas, on a pratiqué une pelouze de gazon bordée de deux allées, où l'on a mis des chevrons ou arrêts de gazon en zigzac, pour rejetter les ravines des deux côtés. Ces allées sont plantées de Marroniers & d'Ifs entre-deux, & derriére la petite contr'allée, on a fait regner des bois, afin de renfermer cette cascade, & de lui faire un fond de verdure. L'eau sort de cette tête & du premier bassin par une rigole, & vient se rendre dans un second bassin, où elle fait nappe; il y a deux petits bassins au-dessus, avec des bouillons qui font aussi nappe dans ce bassin. L'eau ensuite coule dans une autre rigole, au bout de laquelle il y a un petit bassin avec un bouillon qui fait avant-corps, & forme une nappe dans un autre bassin plus bas. Le reste de cette cascade est une répétition jusqu'au grand bassin d'en-bas, qui reçoit toutes ces eaux, & qui est orné de deux gros jets, outre les trois petits au-dessus qui font nappes sur nappes dans ce bassin. Deux figures placées dans les palissades accompagnent toutes ces eaux.

Planch. 1. L. Fig. 2. La seconde Figure est beaucoup plus magnifique & plus composée; elle est ménagée sur une pente douce, coupée d'escaliers, perrons, paliers & petits talus de gazon. Sa tête est un grand bassin octogone, d'où sort un gros champignon d'eau faisant nappe dans ce bassin: la coupe en est soutenue par des Dauphins qui jettent de l'eau. Il y a encore quatre bouillons placés avec simétrie dans ce bassin, dont les eaux se déchargent par une nappe que soutiennent des Tritons & Dauphins qui ornent la tête de cette cascade. Ces eaux ensuite trouvent un repos dans des bassins, & se répétent par plusieurs autres nappes, jusqu'à la grande d'en-bas qui est de la largeur du grand bassin qui reçoit toute l'eau, & où il y a trois gros jets que fournit quelque réservoir au-dessus, dont deux répondent à l'enfilade des jets ou chandeliers des côtés, & le troisiéme est dans le milieu. Pour accompagner ces nappes & ces bassins, on a pratiqué sur chaque palier deux rangs de petits bassins appellés chandeliers qui ornent les côtés de cette cascade. Ces jets n'emplissent point les bassins, qui ont dans leur milieu une crapaudine & un tuyau de décharge pour fournir aux autres, c'est-à-dire, le premier jet nourrit le troisiéme, le second le quatriéme, & ainsi des autres: en fournissant ainsi les deux premiers jets de chaque rangée, l'on en feroit jouer cent de suite. Il y a de petits talus de gazon entre ces bassins, qui se trouvent vis-à-vis des escaliers, & ce qui est marqué en petit quarré noir sur la tablette de pierre, sont des dez pour mettre des vases & des pots de fleurs, dont il y a trois rangs de chaque côté; proche la palissade est un talus continué depuis le haut jusqu'en-bas, qui est coupé à la rencontre des escaliers. Cette cascade est située comme l'autre au milieu d'un bois qui est sa vraie place; la verdure des arbres, des gazons, la blancheur des eaux, l'ornement des figures, des vases y sont un mélange & une opposition des plus agréables à la vûe.

La troisiéme Figure est un grand buffet propre à mettre à la tête d'une piéce d'eau, dont le côté d'en-haut seroit soutenu d'un petit mur de terrasse. L'on juge par l'élévation de ce buffet du bel effet de cette cascade; & par le plan, de la place qu'elle occupe. Dans le bassin à niveau d'en-haut, qui est le premier gradin, il y a cinq gros jets d'environ 12 pieds de haut. Ce bassin fait une avance en forme de quarré long, échancré dans les encoignures, & l'eau de ces jets forme des nappes sur le devant, qui sont interrompues par des rocailles placées dans l'entre-deux de ces jets. Dans les échancrures on voit encore des rocailles, & sur les côtés il y a deux nappes. Ces rocailles ne sont ici placées que pour faire opposition, & servir de fond à dix bouillons d'eau, qui sont dans le second bassin ou gradin, lequel varie assez bien avec le premier. La nappe en face est continuée d'un bout à l'autre, & se répand dans la piéce d'eau. Il y a encore sur les côtés deux nappes assez larges, & il ne se trouve des rocailles que dans les encoignures. Ce buffet est orné dans le haut de deux groupes d'enfans, qui supportent des paniers de fleurs, & qui sont posés sur des socles au-dessus de la tablette de la terrasse; dans le bas il est accompagné de deux figures de Nayades portées sur des Dauphins qui jettent de l'eau par les narines. Planch. 1. L. Fig. 3.

On voit dans la quatriéme Figure l'élévation d'un petit buffet d'eau ou cascade, ménagé dans le milieu d'un escalier en fer à cheval. Sur le plein-pied de la terrasse est un bassin cintré par le bout, avec un gros bouillon ou gerbe d'eau, qui se trouve en face d'un autre escalier plus haut, & d'une grande allée de bois, le long de laquelle est un canal qui fournit l'eau de cette cascade. Ce gros jet retombe dans le bassin d'en-bas, par une nappe soutenue de deux jeunes Tritons & de trois Dauphins qui bavent dans ce même bassin. Cette cascade est accompagnée de deux jets sur les côtés : les murs de la terrasse & du fer à cheval sont ornés de panneaux, de bandes de rocailles, de glaçons & de pétrifications sculptées dans la pierre de taille. Planch. 1. L. Fig. 4.

La cinquiéme Figure est propre pour le fond d'une allée, ou au bout de quelque enfilade; elle est pratiquée dans une niche, Planch. 1. L. Fig. 5.

ou renfoncement d'une palissade : c'est une grande coquille élevée dans le bout d'un bassin, & soutenue de consoles & feuilles d'eau; au milieu est une figure de Venus sur un piédouche porté par deux Dauphins qui jettent de l'eau. Il y a deux bouillons sur les côtés de cette coquille, dont l'eau retombe par nappes dans le bassin d'en-bas.

On a trouvé un quinziéme dessein différent de cascades dans la seconde disposition générale, Ch. 3. Part. 1. une cascade & un buffet dans la Planche des portiques de treillage, Ch. 8. Part. 1. & trois autres buffets dans celle des amphitéâtres & escaliers de gazon, Ch. 3. Part. 2.

La seconde Planche L offre quatre desseins de fontaines que la Sculpture & l'Architecture relevent infiniment.

La premiére fontaine à l'Italienne est isolée au milieu d'un bassin : on y voit un gros bouillon sortant d'une coupe que soutiennent quatre enroulemens cintrés, au haut desquels sont des masques qui jettent de l'eau dans des coquilles placées sur les avant-corps d'un socle à double bande rocaillée, ce qui forme quatre nappes ; une balustrade entre-coupée de piédestaux avec des vases, borde l'allée qui regne autour de cette fontaine.

La seconde est dans le goût Egyptien. Une Isis qui jette de l'eau par les mammelles, portée sur un double socle, est accompagnée de deux Lionnes couchées sur un massif à double ressaut rocaillé dans la partie d'en-bas. L'eau sort d'un masque à oreilles placé aux pieds de l'Isis, & tombe dans une grande coupe chantournée qui fait nappe dans le bassin d'en-bas.

On voit dans la troisiéme Figure un corps d'Architecture chargé de panneaux rustiqués, formant une portion circulaire sur les extrêmités de laquelle sont placés deux Lions qui jettent de l'eau dans un petit bassin situé au milieu d'un plus grand. Il s'éleve de ce petit bassin un piédouche orné de trois Dauphins jettant quelques filets d'eau, sur lequel est un enfant qui supporte une coupe de plomb d'où s'élance un jet d'eau qui retombe en nappe.

Le buffet de la quatriéme Figure peut servir au milieu d'une terrasse en face d'une grande allée. Deux Boucs semblent vouloir boire dans une urne antique au pied de laquelle un masque coëffé de deux gros coquillages, vomit l'eau dans une coquille, laquelle tombe en nappe dans le bassin d'en-bas. Cette coquille sort d'une plus grande cannelée qui fait le fond de la fontaine, & est soutenue par deux enroulemens groupés de deux jeunes Tritons qui jettent de l'eau, leurs nageoires écaillées sont contournées avec goût sur les socles de la fontaine qui s'arrondit sur le devant.

La

La troisiéme Planche L ne présente qu'une seule fontaine qui peut servir de décharge à une piéce d'eau : c'est un masque placé entre les deux enroulemens d'un panneau cintré & garni de rocailles, lequel jette de l'eau en abondance dans une coquille qui retombe en nappe dans un bassin cintré cantonné de terrasses ornées de vases & de chûtes d'escaliers. Cette fontaine peut encore être placée à l'extrêmité d'une allée qui conduit au bout d'un parc, avec trois arcades percées dans la charmille pour découvrir la campagne, ou bouchées pour y peindre des perspectives : on ne peut disconvenir que ce morceau n'ait du grand dans sa simplicité. On en a donné le plan, la coupe & l'élévation pour en mieux connoître les proportions.

Les cascades contenues dans la quatriéme Planche L sont toutes exécutées aux environs de Paris.

La premiére Figure est celle de la grande cascade du Château de Sceaux, dont la situation en rampe sans aucune interruption jusqu'en-bas, n'est pas commune ; on n'a mis que la tête de cette cascade, la planche n'ayant pas permis d'y placer dans leur longueur les dix-sept nappes dont elle est composée jusqu'à l'extrêmité d'en-bas que l'on a changée pour la terminer par une piéce d'eau avec trois grandes nappes & quatre jets. En face d'un bassin & sur les côtés d'un grand escalier sont deux champignons, dont l'eau sortant par des rochers, des figures de fleuves & d'animaux, tombe dans un bassin demi-cintré qui est au pied de cette terrasse. L'eau traverse ensuite une allée pour former cinq buffets que fournissent encore les neuf jets de la rigole au-dessus dont l'eau vient du grand bassin d'en-haut. Ces buffets nourrissent une belle nappe accompagnée de quelques bouillons, & sont placés entre deux escaliers. Le tout est séparé par une allée d'un autre bassin où l'on voit trois masques, dont l'eau, après avoir formé une nappe, tombe par le milieu dans une rigole, à plusieurs chûtes terminée par un bouillon, & se repete de cette maniére jusqu'à la piéce d'en-bas : un rang de chandeliers de chaque côté avec des gazons chantournés, accompagne cette cascade placée au milieu des bois.

La cascade de la seconde Figure est exécutée dans une maison située à l'extrêmité du Village de S. Cloud, laquelle a apparteau à l'Electeur de Baviére, & en dernier lieu au Prince de Carignan. Un grand canal lui fournit son eau : il y a d'abord six jets dont l'eau forme deux nappes dans une piéce chantournée accompagnée de deux autres jets. Elle tombe ensuite par seize nappes consécutives dans une poelle qui borde une allée de traverse. Toutes ces eaux supérieures fournissent à la tête d'une piéce d'eau trois masques, dont l'eau produit deux belles nappes, & il y a trois grands jets dans le bassin d'en bas. Cette cascade est bordée d'escaliers circulaires, & ensuite de chûtes droites de marches avec des perrons accompagnés de dez pour des vases, & d'une allée rampante qui est bordée de piéces de gazon en vertugadins.

On a tiré la troisiéme Figure des Jardins de feu M. de la Touanne qui sont joints à ceux du Château de S. Maur. Cette cascade commence par un champignon pratiqué sur une terrasse, lequel tombe en nappe dans un petit bassin entre deux escaliers. Un grand talus circulaire bordé de chandeliers dans sa partie supérieure soutient une seconde terrasse dont la rampe est coupée de plusieurs gradins de gazon ornés de huit chandeliers & d'une petite cascade dans le milieu, composée de huit nappes que fournissent les trois masques d'en-haut. Le tout est terminé par un grand bassin & par deux compartimens de gazon entourés d'allées qui viennent se joindre à la grande d'en-bas.

Enfin la quatriéme Figure présente une cascade assez simple qui se voit dans un des bosquets du Château de Vanvre. Sur le haut est un miroir d'eau sans jet qui fournit le premier bassin de cette cascade, situé entre deux escaliers, & soutenu par en bas d'une terrasse de neuf pieds de hauteur. Ce bassin accompagné de deux bouillons fait jouer dans le milieu de la terrasse un gros masque, dont l'eau se répand en deux nappes dans des coquilles qui retombent dans un bassin d'une forme contournée en face d'un grand tapis de gazon rampant ; on voit sur les les côtés deux autres masques tombant dans des bassins qui forment des chapelets de differentes figures, qui se communiquent par des rigoles en pente, avec des chûtes & des bouillons d'eau.

On peut faire les bassins de ces cascades en glaise ou en ciment, avec une tablette de pier re de taille régnant par tout

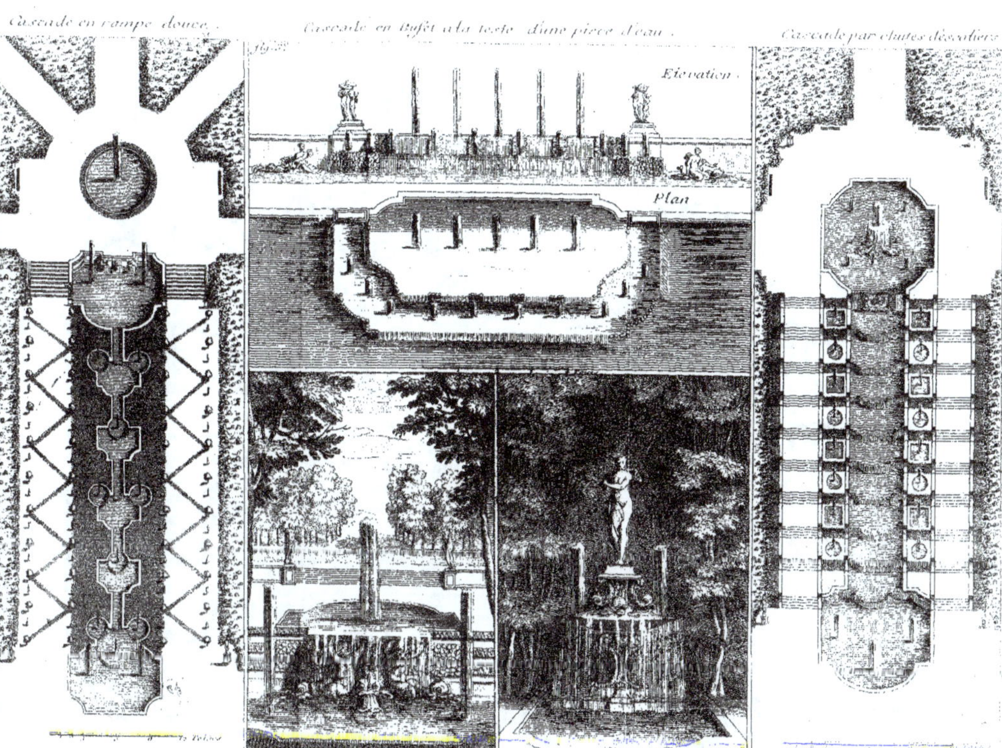
Cascade en rampe douce.
Cascade en Buffet a la teste d'une piece d'eau.
Cascade par chutes d'escaliers
Elevation.
Plan
Cascade sur une terasse.
Cascade dans une niche de charmille.

Fontaine Italienne, Fig. 1re.

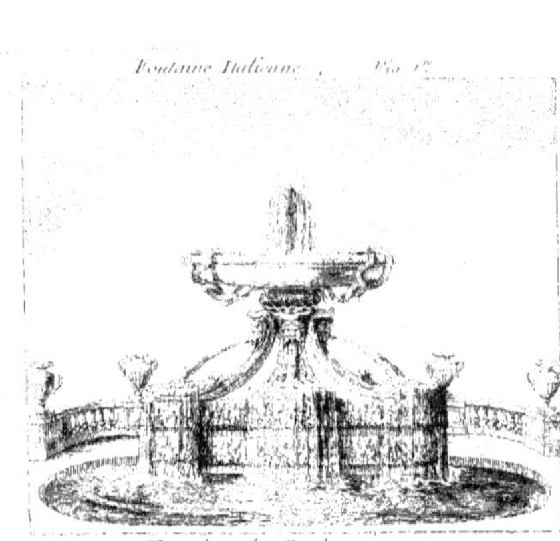

Fontaine Egyptienne, Fig. 2e.

Fontaine du Genie, Fig. 3e.

Buffet d'eau pour le milieu d'une Terrasse. Fig. 4e.

Pl. 2. 1.

Buffet d'eau formé par un Mascaron.
Plan de la même fontaine.
Coupe de la même fontaine.
Echelle de 6 12 18 24 pieds
Pl. 3 L.

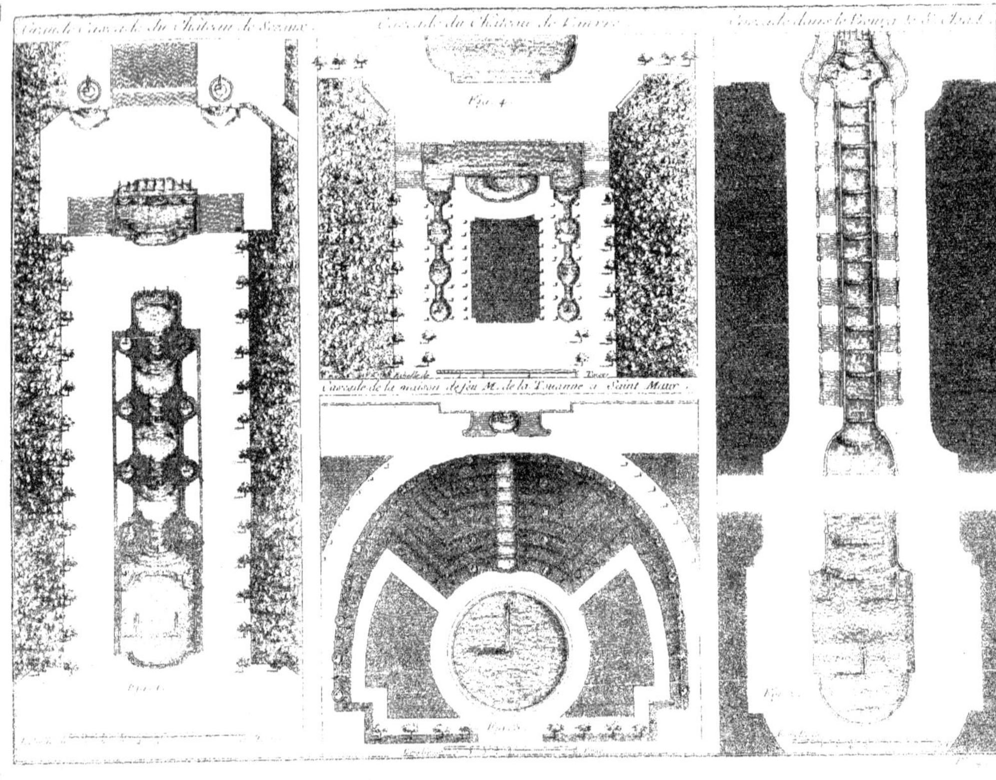
Fig. 4
Cascade de la maison de feu M. de la Touanne à Saint Maur

Pour les petits baſſins des chandeliers, on les creuſera dans une ſeule pierre : les rigoles & les goulettes ſeront auſſi creuſées dans la pierre, ou bâties de cailloutages & mortier de ciment. On pourroit encore faire tous ces baſſins, rigoles & goulettes en plomb, ce qui coûte beaucoup, & eſt ſujet à être volé.

A l'égard des nappes, elles ſeront ſoutenues par des murs bien bâtis ; & afin qu'elles faſſent un bel effet, & qu'elles ne ſe déchirent point, on les fera couler ſur des tables de plomb, ou ſur des tablettes de pierre bien unie, & poſées de niveau. Les figures dont on orne les caſcades, peuvent être de marbre, de bronze, de plomb doré ou bronzé, ou au moins d'une pierre bien dure : on ne ſçauroit employer de trop bons matériaux pour les ouvrages qui ſont conſtruits dans l'eau.

CHAPITRE X.

DE LA METHODE DE TOISER le contenu des Bassins, Piéces d'eau, Réservoirs.

COMME on a rapporté ci-dessus dans le Chapitre IV. la mesure de la toise courante, de la quarrée, de la cube, ainsi que des pieds & pouces courans, quarrés, cubes, on y aura recours pour éviter les redites.

Pour parvenir à connoître le contenu de l'eau d'un bassin, l'expérience a fait voir que le muid de Paris qui contient 288 pintes, pouvoit s'évaluer à 8 pieds cubes, ainsi la toise cube composée de 216 pieds cubes, étant divisée par 8, contient 27 muids d'eau mesure de Paris. Le muid étant de 288 pintes, le pied cube vaut 36 pintes huitiéme de 288, & le pouce cube qui est la 1728e partie d'un pied cube qui vaut 36 pintes, étant divisé par 36, donne au quotient 48, ainsi il n'est que la 48e partie d'une pinte.

On remarquera que dans tous les toisés où il se trouve des sous-espéces, on les prend comme parties aliquottes de la toise, sans s'embarrasser si elle est courante, quarrée ou cube; mais dans le résultat du toisé, cela est différent, puisque dans un toisé quarré un pied courant sur une toise de haut vaut 6 pieds quarrés; un pouce courant sur une toise de haut vaut 72 pouces quarrés: dans un toisé cube un pied courant sur une toise quarrée vaut 36 pieds cubes; un pouce courant sur une toise quarrée vaut 3 pieds cubes ou 5184 pouces cubes.

Il faut encore, avant que de pouvoir connoître le contenu d'eau d'un réservoir ou d'une piéce d'eau quelconque, distinguer quelles sont les figures de ces superficies. Si elles sont rectangulaires, on multipliera la longueur par la largeur; si on les trouve triangulaires, on multipliera la perpendiculaire par la base dont on ne prendra que la moitié. Si elles ont une figure telle qu'un trapeze, on multipliera la perpendiculaire par la moyenne arithmétique qui est égale à la moitié de la somme des deux côtés opposés & paralelles. Si elle est circulaire, on la mesurera, suivant le rapport de 14 à 11, en quarrant son diamétre, & par une regle de Trois on trouvera sa superficie ; enfin de quelque figure qu'elles soient, on aura recours à ce que l'on pratique dans le toisé, qui est de réduire ces sortes de superficies en triangles, trapezes, parallélogrames, & autres figures connues.

Il ne faut pas confondre la superficie avec la circonférence d'un bassin, laquelle circonférence est 3 fois son diamétre & un septiéme de plus, suivant le rapport de 7 à 22.

Le toisé cube est la multiplication de la superficie d'un réservoir par sa hauteur ou profondeur : l'exemple suivant va mieux éclaircir cette pratique.

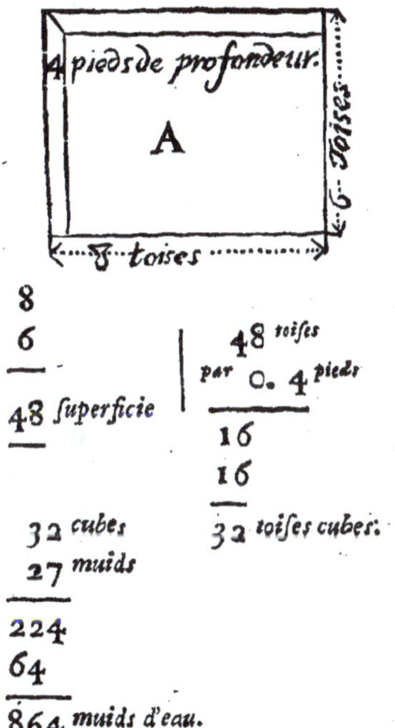

Soit le réservoir *A* rectangulaire de 8 toises de long sur 6 de large, multipliez 8 par 6, vous aurez au produit 48 toises quarrées pour la superficie de ce réservoir. Pour en avoir le toisé cube, on mesurera sa profondeur qu'on suppose être de 4 pieds par les 48 toises de sa superficie. On prépare ainsi ce calcul, & l'on dit, 4 pieds sont les deux tiers de la toise : vous prenez le tiers de 48 qui est 16, vous le prenez deux fois à cause des 4 pieds, ce qui fait 32 toises cubes pour le réservoir *A*. S'il avoit eu une toise de profondeur, il auroit eu 48 toises cubes.

Pour sçavoir combien de muids d'eau contient le réservoir *A*, on dira, si une toise cube donne 27 muids d'eau, combien 32 toises cubes, contenu du réservoir *A*, donneront-elles de muids ? Il n'y a qu'à multiplier les 32 toises cubes par le nombre 27 contenu des muids d'eau d'une toise cube, & ces 32 multipliés par 27, vous donneront 864 muids d'eau que contient le réservoir *A*, suivant le calcul qui est vis-à-vis.

On aura de même le contenu d'eau des réſervoirs ſuivans : par exemple, celui du Château d'eau de Verſailles qui eſt revêtu de lames de cuivre étamé, & ſoutenu ſur 30 piliers de pierre, ayant 13 toiſes 4 pieds de long ſur 10 toiſes 5 pieds de large & 7 pieds de profondeur ; contient 173 toiſes cubes point de pieds & 4 pouces & 4672. muids $\frac{1}{2}$ d'eau.

Le Château d'eau qui eſt vis-à-vis le Palais Royal, renferme deux réſervoirs, dont le plus grand fourni par la Samaritaine a 12 toiſes de long ſur 5 de large & 11 pieds 3 pouces de profondeur, ce qui produit 112 toiſes $\frac{1}{2}$ cubes, & 3037 muids $\frac{1}{2}$ d'eau. Le petit qui eſt à côté eſt rempli de l'eau d'Arcueil. Il a 4 toiſes point de pieds 4 pouces de long ſur 2 toiſes 2 pieds de large, & 11 pieds 3 pouces de profondeur, ce qui produit 17 toiſes cubes & 4 pieds 8 pouces, & 479 muids d'eau, & 2 pieds cubes d'eau valant 72 pintes.

Le réſervoir ſur terre que l'on voit à Paris près le Pont-aux-Choux, appellé *le Réſervoir de l'égoût*, a 35 toiſes de long ſur 17 $\frac{1}{2}$ de large pris intérieurement à la ſuperficie des tablettes, ſans avoir égard au talus des murs, s'il y en a, parce qu'on ne peut prendre la ſuperficie du fond (la piéce n'étant point vuide) pour avoir une moyenne proportionelle. Cette piéce a 7 pieds 8 pouces de profondeur, ce qui produit 21121 muids 2 pieds cubes d'eau valant 72 pintes, en tout 21121 muids, 72 pintes. Ce réſervoir eſt fourni continuellement par 8 à 9 pouces d'eau venant de Belle-ville, & par 2 équipages de pompes aſpirantes à 3 corps de pompes chaque, mûes par deux chevaux chacune, & l'eau qui vient à fleur du réſervoir y forme une nappe de 66 pouces.

Cette pratique vous conduira dans toutes les ſuivantes dont les figures ſont un peu plus compoſées.

Le baſſin rond *B* qui eſt ſitué dans le grand Jardin du Palais Royal à Paris au bout des 2 grands tapis de gazon, a de diamétre 16 toiſes 2 pieds, ce qui ſe prend ainſi par un cordeau que vous tendez d'une extrêmité à l'autre d'un baſſin, de maniére qu'il touche l'ajutage ; vous le plierez enſuite en deux, vous le meſurerez à la toiſe, & vous trouverez 8 toiſes 1 pied pour le rayon ; & comme le diamétre est le double du rayon, vous prendrez 16 toises 2 pieds. Vous quarerez ensuite le diamétre qui sera de 266 toises quarrées & 5 pieds courans ; & suivant le rapport de 14 à 11, pour en avoir la superficie, on multipliera 266 toises 5 pieds par 11, & le produit 2934 (en négligeant le chiffre 7 restant) divisé par 14, donnera au quotient 209 toises quarrées $\frac{8}{14}$ qui peuvent s'évaluer à une $\frac{1}{2}$ toise pour la superficie totale de ce bassin. Comme il a 2 pieds de profondeur, vous multiplierez les 209 toises $\frac{1}{2}$ par 2 pieds qui sont le tiers d'une toise, ce qui vous donnera 69 toises cubes 5 pieds courans sur toise, qui multipliés par 27 muids, vous donneront pour le contenu total du bassin 1885 muids 4 pieds cubes d'eau, en prenant les 5 pieds à l'ordinaire d'abord pour 3 pieds moitié d'une toise qui est la moitié des 27 valant 13 muids & 4 pieds cubes, & pour les 2 autres pieds le tiers de 27 qui est 9, l'on aura 1885 muids $\frac{1}{2}$ pour le contenu du grand bassin du Palais Royal.

```
16. 2
16. 2        266. 5
------          11.
96.          -------
16           266
  5. 3       2665. 3
  5. 2          3 4
------       -------
266. 5       2934. 7

      2 [8
   2934 {
   1444 {  209 8/14 1/2
      11

209 1/2 quarré
  0. 2
-------
69 toises cubes 5 pieds courans

   69. 5
   27 muids
   ------
   483
  1383 4
   19
  -------
  1885 muids 1/2
```

Si l'on vouloit mesurer un bassin ovale, tel que celui de la figure suivante *C*, dont le grand diamétre est supposé de 20 toises, & le petit de 14 toises, multipliez l'un par l'autre, ce qui

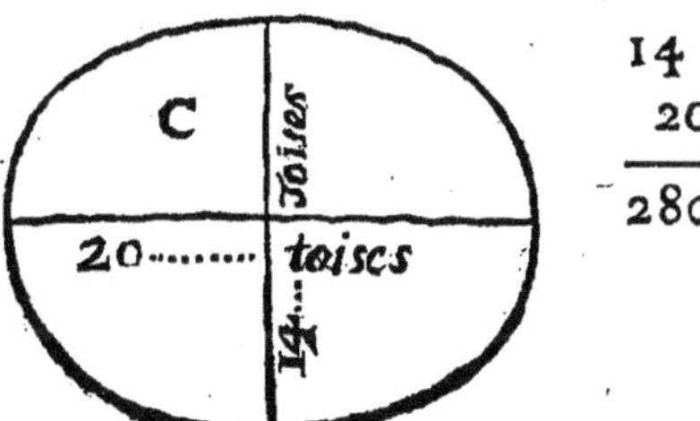


```
14        280       2
 20        11     3080 {
----      ----    144  { 220
280       280       2
         28
        ----
        3080
```

45. 5 *cubes* 220 *toises superficie*
27 *muids* 0. 1 *pied* 3 *pouces*
315 36. 4.
90 9. 1
13 $\frac{1}{2}$ 45. 5 *cubes*
9
1237 $\frac{1}{2}$ *muids*

produit 280 toises quarrées. Multipliez ensuite comme au cercle 280 par 11, & divisez le produit 3080 par 14, ce qui vous donnera 220 toises quarrées pour la superficie. Ce bassin a un pied 3 pouces de profondeur : multipliez 220 par 1 pied 3 pouces ; comme 1 pied est le sixiéme d'une toise, prenez le sixiéme de 220 qui est 36 toises 4 pieds, Pour les 3 pouces qui sont le quart d'un pied, il faut prendre le quart de 36 toises 4 pieds, ce qui donne 9 toises un pied, & en tout 45 toises cubes & 5 pieds, qui multipliés par 27, vous donneront 1237 muids $\frac{1}{2}$ pour le contenu du bassin ovale *C.*

Le toisé en arpents de la grande piéce d'eau *D* des Suisses qui

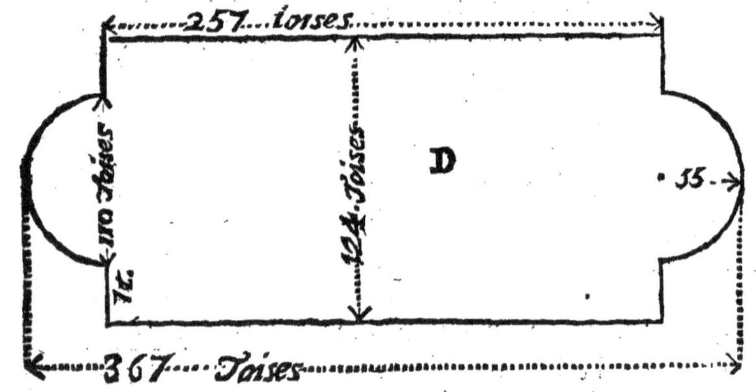

257
124
1028
514
257
31868

413 | 31868 { 35 *arpents* & 368 *toises quarrées*

110 1210
110 11
110 1210
110 121
1210 13310

est au bout de l'Orangerie de Versailles, n'est pas plus difficile. Cette piéce qui est un grand miroir d'eau cintré par les deux bouts, a 367 toises de long sur 124 de large. Il faut commencer par toiser la grande partie quarrée formant un paralélograme de 257 toises de long, déduction faite de 110 toises pour les deux rayons des deux demi cercles des bouts ; multipliez cette

cette longueur 257 par 124 largeur de la piéce, ce qui donne 31868 toises quarrées qui divisées par 900 toises quarrées contenu d'un arpent, font 35 arpents & 368 toises quarrées. Les deux portions de cercle des extrêmités de la piéce ont 110 toises chacune de diamétre, & étant des demi-cercles parfaits & réunis ensemble, elles forment un cercle entier dont le quarré est de 1210 toises qu'il faut multiplier par 11, & le produit 13310 sera divisé par 14 pour en avoir la superficie qui sera 950 toises quarrées & $\frac{10}{14}$ réduits à $\frac{2}{3}$ qui composent un arpent & 50 toises quarrées & deux tiers que l'on néglige, de sorte qu'ajoutant à ce nombre les 368 toises qui sont restées du parallélograme, vous aurez 1318 toises qui font un arpent & demi moins 32 toises quarrées, vous ajouterez cette somme avec les 35 arpents ci-dessus, & vous aurez pour la superficie totale de cette grande piéce 36 arpents & demi moins 32 toises quarrées.

$$\begin{array}{l} 71 \\ 13310 \\ 1444 \\ 11 \end{array} \Big\} 950 \tfrac{10}{14} \tfrac{2}{3}$$

368	
950	
1318	

superficie totale 36 arpents & demi moins 32 toises quarrées

Cette piéce est trop inégale dans son fond pour pouvoir calculer le contenu de son eau. Si elle étoit à sec, on la pourroit plus aisément mesurer en prenant une profondeur moyenne entre la plus grande & la plus petite qui seroit alors une moyenne proportionnelle telle que 6 pieds par tout. On auroit pour superficie totale 32818 toises quarrées qui étant multipliées par la profondeur d'une toise donneroient 32818 toises, car l'unité ne change rien que dans la nature des toises qui seront cubes, & qui multipliées par 27 muids contenu d'une toise cube, donneront 886086 muids d'eau pour le contenu de cette grande piéce.

31868	*superficie du quarré*
950	*superficie des demi-cercles*
32818	*superficie totale*
1	*toise*
32818	*toises cubes*
27	*muids d'eau*
229726	
65636	
886086	*muids d'eau*

Le canal suivant qui est cintré par les deux bouts, & qui est infiniment moins grand sera calculé dans tout son entier. Soit le canal *E* cintré dans ſes extrêmités, long de 30 toiſes 4 pieds, & large de 8 toiſes 2 pieds, toiſez-en le parallélograme qui eſt de 24 toiſes 4 pieds de long ſur 8 toiſes 2 pieds de large. Multipliez cette longueur par la largeur, ce qui vous donnera en toiſes 192 toiſes. Pour les 2 pieds tiers d'une toiſe vous prendrez le tiers de 24 qui eſt 8, & le tiers de 4 qui eſt 1, en tout 8 toiſes 1 pied. Pour les 4 pieds reſtant de la longueur, il faut prendre deux fois le tiers de 8 toiſes, ce qui fait 4 toiſes 8 pieds, en tout 205 toiſes quarrées & 3 pieds. Les deux demi-cercles parfaits de 6 toiſes de diamétre chacun, étant joints enſemble font 36 toiſes quarrées qui ſuivant la proportion de 14 à 11, donneront pour la ſuperficie des deux demi-cercles qui n'en font qu'un, 28 toiſes $\frac{2}{7}$ qu'on peut évaluer à un tiers de toiſe quarrée. Cette ſomme jointe à 205 toiſes 3 pieds, donnera pour ſuperficie totale 233 toiſes quarrées & 5 pieds. Pour avoir le toiſé cube du canal qui a 3 pieds de profondeur, on dira, ſi ce canal avoit eu une toiſe, elle auroit donné 233 toiſes cubes & 5 pieds. Com-

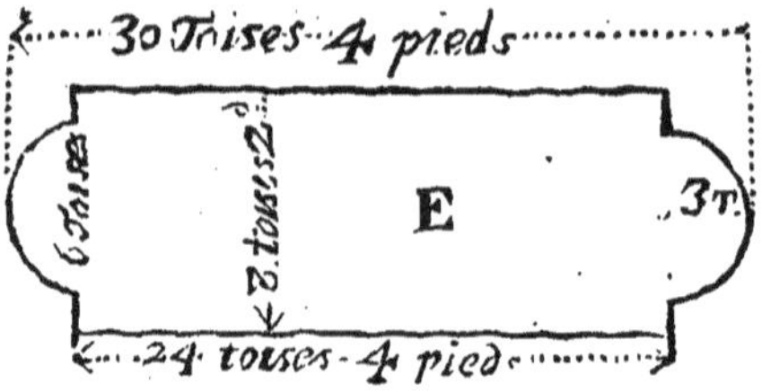

30 Toiſes 4 pieds
6 Toiſes — 2 toiſes 2 — E — 3 T.
24 toiſes 4 pieds

24 *toiſes*	4 *pieds*
8	2
192	
8	1
2	4
2	4
205	3 *ſuperficie*

36 — 11 [4
11 — 39 6 } 28 $\frac{4}{14}$ $\frac{2}{7}$
36 — 1 44
36 — 1
396

205 3
28 2
233 5 *ſuperficie totale*

233 5 *toiſé quarré*
0 3 *pieds*
116 5 6 *toiſé cube*
27 *muids d'eau*
812
232
13 4
9
2 2
3156 6 *muids d'eau*

me il n'a que 3 pieds moitié de la toise, on prendra la moitié de cette somme qui est 116 toises cubes 5 pieds 6 pouces. Cette somme multipliée par 27 produira 3156 muids d'eau & 6 pouces cubes valant 216 pintes mesure de Paris pour le contenu de ce canal.

Si l'on avoit un bassin octogone à mesurer tel que celui *F* qui est dans le grand parterre en face du Palais de Luxembourg, mesurez un des huit pans de l'octogone, afin de partager la figure en huit triangles; ce pan est ici de 21 pieds 6 pouces, & la perpendiculaire que l'on prendra au cordeau est de 4 toises 1 pied. Multipliez ces 21 pieds 6 pouces par la perpendiculaire 4 toises 1 pied, vous aurez pour produit 14 toises quarrées 5 pieds 7 pouces dont vous ne prendrez que la moitié, ainsi qu'il se pratique dans la mesure des triangles. Cette moitié sera de 7 toises quarrées 2 pieds 9 pouces, qui multipliée par 8 nombre des triangles de l'octogone, donnera pour la superficie entiére du bassin 59 toises quarrées & 4 pieds. Ce bassin a 2 pieds de profondeur, on prendra tout d'un coup le tiers de 59 toises 4 pieds, ce qui est la même chose que de multiplier 59 toises 4 pieds par 2 pieds qui

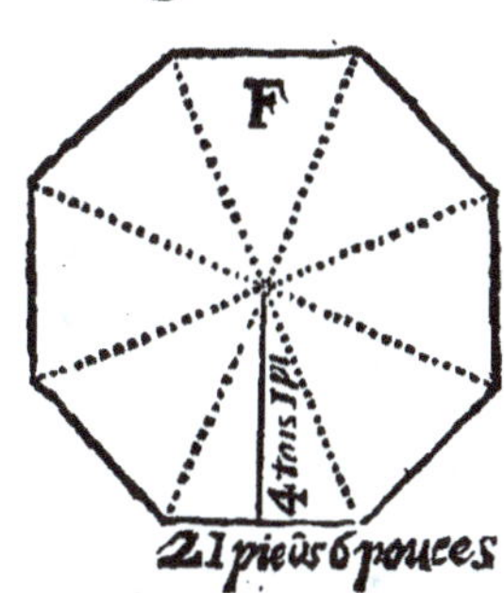

4 *toises*	1 *pied*		
3 *toises*	3 *pieds*	6 *pouces*	
12			
2	0	6	
0	2	1	
0	3		
14	5	7	
7	2	9	
19	5	4	
27			
133			*muids d'eau*
383	4		*pieds cubes*
19			
1	4		
537	0		*muids d'eau*

7	2	9	
8			
56			
2	4		
0	4		
	2		
59	4		
59	4		*quarrés*
0	2		
19	5	4	*cubes*

eſt le tiers de la toiſe, ce qui donnera 19 toiſes cubes 5 pieds 4 pouces qu'on multipliera par 27 pour avoir 537 muids d'eau que contient ce baſſin.

Il pourroit arriver qu'on ſe trouveroit fort embarraſſé dans la pratique, quand les portions circulaires d'une piéce d'eau telle que celle marquée *G*, au lieu d'être des demi-cercles parfaits ſe trouvent être des cintres ſurbaiſſés, ce qui alors eſt bien plus difficile à toiſer. Ces cintres ſont des (*a*) ſegmens de cercle qui ſe meſureront par pluſieurs opérations, ſans ſe ſervir ici de tables de ſinus & de logarithmes qui eſt la route que l'on ſuit. Cherchez d'abord le centre du cercle dont le ſegment *B D C* fait partie, *Fig.* 1, ce qui ſe trouvera par la ſeconde remarque de la dix-ſeptiéme Pratique de Géométrie qui eſt au commencement de la ſeconde Partie de cet Ouvrage.

Piéce d'eau avec ſegmens.

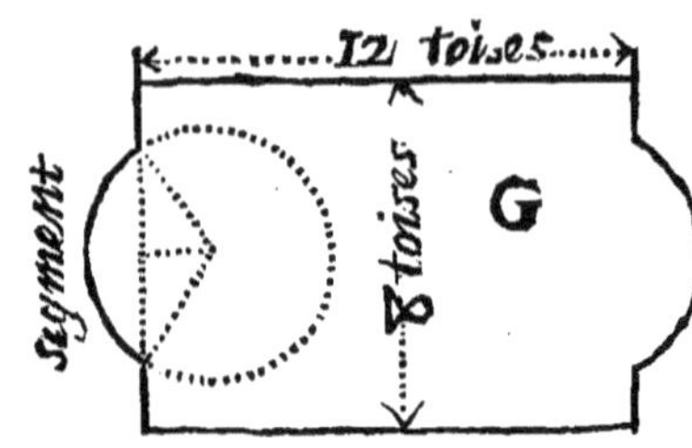

(*a*) Segment de cercle eſt une partie du cercle terminée par une ligne droite moindre que le diamétre.

Soit le centre du cercle *H Fig.* 1 trouvé en *A*, tirez les deux lignes *B A* & *C A*, qui ſeront égales étant rayons du cercle *H*, vous formerez alors le (*b*) ſecteur *A B D C*, dont il faut connoître la ſuperficie. Commencez par calculer celle du cercle en multipliant le diamétre qui eſt de 10 toiſes par lui-même pour en avoir le quarré 100 qu'il faut multiplier par 11 & diviſer par 14, ce qui donne 78 toiſes ½ quarrées. faites enſuite une regle de Trois où vous mettrez au premier terme 360 degrés valeur du cercle entier, au

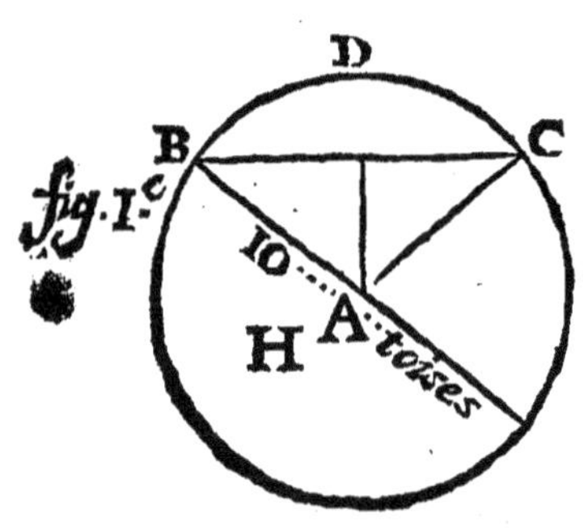

(*b*) On a trouvé l'explication du ſecteur ci-deſſus. p. 399.

10.
10
100
11
1 [8
4 2
1 1 0 0 } 78 $\frac{8}{14}$ $\frac{4}{7}$ $\frac{1}{2}$ *ſuperf. du cercle*
1 4 4
1

second terme la superficie du cercle *H* trouvée de 78 toises $\frac{1}{2}$, au troisiéme terme l'ouverture de l'angle *A* trouvée par un rapporteur, de 120 degrés, *Fig.* 2, multipliez les deux termes moyens de 78 $\frac{1}{2}$ par 120, ce qui produira 9420 qu'il faut diviser par 360 degrés valeur du cercle entier, le quotient 26 toises quarrées & un $\frac{1}{6}$ qui vaut 6 pieds quarrés, sera la superficie du secteur *A B D C*.

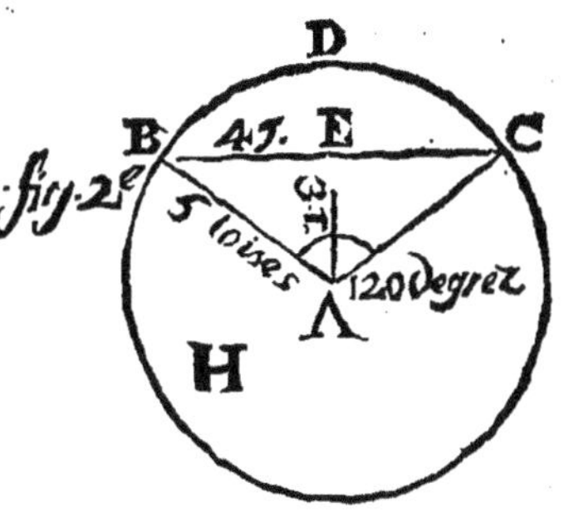

$360, 78\frac{1}{2}, :: 120^{d.}, x.$

78 $\frac{1}{2}$	22[6
120	9420
1560	3600 { 26 $\frac{6}{36}$ $\frac{1}{6}$ *superficie du secteur*
7860	36
9420	

Il s'agit présentement de toiser le triangle isoscele *B A C* pour l'ôter du secteur *A B D C*, & pour sçavoir ce qui restera pour le segment *B D C* dont il s'agit ici. Connoissant les deux rayons *A B* & *A C* chacun de 5 toises, & l'angle *A* de 120 degrés, ainsi que la corde *B E* de 4 toises, partagez le triangle isoscele *B A C* en deux triangles rectangles égaux, en élevant la perpendiculaire *A E*, & par la propriété de la quarante-septiéme du premier livre d'Euclide, qui est que le quarré pris sur (*a*) l'hypothenuse, est égal aux quarrés des deux côtés pris ensemble, multipliez le côté *B A* qui est l'hypothenuse, & qui a 5 toises, par lui-même, ce qui donnera le quarré 25. Multipliez pareillement la ligne *B E* qui est la moitié de la corde, & qui est de 4 toises, par elle-même, ce qui donnera le quarré 16 qu'on ôtera de celui de 25, il restera 9 dont la racine quarrée 3 sera la valeur de la perpendiculaire *A E*.

(*a*) On a expliqué ce que c'est que l'hypothenuse ci-dessus p. 340.

Calcul du triangle isoscele

5	4	25		
5	4	16	9	{ 3 *racine pour la perpendiculaire* A E
25	16	9		

Pour toiser le triangle rectangle *B A E*, il faut multiplier la perpendiculaire 3 par sa base 4, ce qui donnera le produit 12 dont il ne faudra pas prendre la moitié suivant la méthode ordinaire de calculer les triangles; mais il faut le prendre entier à cause des

3
4
12 *calcul des 2 triangles*

deux triangles rectangles égaux *B A E* & *E A C*, ainsi vous aurez 12 toises quarrées pour la superficie totale du triangle isoscele *B A C* qu'il faut soustraire de la superficie du secteur, c'est-à-dire, ôter 12 de 26 toises $\frac{1}{6}$, il restera 14 toises quarrées $\frac{1}{6}$ pour la superficie du segment *B D C*. S'il y en a deux, c'est-à dire, s'il y a deux portions circulaires à la piéce d'eau comme à celle G qui est rapportée ci-dessus, vous doublerez cette superficie $14\frac{1}{6}$, ce qui donnera $28\frac{1}{3}$ pour les 2 segmens de cette piéce qui ayant 12 toises de long sur 8 de large dans sa partie quarrée, donnera 96 toises quarrées qui jointes aux 28 des deux segmens, formeront pour toisé total 124 toises quarrées $\frac{1}{3}$ dont on sçaura le contenu de l'eau, en multipliant premiérement la superficie $124\frac{1}{3}$ par la profondeur de la piéce; & ensuite le toisé qui en résultera, sera multiplié par 27 suivant les Pratiques précédentes.

$26\frac{1}{6}$ *calcul du secteur*
12 *à soustraire*
$14\frac{1}{6}$ *calcul du segment*

les 2 segmens $14\frac{1}{6}$
$14\frac{1}{6}$
$28\frac{3}{2}$

12
8
96 *calcul de la piéce*

96
$28\frac{1}{3}$
toisé total $124\frac{1}{3}$

Les Ouvriers se servent d'une Pratique qui n'est pas extrêmement juste pour toiser le segment d'un cercle, ils prolongent la ligne *A B* appellée *Corde* jusqu'en *E*, des deux tiers de la perpendiculaire *C D* appellée *Fléche*, & multipliant le côté *E D* par la fléche *C D*, ils prétendent avoir la superficie du segment *A C B D*, parce qu'elle est égale au double du triangle *C D E*. S'il ne s'agissoit que de la superficie du triangle *C D E*, on n'en auroit pris que la moitié, mais on la prend toute entiére, parce qu'elle tient lieu de l'autre triangle *C D B* pour lequel il n'est pas nécessaire de répéter la même opération.

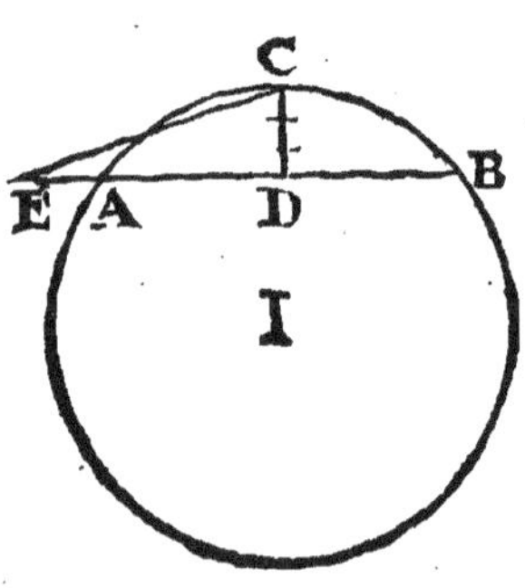

On peut calculer par ces différentes Pratiques toutes les piéces d'eau & bassins de quelque figure qu'ils soient, par exemple, le bassin *K* qui est d'une forme singuliére, est composé d'abord d'un quarré long qu'il faut toiser séparément, en

Voyez la figure qui est à la page suiv.

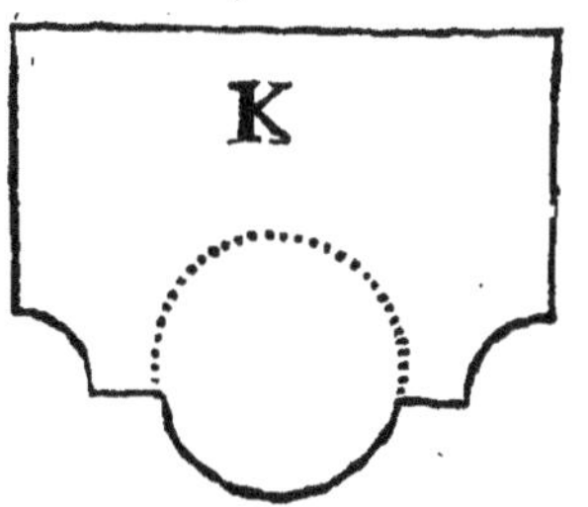

ôter les deux échancrures rondes appellées *Oreilles* qui font des portions de cercles ou d'ovales qui jointes ensemble, forment un demi-cercle ou un demi ovale. Pour la portion circulaire du milieu, si elle forme un demi-cercle, elle se toisera en entier dont on ne prendra que la moitié pour l'ajouter au toisé du parallélograme. Si c'est un segment de cercle, on suivra une des deux Pratiques ci-dessus, & l'on en ajoutera le toisé à celui du parallélograme pour avoir le toisé total du bassin *K*.

CHAPITRE XI.

DE LA DISTRIBUTION DES EAUX dans les plus fameux Jardins des environs de Paris.

LE génie si nécessaire à tous les Arts, ne l'est pas moins dans la distribution des eaux. C'est lui qui apprend à l'habile Fontainier à tellement ménager une petite quantité d'eau, qu'elle paroisse beaucoup dans un Jardin, à ne la pas prodiguer, comme on faisoit autrefois, à des grottes & à de petits bassins, mais à la réserver pour des places essentielles à la décoration des beaux Jardins, enfin à distribuer si avantageusement toutes les fontaines qu'elles s'enfilent, & se puissent voir plusieurs ensemble. Par cet agréable embarras, elles se multiplient, pour ainsi dire, à la vûe.

On a remarqué ci-dessus que les eaux naturelles, avant de se rendre dans un bassin de distribution, se recueillent dans un regard de prise dont on ne peut donner un plus beau modéle que celui que présente (*a*) la Figure *A*.

(*a*) Planche ****

Ce regard se trouve au Village de Rungis, à trois lieues de Paris au-dessus de Fresnes sous un gros pavillon où l'on descend par un escalier à deux rampes. Le quarré d'eau que l'on y voit, a 9 pieds de tous sens avec deux rigoles dont la principale amene les sources de plusieurs piéces de terre appellées Rungis, Paret, Contin connues sous le nom du grand Pré de Rungis. Ce pré a 11 arpens de superficie entourés de voûtes & de rigoles ramassant les eaux des pierrées qui les amenent à travers les murs. Une autre rigole prend des sources moins abondantes du côté de l'Eglise. Elles se réunissent toutes dans le quarré d'eau dont il vient d'être parlé, & passent sous le palier de l'escalier par une voûte de 6 pieds de haut qui va jusqu'au Village d'Arcueil, avec deux banquettes de 18 pouces de large pour marcher à côté de la rigole qui a 20 pouces de large & 16 pouces de profondeur. Cette voûte est

continuée

Plan du Château d'eau pres l'Observatoire

Rigole d'Arcueil

B

Quarre de la Ville

Quarre du Roy

Petit Escalier

Corridor commun

Aqueduc des eaux de la Ville

Aqueduc commun

Aqueduc des eaux du Roy

Grand quarre de Rungis
en toure de voutes et de rigoles

C

Regard de Rungis

A

Source du quarré

Source contre l'Eglise

Voute

continuée sur l'Aqueduc, d'où elle passe sous les terres, & prend dans son chemin les eaux de Cachan par un tuyau de grez particulier qui se rend dans l'Aqueduc, dont l'eau par 7000 toises de conduite depuis Rungis, est amenée à Paris dans le regard près l'Observatoire, dont il va être parlé.

Ces sources varient infiniment: on les a vûes réduites en 1734, à 10 pouces; en 1735, à 30 pouces; en 1736, à 40 pouces; cependant après les grandes pluies de 1741, elles ont fourni 130 pouces, & dans la derniere visite que la Ville a faite à Rungis en 1746, on y a trouvé 100 pouces d'eau qui arriveroient à Paris si les tuyaux ne se remplissoient de pétrifications.

Ce regard *B* de l'Observatoire (*a*) est ce qu'on appelle un point de partage, ou un bassin de distribution. Il est situé dans un pavillon appellé le Château d'eau où se rend la rigole des eaux d'Arcueil qui y vient former un bouillon d'un pied de diamétre tombant par une jauge circulaire de 86 tuyaux d'un pouce chacun dans un bassin quarré de 6 pieds 9 pouces de long sur 6 pieds 3 pouces de large, & d'environ 4 pieds de profondeur. L'eau de ce quarré se partage par des jauges rectangulaires en quatre parties: trois passent par une auge de pierre dans un réservoir appellé le quarré du Roi, dont le bassin est long de 7 pieds sur 5 & demi de large. L'eau sort par une conduite de plomb de 18 pouces de diamétre, & va se rendre par des voûtes dans le regard du Palais de Luxembourg, au Château d'eau vis-à-vis le Palais Royal, à la fontaine de la Croix du Trahoir, & au Palais des Thuilleries, sans compter quatre petites conduites séparées pour les Capucins, les Filles de Sainte Marie, & autres Couvents. L'autre quart des eaux passe dans le quarré de la Ville, dont le bassin de même forme, a 7 pieds de long sur 7 pieds & demi de large, & fournit deux conduites de plomb qui vont se rendre sous les mêmes voûtes au regard des Chartreux, à la fontaine S. Michel & à celle du Fauxbourg S. Jacques. Ces trois quarrés d'eau placés sur la même ligne, sont entourés des quatre côtés d'un sentier de 4 pieds 4 pouces, ceux de l'entrée ont 6 pieds, & ne sont séparés les uns des autres que par l'épaisseur des murs qui portent les voûtes, & par des grilles dans leurs ouvertures & portes. On y descend par deux escaliers situés aux extrêmités du pavillon, où l'on voit le commencement de la

(*a*) Planche ****.

voûte *C* qui regne le long du mur des Chartreux & de la rue d'Enfer pour la distribution des eaux d'Arcueil dans la Ville de Paris.

Trois choses sont essentielles dans la distribution des eaux : 1°. La quantité que l'on en a, 2°. La situation du lieu, 3°. Le nombre des fontaines que l'on se propose d'exécuter. Suivant cette idée on fera ici l'application de quelques Formules contenues dans les Chapitres précédens.

Supposons l'eau amenée dans le réservoir, & que l'on ait jaugé la quantité qui s'y rend, par exemple, d'un pouce allant jour & nuit, on aura en 24 heures (*a*) 72 muids d'eau, & par heure 3 muids, le tout calculé sur ce que l'expérience a fait connoître que l'eau courante d'un pouce de diamétre donnoit environ 14 pintes par minute, pourvû qu'elle soit entretenue une ligne au-dessus de l'orifice de la jauge. Voilà donc la premiére condition remplie qui est la quantité d'eau connue.

(*a*) Le calcul donne 70 muids par jour, & 2 muids $\frac{11}{12}$ par heure; mais pour éviter ces fractions on a pris 72 muids par jour & 3 muids par heure.

La seconde est la situation du lieu qui fera connoître si la distribution doit se faire dans un Jardin de niveau, ou en terrasses.

Il est impossible dans un Jardin de niveau de faire jouer avec 72 muids d'eau par jour, quantité de bassins, parce qu'il les faut tous tirer du même réservoir, ce qui le mettroit bientôt à sec, & vous obligeroit, s'il étoit de glaise, de le remanier souvent. Retranchez-vous donc à fournir un bassin ou deux tout au plus. Proportionnez-y la dépense de ces deux jets que je suppose de 6 lignes d'ajutage venant d'un réservoir de 60 pieds de haut, pour me servir du calcul déja fait dans la troisiéme Formule du Chapitre VI. Ces deux jets dépenseront chacun par heure 27 muids $\frac{1}{2}$ & 660 muids en 24 heures, ce qui fait pour les deux 1320 muids d'eau par jour. Cela fait voir l'impossibilité de faire deux jets, puisqu'un seul pendant 3 heures dépenseroit 82 muids $\frac{1}{2}$, & vuideroit le réservoir. Il faut donc une juste proportion entre la dépense du jet & le contenu du réservoir; c'est ce calcul qui vous réglera dans la troisiéme observation sur la distribution des eaux, en ne faisant absolument qu'un jet en face du bâtiment, duquel on peut réduire l'ajutage à 4 lignes au lieu de 6, & pratiquer une petite pente de 7 à 8 pouces depuis ce premier bassin jusqu'au second qui sera fourni par une décharge de superficie à gueule-bée, qui conviendra parfaitement dans un potager ou dans une orangerie.

Si dans ce Jardin de niveau vous aviez des fources plus abondantes, comme de 8 à 10 pouces, allant continuellement dans le réfervoir, ou le produit d'une machine hydraulique & élémentaire, vous pourriez alors projetter de faire plufieurs baffins, & de tirer du réfervoir deux conduites qui chacune de leur côté fourniroient les fontaines qui fe trouveroient en leur chemin, en proportionnant à la fortie des ajutages le diamétre des conduites & des fourches que vous y fouderiez, fuivant ce qui a été dit dans le Chapitre VIII. Suppofons que vous ayez 10 pouces d'eau, vous aurez par jour 720 muids, ce qui peut fournir deux jets de 6 lignes d'ajutage chacun qui (fuivant le calcul ci-deffus) venant d'un réfervoir de 60 pieds de haut, dépenferont 330 muids chacun en 12 heures de tems, ce qui fera 660 muids pour les deux en les arrêtant la nuit, & il y aura 60 muids d'eau de refte. L'on pourroit même ne faire qu'un jet en face du bâtiment, lequel ayant 8 lignes, dépenferoit en un jour 1176 muids; mais en l'arrêtant la nuit, & le laiffant aller douze heures par jour, il dépenferoit 588 muids, & il refteroit encore 132 muids d'eau dans le réfervoir, de forte que quand on fçait calculer & regler fon eau, on peut avoir un jet jouant toute la journée.

Dans un terrein auffi plat que celui dont on vient de parler, un Fontainier peu intelligent & qui n'y voit aucune pente naturelle, conftruit, fans porter plus loin fes idées, le baffin du parterre en face du bâtiment, & l'eau fuperflue de ce baffin va fe perdre dans un puifart. L'habile Fontainier au contraire fe retourne de bien des façons, il prévoit, il imagine, il fe ménage des pentes que la nature lui a refufées; enfin il dreffe la place où doit être ce baffin, en l'élevant de trois pouces, & il commence, en baiffant tout le terrein de 7 à 8 pouces, à pratiquer une (a) pente qu'il continue depuis le premier baffin du parterre jufqu'à un fecond baffin fitué dans le potager ou l'orangerie. De cette maniére l'eau fuperflue n'eft point perdue, & elle fournit un bouillon d'eau au milieu du fecond baffin, ou bien elle vient s'y rendre à gueule-bée. S'il étoit befoin d'une pente plus confidérable, comme de 2 ou 3 pieds, il formeroit au-deffous du premier baffin, un boulingrin pour faire

(a) On a fait cette obfervation en dreffant le Jardin des Thuilleries, dont les baffins fe nourriffent les uns les autres.

jouer dans le fond une nappe ou un champignon d'eau. S'il veut encore se ménager une pente plus forte, telle que de 5 à 6 pieds, il peut choisir une place dans un bois au-dessous d'un bassin, & la creuser pour y planter un bosquet dans lequel il fera descendre par quelques marches de gazon en deux ou trois sauts différens, alors il y formera un bouillon d'eau assez (a) élevé ou des animaux jettant de l'eau autour d'un bassin. Des pentes plus fortes, comme de 12 à 15 pieds, lui deviennent impossibles. L'industrie consiste en un mot à profiter de la situation d'un terrein pour tirer partie même des endroits les plus ingrats & les plus sauvages.

(a) On enfonce une soupape à un demi-pied de la superficie d'un bassin, & on la soude sur un tuyau coudé. Ce demi-pied d'eau d'étendue sert de réservoir, donne de la charge à l'eau & le bouillon en est plus beau.

Un Fontainier se tire plus aisément d'embarras dans un Jardin en terrasses, dont la distribution est toute différente. En supposant toujours le même réservoir de 60 pieds de haut dont la source d'un pouce fournira 72 muids d'eau par jour, on n'aura sur la premiere terrasse qu'un seul jet à tirer du réservoir, & ce jet fournira le second; le second fournira le troisiéme; & le troisiéme, le quatriéme. Ainsi le même jet de 6 lignes d'ajutage en jouant 3 heures par jour, dépensera 82 muids $\frac{1}{2}$, & consumera toute l'eau du réservoir compris les 9 muids $\frac{1}{2}$ d'eau que la source a amenés pendant les trois heures que le jet a joué. La source dans les 21 heures restantes du même jour, remplira presque le réservoir, & donnera de l'eau pour faire jouer le lendemain le jet plus de 2 heures.

Enfin si votre source ne peut pas fournir continuellement des fontaines jaillissantes qui dépensent beaucoup, ne les tirez pas du fond du réservoir, mais seulement de la superficie. Cette eau roulante, quoiqu'elle ne fasse que baver, entretiendra toutes les piéces bien pleines, & le même tuyau qui prend l'eau de la superficie étant soudé sur celui du fond, peut rendre à ces eaux, par le moyen d'une soupape, leur élévation naturelle.

Dans l'exemple précédent on connoît la quantité d'eau qui doit régler le premier calcul : la situation du lieu fait faire une distribution qui lui est convenable, & l'économie que dirige le calcul, fait voir la possibilité ou l'impossibilité de construire plusieurs fontaines.

La distribution devient plus difficile, quand vous avez à faire jouer des cascades, des pyramides, des buffets d'eau, des champignons, des nappes, des cordons de jets, & des grilles d'eau.

La Planche suivante ***** qui représente en masse le (*a*) développement du magnifique Jardin dont on a vû la disposition générale dans le Chapitre III de la premiere Partie, servira ici d'exemple de toutes ces différentes Fontaines. Une petite source dans un pré hors du parc, porte d'abord l'eau par une rigole dans l'abreuvoir *A* qui est dans la basse-cour, dont le terrein plus élevé que le Jardin, fait que cet abreuvoir peut fournir les offices, la laiterie & les bassins de l'orangerie *B* & du potager *C*, en faisant d'abord tomber l'eau dans une grande auge de pierre qui la partagera en deux: une partie tombera dans l'abreuvoir, & l'autre entrera dans une conduite de plomb qui aura 3 pouces jusqu'au regard placé vis-à-vis l'orangerie, ensuite elle sera d'un pouce $\frac{1}{2}$, & fournira aussi par une fourche le pavillon des bains. Les décharges de ces deux bassins faites en grez, viennent à gueule-bée dans les deux grands réservoirs *D* & *E* du parterre nourris par la pierrée d'une grosse source *F* qui vient se rendre dans un regard de prise hors du parc, dans lequel elle se partage à l'entrée du parterre dans deux autres pierrées qui vont tomber dans les réservoirs *D* & *E*. Ces piéces ont plus d'un demi-arpent d'étendue, & ayant 6 pieds de profondeur, elles contiennent 12312 muids d'eau chacune. On tirera du réservoir *D* une grosse conduite de fer de 8 pouces de diamétre, sur laquelle on branchera dans le regard *G* un tuyau de 4 pouces de diamétre pour faire jouer sur la seconde terrasse le bouillon du bassin *H* qui forme un champignon, & dont les huit jets dardans seront fournis par un cordon dont la conduite de fer de 6 pouces de diamétre vient de la décharge du bassin du fer à cheval *Q*. La conduite dans le même regard *G* reprendra de 6 pouces de diamétre, & descendra vis-à-vis le bosquet *I* où elle fournira par un tuyau de 4 pouces où sera branché un autre de trois, les deux buffets *K* & *L* formant des nappes qui retombent dans deux bassins. Ces derniers qui sont un peu élevés à cause du terrein en pente, fourniront les deux jets *M* & *N* au bas de la cascade par une seule conduite de 4 pouces provenant de deux buffets. La grosse conduite de 6 pouces, après avoir fourni les buffets, sera réduite à 4 pouces, & fera jouer

(*a*) On n'a point marqué ici la pente du terrein, & l'on peut avoir recours à la Planche 2, *A* où elle est exprimée.

au milieu du canal la gerbe ou le jet *O* de 15 lignes d'ajutage & d'une hauteur considérable venant du réservoir *D* du parterre. On tirera du réservoir *E* situé dans le même parterre une autre conduite de fer de 6 pouces de diamétre, laquelle ira se rendre dans le regard *P*, d'où par un tuyau de plomb de 4 pouces, elle fera jouer les trois jets ou bouillons d'eau qui sont un peu au-dessous du niveau de la premiére terrasse, lesquels font nappe dans le bassin d'en-bas *Q*. en fer à cheval La conduite du regard *P* diminuera & sera réduite à 4 pouces pour fournir le bassin *R*, & l'on soudera au pied de la terrasse un tuyau de 3 pouces sans robinet, pour fournir le bassin *S*; & dans le regard du bassin *R*, un autre tuyau de 3 pouces pour les trois jets du premier bassin *T* à niveau de la seconde terrasse & à la tête de la cascade pratiquée sur une pente douce. Ces trois jets qui se voient au milieu de deux escaliers à doubles rampes, tombent en nappes dans le bassin *U* qui forme encore une nappe dans un autre où il y a 4 jets fournis par les décharges de 3 pouces chacune des deux bassins *R* & *S* de la seconde terrasse. L'eau de ces jets présente une nappe dont l'eau tombe en goulettes dans un autre bassin plus bas. Le grand *H* fournit les deux premiers chandeliers de chaque côté & le premier bouillon du milieu de la cascade par trois conduites de plomb d'un pouce ½ chacune. Les seconds chandeliers de chaque côté & le second bouillon tirent leur eau du premier bassin de la cascade marqué *V* par de pareilles conduites, ainsi que tous les autres; de sorte que ces quatre chandeliers & ces deux bouillons font jouer tout le reste de la cascade. Les deux premiers chandeliers fournissent les troisiémes de chaque côté, les deux seconds font jouer les quatriémes. Le premier bouillon fournit le troisiéme; le second, le quatriéme, & ainsi des autres jusqu'au bassin d'en-bas où les 4 derniers chandeliers se déchargent pour grossir les deux nappes. L'on a dit que les deux jets situés au bas de la cascade viennent des deux buffets du bosquet *I*. Toutes ces eaux se rendent dans un canal qui est encore nourri d'une source qui est dans le bois à gauche, & qu'y amene une pierrée : ce canal ramasse encore toutes les pleurs de terre, étant bâti à pierres sèches du côté de la cascade, & sa décharge coule dans le bois au-dessous.

Cette distribution étant très-composée, peut satisfaire à

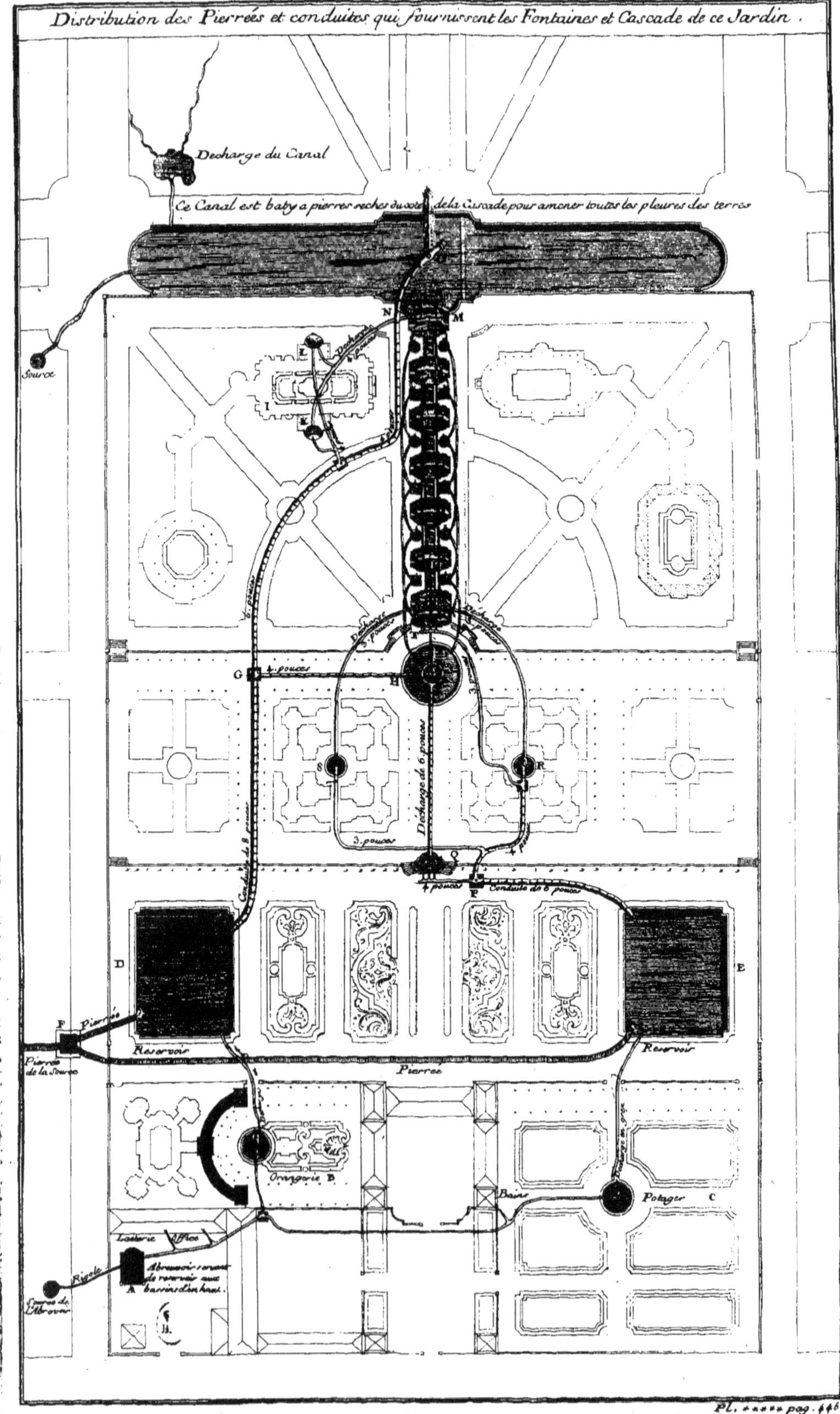
Distribution des Pierrées et conduites qui fournissent les Fontaines et Cascade de ce Jardin.
Decharge du Canal
Ce Canal est baty a pierres seches du coté de la Cascade pour amener toutes les pleures des terres
Source
N
M
L
I
K
G
4. pouces
H
S
R
Décharge de 6. pouces
3. pouces
4 pouces
P
Conduite de 8 pouces
Conduite de 8 pouces
D
E
F
Pierrée
Pierrée de la Source
Reservoir
Reservoir
Pierrée
Orangerie B
Bains
Potager
C
Laiterie
Office
Rigole
Abreuvoir servant de reservoir aux bassins d'en haut.
A
Source de l'Abrevoir

toutes les difficultés, en obſervant les proportions des conduites, par rapport à la ſortie des ajutages dans les fontaines où vous voulez conſerver la hauteur des jets, ainſi qu'il eſt expliqué dans le huitiéme Chapitre; cette ſujettion eſt inutile dans les chandeliers, les champignons & les bouillons d'eau à qui l'on ne cherche qu'à donner de la groſſeur.

Si un ſeul réſervoir ne pouvoit fournir aſſez d'eau pour nourrir les bouillons qui ornent la tête de la caſcade, & qu'on fût obligé de les tirer de pluſieurs baſſins ſitués à différens niveaux, il faudroit, ſuivant l'uſage des Fontainiers, regler ces bouillons à la même hauteur en fermant les robinets de ceux qui ſont les plus élevés juſqu'à ce qu'ils ſoient réduits à la hauteur des autres. Pour entretenir cette hauteur on maintient ces robinets avec de gros fils de fer, ou des cercles, où paſſe un boulon avec des clavettes qui peuvent ſe défaire dans le beſoin.

On a dû remarquer dans ce modéle qu'on a fait paſſer les conduites dans les allées pour n'être point obligé de rien déplanter quand il eſt néceſſaire de les rétablir, & qu'elles paſſent ſous des voûtes pour traverſer les terraſſes; ce qui donne le moyen de les viſiter ſans rien démolir.

Comme toutes ces eaux ne peuvent pas aller enſemble, & dépenſeroient trop d'eau, on ménage l'eau des endroits les plus à l'écart, & de certaines parties qu'on ne fait jouer que rarement, telle que la caſcade & les boſquets; l'on peut ſe contenter, par exemple dans ce jardin, de faire jouer les trois bouillons de la premiere terraſſe dont la décharge fait aller les jets dardans du grand baſſin *H*, ou bien l'on fera jouer, quand les réſervoirs ſeront bien pleins, le bouillon du milieu du baſſin *H*, qui animera tout ce Jardin, & ira nourrir les piéces d'en-bas.

Voici la diſtribution des fontaines jailliſſantes qui ornent les plus beaux Jardins à 15 lieues à la ronde de la ville de Paris.

Verſailles doit tenir le premier rang. Ces eaux viennent de 23 étangs dont les principaux ſont Trappe, Saclé, Arci, Peray, Pourra ou Port-Royal, qui eſt fourni par les voûtes qui viennent de Vieille-Egliſe contre Rambouillet. La machine de Marly, quoiqu'elle ait été faite pour Verſailles, n'y a jamais fourni une goutte d'eau, elle pouvoit ſe communiquer par l'aqueduc de Montreuil dans les réſervoirs de la butte de Mont- VERSAILLES.

boron. L'eau fournie par les étangs de Trappe, de Saclé & autres, s'y vient rendre par 74000 toises de rigoles qui ramassent les eaux de pluie & de neiges fondues pendant l'espace de plusieurs lieues de circuit. Toutes ces eaux passent par deux voûtes de différens niveaux sur la montagne de Sataury dans le Parc-aux-Cerfs. Les eaux hautes, qui sont celles de Trappe, viennent de 3 lieues par une voûte pavée sans tuyaux, ni rigoles, élevée de 7 pieds, & large d'environ 4, en s'élargissant jusqu'à 6 dans son embouchûre; ces voûtes ne fournissent de l'eau que dans le besoin, & tombent dans un bassin de distribution où sont les soupapes de dix grosses conduites de fer qui menent les eaux dans les deux réservoirs de la butte de Montboron. Ces piéces ont près de 10 arpents d'étendue les deux ensemble, & environ chacune 85 toises de long sur 54 de large & le petit triangle du bout défalqué : elles ont 4370 toises de superficie sur 12 pieds de profondeur, & contiennent chacune 235980 muids d'eau. Les eaux basses, c'est-à-dire, d'un niveau de 11 pieds plus bas que les autres, viennent de la plaine de Saclé où sont deux étangs d'environ 20 arpents de superficie. L'eau en sortant de ces étangs, passe sur l'aqueduc de Bucq, & vient par une voûte pavée, moitié plus petite que l'autre, se rendre dans un bassin de distribution qui est dans le même Parc-aux-Cerfs, & de-là y forme deux réservoirs, l'un quarré d'environ 3 arpents $\frac{1}{3}$, & l'autre long de 2 arpents $\frac{1}{3}$ de superficie & de 6 pieds de profondeur. Ces deux réservoirs contiennent 139995 muids, & portent l'eau à la ménagerie, au potager, & par deux grosses conduites de 18 pouces de diamétre au réservoir de l'aîle élevée sur une terrasse à côté du Château, & formant un canal de 40 toises de long sur 10 de large & 12 pieds 8 pouces de profondeur contenant 23998 muids $\frac{1}{2}$ d'eau. Les eaux du réservoir de la butte de Montboron se rendent par cinq conduites dont trois d'un pied de diamétre, & les deux autres de 18 pouces, dans le réservoir du Château d'eau qui contient en superficie 148 toises quarrées point de pieds 4 pouces, & 4672 muids $\frac{1}{2}$ d'eau. Ce réservoir dans un besoin peut tirer de l'eau du Parc-aux-Cerfs, ainsi que le réservoir sur l'aîle. Ce dernier distribue les eaux dans les piéces basses du parc, telles que la fontaine des Dômes, dont le jet est de 70 pieds, l'Encelade de 78, la fontaine

fontaine des enfans, & l'Obélisque de 231 jets de 52 pieds de hauteur. Cette derniére fontaine est composée de faisceaux de tuyaux à trois étages avec trois conduites : la plus haute vient du réservoir de l'aîle, la seconde du bassin de Flore dans la croisée, la troisiéme des deux petits réservoirs appellés *Jambettes* près les murs du parc sur le chemin de Trianon. Le réservoir sur l'aîle fournit encore les bosquets des bains d'Apollon, de l'arc de triomphe, des trois fontaines, du théâtre d'eau, & les 75 cierges ou grilles d'eau de la piéce de Neptune, avec les nouvelles fontaines au pied de la terrasse au-dessous du Dragon, dont le jet de 92 pieds est le plus élevé de Versailles : les Dauphins & les Cignes portant des Amours jettent des jets dardans, & viennent de la nappe de Diane au haut de l'allée Royale. Le Château-d'eau fournit les deux piéces en face du Château, appellées la Couronne, les deux bassins du parterre au-dessus de l'orangerie qui fournissent son bassin, orné d'une gerbe de 40 pieds de haut, les deux fontaines du Point du jour & de Diane où sont des Lions & des animaux qui jettent aussi de l'eau, ensorte que le château d'eau a été fait seulement pour rompre la grande portée des eaux de la butte de Montboron, & n'est qu'un récipient (*a*) pour fournir seulement les six piéces les plus élevées contre le Château, dont les gerbes s'élevent à 30 pieds de haut. Les deux grandes piéces d'eau en face du Château qui se communiquent avec trois réservoirs souterrains, dont deux sous les allées qui bornent ces piéces, & le troisiéme sous le perron le plus près du Château, fournissent la fontaine de la pyramide & les deux bassins du parterre du Nord. Ces bassins & la pyramide nourrissent les 22 chandeliers de l'allée d'eau & la nappe des bains de Diane qui fait jouer les jets dardans du Dragon. De l'autre côté ces mêmes piéces de la couronne vis-à-vis le Château, fournissent les 39 fontaines du Labyrinthe, la salle du bal, Latone où il y a 74 jets & 2 gerbes de 30 pieds de haut. Les gerbes des bassins appellés des Lézards du parterre au-dessous ont la même hauteur, & sont fournies par les deux fontaines du Point du jour & de Diane. Latone nourrit la grosse gerbe de 57 pieds de haut dans le bassin d'Apollon & les Tritons & Dauphins qui l'environnent, les deux autres gerbes du même bassin de 47 pieds de haut sont fournies

(*a*) Ce réservoir se remplit en 39 minutes, & se vuide en 41, ensorte qu'ayant 2 minutes de plus il fournit continuellement les fontaines & ne se vuide point, l'eau arrivant toujours.

par ceux des Lézards contre Latone. Les mêmes piéces devant le Château fournissent encore les sept gerbes de l'isle Royale, dont la plus haute s'éleve à 47 pieds, la colonnade composée de 31 champignons distribués entre chaque colonne, deux petites gerbes dans les bois, les bassins de Cerès & de Flore dans les croisées, lesquels font jouer les deux bassins plus bas de Saturne & de Bacchus. Ce dernier fournit les deux fontaines de l'allée des Marroniers, & l'isle Royale fournit les deux Chevaux marins que montent des Tritons à la tête du canal. Toutes ces eaux pendant l'espace de trois heures qu'elles jouent pour un Ambassadeur, dépensent 69000 muids d'eau. Le canal a 800 toises de long sur 32 de large, traversé par un autre canal de 520 toises de long, dont un des bras conduit à la ménagerie, & l'autre à Trianon.

TRIANON. Les eaux de ce Palais viennent du réservoir de *Chévreloup* fourni par un autre appellé *le réservoir du Camp* ou *de Roquencourt*, qui tire son eau de la machine de Marly: toutes ces eaux se rendent dans un autre réservoir octogone situé dans le parc. Il y a environ 17 fontaines qui sont le bois des sources, deux bassins à côté, le bassin long en face de la rampe de fer qui descend de la galerie, les trois bassins des Marroniers, le quarré en face de la galerie, les deux fontaines du petit Jardin du Roi, les trois bassins du grand parterre, la cascade ou buffet de marbre, un bassin dans un bois, la piéce des Dragons qui termine le Jardin composée d'une gerbe, de deux jets & de deux Dragons vomissant de l'eau, avec deux belles nappes, & le fer à cheval à la tête du canal où l'on voit une gerbe avec quatre jets. Toutes ces eaux jouent ensemble, & vont se rendre dans le grand canal de Versailles.

MARLY. Les fontaines de Marly sont extrêmement considérables par leur grosseur: ces eaux viennent des trois réservoirs au haut du parc qui ont environ 20 arpens d'étendue, & sont tous nourris par la machine de Marly, qui porte l'eau sur l'aqueduc, & de-là par deux conduites de 18 pouces dans ces réservoirs qui ont de superficie 18700 toises quarrées sur 15 pieds de profondeur: celui de Lucienne a même profondeur, & a de superficie 24500 toises quarrées. Les trois premiers contiennent 1262250 muids d'eau, & celui de Lucienne contenoit 1653750 muids, mais il est présentement à sec. Ces réfervoirs fourniffent d'abord les trois mafques de la riviére dont l'eau formoit autrefois les 63 marches de marbre veiné, jufqu'à la cafcade ou buffet d'en-bas appellé la fontaine des vents ornée des beaux ouvrages de Coyfevox & de Couftou, & dont les jets, en fe combattant les uns contre les autres, imitent la neige. On y voyoit autrefois un jet de 120 pieds de haut dans un baffin fait en demi-lune, dont il ne refte que le revêtiffement de marbre des côtés & la tablette ornée de vafes & de figures. Celui du buffet dont on vient de parler, fait jouer la gerbe de la grande piéce d'en-bas, & les jets des fix falles vertes dont quelques-unes étoient appellées les baffins (a) des carpes, lefquels accompagnent la grande efplanade appellée l'amphitéâtre. Plufieurs autres conduites particuliéres fourniffoient les deux piéces de Diane & de Bacchus faifant une pate-d'oie contre la riviére : elles fourniffent actuellement la fontaine d'Agrippine, la groffe gerbe, le théâtre & la cafcade champêtre, dont l'eau va aux quatre gerbes & aux nappes au bas du grand efcalier contre le Château à la tête de la grande piéce, l'eau de la falle des Mufes vient des bains d'Agrippine. Les deux autres gerbes & les nappes de la piéce d'en-bas contre l'abreuvoir, viennent de la chûte de la fontaine d'Agrippine & de la falle des Mufes; les deux fontaines du côté du bourg, où eft le mail tournant, tirent leur eau du baffin au bas de la riviére, un de ces baffins fournit la nappe du fecond appellé le baffin de Diane. Toutes ces eaux réunies fourniffent les trois gros bouillons de 6 pouces de diamétre qui forment l'abreuvoir hors du parc, dont toute l'eau va fe rendre par trois conduites à la groffe gerbe d'en-bas au bout du chemin, l'ajutage de cette gerbe eft formé par un tuyau de fer d'un pied de diamétre. Ainfi la riviére de Seine forcée par la machine de Marly de quitter fon lit & de monter fur l'aqueduc, après avoir fourni toutes ces eaux, vient reprendre ce même lit & fe rendre d'où elle étoit partie.

(a) Ces fix baffins, les deux piéces de Diane & de Bacchus, & la riviére font détruites. On a femé des piéces de gazon à la place.

MEUDON.

Les eaux de Meudon ne font plus dans le même état où elles étoient autrefois. Elles proviennent d'amas de pluie & de neiges fondues recueillis dans des rigoles qui les portent dans plufieurs étangs hors du parc, tels que *Villacoublai*, le *Loup pendu*, d'où elles fe rendent dans celui de *Troushet* proche Villebon qui fournit les puifarts, d'où on les éleve par deux moulins à vent placés dans le parc, au haut d'une cuvette de plomb qui les rend dans plusieurs réservoirs, entr'autres dans celui nommé *Belair* qui est au-dessus du Château, ce qui fournit les bassins du parterre & ceux de l'orangerie. Il y a encore le grand bassin du cloître qui vient directement de la cuvette du moulin. Les goulettes, les cascades, les bassins d'en-bas sont détruits, & le grand ovale qui avoit un jet de 120 pieds de haut ne va plus présentement. Cependant comme l'eau n'y manque point, quelque dépense les ranimeroit.

S. Cloud. Il n'y a point d'eaux en plus grande réputation que celles de S. Cloud. Les sources de Ville-Davrai se rendent dans un grand réservoir au haut de son parc, d'où elles fournissent une gerbe un peu au-dessous, dont le bassin sert de réservoir au grand jet de 90 pieds de haut, qui est situé dans les Jardins bas auprès la cascade. Ce même bassin fournit une autre gerbe au-dessus de l'orangerie & les 24 cierges ou grilles d'eau qui sont dans les fossés du pourtour. L'eau de ces fossés fournit les trois bassins de l'orangerie vers le Château, & les trois jets du miroir au-dessous qui nourrit en descendant les bouillons de la fontaine du rocher d'où sortent les goulettes du bois le long du Château. Il y a encore un bassin dans le nouveau bois, lequel sert de réservoir à la pyramide & aux deux jets qui sont dans le bassin au-dessus du quarré d'eau où est le grand jet. Toute cette eau fait jouer par un chêneau de plomb regnant le long de cette piéce, les masques & les chandeliers à la tête de ce quarré d'eau dont le grand jet fait tout l'ornement. En remontant vers le Château, le fer à cheval qui est au-devant orné de trois jets & de cinq masques, est la décharge des piéces de l'orangerie. Ce fer à cheval fournit les trois jets du canal au-dessous qu'on peut regarder comme le principal réservoir de la grande cascade : il forme au pied des deux figures colossalles de la Seine & du Rhône la grosse gerbe à la tête d'une rangée de nappes & les deux bouillons des deux autres rangées de chûte, ainsi que les jets des escaliers & des Dauphins. Cette eau se répete par chûtes de nappe, de moutons, d'escaliers avec des chandeliers qui se fournissent l'un l'autre. Au bas de la premiére partie de cette cascade est une rangée de cierges, & toute l'eau se rend dans un bassin regnant tout du long, lequel fournit la grande piéce d'en-bas dans ses buffets, bouillons, dragons, grenouilles, & enſuite deux très-belles nappes qui ſe répetent & tombent dans un canal fait en poële orné de douze bouillons & de deux grands jets dans la poële, qui viennent du quarré du grand jet, qui fournit encore un jet perdu en face du nouvel amphitéâtre de gazon. L'eau de toute la caſcade vient enſuite ſe rendre aux deux fontaines perdues qui ſont en bas dans des piéces de gazon. Les autres eaux qui ſont dans les parterres au-deſſus de la galerie, viennent d'un petit réſervoir plus haut contre le labyrinthe dans un endroit appellé *Montre-tout*, & les eaux du potager & des Jardins proche Séve, viennent d'une voûte qui amene des ſources particuliéres. On travaille actuellement à conſtruire une nouvelle caſcade ſur la rampe de gazon en face du Périſtile latéral du Château & du fer à cheval qui l'accompagne.

La beauté d'une fontaine qui eſt dans les boſquets du Château de Fontainebleau, lui a fait donner ce nom. Une grande piéce d'eau triangulaire du milieu de laquelle s'éleve un pavillon en rotonde, entoure le petit Jardin de l'étang où ſe voit une belle figure de Diane en bronze. Le parterre de l'orangerie eſt orné d'un grand baſſin, & eſt auſſi appellé le Jardin de la Reine. La cour des Fontaines qui n'eſt pas éloignée, prend ſon nom d'un petit baſſin quarré avec un jet dans le milieu, & quatre autres croiſés ſortant du piédeſtal d'une figure de Perſée. Au bout de cette piéce d'eau eſt le manége & le mail, & ſur un des côtés ſont deux grands parterres, l'un du Tibre avec ſa figure dans le milieu d'un baſſin entouré d'un foſſé d'eau. Dans l'autre parterre il y a un quarré d'eau avec un rocher dans le milieu, d'où ſortent quelques filets d'eau appellés le *pot bouillant*. Ces baſſins fourniſſent la caſcade en deſcendant vers le grand canal revêtu de pierres de grez. Ces caſcades ont pluſieurs nappes, bouillons & grilles d'eau qui forment une eſpéce de grand buffet quarré. Le canal eſt très-long & très-étroit. Dans les grands tapis de gazon au-deſſous l'on a pratiqué cinq baſſins dont celui du milieu a ſix jets; ces jets au nombre de douze ſont fort gros & viennent du grand réſervoir d'Avon au-deſſus du parc & du canal, à côté d'un petit Couvent des Peres de la Charité. La belle futaie qui borde les gazons à gauche, eſt percée d'une étoile avec des paliſſades magnifiques & un grand baſſin orné d'un

FONTAINEBLEAU.

jet dans le milieu. Il y a encore dans ce bois quelques piéces plates, ainsi que dans les pourtours du Château. Tous ces canaux ne sont point revêtus, excepté le grand canal ; & les fontaines sont conduites en partie dans du bois & du fer. L'on peut dire que les eaux jaillissantes ne sont pas les plus considérables à Fontainebleau, les eaux courantes & les plates sont infiniment plus belles & en plus grande quantité.

SCEAUX. Le Château de Sceaux passe pour être un des plus beaux Jardins de le Nostre, & ses eaux sont fort estimées : elles viennent en partie d'un réservoir sur le chemin du Plessis-Piquet & les autres, surtout celles à boire du Village d'Aunai au bas du Plessis-Piquet. Ce premier réservoir fait jouer les trois bassins du grand parterre, & ceux des petits parterres qui bordent le Château. On voit un autre réservoir contre l'Eglise qui fait jouer les deux grands bassins du bois à droite du Château, entretient le fossé contre Diane, dont l'eau fournit le pavillon de l'Aurore dans le potager, & les deux rochers d'un bosquet voisin, le bouillon contre le Château à la tête des goulettes appellé le *caprice*, le bassin de l'orangerie, celui de la salle des Marroniers, la galerie d'eau, les deux fontaines des vents, & celle où étoient les goulettes où se voit présentement un nouveau bosquet avec un rocher. Il y a encore un autre réservoir contre le labyrinthe qui fournit sept bassins répandus dans ce même bois à gauche, & les deux jets d'un petit canal, dont l'eau sert aux premiéres piéces de la cascade qui est du dessein de Charles le Brun. Elle est fournie par un grand bassin sur le haut avec deux champignons sur les côtés qui font nappe dans deux grands bassins aux côtés de l'escalier. Un rang de neuf jets qui fournissent cinq buffets ornés de Dauphins, de masques & d'enfans, dont l'eau retombe dans un bassin long accompagné de deux escaliers, compose la tête de la cascade ; les nappes & les bouillons se suivent jusqu'en bas, ainsi qu'un rang de chandeliers de chaque côté qui se succedent l'un l'autre, & paroissent par leur heureuse situation sortir d'un tapis de gazon. Cette cascade tombe dans une grande piéce d'eau octogone de 10 arpens d'étendue, du milieu de laquelle s'éleve un jet de 70 pieds de haut qui provient d'un petit réservoir derriére la palissade au bout du parterre. Cette grande piéce se communique par un petit canal dans le grand qui a 500 toises de long sur 25 de large.

Les eaux de Chantilly (la plûpart) vont jour & nuit, étant fournies par la riviére de Nonette qui passe à Senlis. On l'a partagée en deux à une demi-lieue du chemin au Village de S. Leonard. La moitié par un ruisseau naturel vient fournir le grand bassin de 40 toises de diamétre à l'entrée du parc, d'où l'eau tombe & forme la belle nappe de 12 à 13 toises de long qui est un morceau unique, & qui orne la tête du grand canal extrêmement long & large. L'autre partie de la riviére entre sous une voûte, & se partage en une petite qui vient former la fontaine du rocher où il y a des nappes & quelques jets qui tombent par une autre nappe dans un petit canal le long d'un bois où se trouve la belle source des Truites. La voûte finit en cet endroit, & se réduit à deux rigoles, dont l'une fournit les nappes des niches ornées de figures qui sont placées des deux côtés du grand escalier, l'autre tombe par une rigole de pierre de 18 pouces d'eau en quarré dans un bassin de distribution appellé le bassin des sources, & se partage en dix grosses conduites qui font jouer jour & nuit la grosse gerbe au bas du grand escalier : les six jets le long de cet escalier, les dix de 15 pieds de haut du grand parterre, les deux chiens au bas de l'avant-cour, le bassin du parterre contre le petit Château, les cinq jets de l'orangerie, & les trois bassins des bosquets dont les eaux par leurs décharges fournissent des nappes dans les fossés qui entourent le Château. Ces fossés fournissent le parterre des grenouilles, les deux masques à la descente de l'orangerie, le Dragon & les fontaines en chapeaux du petit canal contre l'orangerie, ainsi que les huit bouillons à la tête du bois où se forme une belle chûte d'eau : on voit encore des nappes qui tombent de canaux en canaux. Toutes ces eaux vont sans robinet par de grosses conduites la plûpart de bois, les moindres jets étant d'un pouce. Les autres eaux de Chantilly qui sont les plus élevées, vont par le moyen d'un moulin que fait tourner la chûte du grand canal, & qui fait mouvoir sous le gros pavillon appellé de Manse, six corps de pompe qui montent 80 pouces d'eau que porte une grosse conduite de fer dans un réservoir d'environ 6 arpents d'étendue situé sur le chemin de Paris. Quatre autres conduites de fer vont fournir les cascades de Beauvais, le bassin au-dessus où il y a trois jets, & la fontaine de la tenaille très-gar-

CHANTILLY.

nie d'eau, le bassin du boulingrin où il y a une gerbe & huit jets. Une autre conduite va à la ménagerie où il y a plusieurs fontaines, & les deux derniéres conduites vont à la grande cascade aussi ingénieuse que variée dans ses effets d'eau, & aux trois bassins de la faisanderie. Le grand jet de 60 pieds de haut vient directement de la cuvette de plomb au haut du pavillon de Manse, ainsi que les jets de la piéce d'eau à côté. Ces derniéres eaux jouent rarement, & sont un peu négligées par leur éloignement du Château.

LIANCOURT. Il semble que deux petites riviéres ayent voulu se disputer l'avantage d'embellir les Jardins de ce beau lieu. La Breche qui vient du Village de Coyseau à 4 lieues de Liancourt, nourrit une partie des canaux, elle entoure principalement d'un double fossé les allées du grand pré de 50 arpents, fait tourner trois moulins & la grande roue qui fait jouer une partie des eaux jaillissantes de ce Jardin: elle va se jetter dans l'Oyse à Vilers-Saint-Paul au-dessus de Creil. Cette grande roue a 50 pieds de diamétre, garnie de godets qui se vuident en haut dans une goutiére de bois servant de réservoir, le long de laquêlle il y a des crapaudines de plomb & six conduites de bois qui font jouer douze grands jets & le bouillon de la pyramyde des vingt-cinq fontaines. Ces 12 jets sont les sept du pré des Tilleuls, le rond des arcades, l'ovale dans le bosquet, & les trois jets joints ensemble dans le bassin au bout du parterre formant une gerbe. Ces eaux qui jouent toujours & assez fortes, ne sont pas les plus belles de Liancourt. La petite riviére de Béronelle dont la source est dans le Hameau de Béronne, entretient le canal du mail, qui se voit dans la campagne entouré de Tilleuls en arcades en face du Château, devant lequel il forme une grande nappe, & va de-là fournir toutes les autres eaux du Jardin, à l'exception du bassin du parterre qui vient d'un réservoir au-dessus du Village de Mogneville, celui du parterre de l'orangerie, & l'abreuvoir de la basse-cour qui sont fournis par d'autres sources. Ce canal du mail fait jouer par des tuyaux de bois les quatre jets des fossés, la fontaine de la perruque dans le premier parterre à droite en entrant, les 44 jets qui font trois nappes, chacun dans un bassin regnant tout du long au bout de ce parterre, & que l'on appelle les cascades, la gerbe du bassin octogone du second parterre

parterre & ses quatre autres bassins : les douze jets des petits canaux à côté, les vingt-cinq fontaines, le canal de l'Escot au bout du grand parterre, les trois jets dans le fossé qui entoure les Jardins proviennent de la rigole par-delà le grand chemin ; le bassin de l'ovale, les cinq jets du bosquet à côté viennent de la petite rigole sous les arbres en quinconce. Les dix-sept fontaines, les quatre jets de la Syrene & ses nappes viennent du canal de l'Escot. Il y a beaucoup de canaux, de piéces plates, entr'autres une grande quarrée ornée dans son milieu d'un cabinet de verdure. Cette piéce est contre le potager qui est aussi entouré d'eau. L'on a retranché depuis peu plusieurs jets pour grossir les fontaines, & l'on a supprimé quantité de petits bassins. Il y a encore 134 jets jouant sans les nappes & les canaux.

DAMPIERRE.

Le Château de Dampierre avoit autrefois dix jets, une gerbe & deux nappes jouant continuellement, & qui provenoient de la grande piéce d'eau au-dessus du Château. Aujourd'hui il n'y a plus que les deux nappes & deux masques à côté qui aillent toujours. Les eaux jaillissantes, formées par les quatorze jets du parterre & du bosquet, ne jouent que quand on veut, mais elles sont plus grosses & plus élevées qu'elles n'étoient. C'est un ruisseau qui se trouve dans la campagne au-dessus du Château, lequel fait aller un moulin que l'on arrête quand les eaux marchent. On voit dans le premier parterre quatre bassins avec leurs jets. On trouve ensuite le bassin de la grande nappe où il y a deux jets, & dans le parterre au-dessus trois autres bassins avec leurs jets. Cette nappe quoique très-large, coule sans cesse, c'est la décharge de la grande piéce d'eau en équerre qui a 12 arpents d'étendue, & vient de l'étang de Pourra. L'extrêmité de cette grande piéce d'eau est ornée d'un petit Château flanqué de quatre pavillons des plus galans. L'on y aborde par un bâteau conduit par une corde avec une poulie. L'eau des quatre fontaines pratiquées dans les angles extérieurs du petit Château, vient d'un réservoir qui se voit au haut du parc. Il y a encore à côté de la grande piéce un petit canal où tombe une jolie chûte qui va se rendre dans un autre appellé le bassin des Truites. A gauche du Château est un grand parterre aussi entouré d'eau avec un bassin au milieu (*a*) & au-dessus un grand bois avec une piéce d'eau octogone, des salles & des labyrin-

(*a*) On a retranché le jeu de quilles composé de neuf petits

. affins qui s'enfiloient dans les allées du pourtour.

thes aux quatre coins. Un grand canal avec une belle nappe à la tête qui est la décharge de celle en face du Château, borde ce bois, ainsi que le parterre, & retourne en équerre pour finir où étoit autrefois une cascade que fournissoit un étang au-dessus sur le chemin, lequel vient de la riviére d'Yvette. Cet étang fait jouer présentement les bassins de l'orangerie, du potager & du Jardin d'Astrée. Des ponts communiquent à plusieurs bosquets, & de petits bateaux avec des cordages vous passent en plusieurs endroits.

COURANCE. La clarté des eaux, leur beau courant ont fait donner le nom de Courance à cette maison. Ces eaux charient un sable fin, & sont si claires, qu'on voit aisément le fond des canaux, & les Truites qui s'y plaisent infiniment. Quoique les eaux jaillissantes n'y soient pas en grand nombre, il y en a assez pour réveiller les piéces plates. Ces eaux viennent au haut du parc d'une rigole de 2 pieds en quarré, qui amene une grosse source contre l'Eglise du Village; elles jouent de 15 pieds de haut sans réservoir, sans robinet, sans soupape; les tuyaux de bois les prennent dans la rigole, & les portent dans les bassins qui ne sont ni glaisés, ni revêtus. Il y a douze jets répandus dans les parterres & dans les bois, entr'autres le bassin de la couronne composée de sept jets d'eau. Dans un petit cabinet entouré d'eau sur la gauche, se rendent d'autres sources qui font jouer le boulingrin & les deux jets du parterre entouré des fossés du Château. Outre les canaux de l'avant-cour il y a encore deux grandes piéces dans le bois, le grand canal de 500 toises venant de la petite riviére d'Ecole, un canal en chûtes au-dessus, & une grande piéce d'eau quarrée avec des masques & des bouillons à la tête. Toutes ces piéces sont revêtues de grez, & l'on en a si bien ménagé le niveau qu'elles forment des chûtes & des nappes de l'une à l'autre.

CHAVILLE. On ne peut se rappeller les cascades du Château de Chaville, son isle & son orangerie, dont les jets étoient fournis par plusieurs étangs sur la hauteur, sans être fâché de les voir aujourd'hui ruinés.

RUEL. Les eaux de Ruel autrefois si fameuses offroient quantité d'eaux jaillissantes, dont la source venoit d'un réservoir ovale au-dessus de l'endroit où étoit la grande cascade. Il y avoit une isle, plusieurs grottes, la fontaine du Dragon, un canal entouré de chandeliers formant des nappes. Tout est présentement ruiné, & il n'y a plus que trois piéces plates qui tombent l'une dans l'autre.

Berny contre Sceaux étoit renommé pour plusieurs fontaines bien ménagées qui venoient d'un grand réservoir sur le côteau du Village de Frênes, dans lequel tomboient 3 pouces d'eau venant de l'aqueduc d'Arcueil. Il ne reste plus que le canal qui borde le Jardin avec ses deux nappes fournies par la riviére de Biévre ou des Gobelins. La chûte de ce canal faisoit tourner une machine Hydraulique qui fournissoit un grand jet & plusieurs fontaines. BERNY.

Vaux-le-Vicomte (aujourd'hui Vaux-le-Vilars) offroit une scéne des plus riantes par la quantité de fontaines jaillissantes qui se voyoient toutes en face du Château. Des réservoirs à côté de l'avenue fournissoient une grande partie de ces eaux qui se rendoient ensuite de l'une à l'autre aux deux grottes qui cotoient le grand canal, dont l'une a une grille de quarante jets qui tombent en cascades, & une autre grille en bas d'autant de jets. Le grand canal a 500 toises de long, on y voit une belle source qui y tombe. Au-dessus de ce canal est une autre cascade de grez avec sept rochers d'où tombent de grosses nappes d'eau. Quatre bassins sont pratiqués sur la terrasse au-dessus qui forme un théâtre en gradins avec une grosse gerbe qui vient d'une source plus éloignée. L'eau de cette gerbe & de ces bassins forme la cascade & les jets qui sortent des Tritons qui accompagnent la figure de Neptune qu'on voit dans le canal en face de cette grotte. VAUX-LE-VILARS.

La maison sise à Bruncy contre Gros-bois, a toujours été renommée pour la beauté de ses eaux. Trois réservoirs sur la hauteur ramassent plusieurs sources, & fournissent vingt-quatre chandeliers sur les deux terrasses qui descendent du Château, ainsi que les trois bassins du grand parterre, celui du potager avec le grand bassin au bas des bosquets, dont le jet s'éleve à la hauteur de 50 pieds. La galérie d'eau, le miroir & les gerbes de trois autres bosquets sont fournies par les eaux du parterre & du potager, & sont terminées par un grand canal. BRUNOY.

Peu de maisons ont une abondance de sources aussi considérable que celle de Vilaines au-dessus de Poissy. La principale source qui fournit environ 40 pouces à la fois, fait jouer nuit VILAINES.

& jour quatre jets d'un pouce de sortie, & de 15 pieds de haut. Il se trouve au bout du Jardin un beau boulingrin orné d'un grand miroir d'eau, & plusieurs autres bassins se voient tant dans l'orangerie que dans le potager. La riviére de Seine qui borde les murs de ce Jardin, y forme un canal bien naturel.

La Chapelle sous Crecy.

On trouve à 10 lieues de Paris sur le chemin de Coulommiers le Château de la Chapelle sous Crecy, dont les Jardins sont embellis de treize bassins avec quarante-sept jets de 35 pieds de haut & un de 60. Ces eaux viennent pour la plus grande partie d'un réservoir sur la hauteur où il tombe 50 pouces d'eau. La singularité des quatre principaux bosquets consiste dans la variété de leurs figures. Dans l'un qui se nomme l'Echevelé, plusieurs jets rassemblés imitent les cheveux épars d'une tête; dans un autre ils forment un dôme: on voit une tour dans le troisiéme, & une couronne dans le dernier. Ces divers effets sont produits par huit ou neuf jets dans chaque bassin. Un moulin que fait tourner la petite riviére de Morin, fournit les huit jets du parterre & de la galerie d'eau.

Fontenay en Brie.

Le Château de Fontenay en Brie à 10 lieues de Paris au-dessus de la petite Ville de Tournan, passe pour un lieu très-orné de belles fontaines. Ce Château, ainsi qu'un petit potager à côté sont tout entourés d'eau qui tombe par une nappe dans un très-long canal. En face du Château est un grand parterre avec un bassin, le tout terminé par une terrasse ornée de treize bouillons d'eau qui retombent en nappes. Dans les bosquets au-dessus se présente une piéce d'eau avec une salle de bal au milieu. On voit une belle gerbe en face du Château, & sur le côté une fontaine à l'Italienne, dont les eaux sont fournies par un réservoir dans le bois, au bout duquel on trouve encore dans une prairie une piéce d'eau fournie par une nappe qui est la décharge du grand canal. Sur les côtés du Château sont deux petits parterres avec des fontaines que fait jouer un bassin pratiqué sur le chemin en face de la Paroisse. Ces belles eaux qui jouent continuellement, enchantent par leur naturel.

Nointel.

Le Château de Nointel à 8 lieues de Paris, & à une demi-lieue en deçà de la petite Ville de Beaumont, se distingue par ses fontaines jaillissantes. Le principal réservoir appellé *Mississipi*, situé dans tout le haut du parc, forme une très-grande piéce où l'on voit tomber deux grosses sources. Une belle terrasse regne autour de ce réservoir avec un grand bois qui le borde d'un côté : il porte l'eau dans un réservoir de forme ronde qui se rend dans un autre situé sur une terrasse au-dessous. Ces trois réservoirs fournissent à différentes hauteurs les jets de douze tant bassins que piéces d'eau, qu'on trouve dans les parterres, les quinconces, les boulingrins & les bosquets de ce Jardin : quelques-uns de ces jets s'élevent jusqu'à 120 pieds de haut, & leur grosseur qui y est proportionnée en montre peu de semblables, excepté dans les maisons Royales. Parmi plusieurs bosquets qui accompagnent les parterres, on distingue une salle d'Antiques de forme circulaire, ornée d'un boulingrin avec un bassin au milieu, un théâtre suivi de piéces découpées de gazon, & terminé par une petite piéce d'eau quarrée. L'orangerie mérite d'être vûe par la singularité de sa forme & par sa belle serre : on y trouve une fontaine, ainsi que dans les potagers & les fruitiers qui par la maniére dont ils sont tenus, ne sont point les moindres piéces de ce beau Jardin.

L'on s'est borné à parler ici seulement des plus beaux Jardins ornés d'eaux jaillissantes, à cause de leur distribution. Il y a encore des Jardins très-renommés pour les eaux plates, tels qu'Arminvilliers, Rambouillet, Anet, Saint Ange, Lessigny en Brie, Navarre, Gagny, Villeroy, Auny, Jouy, &c.

CHAPITRE XII.

DE L'ENTRETIEN ANNUEL des Eaux & des Fontaines.

En vain espéreroit-on rendre durables les belles choses qu'on vient de décrire, si on leur refusoit les soins qui sont nécessaires à leur entretien. Combien voions-nous de belles fontaines ruinées, faute d'avoir été entretenues de longue main? La grande cascade de Sceaux en est une preuve: plusieurs années de négligence l'avoient mise dans un état à être refaite tout à neuf. Un entretien annuel auroit sauvé cette dépense qui a été presque aussi loin que sa premiére construction.

Cet entretien, quand il n'est point interrompu, n'est pas si considérable qu'on le pense; si l'on a, par exemple, des rigoles qui ramassent les eaux dans la campagne, il suffit de les faire nétoyer des herbes, des joncs, & des terres qui en s'éboulant, les peuvent boucher. Quelques visites dans les grandes averses sont suffisantes pour observer si l'eau y roule sans se perdre.

Les pierrées seront aussi visitées, en suivant leurs regards qui feront connoître si l'eau y coule, s'il ne tombe point de feuilles par les ouvertures d'en haut qui doivent être couvertes de pierres plates.

L'on aura soin de tenir bien pleins les réservoirs de glaise pour les nourrir pendant les chaleurs, & de ne lâcher les eaux qu'avec discrétion, surtout dans les tems secs où les sources fournissent peu. Si ces réservoirs sont de plomb, & élevés en l'air, il y a moins de risque à les vuider. L'on ne doit point y laisser d'eau pendant l'Hiver, crainte que la gelée ne les fasse bouffer; mais on les remplit à deux pieds de hauteur de feuilles séches, ce qui soulage la charpente du poids de l'eau. Si ces réservoirs sont vieux & qu'on ne puisse en trouver les fautes, on les nétoyera bien, & on les frotera de suif mêlé avec de la craie.

Les bassins & les piéces d'eau sur terre en glaise & en plomb, seront pareillement entretenus d'eau pour nourrir les glaises tant en Eté qu'en Hiver. S'ils sont de ciment, il n'y a rien à craindre de les vuider pendant l'Hiver, & de les remplir de feuilles pour que la gelée ne fasse pas éclater les bords d'enhaut. On ne doit jamais casser de la glace dans un bassin de quelque nature qu'il soit, cela étonne les murs; & comme en Hiver il ne vient point de nouvelles eaux, les glaises se desséchent à la hauteur de ce qui est vuide. Quelquefois le plaisir de voir des canards, des cignes & des oies sur des piéces d'eau, avance leur ruine. Ces animaux (surtout les cignes) dégradent avec leur bec toutes les pierres du pourtour pour chercher des vers dans le gazon, & ils se plongent dans les piéces empoissonnées, ce qui détruit le poisson.

Le moyen de connoître une faute dans un bassin de glaise, est de mettre sur l'eau une feuille d'arbre ou de papier, & de suivre le côté où elle se rend, qui est le cours de l'eau vers la faute. On y fait ouvrir le corroi, on remanie les glaises, & pour les raccorder avec les autres, on les coupe en marches ou par étages, afin de ne pas rompre un corroi en ligne droite, ce qui feroit perdre l'eau. Quelque attention qu'on ait à ménager la glaise dans ce travail, il y a toujours du déchet, & il en faut faire venir de nouvelle.

L'entretien des bassins qui sont dans les bois ou contre de grands arbres, demande encore que l'on fasse tous les cinq à six ans des tranchées aussi profondes que le corroi du plafond tout autour des murs & dans le milieu des allées, sans trop approcher du bassin ou de la palissade: on coupe par ce moyen les racines un peu fortes, qui cherchant la fraîcheur, gagnent à la longue le corroi de glaise, & jettent les murs dans l'eau. Il ne faut pas attendre plus long-tems à couper ces racines, qui mettroient les arbres en risque de périr, si elles étoient plus grosses. En bâtissant à ciment le dernier mur, on arrêteroit ces racines, mais cette dépense est trop considérable; la chaux seule ne les arrête que pour un tems.

Quand on veut pratiquer un bassin ou un buffet près de grands arbres, on est obligé de le construire de plomb, ce qui ne demande pas une fouille profonde, & conserve les racines, on ne doit pas négliger de nétoyer de tems en tems les puisarts & les cloaques où se rendent les eaux perdues de ces baſſins, afin que leur écoulement ſoit plus prompt, & que l'eau refluant dans les conduites de décharge, ne les engorge pas.

Les conduites de grez ſans chemiſes, ſont ſujettes à ſe remplir de queues de renard; pour conſerver les nœuds de maſtic par où elles paſſent, entourez ces conduites d'une chemiſe de chaux & ſable de 5 à 6 pouces d'épaiſſeur. Cela vaut mieux que de les poſer à ſec ſur terre où ſouvent elles s'affaiſſent & ſe caſſent, les chemiſes de ciment valent infiniment mieux, mais elles ſont peu néceſſaires pour des eaux de décharge.

Quand les conduites de grez ſont engorgées, on fait un trou avec un clou pour paſſer la ſonde & les dégorger; on rebouche enſuite le trou avec une plaque de plomb & du maſtic chaud; ce qui fait une emplâtre; les tuyaux de plomb ſe fendent en deux de diſtance en diſtance, on y porte la ſonde de fer qui délaie & attire les ordures, puis on reſſoude ces fentes. Les tuyaux de bois dans leurs gerſures & fautes ſe rempliſſent de maſtic avec de la filaſſe & des coins de bois chaſſés à force. Dans les tuyaux de fer on déviſſe une bride par intervalles, de maniére à y paſſer une ſonde, ce qui les dégorge; enſuite on les reviſſe.

On ne craint point de répéter ici que pour l'entretien des longues conduites, les ventouſes ſont abſolument néceſſaires pour la ſortie des vents. On les branche ſur quelque grand arbre, & l'on peut encore les ſouder ſur le tuyau deſcendant d'un réſervoir, alors les vents y rejettent l'eau, ſi l'on a ſoin de recourber le bout de la ventouſe dans le réſervoir.

Il n'y a rien de ſi eſſentiel à l'entretien des fontaines que les quatre remarques ſuivantes. Les deux premiéres regardent les tuyaux ou conduites, & les deux derniéres ſont faites pour les baſſins, les canaux, les réſervoirs & piéces d'eau.

La premiére de ces obſervations eſt de mettre exactement des crapaudines par tout tant à la ſortie des réſervoirs au-deſſus des ſoupapes, que pour les décharges de fond & de ſuperficie des baſſins. Ces crapaudines ſont des boëtes ou coffres de tôle, de plomb, de bois, ou ſimplement des grilles de fil d'archal qui renferment les ſoupapes pour les garantir des ordures inſéparables des fontaines. On perce ces crapaudines de pluſieurs trous pour donner à l'eau un paſſage plus libre: leur forme me est ronde ou barlongue, & on les applatit ordinairement pour emboîter le tuyau de décharge. Sans cette précaution les feuilles en passant s'amassent peu à peu, & engorgent les conduites. On bouche les superficies pendant l'Hiver, afin que le bassin soit bien plein, & que les murs soient couverts d'eau durant la gelée; l'on peut donc pendant l'Hiver ôter les crapaudines apparentes pour les remettre au printems.

La seconde remarque est d'avoir la précaution de tenir en Hiver les conduites vuides d'eau tant dans les campagnes que dans les Jardins. Il n'importe qu'elles soient de plomb, de fer, de bois ou de grez: la gelée les feroit fendre, quoiqu'elles fussent enterrées de plusieurs pieds. Cela se pratique en enlevant les robinets qui sont dans les regards où l'eau se vuide par les boisseaux, ou bien quand ce sont des conduites de décharge, on les vuide par un tampon ou un petit robinet placé dans un regard vers le milieu de cette conduite; on met de la paille dans le boisseau du robinet, en ôtant la clef, afin que pendant l'Hiver il n'entre ni ordures, ni grenouilles dans les tuyaux.

Les conduites des Jardins de Paris peuvent être ainsi vuidées en Hiver, & les Concessionnaires ne peuvent suivre un meilleur conseil pour éviter un entretien continuel. Il est vrai que dans les fortes gelées, la Ville a grand soin de faire vuider les cuvettes des fontaines, & que l'eau cesse de couler dans les tuyaux. Mais il faut encore construire un puisart dans l'endroit le plus bas d'une conduite particuliére, & y souder un robinet de décharge à trois eaux pour la vuider entiérement.

Les fontaines qu'on ne peut détourner, telles que les eaux d'Arcueil, de (a) Belleville & du Pré-Saint-Gervais ne gelent point, parce qu'elles vont continuellement, & qu'elles ne sont retenues dans leur course par aucun robinet. Ces eaux sont d'un moindre entretien que les autres, elles sont sujettes néanmoins à charier des particules pierreuses, qui s'attachent aux parois des tuyaux dans l'espace de 40 ans environ, les bouchent entiérement, & obligent d'en mettre de neufs. Dans le Château-d'eau près l'Observatoire on voit un cylindre pierreux qui est sorti d'un tuyau de plomb comme d'un moule, lequel porte l'eau d'un puits dans le Jardin de cette maison. Il a 2 pouces d'épaisseur, 4 pouces ½ de diamétre, & 19 pieds

(a) Ces eaux pétrifient les corps qui se rencontrent dans leur passage.

4 pouces de longueur en deux morceaux que l'on a rejoint. Ce cylindre est digne assurément de la visite d'un Physicien.

Les deux derniéres remarques regardent les bassins & les piéces d'eau. Rien n'est si nécessaire que de rafraîchir dans les tems secs le dessus des corrois des côtés en (a) baquetant l'eau de tems en tems au-dessus du gazon qui les couvre, pour empêcher les glaises de se gerser de 2 ou 3 pouces de haut, ce qui arrive à presque tous les bassins qui sont souvent au-dessous de la superficie. Il ne faut pas la boucher, comme font plusieurs Fontainiers, de peur de noyer un bassin dans son pourtour, & de laver trop les terres fermes sur lesquelles sont assurés l'aire & les fondations d'un bassin, en risque souvent d'en affaisser le niveau. Cette observation est générale pour les différentes constructions de bassins.

(a) On appelle Baqueter l'eau, la prendre avec une pelle de bois & la répandre de tous côtés sur le gazon.

La seconde remarque est de faire les décharges des bassins très-grosses, surtout celle de superficie, & de lui donner plus de (b) pente que celle que l'on donne ordinairement. Lorsqu'une fontaine joue, & qu'il ne se perd pas autant d'eau qu'il en vient, cette eau passe par-dessus les bords, détrempe les terres d'alentour, & fait en peu de tems affaisser le bassin.

(b) L'usage est de donner aux conduites 2 pouces de pente par 100 toises.

Un de mes amis qui a de l'eau de la Ville dans son Jardin, ayant loué sa maison à un des premiers Magistrats de la Ville, le Fontainier, pour lui faire sa cour, fournit plus d'eau que de coûtume; le réservoir regorgeant d'eau, fit aller le jet continuellement: la décharge de superficie se trouva alors trop petite: l'eau passa bien-tôt par-dessus les bords, se répandit dans l'allée, détrempa toutes les terres qui soutenoient le bassin, & le fit affaisser. L'on voulut rétablir ce bassin qui étoit de plomb en haussant avec de la même matiére le bord qui panchoit; enfin on fut obligé de le démolir & d'examiner le fond sur lequel il étoit construit. Cet ami me chargea de ce soin, & nous trouvâmes à 15 pieds de bas les terres toutes mouillées, & une cave qui servoit à un ancien Jardin dont tout le quartier du Marais étoit autrefois rempli. Cet ouvrage n'a pû être rendu solide, qu'en construisant un gros massif de moëllons de 20 pieds de bas & de toute l'étendue du bassin, ce qui a coûté plus de mille écus. On auroit évité cette dépense en employant un tuyau d'un plus gros diamétre, lequel auroit porté toute l'eau superflue du bassin dans le puisart où elle se rend encore aujourd'hui.

Fin de la quatriéme & derniére Partie.

TABLE DES MATIERES

CONTENUES DANS CE VOLUME.

Nnnij

Q

R

Solanum,

FIN DE LA TABLE DES MATIERES.

APPROBATION.

J'AY lû par ordre de Monseigneur le Chancelier *La Théorie & la Pratique du Jardinage.* Le nombre des Editions de cet Ouvrage en fait connoître l'utilité, l'Auteur a tâché de rendre celle-ci plus complette que toutes les précédentes. Fait à Paris ce 18. Juillet 1746.

MONTCARVILLE.

PRIVILEGE DU ROI.

LOUIS par la grace de Dieu Roi de France & de Navarre: A nos amés & féaux Conseillers les Gens tenant nos Cours de Parlement, Maîtres des Requêtes ordinaires de notre Hôtel, grand Conseil, Prévôt de Paris, Baillifs, Sénéchaux, leurs Lieutenans Civils, & autres nos Justiciers qu'il appartiendra, SALUT. Notre bien amé Pierre-Jean Mariette Imprimeur-Libraire à Paris, ancien Adjoint de sa Communauté, Nous a fait exposer qu'il desireroit imprimer & donner au Public des Ouvrages qui ont pour titre: *La Théorie & Pratique du Jardinage, & Traité de la Peste*, s'il Nous plaisoit de lui accorder nos Lettres de Privilége pour ce nécessaires; A CES CAUSES, voulant favorablement traiter l'Exposant, Nous lui avons permis & permettons par ces Présentes de faire imprimer lesdits Ouvrages en un ou plusieurs Volumes, & autant de fois que bon lui semblera, & de les vendre, faire vendre & débiter par tout notre Royaume pendant le tems de neuf années consécutives, à compter du jour de la date d'icelles. Faisons défenses à toutes personnes de quelque qualité & condition qu'elles soient, d'en introduire d'impression étrangére dans aucun lieu de notre obéissance; comme aussi à tous Libraires, Imprimeurs & autres d'imprimer, faire imprimer, vendre, faire vendre, débiter, ni contrefaire lesdits Ouvrages, ni d'en faire aucun extrait, sous quelque prétexte que ce soit, d'augmentation, correction, changement & autres, sans la permission expresse & par écrit dudit Exposant, ou de ceux qui auront droit de lui, à peine de confiscation des Exemplaires contrefaits, & de trois mille livres d'amende contre chacun des contrevenans, dont un tiers à Nous, un tiers à l'Hôtel-Dieu de Paris, & l'autre tiers audit Exposant, ou à celui qui aura droit de lui, & de tous dépens, dommages & intérêts; à la charge que cesdites Présentes seront enregistrées tout au long sur le Registre de la Communauté des Libraires & Imprimeurs de Paris, dans trois mois de la date d'icelles; que l'impression desdits Ouvrages sera faite dans notre Royaume, & non ailleurs, en bon papier & beaux caractéres, conformément à la feuille imprimée attachée pour modéle sous le contre-scel desdites Présentes, que l'Impétrant se conformera en tout aux Réglemens de la Librairie, &

notamment à celui du 10. Avril 1725. qu'avant de les exposer en vente, les Manuscrits qui auront servi de copie à l'impression desdits Ouvrages, seront remis dans le même état où l'approbation y aura été donnée, ès mains de notre très-cher & féal Chevalier le Sieur Daguesseau, Chancelier de France, Commandeur de nos Ordres; & qu'il en sera ensuite remis deux exemplaires de chacun dans notre Bibliothéque publique, un dans celle de notre Château du Louvre; & un dans celle de notredit très-cher & féal Chevalier le Sieur Daguesseau, Chancelier de France, le tout à peine de nullité desdites Présentes. Du contenu desquelles vous mandons & enjoignons de faire jouir ledit Exposant & ses ayans causes, pleinement & paisiblement, sans souffrir qu'il leur soit fait aucun trouble ou empêchement. Voulons que la copie desdites Présentes, qui sera imprimée tout au long, au commencement ou à la fin desdits Ouvrages, soit tenue pour dûement signifiée, & qu'aux copies collationnées par l'un de nos amés & féaux Conseillers & Secrétaires, foi soit ajoutée comme à l'Original. Commandons au premier notre Huissier ou Sergent sur ce requis, de faire pour l'exécution d'icelles tous Actes requis & nécessaires, sans demander autre permission, & nonobstant Clameur de Haro, Charte Normande, & Lettres à ce contraires: CAR tel est notre plaisir. DONNE' à Paris le premier jour du mois d'Août, l'an de grace mil sept cent quarante-quatre, & de notre Regne le vingt-neuviéme. Par le Roi en son Conseil. SAINSON.

Registré sur le Registre XI. de la Chambre Royale des Libraires & Imprimeurs de Paris, No. 353. fol. 298. conformément aux anciens Réglemens confirmés par celui du 28. Février 1723. A Paris le 18. Aoust 1744.

VINCENT, *Syndic.*

CORRECTIONS ET ADDITIONS.

Page 11. *ligne* 29. la derniere faite, *lisez* la premiere faite.

Pag. 20. *notte marg.* orment, *lisez* forment.

Pag. 28. *l.* 11. il faut 100. perches ou 300. toises de long, *ajoutez* sur 3. de large.

Pag. 148. à *la marge* Figure VIII. *lis.* Figure VII.

Pag. 151. *l.* 19. on en donnera au talus 9. pouces par pied, *ajoutez & lisez* on donnera au talus 9. pouces de pente par pied.

Pag. 174. *l.* 10. plantes médécinales, *lis.* médicinales.

Pag. 263. *l.* 14. seument, *lis.* seulement

Pag. 287. *l.* 7. Ancolie *lis.* Aconit.

Pag. 288. *l.* 7. Ancolie, *lis.* Aconit.

Pag. 324. *l.* 8. à Baregde. *lis.* à Baredge.

Pag. 328. *l.* 16. les lits de glaisse, *lis.* de glaise.

Pag. 332. *note marg.* & aure, *lis.* & autres.

Pag. 419. *l.* 29. ce qui fait la moutonner, *lis.* ce qui la fait moutonner.

Pag. 428. *l.* 4. Chapitre IV. *lis.* Chapitre V.

Pag. 435. *l.* 4. pouces cubes, *lis.* pieds cubes.

Pag. 438. *l.* 7. dans le calcul 28. $\frac{1}{2}$, *lis.* 28 $\frac{1}{3}$.

www.ingramcontent.com/pod-product-compliance
Lightning Source LLC
LaVergne TN
LVHW010523100826
845148LV00001B/73